Jens Maeße · Hanno Pahl · Jan Sparsam
(Hrsg.)

AF816260

# Die Innenwelt der Ökonomie

## Wissen, Macht und Performativität in der Wirtschaftswissenschaft

Springer VS

*Herausgeber*
Jens Maeße
Justus-Liebig-Universität
Gießen, Deutschland

Jan Sparsam
Ludwig-Maximilians-Universität
München, Deutschland

Hanno Pahl
Ludwig-Maximilians-Universität
München, Deutschland

ISBN 978-3-658-10427-6 ISBN 978-3-658-10428-3 (eBook)
DOI 10.1007/978-3-658-10428-3

Die Deutsche Nationalbibliothek verzeichnet diese Publikation in der Deutschen Nationalbibliografie; detaillierte bibliografische Daten sind im Internet über http://dnb.d-nb.de abrufbar.

Springer VS
© Springer Fachmedien Wiesbaden 2017
Das Werk einschließlich aller seiner Teile ist urheberrechtlich geschützt. Jede Verwertung, die nicht ausdrücklich vom Urheberrechtsgesetz zugelassen ist, bedarf der vorherigen Zustimmung des Verlags. Das gilt insbesondere für Vervielfältigungen, Bearbeitungen, Übersetzungen, Mikroverfilmungen und die Einspeicherung und Verarbeitung in elektronischen Systemen.
Die Wiedergabe von Gebrauchsnamen, Handelsnamen, Warenbezeichnungen usw. in diesem Werk berechtigt auch ohne besondere Kennzeichnung nicht zu der Annahme, dass solche Namen im Sinne der Warenzeichen- und Markenschutz-Gesetzgebung als frei zu betrachten wären und daher von jedermann benutzt werden dürften.
Der Verlag, die Autoren und die Herausgeber gehen davon aus, dass die Angaben und Informationen in diesem Werk zum Zeitpunkt der Veröffentlichung vollständig und korrekt sind. Weder der Verlag noch die Autoren oder die Herausgeber übernehmen, ausdrücklich oder implizit, Gewähr für den Inhalt des Werkes, etwaige Fehler oder Äußerungen.

Lektorat: Cori A. Mackrodt, Stefanie Loyal

Gedruckt auf säurefreiem und chlorfrei gebleichtem Papier

Springer VS ist Teil von Springer Nature
Die eingetragene Gesellschaft ist Springer Fachmedien Wiesbaden GmbH
Die Anschrift der Gesellschaft ist: Abraham-Lincoln-Strasse 46, 65189 Wiesbaden, Germany

# Die Innenwelt der Ökonomie

# Inhalt

Die Innenwelt der Ökonomie. Zur Einführung ........................... 1
*Jens Maeße, Hanno Pahl und Jan Sparsam*

**Teil I Ökonomische Wissenskulturen**

Temporalitäten in der wirtschaftswissenschaftlichen Modellbildung.
Die Multiplikation von Zeitlichkeit in der Neoklassik ..................... 33
*Sebastian Giacovelli und Andreas Langenohl*

Die Ökonomik als wissenschaftliches Macht- und Schlachtfeld.
Eine Analyse im Lichte Bourdieus und Lakatos' .......................... 55
*Arne Heise*

Alltagswissen in der Krise. Der politische Laiendiskurs über die
Verantwortung für die Finanzkrise seit 2007 ............................ 83
*Oliver E. Kuhn*

Qualitative Forschungsmethoden in der deutschen Volkswirtschaftslehre.
Eine explorative Erhebung zugrunde liegender Repräsentationsmuster .... 107
*Alexander Lenger und Jan Kruse*

DSGE-Makroökonomik und die Krise. Soziologische Inspektion einer
modellgetriebenen Wissensformation ................................. 135
*Hanno Pahl und Jan Sparsam*

Das „dominante Schaubild“ und die visuelle Herstellung des Verständnisses der wirtschaftlichen Zukunft ........ 159
*Werner Reichmann*

Computerspielwelten und Ökonomie. Herleitung einer transformationskritischen Computerspielwelt innerhalb Evolutionärer Politischer Ökonomie ........ 175
*Manuel Scholz-Wäckerle*

**Teil II Macht und Legitimität in der Ökonomie**

Zur Ökonomisierung der Psyche. Konturen des Konzepts Burnout ........ 199
*Alexander Hirschfeld*

Die Welt der Wirtschaftswissenschaften. Ein „starkes Feld“ verbunden mit dem Feld der Macht ........ 221
*Frédéric Lebaron*

Ökonomisches Expertentum. Für eine Diskursive Politische Ökonomie der Wirtschaftswissenschaft ........ 251
*Jens Maeße*

Die Vermessung ‚der Wirtschaft‘. Konstruktionen und Kontroversen in der internationalen Standardisierung der volkswirtschaftlichen Gesamtrechnung, 1940er- und 50er-Jahre ........ 287
*Matthias Schmelzer*

Akademisches Wissen, professionelle Expertise und alltägliche Unternehmenspraxis. Unternehmensbezogene Professionen als neoliberale Regierungsformen ........ 311
*Christian Schmidt-Wellenburg*

Politikwissenschaftliche Methoden im Widerstreit. Holistische vs. parsimonische Analysen der globalen Finanzkrise ........ 339
*Joscha Wullweber*

## Teil III Performativität in der Ökonomie

Netzwerke der Wirtschaftswissenschaft in Deutschland und die Performativität ökonomischen Wissens . . . . . . . . . . . . . . . . . . . . . . . . . . . . 363
*Katrin Hirte und Stephan Pühringer*

Von Hilfsmitteln, Symbolen und Artefakten. Finanzialisierung, rationale Investitionen und der Business Case . . . . . . . . . . . . . . . . . . . . . . . . . 391
*Hajo Holst*

Performativität und ihre Grenzen. Das Verhältnis zwischen ökonomischem Wissen und ökonomischer Praxis am Beispiel der Finanzanalyse . . . . . . . . . . . . . . . . . . . . . . . . . . . . . . . . . . . . . . . . . . . . . . . . 425
*Stefan Leins*

Von mikro- zu makroprudenzieller Regulierung. Eine Diskursanalyse zum Wandel von Regulierungskonzepten . . . . . . . . . . . . . . . . . . . . . . . . . . . . . . 471
*Matthias Thiemann und Mohamed Aldegwy*

Regieren durch Risiko. Staatlichkeit im europäischen Finanzregulierungsdiskurs . . . . . . . . . . . . . . . . . . . . . . . . . . . . . . . . . . . . . 449
*Benjamin Wilhelm*

AutorInnen des Bandes . . . . . . . . . . . . . . . . . . . . . . . . . . . . . . . . . . . . . . . . . . . 499

# Die Innenwelt der Ökonomie

## Zur Einführung

Jens Maeße, Hanno Pahl und Jan Sparsam

„Warum, liebe Kolleginnen und Kollegen, gibt es noch keine ausgearbeitete Wissenssoziologie der Ökonomie? Ich finde das erstaunlich und bedauerlich. Denn das akademische Fach ‚Ökonomie' bietet einen in vielerlei Hinsicht faszinierenden Wissensbestand." Mit dieser Forderung nach einer systematischen Erforschung ökonomischen Wissens und einer umfassenden Untersuchung der gesellschaftlichen Kontexte, in denen ökonomische Expertise entsteht und wirkt, spricht Georg Vobruba (2005, S. 129) zu Beginn der 2000er-Jahre ein Anliegen an, das die Sozialwissenschaften bisher – abgesehen von einigen Ausnahmen – nicht als ein umfassend angelegtes Projekt aufgegriffen haben.[1] Das Bedürfnis einer systematischen, interdisziplinären Erforschung der Ökonomik stieg insbesondere im Zuge der Finanzkrise ab 2007. Die „Ökonomie" als Gegenstandsbereich sozialwissenschaftlicher ‚Fremdbeobachtung' lässt sich allerdings keinesfalls so zielsicher fixieren und begrenzen, wie es auf dem ersten Blick scheint. Denn mit dem Begriff der „Innenwelt der Ökonomie" ist ein Gegenstand in den Blick genommen, der keinesfalls auf das akademische ‚Innen' der Ökonomik beschränkt ist. Vielmehr findet die ökonomisch relevante Wissensproduktion auch in Politik, Medien, Wirtschaft und anderen gesellschaftlichen Arenen statt.

Der vorliegende Band nähert sich der Vielgestaltigkeit dieses Gegenstandsbereichs an, indem er zur Etablierung eines interdisziplinären Forschungsfeldes beitragen will, das auf eine systematische empirische Untersuchung wirtschaftswissenschaftlichen

1 Allerdings forderte auch schon Bourdieu, die Ökonomik – und insbesondere die neoklassische Theorie – als *illusio* des Feldes zu betrachten und damit zum Gegenstand der Soziologie zu machen (siehe etwa Lebaron 2003). So hat er in seinen wirtschaftssoziologischen Arbeiten (Bourdieu 2005) die gestaltende Rolle der Managementtheorie, die Figur des *homo oeconomicus* und der Theorie rationaler Erwartungen für die Konstituierung von Märkten und Firmen aufgezeigt.

Wissens in seinen komplexen akademischen, medialen, finanzwirtschaftlichen, betrieblichen, historischen und politischen Kontexten zielt. Auch in der Titelwahl spiegelt sich die Komplexität, welche die Beiträge dem Gegenstand „Ökonomie" beimessen. Während der Konzeptionierung des Bandes stellte sich die Frage, ob „Innenwelt der *Ökonomik*" nicht ein passenderer Titel gewesen wäre. Weil unser Anliegen jedoch über den engeren Bereich der akademischen Disziplin der Wirtschaftswissenschaft hinausreicht, haben wir uns für den umfassenderen Begriff „Innenwelt der *Ökonomie*" entschieden. Dafür spielten im Besonderen zwei Gründe eine gewichtige Rolle: Zum einen geht es in vielen Beiträgen – etwa in performativitätstheoretischen Überlegungen oder in polit-ökomischen Ansätzen – um die Schnittstellen von ökonomischem Wissen und Gesellschaft in all den oben genannten Facetten. Diese Fülle spricht dezidiert gegen den Exklusivitätsverdacht rein akademischer Wissensproduktion. Zum anderen soll der Band die Verknüpfung einer sozialwissenschaftlichen Analyse wirtschaftswissenschaftlichen Wissens mit der Wirtschaftssoziologie, der Wissenschaftsforschung und der Politischen Ökonomie stärken und damit den Vorschlägen von Lebaron (2001) und Fourcade (2013) entgegenkommen.

Bisher wird die performativitätstheoretische Debatte, die immer noch einen großen Teil der soziologischen Zugänge zu ökonomischem Wissen ausmacht, vor allem aus einer einseitig marktsoziologischen Sicht geführt. Wir möchten zu dieser Debatte aus der Sicht einer Soziologie der Ökonomik beitragen. Auch die breit vertretenen Finanzialisierungsstudien thematisieren das Verhältnis von wirtschaftswissenschaftlichem Wissen und Gesellschaft vor allem im Hinblick auf Märkte und politische Institutionen. Da die ökonomische Wissensproduktion nicht nur in der akademischen (Innen)Welt, sondern auch in außerakademischen Bereichen etwa der betrieblichen Ökonomie, in ökonomischen Märkten und der politischen Ökonomie stattfindet, kann der Begriff „Ökonomie" auch die diversen Produktions- und Rezeptionskontexte ökonomischer Expertendiskurse gegenstandsadäquater erfassen. Der Begriff „Innenwelt der Ökonomie" impliziert daher eine Perspektive auf Gesellschaft, die zeigen möchte, dass Wissenschaft und Wirtschaft keine funktionalistisch abgeschirmten Bereiche sind. Ein solches Verständnis bedeutet, dass Ökonomie, Ökonomik und Gesellschaft nicht unabhängig von ihren „Einbettungen" betrachtet werden können. Warum aber dann von einer Innenwelt sprechen? Die Erforschung wirtschaftswissenschaftlichen Wissens und der Wirtschaftswissenschaft möchte rekonstruieren, wie sich auf vielfältige Weise ökonomisches Wissen durch ÖkonomInnen als soziale Akteure verdichtet und dieses Wissen wiederum konstitutiv wird, um die Ökonomie der Gesellschaft zu gestalten. Die Innenwelt ist also weniger ein abgeschlossenes Universum als vielmehr die Welt, die man sehen kann, wenn man durch die wissenschaftssoziologischen ‚Linsen' auf wirtschaftliches Handeln schaut.

Der vorliegende Band schließt damit an breiter gefasste sozialwissenschaftliche Debatten an, die das Verhältnis von Ökonomie und Gesellschaft aus unterschiedlichen Perspektiven thematisieren. Neben den Bänden, die sich im engeren Sinne mit der „Neuen Wirtschaftssoziologie" (Smelser und Swedberg 1994; Beckert et al. 2007) und der Finanzialisierung (Epstein 2005; Windolf 2005; Nölke und Hieres 2014) befassen, sind in den letzten Jahren auch einige Bände erschienen, die mehr Sensibilität für den Stellenwert ökonomischen Wissens in der Innenwelt der Ökonomie aufbringen. Die Beiträge in Diaz-Bone und Krell (2009) untersuchen etwa die Rolle von Diskursen für die Konstituierung von Unternehmen und Märkten. In solchen Diskursen fällt auch ökonomisches Fachwissen ins Gewicht (etwa Chiapello 2009). Die Bände von Knorr Cetina und Preda (2006), Langenohl und Wetzel (2011), Kalthoff und Vormbusch (2012) sowie Kraemer und Nessel (2012) haben eine ähnliche Zielrichtung, jedoch beleuchten die darin versammelten Beiträge vor allem die Rolle von Wissen im weiteren Sinne und thematisieren nur teilweise die engere Bedeutung ökonomischer Expertise für das Finanzwesen. Die aus den Science and Technology Studies inspirierte Debatte sieht anders aus: Auf performativitätstheoretische Fragen – also solche nach den für die Gestaltung der Wirtschaft konstitutiven wissenschaftlich-technischen Bedingungen – sind die Bände von MacKenzie, Muniesa und Siu (2007) sowie von Callon, Millo und Muniesa (2007) zugeschnitten. Eine aus dem größeren Fundus der Wissenschaftssoziologie schöpfende Perspektive fehlt bisher allerdings. Erstmalig im deutschsprachigen Raum haben die Bände von Pahl und Sparsam (2013) und Maeße (2013) die sozialwissenschaftlichen Beiträge zu wirtschaftswissenschaftlichem Wissen und der Wirtschaftswissenschaft kompiliert, allerdings konnten dort sachgemäß nur Ausschnitte jenes komplexen Zusammenhangs in den Blick genommen werden, der im vorliegenden Band als die „Innenwelt der Ökonomie" noch weiter ausgeleuchtet werden soll. Dieser Band kann und will wiederum keine Vollständigkeit beanspruchen. Er zielt vielmehr darauf, das Feld der ökonomischen Wissensproduktion aus den Perspektiven der Soziologie und benachbarter Disziplinen in ihren vielgestaltigen Facetten explorativ zur Sprache kommen zu lassen.

## Die Perspektive des Bandes

Die Ökonomik zum Gegenstand sozialwissenschaftlicher Forschung zu machen, ist gerade für die empirisch ausgerichteten, analytisch vorgehenden und normativ unvoreingenommenen Sozialwissenschaften ein Unterfangen, das zu Irritationen, unvorhergesehenen Zuspitzungen und nur schwer auflösbaren Mehrdeutigkeiten einlädt, begibt man sich doch in einen gesellschaftlichen Wissensbereich hinein, der vor offenen oder verdeckten, sachlich oder polemisch geführten Kontroversen und Konflikten nur so strotzt. So ist bereits das öffentlich-mediale Bild von WirtschaftsexpertInnen äußerst ambivalent. Auf der einen Seite stehen die Wirtschaftswissenschaften insbesondere seit der Finanzkrise stark in der öffentlichen Kritik, weil ihre Ratschläge augenscheinlich schlecht waren und ihre Prognosen die Krise nicht vorhergesehen hätten (Caspari und Schefold 2011; Heise 2010). Auf der anderen Seite werden von Politik, Medien und gesellschaftlicher Öffentlichkeit im Zuge des europäischen Krisenmanagements angesichts von Euro-, Griechenland- und Finanzkrise verstärkt Problemlösungserwartungen an WirtschaftsexpertInnen gestellt: Indem vielschichtige und komplexe gesellschaftspolitische Probleme als „ökonomische Krisen" gerahmt werden, wird lagerübergreifend der diskursive Boden für wirtschaftswissenschaftliche Expertise bereitet, deren Problemdefinitionen und Lösungsangebote schließlich große Aufmerksamkeit finden (Kogut und Macpherson 2011). Auf diese Weise werden Pfadabhängigkeiten geschaffen, die die Produktion wirtschaftswissenschaftlichen Wissens legitimieren, diesem Wissen gesellschaftliche Praxisfelder reservieren und spezifische Deutungen und Problemlösungsmuster etablieren. Vor diesem Hintergrund bleibt für alternative Problemdefinitionen dann oft nur der marginalisierte Platz als „KritikerIn", „SpezialistIn" oder „NischenexpertIn" im gesellschaftlichen Diskurs.[2] Der Gegenstand, den die Beiträge dieses Bandes in den Blick nehmen, ist also durch eine eigentümlich asymmetrische Struktur ungleicher Zugangschancen zu diskursiven Wahrnehmungen und Beteiligungen geprägt.

Diese politischen Kontroversen setzen sich innerhalb der Ökonomik und in Konfrontation mit den angrenzenden Sozial- und Kulturwissenschaften fort. So bemängeln etwa Teile der Betriebswirtschaftslehre eine Dominanz der VWL innerhalb der Wirtschaftswissenschaften. Auch im Verhältnis zu Soziologie, Politikwissenschaft, Pädagogik et al. flackern hin und wieder Konflikte auf. Während die Ökonomik etwa die Analyse des wirtschaftlichen Geschehens lange

2 Zur Illustration kann an die jüngsten Geschehnisse um den seitens der Bundesvereinigung der Arbeitgeberverbände (BDA) zeitweise bewirkten Vertriebsstopp einer Publikation der Bundeszentrale für politische Bildung (bpb) erinnert werden. Der dort Anfang 2015 in der Reihe „Themen und Materialien" herausgegebene Sammelband „Ökonomie und Gesellschaft" (Zurstrassen 2015) fiel arbeitgeberseitig offensichtlich nicht nur aufgrund einzelner kritischer Artikel (beispielsweise zu Lobbyismus) in Ungnade, sondern auch wegen seiner von heterodoxer Ökonomik bis zur Wirtschaftssoziologie reichenden Generallinie. Welches Wissen über die Ökonomie es ist, das legitimerweise Verbreitung findet, ist demnach hochgradig umkämpft (siehe für einen knappen Abriss der Geschehnisse Pahl 2015).

Zeit exklusiv für sich beansprucht hat, wird sie in regelmäßigen Wellen von den Sozialwissenschaften herausgefordert. Ebenso wie heterodoxe Ansätze in der Ökonomik und sozial- und kulturtheoretisch informierte Forschungsansätze in der Politischen Ökonomie wirft die Wirtschaftssoziologie der Mainstream-Ökonomik einen weltfremden „Modellplatonismus" (Hans Albert) vor. Sie basiere, so lautet der Vorwurf weiter, oft auf unrealistischen Annahmen und verweigere sich einer empirischen Überprüfung ihrer abstrakten Thesen. So fragt etwa Nicole Biggart auf einem Symposium zum Thema „Einbettung" die wirtschaftswissenschaftliche Denkweise betreffend: „To a sociologist what does ‚assume a market' mean?" Sie zeigt mit einem Vergleich, wie widersinnig dieser Ausgangspunkt, der für ÖkonomInnen so selbstverständlich ist, SoziologInnen erscheint: „I wonder what it would be like if a sociologist said ‚assume a society'. One could not do it" (in Krippner et al. 2004, S. 119). Dieser Streit findet selbst innerhalb der etablierten Wirtschaftswissenschaften seine Fortsetzung, beispielsweise wenn ForscherInnen aus der anwendungsorientierten Wirtschaftswissenschaft an den Wirtschaftsforschungsinstituten ihren KollegInnen in der akademischen Welt attestieren, dass ihr Wissen „zu technisch", „nutzlos" und „praxisfern" sei. In der VWL in Köln beschäftigte ein solcher Streit um die Theorielastigkeit in Lehre und Forschung im geplanten makroökonomischen Schwerpunkt ein Jahr lang die Zunft und die Medien – und wurde damit wieder zum Politikum.[3]

Welche Positionen bleiben in diesen kontroversen Feldern für die sozialwissenschaftlichen BeobachterInnen ebendieses Geschehens, die nicht schon ein überdeterminierter Teil des Geschehens selbst wären? Wie verhält man sich analytisch zu einem Feld, in dem jede Analyse praktisch immer auch unter „Ideologieverdacht" geraten könnte? Wie also begründen wir unsere BeobachterInnenposition?

Den Konflikten, die unser Gegenstand mit sich bringt, werden auch wir nicht grundsätzlich ausweichen können. Allerdings kann es auch nicht das Ziel dieses Bandes sein, sich in pseudoanalytischer Erhabenheit über die Fragen und Probleme der Ökonomik zu stellen oder gezielt in ein Feld einzugreifen, das eine mitunter eigentümliche Geschichte und Form aufweist und deren Verständnis ein enormes Fachwissen voraussetzt. Vielmehr wollen wir mit gebotener Kontextsensitivität die spezifischen Kontroversen und Besonderheiten in den differenten Sozialwelten der Wirtschaftswissenschaft sowie die Vielgestaltigkeit ökonomischen Wissens zum Ausgangspunkt nehmen, um nach den sozialen und epistemischen Voraussetzungen ebendieser Entwicklungen zu fragen. Die Beiträge des vorliegenden Bandes untersuchen und thematisieren die Ökonomik also, indem sie ökonomisches

3 http://www.handelsblatt.com/politik/konjunktur/oekonomie/nachrichten/volkswirtschaftslehre-streit-geschlichtet-tauziehen-bleibt/3374648.html.

Wissen und seine vielfältigen Kontexte aus unterschiedlichen interdisziplinären sozialwissenschaftlichen Blickwinkeln beleuchten. Um diese zugegebenermassen fragile Beobachterposition beziehen zu können, stützen wir uns auf Debatten, Theorien, Methoden und Forschungsperspektiven aus der Wissenschaftsforschung, der Wirtschafts- und Industriesoziologie, der Kulturellen Politischen Ökonomie, der Ideengeschichte und der heterodoxen Ökonomik. Diese Arbeitsgebiete, die im Folgenden kurz skizziert werden, liefern wichtige Bezüge, welche die hier dokumentierten Debatten einbetten und rahmen. Aufgrund der Weitläufigkeit der Innenwelt der Ökonomie ist die Einordnung der unten aufgeführten Perspektiven nicht immer eindeutig möglich, häufig überschneiden sich die Arbeitsgebiete oder Perspektiven werden kombiniert. Angesichts der Pionierarbeit, die für ihre Erforschung noch geleistet werden muss, geht es an dieser Stelle nicht um eine Kanonisierung, sondern darum zu zeigen, wie vielfältig der Stand bereits ist.

## Ökonomie und Wissenschaftsforschung

In der Wissenschaftsforschung wurde in der Nachkriegszeit immer wieder auf ein verändertes Verhältnis zwischen Wissenschaft und Gesellschaft aufmerksam gemacht. Im Mittelpunkt dieser Auseinandersetzung steht häufig die Beobachtung einer wechselseitigen Durchdringung von Wissenschaft und Gesellschaft (Weingart 2005). Diese Diagnose in der Wissenschaftsforschung koinzidiert mit ihrer verstärkt relativistischen Sichtweise, die sich in der Folge der Soziologisierung des Forschungsfeldes nach Kuhn und Lakatos entwickelte (Weingart 1972). Für die Wissenschaftssoziologie bedeutete dieser Wandel, dass nicht nur die akademisch-institutionellen Rahmenbedingungen der Wissenschaftsproduktion als Begleitumstände untersucht werden, sondern der Produktionsprozess und das Produkt selbst: Sogar die kognitiven Aspekte wissenschaftlich produzierten Wissens gelten als kontextabhängiger *output* sozial situierter Akteure, der je nach ihrem gesellschaftlichen Standpunkt stark variieren kann (Kaiser und Maasen 2010).

Die Wissenschaftssoziologie thematisiert wissenschaftliches Wissen auf dieser Grundlage anders als die Wissenschaftstheorie. Besonders die Laborstudien (Latour und Woolgar 1986; Knorr Cetina 2012) konnten zeigen, dass die Produktionsbedingungen naturwissenschaftlicher Forschung sich auf die Forschungspraxis und das Produkt auswirken. Mit dispositivanalytischen Werkzeugen lassen sich über diese Mikrobereiche hinaus Wissenschaft und Bildung gesellschaftlich kontextualisieren (Maeße und Hamann 2016). Unterschiedliche Disziplinen prozessieren dabei nicht nur in ihren Grenzen auf unterschiedliche Arten und Weisen (Knorr Cetina 2002), auch ihre Berührungspunkte mit anderen gesellschaftlichen Bereichen differieren erheblich. So konnte Bourdieu (1992, 2004) zeigen, inwiefern unterschiedliche wissenschaftliche Disziplinen aufgrund ihrer jeweils spezifischen Beziehung zur gesellschaftlichen Macht entweder einen akademisch „autonomen" Status für sich reklamieren oder dem staatlich-administrativen, dem humanistisch-bildungsorientierten bzw. dem wirtschaftlich-betrieblichen Pol der Gesellschaft nahe stehen. Dies kann je nach nationalem Kontext variieren. Die Naturwissenschaften neigen beispielsweise tendenziell sowohl dem autonomen als auch dem wirtschaftlich-betrieblichen Pol zu; die Kultur- und Bildungswissenschaften stehen demgegenüber eher dem Bildungshumanismus nahe, wohingegen die Soziologie eher dem autonomen Pol zuneigt.

Die Disziplin der Ökonomik war seit ihrer Gründung auf vielfältige Weise eng an unterschiedliche gesellschaftliche Dynamiken geknüpft. Für die französische Wirtschaftswissenschaft hat Lebaron (2001) beispielsweise dargelegt, wie sich die Ökonomik zwischen dem staatlich-administrativen und dem autonomen Pol ansiedelt und im Zuge der Globalisierung (Lebaron 2008 und in diesem Band) enge Beziehungen zum wirtschaftlichen Pol entwickelt. Überhaupt scheint die Wirtschaftswissenschaft sich in unterschiedlichen Nationalstaaten auf unterschiedliche Weise entwickelt zu haben, wie Marion Fourcade (2009) gezeigt hat. Sie begründet dies mit einer Dialektik zwischen politischer Kultur und akademischer Struktur. Für die USA konstatiert Fourcade etwa eine besondere Bedeutung von Marktorientierung und eine an die Naturwissenschaften angelehnte Wissenschaftsphilosophie, weil die Ökonomik gegenüber dem Staat die Rolle einer wissenschaftlich legitimierten, neutralen Instanz zu spielen scheint. Gleichzeitig korrespondiert die Marktorientierung mit bestimmten gesellschaftlichen Vorstellungen von Gerechtigkeit in der angelsächsischen Welt. Beide Faktoren hatten aufgrund der für die Ökonomik konstitutiven Staatsnähe einen besonderen Einfluss auf die Formierung ökonomischen Wissens als positivistisch-formalistischer Modellwissenschaft. Auch WissenschaftshistorikerInnen sehen eine enge Beziehung zwischen ökonomischem Wissen und staatlichen Formgebungsprozessen (Morgan 1990; Desrosières 2005).

Die sozialwissenschaftliche Analyse wirtschaftswissenschaftlichen Wissens steckt noch in den Kinderschuhen, obgleich schon früh Arbeiten dazu entstanden sind (siehe etwa Coats 1993). So wird auf der einen Seite die Formierung ökonomischen Wissens als disziplinspezifische Modellierungskultur untersucht (Morgan 1990; Langenohl 2012; Pahl und Sparsam 2015). Auf der anderen Seite werden aber auch Rhetoriken und Diskurse beleuchtet (McCloskey 1998; O'Rourke und Hogan 2013; Pahl 2013; Maeße 2010) sowie die diskursiven Wechselbeziehungen zwischen Wissenschaft und Gesellschaft analysiert (Maeße 2015b). Nicht zuletzt ist die Wirtschaftswissenschaft feldanalytisch als eine gesellschaftliche Arena untersucht worden, die auf spezifische Weise Wissen und Macht miteinander verbindet (Lebaron 2001; Lenger und Rhein 2014; Maeße 2015a, für eine Feldanalyse zur Managementberatung siehe Schmidt-Wellenburg 2012) und in der unterschiedliche subordinierte Subkulturen in Beziehung zur Macht treten (Pahl 2011).

Daneben gibt es zahlreiche weitere Zugriffsweisen, in denen die verschiedensten in der Soziologie etablierten Methoden Verwendung finden, um „Kopplungen" von Gesellschaft/Ökonomie und Ökonomik zu adressieren: Hirte (2013; Hirte und Pühringer in diesem Band) hat die diskursiven Strategien von WirtschaftswissenschaftlerInnen zur Erstreitung epistemischer Hegemonie mit den Methoden der Netzwerkanalyse untersucht. Thiemann (2014) diskutiert die Rolle der (internationalen) Bankenregulierung für die Entstehung eines Schattenbankensystems, Lepenies (2013; siehe auch Schmelzer in diesem Band) deckt die Nicht-Neutralität des BIP als Wachstumsindikator auf und vollzieht die dahinter stehende parallel verlaufende disziplinäre und politische Entwicklung nach. Reay (2012) hat zeigen können, dass ökonomisches Wissen in der Gesellschaft nicht zwangsläufig als homogener Block mit festgeschriebenen (wissenschaftlichen und/oder politischen) Handlungsempfehlungen seine Wirkung entfaltet, sondern durch eine eigentümliche Verschränkung von kanonisiertem Grundwissen und kontextsensibler Flexibilität gekennzeichnet ist. Bei Kuhn (2012) wird die Interpretation der Finanzkrise in Internetforen analysiert und eruiert, auf welche Weise auch Laien spezifische wirtschaftsbezogene Erklärungsmuster generieren. Bei Burren (2010) findet sich eine Studie zur konfliktgeladenen Ausdifferenzierung der Wissenskultur der Betriebswirtschaftslehre als einer Disziplin, die notorisch zwischen akademischem Bereich und Anwendungskontexten oszilliert. Zuletzt hat ein Beitrag von Fourcade et al. (2014) zur „Superiority of Economists"[4] große Aufmerksamkeit erlangen können, die Liste der Blogdebatten und Pressetexte, in denen der Text diskutiert wurde, ist beeindruckend und zeigt, dass die Soziologie der Ökonomik auch außerhalb der eigenen Fachkultur Aufmerksamkeit erhalten kann.

4 Fourcade und ihre Mitautoren präsentieren in dieser Studie eigene empirische Erhebungen sowie eine Zusammenstellung vorhandener Arbeiten, im Zentrum stehen jeweils Eigentümlichkeiten der sozialen und kognitiven Organisation der Disziplin Wirtschaftswissenschaften. Diese betreffen prominent eine starke Insularität des ökonomischen Diskurses was Kriterien von Wissenschaftlichkeit betrifft, die sekundiert wird von einer rigiden, seitens der dominanten Fachbereiche/Universitäten kontrollierten sozialen Organisation/Integration des Fachs. Das Ineinandergreifen beider Komponenten wird nicht nur als – aus disziplinvergleichender Warte – Besonderheit der Ökonomik begriffen, sondern auch als Hauptursache für ihren weitreichenden gesellschaftlichen und politischen Einfluss veranschlagt.

Die wissenschaftssoziologische Erforschung der Ökonomik hat demnach nicht nur die innerakademische Entwicklung der Disziplin in den Blick genommen, sondern auch ihre rekursiven Bezüge mit der Gesellschaft. An die methodologischen und theoretischen Perspektiven, die in diesem Forschungsstrang entwickelt wurden, schließt ein großer Teil der hier versammelten Beiträge an. Insbesondere werden die Modellierungskulturen und -semantiken, die sozialen Ungleichheits- und Machtstrukturen sowie die Diskurse und epistemischen Formen der Ökonomik untersucht.

## Ökonomie und Wirtschafts- und Industriesoziologie

In der Soziologie hat sich, was ihre Beschäftigung mit der Wirtschaft angeht, in den letzten Jahrzehnten eine Doppelstruktur entwickelt: Auf der einen Seite existiert mit der Arbeits- und Industriesoziologie eine Sicht auf industrielle Beziehungen sowie Arbeit in Organisationen und der Gesellschaft insgesamt. Auf der anderen Seite widmet sich die Wirtschaftssoziologie traditionellen Problemen der Wirtschaftswissenschaft, wie Märkten oder betrieblichen Entscheidungen. In der Industriesoziologie, die mit ihrem breit angelegten gesellschaftstheoretischen Fokus der Multikausalität im ökonomischen Geschehen gut gewappnet zu sein scheint, ist die Kritik an der Wirtschaftswissenschaft im Zuge der Finanzialisierung verschärft worden (Windolf 2005; Holst 2015). Ökonomische Expertise konnte in diesem Zusammenhang etwa als einflussreiche „neoliberale Ideologie" entlarvt werden (Dörre und Brinkmann 2005; Deutschmann 2012).

Die „Neue Wirtschaftssoziologie" versteht sich demgegenüber als explanatorische Alternative zur Wirtschaftswissenschaft (kritisch dazu Sparsam 2015a) und hat seit ihrer Entstehung in den 1970er-Jahren aufgrund der oben bereits angesprochenen Ablehnungshaltung einige Zeit gebraucht, um den produktiven Charakter der Wirtschaftswissenschaft zu erkennen. Die Impulse dazu sind interessanterweise von der Wissenschaftsforschung ausgegangen, maßgeblich aus der Finanzmarktsoziologie, durch welche die Laborstudien aus den Science Studies in der Finanzwelt fortgeführt wurden (siehe etwa Knorr Cetina und Reichmann 2015; Leins 2013; Wansleben 2011).

Besonders kontrovers ist in diesem Zusammenhang die Debatte um die Performativitätsthese von Callon (1998) verlaufen. Callon hat die These aufgestellt, dass die Wirtschaftswissenschaften die Wirtschaft keinesfalls bloß beobachten. Vielmehr sind sie ein Werkzeug, das dazu benutzt wird, reale, empirische Märkte nach dem Vorbild neoklassischer Gleichgewichtsmärkte umzubilden. Wirtschaftswissenschaftliches Wissen ähnelt einer regulativen Idee und nicht einem analytischen Werkzeug. Bereits in den 1980er-Jahren hat Bourdieu in diesem Zusammenhang vom „Theorieeffekt" gesprochen (Bourdieu 1985) und damit den „missionarischen Charakter" der Wirtschaftswissenschaft hervorgehoben (siehe Diaz-Bone 2007). Es war allerdings nicht Bourdieu, sondern sein Konkurrent Callon, der eine breite Debatte zur performativen Rolle der Wirtschaftswissenschaften anstieß (siehe etwa MacKenzie et al. 2007; Callon et al. 2007). Für die praktische Forschung dient heute MacKenzies heuristische Operationalisierung der Performativitätsthese als Maßstab (MacKenzie 2006; zum Überblick Maeße und Sparsam 2016). Die Marktsoziologie nimmt zur Performativitätsidee häufig eine skeptisch bis ablehnende Haltung ein und unterstreicht die autonome Eigenlogik des Marktgeschehens (siehe etwa Kalthoff und Vormbusch 2012).

Ein zaghafter Dialog zwischen Wissenschaftsforschung und Wirtschaftssoziologie findet etwa im Band von Pinch und Swedberg statt (2008). Auch wenn die starken Varianten der Performativitätstheorie in der Wirtschaftssoziologie in der Kritik stehen (Sparsam 2015b), scheint der Gedanke wirtschaftswissenschaftlicher Performativität in die Perspektive der „Einbettung" der Wirtschaft in soziale und kulturelle Kontexte assimiliert zu werden. Aspers und Beckert (2008) etwa sehen in der ökonomischen Theorie einen Faktor im Ensemble der sozio-kulturellen Ungewissheitsreduktion in ökonomischen Entscheidungsprozessen. Langenohl (2011) unterstreicht die Rolle von Expertenwissen als Deutungsressource in Finanzmarktdiskursen. Ähnlich verknüpft Fourcade (2011) die wirtschaftssoziologische Frage nach der institutionellen Legitimation von Wertbildungsprozessen mit der nach den ökonomisch-technischen Aspekten von Preisentwicklungen, für die sie auf performativitätstheoretische Überlegungen zurückgreift. Seit einiger Zeit beteiligt sich mit Neil Fligstein auch ein maßgeblicher Protagonist der New Economic Sociology an der wissenschaftssoziologischen Erforschung der Ökonomik (Fligstein et al. 2014).

In diesem Band schließen Beiträge aus dem zweiten und dritten Teil an die wirtschaftssoziologische Forschung an. Hier wird insbesondere die Performativitätsthese kritisch diskutiert, indem der Frage nachgegangen wird, wie wirtschaftswissenschaftliches Wissen und Märkte interagieren.

## Ökonomie und Kulturelle Politische Ökonomie

Die sozialwissenschaftliche Analyse der Wirtschaftswissenschaft bezieht sich jedoch nicht nur auf Fragen der Wissenschaftsforschung und der Wirtschafts- und Industriesoziologie. Die Ökonomik erzeugt auch eine spezifische Form von Herrschaftswissen, das in politischen Aushandlungsprozessen zum Einsatz kommt. Innerhalb der Politischen Ökonomie haben sich in den letzten Jahren Ansätze herausgebildet, die sich kritisch mit der Rolle von Wissen und Diskursen in Politik und Wirtschaft befassen. Zu nennen sind hier nicht nur die Kritik am Neoliberalismus aus Sicht der Gouvernementalitätsstudien und aus der Finanzialisierungsperspektive, sondern auch die diskursanalytischen Perspektiven der Cultural Political Economy.

Insbesondere die Gouvernementalitätsstudien haben die herrschaftskritischen Impulse in Form einer Kritik am Neoliberalismus aufgenommen (Dean 1999). In vor allem wissensanalytischen Untersuchungen wird gezeigt, wie der Neoliberalismus als wirtschaftswissenschaftlich legitimierte Ideologie immer mehr Bereiche des Sozialen durchdringt und umformt (Bröckling et al. 2000). Im Anschluss an Foucaults Vorlesungen zur Gouvernementalität (Foucault 2004, 2006) werden epistemische Formen wie etwa Statistiken über die Bevölkerungsentwicklung, medizinisches Wissen, staatswissenschaftliche Expertise und ökonomische Theorie als Praktiken des Regierens untersucht. Demnach ist es nicht der Staat, der als Zentralinstanz regiert, sondern die Institutionen der modernen Gesellschaft, die ein dezentrales Gefüge der Gouvernementalität etablieren, das über diverse Technologien Einfluss auf das Verhalten der Gesellschaftsmitglieder nimmt. „Regieren" vollzieht sich hier über differente Praktiken des Klassifizierens, Kategorisierens und Legitimierens (Angermuller und Maeße 2015), die sich etwa in Aktivierungstechniken niederschlagen können (Lessenich 2008). Hierfür spielt Wissen aus der Ökonomik eine wegweisende Rolle (Krasmann und Volkmer 2007).

Auch die Finanzialisierungsstudien befassen sich mit der Frage, wie akademisches Wissen aus der Ökonomik Einfluss auf die Gesellschaft nimmt (Nölke und Heires 2014; Wullweber 2015; Kessler und Wilhelm 2014). Ausgehend von der Beobachtung, dass Finanzprinzipien immer öfter und allumfassender als Ausweis für legitimes Handeln herangezogen werden und vormals nicht-ökonomische Bereiche einer „Securitization" unterwerfen (Leyshon und Thrift 2007), wird eine Ausbreitung eben dieser Prinzipien auf Alltag (Martin 2002), Wirtschaft und Gesellschaft diagnostiziert (Windolf 2005). Während „Globalisierung" und „Neoliberalisierung" sich auf Praktiken der ökonomischen Expansion und Entgrenzung sowie auf politische Machtfragen beziehen, bezeichnet der Begriff der Finanzialisierung vor allem die kognitive Dimension, die immer stärker von Kategorien aus der Ökonomik geprägt wird (Epstein 2005). Ökonomische Begriffe wie „Markt", „Preis" oder

„Gewinn“ werden hier zu einem regulativen Ideal, einem Handlungsmotiv sowie einer Legitimationsressource.

Die Studien zur Kulturellen Politischen Ökonomie (siehe etwa Best und Paterson 2009) haben in diesem Zusammenhang darauf hingewiesen, dass die Politische Ökonomie nicht nur von Fragen materieller Macht geprägt ist, sondern auch von kulturellen Aspekten durchdrungen ist. Dies ist der Punkt, an dem die Ökonomik als Wissensform Einzug in das Spiel der Macht erhält. So haben Sum und Jessop (2013) argumentiert, dass Deutungsprozesse immer Teil von Machtpraktiken sind, in denen institutionelle, soziale und diskursive Dynamiken zusammenwirken. Die Ökonomik dient hier etwa als Quelle dominanter Deutungspraktiken in den Medien (siehe Kutter 2013).

Die Beiträge des Bandes schließen daran an, indem sie auf den Zusammenhang von Wissenschaft und Gesellschaft eingehen und hierbei die Rolle von Diskursen, symbolischen Praktiken und anderen kulturellen Machtmitteln hervorheben. Demnach spielen nicht nur die Medien, sondern auch nicht-öffentliche Beratungskontexte eine wichtige Rolle für die Übersetzung ökonomischen Wissens in gesellschaftliche Deutungsangebote.

## Ökonomie, heterodoxe Ökonomik und Ideengeschichte

Bereits Marx und Engels haben sich mit ökonomischem Wissen und dessen gesellschaftsweitem Einfluss als Kampfmittel sowie Deutungs- und Sinngebungsinstanz beschäftigt. Im Verlauf der Ausarbeitung seiner Kritik der politischen Ökonomie hat sich Marx dann wesentlich detaillierter und systematischer mit ökonomischen Wissensformationen beschäftigt. Neben dem Anknüpfen an und Abgrenzen von überlieferten und zeitgenössischen Theorienbeständen reichte dies bis hin zu einem systematisch angelegten Versuch, die spezifischen selektiven Blickwinkel konkurrierender Theorien qua Rekonstruktion von deren jeweiligen Beobachtungspositionen zu erklären (Pahl 2008).

In der weiteren Entwicklung der Wirtschaftswissenschaften hin zu einer wissenschaftlichen Disziplin gehörten Bezüge auf die eigene Ideengeschichte in den Folgejahrzehnten zum Kernbestand ökonomischer Forschung, nicht zuletzt im Streit konkurrierender Schulen lieferten sie Orientierung, Argumente und Legitimation. Mit der Herausbildung und Konsolidierung eines neoklassisch geprägten Mainstreams ab den 1930er-Jahren wurde die Ideengeschichte hingegen zunehmend als selbstverständlicher Bestandteil der Curricula verdrängt und in die Rolle eines Spezialgebietes verschoben. Im Mainstream, der überwiegend einem als positivistisch begriffenen, an den Naturwissenschaften orientierten Wissenschaftsideal zu folgen meinte, galt die Dogmengeschichte als nur noch von historischem Interesse und immer weniger als mögliches Reservoir zur Informierung aktueller Debatten und Problemstellungen (Blaug 2001). Dies dürfte bis heute das vorherrschende Muster sein.[5]

Gleichwohl ist seriöse, empiriegesättigte „Dogmenhistorik" nicht verschwunden, sie bildet ein lebhaftes Subfeld innerhalb der Ökonomik oder der Geschichtswissenschaft und fungiert als wichtiges Korrektiv gegenüber den glatten (und zumeist auch platten) Fortschrittsgeschichten, die beispielsweise als rahmende Narrative in Lehrbüchern das Feld beherrschen. Als solches stellt die Ideengeschichte für die Forschung zur Ökonomik wichtige Informationsquellen bereit.[6]

Backhouse (2002) zeigt beispielsweise, dass auch eine sehr knappe Gesamtdarstellung der Hauptlinien ökonomischen Denkens nicht notwendig in affirmative Scharlatanerie abgleiten muss. Mirowski (1999) konnte nachzeichnen, in welcher Weise sich die originäre Konstruktion der Allgemeinen Gleichgewichtstheorie bei Walras' Konzeptübernahmen aus der klassischen Mechanik verdankte und auf diese Weise die Bedeutung disziplinübergreifender Wissenschaftsmodi konkret herausstellen. Bei Bösel und Wäckerle (2013) wird der Versuch einer „Bändigung" der Zeit in der neoklassischen Ökonomik herausgearbeitet. Düppe und Weintraub (2014) erzählen detailreich die Vorgeschichte der modernen mathematischen Variante der Allgemeinen Gleichgewichtstheorie, durch die der sogenannte Existenzbeweis (als ein zentrales Moment kognitiver Autorität der heutigen Wirtschaftswissenschaft) in ein anderes Licht rückt als in gängigen mainstream-ökonomischen Schilderungen. Morgan (2012) und Boumans (2005) haben Pionierarbeit im Bereich der Erforschung ökonomischer Modellierungskulturen geleistet (und auf diesem Weg zugleich die

5 Vergleiche dazu die folgende Schilderung bei Dasgupta (2002, S. 61): „The modern economist doesn't even try to legitimize her inquiry by linking it to questions addressed in the canon; she typically begins her article by referring to something in the literature a few months old. She reads Ricardo no more than the contemporary physicist reads James Clerk Maxwell. What today's economics student gets of the classics are those bits that have survived the textbook treatment, dressed up in modern garb. The history of economic ideas has not died; it has simply metamorphosed into a specialized field. It is taught, but it is not compulsory for students, at least not in the major economics departments. "

6 Das gilt auch für die (seltenen, aber durchaus vorhandenen) disziplinären Formen von Selbstreflexion und Selbstbeobachtung, wie sie auf Seiten einiger Ökonomen anzutreffen sind. Einschlägig sind hier beispielsweise die Arbeiten von David Colander (und Kollegen) zur Frage der gegenwärtigen Beschaffenheit der Grenzregime zwischen Mainstream und Heterodoxie in der Ökonomik (Colander et al. 2004; mit anderem Fokus Lee et al. 2013).

ökonomische Ideengeschichte stärker mit den Forschungsprogrammen von Wissenschaftstheorie und Social Studies of Science verkoppelt). Bei Hesse (2010) wurde die Modernisierung der Volkswirtschaftslehre in Deutschland aufgearbeitet, wobei insbesondere der unter dem Vorbild vorheriger US-amerikanischer Entwicklungen eingeleitete Prozess der stärkeren Abgrenzung der Wirtschaftswissenschaft und des Ausklinkens aus breiteren sozial- und kulturwissenschaftlichen Kontexten zentral gestellt wurde. Speich Chassé (2013) rekonstruiert die Konstruktion und den globalen Einsatz von Kategorien der volkswirtschaftlichen Gesamtrechnung (etwa die Herausbildung der Kategorie des „Bruttosozialprodukts" als quasi-obligatorischer Mess- und Bezugsgröße), Nützenadel (2005) arbeitet in minutiöser Weise den Einbezug ökonomischen Wissens in politische Steuerungskontexte für die Bundesrepublik der ersten Nachkriegsjahrzehnte heraus. Bei Schmelzer (2010) werden gleichermaßen detailreich die Ursprünge neoliberaler Wirtschaftspolitik aufgearbeitet. Erst durch solche und ähnliche Untersuchungen wird deutlich, wie die Ökonomik erhebliche kognitive Autorität und breiten Einfluss auch außerhalb der Wissenschaft erlangen konnte (und auch, wo mögliche Bruchstellen dieser Dominanz zu verorten sind).

Näher an der Schnittstelle zur (philosophischen) Wissenschaftstheorie argumentieren zum Beispiel Ylikoski und Aydinonat (2014), wo die Frage verhandelt wird, warum sich die Mainstream-Ökonomik der Gegenwart gegenüber Simulationsverfahren vergleichsweise zurückhaltend positioniert und nach wie vor mathematische Modellierung auf Basis von Differentialgleichungssystemen präferiert. Gleiches gilt für Kapellers (2012) Überlegungen zu axiomatischer Variation als Weiterentwicklungsmodus neoklassischer Ökonomik. Solche Studien fordern unmittelbar zu einer soziologischen – und das heißt auch stärker empirischen – Unterfütterung heraus.

Die Beiträge des Bandes schließen daran an, indem sie etwa Modellierungskulturen und andere epistemische Prozesse auf der Ebene der Wissensformierung untersuchen. Zu nennen sind hier insbesondere die Beiträge des ersten und des zweiten Abschnitts.

## Die Beiträge des Bandes

### Teil I: Ökonomische Wissenskulturen

Die Beiträge der ersten Sektion untersuchen schwerpunktmäßig die kognitiven Strukturen und Wissensformen der Wirtschaftswissenschaften. Sie beschäftigen sich mit Modellierungskulturen, der Entwicklung ganzer Wissensformationen, der Frage der Akzeptanz bestimmter Methoden sowie mit paradigmatischen Kontroversen.

**Sebastian Giacovelli und Andreas Langenohl: *Temporalitäten in der wirtschaftswissenschaftlichen Modellbildung: Die Multiplikation von Zeitlichkeit in der Neoklassik***

Der Beitrag von Sebastian Giacovelli und Andreas Langenohl untersucht die Ökonomik als modellierende Disziplin. Eine solche Perspektive reicht über die gängige wirtschaftssoziologische Kritik an den „unrealistischen Prämissen" neoklassischer Ökonomik hinaus und spürt stattdessen präzise dem modus operandi und den Funktionen von Modellierungsverfahren nach. Anhand einer Analyse ausgewählter Modelle wird die innere Temporalität ökonomischen Wissens untersucht. Mathematische Modelle in den Wirtschaftswissenschaften erzeugen durch die inwendige Abschließung ihres Formeluniversums eine Binnenreferenzialität, die dann wiederum die ‚Entdeckung' formaler Muster (in der Wirklichkeit) und damit Sinnüberschüsse ermöglicht. Der Beitrag liefert ein Beispiel dafür, wie Verfahren der Diskursanalyse auch auf stark formalisierte Wissenschaften angewendet werden können.

**Arne Heise: *Die Ökonomik als wissenschaftliches Macht- und Schlachtfeld. Eine Analyse im Lichte Bourdieus und Lakatos'***

Arne Heise fragt vor dem Hintergrund der jüngsten Weltwirtschaftskrise nach den Gründen für das Ausbleiben eines paradigmatischen Wandels in den Wirtschaftswissenschaften. Von der Warte einer Konkurrenz von Forschungsprogrammen (Lakatos), ergänzt durch macht- und feldtheoretische Überlegungen Bourdieus, wird insbesondere die Struktur der amerikanischen Wirtschaftswissenschaft als Zentrum globaler ökonomischer Wissensproduktion analysiert. Es werden Mechanismen identifiziert und zueinander ins Verhältnis gesetzt, die Wandlungsprozesse jeweils befördern oder behindern, wobei insbesondere jenen Transformationsanstrengungen nachgegangen wird, die von Seiten bekannter kritischer „Eliteökonomen" (Krugman, Stiglitz) unternommen werden.

**Oliver E. Kuhn:** ***Alltagswissen in der Krise. Der politische Laiendiskurs über die Verantwortung für die Finanzkrise seit 2007***

Anhand von Online-Diskussionen über Ursachen und Folgen der Finanzkrise nimmt Oliver Kuhn das ökonomische Alltagswissen in den Blick. Im Zentrum steht die Frage, an welchen kognitiven und normativen Deutungsmustern sich ökonomische Laien in einem thematischen Feld orientieren, über dessen komplexe Problematik auch im professionellen Kontext von Wissenschaft und Massenmedien kein unbestrittenes Wissen produziert wird. Welche Axiome und Werthaltungen ermöglichen die konfligierenden, oft apodiktischen politischen Urteile trotz Mangels an Spezialwissen? Benannt werden die ‚einfachen' alltagsweltlichen Deutungsmuster, die „simple heuristics" (Gigerenzer), welche Laien eine Orientierung im überfordernden thematischen Feld ermöglichen und die jeweilige Zurechnung der Verantwortung für die Krise steuern. Besonderes Augenmerk wird auf die alltagstheoretische Einstellung zu staatlicher und privater Verschuldung gelegt.

**Alexander Lenger und Jan Kruse:** ***Qualitative Forschungsmethoden in der deutschen Volkswirtschaftslehre. Eine explorative Erhebung zugrunde liegender Repräsentationsmuster***

Jan Kruse und Alexander Lenger befassen sich mit der Rolle rekonstruktiver Methoden in der Wirtschaftswissenschaft. Die Zweckmäßigkeit qualitativer bzw. rekonstruktiver Forschungsmethoden ist in sozialwissenschaftlichen Fächern seit langem anerkannt, entsprechend wird diese Methodik in der Forschungspraxis umfassend eingesetzt. Im wirtschaftswissenschaftlichen Feld hingegen spielen qualitative Methoden, wie z. B. leitfadengestützte Interviews oder teilnehmende Beobachtungen, praktisch keine Rolle. Der Text untersucht die Einstellungen von ÖkonomInnen zur qualitativen Forschungspraxis und basiert auf einer qualitativen Befragung unter deutschsprachigen ÖkonomInnen, deren Ziel es war, mehr über den Stellenwert und die Repräsentationsmuster qualitativer Forschungsmethoden herauszufinden. Ursache für die systematische Ablehnung des qualitativen Forschungsparadigmas – so der Befund – sind die unzureichenden Kenntnisse über die Logik und den Nutzen qualitativer Forschungsansätze, der fehlende Umgang mit qualitativen Verfahren sowie eine unzulässige Methodenfixierung auf quantitative bzw. mathematische Designs.

**Hanno Pahl und Jan Sparsam:** ***DSGE-Makroökonomik. Soziologische Inspektion einer modellgetriebenen Wissensformation***

Der Text von Hanno Pahl und Jan Sparsam stellt ähnlich wie der Beitrag von Langenohl und Giacovelli ökonomische Modellierungsweisen in den Vordergrund

und möchte über die Grenzen der tradierten soziologischen Pauschalkritik an der Ökonomik hinausgehen. Mit den Arbeiten von Robert Lucas werden neue und einschlägige Entwicklungen in der Makroökonomik betrachtet, die seitens der Soziologie leider bis dato fast vollständig vernachlässigt wurden. Während Ökonomen wie Friedman oder Hayek sicher die wirkungsmächtigsten Protagonisten dar- bzw. Referenzpunkte neoliberaler Prozesse bereitstellen (und entsprechend recht gut beforscht sind), ist der Einfluss von Lucas, dem Initiator der Neuen Klassischen Makroökonomik, eher ein indirekter weil methodenbezogener. Der Text entfaltet ein theoretisches Raster zur Analyse ökonomischer Modelle und enthält erste empirische Probebohrungen zum Feld der DSGE-Modelle, die den heutigen „state of the art" der Mainstream-Makroökonomie darstellen und in direkter Verbindungslinie zu den Arbeiten von Lucas aus den 1970er-Jahren stehen.

**Werner Reichmann:** ***Das „dominante Schaubild" und die visuelle Herstellung des Verständnisses der wirtschaftlichen Zukunft***

Die Wirtschaftswissenschaften verwenden überdurchschnittlich häufig visuelle Darstellungen, um ihr Wissen mit anderen Gruppen zu teilen. Im Speziellen werden Prognosen vor allem über eine Grafik vermittelt, die als das „dominante Schaubild" der Wirtschaftsprognostik bezeichnet werden kann. Zwei Thesen stehen im Mittelpunkt des Beitrags von Werner Reichman: (1) Das dominante Schaubild wird interpretiert als eine Art des „skopischen Mediums" (Knorr Cetina 2009), also gleichsam als Fenster in eine ansonsten nicht zugängliche und informational stark angereicherte Welt. Möglichkeiten und Grenzen dieser Interpretation werden besprochen. (2) Das Verständnis und die Macht einer ohne sozialen Kontext bedeutungslosen Grafik wird anhand der von Ludwik Fleck vorgenommenen Unterscheidung zwischen „schauen" und „sehen" (Fleck 2011) untersucht. Das dominante Schaubild kann demnach von vielen Menschen nur dann gleich verstanden werden, wenn diese anerkanntes Wissen darüber, was Wirtschaft ist und wie sie funktioniert bzw. funktionieren soll, teilen. Es wird diskutiert, woraus diese epistemische wirtschaftswissenschaftliche Kultur besteht und woher sie kommt.

**Manuel Scholz-Wäckerle:** ***Computerspielwelten und Ökonomie: Herleitung einer transformationskritischen Computerspielwelt innerhalb Evolutionärer Politischer Ökonomie***

Manuel Scholz-Wäckerle analysiert in Anlehnung an Claus Pias' Buch „Computerspielwelten" neue Entwicklungen ökonomischer Spielwelten auf zeit-, entscheidungs- und konfigurationskritische Weise. Diese drei Äußerungsmengen ordnet der Autor dem „Action-", „Adventure-" und „Strategiespiel" zu. Innerhalb dieser

Systematisierung entsteht nicht bloß neues Wissen, sondern es werden auch neue Techniken zur Generierung solchen Wissens entwickelt. Im Speziellen wird auf die Spieltheorie eingegangen und versucht zu verstehen, wie sie sich aus dem ursprünglichen Neumann-Morgenstern-Projekt entwickelt hat. Der Computer spielt eine große Rolle in der Geschichte der Spieltheorie. Mit seiner Hilfe lassen sich nicht nur analytische Problemstellungen in geschlossener Form numerisch simulieren, sondern er erlaubt auch das Simulieren ganzer Spielwelten, die sich endogen und dynamisch selbst „fortpflanzen". Im Fortgang des Textes wird die weitere Entwicklung von Computerspielen mit Bezug auf sich wandelnde Simulationsverfahren in der Ökonomik skizziert.

## Teil II: Macht und Legitimität in der Ökonomie

Die Beiträge des zweitens Teils beschäftigen sich vor allem mit dem Verhältnis von Wirtschaftswissenschaft und Gesellschaft. Von zentralem Interesse ist dabei, wie ökonomisches Wissen als Expertenwissen für Machtausübungen und Legitimitätserzeugungen eingesetzt werden kann.

**Alexander Hirschfeld: *Zur Ökonomisierung der Psyche. Konturen des Konzepts Burnout***

Das Verhältnis von Ökonomie und Psyche nimmt Alexander Hirschfeld in den Blick. Seit den 1980er-Jahren findet ein tiefgreifender Veränderungsprozess westlicher Wirtschafts- und Sozialordnungen statt, der unter anderem mit den Schlagwörtern „Liberalisierung" und „Flexibilisierung" beschrieben wird. Im Zuge dieses Wandels kam es zu einem drastischen Anstieg psychisch bedingter Arbeitsausfälle, die sich seit Ende der 1970er-Jahre mehr als vervierfacht haben. Dieser neue Problembereich ist längst zum Konfliktfeld geworden ist, in dem unterschiedliche Akteure und Institutionen über die legitime Definition des Phänomens streiten. Der Text unterzieht den Streit um die psychische Erschöpfung einer kultur- und machttheoretischen Betrachtung, die die Produktionsbedingungen spezifischer Wissensformen und Subjektivierungsweisen in den Vordergrund rückt. Im Zentrum steht die Frage, ob und wie sich die Imperative der Eigenverantwortung und Aktivierung auch im Bereich der psychischen Gesundheit durchsetzen können. Als Ausgangspunkt dient die wissenschaftliche Debatte um das sogenannte Burnout-Syndrom, die hinsichtlich der dominanten Problemdefinitionen, Subjektkonstitutionen und den ihr zugrundeliegenden Deutungsmustern untersucht wird.

**Frédéric Lebaron:** ***Die Welt der Wirtschaftswissenschaften – ein „starkes Feld“ verbunden mit dem Feld der Macht***

Frédéric Lebaron entwickelt in seinem Beitrag eine Theorie zur Untersuchung des wirtschaftswissenschaftlichen Feldes als sozialem Raum, der an das globale Feld der Macht angeschlossen ist. Aus diesem Grund ist das Feld der Wirtschaftswissenschaft ein „starkes Feld“. Die Wirtschaftswissenschaft hat wichtige Orte der Macht durchdrungen und beeinflusst in vielerlei Hinsicht sowohl das öffentlichen Leben als auch wichtige gesellschaftliche Akteure. Sie ist in die parallele Konstruktion von Staat und Markt involviert. Durch die Entwicklung ökonomischer Expertise in den Institutionen der globalen Wirtschaftssteuerung wurde die Rolle der Wirtschaftswissenschaft als „kameralistische Disziplin“ weltweit vorangetrieben. Dadurch verschwimmt zunehmend die Grenze zwischen Wissen und Macht. Der Beitrag zeichnet die Entstehung des Feldes der Wirtschaftswissenschaft nach und illustriert diese Analyse mit Datenmaterial aus zahlreichen Forschungsprojekten. Hierbei spielen Zentralbanken eine herausragende Rolle.

**Jens Maeße:** ***Ökonomisches Expertentum. Für eine Diskursive Politische Ökonomie der Wirtschaftswissenschaft***

Jens Maeße umreißt einen methodologischen Rahmen für die Untersuchung von ökonomischen ExpertInnendiskursen. Der Beitrag untersucht ökonomisches ExpertInnentum an der Schnittstelle von akademischer, politischer, medialer und wirtschaftlicher Welt. Das Handeln akademischer ÖkonomInnen, so die zentrale These des Beitrages, steht in enger Wechselwirkung mit den Praktiken ihrer KollegInnen in Politik, Medien und Märkten. Dies schlägt sich nicht nur in den akademischen Diskursen, sondern vor allem in den Strukturen der akademischen Welt der Wirtschaftswissenschaft nieder. Mit dem Begriff der Diskursiven Politischen Ökonomie der Wirtschaftswissenschaft wird eine Forschungsperspektive auf ökonomisches Expertentum umrissen, die danach fragt, inwiefern dessen kommunikative Eingriffe in die Gesellschaft an der Schnittstelle unterschiedlicher Sozialwelten angesiedelt sind. Mit dem Diskursbegriff sollen die Positionierungspraktiken eingefangen werden; mit einer diskurstheoretisch reformulierten Theorie der Macht soll Bourdieus Kapitalbegriff für die Untersuchung von machtstrategischen Diskurspositionierungen in Definitionskämpfen fruchtbar gemacht werden.

**Matthias Schmelzer:** ***Die Vermessung ‚der Wirtschaft'. Konstruktionen und Kontroversen in der internationalen Standardisierung der volkswirtschaftlichen Gesamtrechnung, 1940er- und 50er-Jahre***

Der Aufsatz von Matthias Schmelzer analysiert historisch, wie die volkswirtschaftliche Gesamtrechnung – und damit einhergehend die Idee, dass das Bruttosozialprodukt die Wirtschaft definiert – in den späten 1940er- und frühen 1950er-Jahren etabliert und international standardisiert wurde. Aus einer hegemonietheoretisch und diskursanalytisch inspirierten Perspektive der Wissensgeschichte werden die Aushandlungsprozesse auf der internationalen Ebene fokussiert. Die meisten der Kontroversen, die gegenwärtig darüber ausgefochten werden, wie das BIP „unser Leben falsch misst" (Stiglitz et al. 2010), können – so das Argument – bis in die Zeit der Entwicklung und internationalen Standardisierung der volkswirtschaftlichen Gesamtrechnung zurückverfolgt werden. Der Aufsatz skizziert im ersten Abschnitt den Aufstieg der volkswirtschaftlichen Gesamtrechnung während des Zweiten Weltkriegs, argumentiert, dass erst dadurch eine moderne Konzeption „der Wirtschaft" aufkam und betont dabei die Rolle der Kriegswirtschaft und des Keynesianismus. Im zweiten Teil wird der Prozess beschrieben, der zur internationalen Standardisierung dieser Sozialtechnik führte, wobei vor allem der Einfluss internationaler Organisationen und eines kleinen Netzwerks anglo-amerikanischer ExpertInnen im Vordergrund stehen. Abschließend werden einige der Schlüsselkontroversen innerhalb der damaligen Diskussionen analysiert um aufzuzeigen, dass die volkswirtschaftliche Gesamtrechnung von Anfang an ein ausgesprochen umstrittenes Messinstrument war.

**Christian Schmidt-Wellenburg:** ***Akademisches Wissen, professionelle Expertise und alltägliche Unternehmenspraxis. Unternehmensbezogene Professionen als neoliberale Regierungsformen***

Professionen sind seit Jahrhunderten wichtiger Bestandteil des Regierens. Mit ihrer Expertise tragen sie dazu bei, Subjekte zu formen und sie bei ihrer Selbstformung anzuleiten. Im 20. Jahrhundert nimmt die Zahl der Berufe zu, deren Expertise nicht auf Subjektivierungsprobleme einzelner Menschen, sondern auf Subjektivierungsprobleme ganzer Organisationen bezogen ist. Accounting und Managementberatung stehen exemplarisch für diese Entwicklung. Diese ExpertInnen bezeichnen sich selbst als professionelle DienstleisterInnen und sind maßgeblich daran beteiligt, volkswirtschaftliches und betriebswirtschaftliches akademisches Wissen in lösungsorientierte organisatorische und wirtschaftliche Praktiken umzuarbeiten. Christian Schmidt-Wellenburg entwirft in dem Beitrag die Skizze einer Theorie unternehmensbezogener Professionen, die ihrer herrschafts- und wissenssoziologischen Bedeutung in modernen kapitalistischen Gesellschaften gerecht wird. Dafür wird auf Überlegungen Bourdieus zur Logik von Praxisfeldern, auf seine Arbeiten zur Genese des Staates und auf Einsichten aus Foucaults Gouvernementalitätsstudien zurückgegriffen.

**Joscha Wullweber:** ***Politikwissenschaftliche Methoden im Widerstreit: Holistische vs. parsimonische Analysen der globalen Finanzkrise***

Joscha Wullweber behandelt gegenwärtige Definitionskämpfe um die Deutung des Forschungsfeldes der Internationalen Politischen Ökonomie (IPÖ), die im Diskurs vorherrschend als Auseinandersetzung zwischen der US-amerikanischen und der britischen Tradition gerahmt werden. Der Beitrag problematisiert diese dichotome Typologisierung der Debatte und stellt die These auf, dass es in diesem Richtungsstreit neben theoretischen und methodischen Fragen vor allem um den Wettstreit zwischen einer theoretisch und methodisch vereinheitlichenden (monistischen) und einer pluralistischen IPÖ geht.

## Teil III: Performativität in der Ökonomie

Die Beiträge im letzten Teil drehen sich allesamt um die zuletzt viel und kontrovers diskutierte Frage performativer Effekte ökonomischen Wissens. Zusammen ergeben sie eine Art Panorama, das deutlich erkennen lässt, wie die komplexen Beziehungen zwischen Wirtschaftswissenschaft und Wirtschaft verlaufen.

**Katrin Hirte und Stephan Pühringer:** ***Netzwerke der Wirtschaftswissenschaft in Deutschland und die Performativität ökonomischen Wissens***

Katrin Hirte und Stephan Pühringer thematisieren die Performativität der Ökonomie, indem nach der Rolle der ÖkonomInnen in der Finanzkrise gefragt wurde. Es werden empirische Ergebnisse einer breit angelegten Studie vorgestellt, in der sowohl auf diskurs- als auch netzwerkanalytischer Ebene der Einfluss der Wirtschaftswissenschaft in Deutschland im Zuge der Finanzkrise nachgezeichnet werden. Die Ergebnisse zeigen insbesondere die spezifischen arbeitsteiligen und teils historisch gewachsenen relevanten Strukturmuster der deutschen Ökonomie. Dabei wird deutlich, dass die enge Verflechtung zwischen politischen EntscheidungsträgerInnen und neoliberalen ÖkonomInnen des wirtschaftswissenschaftlichen Mainstreams einschließlich entsprechender Institutionen als eine der Hauptursachen des (Wieder-) Erstarkens neoliberaler Konzepte in der EU-Krisenpolitik gesehen werden kann.

**Hajo Holst:** ***Von Hilfsmitteln, Symbolen und Artefakten – Finanzialisierung, rationale Investitionen und der Business Case***

Hajo Holst verbindet in seinem Beitrag die Diskussion über die Performativität wirtschaftswissenschaftlichen Wissens mit der soziologischen Finanzialisierungsforschung. Am Beispiel des Business Case, einem ökonomischen Werkzeug, mit dem in Wirtschaftsorganisationen numerisches Zukunftswissen hervorgebracht wird, untersucht er empirisch den Einfluss finanzökonomischen Denkens auf Entscheidungen in Wirtschaftsorganisationen. Dabei zeigt der Beitrag, dass das Werkzeug mehrdeutig ist. In einigen Situationen greifen die Akteure auf den Business Case als Hilfsmittel zurück, um Investitionsfolgen gegenwärtiger Entscheidungen zu kalkulieren. In anderen Situationen nutzen dieselben Akteure das Werkzeug als Symbol, mit dem nach nicht-rechnerischen Kriterien getroffene Entscheidungen maskiert werden. Und auch für dessen Existenzweise als Artefakt finden sich in dem empirischen Material Hinweise: Im Umgang mit dem Business Case scheinen sich zumindest bei einigen Akteuren die Vorstellungen von wirtschaftlicher Rationalität zu wandeln. Die Ergebnisse des Beitrags sind nicht nur für die Debatte über die Performativität wirtschaftswissenschaftlichen Wissens relevant, liefern sie doch Hinweise darauf, wie die von der Finanzialisierung in Organisationen angestoßenen Veränderungen in den Selbstverständlichkeiten des Wirtschaftens kulturell naturalisiert werden.

**Stefan Leins:** ***Performativität und ihre Grenzen: Das Verhältnis zwischen ökonomischem Wissen und ökonomischer Praxis am Beispiel der Finanzanalyse***

Die von Michel Callon hervorgebrachte These, dass die Wirtschaftswissenschaft Finanzmarktpraktiken nicht nur beschreibt, sondern ebenso formt, hat in der aktuellen Wirtschaftssoziologie großen Anklang gefunden. Auf der Grundlage des empirischen Materials einer zweijährigen ethnographischen Forschung bei den Finanzanalysten einer Schweizer Großbank zeigt der Beitrag von Stefan Leins, dass das Konzept der Performativität (1) nicht immer zutrifft und darüber hinaus auch (2) problematisch sein kann. Finanzanalysten beziehen sich zwar gerne und oft auf ökonomisches Wissen, um ihre Deutungshoheit in Bezug auf Marktentwicklungen zu unterstreichen. Die von ihnen angewandten Praktiken stehen jedoch im Konflikt mit der wirtschaftstheoretischen Grundannahme, dass Finanzmärkte (informationell) effizient sind. Der allzu starke Fokus auf performative Prozesse birgt demnach, so die These des Beitrags, die Gefahr, die durch Finanzmarktakteure und deren Praktiken aufrecht erhaltenen Machtverhältnisse aus den Augen zu verlieren.

**Matthias Thiemann und Mohamed Aldegwy:** ***Von mikro- zu makroprudenzieller Regulierung: Eine Diskursanalyse zum Wandel von Regulierungskonzepten***

Seit dem Ausbruch der Finanzkrise hat das makroprudenzielle Politikparadigma zunehmend an Einfluss gewonnen. Dieser Paradigmenwechsel in der Finanzmarktregulierung ging allerdings nicht mit einem Konsens über die adäquaten Maßnahmen und politischen Instrumente zur Erreichung makroprudenzieller Ziele einher. Die konzeptionelle Identifikation der systemischen Risiken, deren Messung sowie die entsprechenden Regulierungsinstrumente standen vielmehr im Zentrum akademischer und technokratischer Debatten. Inzwischen implementieren politische Entscheidungsträger manche makroprudenziellen Maßnahmen über Basel III und den Dodd-Frank Act. Der Aufsatz von Matthias Thiemann und Mohamed Aldegwy untersucht die Entwicklung des wirtschaftswissenschaftlichen Diskurses über Systemrisiken und Bankenregulierung, um so die Veränderungen im wirtschaftswissenschaftlichen Diskurs zur Bankenregulierung in der Folge der Krise besser verstehen zu können – und auch um zu verstehen, warum diese Verschiebungen nicht bereits vor der Krise stattfanden. Die Autoren bedienen sich hierzu bibliometrischer Analysen und führen eine interpretative Diskursanalyse des wirtschaftswissenschaftlichen Diskurses zur Bankenregulierung aus der Zeit von 1985 bis 2014 durch.

**Benjamin Wilhelm:** ***Regieren durch Risiko – Staatlichkeit im europäischen Finanzregulierungsdiskurs***

Anhand der Regulierung des Eigenkapitals für Banken zeigt der Beitrag von Benjamin Wilhelm, wie die Einschreibung einer risikobasierten Rationalität sowohl die möglichen politischen Positionen des Staates als auch die Reichweite seiner Handlungsmöglichkeiten in der EU einschränkt. In drei Schritten wird dargestellt, wie ein Regulierungsparadigma das institutionelle Gefüge von Finanzmärkten außerhalb einer politischen Rationalität stabilisiert. Wissensbasierte Risikokonzepte verschieben den Diskurs hin zu einer technischen, den Mitgliedsstaaten der EU übergeordneten Rationalität, die außerhalb ihres politischen Handlungsspielraums liegt. Die übergreifende Entwicklung von Finanzmarktregulierung innerhalb der EU, so das Argument, verfestigt damit die Problematik der Regierbarkeit von Finanzmärkten.

Besonderer Dank gebührt dem Kolleg „Postwachstumsgesellschaften“ an der Friedrich-Schiller-Universität Jena, in dessen Forschungsprogramm der dem Sammelband zugrundeliegende Workshop „Zur Soziologie ökonomischen Wissens“ im Juli 2014 stattfinden konnte.[7] Das Kolleg hat ebenfalls die Übersetzung der Beiträge von Mohamed Aldegwy und Matthias Thiemann sowie von Frédéric Lebaron finanziert, die Jan-Peter Herrmann, David Meienreis und Loren Balhorn aus dem Englischen ins Deutsche fachkundig bewerkstelligt haben. Auch hierfür sei allen Beteiligten gedankt, genauso wie Philipp Rhein, der mit großer Sorgfalt bei der Endredaktion des Bandes mitgewirkt hat.

Der aufmerksamen LeserIn wird es nicht entgehen, dass männliche ForscherInnen unter den AutorInnen stark überrepräsentiert sind. Dies gibt, trotz einer nicht wegzudiskutierenden Dominanz von Männern in vielen Forschungsfeldern, die empirischen Verhältnisse im vorliegenden Fall nicht ganz zutreffend wieder. Im Bereich der sozialwissenschaftlichen Erforschung von Ökonomik und ökonomischem Wissen arbeitet eine nicht geringe Zahl weiblicher ForscherInnen, letztlich ist es der Kontingenz multipler Publikationsverpflichtungen und Abgabetermine geschuldet, dass nicht mehr Frauen im vorliegenden Band mit Texten repräsentiert sind.

Zu unserem Bedauern ist die Herausgabe dieses Sammelbandes nicht nur mit der wunderbaren Zusammenarbeit mit den AutorInnen und der Lektüre ihrer inspirierenden Beiträge verbunden gewesen. Mit tiefer Betroffenheit haben wir während der Arbeit daran vom Tod unseres Autors Jan Kruse erfahren. Jan Kruse wird als wichtige Persönlichkeit der soziologischen Fachgemeinschaft in Erinnerung bleiben, seine innovativen Beiträge zur qualitativen Sozialforschung und seine Lehrtätigkeit haben die Disziplin über ihre Grenzen hinaus bereichert. Er wird nicht nur dort schmerzlich vermisst. Unser aufrichtiges Mitgefühl gilt seiner Familie, seinen FreundInnen und KollegInnen.

7 Ausgehend von diesem Workshop hat sich mittlerweile unter Federführung von Alexander Lenger eine DFG-Netzwerkgruppe zur Soziologie ökonomischen Denkens konstituiert, der auch die Herausgeber und einige der BeiträgerInnen dieses Bandes angehören. Siehe die Website unter: http://www.soziologie-oekonomischen-denkens.uni-freiburg.de/de.

## Literatur


Angermuller, J., & Maeße, J. (2015). Regieren durch Leistung. Die Verschulung des Sozialen in der Numerokratie. In A. Schäfer & C. Thompson (Hrsg.), *Leistung* (S. 61–108). Paderborn: Schöningh.

Aspers, P. (2007). Theory, reality, and performativity in markets. *The American Journal of Economics and Sociology (66) 2*, 379–398.

Aspers, P., & Beckert, J. (2008). Märkte. In A. Maurer (Hrsg.), *Handbuch der Wirtschaftssoziologie* (S. 225–246). Wiesbaden: Springer.

Backhouse, R. E. (2002): *The Penguin history of economics*. London: Penguin.

Beckert, J., Diaz-Bone, R., & Ganßman, H. (Hrsg.) (2007). *Märkte als soziale Strukturen*. Frankfurt am Main, New York: Campus.

Best, J., & Paterson, M. (Hrsg.) (2009a). *Cultural political economy*. London, New York: Routledge.

Blaug, M. (2003). The formalist revolution. In W. J. Samuels, J. E. Biddle, & J. B. Davis (Hrsg.), *A companion to the history of economic thought* (S. 395–410). Malden et al.: Blackwell.

Blaug, M. (2001). No History of Ideas, Please, We're Economists. *Journal of Economic Perspectives 15 (1)*, S. 145–164.

Boumans, M. (2005). *How economists model the world into numbers*. New York: Routledge.

Bourdieu, P. (1985). Sozialer Raum und Klassen. Leçon sur la leçon. Frankfurt am Main: Suhrkamp.

Bourdieu, P. (1992). *Homo academicus*. Frankfurt am Main: Suhrkamp.

Bourdieu, P. (2004). *Der Staatsadel*. Konstanz: UVK.

Bourdieu, P. (2005). *The social structures of the economy*. Cambridge: Polity Press.

Bösel, B., & Wäckerle, M. (2013). Ökonomie im Ereignis – Zeit der Verzweiflung? Zu Joseph Vogls kulturwissenschaftlicher Kritik der Oikodizee. In H. Pahl & J. Sparsam (Hrsg.), *Wirtschaftswissenschaft als Oikodizee? Diskussionen im Anschluss an Joseph Vogls Das Gespenst des Kapitals* (S. 113–140). Wiesbaden: Springer VS.

Bröckling, U., Krasmann, S., & Lemke, T. (Hrsg.) (2000). *Gouvernementalität der Gegenwart. Studien zur Ökonomisierung des Sozialen*. Frankfurt am Main: Suhrkamp.

Burren, S. (2010). Die Wissenskultur der Betriebswirtschaftslehre. Aufstieg und Dilemma einer hybriden Disziplin. Bielefeld: transcript.

Callon, M. (Hrsg.) (1998). *The laws of the markets*. Oxford: Blackwell Publishers.

Callon, M., Millo, Y., & Muniesa, F. (Hrsg.) (2007). *Market devices*. Malden et al.: Blackwell Publisher.

Caspari, V., & Schefold, B. (Hrsg.) (2011). *Wohin steuert die ökonomische Wissenschaft? Ein Methodenstreit in der Volkswirtschaftslehre*. Frankfurt am Main: Campus.

Chiapello, E. (2009). Die Konstruktion der Wirtschaft durch das Rechnungswesen. In R. Diaz-Bone & G. Krell (Hrsg.), *Diskurs und Ökonomie. Diskursanalytische Perspektiven auf Märkte und Organisationen* (S. 125–149). Wiesbaden: VS Verlag.

Coats, A. W.B. (1993). *The sociology and professionalization of economics. British and American economic essays. Vol. II*. London, New York: Routledge.

Colander, D. C., Richard P. H., & Barkley J. R. (2004). The changing face of mainstream economics. *Review of Political Economy 16 (4)*, 485–499.

Dasgupta, P. (2002). Modern economics and its critics. In U. Mäki (Hrsg.), *Fact and fiction in economics. Models, realism, and social construction* (S. 57–89). Cambridge: Cambridge University Press.
Dean, M. (1999). *Governmentality. Power and rule in modern society.* London: Sage.
Desrosières, A. (2005). *Die Politik der großen Zahlen. Eine Geschichte der statistischen Denkweise.* Berlin et al.: Springer.
Deutschmann, C. (2002). *Postindustrielle Industriesoziologie. Theoretische Grundlagen, Arbeitsverhältnisse und soziale Identitäten.* Weinheim, München: Juventa.
Deutschmann, C. (2012). Der Glaube der Finanzmärkte. Mainfeste und latente Performativität in der Wirtschaft. In H. Kalthoff & U. Vormbusch (Hrsg.), *Soziologie der Finanzmärkte* (S. 131–150). Bielefeld: transcript.
Diaz-Bone, R. (2007). Habitusformierung und Theorieeffekt: zur sozialen Konstruktion von Märkten. In J. Beckert, R. Diaz-Bone & H. Ganßman (Hrsg.), *Märkte als soziale Strukturen* (S. 253–265). Frankfurt, New York: Campus.
Diaz-Bone, R., & Krell, G. (Hrsg.) (2009). *Diskurs und Ökonomie. Diskursanalytische Perspektiven auf Märkte und Organisationen.* Wiesbaden: VS Verlag.
Dörre, K., & Brinkmann, U. (2005). Finanzmarkt-Kapitalismus: Triebkraft eines flexiblen Produktionsmodells? In P. Windolf (Hrsg.), *Finanzmarkt-Kapitalismus. Analysen zum Wandel von Produktionsregimen* (S. 58–84). Wiesbaden: VS Verlag.
Düppe, T., & Weintraub, E. R. (2014). *Finding equilibrium. Arrow, Debreu, McKenzie and the problem of scientific credit.* Princeton: Princeton University Press.
Fligstein, N., Brundage, J. S., & Schultz, M. (2014). Why the federal reserve failed to see the financial crisis of 2008: The role of "macroeconomics" as sense-making and cultural frame. http://sociology.berkeley.edu/sites/default/files/faculty/fligstein/Why%20the%20Federal%20Reserve%20Failed%20to%20See%20the%20Crisis%20of%202008%20September%2029%202014.pdf. Zugegriffen: 19. Mai 2016.
Fleck, L. (2011). Schauen, Sehen, Wissen. In S. Werner & K. Cittel (Hrsg.), *Denkstile und Tatsachen: Gesammelte Schriften und Zeugnisse* (S. 319–418). Berlin: Suhrkamp.
Foucault, M. (2004). *Die Geburt der Biopolitik. Geschichte der Gouvernementalität II.* Frankfurt am Main: Suhrkamp.
Foucault, M. (2006). *Sicherheit, Territorium, Bevölkerung. Die Geschichte der Gouvernementalität I.* Frankfurt am Main: Suhrkamp.
Fourcade, M. (2009). *Economists and societies. Disciplin and profession in the United States, Britain, and France, 1890s to 1990s.* Princeton and Oxford: Princeton University Press.
Fourcade, M. (2011). Price and prejudice: On economics and the enchantment (and disenchantment) of nature. In J. Beckert & P. Aspers (Hrsg.), *The worth of goods. Valuation and pricing in the economy* (S. 41–62). Oxford: Oxford University Press.
Fourcade, M. (2013). Wirtschaftssoziologie und Gesellschaftstheorie. In J. Maeße (Hrsg.), *Ökonomie, Diskurs, Regierung. Interdisziplinäre Perspektiven* (S. 35–56). Wiesbaden: Springer.
Fourcade, M., Ollion, E., & Algan, Y. (2014). The superiority of economists. *MaxPo Discussion Paper, 14/3.* http://www.maxpo.eu/pub/maxpo_dp/maxpodp14-3.pdf. Zugegriffen: 19. Mai 2016.
Heise, A. (2010). Krise der Wirtschaftswissenschaft – Raum für Alternativen? Plädoyer für einen Pluralismus in der Ökonomik. In U. Jens & H. Romahn (Hrsg.), *Methodenpluralismus in den Wirtschaftswissenschaften* (S. 33–50). Marburg: Metropolis.

Hesse, J.-O. (2010). *Wirtschaft als Wissenschaft. Die Volkswirtschaftslehre der frühen Bundesrepublik*. Frankfurt am Main, New York: Campus.
Hirte, K. (2013). *ÖkonomInnen in der Finanzkrise. Diskurse, Netzwerke, Initiativen*. Marburg: Metropolis.
Holst, H. (2015). Europäisierung als Institutionelle Entbettung – Multinationale Konzerne, Finanzialisierung und die Arbeitsbeziehungen im europäischen Paketsektor. In: Susanne Pernicka (Hrsg.), *Horizontale Europäisierung im Feld der Arbeitsbeziehungen* (S. 151–183). Wiesbaden: Springer VS.
Kaiser, M., & Maasen, S. (2010). Wissenschaftssoziologie. In G. Kneer & M. Schroer (Hrsg.), *Handbuch Spezielle Soziologien* (S. 685–705). Wiesbaden: VS.
Kalthoff , H., & Vormbusch, U. (Hrsg.) (2012). *Soziologie der Finanzmärkte*. Bielefeld: transcript.
Kapeller, J. (2012). *Modell-Platonismus in der Ökonomie. Zur Aktualität einer klassischen epistemologischen Kritik*. Frankfurt am Main et al.: Peter Lang.
Kessler, O., & Wilhelm, B. (2014). Finanzialisierung und die Performativität des Schattenbanksystems. In A. Nölke & M. Heires (Hrsg.), *Politik der Finanzialisierung* (S. 97–113). Wiesbaden: Springer VS.
Knorr Cetina, K. (2002). *Wissenskulturen. Ein Vergleich naturwissenschaftlicher Wissensformen*. Frankfurt am Main: Suhrkamp.
Knorr Cetina, K. (2009). The synthetic situation: Interactionism for a global world. *Symbolic Interaction 32 (1)*, 61–87.
Knorr Cetina, K. (2012). *Die Fabrikation von Erkenntnis. Zur Anthropologie der Naturwissenschaft*. Frankfurt am Main: Suhrkamp.
Knorr Cetina, K., & Preda, A. (Hrsg.). *The sociology of financial markets*. Oxford: Oxford University Press.
Knorr Cetina, K., & Reichmann, W. (2015). Living data in financial markets – concepts and consequences. In F. Süssenguth (Hrsg.), *Die Gesellschaft der Daten. Über die digitale Transformation der sozialen Ordnung* (S. 147–173). Bielefeld: transcript.
Kogut, B., Macpherson, J. M. (2011). The mobility of economists and the diffusion of policy ideas: The influence of economics on national policies. In *Research Policy 40 (10)*, 1307–1320.
Kraemer, K., & Nessel, S. (Hrsg.) (2012). *Entfesselte Finanzmärkte. Soziologische Analysen des modernen Kapitalismus*. Frankfurt am Main, New York: Campus.
Krasmann, S., & Volkmer, M. (Hrsg.) (2007). *Michel Foucaults ‚Geschichte der Gouvernementalität' in den Sozialwissenschaften. Internationale Beiträge*. Bielefeld: transcript.
Krippner, G., Granovetter, M., Block, F., Biggart, N., Beamish, T., Hsing, Y., Hart, G., Arrighi, G., Mendell, M., Hall, J., Burawoy, M., Vogel, S., & O'Riain, S. (2004). Polanyi symposium: a conversation on embeddedness. *Socio-Economic Review 2*, 109–135.
Kuhn, O. E. (2012). Über die Interpretation der Finanzkrise in Internetforen. In: Anja Peltzer, Kathrin Lämmle und Andreas Wagenknecht (Hrsg.). *Krise, Cash & Kommunikation. Die Finanzkrise in den Medien* (S. 159–180). Konstanz: UVK.
Kutter, A. (2013). Totgesagt leben länger. Die Fortschreibung ökonomischer Ordnung in der deutschen Finanzpresse. In J. Maeße (Hrsg.), *Ökonomie, Diskurs, Regierung: Interdisziplinäre Perspektiven* (S. 95–120). Wiesbaden: VS Verlag.
Langenohl, A. (2011). Die Ausweitung der Subprime-Krise: Finanzmärkte als Deutungsökonomien. In O. Kessler (Hrsg.), *Die internationale Politische Ökonomie der Weltfinanzkrise* (S. 75–98). Wiesbaden: VS Verlag.

Langenohl, A. (2012). Von Zukünftigkeit zu Gegenwärtigkeit. Der Aufstieg der Arbitratgetheorie im Diskurs der Finanzökonomik. In H. Kalthoff & U. Vormbusch (Hrsg.), *Soziologie der Finanzmärkte* (S. 151–176). Bielefeld: transcript.

Langenohl, A., & Wetzel, D. J. (Hrsg.) (2011). *Sinnformen an Finanzmärkten. Sonderheft des Berliner Journals für Soziologie 2011/4.*

Latour, B., & Woolgar, S. (1986). *Laboratory life. The construction of scientific facts.* Princeton: Princeton University Press.

Lebaron, F. (2001a). Economists and the economic order. The field of economists and the field of power in France. *European Societies 3 (1)*, 91–110.

Lebaron, F. (2003). Pierre Bourdieu: economic models against economism. *Theory and Society 32 (4/6), Special Issue on The Sociology of Symbolic Power: A Special Issue in Memory of Pierre Bourdieu*, 551–565.

Lebaron, F. (2008). Central bankers in the contemporary global field of power: a 'social space' approach. *Sociological Review 56*, 121–144.

Lee, F. S., Pham, X. & Gu, G. (2013). The UK Research Assessment Exercise and the narrowing of UK economics. *Cambridge Journal of Economics 37*, 693–717.

Leins, S. (2013). Playing the market? The role of risk, uncertainty and authority in the construction of stock market forecasts. In R. Cassidy, A. Pisac & C. Loussouarn (Hrsg.), *Qualitative research in gambling: exploring the production and consumption of risk* (S. 218–232). New York, London: Routledge.

Lenger, A., Rhein, P. (2014). Das wirtschaftswissenschaftliche Feld und das Feld der Macht. In K. Hirte, Sebastian Thieme und Walter Otto Ötsch (Hrsg.), *Wissen! Welches Wissen? Zu Wahrheit, Theorien und Glauben sowie ökonomischen Theorien* (S. 319–345). Marburg: Metropolis.

Lepenies, P. (2013). *Die Macht der einen Zahl. Eine politische Geschichte des Bruttoinlandsprodukts.* Frankfurt am Main: Suhrkamp.

Lessenich, S. (2008). *Die Neuerfindung des Sozialen. Der Sozialstaat im flexiblen Kapitalismus.* Bielefeld: transcript.

Leyshon, A., & Thrift, N. (2007). The capitalization of almost everything: the future of finance and capitalism. *Theory Culture & Society 24 (7-8)*, 97–115.

MacKenzie, D. (2006). *An engine, not a camera. How financial models shape markets.* Cambridge und London: MIT Press.

MacKenzie, D., Muniesa, F., & Siu, L. (Hrsg.) (2007). *Do economists make markets? On the performativity of economics.* Princeton und Oxford: Princeton University Press.

Maeße, J. (2010). Der Ökonom als Volkstribun. Die mediale Inszenierung von ökonomischem Expertentum. *Aptum. Zeitschrift für Sprachkritik und Sprachkultur 3*, 277–288.

Maeße, J. (Hrsg.) (2013). *Ökonomie, Diskurs, Regierung. Interdisziplinäre Perspektiven.* Wiesbaden: Springer VS.

Maeße, J. (2015a). *Eliteökonomen. Wissenschaft im Wandel der Gesellschaft.* Wiesbaden: Springer VS.

Maeße, J. (2015b). Economic experts. A Discursive Political Economy of Economics, in: *Journal of Multicultural Discourses 10 (3)*, 279–305.

Maeße, J., & Hamann, J. (2016). Die Universität als Dispositiv. Die gesellschaftstheoretische Einbettung von Bildung und Wissenschaft aus diskurstheoretischer Perspektive. *Zeitschrift für Diskursforschung 1*, 29–50.

Maeße, J., & Sparsam, J. (2016). Die Performativität der Wirtschaftswissenschaften. In: A. Maurer (Hrsg.), *Handbuch Wirtschaftssoziologie* (i. E.). Wiesbaden: Springer.

McCloskey, D. N. (1998). *The rhetoric of economics*. Madison, London: University of Wisconsin Press.
Merton, R. K. (1973). Wissenschaft und demokratische Sozialstruktur. In P. Weingart (Hrsg.), *Wissenschaftssoziologie I. Wissenschaftliche Entwicklung als sozialer Prozeß* (S. 45–59). Frankfurt am Main: Athenäum.
Mirowski, P. (1999). *More heat than light. Economics as social physics physics as nature's economics*. Cambridge: Cambridge University Press.
Morgan, M. S. (1990). *The history of econometric ideas. Historical perspectives in modern economics*. Cambridge: Cambridge University Press.
Morgan, M. S. (2012). *The world in the model. How economists work and think*. Cambridge: Cambridge University Press.
Nölke, A., & Heires, M. (Hrsg.) (2014). *Politik der Finanzialisierung*. Wiesbaden: Springer VS.
Nützenadel, A. (2005). *Stunde der Ökonomen. Wissenschaft, Politik und Expertenkultur in der Bundesrepublik 1949-1974*. Göttingen: Vandenhoeck und Ruprecht.
O'Rourke, B. K., & Hogan, J. (2013). Reflections in the eyes of a dying tiger: looking back on Ireland's 1987 economic crisis. In A. De Rycker & Z. Mohd Don (Hrsg.), *Discourse and crisis: critical perspectives* (S. 215–238). Amsterdam, Philadelphia: John Benjamins.
Pahl, H. (2008). *Das Geld in der modernen Wirtschaft. Marx und Luhmann im Vergleich*. Frankfurt am Main: Campus.
Pahl, H. (2011). Die Wirtschaftswissenschaften in der Krise. Vom massenmedialen Diskurs zu einer Wissenssoziologie der Wirtschaftswissenschaften. *Schweizerische Zeitschrift für Soziologie 37 (2)*, 259–281.
Pahl, H. (2013). Zur performativen Dimension konstitutiver Metaphern in der ökonomischen Theoriebildung: Zwischen Disziplinarität und Gesellschaft. In J. Maeße (Hrsg.), *Ökonomie, Diskurs, Regierung. Interdisziplinäre Perspektiven* (S. 277–298). Wiesbaden: Springer VS.
Pahl, H. (2015). Pluralismus unter Beschuss. Rezension zu Bettina Zurstrassen (Hrsg.), Ökonomie und Gesellschaft. *Blätter für deutsche und internationale Politik 12*, 105–107.
Pahl, H., & Sparsam, J. (Hrsg.) (2013). *Wirtschaftswissenschaft als Oikodizee? Diskussionen im Anschluss an Joseph Vogels Gespenst des Kapitals*. Wiesbaden: Springer VS.
Pahl, H., & Sparsam, J. (2015). Models of macroeconomic control and regulation. On the construction of governability in the Hydraulic-Keynesian discourse. In I. Boldyrev & E. Svetlova (Hrsg.), *Enacting dismal science: new perspectives on the performativity of economics* (S. 149–178). Basingstoke: Palgrave.
Pinch, T., & Swedberg, R. (2008). *Living in a material world. Economic sociology meets science and technology studies*. Cambridge und London: MIT Press.
Reay, M. J. (2012). The flexible unity of economics. *American Journal of Sociology 118 (1)*, 45–87.
Schmelzer, M. (2010). *Freiheit für Wechselkurse und Kapital. Die Ursprünge neoliberaler Währungspolitik und die Mont Pèlerin Society*. Marburg: Metropolis.
Schmidt-Wellenburg, C. (2012). Diskursiver Wandel im Fadenkreuz von Wissenssoziologischer Diskursanalyse und Feldanalyse. Der Aufstieg der Managementberatung. In R. Keller & I. Truschkat (Hrsg.), *Methodologie und Praxis der wissenssoziologischen Diskursanalyse* (S. 451–480). Wiesbaden: VS.
Smelser, N. J., & Swedberg, R. (Hrsg.) (1994). *The handbook of economic sociology*. Princeton: Princeton University Press.
Sparsam, J. (2015a). *Wirtschaft in der New Economic Sociology. Eine Systematisierung und Kritik*. Wiesbaden: Springer VS.

Sparsam, J. (2015b). Die zwei Soziologien des Marktes. Konstitutionstheoretische Defizite der neueren Wirtschaftssoziologie. *Zeitschrift für kritische Sozialtheorie und Philosophie 2 (2)*, 255–284.

Speich Chassé, D. (2013). *Die Erfindung des Bruttosozialprodukts. Globale Ungleichheit in der Wissensgeschichte der Ökonomie*. Göttingen: Vandenhoeck & Ruprecht.

Stiglitz, J. E., Sen, A., & Fitoussi, J.-P. (2010). *Mismeasuiring our lives: Why GDP doesn't add up*. New York: The New Press.

Ngai-Ling, S., & Jessop, B. (2013). *Towards a Cultural Political Economy. Putting culture in its place in Political Economy*. Cheltenham, Northampton: Edward Elgar.

Thiemann, M. (2014). In the shadow of Basel: How competitive politics bred the crisis. *Review of International Political Economy 21(6)*, 1–37.

Vobruba, G. (2005). Editorial. *Soziologie 34 (2)*, 129–130.

Wansleben, L. (2011). Wie wird bewertbar, ob ein Staat zu viele Schulden hat? Finanzexperten und ihr Bewertungswissen in der griechischen Schuldenkrise. *Berliner Journal für Soziologie 21*, 495–519.

Weingart, P. (1972). Wissenschaftsforschung und wissenschaftssoziologische Analyse. In ders. (Hrsg.), *Wissenschaftssoziologie 1. Wissenschaftliche Entwicklung als sozialer Prozeß* (S. 11–42). Frankfurt am Main: Athenäum.

Weingart, P. (2005). *Die Stunde der Wahrheit? Zum Verhältnis der Wissenschaft zu Politik, Wirtschaft und Medien in der Wissensgesellschaft*. Weilerswist: Velbrück.

Weintraub, R. E. (2002). *How economics became a mathematical science*. Durham: Duke University Press.

Windolf, P. (Hrsg.) (2005). *Finanzmarkt-Kapitalismus. Analysen zum Wandel von Produktionsregimen*. Wiesbaden: VS Verlag.

Wullweber, J. (2015). Die Performativität des Finanzsystems und die Selektivität stratifizierter Finanzstrukturen. *Leviathan 43 (2)*, 270–298.

Ylikoski, P., & Aydinonat, N. E. (2014). Understanding with theoretical models. *Journal of Economic Methodology 21 (1)*, 19–36.

Zurstrassen, B. (Hrsg.) (2015). *Ökonomie und Gesellschaft*. Bonn: Bundeszentrale für politische Bildung.

# Teil I
# Ökonomische Wissenskulturen

# Temporalitäten in der wirtschaftswissenschaftlichen Modellbildung

## Die Multiplikation von Zeitlichkeit in der Neoklassik

Sebastian Giacovelli und Andreas Langenohl

## 1 Einleitung

Seitdem sich die Soziologie wieder wirtschaftlichen Kernthemen zugewendet hat, sind vielfältige Konzepte entstanden, mit denen sich Wirtschaftssoziologinnen und -soziologen nicht nur als Gegenreaktion auf den sogenannten ökonomischen Imperialismus identitätsbildend abgrenzen,[1] sondern in denen zentrale Aspekte Berücksichtigung finden, die in der Ökonomik simplifizierend ausgeschlossen werden. Dieser kreative Umgang mit bis dahin vorherrschenden Konzepten setzt eine für die Soziologie inhaltlich gewinnbringende, modelllogische Auseinandersetzung mit ökonomischem Wissen voraus. Auffällig ist, dass der zentrale modelllogische Vorwurf gegenüber der Ökonomik vornehmlich die Neoklassik in den Blick nimmt, in dem der Umgang mit Zeit, genauer: mit dem Phänomen der Kontingenz, problematisiert wird. Dies hat zu einer erheblichen Verengung der Ökonomik auf neoklassische Konzeptionen als „Strohmann" (vgl. Engels 2010, S. 83) einer sich permanent in Selbstabgrenzung befindlichen Wirtschaftssoziologie geführt.

Der in diesem Beitrag vorgestellte Ansatz, der derzeit in Form eines kollaborativen Forschungsprojekts umgesetzt wird,[2] nimmt die Herausbildung modellierender Verfahren in der Ökonomik genauer in den Blick. Auch hier steht die Zeit,

---

1 Zum „ökonomischen Kolonialismus" beziehungsweise „ökonomischen Imperialismus" sowie dem „*Methodenimperialismus*" siehe beispielsweise: Swedberg (1990, S. 5), Bekkert et al. (2007, S. 27–29) oder Roth (2010, S. 31). Marion Fourcade vermutet, dass eine „Kriegs- oder Martial-Semantik", die u. *a.* Jens Beckert zugeschrieben wird, als eine Art der Identitätsbestimmung und Abgrenzung der Neuen Wirtschaftssoziologie von ökonomischen Perspektiven interpretiert werden kann (Fourcade 2007, S. 1017–1018).

2 Es handelt sich um das DFG-finanzierte Projekt „Temporalitäten der Ökonomik. Die Modellzeit ökonomischer Theorie", durchgeführt im Rahmen des Schwerpunktprogramms 1688 „Ästhetische Eigenzeiten" (Laufzeit: 2014–2017).

genauer: die Versuche der Modellierung ökonomischer Temporalitäten in der Ökonomik, im Mittelpunkt. Es wird jedoch keine Begrenzung auf neoklassische Konzepte vorgenommen. Die Analyse setzt bei der Grenznutzenrevolution und der aufkommenden Frage der mathematischen Modellierbarkeit ökonomischer Prozesse in den 1860er-Jahren an und findet ihren Abschluss in den Verfahren der Finanzökonomik, die seit der zweiten Hälfte des 20. Jahrhunderts Fuß gefasst hat. Zeit wird somit in zweifacher Hinsicht zum Kernthema: erstens hinsichtlich der einzelnen Modellierungsverfahren ökonomischer Temporalität und zweitens im Hinblick auf den historischen Wandel eben dieser Modellierungsverfahren.

Ausgangspunkt dieses Beitrags, der jenen Forschungsansatz konzeptuell vorstellt, ist eine konstruktivistische Lesart der soziologischen Differenzierungstheorie, die die Herausbildung eigenlogisch integrierter gesellschaftlicher Bereiche als Kristallisierung von Semantiken auffasst. Das heißt, dass die sich evolutionär wandelnde gesamtgesellschaftliche Komplexität semantische Entsprechungen schafft, die eben nicht beliebig sind, sondern höchst selektiv an die jeweils gegenwärtige Gesellschaftsstruktur gebunden sind. Gesellschaft wird in diesem Zusammenhang als temporalisiertes System verstanden (Abschnitt 2.1).

Dies voraussetzend wird gezeigt, dass die Ökonomie eine gegenüber anderen Subsystemen spezifische Form von Temporalität aufweist. Forschungsarbeiten über die Zeitlichkeit der Wirtschaft zeigen nicht nur, dass die gesellschaftliche Ausdifferenzierung und die Ausrichtung auf die eigene Systemlogik einen ungebremsten Drang zu immer weiterer Beschleunigung hervorbringen und insbesondere die ökonomischen Operationen in der Finanzwirtschaft zu einer hochgradigen Autonomisierung von der Systemumwelt und zu einer Eigenzeitlichkeit führen, die auf die Zukunft ausgerichtet ist. Sie zeigen auch, dass darüber hinaus – und dies ist für das hier vorgestellte Forschungsprogramm entscheidend – diese Differenzierungsprozesse als Operationen der Herstellung formal-semantischer Stringenz konzeptualisiert werden können (Abschnitt 2.2).

Diese formal-semantischen Entsprechungen strukturellen Wandels lassen sich, dies ist die zentrale These des vorliegenden Beitrags, an dem Einsatz mathematisierter Darstellungsweisen in der Ökonomik ablesen. Denn die Ausdifferenzierung der Ökonomik nimmt wiederum, und besonders in der marginalistischen Neoklassik in beispielhafter Weise, die Gestalt mathematischer Modellierungen an, welche durch eine inwändige Abschließung des Formeluniversums eine Binnenreferenzialität erzeugen, die wiederum Sinnüberschüsse hervorbringen. Differenzierungsprozesse werden dann als Wandlungsprozesse innerhalb formal-modellierter Arrangements verstanden. Die ökonomischen Modelle erzeugen dabei vermittels ihrer formalen Struktur einen Sinnüberschuss, der die *Entdeckung* von ökonomischen Zusammenhängen ermöglicht. Dabei steht die Genese und Weiterentwicklung jener mathematischen Modellierungen in engstem Zusammenhang mit der Notwendigkeit der Abarbeitung temporalisierter Kontingenz, wodurch in letzter Instanz ökonomisches Handeln angeleitet werden soll (Abschnitt 2.3).

Diese Argumentation wird dann anhand einer Rekonstruktion der temporalen Implikationen neoklassischer Modellbildung anhand einiger Beiträge zweier ihrer Gründungsfiguren, Léon Walras und William Jevons, verdeutlicht. Im Mittelpunkt steht dabei der Nachweis, dass neoklassische Modellierungen, die Komplexitätsreduktion durch eine statische Modellierung vornehmen und dafür häufig kritisiert wurden, tatsächlich wesentlich weniger eindeutige Resultate in Bezug auf ihre zeitlichen Implikationen haben. Gerade durch ihre scheinbare Indifferenz gegenüber der Verlaufsdimension ökonomischer Prozesse multiplizieren diese Formalisierungen den Bestand möglicher Temporalitäten, die in sie hineingelegt werden können. Die Temporalabstinenz der Modellierungen erzeugt somit den Sinnüberschuss möglicher Temporalitäten (Abschnitt 3). Abschnitt 4 skizziert schließlich weiterführende Schritte bei der Umsetzung des hier vorgestellten Forschungsansatzes.

## 2 Gesellschaftliche Differenzierung und Temporalitäten der Ökonomik

Dieser Zielsetzung folgend wird nachstehend in drei Schritten ein theoretisches Konzept erarbeitet. Es handelt sich dabei um ein differenzierungs- und insofern modernisierungstheoretisch angeleitetes Konzept, das sich in gewissen Zügen an der Luhmannschen Systemtheorie orientiert, in anderen Zügen sich aber von dieser abhebt. Diese Theoriestrategie folgt der Überlegung, dass ökonomische Theorie aus Prozessen gesellschaftlicher Systembildung emergiert und dass die Ausdifferenzierung der Ökonomik als Wissenschaft auf Prozessen beruht, die Sinnüberschüsse hervorbringen, welche dann in wissenschaftlichen Debatten und Auseinandersetzungen abgearbeitet werden. Besonders deutlich wird unseren Befunden nach die Dynamik der Sinnüberschüsse unter dem Aspekt der die Ökonomik beschäftigenden Frage, welche Zeitlichkeitsimplikationen die in ihr entwickelten Modelle aufweisen. Durch diese theoretisch-konzeptuelle Anlage wird es möglich, der Wirtschaftssoziologie das Forschungsobjekt der Ökonomik neu zu erschließen.

## 2.1 Gesellschaftliche Differenzierung und Anpassungszwang der Semantik

Niklas Luhmann zufolge besteht eine Korrelation zwischen sozialstrukturellen und begriffs- bzw. ideengeschichtlichen Veränderungen (1980, S. 13). Das Ideengut, so seine Schlussfolgerung, kann im Verhältnis zur Gesellschaft nicht beliebig variieren (Luhmann 1980, S. 17). Hierbei sind insbesondere die gesellschaftliche Differenzierung und die mit ihr verbundene gesteigerte Komplexität zu berücksichtigen.[3] Komplexität wird die Rolle eines Vermittlers zwischen evolutionär ausgelösten Strukturänderungen und der Transformation der Semantik zugedacht (Luhmann 1980, S. 22). Anders formuliert, trägt die Semantik dem Zwang zur Selektion Rechnung, der aus der Komplexität des Systems resultiert:

> „Wenn das Komplexitätsniveau der Gesellschaft sich jedoch ändert, muß die das Erleben und Handeln führende Semantik sich dem anpassen, weil sie sonst den Zugriff auf die Realität verliert" (Luhmann 1980, S. 22 ).

Die strukturdeterminierte Anpassung der Semantik illustriert Luhmann anhand der drei Stufen der gesellschaftlichen Differenzierung. Während die stratifikatorische Differenzierung im Vergleich zur segmentären Differenzierung zwar einerseits den Aufbau eines sehr viel komplexeren Gesellschaftssystems erlaubt, unterliegt sie andererseits einer Komplexitätsschranke. Zwar kennen stratifizierte Gesellschaften funktionsspezifische Situationen, Rollen, Probleme und Interessen, aber diese werden nach Maßgabe von Schichtdifferenzen reguliert. Erst die funktional differenzierte Gesellschaft weist ein erhöhtes Komplexitätsniveau des Gesellschaftssystems und seiner Umwelt auf (Luhmann 1980, S. 25–35). Ein System ist dann als funktional differenziert anzusehen, wenn es in sich selbst Teilsysteme bildet, also in sich selbst Systembildung wiederholt, und damit in sich selbst nochmals Differenzen zwischen System und jetzt interner Umwelt schafft (Luhmann 1980, S. 29). Das auf diese Weise höhere Komplexitätsniveau äußert sich in der Vermehrung des Handlungspotentials und der erhöhten Kontingenz von Sinn. Unter Sinn versteht Luhmann einen Überschuss an implizierten Verweisungen auf Anderes, der zu einem selektiven Vorgehen in allem anschließenden Erleben und Handeln zwinge (Luhmann 1980, S. 35). Die erhöhte Kontingenz des Sinns in funktional differenzierten Gesellschaften äußere sich dann darin, dass der Sinn mit mehr anderen,

3 Ein System ist Luhmann zufolge dann komplex, „wenn es nicht mehr jedes seiner Elemente mit jedem anderen verknüpfen kann; wenn es also in der Relationierung seiner Elemente selektiv verfahren muss." (Luhmann 1980, S. 21).

und zwar bestimmbaren anderen, Möglichkeiten kombinierbar sei und dass sich dadurch jeder Prozess einer erhöhten Selektivität ausgesetzt sehe:

> „Wenn es richtig ist, daß Komplexität ein System unter Selektionsdruck setzt und wenn es richtig ist, daß Sinn Selektivität organisiert, wird man vermuten müssen, daß evolutionär variierende Komplexität sich in den einzelnen Sinndimensionen semantische Korrelate schafft" (Luhmann 1980, S. 35).

Mit Blick auf die drei Sinntypisierungen, den Sinndimensionen Sach-, Zeit- und Sozialdimension (Luhmann 1980, S. 18; 1984, S. 92f.), wird in dem hier skizzierten Forschungsansatz insbesondere die Zeitdimension adressiert.[4] Auf der Gesellschaftsebene wird angenommen, dass es sich bei der Gesellschaft um ein temporalisiertes System handelt. Konstitutiv hierfür ist, dass Handlungen als zeitpunktbezogene Ereignisse aufgefasst werden. Temporalisierte Systeme müssen, Luhmann zufolge, Zeit verwenden, um Handlungen auf Handlungen zu beziehen, und Zeitpunktdifferenzierungen nutzen, um Handlungszusammenhänge zu konstituieren, die gleichzeitig nicht möglich wären (1980, S. 23). An dieser Stelle kommt der Begriff der Emergenz ins Spiel. Denn durch die selektive Beziehung von Handlung auf Handlung entsteht emergenter Sinn, der eben nicht einer Einzelhandlung zugerechnet werden kann, aber umgekehrt die Zurechenbarkeit des Handelns voraussetzt. Emergenz, dies ist an dieser Stelle hervorzuheben, ist eben nur als Zeitverhältnis möglich und als eine besondere Form der Vergegenwärtigung von Zukunft und Vergangenheit zu verstehen (Luhmann 1980, S. 38). Ausgehend von diesen allgemeingesellschaftlichen, wissenssoziologischen Vorüberlegungen stehen nachfolgend die Wirtschaft als Teilsystem der Gesellschaft und ihre spezifischen temporalen Eigenschaften im Vordergrund.

## 2.2 Spezifische Temporalitäten der Wirtschaft

Zeitlichkeit spielt im Wirtschaftssystem eine zentrale Rolle. Das zeigt sich insbesondere in modernisierungstheoretischer Perspektive, wie ein Blick in die entsprechende soziologische Literatur zum Verhältnis zwischen Wirtschaft und

---

4 Luhmann geht davon aus, dass „das Ganze der mitimplizierten Welt" eben nicht in seiner Ganzheit, sondern nur vermittels Selektionen zugänglich ist. Sinn wird typisiert, um die Selektionen im Rahmen des sozial Erwartbaren und Anschlussfähigen zu halten; und dies geschehe je nach Bedarf zeitlich, sachlich und sozial generalisiert. Denn ohne „jeden Bezug auf Typen wäre Sinn, wo er auftaucht, zunächst unterbestimmt, unverständlich, inkommunikabel" (Luhmann 1980, S. 18).

Zeit zeigt. Zeitlichkeit in der Wirtschaft ist diesen Untersuchungen zufolge eine andere Zeitlichkeit als in anderen Gesellschaftssystemen, so dass man aus differenzierungstheoretischer Sicht von einer Autonomisierung der Zeitlichkeitsordnung in der Ökonomie sprechen kann. So hat etwa Hartmut Rosa diesem Aspekt seine besondere Aufmerksamkeit geschenkt und beschreibt die Ökonomie als eigenständigen „Beschleunigungsmotor" (2004). Die strukturelle Differenzierung allein führt demnach bereits zu einer Beschleunigung, da die an der jeweiligen Systemlogik ausgerichteten sozialen Prozesse effizienter und zeitsparender ablaufen. Aber dadurch, dass das in der kapitalistischen Wirtschaft vorherrschende Prinzip der Profitmaximierung unter den Bedingungen der Konkurrenz dazu dränge, Produktionsabläufe zeitlich zu komprimieren, das Tempo der Produktinnovation zu steigern und – besonders im Falle der Finanzmärkte – das Eingehen langfristiger Verpflichtungen zu minimieren, könne hier von einem eigenständigen Beschleunigungsmotor gesprochen werden. Ein nahezu ungebremster Drang zu immer weiterer Beschleunigung erscheint somit als die temporale Besonderheit der kapitalistischen Ökonomie (Rosa 2004, S. 256–297).

Dieser Eigenständigkeit der Wirtschaft wird in der Systemtheorie durch die semantische Leitunterscheidung von Zahlung/Nicht-Zahlung ebenfalls Rechnung getragen (Luhmann 1996). Daran anschließend argumentieren Elena Esposito (2010), Dirk Baecker (1988) und Hanno Pahl (2008), dass sich ökonomische Operationen erst in der Finanzwirtschaft vollständig gegenüber ihrer Systemumwelt autonomisieren könnten, da in der Finanzwirtschaft die Differenz zwischen Zahlung und Nicht-Zahlung von der Sach- in die Zeitdimension, das heißt in die Zukunft erwarteter Zahlungen für gegenwärtige Zahlungen, verschoben würde (Pahl 2008, S. 291; ebenso: Giacovelli 2014a, S. 180–185, S. 255f.). Dadurch werde die Selbstreferenzialität ökonomischer Prozesse auf eine „Beobachtungsebene zweiter Ordnung" gehoben, auf der sich die Erwartungen der Wirtschaftsteilnehmerinnen und -teilnehmer nicht mehr auf die für Zahlungen zu erbringenden Leistungen (deren Sinn außerökonomischer Provenienz sein kann), sondern lediglich auf die Anschlusszahlungen bezögen (das heißt einzig auf genuin ökonomische Operationen), die für die Zukunft erwartet würden (Baecker 1988, S. 282). Elena Esposito spezifiziert dieses Argument derart, dass Finanzprodukte, mit deren Einsatz versucht werde, Ungewissheit in kalkulierbares Risiko zu transformieren, wiederum Unvorhersagbarkeiten zweiter Ordnung erzeugten (Esposito 2010, S. 189–215).[5] Die Systemtheorie schreibt der Ökonomie daher insofern eine auf die Zukunft

5 Mit Jens Beckerts Worten führe dies dazu, „dass Ungewissheit immer wieder aufs Neue produziert wird, und zwar paradoxerweise gerade im Versuch der Bewältigung dieser Ungewissheit" (2007, S. 60).

ausgerichtete Eigenzeitlichkeit zu, als dass die Ökonomie, vor allem in Gestalt der Finanzwirtschaft, die mit Zahlungen verbundenen Erwartungen von gegenwärtigen Leistungen auf zukünftige Zahlungen und damit auf eine höhere Beobachtungsebene verlagere: Beobachtet werde nicht mehr, ob für Leistungen gezahlt wird, sondern ob für Zahlungen gezahlt wird. Erst diese ökonomische Ausrichtung auf die Zukunft verhelfe der Ökonomie zu einer vollständigen Autonomisierung von der Systemumwelt.

Schließlich wird die mit dem gesellschaftlichen Differenzierungsprozess in Zusammenhang stehende Entwicklung ökonomischer Temporalität auch in Talcott Parsons' und Neil J. Smelsers „Economy and Society" (1956) beschrieben, und zwar wiederum unter Hervorhebung der Finanzwirtschaft. Der Wirtschaft falle, dem strukturfunktionalistischen Ansatz Parsons' zufolge, die Funktion zu, die Gesellschaft von der Nicht-Gesellschaft (Natur) zu autonomisieren, indem beispielsweise mit der Industrialisierung der Produktion die Auswirkungen unkontrollierbarer natürlicher Prozesse (etwa meteorologischer Art) gezügelt werden könnten. Die Finanzwirtschaft sei hingegen dafür zuständig, die Risiken, die sich aus dem Austausch zwischen Gesellschaft und Natur ergeben, zu bündeln und bearbeitbar zu machen (Parsons und Smelser 1956, S. 236). Aus dieser Perspektive stellen Zukunftskontrakte wie Optionen oder Futures Instrumente zur wirtschaftlichen Absicherung gegen naturbedingte Kontingenzen, etwa Missernten, dar. Zugleich wird damit die Finanzwirtschaft zu demjenigen gesellschaftlichen Bereich, in dem sich Kontingenz konzentriert und eine normative Stabilisierung von Handel(n) nicht gelingen kann, weil sie nicht funktional wäre (so auch Strulik 2006). Die finanzökonomische Temporalität, die sich durch diesen innerhalb des Subsystems der Wirtschaft stattfindenden Differenzierungsprozess der Finanzwirtschaft abzeichnet, besteht somit in einer funktional notwendigen, und in keinem anderen Subsystem so anzutreffenden und hingenommenen, Ungewissheit bezüglich der Zukunft.

Zusammenfassend geht die differenzierungstheoretische Modernisierungstheorie davon aus, dass nicht nur strukturell-funktionale Differenzierungsprozesse zu einer eigenen ökonomischen Zeit ebenso wie zu Eigenzeiten in anderen Subsystemen führen. Es sind darüber hinaus spezifische und genuin ökonomische, bzw. finanzökonomisch zugespitzte, Prozesse, die ökonomische Temporalität in Richtung Beschleunigung, Zukünftigkeit und Kontingenzsteigerung führen. Die vollen Implikationen dieser theoretischen Zugänge erfordern es allerdings, die repräsentationale Dimension von Differenzierungsprozessen gegenüber der funktionalen stärker in den Vordergrund zu rücken. Der soziologische Funktionalismus, wie er etwa bei Herbert Spencer, Émile Durkheim und später bei Talcott Parsons Anwendung fand, hat sich der Kritik ausgesetzt gesehen, dass die gesellschaftliche Differenzierung nach ausschließlich funktionalistischen Gesichtspunkten nur unvollständig beschrieben ist. Beispielsweise wird in Niklas Luhmanns Systemtheorie das Argument vorgebracht, dass die Bedeutung moderner Differenzierungsprozesse nicht in ihrer substanziellen Funktionalität für den Gesellschaftserhalt bestehen kann; dies schon allein deshalb, da Luhmann zufolge kein gesellschaftlicher Beobachtungsstandort denkbar ist, von dem aus eine solche gesamtgesellschaftliche Funktionalität identifiziert werden könnte (Luhmann 1980, S. 9–71). Stattdessen führt Differenzierung in erster Linie zur Hervorbringungen spezifischer *Semantiken*, die es den Subsystemen ermöglichen, durch Abgrenzung von der Systemumwelt zu ihrer Identität zu gelangen. Dieses Argument wird von Urs Stäheli radikalisiert, der annimmt, dass diejenigen Operationen, die die Subsysteme autopoietisch hervorbrächten, von denen auf der semantischen Ebene stattfindenden Beobachtungen der Systemgrenzen nicht zu unterscheiden seien (Stäheli 2000, S. 210f.). Demzufolge, und dies ist für den hier vorgestellten, im nächsten Abschnitt konkretisierten Forschungsansatz entscheidend, lassen sich gesellschaftliche Differenzierungsprozesse als Operationen der Herstellung formal-semantischer Stringenz konzeptualisieren. Daran anschließend kann die Ausdifferenzierung der Ökonomik als Prozess der Auseinandersetzung mit temporalisierter Kontingenz durch die Herstellung formal-semantischer Stringenz verstanden werden. Und ein spezifisches Mittel, das seit der zweiten Hälfte des 19. Jahrhunderts hierbei zum Einsatz kam, ist, wie Abschnitt 3 zeigen wird, die algebraisch-mathematische Modellierung.

## 2.3 Temporalitäten in der wirtschaftswissenschaftlichen Modellbildung

An diese Argumentation anschließend wird nachfolgend die Konzeptionierung von Zeit in wirtschaftswissenschaftlich-mathematischen Modellen genauer in den Blick genommen. Hierzu sind noch einige Vorüberlegungen notwendig. Bei Luhmann reproduziert sich das gesellschaftliche Subsystem der Wirtschaft über den Anschluss von Zahlungen an Zahlungen. Dies erzeugt ein kommunikatives Raster zur Beurteilung von Ereignissen und stellt zugleich den Anlass zur Anschlusskommunikation dar (1996, S. 17f., S. 52f.; kritisch hierzu: Langenohl 2010). Michel Callon (1998) hebt hingegen mit Blick auf das Verhältnis zwischen Wirtschaftswissenschaften und Wirtschaft die Leistungen formal-mathematischer Modellbildungen hervor, die es wirtschaftlichen Akteuren ermöglichen, ökonomische von nichtökonomischen Ereignissen zu unterscheiden („framing"). Und nur ökonomische Ereignisse finden einen Resonanzraum in der formalen Modellierung. Beiden Ansätzen ist vorzuwerfen, dass sie nicht die zwingende Konsequenz ihrer eigenen differenzierungstheoretischen Argumente ziehen: nämlich dass die Prozedur, die diese Differenzierung und Reproduktion ermöglicht, selbst eine kalkulatorische ist. Zudem interessieren sie sich nicht für die Dynamik der Wandlungsprozesse, die diese kalkulatorischen Prozesse durchlaufen. Aus der Sicht einer historischen Genealogie moderner Differenzierungsprozesse, wie sie mittlerweile etwa mit Blick auf andere Subsysteme eingefordert wird (Werron und Heintz 2011), würden hingegen gerade solche Prozesse im Zentrum stehen.

Genau an diesem Punkt kann eine repräsentationstheoretische Sichtweise ansetzen, die funktionale Differenzierungsprozesse als durch formal stringente Artikulationen spezifischer Semantiken abgesichert begreift. Differenzierungsprozesse werden dann als Wandlungsprozesse innerhalb formal-modellierter Arrangements verstanden. Die ökonomischen Modelle erzeugen dabei vermittels ihrer formalen Struktur einen Sinnüberschuss, der die *Entdeckung* von ökonomischen Zusammenhängen ermöglicht. Auf einen solchen, durch Kalkulationspraktiken erzeugten Sinnüberschuss hat bereits die Finanzsoziologie verwiesen. So werden einerseits die gesellschaftliche und ökonomische Bedeutung sozial hergestellter, kalkulativer Praktiken und die dazu notwendigen Rechentechnologien untersucht (Beunza et al. 2006; Beunza und Garud 2007). Andererseits werden Kalkulationspraktiken in der Form einer Echtzeit-Interaktion als avantgardistische Formen von Sozialität beschrieben (Knorr Cetina und Bruegger 2000; 2002; Preda 2009). Die Vertreterinnen und Vertreter der Performativitätsthese zeigen zudem auf, dass wirtschaftswissenschaftliche Modelle performativ sind, d.h. die Entstehung sozialer Strukturen befördern, indem Marktteilnehmerinnen und -teilnehmer und Institutionen die Modelle zu ihrer Entscheidungsgrundlage machen (Callon 1998; MacKenzie und Millo 2003; MacKenzie 2004).[6] Herbert Kalthoff hebt hervor, dass diese kalkulativen Praktiken in der Ökonomie nicht das Ende, sondern erst den Anfang ökonomischer Aushandlungs- und Interpretationsprozessen markieren, gerade weil die Kalkulation Gegenstände erst symbolisch zur Existenz bringt (2005). Alex Preda zeigt in vergleichbarer Weise, dass ökonomische Kalkulation nicht einfach die Befolgung von Routinen meint, sondern die Einbettung kalkulatorischer Prozeduren in sozial situierte Kontexte, in denen unterschiedliche Modellierungen

6 Marie-France Garcia-Parpet beschreibt in ihrer Untersuchung des Erdbeermarkts in Fontaines-en-Sologne, wie mithilfe der ökonomischen Theorie als Blaupause ein Markt erst geschaffen wurde (Garcia-Parpet 2007 [1986]). Michel Callon fasst die zentrale Aussage Gracia-Parpets wie folgt zusammen: „Wie Garcia sagt, ist es kein Zufall, dass die ökonomische Praxis der Erdbeerproduzenten von Sologne mit denen der ökonomischen Theorie korrespondiert. Diese ökonomische Theorie diente als Referenzrahmen, um jedes Element des Marktes zu erschaffen" (Callon 2006 [1999], S. 556). Analog hierzu heißt es bei Callon: „economics, in the broad sense of the term, performs, shapes and formats the economy" (1998, S. 2).

und Rationalitäten gegeneinander abgewogen werden können (2009). Viele Arbeiten in der Finanzsoziologie, die sich mit der Rolle mathematisch-kalkulatorischer Modelle in der (Finanz-) Ökonomie auseinandersetzen, deuten somit die Existenz eines Sinnüberschusses an. Sie tendieren allerdings dazu, diesen Sinnüberschuss auf die soziale Vor- und Nachbereitung der kalkulatorischen Praktiken zu verschieben. Dagegen wird hier die These vertreten, dass dieser Sinnüberschuss als *den ökonomischen Modellen inhärent* anzusehen ist.[7]

Bettina Heintz rekonstruiert eine Verbindung zwischen dem mathematisch-kalkulatorischen „context of discovery", durch den Lösungen *entdeckt* und Theoreme bewiesen würden, und einer ästhetischen Qualität mathematischer Theoreme (2000, S. 144–150).[8] Sie stellt hier eine Verbindung zu Knorr Cetinas (1998) wissenschaftssoziologischem Ansatz dar, den Weg naturwissenschaftlicher Erkenntnis (den Heintz auf die Mathematik ausweitet) als Resultat der Beziehung der Forschenden zu einem „epistemischen Ding" (Rheinberger 2002) zu konzipieren, in der sich Erkenntniszuwächse als plötzliches *Erkennen* von Relationen vorstellen lassen.[9] Dieses Erkennen von Mustern in einem bis dahin chaotischen Bild, das Knorr Cetina und Bruegger (2000) auch mit Blick auf Devisenhändler untersuchten und das die Finanzsoziologie insgesamt beschäftigt, ist als ein wichtiges Charakteristikum mathematisch-kalkulatorischer *Modelllästhetik* der Moderne zu begreifen: Der Vorgang des Erkennens von Mustern ist als Sinnüberschuss der modernen Mathematik eingeschrieben,

> „die sich seit dem 17. Jahrhundert zu einer Technik formaler Zeichenmanipulation entwickelt, ohne mit mentalen oder realen Gegenständen zu operieren. Keine dieser

7 Diesem Sinnüberschuss ökonomischer Modelle steht ein Sinnvakuum insbesondere in Finanzmärkten gegenüber: „Dieses Sinnvakuum entsteht durch die Preisbildung, die an Finanzmärkten rein mathematikförmig durch Verrechnung von Angebot und Nachfrage verlaufen muss, damit sie funktionieren kann." (Langenohl 2012, S. 152–153).

8 Den Aspekt der Schönheit unterstreicht Heintz mit einem Zitat Hardys: „A mathematician like a painter or a poet, is a maker of patterns. (…) The mathematician's patterns, like the painter's or the poet's, must be beautiful; the ideas, like the colours or the words, must fit together in a harmonious way. Beauty ist the first test: there is no permanent place in the world for ugly mathematics" (Hardy 2011 [1940], S. 24f.). In der Mathematik, so Heintz, ist das Schöne zugleich das Wahre, und das Wahre wird in der Regel mit dem Guten gleichgesetzt (Heintz 2000, S. 145–146).

9 Knorr Cetina wählt die Bezeichnung „epistemische Objekte" (1998). Das Verhältnis des Forschers zu solcherlei epistemischen Objekten weise Ähnlichkeiten mit sozialen Beziehungen auf. Und noch wichtiger für die vorliegende Arbeit: Die Objekte, um die es hier geht, sind nicht rein instrumentell definiert, sondern werden als „bedeutungsoffen" und „entfaltbar" verstanden (Heintz 2000, S. 153).

Symbolordnungen entspricht dem Modell eines Repräsentationswissens. Vielmehr arbeiten sie wie Möglichkeitsgeneratoren, die Wirklichkeit virtualisieren und eben dadurch interessante Beobachtungen freisetzen" (Rustemeyer 2008, S. 84).

Von einer Ästhetik mathematisch-kalkulatorischer (ökonomischer) Modelle zu sprechen, hat somit vor allem eine wissenssoziologische Implikation: Die Geschlossenheit und Binnenreferenzialität des Formelhorizonts, die durch diese Autonomie ermöglicht wird, stellt zugleich eine Projektionsfläche für die *Entdeckung* von Zusammenhängen, das Auffinden formaler Muster, dar. Die Schlussfolgerung ist dann, dass auch die Operationsweise ökonomischer Modelle, insofern sie auf mathematischer Grundlage gebildet werden, auf jener Binnenreferenzialität beruht. Die formalästhetische Stringenz solcherlei Modellierungen wird gerade deswegen zu einem Motor von Anschlusskommunikation, weil sie nicht nur jegliche Externalität als zusätzliches, das formale Modell irritierendes Moment auszuschließen erlaubt, sondern zugleich Beobachtungseffekte durch Sinnüberschüsse hervorbringt, die durch eine Entdeckung formaler Muster aktualisiert werden. Auf der Grundlage dieser Annahme, dass sich der gesellschaftliche Differenzierungsprozess der Ökonomik durch eine inwändige Abschließung einer rein formalen, mathematisch-kalkulatorischen Modellästhetik vollzieht, kann daher die wissenssoziologische Forschungsfrage formuliert werden, wie sich diese Modellästhetik ändert und transformiert, das heißt sich in Modellen, ihren wechselseitigen Beziehungen und Weiterentwicklungen sowie in Auseinandersetzung mit Kritiken, die an den Modellen geübt werden, entfaltet.

Das Temporalitätsverständnis ist für die Rekonstruktion des Ausdifferenzierungsprozesses der Ökonomik und ihrer Modellästhetiken insbesondere aus zwei Gründen entscheidend. Erstens zeichnet sich die ökonomische Temporalität (speziell in der Finanzökonomie) dadurch aus, dass der Versuch unternommen wird, eine auf die Zukunft ausgerichtete Handlungsorientierung mit temporalisierter Kontingenz, als Ungewissheit hinsichtlich der Zukunft, zu verbinden. Zweitens ist ein auf Modellbildung fußender Differenzierungsprozess extrem vulnerabel, da er fortlaufenden Bewährungsproben durch zukünftige Ereignisse ausgesetzt ist. Dies wird insbesondere bei dem Zusammentreffen von Prognose und zweifelhafter Belastbarkeit formaler Modelle deutlich (Langenohl und Schmidt-Beck 2007; Fenton-O'Creevy et al. 2005; Vormbusch 2012; Giacovelli 2014a, S. 161, S. 165–166). Zudem beruht die Finanzökonomie einerseits auf einer Transformation von Kontingenz in (kalkulierbares) Risiko (Lee und LiPuma 2002; Power 2005), andererseits unterliegt sie gleichzeitig dem Problem, dass sich Ungewissheit niemals vollständig in Risiko transformieren lässt. Denn Ungewissheit bezieht sich auch auf die Viabilität derjenigen Modelle, die die Risikoberechnung bewerkstelligen sollen (Kessler 2007).

Dieses Problem betrifft indes nicht nur die (Finanz-)Wirtschaft, sondern auch die Ökonomik, die der heutigen Finanzökonomik den Grundstein gelegt hat. Im Unterschied zu anderen Wissenschaften, die temporale Verläufe modellieren, ist die Ökonomik in einer ausgesprochenen Nähe zu gesellschaftlichen bzw. wirtschaftlichen Handlungsproblemen positioniert (so etwa Jevons 2013 [1871]). Während Historiografie, Naturgeschichte oder Soziologie, die ebenfalls an zeitlichen Ablaufmustern interessiert sind, sich diesen in einem rekonstruktiven und (teilweise) historisierend-selbsteinschränkenden Gestus zuwenden können (etwa in Luhmanns Verständnis von Wissenssoziologie als „nachgeschaltete Theorie", Luhmann 1980, S. 61), ergeht an die Ökonomik – wie schon an ihre Vorläuferin, die Politische Ökonomie – die Aufforderung, in jeder beliebigen Gegenwart Handlungsempfehlungen, die ökonomisches Handeln oder ökonomische Strukturen betreffen, zu erstellen und zu begründen. Dementsprechend zielt die mathematische Formalisierung der Ökonomik auf die „Verfertigung eines theoretischen oder diskursiven Objekts [ab], das die mathematische Formalisierung mit der Annahme bestimmter Steuerungsideen" bezüglich (finanz-)wirtschaftlicher Abläufe verbindet (Vogl 2010, S. 97). Die Debatte in den Social Studies of Finance über die Performativität ökonomischer Theoriebildung, also ihre Effekte auf wirtschaftliches Handeln (Callon 1998; MacKenzie et al. 2003), vollzieht daher nur deskriptiv nach, was immer schon normativer Anspruch an die Ökonomik gewesen ist. Gerade indem sie sich als Wissenschaft nur durch einen Bezug zur Handlungsdimension zu legitimieren vermag, stehen ihre Modellbildungen unter einem ungleich höheren Erwartungsdruck, nicht nur vergangene, sondern auch zukünftige Entwicklungen zu beschreiben. Daher erscheint die Temporalisierung von Kontingenz zusammen mit dem Imperativ, diese Kontingenz zu modellieren und damit beherrschbar zu machen, als zentrale Herausforderung an die gesellschaftliche Differenzierung der Ökonomik als einer Semantik, die weder allein Wissenschaft noch allein Wirtschaft ist, sondern gerade kraft der ihr eigenen kalkulatorischen Ästhetik zwischen Modell und Anwendung eine Brücke schlägt – und sie betreten muss. Denn dies zwingt sie dazu, Momente temporalisierter Kontingenz selbst in den Modellen mitzureflektieren, und das heißt, zu artikulierten Modellierungen von Temporalität zu gelangen. Diese Modellierungen und die Art und Weise, wie sie in der Abarbeitung an Herausforderungen und Kritiken verändert und weiterentwickelt werden, sind daher der empirische Untersuchungsgegenstand des hier skizzierten Forschungsansatzes.

## 3 Die Rolle von Temporalität in der Neoklassik: Eine Gründungsszene

Um zu verdeutlichen, worin das rekonstruktive Potenzial des hier skizzierten Vorgehens liegt, wenden wir uns im Folgenden einer „Gründungsszene" der Neoklassik zu: der Etablierung einer mit algebraischen Gleichungen operierenden Notationsweise der marginalistischen Theorie durch Léon Walras und William Jevons, zweien der drei Gründungsfiguren der Neoklassik. Der Vorzug einer solchen Herangehensweise liegt darin, dass die Untersuchung einer Gründungszene einen Zugang zu „jenen offenen Momenten der Irritation und Inspiration" verschafft, „die Theoriebildung provozieren und anleiten" (Farzin und Laux 2014, S. 6). Gründungsszenen werden als eine Art Initial verstanden, das den Prozess des Theoretisierens anstößt. Hierzu gehören besondere Ereignisse, Kontroversen und Problemlagen (Farzin und Laux 2014, S. 4). Stehen beispielsweise die Legitimität der Wirtschaftswissenschaften oder das Problem der Zeit in ökonomischen Modellen (vgl. Marshall 2013 [1890]) im Zentrum einer solchen Gründungszene, dann ist zu erwarten, dass sich die entsprechenden Konzepte an eben diesen Themenkomplexen abarbeiten. In dem Aufspüren genau solcher, die Theorieentwicklung antreibenden Ausgangsszenen liegt das heuristische Potential dieses Konzepts.[10]

Tatsächlich steht die Frage der Gangbarkeit der Ökonomik nicht nur als Wissenschaft, sondern als *exakte* Wissenschaft, Pate bei der Gründungsszene der neoklassischen Ökonomik. Dies wird aus Walras' und Jevons' Vorschlägen zur Mathematisierung der Ökonomik ersichtlich, wenn sie sich dem Nexus von mathematisierter Formalisierung und Ökonomik auch aus zwei leicht unterschiedlichen Perspektiven annähern. Walras zufolge kann die Ökonomik nur in dem Maße eine exakte Naturwissenschaft sein, wie sie sich mit der einzigen ökonomischen Tatsache befasst, die die Eigenschaften einer natürlichen Gegebenheit aufweist und zugleich mathematisch berechenbar ist: der Preisbildung. Denn der Preis, ist er erst einmal gebildet, „partakes of the character of a *natural* phenomenon" (Walras 1926, S. 69). Jevons hingegen hebt hervor, dass die Szientifizität der Ökonomik direkt aus ihrer Mathematisierbarkeit ableitbar ist (2013 [1871], S. 3). In der Zusammenschau ergibt sich so das Bild einer neuen Wissenschaft, die sich am Ende des 19. Jahrhundert im bereits bestehenden Feld der Wissenschaft von gesellschaftlichen Beziehungen ausdifferenziert: die marginalistische Ökonomik, die ihren Anspruch auf Natur-

10 Dieser noch sehr experimentell angelegte Zugang zur Analyse des Prozesses der Theoriebildung hat zunächst eine Selbstreflexion des *soziologischen* Theoretisierens im Blick (Farzin und Laux 2014).

wissenschaftlichkeit aus dem Postulat gesetzesförmig ablaufender Prozesse der Preisbildung und aus deren Eigenschaft mathematischer Formalisierbarkeit bezieht.

Den Zusammenhang zwischen der Kristallisierung eines neuen Wissenschaftssystems, einschließlich seiner Fähigkeit zur Reduktion von Komplexität, und der Entwicklung einer formalisierten Notationsweise sieht man deutlich bei Walras. Laut dem Wissenschaftshistoriker Takuo Dome zeichnet sich Walras' Modellierung dadurch aus, dass Redundanzen ausgeschaltet werden, da die Zahl der Gleichungen genau derjenigen der zu bestimmenden Variablen entspricht (Dome 1994, S. 114–117). Mit anderen Worten: Walras' Modellierung begegnet der Umweltkomplexität dadurch, dass die Beziehungen, die zwischen den Variablen bestehen können, maximal spezifiziert werden, weil die eine Variable in ihrer Gänze durch die anderen Variablen bestimmbar wird.

Die spezifizierende Wirkung des mathematischen Redundanzabbaus, der Umweltkomplexität bearbeitbar machen soll, hat allerdings auch eine Kehrseite, welche darin besteht, dass mathematisch-algebraische Modelle nicht notwendig zur Ausschaltung von Ambivalenzen und zur Herstellung von Eindeutigkeiten führen. Vielmehr ist davon auszugehen, dass ihre Formelsprache gerade kraft ihres Formalisierungsgrades, der über bestimmte Dimensionen der korrespondierenden ‚Sachverhalte' keine Aussagen macht, Sinnüberschüsse hervorbringt, die neue Beobachtungen freisetzen (Rustemeyer 2008) und damit Anschlusskommunikation innerhalb des Systems ermöglichen. Entlang der Linien von Urs Stähelis (2000, S. 57) Kritik der Systemtheorie, dass die System-Umwelt-Unterscheidung auf einem Moment der Unbestimmtheit beruht, der darin besteht, dass die Identität eines Systems nur durch seine eigene Nicht-Identität im Moment der Selbstbeobachtung gewährleistet werden kann, kann man argumentieren, dass die Komplexitätssteigerung durch mathematische Reduktion zu Sinnüberschüssen führt, die von der Formelsprache erzeugt, von ihr selbst aber nicht wieder eingefangen werden können, gerade insofern diese Sprache streng selbstreferenziell ist (vgl. Rustemeyer 2008): Beobachtungen beziehen sich stets nur auf die Binnenbeziehungen des Modells.

Um dies mit einem Beispiel zu versehen, wenden wir uns William Jevons' Vorschlägen zur Grundlegung und Anwendung der Grenznutzentheorie zu. Wie Walras begreift Jevons Wert als Funktion subjektiver Wertschätzung einer Ware oder auch des Verhältnisses zwischen Lohn und Arbeitszeit: er zeigte sich interessiert an der Frage, wie sich das Problem der Arbeitszeit unter grenznutzentheoretischen Gesichtspunkten darstellen ließ. Grenznutzenerwägungen, so Jevons, operieren stets vor dem Hintergrund eines „Calculus of pleasure and pain" (Dome 1994, S. 101; Jevons 2013 [1871], S. 23, 28f.). Im Falle der Arbeitszeit bedeutet dies, dass eine Arbeiterin die für sie optimale Arbeitszeit aus der Erwägung bestimmen kann, in welchem Verhältnis jede beliebige zusätzliche Lohnmenge mit der damit notwendig werdenden zusätzlichen Arbeitsmenge steht.

Die mathematische Formalisierung der marginalistischen Neoklassik hat sich im 20. Jahrhundert in der Geschichtsschreibung der Ökonomik in die Darstellungskonvention übersetzt, ökonomische Theorie primär in Form von algebraischen Gleichungen und diagrammatischen Darstellungen abzubilden, selbst dort, wo die referierten Autoren selbst eine verbale Darstellung bevorzugen (vgl. Blaug 1968; Dome 1994). So bringt Dome (1994, S. 101) Jevons' Überlegungen in folgende formalisierte Darstellung:

$$\max u\ (y, T\text{-}t), \text{ wobei } y = wt$$

Der Nutzen ($u$) einer Arbeiterin ist demnach definiert als das Realeinkommen ($y$) im Verhältnis zur Freizeit (d. h. Gesamtzeit minus Arbeitszeit, also $T$-$t$); das Realeinkommen ($y$) wiederum als das Produkt von Arbeitszeit ($t$) und Zeitlohn ($w$). Die aus Sicht der Arbeiterin optimale Arbeitszeit – d. h. diejenige Zeit, die unter Grenznutzengesichtspunkten sowohl den Lohn aus der aufgewendeten Arbeitszeit wie auch die Freizeit so maximiert, dass sich beide in einem Gleichgewicht befinden – ergibt sich aus folgender Gleichung:

$$\frac{MUy}{1} = \frac{MU\,T-t}{\mathrm{w}}$$

Dome (1994, S. 102) zufolge ergibt sich aus dieser Gleichung, dass der Grenznutzen von Arbeitszeit ($t$) und Freizeit ($T$-$t$) identisch sind. Dies lässt sich durch Kürzungen und Umstellungen zeigen, durch welche $t$ bestimmbar wird, wie die folgenden Schritte verdeutlichen:

$$y = \frac{\mathrm{r-t}}{\mathrm{w}} + 1 \rightarrow \mathrm{y+t} = \frac{\mathrm{r}}{\mathrm{w}} - \mathrm{y} \rightarrow \mathrm{t} = \frac{\mathrm{r-y}}{\mathrm{w}}$$

$$\text{wobei } y = \mathrm{wt} \rightarrow \mathrm{t} = \frac{\mathrm{r-wt}}{\mathrm{w}} \rightarrow \mathrm{t = T - t}$$

In diesem Formalisierungstyp macht die Gleichung keinerlei Aussagen über Zeit, sondern zeigt lediglich eine Entsprechung auf. Hierin hat traditionell die Kritik an der Neoklassik angesetzt. So zeigt etwa Karl-Heinz Brodbeck (1998) mit Verweis auf Nicholas Georgescu-Roegen (1976) auf, dass durch die Gleichsetzung von statischer Analyse und Perioden-Analyse Zeit in der Ökonomik letztlich eliminiert werde. Dies beruhe auf dem Umstand, dass in der Perioden-Analyse konstante Skalenerträge und damit die Irrelevanz von Zeit für Produktion und Konsum unterstellt werden. Wenn, so Brodbecks Schlussfolgerung, „*alle* Variablen eines mechanistischen Systems in *gleicher* Weise zur Uhr eine bewegliche, aber funktional festgelegte Beziehung unterhalten (Konstanten des mechanistischen Systems und Funktionsformen), dann ist das *Gesamtsystem* einschließlich der Uhr *zeitlos*" (Brodbeck 1998, S. 89). Die Kritik besagte somit, dass die Neoklassik die Komplexität der Wirtschaft durch ihre *stationary state*-Modellierung in unbotmäßiger Weise verkürze (Pribram 1994, S. 971-978) – wodurch indes das systemtheoretische Argument, dass die Neoklassik sich eben durch einen solchen Schritt der Komplexitätsreduktion ausdifferenzieren und damit der temporalen Kontingenz der Wirtschaft Herr werden konnte, indirekt anerkannt wird.

Bei näherer Betrachtung zeigt sich indes, dass die Formalisierung wesentlich kompliziertere und weniger eindeutige Resultate zeitigt. In einem zweiten Argumentationsschritt nämlich interpretiert Dome obige Gleichung in einem *dynamischen* Sinne und setzt sie dabei in folgenden Graphen um:

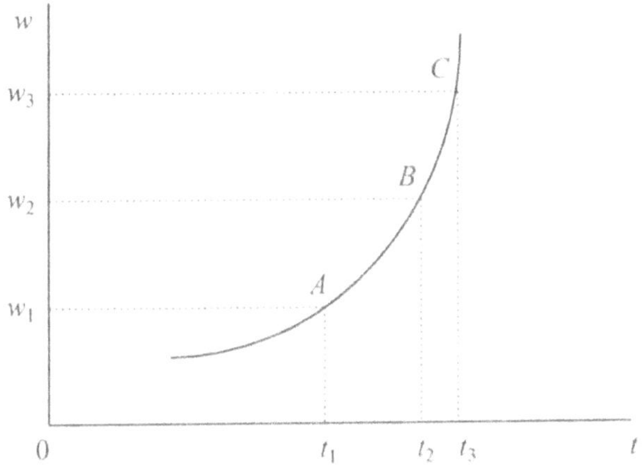


**Abb. 1** The supply curve of labour
Quelle: Dome 1994, S. 102

Durch die Transformation der mathematischen Formel in ein grafisches Modell wird die Atemporalität oder zeitliche Unbestimmtheit des Modells zeitlich mehrdeutig: aus einer abwesenden Darstellung von Zeit in der algebraischen Gleichung wird eine virtuelle Multiplizität möglicher Zeitrelationen. Denn das Diagramm kann sowohl als synchrone Korrelation („in dem Maße, wie") wie auch als temporale Konditionalität („gegeben, dass") bzw. als Kausalität („wenn, dann") gelesen werden (vgl. auch Dome 1994, S. 275f. oder S. 93f.) Die Tatsache, dass man dem Modell bzw. der Formel nicht ansieht, ob sie statisch oder dynamisch ‚gemeint' war, sorgt für den symbolischen Mehrwert. Oder um es aus einer anderen Perspektive zu formulieren: gerade die oft kritisierte Tatsache, dass Gleichgewichtsmodelle in ihrer *Logik* statisch seien und daher die Verlaufsdimension der Zeit nicht berücksichtigten (s. Kirchgässner 2008, S. 274), ist ihrer formalisierten und graphematischen Modell*architektur* nicht unbedingt inhärent. Vielmehr erzeugt die der Modelllogik algebraischer Gleichungen (jedenfalls im Einsatz der Neoklassik)[11] geschuldete zeitliche Unbestimmtheit einen Sinnüberschuss im Sinne von temporalen Optionen und Potenzialitäten, die einer Explizierung zugeführt werden müssen – was nichts anderes bedeutet, als dass sie Anschlusskommunikation erzeugen.[12]

Diese Prozesse der Erzeugung von Sinnüberschüssen durch mathematisierte Formalisierungsprozesse werden von uns mit dem Begriff der ‚Aisthesis' bezeichnet. Aisthesis berücksichtigt die Form, im vorliegenden Fall: die Modellform ökonomischer Theorie, und zugleich den Prozess des Erkennens bzw. Wahrnehmens (vgl. Wolf 2004, S. 3–4; de Certeau 1990, S. 295). Aus dieser Perspektive heraus weisen Formeln zwar eine intern abgeschlossene Logik auf, sind aber zugleich interpretationsoffen und ermöglichen Wahrnehmungsvielfalt (Giacovelli 2014b). Der Begriff der ‚Aisthesis' bezieht sich also einerseits auf die Formung des formalen Ausdrucks und andererseits auf die Emergenz möglicher temporaler Sinnzusammenhänge aus ihm. Diese Emergenz verweist darauf, dass die Kritiken an der *stationary state*-Orientierung der ursprünglichen Neoklassik vielleicht von einem zu souveränen Bild der Neoklassik ausgehen, während letztere doch in der Beherrschung der Folgen ihrer Komplexitätsreduktion gerade nicht souverän ist, was sich dadurch zeigt, dass die Formalisierungen unterschiedliche temporale Ausdeutungen zulassen, ja einfordern.

In diesem Abschnitt wurde gezeigt, welche Bedeutung mathematisierte Verfahren in der Ökonomik aufgrund der ihr eigenen formalen Logik haben. Erstens können mathematische Verfahren als Mechanismen der Symbolspezifizierung gesehen werden, mittels derer das wissenschaftliche Subsystem der Ökonomik Umweltkomplexität bearbeitbar macht (vgl. auch Callon 1998). Zweitens erzeugen

---

11 Die mathematische Algebra hatte sich im 19. Jahrhundert bereits vor der Ausdifferenzierung der neoklassischen Ökonomik von ihrer geometrischen Grundlegung emanzipiert und eine Prozessdimension erreicht, in der Gleichungssystemen eine zeitliche Gerichtetheit attestiert wurde (s. etwa Hamilton 1837; vgl. Stewart 2008, S. 145–156).

12 Eine solche Anschlusskommunikation durch temporale Unbestimmtheit demonstriert beispielhaft der explizite Hinweis Domes auf die korrekte Lesart der Marshallschen Angebotskurven, denen man per se nicht ansehen kann, dass sie „an ex post and irreversible curve which describes the history of the evolution of this industry" darstellen (Dome 1994, S. 170).

mathematische Darstellungsverfahren zugleich Sinnüberschüsse, die sich – entgegen der scheinbar reduktiven Logik der mathematischen Formalisierung – in Ununterscheidbarkeiten und Mehrdeutigkeiten äußern. Dies ist beispielsweise dann der Fall, wenn ‚statische' Gleichungen sowohl als Konditionalsätze wie auch als Kausal- oder Temporalsätze verstehbar sind, während aus dem Modell selbst zugleich nicht hervorgeht, welche Lesart zu privilegieren wäre. Dies erzwingt systematisch Klärungen, in denen dann wiederum besagter Sinnüberschuss zu sehen ist.

## 4 Resümee und Ausblick

Das soeben dargestellte Beispiel bildet nur einen Einstiegspunkt in die Erforschung der temporalen Implikationen, die sich aus der mathematisch-algebraischen Formalisierung der Neoklassik ergeben. Es macht vor allem deutlich, dass Komplexitätsreduktion durch mathematisch-algebraische Formalisierung, welche das Kontingenzproblem der Moderne durch radikale Zuspitzung auf einen höchst spezifischen Aspekt des Ökonomischen – Preisbildung – angeht, nicht zwingend zu einer Vereindeutigung der temporalen Implikationen des Modells führen muss, sondern im Gegenteil eine Mehrdeutigkeit und multiple Wahrnehmung der Modellzeit nach sich ziehen kann. Anders gesagt: Gerade indem neoklassische Modellierungen für Zeitlichkeit ‚blind' sind, wie ihnen so häufig vorgeworfen wird, erlauben sie, ja erzwingen sie anschließende Ausdeutungen, die temporal unterschiedlich gefüllt werden können. In der oben angeführten Gründungsszene der neoklassischen Marginalistik geschieht dies durch die Auffächerung der möglichen Temporalbeziehungen zwischen den beiden Termen links und rechts vom Gleichheitszeichen, die als Korrelation (mit der Implikation der Gleichzeitigkeit), als Konditionalität (mit der Implikation der Vorzeitigkeit) oder als Kausalität (mit der Implikation der Nachzeitigkeit) lesbar werden.

Dies geschieht in besonders sinnfälliger Weise durch die Transposition der algebraischen in eine diagrammatische Form. Das Beispiel zeigt daher auch, dass die mediale Formatierung der algebraischen Gleichungen bei der Multiplizierung möglicher Modellzeiten durch mathematische Formalisierung eine wichtige Rolle spielt. Grafische Darstellungen von Gleichungen, so könnte man mutmaßen, legen in erhöhtem Maße ihre eigene Temporalisierbarkeit nahe, weil die Strecken auf den Achsen als Skalen, aber auch als zeitliche Verläufe, als eine Vorher-Nachher-Relation gelesen werden können.

Im Fortgang des Projekts ist daher die Aufmerksamkeit nicht nur auf die Rekonstruktion der Kritik zu legen, der die Eigenzeit der marginalistischen Neoklassik von

Anfang an ausgesetzt war und die zugleich sicherstellte, dass Anschlusskommunikation erzeugt wurde. Vielmehr wird es in einem vorgeschalteten Untersuchungsschritt darum gehen müssen, die Genese multipler und virtueller Zeitlichkeiten als Resultat von Formalisierungsprozessen, die unterschiedliche Medialitätsformen annehmen können, zu rekonstruieren. Auf diese Weise wird auch ein Blick auf die Wege gelenkt, auf denen ‚die' Neoklassik im Zuge der Modellevolution zu ihren Gründungsszenen zurückfindet, d.h. die Formalisierungsgesten, die sie als Wissenschaft mit naturwissenschaftlichem Anspruch begründeten, wiederholt und modifiziert.

## Literatur

Baecker, D. (1988). *Information und Risiko in der Markwirtschaft.* Frankfurt am Main: Suhrkamp.

Beckert, J. (2007). Die soziale Ordnung von Märkten. In J. Beckert, R. Diaz-Bone & H. Ganßmann (Hrsg.), *Märkte als soziale Strukturen* (S. 43–62). Frankfurt am Main: Campus.

Beckert, J., Diaz-Bone, R., & Ganßmann, R. (2007). Einleitung: Neue Perspektiven für die Marktsoziologie. In dies. (Hrsg.), *Märkte als soziale Strukturen* (S. 19–39). Frankfurt am Main: Campus.

Beunza, D., & Garud, R. (2007). Calculators, lemmings or frame-makers? The intermediary role of securities analysts. In M. Callon, Y. Millo & Fabian Muniesa (Hrsg.), *Market Devices* (S. 13–39). Oxford, Malden: Blackwell.

Beunza, D., Hardie, I., & MacKenzie, D. (2006). A price is a social thing: towards a material sociology of arbitrage. *Organization Studies 27*, 721–745.

Blaug, M. (1968). *Economic theory in retrospect.* London: Heinemann.

Brodbeck, K.-H. (1998). *Die fragwürdigen Grundlagen der Ökonomie. Eine philosophische Kritik der modernen Wissenschaften.* Darmstadt: Wissenschaftliche Buchgesellschaft.

Callon, M. (1998). An essay on framing and overflowing. In ders. (Hrsg.), *The laws of the market* (S. 244–269). Oxford, Malden: Blackwell.

Callon, M. (2006 [1999]). Akteur-Netzwerk-Theorie: Der Markttest. In A. Belliger & D. J. Krieger (Hrsg.), *ANThology. Ein einführendes Handbuch zur Akteur-Netzwerk-Theorie* (S. 545–559). Bielefeld: transcript.

Dome, T. (1994). *History of economic theory: A critical introduction.* Aldershot, Brookfield: Edward Elgar.

Engels, A. (2010). Die soziale Konstitution von Märkten. In J. Beckert, & C. Deutschmann (Hrsg.), *Wirtschaftssoziologie. Sonderheft 49 der Kölner Zeitschrift für Soziologie und Sozialpsychologie* (S. 67–86). Wiesbaden: VS Verlag für Sozialwissenschaften.

Esposito, E. (2010). *Die Zukunft der Futures. Die Zeit des Geldes in Finanzwelt und Gesellschaft.* Heidelberg: Carl-Auer-Systeme.

Farzin, S., & Laux, H. (2014). Was sind Gründungsszenen? In dies. (Hrsg.), *Gründungsszenen soziologischer Theorie* (S. 3–11). Wiesbaden: Springer VS.

Fenton-O'Creevy, M., Nicholson, N., Soane, E., & Willman, P. (2005). *Traders: Risks, decisions, and management in financial marktes.* Oxford, New York: Oxford University Press.

Fourcade, M. (2007). Theories of markets and theories of society. *American Behavioral Scientist 50*, 1015–1034.

Garcia-Parpet, M.-F. (2007 [1986]). The social construction of a perfect market: The Strawberry Auction at Fontaines-en-Sologne. In D. MacKenzie, F. Muniesa, & L. Siu (Hrsg.), *Do economics make markets? On the performativity of economics* (S. 20–53). Princeton: Princeton University Press.

Georgescu-Roegen, N. (1976). *Energy and economic myths. Institutional and analytical economic essays.* New York: Pergamon.

Giacovelli, S. (2014a). *Die Strombörse. Über Form und latente Funktionen des börslichen Stromhandels aus marktsoziologischer Sicht.* Marburg: Metropolis.

Giacovelli, S. (2014b). Formula ideals: The aisthesis of mathematical formulas in pure mathematics, mathematical economics and economy. Vortrag auf der 26th Annual Conference der European Association for Evolutionary Political Economy (EAEPE): „Unemployment and Austerity in Mediterranean European Countries" in Nikosia/Zypern, 8. November 2014.

Hamilton, W. R. (1837). Theory of conjugate functions, or algebraic couples; with a preliminary and elementary essay on algebra as a science of pure time. *Transactions of the Royal Irish Academy 17 (1)*, 293–422.

Hardy, G. H. (2011 [1940]). *A mathematician's apology.* Cambridge: Cambridge University Press.

Heine, M. (2006). Systemische Unsicherheiten und keynesianische Makrotheorie. Beitrag zum Workshop „Keynesianische Ökonomie als alternative Ökonomie?" der Rosa Luxemburg-Stiftung am 24.-26.2.2006 in Berlin. http://www.rosalux.de/fileadmin/rls_uploads/pdfs/Heine_Keynes.pdf. Zugriffen: 28. Mai 2014.

Heine, M., & Herr, H. (2012). *Volkswirtschaftslehre: Paradigmatische Einführung in die Mikro- und Makroökonomie. 4., vollständig überarbeitete und erweiterte Aufl.* München: Oldenbourg.

Heintz, B. (2000). *Die Innenwelt der Mathematik. Zur Kultur und Praxis einer beweisenden Disziplin.* Wien, New York: Springer.

Jevons, W. S. (2013 [1871]). *The theory of political economy.* Houndmills, Basingstoke, Hampshire: Palgrave Macmillan.

Kalthoff, H. (2005). Practices of calculation: Economic representations and risk management. *Theory, Culture & Society 22 (2)*, 69–97.

Kessler, O. (2007). Ungewissheit, Unsicherheit und Risiko. Temporalität und die Rationalität der Finanzmärkte. In A. Langenohl & K. Schmidt-Beck (Hrsg.), *Die Markt-Zeit der Finanzwirtschaft. Soziale, kulturelle und ökonomische Dimensionen* (S. 293–321). Marburg: Metropolis.

Keynes, J. M. (2009 [1936]). *Allgemeine Theorie der Beschäftigung, des Zinses und des Geldes. 11., erneut verbesserte Aufl.* Berlin: Duncker & Humblot.

Kirchgässner, G. (2008 [1991]). *Homo Oeconomicus. Das ökonomische Modell individuellen Verhaltens und seine Anwendung in den Wirtschafts- und Sozialwissenschaften.* 3. Auflage. Tübingen: Mohr Siebeck.

Knight, F. H. (1935). Statics and dynamics. In ders., *The ethics of competition and other essays* (161–185). London: George Allen & Unwin.

Knorr Cetina, K. (1998). Sozialität mit Objekten. Soziale Beziehungen in post-traditionalen Wissensgesellschaften. In W. Rammert (Hrsg.), *Technik und Sozialtheorie* (S. 83–120). Frankfurt am Main: Campus.

Knorr Cetina, K., & Bruegger, U. (2000). The market as an object of attachment: Exploring postsocial relations in financial markets. *Canadian Journal of Sociology 25 (2)*, 141–168.

Knorr Cetina, K., & Bruegger, U. (2002). Global microstructures: The virtual societies of financial markets. *American Journal of Sociology 107 (4)*, 905–950.

Kuznets, S. (1930). Static and dynamic economics. *The American Economic Review 20 (3)*, 426–441.

Langenohl, A. (2010). Sinnverengung an Finanzmärkten. Zur finanzsoziologischen Produktivität des Erwartungsbegriffs. In H. Pahl & L. Meyer (Hrsg.), *Gesellschaftstheorie der Geldwirtschaft. Soziologische Beiträge* (S. 241–269). Marburg: Metropolis.

Langenohl, A. (2012). Von Zukünftigkeit zu Gegenwärtigkeit. Der Aufstieg der Arbitragetheorie im Diskurs der Finanzökonomik. In H. Kalthoff & U. Vormbusch (Hrsg.), *Soziologie der Finanzmärkte* (S. 151–176). Bielefeld: transcript.

Langenohl, A., & Schmidt-Beck, K. (Hrsg.). (2007). *Die Markt-Zeit der Finanzwirtschaft. Soziale, kulturelle und ökonomische Dimensionen*. Marburg: Metropolis.

Lee, B., & LiPuma, E. (2002). Cultures of circulation: The imaginations of modernity. *Public Culture 1*, 191–213.

Luhmann, N. (1980). *Gesellschaftsstruktur und Semantik. Bd. 1.* Frankfurt am Main: Suhrkamp.

Luhmann, N. (1984). *Sozial Systeme*. Frankfurt am Main: Suhrkamp.

Luhmann, N. (1996). *Die Wirtschaft der Gesellschaft. 2. Aufl.* Frankfurt am Main: Suhrkamp.

MacKenzie, D. (2004). The big, bad wolf and the rational market: Portfolio insurance, the 1987 crash and the performativity of economics. *Economy and Society 33 (3)*, 303–334.

MacKenzie, D., & Millo, Y. (2003). Constructing a market, performing theory: The historical sociology of a financial derivatives exchange. *American Journal of Sociology 109 (1)*, 107–145.

Marshall, Alfred (2013 [1890]). Principles of economics. 8th edition. Houndmills, Basingstoke, Hampshire: Palgrave Macmillan.

Mayring, P. (2007). *Qualitative Inhaltsanalyse. Grundlagen und Techniken. 9. Aufl.* Weinheim, Basel: Beltz.

Mirowski, P. (1989). *More heat than light. Economic as social physics, physics as nature's economics*. Cambridge: Cambridge University Press.

Ortlieb, C. P. (2006). Mathematisierte Scharlatanerie. Zur „ideologiefreien Methodik" der neoklassischen Lehre. In T. Dürmeier, T. v. Egan-Krieger, & H. Peukert (Hrsg.), *Die Scheuklappen der Wirtschaftswissenschaft. Postautistische Ökonomik für eine pluralistische Wirtschaftslehre* (S. 55–61). Marburg: Metropolis.

Pahl, H. (2008). *Das Geld in der modernen Wirtschaft. Marx und Luhmann im Vergleich*. Frankfurt am Main, New York: Campus.

Parsons, T., & Smelser, N. J. (1956). *Economy and society: A study in the integration of economic and social theory*. New York: Routledge.

Plumpe, W. (2010). *Wirtschaftskrisen. Geschichte und Gegenwart*. München: Beck.

Power, M. (2005). Enterprise risk management and the organization of uncertainty in financial institutions. In K. Knorr Cetina, & A. Preda (Hrsg.), *The sociology of financial markets* (S. 250–268). Oxford: Oxford University Press.

Preda, A. (2009). Brief encounters: Calculation and the interaction order of anonymous electronic markets. *Accounting, Organizations and Society 34 (5)*, 675–693.

Pribram, K. (1998). *Geschichte des ökonomischen Denkens*. Frankfurt am Main: Suhrkamp.

Rheinberger, H.-J. (2002). *Experimentalsysteme und epistemische Dinge. Eine Geschichte der Proteinsynthese im Reagenzglas.* Göttingen: Wallstein.
Rosa, H. (2004). *Beschleunigung. Die Veränderung der Zeitstrukturen in der Moderne.* Frankfurt am Main: Suhrkamp.
Roth, S. (2010). *Markt ist nicht gleich Wirtschaft. These zur Begründung einer allgemeinen Marktsoziologie.* Heidelberg: Carl-Auer.
Rustemeyer, D. (2008). Philosophie als Kulturreflexion. In D. Baecker, M. Kettner & D. Rustemeyer (Hrsg.), *Über Kultur. Theorie und Praxis der Kulturreflexion* (S. 69–95). Bielefeld: transcript.
Shakle, G. L. S. (2010 [1955]). *Uncertainty in economics.* Cambrigde: Cambridge University Press.
Stäheli, U. (2000). *Sinnzusammenbrüche. Eine dekonstruktive Lektüre von Niklas Luhmanns Systemtheorie.* Weilerswist: Velbrück.
Stewart, I. (2008). *Die Macht der Symmetrie. Warum Schönheit Wahrheit ist.* Heidelberg: Spektrum.
Streller, R. (1926). *Statik und Dynamik in der theoretischen Nationalökonomie.* Habilitation, Universität Leipzig.
Strulik, T. (2006). Introduction. In T. Strulik & H. Wilke (Hrsg.), *Towards a cognitive mode in global finance* (S. 9–32). Frankfurt am Main, New York: Campus.
Swedberg, R. (1990). *Economics and sociology: Redefining their boundaries: Conversations with economists and sociologists.* Princeton: Princeton University Press.
Tellmann, U. (2007). Die Zeit und die Konventionen der Ökonomie. In A. Langenohl & K. Schmidt-Beck (Hrsg.), *Die Markt-Zeit der Finanzwirtschaft. Soziale, kulturelle und ökonomische Dimensionen* (S. 239–260). Marburg: Metropolis.
Vogl, J. (2010). *Das Gespenst des Kapitals.* Zürich: diaphanes.
Vormbusch, U. (2012). Zahlenmenschen als Zahlenskeptiker. Daten und Modelle im Portfoliomanagement. In H. Kalthoff & U. Vormbusch (Hrsg.), *Soziologie der Finanzmärkte* (S. 313–337). Bielefeld: transcript.
Walras, L. (1954 [1926]). *Elements of pure economics, or the theory of social wealth. Translated by William Jaffé.* Homewood: Irwin.
Werron, T., & Heintz, B. (2011). Wie ist Globalisierung möglich? Zur Entstehung globaler Vergleichshorizonte am Beispiel von Wissenschaft und Sport. *Kölner Zeitschrift für Soziologie und Sozialpsychologie 63*, 359–394.

# Die Ökonomik als wissenschaftliches Macht- und Schlachtfeld

## Eine Analyse im Lichte Bourdieus und Lakatos'

Arne Heise

## 1 Fruchtbare Theorienkonkurrenz oder ‚Krise der Wirtschaftswissenschaft'? Eine Einordnung der Keynes'schen Irritation

Die *Allgemeine Theorie der Beschäftigung, des Zinses und des Geldes* von John Maynard Keynes (1936, S. 323f.) schließt mit den berühmten Worten:

> „Im gegenwärtigen Augenblick erwarten die Menschen mehr als sonst eine grundlegendere Diagnose, sind sie ganz besonders bereit, sie aufzunehmen, begierig, sie auszuproben, wenn sie nur einigermaßen annehmbar sein sollte. Von dieser zeitgenössischen Stimmung abgesehen, sind aber die Gedanken der Ökonomen und Staatsphilosophen, sowohl wenn sie im Recht, als wenn sie im Unrecht sind, einflußreicher, als gemeinhin angenommen. Die Welt wird in der Tat durch nicht viel anderes beherrscht. Praktiker, die sich ganz frei von intellektuellen Einflüssen glauben, sind gewöhnlich die Sklaven irgendeines verblichenen Ökonomen [...] Ich bin überzeugt, daß die Macht erworbener Rechte im Vergleich zum allmählichen Durchdringen von Ideen stark übertrieben wird. Diese wirken zwar nicht immer sofort, sondern nach einem gewissen Zeitraum; denn im Bereich der Wirtschaftslehre und der Staatsphilosophie gibt es nicht viele, die nach ihrem fünfundzwanzigsten oder dreißigsten Jahr durch neue Theorien beeinflußt werden, so daß die Ideen, die Staatsbeamte und Politiker und selbst Agitatoren auf die laufenden Ereignisse anwenden, wahrscheinlich nicht die neuesten sind. Aber früher oder später sind es Ideen, sei es zum Guten oder zum Bösen."

Man mag – wie z. B. seine engste Schülerin Joan Robinson (1976) – Keynes' Glauben an die verändernde Kraft der Idee als naiv betrachten, diese Überlegungen legen jedenfalls den Schluss nahe, dass Keynes mit der Veröffentlichung seiner *Allgemeinen Theorie* nicht weniger beabsichtigte, als die Wirtschaftslehre selbst zu revolutionieren. Dieser Anspruch, den Keynes in einem Schreiben an den irischen

Schriftsteller und Literatur-Nobelpreisträger George Bernard Shaw auch ganz unprätentiös formulierte (Keynes 1935), beinhaltet dreierlei: 1) Sein Werk – die *Allgemeine Theorie* – basiert auf theoretischen Grundannahmen (Axiomen), die sich eindeutig von der ‚orthodoxen Wirtschaftslehre‘[1] absetzen: „(Denn) wenn die orthodoxe Wirtschaftslehre auf der falschen Fährte ist, so liegt der Fehler nicht im Überbau, sondern in einem Mangel an Klarheit und der allgemeinen Gültigkeit in den Voraussetzungen“ (Keynes 1936, S. V). Leider hat er es unterlassen, jene Annahmen klar zu benennen, die er nicht teilt und seine Alternativannahmen eindeutig offenzulegen – die Folgen dieses Versäumnisses waren Keynes durchaus bewusst: „Jene, die fest verkettet sind mit dem, was ich ‚klassische Theorie‘ nennen werde, werden, wie ich erwarte, zwischen der Überzeugung schwanken, daß ich völlig im Unrecht sei, und der Überzeugung, daß ich nichts Neues sage“ (Keynes 1936, S. V). Wenn er gleichwohl davon ausging, die ‚orthodoxe Wirtschaftslehre‘ zu widerlegen,[2] dann glaubte er offensichtlich daran, jene ÖkonomInnen zu überzeugen, die – entweder nicht oder noch nicht – im Banne der Orthodoxie ausgebildet wurden: Einerseits hatte er also die jungen ÖkonomInnen im Sinn, die von Beginn an mit seiner Theorie konfrontiert werden sollten, andererseits hoffte er jene ÖkonomInnen für sich (und seine Theorie) zu gewinnen, die bislang wesentlich historisch-empirisch gearbeitet hatten und „ohne eine vorherrschende und allgemein anerkannte formelle Theorie der Wirtschaftslehre aus(zu)kommen“ (Keynes 1936, S. VIII). Er hatte damit sicherlich z. B. die Anhänger der ‚historischen Schule‘ im Blick, die trotz der Niederlage im Methodenstreit besonders in Deutschland – aber nicht nur dort[3] – noch recht stark vertreten waren.

---

1 Was heute als ‚Mainstream‘, ‚Benchmark-Modell‘ oder ‚Workhorse‘ bezeichnet wird, charakterisiert Keynes bisweilen als ‚klassische Theorie‘, ‚Zitadelle‘ oder eben ‚orthodoxe Theorie‘. Gemeint ist damit die sich weltweit zunehmend durchsetzende ‚neoklassische Theorie’, die wesentlich an der Universität Cambridge von Alfred Marshall und seinem Nachfolger auf dem Lehrstuhl für Politische Ökonomie, Arthur Cecil Pigou, ausgearbeitet und später zur ‚Theorie des allgemeinen Gleichgewichts‘ verbreitert wurde.

2 Obwohl Keynes’ Argumentation auf eine ‚alternative Theorie‘, also ein deduktives Argumentationsgebäude auf der Grundlage alternativer Axiome, hinausläuft, behauptet er mehrfach, lediglich eine ‚allgemeine Theorie‘ zu formulieren, die die ‚orthodoxe Wirtschaftslehre‘ als Spezialfall (den des allgemeinen Gleichgewichts) miteinschließt (z. B. Keynes 1936, S. VI). Diese Unterscheidung scheint Keynes nicht realisiert zu haben.

3 In den USA waren die ‚alten Institutionalisten‘ recht stark (vgl. Yonay 1998) und selbst die University of Cambridge – die damalige Hochburg der ‚orthodoxen Wirtschaftslehre‘ – wäre beinahe in die Hände der historischen Schule gefallen, als es um die Nachfolge für Marshalls Professur im Jahre 1908 ging. Wahrscheinlich war es nur massiver Intervention von Alfred Marshall selbst geschuldet, dass sein Kandidat Arthur Cecil Pigou und nicht

Damit sind wir bei der zweiten Annahme, die Keynes offenbar unterstellte: Er hielt sich – Dozent am King's College der University of Cambridge – und die University of Cambridge als Knotenpunkt für die Entwicklung wirtschaftswissenschaftlicher Forschung weltweit für ‚wichtig' bzw. einflussreich genug, um ein derartiges Umdenken einzuleiten. Neben dem unerschütterlichen Selbstbewusstsein eines Mitglieds der englischen Intelligenzia verweist dies auf die zentrale Stellung, die Keynes und die University of Cambridge in der damaligen epistemischen Wissenschaftlergemeinschaft einnahmen: Keynes war durch seine wirtschaftspolitischen Streitschriften *The Economic Consequences of the Peace* (Keynes 1919) und *The Economic Consequences of Mr. Churchill* (Keynes 1925) und *A Treatise on Money* (Keynes 1930) nicht nur binnen weniger Jahre ein international bekannter und renommierter Ökonom geworden,[4] er war als Herausgeber des *Economic Journal* zwischen 1912 und 1944 auch entscheidend daran beteiligt, jene ökonomischen Diskussionen (mit)zubestimmen, über die nicht nur in der englischsprachigen Wissenschaftlergemeinschaft gesprochen wurde; und er nutzte diese Position auch aus, um seine eigenen theoretischen Überlegungen zu platzieren und die ‚keynesianische Revolution' voranzubringen (vgl. z. B. Moggridge 1990; Aslanbeigni und Oakes 2007). An dieser Stelle sollte nicht unerwähnt bleiben, dass das *Economic Journal* damals sicher zu den zwei bis drei führenden ökonomischen Fachzeitschriften weltweit gehörte. Schließlich dürfte auch die Stellung der University of Cambridge in der Marshall-Pigou-Ära – insbesondere in der Attraktion ausländischer (Gast-)WissenschaftlerInnen[5] – als besonders bedeutungsvoll und einflussreich angesehen werden.[6]

Bleibt schließlich noch ein dritter Punkt, den Keynes mit ‚zeitgenössischen Umständen' in der *Allgemeinen Theorie* nur vage andeutet, ohne den aber das Unterfangen unverständlich bleiben muss, wieso Keynes sich überhaupt aus den Fängen der ‚orthodoxen Wirtschaftslehre' glaubte befreien zu müssen: Die Weltwirtschaftskrise der frühen 1930er-Jahre hatte den Kern der ‚orthodoxen

---

der der historischen Schule nahestehende H.S. Foxwell für die Nachfolge gewählt wurde (vgl. Coase 1994, S.151ff.).

4 Von den frühen 1930er-Jahren an bis zu seinem Tode Mitte der 1940er Jahre war Keynes der weltweit meistzitierte Ökonom (vgl. Snowdon und Vane 1997, S. 4f.).

5 Neben vielen anderen ÖkonomInnen verbrachten z. B. Gerard Debreu, Milton Friedman oder John Kenneth Galbraith einige Zeit als Gastwissenschaftler an der University of Cambridge.

6 U. v. a. lehrten so bekannte und einflussreiche Ökonomen wie Henry Sidgewick, Inglis Palgrave, Herbert S. Foxwell, John N. Keynes, Alfred Marshall, Arthur C. Pigou, John M. Keynes, Joan Robinson, Dennis Robertson, Richard Kahn an den verschiedenen Colleges der University of Cambridge.

Wirtschaftslehre', das Stabilitätsversprechen unregulierter Märkte im Allgemeinen und die kompromisslose Empfehlung, nur (Real-)Lohnsenkungen könnten die Massenarbeitslosigkeit beseitigen, zumindest für viele Nicht-ÖkonomInnen ad absurdum geführt.[7] Keynes fürchtete gleichermaßen um die realwirtschaftlichen, sozialen und politischen Auswirkungen einer verfehlten Wirtschaftspolitik, wie um den Glaubwürdigkeitsverlust einer Wissenschaft, die nichts zur Lösung der anstehenden Probleme beitragen konnte – im schlimmsten Fall diese Probleme gar noch verschärfte.

Greift man auf die Wissenschaftstheorie von Thomas Kuhn (1972) zurück, dann waren alle notwendigen Ingredienzien für eine wissenschaftliche Revolution vorhanden: ein Auslöser in Form einer (scheinbaren) empirischen Falsifikation (die Weltwirtschaftskrise) der ‚Normalwissenschaft', eine wissenschaftliche (paradigmatische) Alternative (die Keynes'sche Theorie) und eine kulturelle Dominanz, die von Keynes und den Cambridge-ÖkonomInnen ausging. Es nimmt deshalb nicht wunder, wenn schnell der Begriff der ‚Keynesianischen Revolution' (Klein 1947) geprägt wurde und sich insbesondere nach dem Zweiten Weltkrieg das keynesianische Paradigma als neuer Mainstream in den USA und Europa etablierte. Ohne an dieser Stelle die Probleme der Übertragbarkeit des Kuhn'schen Ansatzes auf nichtexperimentelle Wissenschaften wie die Volkswirtschaftslehre im Allgemeinen und die Frage nach der tatsächlichen Verwirklichung der ‚Keynesianischen Revolution'[8] im Besonderen zu stellen, mag Imre Lakatos' Konzept konkurrierender Forschungsprogramme dem Kuhn'schen Paradigmenwechsel deshalb analytisch vorzuziehen zu sein,[9] weil es die Dynamik der Anpassung von Forschungsprogrammen bzw. Paradigmen an sich verändernde Umwelten und scheinbare empirische Falsifikationen besser erfasst und insofern auch offener für die Vorstellung von ‚Pluralität' (verschiedene konkurrierende Forschungsprogramme oder Paradigmen basierend auf axiomatischer Variation) und ‚Variation' (verschiedene Theorieansätze basierend auf Annahmevariationen im so genannten ‚schützenden Gürtel') ist. Und zumindest dies lässt sich sicher behaupten: Die ‚keynesianische Revolution' begünstigte gleichermaßen die Suche nach und die Entwicklung von paradigmatischen Alternativen in Form postkeynesianischer, sozioökonomischer

7 Der expliziteste Verfechter der orthodoxen Theorie, Keynes' Kollege in Cambridge, Arthur C. Pigou, hielt übrigens unbeirrt von aller empirischer Evidenz daran fest, dass Nominal- und Reallöhne nur stark genug sinken müssten, um Vollbeschäftigung herbeizuführen (vgl. Pigou 1941).

8 Vgl. Hutton (1986), der von einer ‚Revolution, die es nie gab' spricht.

9 Wenngleich der Kuhn'sche Begriff ‚Paradigma' bzw. ‚Paradigmenwechsel' griffiger erscheint und auch weiter verwendet werden soll.

oder marxistischer Forschungsprogramme, wie sie auch starken Einfluss auf die Annahmevariationen innerhalb des ‚orthodoxen' Forschungsparadigmas in Form verschiedener standardkeynesianischer, neokeynesianischer und neuklassischer[10] Theorieentwicklungen innerhalb des ‚dynamisch-stochastischen Gleichgewichtsmodells' (DSGM) hatte (vgl. Kromphardt 2010, S. 27).

Wissenschaft ist nach Lakatos (1974, S. 168) „ein Schlachtfeld von Forschungsprogrammen" – anders als bei Kuhn werden hier also nicht herrschende Paradigmen durch alternative Paradigmen, die vorher nur ein Schattendasein gefristet haben, abgelöst, sondern wissenschaftlicher Fortschritt ergibt sich aus der Konkurrenz verschiedener Forschungsprogramme, die ständig zwischen progressiver und degenerativer Problemverschiebung[11] schwanken. Dabei können sich auch Forschungsprogramme dann als nicht mehr wissenschaftlich erweisen und folglich aufgegeben werden, wenn von ihnen keine progressive Problemverschiebung mehr zu erwarten ist – doch dies wird nicht durch singuläre Geschehnisse (in den Sozialwissenschaften) oder Experimente (in den Naturwissenschaften) ausgelöst,[12] sondern zeigt sich erst im Laufe länger andauernder ‚Reparaturarbeiten'. Hieraus darf man den Schluss ziehen – und dies gilt für die Sozialwissenschaften gewiss in besonderem Maße[13] –, dass wissenschaftlicher Fortschritt die paradigmatische

10 Hiermit ist die ‚Neue klassische Makroökonomie' des um rationale Erwartungen erweiterten Monetarismus gemeint, nicht der im deutschen Sprachraum ebenfalls gelegentlich als ‚Neuklassik' firmierende Neoricardianismus.

11 Hiermit ist die Fähigkeit gemeint, durch Annahmevariation bzw. die Einführung von ad-hoc-Annahmen neue falsifizierbare Prognosen (ex ante) abgeben zu können bzw. wenigstens bestehende Anomalien innerhalb eines Forschungsparadigmas erklären zu können (ex post).

12 Im geschichtlichen Rückblick mag sich also die Weltwirtschaftskrise der 1930er Jahre oder auch die gegenwärtige Weltfinanzkrise als ‚experimentum crucis' der weiteren Entwicklung der Wirtschaftswissenschaft erweisen, sie können nicht als jene Anomalie angeführt werden, die zur sofortigen Zurückweisung des herrschenden Mainstreams (also des dynamisch-stochastischen Gleichgewichtsmodells) führen müssen.

13 Einerseits, weil die soziale Realität immer sozial konstruiert ist, d. h. nicht unabhängig von unserer durch wissenschaftliche Modelle beeinflussten Perzeption besteht. Andererseits, weil eine Falsifikation in nichtexperimentellen Wissenschaften unmöglich ist. Allenfalls können notwendigerweise zu unterstellende ‚ceteris paribus'-Annahmen falsifiziert werden. Schließlich verweist die so genannte Duhem-Quine-Kritik auf die methodischen Grenzen der empirischen Überprüfung rein theoretischer Prognosen (vgl. u. a. Cross 1982).

Konkurrenz benötigt[14] und die ‚keynesianische Revolution' hat hierzu zweifellos einen bedeutenden Beitrag geleistet.

Wissenschaft ist aber nicht nur ein ‚Schlachtfeld', sondern im Bourdieu'schen Sinne auch ein ‚Machtfeld' (vgl. Bourdieu 1991, 1992) – d. h. die im Wissenschaftsfeld agierenden Akteure sind in unterschiedlichem Maße mit sozialem, kulturellem und ökonomischem Kapital ausgestattet und dies mag dazu führen, dass die ‚Konkurrenz der Paradigmen' nicht nur unter sehr ungleichen Voraussetzungen (z. B. was den Zugang zu materiellen Ressourcen angeht) stattfindet, sondern unter Rahmenbedingungen, die dem paradigmatischen Wettbewerb wenig zuträglich sind: Unter der Dominanz eines monistischen Wissenschaftsverständnisses[15] – in Anlehnung an Kuhn wird die Herausbildung einer dominanten ‚Normalwissenschaft' als wünschenswerter Zustand einer reifen (‚echten') Wissenschaft verklärt (vgl. z. B. Middleton 1998; Schultze 1996; Williamson 1997) – als kulturelle Prägung der Wissenschaftlergemeinschaft (kulturelles Kapital) und den Bedingungen extrem hoher Spezifität des Humankapitals[16] in einem ‚Käufermarkt' (strukturell höheres Angebot als Nachfrage[17]) reduziert die ‚Standardisierung' – also die ‚Einigung' auf ein gemeinsames Paradigma (was Lakatos als ‚positive Heuristik' bezeichnet) als Arbeitsgrundlage – die Verwertungsunsicherheit des spezifischen Humankapitals durch Sicherung von Karrierechancen. Die Ausstattung der unterschiedlichen Paradigmen mit ökonomischem (Zugang zu materiellen Ressourcen) und sozialem Kapital (kooperative Vernetzung untereinander und mit anderen Akteuren des Wissenschaftsfeldes: u. a. Wissenschaftspolitiker, Wissenschaftsorganisatoren

14 Akzeptiert man Feyerabends Kritik an Lakatos, dass seine Unterteilung in progressive und degenerative Forschungsprogramme kaum schlüssig erfolgen und deshalb zumindest einer ‚rationalen' Auswahl von zu verfolgenden Forschungsprogrammen keine akzeptable Grundlage liefern kann, dann wird der Pluralismusanspruch umso bedeutender – oder wie es Feyerabend provokant und leider missverständlich ausdrückte: *anything goes* (vgl. Feyerabend 1986, S. 32). Dies wird insbesondere von der konstruktivistischen Wissenschaftssoziologie geteilt (vgl. Yonay 1998, S. 218f.).

15 So hat Feyerabend (1970, S. 198) erkannt: „More than one social scientist has pointed out to me that at last he has learned to turn his field into a ‚science' – by which of course he meant that he had learned how to improve it. The recipe, according to these people, is to restrict criticism, to reduce the number of comprehensive theories to one, and to create a normal science with this one theory as its paradigm. Students must be prevented from speculating along different lines and the more restless colleagues must be made to conform and ‚to do serious work'".

16 Die spezifischen akademischen Qualifikationen (in Deutschland immer noch die Habilitation), die zu einer beruflichen Stellung im akademischen Arbeitsmarkt (Professur) führen, können faktisch außerhalb der Akademia nicht verwertet werden.

17 Gemessen an den Habilitations- und Emeritierungsraten.

und -sponsoren) dürfte wesentlich darüber mitentscheiden, wer den Standard (Mainstream/Orthodoxie) bestimmt und wie stark die Marginalisierung der konkurrierenden Paradigmen (Heterodoxie) ausfällt.

Vor diesem Hintergrund wird verständlich, weshalb die Phase relativer Pluralität der ökonomischen Paradigmen in der Zeit nach der ‚keynesianischen Revolution' teilweise als ‚Krise der Wirtschaftswissenschaft' (vgl. Kazmierski 1993) interpretiert wurde und die Folgezeit – ausgelöst durch die ‚monetaristische Konterrevolution'[18] – eine Standardisierung auf einen DSGM-Mainstream erlebte, die wesentlich von einigen wenigen amerikanischen Eliteuniversitäten ausging.[19] Der Siegeszug des DSGM durch die Universitäten, Forschungsinstitute und auch Forschungsabteilungen von Zentralbanken und internationalen Organisationen (wie den IWF oder die Weltbank) in der ganzen Welt war bis zum Ausbruch der Weltfinanzkrise 2009 so umfassend, dass gemeinhin von einem Konsensmodell gesprochen wurde, dessen Zustand in dem Sinne ‚gut' sei (vgl. Blanchard 2008), dass es selbst die Diskussionen innerhalb des DSGM-Mainstreams zwischen den Süßwasser- und den Salzwasserökonomen befriedet zu haben schien (vgl. z. B. Goodfriend 2004).[20]

18 Hier lassen sich mit Milton Friedman als treibender und überragender Wissenschaftlerpersönlichkeit, der University of Chicago als institutionellem Knotenpunkt und der Stagflation als Auslöser der ‚Krise des Keynesianismus' ebenso jene drei notwendigen Bedingungen benennen, die die ‚Konterrevolution' auslösten.

19 Diese hegemoniale Standardisierungsmacht der US-Elite-Universitäten wird selten bestritten (vgl. Rosser et al. 2010; Lebaron 2013, S. 129ff.), häufig unter dem Stichwort ‚internationale Wettbewerbsfähigkeit' als (wenig schlüssiges) Argument dafür verwendet, auch in der deutschen Wirtschaftswissenschaft den Anpassungsprozess an den DSGM-Mainstream voranzutreiben (vgl. Schmidt und aus dem Moore 2010, S. 175). Dies war z. B. auch das zentrale Argument der Befürworter der Neuausrichtung der traditionell ordnungsökonomisch orientierten Kölner Wirtschaftsfakultät am DSGM-Mainstream (vgl. Adam et al 2009). Colander und Klamer (1987) und Colander (2007) verdeutlichen die Mainstream-Orientierung der US-Eliteuniversitäten, von der Klamer (2007, S. 230) schreibt: „If anything, the discipline has become more homogeneous, more single-minded, more hard-nosed about the science of economics and hence less heterogeneous and arguably less intellectual exiting."

20 Die Begriffe ‚Süsswasser-, und ‚Salzwasserökonomen' beziehen sich auf die geografische Lage der bereits benannten US-Elite-Universitäten an der US-Ostküste (insbesondere Columbia, Harvard, MIT, Princeton und Yale) und den ‚Großen Seen' (insbesondere die University of Chicago und die Carnegie Melon University) und verdeutlichen deren Hegemonie. Inhaltlich beschreiben diese beiden geografischen Pole die Ausschläge des Dominanzpendels zwischen ‚keynesianischen' Positionen und ‚neoklassischen' Positionen viel besser als die Bilder von ‚Revolution' und ‚Gegenrevolution'.

## 2 Zur Klassifikation von Pluralität und Variation

Bevor wir im nächsten Kapitel begründete Spekulationen über die Entwicklung der Wirtschaftswissenschaft nach der Weltfinanzkrise 2008ff. und dem besonderen Einfluss der Nobelpreisträger Joseph Stiglitz und Paul Krugman als mögliche Re-Inkarnationen von John M. Keynes zu Beginn des 21. Jahrhunderts – im heutigen Macht- und auf dem gegenwärtigen Schlachtfeld der Ökonomik anstellen wollen, soll zum besseren Verständnis etwas Zeit darauf verwendet werden, die wirtschaftswissenschaftliche Theorienlandschaft zu kategorisieren. Trotz der allseits geübten Kritik an der dualistischen Klassifikation (vgl. z. B. Mearman 2012)[21] in ‚Mainstream' und ‚Non-Mainstream' soll genau daran festgehalten werden, um 1. zu zeigen, dass sich hinter dem Dualismus eine große Breite konkurrierender Paradigmen verbergen kann, und um 2. klarzustellen, dass eine paradigmatische Alternative mehr verlangt als nur den kritische Umgang mit einigen Modellannahmen.

Auf dem Bezugsrahmen des Lakatos'schen Forschungsprogramms[22] lassen sich folgende Klassifizierungsdimensionen beschreiben: 1) methodisch lässt sich eine bestimmte Methodologie benennen, die als akzeptabel (und also: wissenschaftlich) gilt; 2) epistemologisch lassen sich einige Kernannahmen (Axiome) herausarbeiten, die der Modellbildung zugrunde liegen; 3) heuristisch lässt sich im Rahmen der ‚negativen Heuristik' benennen, welche der aus den Kernannahmen hergeleiteten Postulate des Forschungsprogramms nicht in Frage gestellt werden (dürfen). Der DSGM-Mainstream – der sich aus der Neuen Klassischen Makroökonomik und dem Neokeynesianismus zusammensetzt[23] – basiert einhellig auf den das tauschtheoretische Paradigma kennzeichnenden Kernannahmen der Rationalität, Ergodizität und Substitutionalität (vgl. dazu Davidson 1984), der ausschließlichen Akzeptanz eines formalmathematisch deduktiven, positivistischen Reduktionismus (vgl. Lawson 2006) kombiniert, nach dem *empirical turn* der letzten zwei bis drei Dekaden,

21 Neben dem Dualismus wird auch häufig die Statik von Klassifikationen kritisiert (vgl. Colander et al. 2009) – dahinter würde die komplexe Variation ständiger wissenschaftlicher Entwicklung verborgen bleiben. Der hier vorgeschlagenen Klassifikation kann dieser Vorwurf sicher nicht gemacht werden.

22 Zu den Problemen, das Lakatos'sche Konzept auf die Ökonomik zu übertragen (vgl. Cross 1982).

23 (Neo-)Keynesianische und neoklassische Modelle in einem Paradigma zusammenzufassen, mag für einige Leser befremdlich klingen, wird aber hoffentlich bei der weiter unten stattfindenden genaueren Betrachtung deutlich. Wie Davidson (1992, 2005) gezeigt hat, verweist die gemeinsame paradigmatische Verortung auf die Unangemessenheit der Verwendung des Begriffs ‚Keynesianismus' für neokeynesiansche Modelle (was also auch als Etikettenschwindel angesehen werden kann).

mit hochentwickelter Mikro- und Makroökonometrie oder auch experimentellen Versuchsanordnungen (vgl. Schmidt und aus dem Moore 2010), wie sie aus den naturwissenschaftlichen Leitwissenschaften (Physik und Chemie) bekannt sind. Das in den Kernannahmen *a priori* implementierten Stabilitäts- und Optimalitätspostulat (Walras-Gesetz) dient als ‚Musterlösung' und fungiert damit als Merkmal negativer Heuristik. Die scheinbar so unterschiedlichen Modellprognosen der hypergleichgewichtigen und hyperstabilen Neuen Klassischen Makroökonomik einerseits und des ungleichgewichtigen, interventionsoffenen Standard- und Neokeynesianismus andererseits basieren auf Annahmeänderungen im ‚schützenden Gürtel' (z.B. hinsichtlich der Annahmen über Anpassungsgeschwindigkeiten, Preisund Mengenrigiditäten, Erwartungsformation, etc.), verweisen aber gerade nicht auf eine unterschiedliche paradigmatische Herkunft beider Theorieschulen.[24]

Die Kritik insbesondere an den Kernannahmen des Mainstreams wird gelegentlich mit dem Hinweis darauf beantwortet, diese gelten wohl noch für das ‚Ausbildungs- und Schulungs'-DSGM, nicht aber für das ‚Forschungs'-DSGM – hier seien längst in Ansätzen der Verhaltens-, Neuro- oder Komplexitätsökonomik Annahmen z.B. beschränkter Rationalität aufgenommen worden. Da diese Ansätze – manchmal als ‚Abweichler' (*dissenter*), manchmal als ‚Peripherie' bezeichnet – die methodologischen Einschränkungen des Mainstreams akzeptieren und auch in der ‚negativen Heuristik' sich an keiner grundlegenden Kritik des Mainstreams als ‚Musterlösung' wagen,[25] werden sie vom Mainstream anerkannt,[26] gelegentlich gar als die dynamische Front der Mainstream-Forschung hervorgehoben (vgl. Colander et al. 2009)[27]. Gleiches gilt nicht für jene *dissenter* innerhalb des Mainstreams,

---

24 Folgerichtig finden sich beide Ansätze in modernen Lehrbüchern, indem zwischen kurzer Frist (neokeynesianisches Modell) und langer Frist (neuklassisches Modell) unterschieden wird (vgl. z.B. Abel und Bernanke 2005; Blanchard und Illing 2006).

25 Die ‚Treue' zum Mainstream wird entweder dadurch beschworen, den gerade erbrachten Nachweis der Unhaltbarkeit einiger Annahmen (vorzugsweise der Rationalitätsannahme) nicht verallgemeinern zu wollen (vgl. Smith 2002, S. 505) oder mit dem ausdrücklichen Hinweis versehen, es gehe nicht um eine Alternative zum herrschenden Mainstream, sondern nur eine Ergänzung (vgl. z.B. Hermann-Pillath 2002, S. 21).

26 Hiermit ist vor allem gemeint, dass VertreterInnen dieser Ansätze in den bedeutenden Mainstream-Journals (die wiederum Teil der ökonomischen Kapitalausstattung eines Paradigmas sind) publizieren können.

27 Sowohl Kuhns ‚Paradigma' als auch Lakatos ‚Forschungsprogramme' sind begrifflich vieldeutig. Ich möchte die Begriffe hier als gesamtwirtschaftliche Erklärungsansätze verstehen, in denen alle ökonomischen Teilbereiche – die Arbeitsmarkt-, Verteilungsund Wachstumstheorie ebenso wie die Außenwirtschafts-, Geldoder Finanztheorie – eingebettet sind. In diesem Sinne muss es aber recht fraglich erscheinen, ob z.B. die Verhaltensökonomie oder die Komplexitätsökonomik tatsächlich eigenständige Paradigmen

die zwar die Kernaxiome und den Stabilitäts- und Optimalitätsoptimismus mit dem Mainstream teilen, nicht aber die methodologischen Anforderungen eines rigorosen formalen Deduktivismus: die Ordnungsökonomik, aber auch die sich auf Hayek beziehende ‚österreichische Schule' werden als zwar verdienstvoll, aber nicht mehr zeitgemäß und als methodisch zu schwach weitgehend marginalisiert (vgl. Schmidt und aus dem Moore 2010, S. 170ff.).[28]

**Tab. 1** Klassifikation der ökonomischen Paradigmen

| Kernannahmen | Methodik | Heuristik | Paradigma | Theoretische Schule |
|---|---|---|---|---|
| • **Rationalitätsannahme**<br>• **Ergodizitätsannahme**<br>• **Substitutionalitätsannahme** | Formal-mathematisch deduktiver, positivistischer Reduktionismus + hochentwickelter Empirismus/Expertimentalismus | Akzeptanz der Stabiltät der Markträumung als ‚Musterlösung' | DSGM | • Neue Klassische Makroökonomie<br>• Neokeynesianismus<br>• Standardkeynesianismus |
| **Infragestellung einiger der Kernannahmen** | Formal-mathematisch deduktiver, positivistischer Reduktionismus + hochentwickelter Empirismus/Expertimentalismus | Akzeptanz der Stabilität der Markträumung als ‚Musterlösung' | Dissenter des DSGM | • Verhaltensökonomie<br>• Neuroökonomie<br>• Komplexitätsökonomie<br>• evolutorische Ökonomie |
| • **Rationalitätsannahme**<br>• **Ergodizitätsannahme**<br>• **Substitutionalitätsannahme** | Ablehnung des formal-mathematisch deduktiven, positivistischen Reduktionismus | Akzeptanz der Stabilität der Markträumung als ‚Musterlösung' | Dissenter des DSGM | • Ordnungsökonomie<br>• Österreichische Schule<br>• Kritische Neoklassik |

darstellen oder vielmehr nur partielle Theorien, die ggf. gar Anknüpfungspunkte zu verschiedenen Paradigmen aufweisen können.

28 Eine Sonderstellung nimmt hier die ‚kritische Neoklassik' ein, die heuristisch und axiomatisch nicht vom DSGM unterschieden werden kann, allerdings den dem DSGM innewohnenden Positivismus zugunsten einer Normativität (insbesondere mit Bezug auf die Verteilung bzw. Eigentümerschaft Produktionsfaktoren) verwirft (vgl. Vogt 1986). Aufgrund der heuristischen, axiomatischen und zumindest teilweise auch methodischen Nähe zum DSGM wurde dieser theoretischen Schule der Status der ‚Heterodoxie' verweigert (vgl. Hickel 1986) bzw. sie wurde teilweise so weit gefasst, dass die Abgrenzung zum Neokeynesianismus schwer fällt (vgl. Schneider 1988).

| | | | | |
|---|---|---|---|---|
| • **Rationalitätsannahme**<br>• **Ergodizitätsannahme**<br>• **Substitutionalitätsannahme**<br>• **Asymmetrische Informationsverteilungsannahme** | Formal-mathematisch deduktiver Reduktionismus + hochentwickelter Empirismus/Expertimentalismus | Zurückweisung der Stabilität der Markträumung als ‚Musterlösung' | Dissenter/ Heterodoxie | • Informationsökonomie |
| **Infragestellung einiger der Kernannahmen** | Akzeptanz von formal-mathematischer Deduktion + narrativer Analyse | Zurückweisung der Stabilität der Markträumung als ‚Musterlösung' | Heterodoxie | • Postkeynesianismus<br>• Sozialökonomie/ sozialökonomischer Institutionalismus<br>• Regulationstheorie<br>• Historische Schule |
| • **Rationalitätsannahme**<br>• **Ergodizitätsannahme**<br>• **Substitutionalitätsannahme** | Formal-mathematisch deduktiver Reduktionismus + hochentwickelter Empirismus/Expertimentalismus | Zurückweisung der Stabilität der Markträumung als ‚Musterlösung' | Heterodoxie | • Neoricardianismus |

Quelle: eigene Darstellung

Die Heterodoxie ist durch die Ablehnung einiger (oder aller) der Mainstream-Axiome, die methodologische Offenheit für weniger formale, narrative Deduktionen und auch induktive Verfahren und, folgerichtig, die Zurückweisung der Stabilität und Optimalität der marktlichen Koordinierungslösung (Zurückweisung des Walras-Gesetzes[29]) gekennzeichnet. Als in diesem Sinne heterodox können nun sicher der Postkeynesianismus, die neomarxistische Regulationstheorie, sozialökonomische Theorien und, wenn nicht bereits ausgestorben, die nicht-axiomatische historische Schule gelten. Auch der auf Piero Sraffa zurückgehende Neoricardianismus begreift

29 Die Erkenntnis, dass eine echte paradigmatische Alternative die Zurückweisung des Walras-Gesetzes impliziert, geht auf Robert Clower (1965) zurück. Doch schon vorher hatten sich heterodoxe Ökonomen wie Karl Marx oder Thomas Robert Malthus daran gemacht, den klassischen Vorläufer des Walras-Gesetzes, das Say'sche Theorem, zu hinterfragen (zum Verhältnis von Walras-Gesetz und Say'schem Theorem vgl. Mishan 1963).

sich als heterodox, indem er das Stabilitäts- und Optimalitätspostulat des Mainstreams zurückweist, allerdings unter Akzeptanz der Forschungsmethodik und der Kernaxiome. Dieses scheinbar inkonsistente Ergebnis lässt sich daraus erklären, dass die Neoricardianer in der so genannten Cambridge-Capital-Controversy (CCC) den Nachweis erbracht haben, dass die auf den auch von den Neoricardianern geteilten (bzw. jedenfalls nicht in Frage gestellten) Kernannahmen des DSGM-Mainstreams stabile Gleichgewichtslösungen nur unter sehr eingeschränkten Bedingungen gültig sind.[30] Kurz gesagt wurde damit die gesamte deduktive Grundlage des Mainstreams erschüttert – allerdings ohne eine plausible Alternative liefern zu können.

Schließlich bleibt noch die Informationsökonomie, die ebenfalls gleichermaßen die Kernannahmen und die Methodologie des Mainstreams teilt und dennoch zu einer Ablehnung des Stabilitätsund Optimalitätsideals als negativer Heuristik kommt. Dieses wiederum scheinbar inkonsistente Ergebnis beruht nun aber nicht auf dem Nachweis deduktiver Schwächen in der theoretischen Herleitung der Stabilitäts- und Optimalitätspostulate, sondern in der besonderen Betonung der Informationsverteilung auf die Wirtschaftssubjekte (die nicht länger als repräsentative Agenten begriffen werden dürfen), die in den Rang einer – abweichenden – Kernannahme erhoben wird. Hierin, in der Stellung der Informationsverteilung als Kernaxiom einerseits oder lediglich variable Annahme des schützenden Gürtels andererseits, offenbart sich die unklare Klassifizierung dieser Schule: Asymmetrische Informationsverteilungen als Ausgangspunkt für Formen des Marktversagens sind wesentliche Argumente des Neokeynesianismus – allerdings werden sie von den meisten Vertretern des Neokeynesianismus nicht als Systemmerkmale angesehen, die in den Kernaxiomen verankert werden müssten, sondern ausschließlich als Phänomene partieller Märkte. Lediglich wenn asymmetrische Informationsverteilungen als pandemisches Merkmal marktmäßiger Koordination eingestuft werden, erscheint eine Kategorisierung als Kernaxiom ratsam, weil unter diesen Bedingungen das stabile Marktgleichgewicht als Musterlösung kaum als sinnvolle negative Heuristik dienen kann. Die besondere Stellung der Informationsökonomik in unserer Klassifikation wird uns weiter unten noch beschäftigen.

30 Entweder muss man sich in einer Ein-Gut-Welt (wie z. B. Ricardos Kornökonomie) bewegen oder spezielle Annahmen über die Kapitalintensität der Subsistenzgüterindustrie und all deren Input-Produzenten machen – beides keine besonders realistischen Annahmen.

## 3 Joseph Stiglitz und Paul Krugman – vom Mainstream zum *dissenter* oder *paradigm warrior*?

Die Entwicklung einer Wissenschaft wird heute – sicher weniger noch als zu Zeiten von John Maynard Keynes oder Milton Friedman – zweifellos nicht von einer Persönlichkeit allein bestimmt. Andererseits sollte aber auch klar geworden sein, dass es zumal in den Sozialwissenschaften nicht allein auf die ‚besseren' Argumente oder die ‚höhere' empirische Erklärungskraft eines Modells oder Paradigmas auf dem Schlachtfeld der Ideen ankommt, sondern dass es auch um dessen Verbreitung und Akzeptanz in der epistemischen Gemeinschaft geht. Und hierfür ist die Stellung der Akteure – also der Wissenschaftlerpersönlichkeiten – im Machtfeld ‚Wirtschaftswissenschaft' von zentraler Bedeutung.

Seit Ausbruch der Weltfinanzkrise ab 2009 ist die Kritik am Zustand der Volkswirtschaftslehre nicht verstummt: Von Außenstehenden wird die drängende Frage gestellt, wieso eine Krise in diesem Ausmaß nicht antizipiert wurde und weshalb es bis heute nicht gelungen ist, die Krisenfolgen in den meisten Ländern der hochentwickelten Welt zu verarbeiten (vgl. Besley und Hennesey 2009). Aber auch aus der Wirtschaftswissenschaft selbst kommen kritische Stimmen, die die gegenwärtige Ratlosigkeit vieler Ökonomen auf den mangelnden Pluralismus und den Autismus eines an formaler Eleganz, nicht aber an den Problemen der realen Welt interessierten Mainstreams zurückführt und die Mainstream-Ökonomik mit ihrer Gleichgewichtsfixiertheit gar zum Teil des realwirtschaftlichen Problems macht (vgl. u. v. a. Blanchflower 2009; Caballero 2010; Kirman 2010; Pesaran und Smith 2011; Koppl und Luther 2011).[31] Und dass die Situation von heterodoxen ÖkonomInnen als *experimentum crucis* interpretiert wird, darf nicht verwundern.[32] In vielerlei Hinsicht erinnert die Situation also an jene Zeit, als sich Keynes gemüßigt sah, eine wissenschaftliche Revolution loszutreten. Wenn die bisherigen Überlegungen stimmig sind, reicht aber das Vorhandensein paradigmatischer Alternativen, die dem DSGM die Rolle des Mainstream-Paradigmas streitig machen könnten, nicht aus, sondern es bedarf der Unterstützung durch einflussreiche Persönlichkeiten aus dem Zentrum der herrschenden Orthodoxie – oder, wie es Rosser et al. (2010) nennen – von der ‚Elite' der wirtschaftswissenschaftlichen Zunft (vgl. auch Cronin

31 Natürlich gibt es auch Versuche, die Weltfinanzkrise im Rahmen des Mainstream-Paradigmas zu erklären und folglich jegliche Krise der Ökonomik zurückzuweisen: vgl. u. a. Lucas (2009), Cochrane (2011), Minford (2010), Bernanke (2010).

32 Vgl. hierzu die zahlreichen Beiträge seit 2009 in heterodoxen Zeitschriften wie *Real-World Economics Review*, *Cambridge Journal of Economics* und *Review of Radical Political Economics*.

2010, S. 1477). Im Folgenden wird der Frage nachgegangen, ob Joseph Stiglitz und Paul Krugman in die Rolle jener Promotoren schlüpfen können, die, wenn schon keinen Paradigmenwechsel, dann wenigstens eine Öffnung der Wirtschaftswissenschaften in Richtung größerer Pluralität auslösen könnten? Stiglitz und Krugman wurden ausgewählt, weil sie als Nobelpreisträger sicher über hinreichende Reputation verfügen,[33] um zur ‚Elite' der (US-)Wirtschaftswissenschaft gerechnet werden zu können, gleichzeitig aber in der Diskussion um die Neuausrichtung der Disziplin als besonders kritische Stimmen (vgl. u. v. a. Krugman 2009; Stiglitz 2008a, 2008b, 2008c, 2009a) wahrgenommen wurden.

## 3.1 Joseph Stiglitz

Joseph Stiglitz wurde 1943 in Gary, Indiana geboren. Seine Ausbildung erhielt er am Amherst College und am Massachusetts Institute of Technology (MIT), wo er unter der Betreuung der späteren Nobelpreisträger Paul Samuelson, Franco Modigliani und Robert Solow promovierte und schon in sehr jungen Jahren seine erste Professur erhielt. Die weiteren akademischen Stationen – Yale, Stanford, Oxford, Princeton, wieder Yale und schließlich Columbia – lesen sich wie eine ‚bunte Kollektion' von ‚Elite'-Universitäten. Die Auszeichnung mit dem Nobelpreis im Jahre 2001 für seine Arbeiten zur Informationsökonomik erscheint fast zwangsläufig, zumal Stiglitz als einer der bedeutendsten Neokeynesianer gilt (vgl. Pressman 1999), die anders als die ‚Neue Klassische Makroökonomik' in den 1990er-Jahren noch nicht mit dem Nobelpreis bedacht worden waren. Stiglitz vergräbt sich aber nicht nur im akademischen Elfenbeinturm, sondern berät die Politik (von 1993 bis 1997 als Mitglied des Councils of Economic Advisers (CEA) von US-Präsident Clinton), ist selbst wirtschaftspolitischer Akteur (von 1997 bis 2000 als Chefökonom der Weltbank) und berichtet in populärwissenschaftlichen Bestsellern über seine Erfahrungen und Kritik (vgl. Stiglitz 2002a, 2003, 2006). Nach einschlägigen bibliometrischen Ranglisten (z. B. IDEAS) gehört Joseph Stiglitz nach allen Kategorien zu den fünf höchstgestuften ÖkonomInnen der Welt. Schließlich spielt er auch in der institutionalisierten WissenschaftlerInnengemeinschaft eine entsprechend prominente Rolle, wo er 1985 Vizepräsident der American Economic Association (AEA) und von 1986 bis 1993 Herausgeber der Zeitschrift *Journal of Economic Perspectives* (JEP) der AEA war. Außerdem wurde er 1979 mit der John Bates Clark-Medaille für den einflussreichsten Ökonomen unter 40 Jahren dekoriert. Schließlich war

33 Zur Bedeutung des Ökonomie-Nobelpreises als ‚symbolisches Kapital' vgl. Lebaron (2013).

Stiglitz 2008 bis 2009 Präsident der allerdings weniger bedeutungsvollen Eastern Economic Association (EEA) und ist seit 2011 Präsident der ebenfalls recht unbekannten International Economic Association (IEA).

In seiner ersten akademischen Karrierephase (1966 bis 1997) kristallisierte sich das Interesse von Joseph Stiglitz an den Auswirkungen von Informationsasymmetrien auf die gesamtwirtschaftliche Entwicklung einer Ökonomie heraus. Er konnte dabei zeigen, dass auch rationale Akteure unter eingeschränkten Informationsbedingungen zu Verhaltensweisen neigen – z. B. die Rationierung von Krediten auf Kreditmärkten oder die Bezahlung von Reallöhnen über dem Gleichgewichtsniveau (so genannte Effizienzlöhne) auf Arbeitsmärkten –, die zu zumindest temporären Marktungleichgewichten führen und somit ‚keynesianische' Ergebnisse auf mikroökonomischer Grundlage lieferten. Mit der Mikrofundierung entsprach er den methodischen Anforderungen des sich verfestigenden Mainstreams, mit der Beschränkung des Phänomens der Informationsasymmetrien auf Abweichungen von der Markträumung als akzeptierte ‚Musterlösung' erfüllte er zunächst auch die ‚negative Heuristik' des Mainstreams und reformulierte damit – mit vielen anderen Kollegen wie George Akerlof, Gary Mankiw, David Romer oder David Soskice – den Keynesianismus innerhalb des Mainstream-Paradigmas.

Nach der Praxis-Phase (1994 bis 2000) und wahrscheinlich geschärft durch die ‚in der realen Welt' gemachten Erfahrungen radikalisierte sich Stiglitz' Einstellung zur ökonomischen Disziplin in der zweiten Karrierephase (seit 2000) zunehmend:[34] Spätestens seit der Weltfinanzkrise wirbt Stiglitz – in Zeitschriftenkolumnen gleichermaßen wie innerhalb der Wissenschaftlergemeinschaft – für ein neues ökonomisches Paradigma:

> „Changing paradigms is not easy. Too many have invested too much in the wrong models. Like the Ptolemaic attempts to preserve earth-centric views of the universe, there will be heroic efforts to add complexities and refinements to the standard paradigm. The resulting models will be an improvement and policies based on them may do better, but they too are likely to fail. Nothing less than a paradigm shift will do" (Stiglitz 2010).

Damit ist der Anspruch klar formuliert: Es kann nicht nur um Annahmevariationen im ‚schützenden Gürtel' gehen und auch nicht nur um die Stärkung der *dissenter* im Mainstream-Paradigma, sondern um eine veritable Revolution im ökonomischen Denken. Weniger klar ist allerdings, wohin der Weg gehen soll. In jüngsten

34 Tatsächlich wurde Stiglitz von seinem Posten als Chef-Ökonom der Weltbank entfernt, weil er zu kritisch hinsichtlich der wirtschaftspolitischen Orientierung des IWF und der Weltbank wurde; vgl. Chang (2001, S. 3); Pressman (1999, S. 306ff.).

Artikeln (Stiglitz 2009b, 2011, 2014), die an die Wissenschaftlerkollegen gerichtet sind, greift er zwar das Mainstream-Paradigma für seine empirischen Anomalien, Ad-Hoc-Parametersetzungen und, insbesondere, die Unangemessenheit der Repräsentative-Agenten-Annahme scharf an, doch muss er zugeben, dass genau diese Kritikpunkte bereits in der Vergangenheit vielfach hervorgebracht wurden und eben genau zu den oben benannten Variationen innerhalb des Mainstream Paradigmas geführt haben. Wenn er hierin dennoch einen Paradigmenwechsel vom ‚Wettbewerbsparadigma' zum ‚Informationsparadigma' und eben nicht nur eine Variation innerhalb des Mainstreams sieht (wie die meisten Neokeynesianer), dann, weil er Informationsasymmetrien und daraus folgende Phänomene des Marktversagens für allumfassend – also systematisch und allgegenwärtig – hält:

> „In the aftermath of the Great Depression, a peculiar doctrine came to be accepted, called the neo-classical synthesis. It argued that once markets were restored to full employment, neo-classical principles would apply – the economy would be efficient. … The irony, of course, was that other strands of modern economic theory, including the theory of imperfect information to which I have contributed, were simultaneously explaining why markets often do not work so well. Bruce Greenwald and I, for instance, showed that the reason that Adam Smith's invisible hand often appeared invisible was that it was not actually there: market equilibria were not constrained Pareto efficient whenever there were information imperfections and asymmetries and imperfect risk markets – that is always" (Stiglitz 2009b, S. 293, Hervorheb. AH).

Unter diesen Bedingungen wird die optimale Marktlösung als ‚Musterlösung' und negative Heuristik des Paradigmas unbrauchbar und insbesondere die daraus abgeleitete grundsätzliche Interventionsskepsis als wirtschaftspolitische Leitlinie unhaltbar. An anderer Stelle muss Stiglitz aber auch die Begrenztheit seiner Kritik am Mainstream (und, natürlich, insbesondere am neokeynesianischen Pol des Mainstreams) zugestehen:

> „My research over the past thirty years has focused, however, on only one aspect of my dissatisfaction with that paradigm. It is not easy to change views of the world, and it seemed to me the most effective way of attacking the paradigm was to keep within the standard framework as much as possible. I only varied one assumption – the assumption concerning perfect information – and in ways which seemed highly plausible" (Stiglitz 2002b, S. 519f.).

Ein wahrlich heterodoxes Ökonomieverständnis lässt sich auf diesem Fundament wohl nicht aufbauen und auch der frühe Hinweis auf eine stärker interdisziplinäre Ausrichtung der Wirtschaftswissenschaft (Stiglitz 2002b, S. 520), der noch am ehesten als Sympathie für methodische Offenheit interpretiert werden könnte, findet in den späteren Arbeiten – also nach der Weltfinanzkrise und ihren scheinbaren

Implikationen für die Legitimation des Mainstreams – erstaunlicherweise keinen Nachhall. So überrascht es auch nicht, wenn in all den Arbeiten über einen notwendigen Paradigmenwechsel heterodoxe Literatur keinerlei Erwähnung findet, geschweige denn heterodoxe Forschungsprogramme als Anknüpfungspunkte herausgehoben würden.

## 3.2 Paul Krugman

Paul Krugman wurde 1953 in Albany, New York, geboren. Nach dem Studium der Wirtschaftswissenschaften in Yale, verlieh ihm das renommierte Massachusetts Institute of Technology (MIT) 1977 den Doktortitel für eine Arbeit zur Außenhandelstheorie, die von Rüdiger Dornbusch betreut wurde. Seither hat er Professuren an verschiedenen US-Elite-Universitäten, MIT und Princeton, inne und war kurzeitig – von 1982 bis 1983 – Mitglied des Council of Economic Advisors (CEA) des republikanischen Präsidenten Ronald Reagan. Im Jahr 2008 erhielt er für seine Arbeiten auf dem Gebiet der Außenwirtschafts- und Handelstheorie, welches in der wissenschaftlichen Bearbeitung sein Spezialfeld wurde, den Nobelpreis. Bereits 1991 wurde er von der American Economic Association mit der John Bates Clark-Medaille ausgezeichnet. Insgesamt gleicht also sein Karriereweg dem Joseph Stiglitz' erstaunlich, wenngleich Krugman vieles in noch etwas jüngeren Jahren erreichte – allerdings fällt seine Ämtersammlung, die als Gradmesser des Einflusses in der (US-) Wissenschaftlergemeinschaft gelten kann, bescheidener aus als die von Stiglitz: er hat bislang weder Herausgebereinfluss auf eine der dominanten US-Fachzeitschriften und war auch lediglich Präsident der weniger einflussreichen Eastern Economic Association (2010). Auch bibliometrische Messungen weisen ihn zwar unter den 50 höchstgerankten Ökonomen aus, doch die Einschätzung Kromphardts (2013: 180), wonach Krugman ‚der bedeutendste Keynesianer' sei, erscheint im Vergleich zu Stiglitz schon allein deshalb fraglich, weil Krugmans Meriten wesentlich auf dem etwas randständigen Gebiet der ‚internationalen Ökonomie' liegen, nicht im Kern der makroökonomischen Theorie.

Neben seiner akademischen Tätigkeit ist Krugman aber auch bekannt als Kolumnist – gelegentlich wird er als bedeutendster Kolumnist der USA bezeichnet – und Autor populärwissenschaftlicher Literatur, in der er den Zustand der ÖkonomInnenzunft regelmäßig kritisiert (vgl. u. a. Krugman 1995, 1998a, 1999, 2012). Besonders deutlich wird seine Kritik im 2009 in der New York Times publizierten Artikel *How Did Economists Get It So Wrong*, in der er dem wirtschaftswissenschaftlichen Mainstream nicht nur vorwirft, die Weltfinanzkrise nicht prognostiziert zu haben, sondern mit seinen Dogmen von der allumfassenden Markteffizienz gar begünstigt zu haben:

> „As I see it, the economics profession went astray because economists, as a group, mistook beauty, clad in impressive-looking mathematics, for truth. Until the Great Depression, most economists clung to a vision of capitalism as a perfect or nearly perfect system. That vision wasn't sustainable in the face of mass unemployment, but memories of the Great Depression faded, economists fell back in love with the old, idealized vision of an economy in which rational individuals interact in perfect markets, this time gussied up with fancy equations. [...] Unfortunately, this romanticized and sanitized vision of the economy led most economists to ignore all the things that can go wrong. They turned a blind eye to the limitations of human rationality that often lead to bubbles and busts; to the problems of institutions that run amok; to the imperfections of markets – especially financial markets – that can cause the economy's operating system to undergo sudden, unpredictable crashes; and to the dangers created when regulators don't believe in regulation" (Krugman 2009, o. S.).

Wenngleich Krugman einen Paradigmenwechsel nicht direkt anspricht, sind doch jene Charakteristiken benannt, die ein heterodoxes Paradigma (s. Tab. 1) ausmachen: die Aufgabe unrealistischer Kernannahmen, ein weniger formaler Zugang[35] und natürlich die Ablehnung der Markteffizienz und -stabilität als ‚negative Heuristik'. Etwas verwundert darf man dann allerdings darüber sein, dass er im gleichen Atemzug darauf hinweist, ein alternatives Paradigma zu beschreiben sei ungleich schwieriger und, statt auf vorhandene heterodoxe Ansätze zu verweisen, ‚behavioural finance' als „the kind of economics I have in mind" (Krugman 2009, o. S.) herauszustellen. Man muss zweifellos nicht mit John Cochrane (2011) in dessen fundamentaler Schelte an Krugman übereinstimmen, um dennoch zugeben zu können, dass tatsächlich jene als *dissenter* genannten Ansätze innerhalb des Mainstreams viele jener so krachend von Krugman vorgebrachten Kritikpunkte längst in den DSGM-Mainstream integriert haben (vgl. Tab. 1). Und auch die einzige wissenschaftliche Arbeit von Paul Krugman, die einen Hinweis auf einen alternativen theoretisch-methodischen Zugang zu ökonomischen Fragestellungen geben könnte und, da als *Keynesian-style model* beschrieben und mit *a Fisher-Minsky-Koo Approach* im Untertitel benannt, wohl auch diesen Anspruch berechtigt, enttäuscht: In Eggertsson und Krugman (2012) werden zwar ‚Keynesianische Phänomene' wie die kurzfristige Unterauslastung der Ressourcen durch Unterkonsumtion be-

35 Allerdings zeichnet sich Krugmans Argumentation durch einen Mangel an Konsistenz, Klarheit und Glaubwürdigkeit aus, was an der Regelmäßigkeit liegt, mit der er sich selbst wiederspricht – vgl. z. B. Krugman (1998b), wo er den formalen Deduktivismus als dominante Methodologie der Mainstream-Ökonomik verteidigt.

schrieben und die Unmöglichkeit herausgearbeitet, durch Preisflexibilität spontan zum Optimalpunkt (dem allgemeinen Gleichgewicht) zurückzukehren. Auch die ‚keynesianischen Empfehlungen' von Preisrigiditäten und geld- und finanzpolitischen Interventionen werden plausibilisiert, doch geschieht dies eben auf keiner alternativen paradigmatischen Grundlage, sondern lediglich unter Zuhilfenahme einiger Schutzannahmen, eines exogenen Schocks und der Unterscheidung zwischer kurzer, ungleichgewichtsbestimmter und langer, neutraler Frist. Oder anders ausgedrückt: Die scharfe anti-dogmatische Rhetorik Krugmans und seine verbale Zuwendung zu Keynes,[36] die manchen Kommentator bereits dazu verleitetet haben, ihn als Post-Keynesianer zu vereinnahmen (vgl. Rezende 2009), werden nicht durch entsprechende theoretische Substanz[37] oder auch nur eine Kenntnis der heterodoxen Literatur[38] untermauert (vgl. Vernengo 2010, S. 392f.).[39]

36 Die insbesondere im von Krugman verfassten Vorwort zur amerikanischen Neuausgabe der *Allgemeinen Theorie* basiert.

37 Weshalb Cochrane (2011, S. 39) behauptet: „Krugman isn't trying to be an economist: he is trying to be a partisan, political opinion writer [...], if you do not regard economics as a science; a discipline that ought to result in quantitative matches to data; a discipline that requires crystal-clear logical connections between the ‚if' and the ‚then', [...], then his writing makes sense."

38 Die einizige heterodoxe Quelle, die Eggertsson und Krugman zitieren, ist Minsky (1986) – wirklicher Bezug zu dessen Theorie wird aber nirgendwo genommen. Palley (2013) verweist zu recht darauf, dass dieses Vorgehen jenen Mainstream-Vertretern in die Hände spielt, die zwar heterodoxe Kritik aufnehmen, dann aber vollständig in das eigene Paradigma (versuchen zu) integrieren und durch Bezug auf lediglich eine Standardquelle – häufig Hyman Minsky – ihre ‚Verwandtschaft' zur Heterodoxie reklamieren, ohne aber jene heterodxen Weiterentwicklungen der Standardquelle zu benennen, die den Mainstreamansatz negieren. Damit wird ein Wandel der ökonomischen Theoriebildung suggeriert, der bei genauem Hinschauen gerade vermieden werden soll – Palley nennt dies in Anlehnung an einen berühmten Film von Visconti ‚Gattopardo Economics'.

39 In diesem Sinne zeigt Krugmans Antwort auf einen freundlichen Artikel über den heterodoxen Ökonomen Wynne Godley in der New York Times (vgl. Schlefer 2013) erstaunlich wenig Kenntnisse über dessen wissenschaftliches Werk und bezieht demgegenüber eine eher feindselige Haltung (vgl. Krugman 2013).

## 4 Geht von den USA eine Erneuerung der Wirtschaftswissenschaft aus? Eine kurze Schlussbetrachtung

Die Weltfinanzkrise kann zweifellos als eine Irritation der Wirtschaftswissenschaft als wissenschaftliche Disziplin verstanden werden. In den Jahren der ‚Großen Moderation' (vgl. Summers 2005; Bernanke 2012) feierten sich gerade die VertreterInnen des Mainstreams als WegbereiterInnen einer effizienten Steuerung der Volkswirtschaften mittels finanz- und geldpolitischer Regelbindungen. Stabilisierungsrisiken, wie sie sich im Zuge der ‚Großen Rezession' ab 2009 zeigten, waren praktisch undenkbar und ließen im Eintrittsfall die Ökonomen in ihrer Beratungskompetenz einigermaßen verwirrt zurück. Die kurze Phase der Verunsicherung des Mainstreams, die z. B. durch nachdenkliche Arbeiten von wesentlichen Proponenten wie Olivier Blanchard (et al. 2009) oder Michael Woodford (2010) kenntlich gemacht werden kann, ist spätestens mit der Verleihung des Nobelpreises an zwei Hauptvertreter des ‚harten Kerns' des DSGM-Mainstreams im Jahre 2011[40] zu Ende gegangen. Trotz dieser zweifellos als Signal zu verstehenden Auszeichnung der Dogmatiker innerhalb des ja durchaus variantenreichen Mainstreams[41] (s. Tab. 1) lässt sich mit geringem Risiko prognostizieren, dass innerhalb des Mainstreams das Pendel in der näheren Zukunft wohl wieder stärker in Richtung der Neokeynesianer ausschlagen wird – die größere Bedeutung von Marktunvollkommenheiten, die daraus ableitbare wirtschaftspolitische Eingriffsnotwendigkeit und die größere Anschlussfähigkeit für Fragen des Einflusses der Finanzierungsstrukturen auf die makroökonomische Entwicklung lassen den Neokeynesianismus sicherlich vor dem Hintergrund der Weltfinanzkrise attraktiver erscheinen (vgl. Bean 2010). Auch dürfte der bereits erkennbare Trend, das Finanzierungssystem und dessen destabilisierendes Potential zu einem Schwerpunkt der ökonomischen Forschung zu machen, anhalten und mithin Ansätze aus dem Bereich der Behavioural Economics und Behavioural Finance weiter boomen (vgl. Allington et al. 2011, S. 17).

Einen wirklichen Paradigmenwechsel oder auch nur eine Öffnung der Wirtschaftswissenschaft in Richtung größerer Pluralität und der Verankerung eines *anything goes* im Feyerabend'schen Sinne als kulturellem Imperativ der Gemein-

40 Christopher Sims und Thomas Sargent wurden für ihre Arbeiten zu Ursachen und Wirkungen der Makroökonomie ausgezeichnet – dahinter verbirgt sich der vorgeblich erbrachte Nachweis der Politikineffektivität.

41 Mirowski (2013, S. 158) schreibt dazu: „The 2011 Bank fo Sweden Prize bestowed upon Thomas Sargent and Christopher Sims was exemplary of this particular culture of effrontery, this hegira from all reckoning, a big middle finger brandished at anyone who dares disparage orthodox macroeconomics."

schaft der WirtschaftswissenschaftlerInnen kann man gegenwärtig nicht erkennen. Auch die hier eingehender betrachteten Kritiker Stiglitz und Krugman lassen aus folgenden Gründen wenig Raum für Hoffnungen:

**Tab. 2** Stiglitz und Krugman im wirtschaftswissenschaftlichen (Macht-)Feld

| | Akademische Positionen | Reputation | Netzwerke | Reproduktion |
|---|---|---|---|---|
| **Joseph Stiglitz** | MIT<br>Yale<br>Stanford<br>Oxford<br>Princeton<br>Columbia | Unter den 5 höchstplazierten ÖkonomInnen im IDEAS-Ranking<br>Nobelpreisträger 2001<br>John Bates Clark Medaille 1979 | Council of Economic Advisors (1993–97); Chefökonom der Weltbank (1997–2000); Vizepräsident der American Economic Association (1985); Präsident der Eastern Economic Association (2008–09); Präsident der International Economic Association (2011–13); Gründungsherausgeber des Journal of Economic Perspectives (1987–93); Co-Initiator des Institute for New Economic Thinking | Autor einflussreicher Lehrbücher: *Economics* (with C.E. Walsh) *Principles of Macroeconomics* (with C.E. Walsh) *Economics of the Public Sector* (alle Lehrbücher vertreten nur den traditionelle Kanon) |
| **Paul Krugman** | MIT<br>Princeton | Unter den 50 höchstplazierten ÖkonomInnen im IDEAS-Ranking<br>Nobelpreisträger 2008<br>John Bates Clark Medaille 1991 | Council of Economic Advisors (1982–83); Präsident der Eastern Economic Association (2010–11) | Autor einflussreicher Lehrbücher: *International Economics* (with Maurice Obstfeld) *Macroeconomics* (with Robin Wells) *Microeconomics* (with Robin Wells) (alle Lehrbücher vertreten nur den traditionellen Kanon) |

1. Ihre Stellung im (Macht-)Feld der Wirtschaftswissenschaft (vgl. Tab. 2) ist herausgehoben, aber wohl keineswegs so stark, dass sie eine wissenschaftliche Revolution lostreten könnten[42] – und dies gilt vor allem für ihren editoriellen Einfluss auf führende Zeitschriften und für Krugman noch mehr als für Stiglitz.
2. Ein ernsthafter Wandel der Wirtschaftswissenschaften müsste sich in einer Verschiebung der ‚negativen Heuristik', einer methodologischen und epistemologischen Öffnung zeigen – sowohl Krugman als auch Stiglitz stehen wohl für eine andere ‚negative Heuristik' als der Mainstream, eine Entformalisierung und eine axiomatische Öffnung scheint auch von ihnen nicht mitgetragen zu werden.
3. Schließlich wäre es notwendig, der Unkenntnis der Mainstream-Ökonomen über die Existenz heterodoxer Ansätze (Colander 2010) durch entsprechende Referenzen in den Arbeiten der Promotoren des Wandels zu begegnen und durch ein *cross referencing* den bibliometrischen Anforderungen heutiger Wissenschaftsevaluation gerecht werden zu können – hier ist die vollkommene Ignoranz heterodoxer Ansätze durch Krugman und Stiglitz nicht nur wenig hilfreich, sondern natürlich auch insofern aussagekräftig, als beide eben bislang keinerlei Anknüpfungspunkte mit der Heterodoxie hatten.

Unsere Analyse hat versucht, die Chancen eines tatsächlichen Wandels der Wirtschaftswissenschaft aufzuzeigen, der aus der Mitte der Elite der amerikanischen WissenschaftlerInnengemeinschaft – als dem dominanten Zentrum der weltweiten Wirtschaftswissenschaft – entspringt. Das Ergebnis ist zumindest für jene, die nur einer pluralistischen Wissenschaft echtes Innovationspotential zutrauen, wenig ermutigend. Letztendlich heißt dies aber nur, dass es Anstöße von außerhalb des akademischen Systems geben muss, um die Wirtschaftswissenschaft paradigmatisch zu öffnen: Ob dies breite gesellschaftliche Bewegungen wie in den 1960er-Jahren, institutionelle Rahmensetzungen (z. B. ein verpflichtender ‚Kodex der wissenschaftlichen Pluralität')[43] oder massive finanzielle Anreize (z. B. spezielle Fördermittel für heterodoxe Forschungen)[44] sein könnten, kann hier nicht weiter diskutiert

42 Das auch Nobelpreise nicht vor einer Marginalisierung im wissenschaftlichen Feld schützen zeigt Lebaron (2013, S. 128) am Beispiel Gunnar Myrdals.

43 Es gibt zumindest Hinweise dafür, das Universitätsregularien, die Pluralität im Inhalt hatten, hilfreich dabei waren, die Berufungen im so genannten ‚radical package' an der University of Massachusetts/Amherst in den frühen 1970er-Jahren durchzusetzen; vgl. Katzner (2011, S. 118).

44 Das vom Finanzspekulanten George Soros gegründete und mitfinanzierte Institute for New Economic Thinking (INET) scheint auf diesen Überlegen zu basieren. Allerdings können die begrenzten finanziellen Ressourcen des INET keinen Ausgleich in der Ausstattung mit ‚ökonomischem Kapital' der heterodoxen Ökonomik im Vergleich

werden. Klar aber dürfte sein, dass ohne derartige Änderungen der Rahmenbedingungen Kings' (2002, S. 256) Prognose vom Aussterben des Postkeynesianismus bis 2020 durchaus realistisch für die gesamte heterodoxe Ökonomik erscheint. Es sind scheinbar diese Prognosen, die Colander (2010) und Colander et al. (2010) für eine ‚under-cover inside-the-mainstream heterodoxy' plädieren lassen, die sich zwar nicht aktiv und in direkter Opposition von der Orthodoxie abgrenzt, aber ihr gleichwohl kritisch gegenübersteht. Obwohl eine derartige ‚Trojanisches Pferd'-Strategie deshalb nicht ganz überzeugen kann, weil sie auf der Annahme ruht, dass die methodologischen und heuristischen Differenzen (wenn nicht gar Gegensätzlichkeiten) erfolgreich verborgen werden können, mag sie vielleicht dazu dienen, einigen heterodoxen WissenschaftlerInnen den Zugang in eine Professur zu bewahren – aber sie kann sicherlich nicht dazu beitragen, was eigentlich erforderlich wäre: ein Paradigmenwechsel oder, jedenfalls, eine Pluralisierung der Wirtschaftswissenschaft zu befördern.

## Literatur

Abel, A. B., & Bernanke, B. S. (2005). *Macroeconomics*, Boston: Pearson/Addison-Wesley.

Adam, K. et al. (2009). Baut die deutsche VWL nach internationalen Standards um! *Handelsblatt v. 08. Juni.*

Allington, N. F.B., McCombie, J. S.L., & Pike, M. (2011). The Failure of the New Macroeconomic Consensus: From Non-Ergodicity to the Efficient Markets Hypothesis and Back. *International Journal of Public Policy 7 (1/2/3)*, 4–21.

Aslanbeigui, N., & Oakes, G. (2007). The Editor as Scientific Revolutionary: Keynes, the Economic Journal, and the Pigou Affair, 1936–1938. *Journal of the History of Economic Thought 29 (1)*, 15–48.

Bean, C. (2010). Joseph Schumpeter Lecture The Great Moderation, The Great Panic, and the Great Contraction. *Journal of the European Economic Association 8*, 289–325.

---

zum Mainstream schaffen, selbst wenn man unterstellte, dass INET tatsächlich auf die Förderung dessen abzielt, was hier als ‚heterodox' beschrieben wurde – was erst jüngst kritisch hinterfragt wurde: „in another instance, when I attended the widely reported and lavishly appointed inaugural meeting of the Institute for ‚New' Economic Thinking, [...], I was struck that (by my estimate) roughly 70 percent of all the presentations were devoted to the argument that existing neoclassical economics most emphatically need not be replaced, nor even much revised in dealing with the crisis. No one was caught unawares, they insisted; no one was forced to reconsider their commitments, to hear them tell it now. *If this was New Thinking, one trembles to contemplate what Old Thinking had looked like*" (Mirowski 2013, S. 169, Hervorheb. AH; vgl auch Haering 2014).

Bernanke, B. S. (2010). On the Implications of the Financial Crisis for Economics; remarks delivered at a conference at Princeton University. http://www.federalreserve.gov/newsevents/speech/bernanke20100924a.pdf. Zugegriffen: 21. April 2015.

Bernanke, B. S. (2012). The Great Moderation. In E. F. Koenig, R. Leeson, G. A. Kahn (Hrsg.), *The Taylor Rule and the transformation of monetary policy* (S. 145–162), Stanford: Hoover Institution Press.

Besley, T., & Hennesey, P. (2009). Letter to HM Queen Elisabeth, The British Academy. http://memex.naughtons.org/wp-content/uploads/2010/09/economists_letter_to_hmq.pdf. Zugegriffen: 21. April 2015.

Blanchflower, D. (2009). The Future of Monetary Policy, Open Lecture at Cardiff University, 24. März 2009. http://194.61.178.65/publications/Documents/speeches/2009/speech382.pdf. Zugegriffen: 21. April 2015.

Blanchard, O., Dell'Ariccia, G., & Mauro, P. (2010). Rethinking Macroeconomic Policy. *IMF Staff Position Note 10/03.*

Blanchard, O., & Illing, G. (2006). *Makroökonomie.* München: Pearson.

Bourdieu, P. (1991). *Zur Soziologie symbolischer Formen.* Frankfurt am Main: Suhrkamp.

Bourdieu, P. (1992). *Homo Academicus.* Frankfurt am Main: Suhrkamp.

Caballero, R. J. (2010). Macroeconomics after the Crisis: Time to Deal with the Pretense-of-Knowledge Syndrome. *Journal of Economic Perspectives 24 (4)*, 85–102.

Chang, H.-J. (2001). Commentary. In: H.-J. Chang (Hrsg.), *Joseph Stiglitz and the World Bank. The Rebel Within* (S. 1–16). London: Anthem Press.

Clower, R. (1965). The Keynesian Counter-Revolution: A Theoretical Appraisal. In F. H. Hahn, F. P.R. Brechling (Hrsg.), *The Theory of Interest Rates* (S. 103–125). London: Macmillan.

Coase, R. H. (1994). *Essays on Economics and Economists*, Chicago: University of Chicago Press.

Cochrane, J. H. (2011). How Did Paul Krugman Get It So Wrong? *Economic Affairs 31 (2)*, 36–40.

Colander, D. (2007). *The Making of an Economist, Redux.* Princeton: Princeton University Press.

Colander, D. C. (2010). Moving Beyond the Rhetoric of Pluralism: Suggestions for an 'Inside-the Mainstream' Heterodoxy. In R. Garnett, E. K. Olsen, M. Starr (Hrsg.), *Economic Pluralism* (S. 36–47). London: Routledge.

Colander, D. C., Holt, R. C.F., & Rosser, J. B. (2009). Introduction. In: D. C. Colander, R. C.F. Holt & J. B. Rosser (Hrsg.): *Changing Face of Economics: Conversations with Cutting Edge Economists* (S. 1–25). Ann Arbor: University of Michigan Press.

Colander, D. C., Holt, R. C.F., & Rosser, J. B. (2010). How to Win Friends and (Possibly) Influence Mainstream Economists. *Journal of Post Keynesian Economics 32 (3)*, 397–408.

Colander, D., & Klamer, A. (1987). The Making of an Economist. *Journal of Economic Perspectives 1 (2)*, 95–111.

Cronin, B. (2010). The Diffusion of Heterodox Economics. *American Journal of Economics and Sociology 69 (5)*, 1475–1494.

Cross, R. (1982). The Duhem-Quine-Thesis, Lakatos and the Appraisal of Theories in Macroeconomics. *Economic Journal 92 (4)*, 320–340.

Davidson, P. (1984). Reviving Keynes' Revolution. *Journal of Post Keynesian Economics 6 (4)*, 561–575.

Davidson, P. (1992). Would Keynes be a New Keynesian? *Eastern Economic Review 18 (4)*, 449–463.

Davidson, P. (2005). Responses to Lavoie, King, and Dow on What Post Keynesianism Is and Who Is a Post Keynesian. *Journal of Post Keynesian Economics 27 (3)*, 393–408.

Eggertsson, G.B., & Krugman, P. (2012). Debt, Deleveraging, and the Liquidity Trap: A Fisher-Minsky-Koo approach. *Quarterly Journal of Economics 127 (3)*, 1469–1513.
Feyerabend, P. (1970). Consolations for the Specialist. In I. Lakatos & A. Musgrave (Hrsg.), *Criticism and the Growth of Knowledge* (S. 197–230). Cambridge: Cambridge University Press.
Feyerabend, P. (1986). *Wider den Methodenzwang*. Frankfurt am Main: Suhrkamp.
Goodfriend, M. (2004). Monetary Policy in the New Neoclassical Synthesis: A Primer. *Economic Quarterly Federal Reserve Bank of Richmond (Summer)*, 21–45.
Haering, N. (2014). George Soros' INET: An Institute to Improve the World or a Trojan Horse of the Financial Oligarchy? *real-world economics review 67*, 90–96.
Herrmann-Pillath, C. (2002). *Grundriß der Evolutionsökonomik*. München: UTB.
Hickel, R. (Hrsg.) (1986). *Radikale Neoklassik. Ein neues Paradigma zur Erklärung der Massenarbeitslosigkeit – die Vogt-Kontroverse*. Opladen: Westdeutscher Verlag.
Hutton, W. (1986). *The Revolution that Never Was. An Assessment of Keynesian Economics*. London: Addison-Wesley.
Katzner, D.W. (2011). *At the Edge of Camelot. Debating Economics in Turbulent Times*. Oxford/New York: Oxford University Press.
Kazmierski, U. (1993). Grundlagenkrise in der Volkswirtschaftslehre. *Ethik und Sozialwissenschaften 4 (2)*, 283–295.
Keynes, J.M. (1919). *The Economic Consequences of the Peace*, London: Macmillan & Co.
Keynes, J.M. (1925). *The Economic Consequences of Mr. Churchill*. London: The Hogarth Press.
Keynes, J.M. (1930). *A Treatise on Money*. London: MacMillan & Co.
Keynes, J.M. (1935). Brief an George Bernard Shaw v. 1.1.1935. In D. Moggridge (Hrsg.), *Collected Writings of John Maynard Keynes, Vol. XIII* (S. 492–493). London: Cambridge University Press.
Keynes, J.M. (1936). *The General Theory of Employment, Interest and Money*. London: Macmillan & Co.
King, J. (2002). *A History of Post Keynesian Economics since 1936*. Cheltenham: Edward Elgar.
Kirman, A. (2010). The Economic Crisis is a Crisis for Economic Theory. *CESIfo Economic Studies 56 (4)*, 498–535.
Klamer, A. (2007). Does this Have to Be our Future? In D. Colander (Hrsg.), *The Making of an Economist, Redux* (S. 227–233). Princeton: Princeton University Press.
Klein, L. (1947). *The Keynesian Revolution*. New York: MacMillan.
Koppl, R., & Luther, W.J. (2011). Hayek, Keynes, and Modern Macroeconomics. *The Review of Austrian Economics 25 (3)*, 223–241.
Kromphardt, J. (2010). Methodenpluralismus aus keynesianischer und neo-keynesianischer Perspektive. In U. Jens, H. Romahn (Hrsg.) *Methodenpluralismus in den Wirtschaftswissenschaften* (S. 9–32). Marburg: Metropolis.
Kromphardt, J. (2013). *Die größten Ökonomen: John Maynard Keynes*. Konstanz/München: UTB.
Krugman, P. (1995). *Peddling Prosperity: Sense and Nonsens in an Age of Diminished Expexpectations*. New York: WW Norton & Co.
Krugman, P. (1998a). *The Accidental Theorist and other Dispatches from the Dismal Science*. New York: WW Norton & Co.
Krugman, P. (1998b). Two Cheers for Formalism. *Economic Journal 108 (6)*, 1829–1836.
Krugman, P. (1999). *The Return of Depression Economics*. New York: Penguin Books.

Krugman, P. (2009). How Did Economists Get It So Wrong? *The New York Times v. 06. September.*
Krugman, P. (2012). *End this Depression Now!* New York: WW Norton & Co.
Krugman, P. (2013). Wynne Godley and the Hydraulics. *The New York Times v. 13. September.*
Kuhn, T.S. (1978). *Die Struktur wissenschaftlicher Revolutionen.* Frankfurt am Main: Suhrkamp.
Lakatos, I. (1974). Falsifikation und die Methodologie wissenschaftlicher Forschungsprogramme. In I. Lakatos (Hrsg.), *Kritik und Erkenntnisfortschritt* (S. 89–189) Braunschweig: Vieweg+Teubner.
Lawson, T. (2006). The Nature of Heterodox Economics. *Cambridge Journal of Economics 30 (4)*, 483–507.
Lebaron, F. (2013). ‚Nobel'-Ökonomen als öffentliche Intellektuelle. Die Zirkulation von symbolischem Kapital. In J. Maeße (Hrsg.), *Ökonomie, Diskurs, Regierung. Interdisziplinäre Perspektiven* (S. 123–140). Wiesbaden: Springer VS.
Lucas, R. (2009). In Defence of the Dismal Science. *The Economist v. 06. August.*
Middleton, R. (1998). *Charlatans or Saviours? Economists and the British Economy from Marshall to Meade.* Northampton: Edward Elgar.
Minford, P. (2010). The Banking Crisis as Dynamic Stochastic General Equilibrium. *CESIfo Economic Studies 56 (4)*, 554–574.
Minsky, H. P. (1986). *Stabilizing an Unstable Economy.* New Haven: Macgraw-Hill.
Mirowski, P. (2013). *Never Let a Serious Crisis go to Waste. How Neoliberalism Survived the Financial Meltdown.* London: Verso.
Mishan, E.J. (1963). Say's Law and Walras' Law once more. *Quarterly Journal of Economics 77 (4)*, 617–625.
Moggridge, D. (1990). Keynes as Editor; In J.D. Hey & D. Winch (Hrsg.), *A Century of Economics: 100 Years of the Royal Economic Society and The Economic Journal* (S. 143–157). Oxford: Blackwell Publishers.
Palley, T.I. (2013). Gattopardo Economics: The Crisis and the Mainstream Response to Change that Keeps Things the Same. *European Journal of Economics and Economic Policy 10 (2)*, 193–206.
Pessaran, M.H., & Smith, R.P. (2011). Beyond the DSGE Straitjacket. *The Manchester School 79*, 5–16.
Pigou, A.C. (1941). *Employment and Equilibrium.* London: MacMillan.
Pressman, S. (1999). *Fifty Major Economists.* London: Taylor & Francis.
Rezende, F.C. (2009). Keynes's Relevance and Krugman's Economics. http://neweconomicperspectives.org/2009/08/keyness-relevance-and-krugmans.html. Zugegriffen: 21. April 2015.
Robinson, J. (1976). Michal Kalecki: A Neglected Prophet. *New York Review of Books 04. März.*
Rosser, J.B., Holt, R.P.F., & Colander, D. (2010). European Economics at Crossroads. In J.B. Rosser, R.P.F. Holt & D. Colander (Hrsg.) *European Economics at Crossroads* (S. 3–28). Cheltenham: Edward Elgar.
Schlefer, J. (2013). Embracing Wynne Godley, an Economist Who Modelled the Crisis. *The New York Times 10. September.*
Schmidt, C.M., & aus dem Moore, N. (2010). Die Methodendiskussion in den Wirtschaftswissenschaften vor dem Hintergrund der Finanzkrise. In U. Jens und H. Romahn (Hrsg.), *Methodenpluralismus in den Wirtschaftswissenschaften* (S. 143–182). Marburg: Metropolis.
Schneider, J. (1988). Kritische Neoklassik: Ergebnisse und Perspektiven. In W. Vogt (Hrsg.) *Politische Ökonomie heute* (S. 183–220). Regensburg: Transfer.

Schultze, Ch. L. (1996). The CEA: An Inside Voice of Mainstream Economics. *Journal of Economic Perspectives 10 (3)*, 23–39.
Smith, V. L. (2002). Constructivist and Ecological Rationality in Economics. In F. Frängsmayr (Hrsg.), *The Nobel Prizes 2002* (S. 502–561). Stockholm: Almquiest & Wiksell Intl.
Snowdon, B., & Vane, H. R. (1997). The Development of Modern Macroeconomics: A Rough Guide. In B. Snowdon & H. R. Vane (Hrsg.), *A Macroeconomics Reader* (S. 1–26). London: Routledge.
Stiglitz, J. E. (2002a). *Globalization and its Discontents*. New York: Penguin.
Stiglitz, J. E. (2002b). Information and the Change in the Paradigm in Economics. In F. Frängsmayr (Hrsg.), *The Nobel Prizes 2001* (S. 472–540). Stockholm: Almquiest & Wiksell Intl.
Stiglitz, J. E. (2002c). Information and the Change in the Paradigm in Economics. In *American Economic Review 92 (3)*, 460–501.
Stiglitz, J. E. (2003). *The Roaring Nineties*. New York: Penguin.
Stiglitz, J. E. (2006). *Making Globalization Work*. New York: WW Norton & Co.
Stiglitz, J. E. (2008a). The End of Neoliberalism. https://www.project-syndicate.org/commentary/the-end-of-neo-liberalism?barrier=true. Zugegriffen: 07. Juni 2016.
Stiglitz, J. E. (2008b). It doesn't Take Nostradamus. *Economist's Voice 5 (8)*, 1–2.
Stiglitz, J. E. (2008c). Markets Can't Rule Themselves. *Newsweek v. 31. Dezember.*
Stiglitz, J. E. (2009a). Moving Beyond Market Fundamentalism to A More Balanced Economy. *Annals of Public and Cooperative Economics 80 (3)*, 345–360.
Stiglitz, J. E. (2009b). The Current Economic Crisis and Lessons for Economic Theory. *Eastern Economic Journal 35 (3)*, 281–296.
Stiglitz, J. E. (2010). Needed: A New Economic Paradigm. *Financial Times v. 19. August.*
Stiglitz, J. E. (2011). Rethinking Macroeconomics: What Failed and How to Repair It. *Journal of the European Economic Association 9 (4)*, 591–645.
Stiglitz, J. E. (2014). The Lessons of the North Atlantic Crisis for Economic Theory and Policy. In G. Akerlof, O. Blanchard, D. Romer & J. E. Stiglitz (Hrsg.), *What Have We Learned? Macroeconomic Policy after the Crisis* (S. 335–347). Cambridge, London: The MIT Press.
Summers, P. M. (2005). What caused the Great Moderation? Some Cross-Country Evidence. *Federal Reserve Bank of Kansas City Economic Review 90 (3)*, 5–32.
Vernengo, M. (2010). Conversation or Monologue? On Advising Heterodox Economists. *Journal of Post Keynesian Economics 32 (3)*, 389–396.
Vogt, W. (1986). *Theorie der kapitalistischen und einer laboristischen Ökonomie*. Frankfurt: Campus.
Williamson, O. (1997). Comments. In A. W. Coats (Hrsg.), *The Post-1945 Internationalization of Economics* (S. 364–368). Durham: Duke University Press.
Woodford, M. (2010). Financial Intermediation and Macroeconomic Analysis. *Journal of Economic Perspectives 24 (4)*, 21–44.
Yonay, Y. (1998). *The Struggle Over the Soul of Economics: Institutionalist and Neoclassical Economists in America Between the Wars*. Princeton: Princeton University Press.

# Alltagswissen in der Krise

## Der politische Laiendiskurs über die Verantwortung für die Finanzkrise seit 2007

Oliver E. Kuhn

## 1 Die ökonomische Wissenskrise

Die Finanz- und Wirtschaftskrise seit 2007 hat alte ökonomische Fragen nach der Erklärung von Konjunkturzyklen wieder akut werden lassen. Der neoklassische ökonomische Mainstream hat sich an der Krise blamiert, weil seine Standardmodelle für endogen erzeugte Krisen keinen Platz, Unsicherheit und Risiko außen vor ließen.[1] Vor allem wurden aufgrund des Axioms der Geldneutralität die monetären Aspekte des Wirtschaftens als bloßer „Geldschleier" vernachlässigt, so dass dem starken Anwachsen der privaten Verschuldung (im Verhältnis zum Gesamteinkommen) vor dem Crash keine Bedeutung zugemessen wurde.[2] Daher haben die Überschuldungsproblematiken in der Krise zugleich eine Krise des orthodoxen Wirtschaftswissens hervorgerufen und die Diskussion heterodoxer, etwa „österreichischer" oder postkeynesianischer Ansätze zur Krisenerklärung befördert, welche Geld, Kredit, Banken explizit in ihre Analysen einbeziehen. Unterdessen versucht der neoklassische Mainstream, die krisenbedingten Zweifel an der Gültigkeit seiner Dogmen „auszusitzen" (PCES 2014).

Zugleich wurde und wird die Finanzkrise, welche zu bislang ungekannten Ausmaßen staatlicher Rettungsmaßnahmen für das Finanzsystem geführt hat, als

---

1 „We now know that canonical macroeconomic models do not adequately allow for financial-market fragilities". Zumindest hätten die Modelle die *Möglichkeit* eines Versagens der Finanzmärkte enthalten sollen (Rogoff 2013). Bezemer (2009, 2011, S. 12) identifizierte ein Dutzend von Ökonomen und Experten, welche das Platzen der amerikanischen Immobilienblase und darauffolgende schwerwiegende deflationäre Tendenzen schriftlich und sachlich richtig vorhergesagt haben, darunter bis auf den Verhaltensökonomen Robert Shiller niemand mit Nähe zum ökonomischen Mainstream.

2 Und bis heute dreht sich ein Großteil der politischen Diskussion um die Problematik *öffentlicher* Verschuldung.

politisches Problem auch unter Laien intensiv diskutiert – häufig im Bewusstsein der Überforderung durch die komplexe Thematik, über welche auch Experten keinen grundlegenden Konsens erzielen. Im Folgenden werden Ausschnitte einer Untersuchung dieser Laiendiskussionen präsentiert.[3] Die Fragestellung lautet: Mithilfe welcher kognitiven Mittel, anhand welcher „einfachen Heuristiken" (Gigerenzer) orientieren sich ökonomische Laien in der durch die Finanzkrise aufgeworfenen, überfordernden Komplexität – und wo liegen die Grenzen dieser kognitiven Mittel? Um dies zu beantworten werden zunächst die grundlegenden Wertbindungen der divergierenden alltagstheoretischen Krisenerklärungen aufgezeigt (2.). Anschließend werden beispielhaft Krisenerklärungen analysiert, welche sich durch eine vergleichsweise hohe sachliche Komplexität auszeichnen und sich auf Basis dieser Wertbindungen mit Fragen von Geldsystem, Kredit und Wirtschaftspolitik auseinandersetzen. Dabei werden die beiden Hauptströmungen des Krisendiskurses identifiziert (3.). Abschließend wird die im Allgemeinen negative Bewertung von Kredit und Schulden in alltagstheoretischen Krisenerklärungen mit Einsichten der Saldenmechanik und der neueren Geldtheorie abgeglichen. Durch diese Kontrastierung lässt sich zeigen, aus welchen Annahmen (v. a. über das Geldsystem) diese Schuldenaversion des Alltagswissens resultiert (4.).

Auf die Finanzkrise reagiert die Laiendiskussion mit einer Pluralität von Perspektiven, die im Diskurs nicht durch den Hinweis auf die „Evidenz der Fakten"

3 Das Material für diese zusammenfassende Darstellung stammt aus der Studie „Alltagswissen in der Krise. Über die Zurechnung der Verantwortung für die Finanzkrise" (Kuhn 2014), für welche über 100 verschiedenartige deutschsprachige Internetdiskussionen zur Krisenentstehung (2007–2010) mithilfe der Grounded Theory-Methodologie untersucht wurden. Der Anspruch lag in einer umfassenden Feststellung der inhaltlichen Ausprägungen und Zusammenhänge der alltagstheoretischen Krisenerklärungen. Den klassisch wissenssoziologischen Schluss von Typen des Wissens auf soziale Positionen erlaubt das Material nicht. Die Abgrenzung des „Alltagswissens" von Experten- oder Spezialwissen beruft sich auf Alfred Schütz' erweiterte Definition von „Alltagswissen": Es handle sich um eine Kommunikationsform mit hoher Zugänglichkeit aufgrund relativ geringerer Wissensvoraussetzungen. Natürlich ist keine Kommunikation gänzlich voraussetzungslos, kein Wissen gesellschaftlich gleichverteilt (Schütz und Luckmann 1979, S. 414). Jedoch bleibe „das im gesellschaftlichen Wissensvorrat abgelagerte Wissen […] grundsätzlich jedermann zugänglich. Genauer: Es gibt nichts in der Struktur des Wissens, was sich dem Erwerb des Wissens durch jedermann entgegenstellen würde" (Schütz und Luckmann 1979, S. 416). Wir interpretieren also das Alltagswissen als dasjenige Wissen, welches in Alltagsdiskussionen vorausgesetzt wird und Alltagsdiskussionen wiederum als eine offene kommunikative Form, welche der eigenen Selbstbeschreibung nach mit beliebigen Teilnehmern und also „Jedermannsverständlichkeit" rechnet – obwohl faktisch immer Exklusion stattfindet (beispielsweise derjenigen, welche sich für das Thema nicht interessieren, so auch Schütz und Luckmann 1979, S. 416).

eliminiert werden kann. Denn zum einen bleibt die Aussagekraft und Verlässlichkeit von vorgeblichen Fakten und Daten für Laien oft unklar, zum anderen liefern die verschiedenen alltags-„theoretischen" Perspektiven unterschiedliche Interpretationen dieser Daten. Notfalls können sich gerade Laienargumentationen immer mithilfe von Zusatzargumentationen gegen „falsifizierende" Gegenargumente immunisieren.[4] Die zumeist durch die Orientierung an Grundwerten (Freiheit, Ordnung, Produktivität usw.) integrierten Argumentationen bilden nicht nur sachliche Problembeschreibungen aus, sondern auch je spezifische Kritikformen für die jeweils gegnerische Perspektive, oft begreifen sie einander wechselseitig als Krisenursache.[5] Begreiflicherweise behaupten sich Positionen in Alltagsdiskussionen anders als wissenschaftliche Theorien nicht vorrangig mit Mitteln rationaler Diskussion. Die Teilnehmer an den untersuchten Internetforen verbuchen oft schon das Durchhalten gegen alle Argumente oder die Überwältigung der Diskussion durch die Quantität eigener Kommentare als Erfolg – sie codieren die ablaufende Kommunikation also eher politisch als wissensbezogen. Wenn schon für wissenschaftliche Theorien gilt, dass sie nicht schlicht aufgrund von Falsifikation, sondern durch ein langsames kognitives Verarmen ihrer Perspektive aussterben (vgl. Lakatos 2006), gilt dies für Alltagstheorien umso mehr, die neben ihrer Erklärungsfunktion oft noch einer Reihe von anderen Funktionen genügen müssen (Gruppenintegration, personale Identitätsbildung, Unterhaltsamkeit).

Zunächst fällt auf, dass die Hauptströmungen der untersuchten alltagstheoretischen Diskussionen über die Entstehung der Finanzkrise sich entlang tiefer Konfliktlinien orientieren, welche für einzelne Themen die Entscheidung zwischen diametral unterschiedlichen Sichtweisen und (wirtschafts- und geld-)politischen

4 Oft wird diese Erhaltung der theorieimmanenten Plausibilität mit abnehmender Plausibilität für einen distanzierten, vergleichenden Beobachter bezahlt. Dennoch wäre es erkenntnispraktisch unrealistisch, *jede* Abwehr gegnerischer Argumentation als „Immunisierung" zu kritisieren, als sei Immunisierung vermeidbar. Die Unterscheidung eines theoriebestimmten Anders-Deutens und einer bloßen Abwehr von widersprechenden Daten durch mehr oder weniger spontane Zusatzargumentationen (die sich bei Popper und besonders bei Lakatos findet), ist praktisch oft sehr schwer zu treffen und wird gerade bei den relativ fluiden Alltagsargumentationen selbst umstritten bleiben.

5 Diese „idealistische" Krisenerklärung findet sich auch im professionellen Kontext (beliebig herausgegriffenes Beispiel): „There is an underlying pattern behind Eurozone policy errors. They reflect a view that macroeconomic difficulties are primary due to bad government decisions, while private sector decisions within a free market environment do not create problems. Whatever label we want to give this view (Ordoliberal or Anti-Keynesian), *it is the fundamental cause of the current Eurozone crisis.* Its persistence despite all the contrary evidence allows the crisis to continue and threatens the integrity of the Eurozone itself" (Wren-Lewis 2012, Hervorheb. OEK).

Konsequenzen erfordern. Im Laufe der Untersuchung ließ sich deutlich zeigen (Kuhn 2014, S. 261ff.), dass diese Entscheidung durch die Orientierung an abstrakten Wertbezügen geleitet wird und der Diskurs sich in wertintegrierten Meinungsclustern organisiert. Die Differenzen der verschiedenen Positionen kulminieren in antagonistischen theoretischen Zurechnungen von Kausalität und Verantwortung für die Krisenentstehung, ihre Zuweisung von Schuld (*blaming*) lässt sich auf „theoretische" (die Interpretation des Vorgefundenen steuernde) Prämissen beziehen. Die wissenssoziologische Untersuchung dieser Verantwortungsattributionen in den Alltagstheorien lohnt insbesondere deshalb, weil sich an ihnen die propagierten Ansatzpunkte für politische Eingriffe und Veränderungen, aber auch ihre spezifischen Aporien ablesen lassen.[6]

## 2 Wertbindungen in Alltagstheorien

Zunächst sollen zusammenfassend einige grundlegende Eigenschaften der untersuchten Alltagstheorien zur Krisenerklärung aufgezeigt werden. Es fällt auf, dass die Alltagskommunikation über Politik und Wirtschaft als funktionsgebundene soziale Zusammenhänge kommuniziert, indem sie deren Funktionen als evaluative Grundlange der Argumentation verwendet. Jedwedes Handeln, Handlungsweisen, Gruppen oder Organisationen lassen sich so an ihrem Beitrag zu den gesellschaftlichen Funktionen von Wirtschaft und Politik messen, Knappheit zu minimieren bzw. die Möglichkeit kollektiv bindender Entscheidungen zur Verfügung zu stellen.[7] Sie werden in der alltagstheoretischen Situationsdefinition als orientierende Leitwerte zugrunde gelegt, auf welche unproblematisches bzw. problemlösendes Handeln ausgerichtet sein sollte und von denen problemverursachendes Handeln

---

6 Auch die Grundsätze politischer Rhetorik erzwingen eine dem Alltagsverständnis nahestehende simplifizierende Zuspitzung, ob in Politikerreden oder den Kolumnen der Wirtschaftsexperten. Obwohl die hier untersuchten Internetforen fast ausschließlich von Laien genutzt werden, lässt sich „Alltagswissen" natürlich nicht immer als „Wissen von Laien" identifizieren, als enthielten sich Experten durchweg seiner Benutzung. Alltagswissen ist als dasjenige Wissen zu verstehen, für welches „Jedermannsverständlichkeit" vorausgesetzt wird (vgl. Fn. 3).

7 Die im alltagstheoretischen Material gefundenen Argumentationstypen beziehe ich hier zum Teil auf systemtheoretische Begrifflichkeit, weil sich die Parallelen aufdrängen (vor allem die starke Orientierung an bewerteten Leitunterscheidungen). Es ließen sich auch andere differenzierungstheoretische Ansätze wählen. Die Typenbildung erfolgte jedoch streng nach Maßgabe der Grounded-Theory-Methodik aus dem Material heraus (zur Methodik vgl. Kuhn 2014, S. 25ff.).

abweicht.[8] Beispielsweise lauten häufige In-vivo-Codes für die wirtschaftliche Funktion „Produktivität" und „Wohlstand". Wird auf Personen (bzw. kollektive Zurechnungsinstanzen) zugerechnet, ist von „Leistung", „Fleiß" die Rede. Für die Beschreibung der politisch-rechtlichen Funktion stellen „Ein-/Durchgreifen", „Regulierung", „Ordnung" und „Recht" wichtige In-Vivo-Konzepte dar. Entsprechend der Wertorientierung, von welcher aus man eine problematische Situation (z. B. die Überschuldung amerikanischer Hypothekennehmer) betrachtet, also je nach Zuordnung von Problemstellungen auf unterschiedliche Wertsphären, werden Situationen als Probleme mangelnder Produktivität, mangelnder Regulierung, mangelnder Gerechtigkeit usw. interpretiert. Potenziell könnten natürlich auch andere Codes für die Situationsdefinition herangezogen werden (z. B. schön/hässlich), bis auf seltene religiöse Interpretationen der Krise geschieht dies empirisch aber nicht.

Die genannten Leitwerte fungieren als Attributionsregeln, weil Alltagstheorien vielfältige Probleme kausal auf eine ungenügende Orientierung am jeweils als geltend unterstellten Leitwert zurechnen können. Schon eine solch abstrakte Behauptung mangelnder Werterfüllung als Problemursache ermöglicht ihnen eine Positionierung im Diskursfeld, inklusive der Implikation einer dazu passenden Lösungsperspektive: „mehr Leistung!", „mehr Regulierung!". In den untersuchten Diskussionen tauchen beständig einfachste Wortmeldungen dieser Art auf, mehr oder weniger aufwändige Versuche einer sachlichen *Begründung* dieser Wertpositionen bilden dann den substanziellen Gehalt der Diskussionen (es lässt sich beobachten, dass es in vielen Diskussionen umso weniger TeilnehmerInnen gibt, je komplexer die Sachbegründungen werden).

Die Analyse der Alltagstheorien der Krise hat weiter ergeben, dass politische und wirtschaftliche Funktion oft in der Negativsprache einer Problematisierung thematisiert werden, anhand von Unwerten, welche die abzulehnende Gegenseite der Funktion, also die Dysfunktionalität des jeweils beschriebenen Handelns oder Erlebens bezeichnen: „Verschwendung", „Unproduktivität", „Faulheit" usw. bilden die Negativwerte in Bezug auf die *wirtschaftliche* Sphäre, „Unrecht", „Chaos", „Ego-

8 Die beobachteten Alltagsdiskussionen beobachten Handlungen und Handlungsweisen durchweg normativ als (korrekten oder mangelhaften) Wertvollzug. Insofern handelt es sich um „wertrationale" Orientierungen im Sinne Webers. „Zweckrationalität" ist damit nicht ausgeschlossen, sondern kommt hinzu, insofern funktionale Behauptungen über gangbare Mittel zur Erfüllung dieser Werte („Zwecke") aufgestellt werden. Interessanterweise handelt es sich bei den „Mitteln" oft selbst um abstrakte Werte: Z. B. führe mehr Freiheit zu mehr Produktivität; mehr Produktivität zu mehr Ungleichheit usw. Wir sehen im Abstraktionsgrad der Zweck-Mittel-Bestimmungen für das Alltagswissen den Vorteil voraussetzungsloser, nahezu ubiquitärer Anwendbarkeit.

ismus" („Banker konnten machen, was sie wollen") die Negativwerte in Bezug auf die *politisch-rechtliche* Sphäre ab.

Wird die Bewertung eines dieser beiden Wertepaare (vgl. Tabelle 1) umgekehrt, kann aber auch der jeweilige Negativwert zur normativen Grundlage der Argumentation gewählt werden, freilich dann mit einer deutlich aufgewerteten Semantik: Was in der produktivistischen Perspektive als „Unproduktivität" und „Faulheit" gilt, kann in wachstumskritischen Positionen zur „Entlastung" von „Produktionsbesessenheit" („Wachstumsirrsinn", „Leistungswahn") umgewertet werden.[9] Für die Politik liegt die parallele Umwertung ihres Negativwertes – also dessen, was in etatistischer Perspektive als „Chaos", „Recht des Stärkeren" oder „Unrecht" gedeutet wird – in dem semantischen Komplex der *Freiheit von illegitimem staatlich-rechtlichen Zwang.* Wir interpretieren diese beiden Formen der Umwertung – radikaler Libertarianismus und radikale Wachstumskritik – als alltagstheoretische Techniken der Reflexion auf die Grenzen wünschbarer Systemfunktionalität der Großsysteme Politik und Wirtschaft, sozusagen als alltagstheoretische Kritik einer „Kolonialisierung der Lebenswelt" (Habermas 1981, S. 522).

Noch ein drittes Oppositionspaar ermöglicht den ökonomischen Alltagstheorien der Krise eine Orientierung im Themenfeld. Für ihre formale Rekonstruktion ist es von großer Bedeutung, wie sie soziale Stratifikation bewerten: Hierarchien (im sehr abstrakten Sinne ungleicher Distribution von Macht und Ressourcen) können positiv bewertet werden (z. B. als gerechte Belohnung für unterschiedliche Leistungen) oder im Namen von „sozialem Ausgleich" als „unhaltbar" kritisiert werden.[10] Wiederum können Seiten des Wertpaares mit den oben genannten Werten vielfältig kombiniert werden (staatliche Eingriffe → Egalität; Egalität → Produktivität usw.). Als abgewertete Negativvarianten kommen Stichworte wie „soziale Schere", „Feudalismus" etc., bzw. „Gleichmacherei", „Kommunismus", „Nordkorea" usw. zum Einsatz.

---

9 In der alltagstheoretischen Wachstumskritik kann anhand ihrer Einstellung zum Konsum grob eine hedonistische von einer asketischen (oft ökologisch mit Ressourcenknappheit argumentierenden) Strömung unterschieden werden. Die hedonistische Wachstumskritik setzt auch bei Abkehr vom produktivistischen Ideal ausreichende Konsummöglichkeiten voraus, asketische Wachstumskritik verzichtet auch dann auf eine produktivistische Einstellung, wenn dadurch derzeitige Konsummöglichkeiten wegfallen sollten. Ein realer Test dieser Bekenntnisse steht bislang aus. Eine bedeutende Funktion der Wachstumskritik scheint bislang in der „Einstimmung auf Verzicht" für die von Austerität und Sozialstaatsabbau Betroffenen zu liegen.

10 Man sieht, dass das Problem der Gerechtigkeit in beiden klassischen (aristotelischen) Formen auf beiden Seiten dieser Unterscheidung eine Rolle spielt, einmal als Verteilungsgerechtigkeit („Leistung muss sich lohnen"), einmal als ausgleichende Gerechtigkeit in eher karitativen Argumentationen.

Typischerweise werden die drei genannten binären Wertepaare (vgl. Tabelle 1) in Alltagstheorien deutlich moralisiert, d. h. mit Achtung/Verachtung konnotiert. Etwas distanziertere Sichtweisen auf die Wertorientierung eines beobachteten Handelns werden ermöglicht, indem einer dieser Wertaspekte als geeignetes Mittel zur Bezweckung eines zweiten Wertes behauptet wird. Zum Beispiel: „Mehr Gleichheit führt zu mehr Produktivität". Jeder der sechs angesprochenen Werte kann also um seiner selbst willen (Zweck) oder instrumentell (Mittel) zur Erreichung anderer Werte geschätzt werden. So mag man Hierarchie um ihrer selbst willen schätzen (Aristokratismus) oder aber um ihrer Produktivität halber („Anreize").

Wir gewinnen am wirtschaftlichen und politisch-rechtlichen Leitwert und an der Einstellung zur Stratifikation drei Wertoppositionen (inklusive ihrer pejorativ gewendeten Versionen), deren Kombinationen die für die Krisenerklärung verwendeten Alltagstheorien charakterisieren:

**Tab. 1**

| | *Innen* | *Außen* |
|---|---|---|
| *Politik/Recht* | Eingriff/Ordnung (illegitimer Zwang) | Freiheit (Chaos, Gier, Egoismus) |
| *Wirtschaft* | Produktivität (Leistungswahn) | Entlastung (Ineffizienz, Faulheit) |
| *Stratifikation* | Hierarchie (soz. Schere, Feudalismus) | Egalität (Gleichmacherei, Sozialismus) |

Quelle: eigene Darstellung

Diese abstrakten Werthaltungen, welche ihrerseits auf basalen lebensweltlichen Konzepten aufbauen, statten die DiskussionsteilnehmerInnen mit den einfachen heuristischen Mitteln aus, die komplexe politisch-wirtschaftliche Situation zu rekonstruieren. Häufig werden die ersten beiden Unterscheidungen zu einer einzigen zusammengezogen, indem die Außenseite der einen Sphäre mit der Innenseite der anderen identifiziert wird. Beispielsweise wird die Wirtschaft als freiheitliche Sphäre der unproduktiven staatlichen Reglementierung entgegengesetzt. Umgekehrt kann wirtschaftliches Handeln als chaotische Zone des Egoismus der „vernünftigen", eine moralische Ordnung durchsetzenden Macht des Staates entgegengesetzt werden. Komplexere Kombinationen sind möglich, aber kaum eine der untersuchten Alltagstheorien zur Krisenerklärung kann der Entscheidung für eine Seite der hier aufgezeigten Wertoppositionen ausweichen: Eine problematische Praxis (z. B. die Kreditvergabe an Schuldner mit geringer Bonität im Vorfeld der Krise) soll entweder stärker reguliert werden oder nicht (weil ihre Regulierung höhere Kosten produzieren würde), sie ist entweder produktiv oder unproduktiv. Die Diskussionsteilnehmer können in diesem Spannungsfeld einer Positionierung nur um den Preis ausweichen, dass ihre Wortmeldungen als bloße Unterhaltung, als politisch irrelevant oder als thematisch abseitig („offtopic") abgetan werden.

Vor allem die Entscheidung, ob umstrittene oder problematische Handlungsweisen zentral normiert, reguliert („Ordnung") oder der dezentralen gesellschaftlichen Evolution („Freiheit") überlassen werden sollten, strukturiert die Debatte. Hinsichtlich dieser Frage lassen sich zwei grundlegende Zurechnungsprogramme formulieren, welche Problem- und Lösungsattribution leiten (vgl. Kuhn 2014, S. 301ff.). Ein *Zurechnungsregime reiner Selbstverantwortung* schreibt vor, dass Akteure selbst für Schädigungen wie Problemlösungen verantwortlich zu machen seien, die Rollen von Täter und Opfer werden identifiziert („selbst schuld"). Wer den Boxring betritt, kann den Gegner für (regelkonforme) Schädigungen nicht mehr moralisch verantwortlich machen.[11] Ein *Fremdverantwortungsregime* dagegen differenziert die Rollen von Täter und Opfer – als Folge der Verletzung einer als geltend unterstellten Norm, oft im Namen „der Allgemeinheit", des „Gemeinwohl". Diese Zurechnungsregime werden in der Alltagsdiskussion über Erklärungen der Finanzkrise naheliegender Weise durchweg auf die Institutionen „staatliche Ordnung" und „Markt" angewandt, stellen aber weit allgemeinere, lebensweltlich eingeübte Attributionstypen dar.

Diese Nutzung binärer Wertoppositionen in Alltagstheorien nicht nur zu Beschreibungszwecken, sondern als mitvollziehende Moralisierung der funktionalen Leitwerte lässt sich als reflektierende Teilnahme an den jeweiligen Funktionssystemen deuten – es wird von den Leitwerten der „Produktivität" (Knappheitsminderung) oder der „Ordnung" (Herstellung der Möglichkeit kollektiver Entscheidungen) her argumentiert. Allerdings wird in der alltagstheoretischen Diskussion vorrangig das Zusammen- oder Gegeneinander-Spiel der systemischen Funktionen reflektiert – treffen doch hier die Argumentationsordnungen der verschiedenen Wertsphären permanent aufeinander. Die Laiendiskussion der Finanzkrise lässt sich daher (wie auch die allermeisten Interaktionen) keiner funktionssystemischen Codierung klar zuordnen – sie operiert an der systemischen Peripherie, jenseits der jeweiligen professionalisierten „Hochleistungszentren" der Funktionssysteme (Institute, Parteien, Redaktionen), auf der Laienseite der (Pseudo- oder Populär-) Wissenschaft,[12] der Politik (Stammtisch) oder der Massenmedien (Leserbriefe, Foren, Blogs).

---

11 Nach dem Prinzip einer „Legitimation durch Verfahren" (vgl. Luhmann 1983).

12 Hier wäre der Vorstellung zu widersprechen, die Wissenschaft stelle im Gegensatz zu Politik, Religion, Medizin keine Laienrollen zur Verfügung, habe kein „Publikum" (so

Die beschriebenen Leitwerte dienen als moralischer Maßstab zur Beurteilung des Verhaltens von Attributionsinstanzen (von Hauseigentümern, Banken, Schuldenstaaten) und dirigieren die Attribution von Problem- und Lösungsverantwortung. Die moralische Attribution kann „affirmativ" erfolgen, also mit den bestehenden Ressourcen- und Machtverteilungen konform gehen, indem sie etwa Reichtum auf Leistung und Überschuldung auf Unproduktivität zurückführt. Die Leitwerte können jedoch auch zum Zweck der Kritik bestehender Vermögens- und Machtverteilungen eingesetzt werden.

Die reine Attribution von Problemen auf „wertwidriges" Handeln setzt meist voluntaristisch voraus, dass die problemverursachenden Akteure (Banken, Hypothekennehmer, Politiker) die Freiheit hatten, anders zu handeln. Komplexere Argumentationen können dagegen die Fähigkeit von Akteuren zum wertgerechten Verhalten als systematisch eingeschränkt konzipieren: Individuelles oder massenhaftes Fehlverhalten (z. B. Unproduktivität) wird dann kausal auf falsche „systemische" Anreize attribuiert, was zunächst von Eigenverantwortung entlastet. Die Problemverantwortung wird dann auf diejenigen Instanzen verschoben, denen die Setzung der Fehlanreize zugerechnet wird (meist der Politik). Diese Art der „systemischen" Zurechnung ermöglicht eine kritische Distanzierung gegenüber dem beschriebenen System und seinen Verteilungsmechanismen, z. B. der faktischen wirtschaftlichen Einkommensverteilung, die ja immer von Zurechnungspraktiken auf Leistung begleitet wird: Die faktische Verteilung dient dann nicht mehr als legitimer Ausdruck der Realisierung des Wertes Produktivität. Wer viel verdient, muss nicht viel geleistet haben, wer überschuldet ist, muss nicht schlecht gewirtschaftet haben. So kann die Systemlegitimität einer aktuellen Distribution von ökonomischen Ressourcen oder auch von Macht in Frage gestellt werden.

Dieses kritisch-kontrafaktische Systemdenken ist tendenziell voraussetzungsvoller als die bloße Identifizierung des „Schuldigen an der Krise". Es bildet Attributionsketten, welche Handlungsbedingung an Handlungsbedingung reihen. Zum Beispiel: Niedriger Leitzins → Fehlverhalten der Banken → Kreditblase → Finanzkrise. Dabei nimmt die sachliche Begründungsbedürftigkeit der Verantwortungszurechnung mit der Länge der Attributionskette zu, weil gezeigt werden muss, wie die Fehler eines Erstverursachers kausal Schritt für Schritt zur Krise geführt haben. Außerdem wird mit der Länge der Kette unplausibler, dass gerade beim Erstverursacher die Kausalkette (ein potenziell infiniter Regress) abbricht und volle moralische Verantwortung auf der Grundlage von Handlungsfreiheit zugerechnet werden kann. Beispielsweise wird die Entscheidung der Notenbanken

Luhmann 1990, S. 625). Außerdem bemühen sich auch Laien durchaus wissenschaftsanalog um „neues Wissen".

für eine lockere Geldpolitik meist als vollkommen willkürlich interpretiert, als habe sie nicht ihrerseits Bedingungen gehabt, etwa den Kontext der Rezessionsgefahr nach dem Zusammenbruch der Dotcom-Blase. Jedenfalls beschränken sich Alltagstheorien nicht auf bloße Kausalzurechnung, vielmehr werden auch die systemischen Fehlsteuerungen wiederum moralisch attribuiert, auf mächtige private Problemprofiteure und vor allem auf politische Fehlentscheidungen. Mitunter oszilliert die Verantwortungszurechnung zwischen den direkten Problemverursachern (hier z. B. Banken), welche auch durch eine Feststellung falscher Anreize nicht ganz entlastet werden sollen, und denjenigen Problemverursachern, welche durch falsche Anreizsetzung die Problementstehung nicht verhindert haben (z. B. Zentralbanken mit ihrer Niedrigzinspolitik).

Die Frage nach den kognitiven Orientierungsmitteln von Laien im überfordernd komplexen Feld der ökonomischen Krisenerklärung lässt sich so beantworten: Die Teilnehmer an der Diskussion über die Krisenursachen können sich durch die bloße Behauptung der Verletzung eines Leitwertes (Ordnung, Produktivität usw.) sinnvoll positionieren, wobei nur die genannten wenigen Leitwerte (und ihre Kombinationen) für die Erschließung der Problematik genutzt werden. Diese Leitwerte werden normativ als „geltend" unterstellt, d. h. auch als „gelten sollend", falls ihre faktische Geltung nicht realisiert ist. Ihr Gelten-Sollen wird oft durch die rhetorische Unterstellung gestützt, dass ihre faktische Verletzung einen Großteil der Bevölkerung viktimisiere („99 %"), während nur wenige profitierten.[13] Umgekehrt sollen vom jeweils propagierten Lösungsvorschlag (mehr Regulierung für Banken; mehr Selbstverantwortung statt Staatshilfen usw.) große Mehrheiten profitieren, während nur wenige unter ihr zu leiden hätten („gerechte Strafe"). Mithilfe der Rhetorik des Allgemeinwohls wird die Kontingenz der Verpflichtung auf zu realisierende Werte verdeckt. Wertgeltungen können auch gegen „verblendete" Mehrheiten durchgehalten werden, welche ihre „wahren Interessen" verkennen. Ein anti-egalitärer Libertarianismus beispielsweise betont gerade seine Gegnerschaft zum Populismus, weil er die Stärke seiner Lösungsproduzenten („Leistungsträger") als von der populären Einschätzung unabhängig wähnt. Doch auch er behauptet, dass nur *sein* Vorschlag auf Dauer nachhaltige Lösung verspreche, weil eine etatistisch-egalitäre Intervention auf Dauer ins „sozialistische" Elend führen müsse. Häufig wird versucht, solche Annahmen durch anthropologische Argumente zu naturalisieren, beispielsweise das Regime reiner Selbstverantwortung in Bezug auf wirtschaftliches Handeln als „dem Menschen gemäß" zu behaupten:

13 Die politisch-rhetorische Form der Identifikation mit der Allgemeinheit erzeugt politische Spannung, weil sie von allen Seiten in Anspruch genommen wird.

*„Vorräte, Gerätschaften, Wertgegenstände, Geld, (und letztlich Aktien) also ‚Vermögen' anzulegen und Vorteile daraus zu ziehen, also damit zu Handeln, ist ein originäres menschliches Verhalten. Der Mensch ist von Haus als ‚Kapitalist' angelegt […]. Daran ist nichts zu rütteln, auch wenn man über die Ausformungen diskutieren kann." [Q1]*[14]

## 3 Geldsystem, Schulden und Vermögen im Alltagswissen

Auf Grundlage dieser extrem abstrakten und dadurch einfach anwendbaren alltagstheoretischen Erklärung der Krise durch die Abweichung von Leitwerten lassen sich Ansätze aufbauen, welche einen höheren Grad an Sachwissen voraussetzen und eine entsprechend komplexere Situation skizzieren können. Solche Alltagstheorien sprechen (wie korrekt auch immer) wichtige Aspekte des modernen Wirtschaftssystems an: Verschuldung, Geldschöpfung, Vermögenskonzentration, Investitionsmangel. Zum Teil schließen diese Krisenerklärungen an wissenschaftliches Wissen an (erkennbar an der Nutzung der Terminologie), teilweise auch an ältere Diskussionen der wissenschaftlichen Peripherie (Geldreform, Freigeld-Bewegung, Wiedereinführung der Golddeckung usw.).[15]

Auch sachlich komplexere Krisenerklärungen werden in alltagstheoretischen Diskussionen durch die Kombinationen der genannten Wertorientierungen und ihre Moralisierung integriert. Selbst wirtschaftswissenschaftliche Positionen, soweit sie in den alltagstheoretischen Blick geraten, werden hier durchweg im Schema der Werthaltungen interpretiert und eingeordnet. Obwohl diese Positionen im Wissenschaftsfeld als wertungsunabhängige Beschreibungen wirtschaftlicher Realität behauptet werden, werden sie als eher egalitär (Keynesianismus) oder eher hierarchie-affin (Österreichische Schule) eingestuft, als eher etatistisch oder eher markt-liberal usw. Die alltagstheoretischen Reduktionen von Wirtschaftstheorien auf „einfache Heuristiken" (Gigerenzer) lassen sich als Wert-Kombinationen darstellen, beispielsweise als die Vorstellung, dass weniger staatliche Reglementierung

14 Die Quellen des im Folgenden zitierten Materials aus deutschsprachigen Internetforen können beim Autor angefragt werden (kuhn@europa-uni.de).

15 Wie erwähnt behandeln wir diese Krisenerklärungen als Alltagswissen, insofern es sich um „allgemein zugängliches Wissen" (Schütz und Luckmann 1979, S. 416) handelt (vgl. Fn. 3). Auch ein Wirtschaftswissenschaftler würde sich mithin im Medium des Alltagswissens ausdrücken, würde er die „allgemeine" Zugänglichkeit seiner Aussagen gewährleisten wollen.

zu mehr Wohlstand führe (Freiheit → Produktivität) oder übermäßige Ungleichheit die wirtschaftliche Aktivität vermindere (Hierarchie → Unproduktivität). Diese Reduktion auf (kombinierte) Wertbezüge stellt den Alltagstheoretikern einerseits ein potentes kognitives Mittel dafür zur Verfügung, eine Vielzahl möglicher Problemstellungen auf einfache Weise zu erfassen. Zugleich jedoch stellt die Wertbindung ein Erkenntnishindernis dar, z. B. wenn Wirtschaftstheorien *en detail* zu verstehen wären, die ja hinsichtlich abstrakter Wertorientierungen immer *differenziert* argumentieren (Freiheit für dies, Regulierung für jenes). So scheitern in den untersuchten Diskussionen viele Versuche, komplexe und konkrete Beschreibungen wirtschaftlicher Vorgänge zu vermitteln, weil diese Vorgänge mithilfe der Wertmaßstäbe, welche der Interpretation einer Situation zugrunde gelegt werden, allzu schnell auf abstrakten Wertvollzug oder, häufiger: auf wertverletzende Zuwiderhandlung, reduziert werden. Beispielsweise werden konkrete Fragen der Geldpolitik von Zentralbanken auf die Frage der *generellen* Legitimität staatlichen Zwangs reduziert, als enthalte schon diese abstrakt moralisierende Fragestellung sinnvolle Informationen über das konkrete Geschehen.

Von den aus den drei oben genannten Wertoppositionen konstruierbaren kombinatorischen Möglichkeiten werden im untersuchten Alltagsdiskurs nur einige intensiv genutzt, viele stellen nur periphere Positionen dar. Typischerweise führt die politische und kognitive Konfliktlage in den untersuchten Forendiskussionen zu einer frontartigen Gegenüberstellung von Wertekoalitionen, die nur noch anhand spezifischer Themen auseinanderbrechen. Die beiden für die Interpretation der Finanzkrise wichtigsten heuristisch eingesetzten Wertekombinationen bilden der *asketisch-antietatistische* und der *etatistisch-egalitäre* Erklärungstypus. Bis in den Bereich des voraussetzungsvollen wirtschaftswissenschaftlichen Wissens hinein ist der Diskurs durch diese politische Spaltung gekennzeichnet, was sich vor allem an der Haltung zu staatlicher Intervention und ihren wirtschaftlichen Auswirkungen festmacht, aber auch auf eher egalitäre oder hierarchieaffine Einstellungen verweist.

Der *asketisch-marktliberalen Krisenerklärung* zufolge ist die Finanz- und Wirtschaftskrise eine Folge mangelnder realer Produktivität, von Verschwendung, vor allem aufgrund staatlich beeinflusster oder durchgeführter Fehlallokation von Ressourcen. Das schließt nicht aus, dass auch im privaten Sektor, bei verschwenderischen oder gierigen Individuen und Unternehmen, Probleme gesehen werden – allerdings werden diese Probleme meist als durch den Markt-Wettbewerb selbst gelöst betrachtet, der unökonomisches Verhalten bestrafe. Das Zurechnungsregime reiner Selbstverantwortung erlaubt zumeist den vollen Genuss „eigener" Gratifikationen,[16] verbietet aber auch im Schadensfall eine externe Attribution („selbst schuld"').[17] Die liberale Sichtweise verteidigt dieses Zurechnungsregime gegen Versuche der Entlastung im Namen von Fremdverantwortung, wenn etwa die in finanzielle Schwierigkeiten geratenen amerikanischen Hauseigentümer durch staatliche Hilfen unterstützt werden sollen:

> *„Und solchen Leuten soll ich jetzt mit meinen Steuern aus der Patsche helfen, gleichzeitig fuer mein eigenes, ehrlich und solide finanziertes Haus zahlen, MEINE Kinder aufs College schicken, MEINEN Studienkredit zurueckzahlen und gleichzeig das Risiko uebernehmen [...]. Statt immer auf die Banken, Makler und die Politik einzupruegeln, sollte man sich mal fragen, was eigentlich mit den Leuten los ist, die sich schlich[t] uebernommen haben. Selbst schuld." [Q2]*

Konkret werden also Insolvenzen auch dann als „Strafe" des Marktes für unproduktives oder allzu riskantes Individualverhalten bejaht, wenn sie in einer Finanzkrise massenhaft geschehen. Damit wird (mindestens implizit) vorausgesetzt, dass real existierende Marktdistributionen (Einkommensverteilung) auch im Krisenfall in wünschenswerter Weise die Systemfunktion unterstützen, dass also der Markt auch dann über Selbstheilungskräfte verfüge. Die berühmte „unsichtbare Hand" wird im Alltagswissen selten bemüht (dies erscheint angesichts der Krise allzu naiv). Statt auf die Unfehlbarkeit der Märkte wird eher auf die Unproduktivität der „Alternative", also „real-existierender" etatistisch-egalitärer Versuche der Wirtschaftssteuerung und des „sozialen Ausgleichs" verwiesen:

> *„Wenn wir soweiter machen und weiterhin an diesem sozialen blödsinn festhalten, werden wir auf dem gleichen Niveau leben wie die Menschen in Kuba. Und das will doch hoffentlich keiner!!!" [Q3]*

Allerdings könne der Markt, dessen Teilnehmer weder moralisch noch kognitiv (unbekannte Zukunft!) perfekt seien, durchaus „systemische" Krisen hervorbringen. Die asketisch-marktliberale Perspektive bewertet jedoch auch das Makrophänomen einer Finanz- und Wirtschaftskrise als (kollektive) Bestrafung für unproduktives,

---

16 In der Systemtheorie Luhmann wird dies als Attributionsvorschrift des symbolisch generalisierten Kommunikationsmediums Eigentum bzw. Geld beschrieben: Ego muss das Handeln von Alter (mit seinem Eigentum, seinem Geld) erlebend hinnehmen, ohne selbst eingreifen zu dürfen (vgl. Luhmann 1998, S. 347ff.).

17 Der Verstoß gegen dieses Zurechnungsregime kommt im Vorwurf „Gewinne privatisieren, Verluste sozialisieren" zum Ausdruck. Alltagstheoretisch wird dies oft unter dem Schlagwort „Sozialismus für Banken" thematisiert.

allzu gieriges Fehlverhalten, vor allem für allzu großen Optimismus: als „reinigendes Gewitter“, „kalten Entzug“, „bittere Medizin“, „Gesundschrumpfungskur“, „Ende mit Schrecken“ usw. Wird der Markt als wertrealisierendes Idealprinzip absolut gesetzt, müssen die von ihm befohlenen Härten durchgestanden werden, auch wenn es sich um erhebliches und unverständliches Leiden handelt.[18] Insofern der Krise eine notwendige Funktion zugerechnet wird, handelt es sich nicht mehr um ein *kritisches* Ereignis im strengen Sinne. Unter der Überschrift „Es gibt keine Krise – Es gibt nur eine längst fällige Bereinig[u]ng !!!“ meint ein User:

> *„Es gibt eine Überkapazität von 20-30 %. Die bricht jetzt weg, und das ist gut so. Wir müssen wieder zu einer Realwirtschaft kommen. Diese aufgesetzte Blase sorgte dafür, dass Aktionäre glücklich waren, Manager fette Provisionen einstrichen und das System absehbar gegen die Wand lief.“ [Q4]*

Diagnosen einer kreditgetriebenen „Blasenwirtschaft“ bezeichnen die vor der Krise gefertigten und abgesetzten Waren und Dienstleistungen, als bloß scheinhaft, irreal, insofern die Nachfrage nach ihnen (wie es in einer Kreditgeldwirtschaft unumgänglich ist) kreditfinanziert war.[19]

Während einige Wortmeldungen dieser Strömung die Verletzung der Marktprinzipien durch staatliche Eingriffe zur Vermeidung sozialer Härten lediglich befürchten und abzuwehren trachten, diagnostizieren andere Vertreter die Krise als Produkt einer längst vorliegenden Deformierung der Wirtschaft durch politische Eingriffe. Auch die liberal-asketische Argumentation kennt also die systemische Kritik der vorliegenden Distribution im Namen der wirtschaftlichen Funktion – sie kann die real existierende Wirtschaft als durch falsche politisch-rechtliche Rahmensetzung deformiert beschreiben. Im Gegensatz zur Vorstellung der Krise als hinzunehmende Marktkorrektur kann die Schuld für die (Verstärkung der) Krise dann zugerechnet werden: Sie wird als Resultat eines Abweichens vom

---

18 Diese Sichtweise hat ihre wirtschaftswissenschaftliche Entsprechung im Diktum Hayeks, zentrale Eingriffe seien dezentraler Evolution prinzipiell unterlegen (vgl. Hayek 1945, S. 521ff.). Folgt man dieser Auffassung, hat man die Marktentscheidungen auch bei scheinbar katastrophaler Vernichtung von Realressourcen als optimal hinzunehmen, Abweichungen von diesem Prinzip (selbst wenn es „nur“ um geldpolitische Mittel gehe) würden die Probleme dann nur unnötig verstärken.

19 Natürlich ist nicht jede Kreditstruktur nachhaltig. Der „privatisierte Keynesianismus“ einer Ausdehnung der Nachfrage durch die Verschuldung privater Haushalte ist offensichtlich gescheitert (vgl. Crouch 2009). Doch noch für diese pervertierte Kreditstruktur galt: Es gelang ihr zumindest, Nachfrage und Angebot zueinander zu bringen (die amerikanischen Häuser waren faktisch begehrt und konnten faktisch gebaut werden).

Prinzip „Markt" (Konkurrenz) interpretiert, wodurch dessen Selbstheilungskräfte geschwächt werden,[20] attributionstheoretisch also als Abkehr vom Zurechnungsregime der reinen Selbstverantwortung, wertrational als ein Mangel an Freiheit. Vor allem zwei Aspekte staatlicher Geld- und Wirtschaftspolitik trifft die egalitäts- und staatsskeptische Kritik: sozial- und fiskalpolitische Bemühungen um sozialen Ausgleich und die geldpolitische Setzung falscher Anreize, welche zur Blasenbildung geführt habe. Die Egalitätskritik vermutet vor allem falsche Anreizsetzung als Krisengrund und verweist auf abschreckende Beispiele:

> *„Was verdient man eigentlich im sozialistischen Kuba? Da verdient ein Arzt genauso viel wie ein Hilfsarbeiter. Wenn das kein Anreiz ist Arzt zu werden, dann weiss ich auch nicht. Diejenigen die etwas leisten. werden für ihre Leistungsbereitschaft bestraft." [Q5]*

Die Krise, durch Transferleistungsempfänger und ihre staatlichen Helfer verursacht, welche Leistungsträger systematisch unterdrücken, berge jedoch auch die Chance zur Umkehr:

> *„Die Deutschen sollen endlich lernen mehr Verantwortung zu übernehmen und weniger auf Kosten anderer leben, weil sie selbst den A*** nicht hochbekommen. Deutschland ist absolut unflexibel. [...] Man sollte die Krise nutzen um weitere Reformen durchzuboxen, damit auch der letzte Arbeitslose wach wird und versteht, dass er selbst mehr Verantwortung übernehmen muss etc. Die Deutschen machen es sich viel zu einfach. Und das sollte man abändern!!! In Dubai werden gerade Luxushäuser für die Superreichen gebaut und wir schlagen mit Knüppeln auf sie ein. Wie dämlich muss man sein??!!" [Q6]*

Die Kritik einer staatlichen Wirtschafts- und Geldpolitik, welche zur Bildung von Blasen[21] geführt hat, setzt mehr Wissen voraus. Das bei weitem wichtigste Mittel, die wirtschaftlichen Leistungsträger von einer Verantwortung für die Krise freizuhalten,

20 Vorrübergehend, denn „auf lange Sicht" räche sich der Markt stets wie ein strafender Gott für seine Missachtung.

21 Dieser Begriff wird oft viel weiter gefasst als im Begriff der Spekulationsblase: *„Es bleibt nur zu hoffen, dass die Multi-Kulti-Blase und die Schulden gleich Vermögen-Blase bald ebenso platzen wie die Klimaschwindel-Blase und die Schwei-negrippe-Blase, da diese vom selben Treibgas aufgebläht wurden"* [Q7]. Der Begriff der „Blase" dient hier als universelles Mittel der Wissenskritik: (Selbst-) Betrugsversuche müssten durch einen harten, klaren Realitätsbezug ersetzt werden. Dazu könne das Platzen der Finanzblase nur ein erster Anfang sein.

ist der Verweis auf „künstlich" niedrig gehaltene (nicht durch Sparen gesenkten) Zinsen und die staatlich geförderte Kreditvergabe für den Eigenheimbau (in den USA), welche die Subprime-Blase verursacht habe. Besonders die Volkswirtschaften mit verschuldeten Staathaushalten treffe es nun hart, aber dies „ist auch gut so":

> *„Dieser Kredit [Kredite des Auslands] ist verspielt, auch wenn die Zentralbanken mit ihren neusten Aktionen dieses Spiel weiter spielen wollen, sie werden nicht gegen den Markt ankommen, sondern für die Defizitländer (UK, Spanien, USA) heiß es diesmal: Den Gürtel enger schnallen und produktiver werden. Dieses ist auch gut so, denn je länger die Ungleichgewichte andauen umso schmerzlicher wird der Anpassungsprozess." [Q8]*

Entsprechend war nicht private Gier das wesentliche Problem, sondern ihre unrealistische Förderung durch den Staat:

> *„Solange Obamas Sozialisten Häuslekredite für jeden fordern solange wird sich nichts ändern. Die Gesetze Clintons, die es auch denen ermöglichten Häuser zu kaufen, die sie realistisch nie hätten kaufen können – angeblich um soziale Ungerechtigkeit auszugleiben – hat auch zur Krise geführt.*
> *Doch das will niemand wahrhaben. Ein Staat der Banken zwingt Kredite zu vergeben macht sich mitschuldig." [Q9]*

Folglich werden auch alle Bemühungen der Zentralbanken seit 2008 um ein erneutes Anreizen privater Verschuldung als bloße Verzögerung des unweigerlich kommenden Crashs interpretiert, erst recht wird öffentliche Verschuldung zu diesem Zweck abgelehnt (und meist nicht mal als (sinnlose) Wirtschaftspolitik, sondern schlicht als Folge von Verschwendung interpretiert).

Die zweite große Strömung, die *etatistisch-egalitäre Krisenerklärung*, legt das Hauptaugenmerk auf die Gier der Vermögenden, vor allem der Akteure des Finanzsektors, und darauf, dass deren riskantes Verhalten durch politisch-rechtlichen Eingriff und Regulierung nicht unterbunden wurde. Oft wird dieses am Wert der „Ordnung" orientierte Denken in Kombination mit egalitären Wertvorstellungen genutzt. „Gutes Wirtschaften" wird als Folge geeigneter staatliche Regulierung des Marktes und von Eingriffen zugunsten des sozialen Ausgleichs gesehen. Da es sich bei diesen abstrakten Gesichtspunkten wieder um beliebig steigerbare Aspekte handelt, können sie mehr oder weniger radikal vertreten werden. Auf die Frage, wer „verantwortlich [sei] für das Finanzdesaster?", antwortet ein User:

*„Das sollte eigentlich klar sein. Einerseits die Zocker, die Spieler. Macht ja nichts, das Volk bezahlt mit seinen Steuern. Warum geht da nicht einer in den Knast?“ [Q10]*

Im Gegensatz zur marktidealistischen Vorstellung wird der Markt hier als mehr oder weniger leitungsbedürftige Unordnung, als chaotische Ansammlung egoistischer Interessen betrachtet, deren Integration zur Gesamtproduktivität durch keine „unsichtbare Hand“ gesichert ist und daher der Führung durch die sichtbare Hand des Staates bedarf, will man von seinen Energien profitieren. Besonders den Finanzsektor trifft der Verdacht, nicht zum „Gemeinwohl“ beizutragen. Auf den schein-naiven Stimulus eines Foren-Moderators „Stellen sich die Banken ihrer Verantwortung?“ reagiert ein Beitrag:

*„Nein! Haben sie das ja [je] getan? Abgesehen davon, was ist ihre ‚Verantwortung‘? Profit! Profit des Kapitals! Bedeutet das nicht skrupellose Gier, jenseits von Verantwortung, Ethik und Menschenwürde? Grenzenlose Gier nach mehr ! Nach noch mehr!“ [Q11]*

Auf freiwillige Selbstkontrolle sei nicht zu setzen, entsprechend wird die Krise als Mangel an „guter Ordnung“, an rechtlichen Regulierung des Marktgeschehens interpretiert – extreme Positionen fordern staatliche Planung, zumeist wird nach einem politischen Ordnungsrahme verlangt, der das Marktgeschehen in Richtung des Allgemeinwohls zu strukturieren im Stande ist. Wie oben beschrieben kann die Schuldzurechnung zwischen dem egoistischen Handeln der direkten Krisenverursacher (meist gierigen Spekulanten und Bankern) und dem Fehlverhalten einer Instanz oszillieren, welche die Krise hätte verhindern sollen (meist der Politik oder des „Volkes“). Einige Diskussionsteilnehmer schieben die vollständige Verantwortung kühl auf die Politik ab:

*„Zu den Managern möchte ich noch ergänzen, dass es nicht ihre Aufgabe ist, moralisch und ethisch allseits akzeptierte Geschäfte zu tätigen. Sie haben zwar ein weites Aufgabenprofil (in großen Firmen eher Fachidioten) wie Geschäfte abwickeln, Finanzen, Personalwesen und strategische Planungen. Das eigentlich Ziel ist und bleibt: Gewinnmaximierung. […] Die Rahmenbedingungen gibt die Politik.“ [Q12]*

Je etatistischer die Vertreter dieser Strömung eingestellt sind, je eher sie also staatlicher Politik die Kapazität zur sinnvollen (z. B. produktiven, egalitätsbefördernden) Korrektur des Marktgeschehens zutrauen, umso eher rechnen sie dem Staat auch eine

Verantwortung für die Milderung von krisenbedingten Härten (Überschuldung, Arbeitslosigkeit, Betriebsschließungen) zu. Vor allem wird die in marktliberaler Perspektive meist vorausgesetzte Kompetenz der einzelnen Marktteilnehmer zur Selbsthilfe bestritten, vielmehr werden die systemischen Bedingungen des Scheiterns hervorgehoben. Die Unfreiwilligkeit von Arbeitslosigkeit wird betont, die Unvorhersehbarkeit plötzlicher Einkommensausfälle für Kreditnehmer, die Überredung zur Kreditaufnahme durch die Banken, mitunter auch die niedrigen Zinsen als externer Anreiz.

Hier zeigen sich Konvergenzen zur liberal-asketischen Perspektive, welche ihrer Logik entsprechend auch für Banken keine Ausnahme vom Prinzip der reinen Selbstverantwortung zulassen will. Allerdings wird die staatliche Rettung der Banken im egalitär-etatistischen Schema der Einflussnahme privater Eliten zugerechnet:

> *„Ja, das Problem ist die Einflussnahme der Interessengruppen auf den Staat. Zuletzt waren es vor allem die Vertreter des Finanzsektors die alle Register zogen um stärkere Kontrollen und engere Grenzen zu verhindern und ganz profan vom Staat/Steuerzahler unter Verweis auf die ‚Systemrelevanz' (Banken) oder die Drohkulisse ‚der Märkte' (bei Pleite-Staaten) Stützungsmaßnahmen (meist ohne Gegenleistung oder Selbstbeteiligung) zu erpressen…Hier täte mehr Markt gut um Bankrotte und notwendige Marktbereinigungen zuzulassen und genau hier wird das verhindert. Ein Witz." [Q13]*

Die beiden bedeutendsten alltagstheoretischen Strömungen der Krisenerklärung zeigen noch weitere Gemeinsamkeiten. In beiden Erklärungen spielen Übermäßigkeit und Gier eine Hauptrolle – sie unterscheiden sich nur darin, wo im Sozialraum die problematische Gier hauptsächlich verortet wird: eher bei parasitären Transferleistungsempfängern oder bei Eliten – und wenn bei Eliten, dann eher beim ineffizienten Staat oder bei Vermögenden und Bankern? Weiter fällt auf, dass beide Hauptströme des Diskurses vorrangig produktivistisch im Namen von Sparsamkeit und Effizienz argumentieren (lediglich ein strikt karitativ orientierter Egalitarismus zieht sozialen Ausgleich explizit einer maximalen Produktivität vor). Das Austeritätsideal der „schwäbischen Hausfrau" findet durchaus in beiden Perspektiven einen respektierten Platz.

## 4 Der verschuldungsfeindliche Konsens

Besonders deutlich wird eine asketische Gesamttendenz des Alltagsdenkens über die Finanzkrise an den untersuchten Kommentaren zu (privater oder öffentlicher) Verschuldung. Private Verschuldung wird im liberalen Interpretationsschema, d.h. im *Zurechnungsregime reiner Selbstverantwortung* den Entscheidungen autonomer Instanzen überlassen – welche die Konsequenz ihres Handelns selbst zu tragen haben und für etwaige unerwünschte Folgen ihrer Entscheidungen keine Verantwortung zugerechnet bekommen sollen. Perhorresziert werden allerdings systematische Anreize für Verschuldung durch falsche (zu lockere) Geldpolitik. Es wird befürchtet, dass der Markt dann „irreale" (meint: nicht nachhaltige) Ergebnisse zeitige, nach dem notwendigen Platzen der Blase sei die heilsame Krise die schmerzhafte, aber notwendige Folge.[22] Auch die *egalitär-etatistische Interpretationsströmung* betont die Problematik der Verschuldung, deutet sie jedoch eher als Ausbeutungsinstrument von Banken und Vermögenden (welche die Verschuldeten für ihr Vermögenswachstum arbeiten lassen).[23] In beiden Perspektiven wird die Krise häufig auf eine „Schuldenwirtschaft", auf „Finanzierung auf Pump" zurückgeführt, welche Blasenbildung und schließlich den Crash hervorrufen. In der Kreditfinanzierung wird generell eine Ursache für die mangelnde Nachhaltigkeit des Wirtschaftens gesehen – ob man nun die Kreditnehmer selbst oder die Banken verantwortlich macht.

Es lohnt sich, den schuldenfeindlichen Konsens des alltagstheoretischen Krisenwissens mit einigem makroökonomischen Wissen über das Geldsystem abzugleichen, weil durch diese Kontrastierung deutlicher wird, welche konkreten Annahmen das Alltagswissen zu seiner schuldenfeindlichen Tendenz führen. Dieser Abgleich ist nicht als „Kritik" des Alltagswissens gemeint, als sei es überraschend, dass es

---

22 In der Expertenfassung dieses Gedanken, der österreichischen Konjunkturtheorie, wird angenommen, dass der Niedrigzins (in einer vollausgelasteten Wirtschaft!) die kapitalintensive Produktion fördere und Konsumtionsgüterproduktion entsprechend absenke. Weil aber die monetäre Nachfrage nach Konsumgütern qua Kredit gestützt wird (und nicht gespart wird), müsse es zu Inflation kommen. Die Anpassung des Geldzinses an den Realzins durch die Banken lasse die kapitalintensive Produktion dann wieder zusammenbrechen – die notwendige Anpassung der Produktionsstrukturen erfolge in der Krise und sei durchzustehen. Diese (schon in der Depression der 30er-Jahre verheerende) Argumentation lässt sich en detail im Alltagsdiskurs nicht finden, sie wird auf die Vorstellung „gesunden, sparsamen Wirtschaftens" verkürzt.

23 Vgl. zu dieser These im Expertendiskurs David Graeber (2012). Schon im Alltagsdiskurs krankt sie an der unplausiblen Gleichsetzung von freiwilliger Kreditaufnahme (die meist nicht ohne Eigentum als Besicherungsgrundlage erfolgt) mit unfreiwilliger Verschuldung.

gegenüber professionellen Erklärungen unterkomplex bleibt (und bekanntlich ist selbst das Expertenwissen über die Krisenursachen in divergierende Positionen geteilt). Auch kann der hier verfolgte Ansatz der Saldenmechanik bzw. des stock-flow-acounting an dieser Stelle nur anhand weniger Stichpunkte kursorisch charakterisiert werden.[24] Auch wenn man die Einsichten dieses Ansatzes nicht teilt, hilft eine Kontrastierung mit dem Alltagsdiskurs dabei, die Prämissen deutlicher herauszustellen, die dessen Schuldenaversion begründen.

Zunächst ist zu konstatieren, dass die klassisch keynesianische These, gerade *das Sparen* habe zu einem Nachfragemangel und damit zu einer unausgelasteten Wirtschaft geführt, sich (wenngleich selten) auch im Alltagswissen findet. Meist jedoch wird die Forderung nach der Schaffung von Nachfrage (durch öffentliche Verschuldung oder durch Besteuerung und Umverteilung großer Geldvermögen) nur mit karitativem Unterton vertreten, nicht aber offensiv als eine Forderung nach produktiverer Wirtschaftspolitik. Produktivität und sparsames Wirtschaften werden meist identifiziert.

Dass gerade das monetäre Sparen bzw. die Ansprüche privater Netto-Vermögensbildung (ohne eine gleichzeitige Ausweitung öffentlicher Defizite) die Krise mitverursacht haben könnten, scheint der Logik des Alltagserlebens aus Sicht des Einzelhaushalts zuwider zu laufen. Im Alltagswissen werden die Bedingungen des Wirtschaftens von individuellen Haushalten auf die „aggregierte Ebene" des Gesamtsystems übertragen: Man kann nicht mehr ausgeben, als man hat; nur Gratifikationsverzicht oder Leistungssteigerung führen zu Ersparnissen; Schulden sind zwingend zurückzuzahlen. Im gesamten Geldsystem aber entspricht allen (gesparten) Vermögen eine Verschuldung an anderer Stelle des Systems (im privaten, im öffentlichen oder im Auslandssektor der Wirtschaft) (vgl. Wray 1998, S. 79f.). Der individualistische Fehlschluss (fallacy of composition) vernachlässigt die für jede monetäre Position im wirtschaftlichen Feld logisch notwendige Gegenposition: Sowenig man gesamtwirtschaftlich nur Einnahmen (ohne Ausgaben) fordern kann, sowenig kann (in Geld) gespart werden, ohne die äquivalenten Schulden zu akzeptieren.[25] Wer „schmerzhaftes Sparen" („Gürtel enger schnallen") verlangt, verlangt

24 Allerdings kann für ihn in Anspruch genommen werden, dass es sich zunächst nicht um „Theorie" im Sinne einer Interpretation empirischer Daten handelt (vgl. Ehnts 2015, S. 32f.), vielmehr werden konkrete monetäre Operationen anhand von empirischen Bilanzen (von Unternehmen, Haushalten, Banken, Staaten) notiert. Diese Daten werden auch von Mainstream-Ökonomen nicht angezweifelt, sondern lediglich ignoriert, nämlich auf Grundlage des Axioms der Geldneutralität (zu dessen Kritik s. Ingham 2004, S. 15ff.).

25 Nicht notwendig müssen diese Rollen personal differenziert werden. Viele Privatpersonen sind zugleich Gläubiger und Schuldner.

zugleich die Minderung von Einnahmen, wer ein „Ende der Schuldenwirtschaft" fordert, muss zugleich die Vernichtung der Geldvermögen wollen.

Aufgrund der generell kreditfeindlichen Haltung bleiben auch kritische Perspektiven im Alltagsdiskurs über die Finanzkrise an die moralischen Implikationen der vorliegenden Verteilung der finanziellen Ressourcen gebunden: Überschuldung wird tendenziell auf das mangelhafte reale Wirtschaften der Schuldner zugerechnet (obwohl es bei verminderter Kreditaufnahme und Konsumtion systemisch zu Liquiditätsengpässen kommt) – also (vom Medium aus gesehen) extern zugerechnet (nicht auf Probleme des Mediums selbst). Gefördert wird durch diese Sicht die Vorstellung, dass nominal-monetäre Probleme immer „real", etwa durch mehr Leistung, gelöst werden müssten. Eine Legitimitätskritik monetärer Verteilungsmechanismen wird hingegen erschwert (allerdings fällt im Alltagsdenken die Kritik der Legitimität von Vermögen viel leichter als die Kritik der Legitimität von Schulden). Zudem lässt sich die Kritik oft auf die karitative Position einer bloßen Forderung nach „Ausgleich" abdrängen, welche die wirtschaftliche Produktivität der herrschenden Verteilung nicht mehr in Frage stellt. Eventuell kann die zu beobachtende langsame Verbreitung basaler Einsichten der Saldenmechanik (vgl. Godley und Lavoie 2007; Stützel 2011) helfen, diese gegenwärtigen Beschränkungen des Alltagsdiskurses zu überwinden.[26]

Die private Verschuldung konnte vor der Krise nach Ansicht mancher Beobachter nur um den Verlust ihrer Nachhaltigkeit mit den privaten Sparbedürfnissen mithalten (vgl. Deutschmann 2008). In der Krise brach die private Nettoneuverschuldung dann zusammen. Die deflationären Probleme aber, zu denen eine sinkende Nettoneuverschuldung führt (vgl. Koo 2011), sind im Alltagswissen unbekannt. Öffentliche Verschuldung wäre qua Saldenmechanik die einzige Möglichkeit (den Außensektor einmal beiseitegelassen), eine Netto-Vermögensbildung des gesamten privaten Sektors einer Wirtschaft (Haushalte und Unternehmen) zu ermöglichen (vgl. Wray 1998, S. 79; Ehnts 2015, S. 138f.). Bei einem „ausgeglichenen Haushalt" kann es (bei ausgeglichenem Außensektor) kein Nettovermögen im Privatsektor geben – allen Vermögen müssen gleichhohe Schulden entsprechen. Gerade im Fall einer Wirtschaftskrise, monetär gesehen also bei sinkender privater Verschuldung, ist öffentliche Verschuldung also notwendig, um den Wegfall privater Verschuldung zu kompensieren und die Wirtschaftstätigkeit aufrecht zu erhalten (Ehnts

26 Förderlich könnten hierfür die seit der Krise zahlreichen „Aufklärungsfilme" im Internet sein. Allerdings wird eine in wichtigen Punkten durchaus realistische Beschreibung der privaten Geldschöpfung oft als illegitime Bereicherung der Banken kritisiert und mit grotesken verschwörungstheoretischen Spekulationen garniert, so etwa in „Money as debt" (vgl. Kuhn 2013). Sobald eingesehen wird, dass das Geldsystem auf Kredit basiert, wird das Geldsystem kritisiert, nicht etwa die eigene kreditfeindliche Position.

2015, S. 140). Doch Staatsschulden werden im Alltagswissen noch weit negativer beurteilt („Schuldensünder", „staatliche Schuldenwirtschaft") als private Schulden. Eine wirtschaftspolitische Funktion wird der Defizitfinanzierung des Staates nicht beigemessen, meist wird sie als bloße Folge von Verschwendung interpretiert. Zum einen befürchtet man Inflation als Folge von Staatsverschuldung, obwohl die Zentralbanken seit geraumer Zeit versuchen, Deflationsgefahren zu bekämpfen (und inflationäre Tendenzen durch Zinserhöhung bzw. Steuererhöhung jederzeit bekämpft werden könnten). Zum anderen wird im Alltagswissen gemutmaßt, dass staatliche Defizitfinanzierung private monetäre Investitionsmittel abziehe (tatsächlich gibt der Staat jedoch per Kredit neu geschaffenes Geld in den Privatsektor aus, der zusätzlich noch die Staatsanleihen für die Befriedigung seiner Sparbedürfnisse erhalten hat, vgl. Ehnts 2015, S. 140).[27] Eine oft anzutreffende alltagstheoretische Vorstellung ist weiter, dass das vom Staat in den privaten Sektor ausgegebene Geld irgendwie „verbrannt" sei, obwohl die Ausgaben des Einen logisch immer die Einnahmen des Anderen sein müssen (und Geld nur durch Kredittilgung vernichtet wird).

Viele weitere alltagstheoretische Vorurteile gegenüber Kredit und Schulden hängen mit diesen unrealistischen Vorstellungen über die Geldentstehung in einem Kreditgeldsystem zusammen: Weiten Teilen der Alltagsdiskussion liegt die Überzeugung zugrunde, dass Geldvermögen „netto", d. h. abzüglich aller Schulden existiere.[28] Nur so kann die Vorstellung vertreten werden, eine möglichst „schuldenfreie" Wirtschaft sei wünschenswert oder auch nur (durch mehr Leistung?) möglich. Die Doppelrolle von Geschäftsbanken und Zentralbank bei der Geldschöpfung per Kredit ist vielen Diskussionsteilnehmern unbekannt. Insofern die Geldschöpfung in den alltagswissenschaftlichen Blick gerät, wird sie zumeist als illegitim perhorresziert (vgl. Kuhn 2014, S. 229ff.). Teilweise über Alltagswissen hinausgehende Spezialdiskussionen

27 Wenn die Zentralbank dann auch noch quantitative Lockerung betreibt (also dem Privatsektor die Staatstitel wieder abkauft), hat sich die Menge des neugeschaffenen Geldes weiter vergrößert. Man kann kritisieren, die staatlichen Ausgaben platzierten die durch Geld motivierten Realressourcen auf ineffiziente Weise (und die Staatspapiere vergrößerten noch die leistungslosen Einkommen von relativ konsumschwachen Eliten). Zudem muss natürlich mit Inflation gerechnet werden, wenn das geschaffene Geld in Sektoren mit bereits ausgelasteten Kapazitäten fließt (vgl. Wray 1998, S. 74ff.).

28 In der Krise haben die früher oft recht intransparent operierenden Zentralbanken angefangen, Grundsätze des Geldsystems sowie ihre konkreten Operationen dem breiteren Publikum zu erläutern, um unrealistischen Forderungen zu begegnen und vor allem um Inflationsängste vor einem „Gelddrucken" zu besänftigen. Die Bank of England ist dabei am weitesten gegangen, sie hat in einem Dossier die hier vertretenen Argumente bestätigt (McLeay et al. 2014). Sie markiert auch den Widerspruch zum üblichen Lehrbuchwissen: „The reality of how money is created today differs from the description found in some economics textbooks" (McLeay et al. 2014, S. 1)

über eine Geldreform kritisieren, je nach Problemattribution, entweder die *private* Geldschöpfung (mit dem Ziel einer „Vollreserve") oder die *staatliche* Macht über die Schöpfung von Fiatgeld qua Notenbank („Wiedereinführung der Golddeckung").

Zusammenfassend lässt sich sagen, dass im Alltagswissen aus der Tatsache, dass die Krise an der Überschuldung diverser Akteure sichtbar geworden ist (Hypothekennehmer, Banken, Staaten), meist geschlussfolgert wird, dass Schulden generell wirtschaftlich problematisch seien. Dies verkennt die hervorragende Rolle von Kredit für ein kreditbasiertes Geldsystem. Verschuldung bildet die Basis des modernen Geldsystems, die Dynamik des Kapitalismus wäre ohne Kreditgeldsystem undenkbar (Ingham 1999; vgl. Deutschmann 2009). Es kann also nicht um größtmögliche Schuldenfreiheit gehen, sondern nur um die *Nachhaltigkeit* der Kreditstrukturen. Mithin müssen im Schnitt genügend Einkommen fließen (Löhne, Profite), um die Kredite tragbar zu halten. Im Krisenfall kann die ausfallende Nachfrage (aufgrund privater Verschuldung) durch öffentliche Defizitausgaben ersetzt werden. Die dem Kreditgeldsystem unangemessene alltagstheoretische Vorstellung eines schuldenfreien Geldes verstellt jedoch diese politische Option. Sie bringt weite Teile des alltagswissenschaftlichen Diskurses dazu, eine Krisensituation als alternativlos zu akzeptieren, in welcher unausgelastete Kapazitäten (Arbeitslosigkeit, ungenutztes Sachkapital) einem ungestillten Bedarf gegenüberstehen, nur weil es am Medium mangelt, die markträumenden Transaktionen zu ermöglichen.[29]

## Literatur


Bezemer, D. J. (2009). ‚No one saw this coming': Understanding financial crisis through accounting models. MPRA. http://mpra.ub.uni-muenchen.de/id/eprint/15892. Zugegriffen: 21. Juni 2014.

Bezemer, D. J. (2011). The credit crisis and recession as a paradigm test. *Journal of Economic Issues 45 (1)*, 1–18.

Crouch, C. (2009). Privatised Keynesianism: An unacknowledged policy regime. *The British Journal of Politics & International Relations 11 (3)*, 382–399.

Deutschmann, C. (2009). Geld und kapitalistische Dynamik. In G. Vobruba & S Nissen (Hrsg.), *Die Ökonomie der Gesellschaft* (S. 57–71). Wiesbaden: Springer VS.

Ehnts, D. (2015). *Geld und Kredit: eine €-päische Perspektive*. Marburg: Metropolis.


29 Ohne dass im Alltagswissen das „österreichische" Argument von der Nonfungibilität der Produktionsfaktoren bemüht würde, wonach eine Stimulierung der Nachfrage lediglich Produktionsstrukturen ohne Nachhaltigkeit hervorbringe (vgl. Horwitz 2012). Dem ließe sich entgegnen, dass jede Tätigkeit produktiver sei als Arbeitslosigkeit.

Godley, W., & Lavoie, M. (2007). *Monetary economics*. Basingstoke: Palgrave Macmillan.
Graeber, D. (2012). *Schulden: die ersten 5000 Jahre*. Stuttgart: Klett-Cotta.
Habermas, J. (1981). *Theorie des kommunikativen Handelns: Handlungsrationalität und gesellschaftliche Rationalisierung*. Frankfurt am Main: Suhrkamp.
Hayek, F. A. (1945). The use of knowledge in society. *The American Economic Review 35 (4)*, 519–530.
Horwitz, S. (2012). The work of Friedrich Hayek shows why EU governments cannot spend their way out of the Eurozone crisis. *EUROPP*. http://blogs.lse.ac.uk/europpblog/2012/08/21/hayek-eurozone-crisis/. Zugegriffen: 21. Juni 2014.
Ingham, G. (1999). „Capitalism, money and banking: A critique of recent historical sociology". *The British Journal of Sociology 50 (1)*,76–96.
Ingham, G. (2004). *The nature of money*. Cambridge: Polity Press.
Koo, R. C. (2011). The world in balance sheet recession: causes, cure, and politics. *Real World Economics Review, Issue (58)*. http://www.paecon.net/PAEReview/issue58/Koo58.pdf. Zugegriffen: 29. Oktober 2012.
Kuhn, O. E. (2013). Populäre Spekulationen über das Geldsystem. Eine postkeynesianische Analyse von „Money as Debt". *Rheinsprung. Zeitschrift für Bildkritik 11 (5)*.
Kuhn, O. E. (2014). *Alltagswissen in der Krise. Über die Zurechnung der Verantwortung für die Finanzkrise*. Wiesbaden: Springer VS.
Lakatos, I. (2006). Science as successful prediction. Earthweb. http://earthweb.ess.washington.edu/roe/Knowability_590/Week1/Lakatos.prediction.1970.pdf. Zugegriffen: 14. Februar 2013.
Luhmann, N. (1983). *Legitimation durch Verfahren*. Frankfurt am Main: Suhrkamp.
Luhmann, N. (1990). *Die Wissenschaft der Gesellschaft*. Frankfurt am Main: Suhrkamp.
Luhmann, N. (1998). *Die Gesellschaft der Gesellschaft*. Frankfurt am Main: Suhrkamp.
McLeay, M., Radia, A., & Thomas, R. (2014). Money creation in the modern economy. *Bank of England Quarterly Bulletin Q1*.
PCES (2014): Economics, education and unlearning: Economics education at the University of Manchester. *PCES*. http://www.post-crasheconomics.com/download/778/. Zugegriffen: 21. Juni 2014.
Rogoff, K. (2013). Blaming the Fed. *Project Syndicate*. http://www.project-syndicate.org/commentary/should-the-fed-have-foreseen-the-crisis-by-kenneth-rogoff. Zugegriffen: 31. Mai 2013.
Schütz, A., & Luckmann, T. (1979). *Strukturen der Lebenswelt. Band 1*. Frankfurt am Main: Suhrkamp.
Stützel, W. (2011). *Volkswirtschaftliche Saldenmechanik: Ein Beitrag zur Geldtheorie*. Tübingen: Mohr Siebeck.
Wray, L. R. (1998). *Understanding modern money: the key to full employment and price stability*. Cheltenham, Northampton: Edward Elgar.
Wren-Lewis, S. (2012). The work of John Maynard Keynes shows us that counter-cyclical fiscal policy and an easing of austerity may offer a way out of the Eurozone crisis. *EUROPP*. http://blogs.lse.ac.uk/europpblog/2012/08/23/keynes-counter-cyclical-fiscal-policy/. Zugegriffen: 21. Juni 2014.

# Qualitative Forschungsmethoden in der deutschen Volkswirtschaftslehre

## Eine explorative Erhebung zugrunde liegender Repräsentationsmuster[1]

Alexander Lenger und Jan Kruse

## 1 Einleitung

Das Fach Wirtschaftswissenschaften war ursprünglich eine sozialwissenschaftliche Disziplin.[2] Erst in den Jahrzehnten nach dem Zweiten Weltkrieg wurde die mathematische Ökonomik zur das Fach beherrschenden Theorierichtung (Blinder 1999; Weintraub 2002). Entsprechend spricht der Princeton-Ökonom Alan Blinder inzwischen auch kritisch von einem „Mathematik-Rennen" und stellt fest:

> „By the 1960s and 1970s, economics had been completely transformed into a technical discipline with all the trappings of science. Nowadays, all economics journals are replete with theorems and proofs, statistical estimation of parameters, and hypothesis testing. Indeed some have claimed that economics is now more mathematical than physics, and nontechnical economics writing has been virtually banished from the academy." (Blinder 1999, S. 143)

Angesichts dieser Entwicklung wird wiederholt darauf hingewiesen, dass die Ökonomik nicht einfach naturwissenschaftliche Gesetze identifizieren und analysieren kann, sondern eine realitätsnahe Wirtschaftswissenschaft vielmehr soziale

1 Der vorliegende Text basiert zu Teilen auf einer früheren, ausführlicheren Fassung mit einer umfassenderen Erläuterung des qualitativen Forschungsprozesses (Kruse und Lenger 2013). Der Beitrag ist in voller Länge in der Zeitschrift für qualitative Sozialforschung erschienen. Für hilfreiche Anmerkungen bzgl. dieser Textfassung danken wir Christoph Panzer.

2 Die Begriffe Wirtschaftswissenschaft und Ökonomik werden im vorliegenden Beitrag synonym verwendet. Der Begriff Volkswirtschaftslehre bezeichnet in Abgrenzung zur Betriebswirtschaftlehre einen Teilbereich der Wirtschaftswissenschaften, welcher sich wiederum in verschiedene Teilbereiche (z. B. Wohlfahrtsökonomik, Institutionenökonomik, Verhaltensökonomik, Umweltökonomik etc.) aufgliedert.

Beziehungen und menschliches Handeln analysieren muss, um zu Erkenntnissen über den Marktprozess und das Wirtschaftssystem zu gelangen (vgl. z. B. Lawson 2003, S. 343 sowie Vanberg 2004).

Vor diesem Hintergrund wird auch in Deutschland seit längerem intensiv und kritisch über das Methodenspektrum (Swann 2006) sowie die Lehr- und Forschungsmeinung deutscher ÖkonomInnen diskutiert (Caspari und Schefold 2011). Beispielsweise zeigt eine Untersuchung unter den Mitgliedern des Vereins für Socialpolitik, dass Interesse und Kenntnisse in empirischen Forschungsmethoden zu einem_r guten ÖkonomIn gehören (knapp 60 Prozent der ÖkonomInnen halten dies für sehr wichtig). Hervorragende mathematische Kenntnisse hingegen spielen eine deutlich untergeordnete Rolle (lediglich 25 Prozent der WirtschaftswissenschaftlerInnen finden, dass diese Kompetenz eine zentrale Rolle spielt, vgl. Frey et al. 2007, S. 366). Diese Aussage ist jedoch mit großer Vorsicht zu interpretieren. So liegt den empirischen Forschungsmethoden, dies wird die vorliegende Untersuchung bestätigen, ein rein quantitatives Verständnis zugrunde (standardisierte Methoden, schließende Statistik), welches eine hohe mathematische Kompetenz und Abstraktionsfähigkeit voraussetzt.[3] Ursache hierfür ist die starke Dominanz bzw. Relevanz des neoklassischen Forschungsparadigmas, welches von vier Fünftel aller befragten ÖkonomInnen unterstützt wird, sowie die sehr starke Zustimmung zum Modell des *homo oeconomicus*, welches – ungeachtet zahlreicher konträrer empirischer Befunde und Kritik – von zwei Drittel der im wirtschaftswissenschaftlichen Feld tätigen ÖkonomInnen favorisiert wird (Frey et al. 2007, S. 361–364).

Wenn argumentiert wird, dass eine Mehrzahl deutscher ÖkonomInnen Interesse und Kenntnisse in empirischen Forschungsmethoden für sehr wichtig halten, dann bezieht sich eine solche Aussage auf die Kenntnis quantitativer Methoden, die den Methodenkanon in den modernen Wirtschaftswissenschaften bestimmen. Qualitative bzw. rekonstruktive Forschungsmethoden[4] finden hingegen kaum Ver-

3 So ist ergänzend darauf hinzuweisen, dass fast 13 Prozent aller Professuren für Volkswirtschaftslehre in Deutschland von Personen besetzt werden, die ihren ersten Studienabschluss im Fach Mathematik und nicht in Wirtschaftswissenschaften abgelegt haben (Heining et al. 2008, S. 316).

4 Unter qualitativen Methoden werden im Folgenden rekonstruktive Ansätze verstanden, die z. B. auf leitfadengestützten Interviews, Gruppendiskussionen oder teilnehmenden Beobachtungen basieren. In Hinblick auf ein grundlegendes Verständnis qualitativer Forschung wird der Definition von Ernst von Kardorff gefolgt: „Der kleinste gemeinsame Nenner der qualitativen Forschungstraditionen lässt sich vielleicht wie folgt bestimmen: Qualitative Forschung hat ihren Ausgangspunkt im Versuch eines vorrangig deutenden und sinnverstehenden Zugangs zu der interaktiv ‚hergestellt' und in sprachlichen wie nicht-sprachlichen Symbolen repräsentiert gedachten sozialen Wirklichkeit. Sie bemüht sich dabei, ein möglichst detailliertes und vollständiges Bild der zu erschließenden Wirk-

wendung in wirtschaftswissenschaftlichen Publikationen. So zeigt ein Blick in die einschlägigen Einführungswerke in die Methoden der empirischen Wirtschaftsforschung (z. B. Winker 1997; 2007; Moosmüller 2004; Hübler 2005; Ronning 2011), dass rekonstruktive Ansätze innerhalb des ökonomischen Mainstreams nur eine sehr untergeordnete Rolle spielen (vgl. auch Piore 2006a oder Schlüter 2010). ÖkonomInnen verstehen unter qualitativen Forschungsmethoden in der Regel Daten, die nicht numerisch sondern verbal vorliegen und nicht mittels ökonometrischer sondern mit Hilfe andere Verfahren analysiert werden (vgl. Starr 2011). Ein Anstoß für das vorliegende Forschungsvorhaben war somit auch die Schwierigkeit, Beiträge mit qualitativen Inhalten in deutschen wirtschaftswissenschaftlichen Fachzeitschriften zu veröffentlichen sowie die in verschiedenen Gutachten vorgebrachte Skepsis gegenüber qualitativen Inhalten (vgl. Etges und Lenger 2010; siehe auch Bitsch 2000 und Cawthorne 2001).

Entgegen dieser generellen Einschätzung ist jedoch darauf hinzuweisen, dass im angelsächsischen Raum in den vergangenen Jahren verschiedene AutorInnen wie z. B. Bewley (1995; 1999), Blinder et al. (1998), Coase (1937; 1988), Helper (2000), Lerner und Tirole (2002), Levitt und Venkatesh (2000; 2001) oder Ostrom (1990; 2005) mit qualitativen Forschungsprojekten u. a. im *American Economic Review* großes Ansehen erlangt haben.[5] So hat eine geringe Anzahl von qualitativen Forschungsvorhaben in der jüngeren Vergangenheit Einzug in die Forschungspraxis verschiedener Teilbereiche der Volkswirtschaftslehre gefunden. Als Beispiel für diese Entwicklung können die Bereiche Entwicklungsökonomik (Cawthorne 1995; 2001), Gesundheitsökonomik (Coast 1999; Coast et al. 2004), Arbeitsmarktökonomik (Piore und Sabel 1985; Hill und Meagher 1999; Lester und Piore 2004), Makroökonomik (Blinder 1990; 1991; Blinder und Choi 1990), Institutionenökonomik (Menard 2001; Schlüter 2001; 2010), Umweltökonomik (Ostrom 1990; 2005; Schlüter 2009), Agrarökonomie (Sterns et al.1998; Westgren und Zering 1998; Bitsch 2000; Schlüter und Vollan 2011); Feministische Ökonomik (Olmstedt 1997; Olson und Emami 2002) oder Ordnungsökonomik (Etges und Lenger 2010) aufgeführt werden.

---

lichkeitsausschnitte zu liefern. Dabei vermeidet sie so weit wie möglich, bereits durch rein methodische Vorentscheidungen den Bereich möglicher Erfahrung einzuschränken oder rationalistisch zu ‚halbieren'. Die bewusste Wahrnehmung und Einbeziehung des Forschers und der Kommunikation mit den ‚Beforschten' als konstitutives Element des Erkenntnisprozesses ist eine zusätzliche, allen qualitativen Ansätzen gemeinsame Eigenschaft: Die Interaktion des Forschers mit seinen ‚Gegenständen' wird systematisch als Moment der ‚Herstellung' des ‚Gegenstandes' selbst reflektiert" (Kardorff 1995, S. 4).

5 Für eine erste Übersicht über immerhin 39 Publikationen mit qualitativen Ansätzen siehe Starr (2011).

Auch ist in verschiedenen Teilbereichen der Betriebswirtschaftslehre die praktische Anwendung und zunehmende Bedeutung rekonstruktiver Forschungsmethoden festzustellen. Aussagekräftige Beispiele hierfür sind z. B. die Bereiche Marktforschung und Marketing (Buber und Holzmüller 2009; Naderer und Balzer 2007), Personal, Organisation und Kontrolle (Cassell und Symon 1994; 2004; für konzeptionelle Überlegungen siehe Clark und Fast 2001; 2008) sowie Finanzierung und Rechnungswesen (Humphrey und Lee 2004; Burton 2007).

Bei all diesen Studien erscheint der Einsatz rekonstruktiver Methoden insbesondere aufgrund der begrenzten Vorhersagbarkeit und der Komplexität menschlichen Verhaltens und menschlicher Handlungsmöglichkeiten vorteilhaft (Simon 1992). Zudem werden Problemkontexte thematisiert, welche häufig vom Forschenden nur schwierig antizipiert werden können (Piore 2006b). Schließlich ermöglicht es die Offenheit der Verfahren, neue, bisher unbekannte Sachverhalte zu entdecken, d. h. hypothesengenerierend und theoriebildend zu forschen (Bewley 2002). Da qualitative Befragungen ein dynamischer Prozess sind, in welchem die TeilnehmerInnen (fast) keine Vorgaben bezüglich des Gesprächsverlaufs haben, liegt ein weiterer Vorteil darin begründet, dass vollständigere Informationen über die *subjektive* Sicht der GesprächspartnerInnen und *subjektiv* relevante Sachverhalte aufgedeckt werden können. Das heißt die nicht prädeterminierte Vorgehensweise erzeugt durch offene Befragungsmethoden eine hohe inhaltliche Validität und einen tieferen Informationsgehalt (vgl. hierzu auch Bohnsack 2000, S. 12–30).

Entsprechend gilt es herauszuarbeiten, welche Gründe und Entwicklungen für eine solch rigorose Ablehnung qualitativer Forschungsmethoden in der Volkswirtschaftslehre verantwortlich sind. Da hierüber zwar theoretische Vermutungen (vgl. wiederum Piore 1979; 2006a; 2006b; Blinder 1990; Hill und Meagher 1999; Bitsch 2000; Cawthorne 2001; Schlüter 2010; Starr 2011), jedoch keine empirischen Befunde vorliegen, wurde eine explorative ExpertInnenbefragung unter deutschsprachigen ÖkonomInnen (ProfessorInnen, HerausgeberInnen ökonomischer Fachzeitschriften sowie NachwuchswissenschaftlerInnen) durchgeführt, um mehr über den Stellenwert und die Repräsentationsmuster qualitativer Sozialforschung herauszufinden.[6] Die vorliegende Untersuchung zielt somit darauf ab, in der Tradition der interpretativen Soziologie, die Handlungsorientierungen und Deutungsmuster von VolkswirtschaftlerInnen im wirtschaftswissenschaftlichen Feld zu erfassen, um einen ersten Anhaltspunkt bezüglich der fachspezifischen Einstellung und des

6 Selbstverständlich wird in einem zweiten Schritt auch eine quantitative Befragung unter ÖkonomInnen durchzuführen sein. Da die verschiedenen Repräsentationsmuster jedoch nicht ohne weiteres zu erkennen waren, erschien zunächst eine qualitative Befragung verschiedener Akteure im wirtschaftswissenschaftlichen Feld sinnvoll.

dahinter stehenden Wissenschaftsverständnisses deutscher VolkswirtschaftlerInnen herauszuarbeiten. Die Betriebswirtschaftslehre wurde dabei nicht untersucht.

Der Beitrag gliedert sich wie folgt: Zunächst wird in Abschnitt 2 das Forschungsparadigma der qualitativen Sozialforschung skizziert und in Abschnitt 3 die Methodik der vorliegenden Untersuchung vorgestellt. Abschnitt 4 widmet sich der Logik des wirtschaftswissenschaftlichen Feldes und stellt hierzu die empirischen Befunde dar. In Abschnitt 5 werden einige Überlegungen vorgetragen werden, inwieweit qualitative Methoden geeignet sind, zu einem besseren Verständnis wirtschaftlicher Abläufe beizutragen. In Abschnitt 6 werden die Ergebnisse kurz zusammengefasst.

## 2 Qualitative Sozialforschung

Das Ziel rekonstruktiver Forschungsdesigns ist keine statistische Repräsentativität, sondern die phänomenologische, d. h. umfassende und vielschichtige Repräsentation komplexer sozialer Wirklichkeiten, die hermeneutisch rekonstruiert und als Muster umfassend dargestellt werden (siehe ausführlicher Bohnsack 2000; Kruse 2014). In Hinsicht auf Gemeinsamkeiten und Unterschiede in den untersuchten sozialen Phänomenen stellen diese Muster dabei sinnstrukturelle Konsistenzen dar. Um diese phänomenologische Repräsentation auf der Ebene der untersuchten Erhebungs- bzw. Falleinheiten zu erreichen, ist eine spezifische Anlage der Fallauswahl notwendig. Das Grundprinzip qualitativer Samples sind *kontrastierende* bzw. *komparative* Fallauswahlen. Die Kontrastierungsdimensionen in Hinblick auf das qualitative Sample können dabei sehr unterschiedliche sein. Explizites Ziel ist es dabei, die Heterogenität des Feldes zu berücksichtigen (Kelle und Kluge 1999, S. 38–53; Merkens 2003). Dies wird jedoch nicht über statistische Verfahren der Samplebildung erreicht, sondern durch eine *bewusste* Fallauswahl, die in methodischer Anlehnung an das „theoretical sampling" von Glaser und Strauss (2008 [1967]; im Überblick Strauss und Corbin 1996, S. 148–165) nach dem Prinzip der maximalen (bzw. auch minimalen) strukturellen Variation operieren (siehe weiterführend Kleining 1982; Kelle und Kluge 1999, S. 44–46). Der entscheidende Vorteil dieser Methode ist, dass keine umfassende quantitative Befragung durchgeführt werden muss, sondern dass bereits durch eine sorgfältige Analyse einiger weniger Fallbeispiele praktische Aussagen möglich werden.

Während es also bei quantitativen Methoden darum geht, Verhalten in Form von Modellen, Zusammenhängen und zahlenmäßigen Ausprägungen möglichst exakt darzustellen, Hypothesen zu testen und weitere Entwicklungen des Forschungsgegenstandes zu prognostizieren, zeichnen sich qualitative Ansätze durch wesentlich größere Offenheit und Flexibilität im Forschungsprozess aus. Der Informationsgewinn quantitativer Methoden besteht vor allem in der Datenreduktion und der Vergleichbarkeit der Aussagen mittels der Strukturierung und Standardisierung der Befragung. Hierdurch gelingt es, vermeintlich exakt quantifizierbare Ergebnisse zu ermitteln, statistische Zusammenhänge herauszuarbeiten, eine hohe externe Validität durch eine große Stichprobe zu realisieren sowie eine relativ große Vergleichbarkeit und repräsentative Ergebnisse zu generieren. Insgesamt zählen die Erstellung von Prognosen bzw. die Berechnung von Trends mittels Extrapolieren gesammelter Daten sowie das Testen von Hypothesen zu den Haupttechniken der quantitativen Wirtschaftsforschung. Signifikante Nachteile der quantitativen Forschungsmethodik bestehen in der fehlenden Flexibilität während des Erhebungsprozesses, da die Fragen *ex ante* festgelegt werden. Zudem sind quantitative Verfahren häufig wenig geeignet, die Ursachen bzw. Hintergründe einer getroffenen Aussage zu ermitteln. Schließlich erhält man von den Befragten keine Rückmeldungen und Verbesserungsvorschläge, wenngleich dieser Nachteil durch die Integration offener Fragen verringert werden kann.

Der Vorteil qualitativer Methoden ist neben der Flexibilität der Forschungsmethode, welche sich dem Untersuchungsgegenstand auch *ex post* anpassen kann, vor allem die Offenheit des Vorgehens zur Entdeckung neuer Sachverhalte, die Aufdeckung subjektiver Sinnzusammenhänge, die Möglichkeit, Nachfragen zu stellen und eventuell auftretende Unklarheiten zu beseitigen, die Realisierung hoher inhaltlicher Validität sowie die Ermittlung tieferen Informationsgehaltes. Die Nachteile qualitativ-rekonstruktiver Verfahren sind die zeit- und kostenintensive Erhebungs- und Auswertungsphase, welche hohe Anforderungen an die Qualifikationen des Interviewers und Analytikers stellt. Hinzu tritt das Problem, dass aus qualitativen Daten lediglich Repräsentationsmuster, nicht aber verallgemeinerungsfähige Aussagen abgeleitet werden können (Problem der Generalisierbarkeit), womit vermeintlich eine gewisse Begrenztheit der Forschung *per se* gegeben ist. Schließlich besteht das Problem, dass die Vorauswahl ebenfalls Raum für potentielle Fehleinschätzungen eröffnet.

Die Forschungslogik qualitativer Forschung nimmt somit eine andere *Haltung* gegenüber Wirklichkeit und Erkenntnisprozessen ein als das deduktiv-nomothetische Paradigma: Fokussiert jenes ein *objektivistisches Grundverständnis*, lehnt sich die qualitative Forschung an ein *interaktionistisches Verständnis der Konstruktion von Wirklichkeit* an, d.h. außerhalb des Vollzugs von Wirklichkeit gibt es keine ‚für sich stehende', objektive Wirklichkeit (Garfinkel 1967; vgl. auch Bergmann 1988; Koob 2007).

Aus einem solchen konstruktivistischen Wirklichkeitsverständnis ergibt sich in letzter Konsequenz auch eine andere *Instrumentenlogik* qualitativer Forschung:

Gemäß dem quantitativen Forschungsparadigma kann eine objektive Wirklichkeit dargestellt werden, wenn exakt genug und richtig ‚gemessen' werden kann, was mittels einer maximalen Strukturierung und Kontrolle dieses Erhebungsvorganges erreicht werden soll. Die qualitative Forschung hingegen verfolgt genau den entgegengesetzten Ansatz (vgl. Bohnsack 2000, S. 12–30): Da die soziale Konstruktion von Wirklichkeit vor allem *sprachlich-kommunikativ* konstruiert ist (vgl. Bergmann 1988; Knoblauch 1995), gilt auch, dass das Mittel dieser Konstruktion, also die sprachlich-kommunikative Verständigung, niemals objektiv sein kann. Das heißt, Sprache hat keinen objektiven Inhalt an sich, sondern die Bedeutung wird erst im konkreten Vollzug dieser sprachlichen Mittel selbst hergestellt. Diese Tatsache wird in der qualitativen Sozialforschung als das Indexikalitätsproblem menschlicher Sprache und Kommunikation bezeichnet (vgl. Garfinkel 1973; Bergmann 1988; Kruse 2009). Vor diesem Hintergrund aber ist der Standpunkt unhaltbar, dass in sozialwissenschaftlichen Erhebungen, die mit sprachlichen Mitteln arbeiten (Fragebogen), eben jene Stimuli präzise und objektiv, also in einer Weise formuliert werden könnten, dass alle Befragten dieselbe Bedeutung darunter verstehen. Konsequenterweise ist das Ziel in der qualitativen Instrumentenlogik gerade nicht, mit einer vermeintlich kontrollierten Exaktheit in die Erhebung zu gehen. Vielmehr wird ein Untersuchungsdesign mit einer maximalen Offenheit ausgestattet, so dass die Befragten die Bedeutung der verwendeten sprachlichen Mittel (= Konzepte) aus ihren subjektiven Referenzsystemen heraus selbst formulieren (vgl. Bohnsack 2000: 12–30; Helfferich 2005; Kruse 2009; 2014).

Anders als im standardisierten Forschungsprozess kann die Operationslogik und das Ziel im qualitativen Forschungsprozess nicht darin bestehen, mit einem theoretisch vorab ausgearbeiteten Konzept in die Datenerhebung einzusteigen, um dieses in Hinblick auf seine Häufigkeitsverteilungen und statistischen Zusammenhänge zu untersuchen. Denn wie kann sich der/die Forschende sicher sein, dass die von ihm/ihr gesetzten Konzepte identisch sind mit denen der Untersuchungsgegenstände? So bestehen die Logik und das Ziel im qualitativen Forschungsprozess genau umgekehrt eben darin, die originären Konzepte der befragten (Wirtschafts-)Subjekte analytisch zu rekonstruieren. Mit anderen Worten: Der standardisierte Forschungsprozess ist ein geschlossener Datenerhebungsprozess, in den Konzepte eingeführt werden, um Verteilungsaussagen abzuleiten. Der qualitative Forschungsprozess hingegen ist ein offener Forschungsprozess, in den so wenige Setzungen wie möglich in den Erhebungsprozess eingeführt werden, um empirisch rekonstruierte Konzepte zu generieren (vgl. Bohnsack 2000, S. 20–24).

## 3 Methodik der empirischen Befragung

Die Fragestellung nach der gegenwärtigen Bedeutung von qualitativen Forschungsmethoden in der deutschen Volkswirtschaftslehre wurde im Sinne einer *explorativen* Annäherung auf der Basis einer Email-Befragung erhoben und rekonstruktiv ausgewertet (vgl. Kruse 2011, S. 155f.; Kruse et al. 2011). Es soll also nicht die Bedeutung in ihrer quantitativ-repräsentativen Dimension untersucht werden, sondern vielmehr werden in der Tradition des interpretativen Paradigmas (Wilson 1973) auf Grundlage einer rekonstruktiven Analyse die *homologen Muster* in den subjektiven Repräsentationssystemen bezüglich der Einschätzung der Bedeutung von qualitativen Forschungsmethoden in der Ökonomik herausgearbeitet (Bohnsack 2000, S. 12–30; Kruse 2014, S. 21–54). Ein solches Vorgehen erlaubt u. E. trotz des eng fokussierten empirischen Zugangs und der sehr begrenzten Datenlage einen Rückschluss auf das vorherrschende semantische Repräsentationssystem qualitativer Forschung innerhalb der Volkswirtschaftslehre. Die qualitative Email-Befragung wurde wie folgt realisiert:

Nach einem inhaltlichen Anschreiben, das im Hinblick auf die Forschungsfragen und Erkenntnisinteressen bewusst offen gehalten wurde und somit den klassischen Charakter eines offenen Grundreizes für eine frei strukturierte Textproduktion aufwies, schlossen sich einige offene Leitfragen an. Diese setzten zwar thematische Foki, welche aber wiederum offenen Charakter hatten (Helfferich 2005; Kruse 2014, S. 213–240).

Die Samplebildung folgte den Grundprinzipien rekonstruktiver Forschung, nämlich dem der *maximalen strukturellen Variation* (Kleining 1982).[7] Ein grundlegendes Merkmal qualitativer Samples ist die Kontrastierung relevanter Fälle aus dem empirischen Feld (bewusstes kontrastierendes bzw. komparatives Sampling). Hierüber wird erreicht, ein „breites Spektrum" (Merkens 2003) an Relevanzsystemen aufzunehmen und somit die Heterogenität des Feldes zu berücksichtigen (vgl. Kelle und Kluge 1999, S. 38f.).[8] Denn das Ziel qualitativer bzw. genauer gesagt rekonstruktiver Studien ist keine statistische Repräsentativität, sondern die phänomeno-

---

7 Diese Methodik geht letztlich zurück auf John Stuart Mill (2002 [1843]), welcher herausgearbeitet hat, dass Daten entweder nach dem Konkordanz- oder dem Differenzprinzip analysiert werden können, d. h. indem entweder möglichst unterschiedliche oder möglichst ähnliche Fälle herangezogen werden.

8 Auf die unterschiedlichen Methoden des bewussten kontrastierenden bzw. komparativen Samplings – wie z. B. verschiedene Methoden der empirischen Vorausauswahl von Kontrastierungsdimensionen bzw. das „theoretical sampling" (im Überblick Strauss und Corbin 1996, S. 148f.) soll an dieser Stelle nicht weiter eingegangen werden; siehe hierzu Kelle und Kluge 1999, S. 44f.; Kruse 2011, S. 84–91.

logische – d. h. umfassende und vielschichte – Repräsentation komplexer sozialer Wirklichkeiten, die hermeneutisch rekonstruiert und als Muster dargestellt werden sollen (siehe ausführlicher Kruse 2011, S. 9f.). Muster stellen dabei sinnstrukturelle Konsistenzen – im Sinne von qualitativen Regelmäßigkeiten, nicht im Sinne von Häufigkeitsverteilungen wie in der quantitativen Forschung – hinsichtlich der Gemeinsamkeiten und Unterschiede in den untersuchten sozialen Phänomenen dar.

Über dieses kontrastierende Sampling wird es möglich, den Daten zugrundeliegende Muster von Aussagensystemen valide zu rekonstruieren. So argumentiert beispielsweise Mayring (2007, Abs. 20), dass bis zu zehn empirische Fälle im Rahmen qualitativer Analysen oftmals schon ausreichen, um die zentralen Relevanzstrukturen in Hinblick auf das spezifische zu untersuchende soziale Phänomen rekonstruieren zu können. Die Generalisierbarkeit (wiederum nicht im statistischen Sinne) qualitativer Forschungsergebnisse ist allerdings nicht unkritisch zu betrachten (vgl. Merkens 2003; Kelle und Kluge 1999).

Konkret auf das Forschungsprojekt bezogen bedeutet dies, dass unterschiedliche zentrale Akteure des volkswirtschaftlichen Feldes für die Samplebildung herangezogen wurden. Dazu zählen gezielt ausgewählte ProfessorInnen verschiedener ökonomischer Teildisziplinen (direkte Recherche und Kontaktaufnahme; angeschrieben wurden VertreterInnen folgender Teilbereiche: Theorie/Neoklassik, Wirtschaftspolitik/Wohlfahrtsökonomik, Wirtschaftspolitik/Ordnungsökonomik, Neue Institutionenökonomik sowie als Gegenhorizont Wirtschaftssoziologie),[9]

9 Die Auswahl der Teilbereiche erfolgte aufgrund intensiver Beobachtungen des wirtschaftswissenschaftlichen Feldes. Eine Feldanalyse der Wirtschaftswissenschaften, welche die fachspezifischen Hierarchien zwischen den einzelnen Teilbereichen der Volkswirtschaftslehre systematisch darstellt, steht bisher jedoch noch aus. Für erste grundlegende Anhaltspunkte zur Struktur der Hochschullandschaft und der dort wirkenden Mechanismen siehe Münch (2011). Einen Hinweis auf die maximal strukturelle Variation im wirtschaftswissenschaftlichen Feld bieten u. E. die systematischen Analysen der Vorträge bei den Jahrestagungen des Vereins für Socialpolitik als Qualitätsmerkmal volkswirtschaftlicher Fachbereiche von Fabel et al. (2003) und Haufler und Rincke (2009). Durch die deutliche Sichtbarkeit der Jahrestagung stellt die Zahl der dort vorgetragenen Papiere für volkswirtschaftliche Fachbereiche und Wirtschaftsforschungsinstitute einen guten Erfolgsindikator im wirtschaftswissenschaftlichen Feld dar. Hierzu trägt insbesondere auch die Tatsache bei, dass die auf der Jahrestagung vorgetragenen Papiere in einem strukturierten Begutachtungsprozess ausgewählt werden. Zusammengefasst belegen die Befunde die Monopolstellung neoklassischer Forschungsbereiche. Diese Tendenz lässt sich auch aus verschiedenen Zeitschriften und VWL-Rankings ablesen; vgl. hierzu Bommer und Ursprung (1998); Ritzberger (2008); Handelsblatt (2011). Die Relevanz der gewählten Teilbereiche kann u. E. zudem aus den bibliometrischen Messinstrumente Economic Literature (EconLit), Journal of Economic Literature (JEL) sowie den Social Science Citation Index (SSCI) abgeleitet werden.

bewusst gewählte Journal-Editors (HerausgeberInnen und RedakteurInnen volkswirtschaftlicher Zeitschriften, direkte Recherche und Kontaktaufnahme) sowie zufällig kontaktiere Nachwuchsforschungskräfte (die über verschiedene Mailinglisten gesammelt angeschrieben wurden).[10]

**Tab. 1** Sample

| | Anzahl | Expertise | Reaktion | Rücklaufquote |
|---|---|---|---|---|
| Professoren | 20 | 3 | 4 | 35 % |
| Journal-Editor | 51 | – | 7 | 13,8 % |
| Nachwuchsforscher | –[11] | 1 | 1 | – |
| Gesamt | | 4 | 12 | |

Quelle: eigene Darstellung (Zeitraum der Befragung: Januar bis April 2011)

Die tabellarische Übersicht verdeutlicht, dass die Rücklaufquoten relativ gering waren (lediglich vier vollständige Antworten im Sinne des Leitfadens), was jedoch nicht als Mangel der Studie aufgefasst werden darf, sondern selbst bereits einen ersten Befund darstellt. Zusätzlich liegen jedoch zwölf weitere Reaktionen von ÖkonomInnen vor, welche ebenfalls als Fälle analysiert werden konnten, da sie relevante Sinnstrukturen in Bezug auf das untersuchte Repräsentationssystem zur Bedeutung qualitativer Forschungsmethoden in der Volkswirtschaftslehre enthalten.

Ausgewertet wurden sämtliche Rücklaufschreiben, sowohl in einfacher inhaltsanalytischer (vgl. Mayring 2007) als auch in rekonstruktiver Weise (ausführlicher hierzu Kruse 2014). Hinzu kamen als fallergänzende und komparative Materialien drei Gutachten zu eingereichten Aufsätzen, in welchen die Verwendung von qualitativen Methoden explizit kommentiert worden war. Diese Antworten wurden wiederum rekonstruktionslogisch in Hinblick auf das dominante Repräsentationssystem der Bedeutung qualitativer Forschungsmethoden in der Volkswirtschaftslehre ausgewertet.

10 Genauere Angaben müssen aus datenschutzrechtlichen Gründen unterlassen werden.

11 Insgesamt wurden sieben Mailing-Listen angeschrieben.

## 4 Das wirtschaftswissenschaftliche Feld

Im Folgenden werden die Ergebnisse der empirischen Untersuchung dargestellt und verschiedene vorherrschende Konzept- bzw. Relevanzsysteme identifiziert und herausgearbeitet. Insgesamt zeigt die Erhebung, dass das wirtschaftswissenschaftliche Feld insbesondere von einem naturwissenschaftlich-deduktiven Wissenschaftsverständnis geprägt ist. Empirische Arbeiten in der Ökonomik sind hauptsächlich quantitativ (Cawthorne 2001, S. 67), d. h. das Datensample muss quantifizierbar sein, in großer Fallzahl vorliegen, und die Forderung nach Objektivität (Intersubjektivität bzw. Sachlichkeit und Unabhängigkeit), Reliabilität (Zuverlässigkeit) und Validität (Gültigkeit) erfüllen (vgl. hierzu Diekmann 2009, S. 250). Dies wird durch standardisierte stringente Vorgaben erreicht, die eine (vermeintliche) Kontrolle über die Daten ermöglichen (vgl. Bohnsack 2000). Diese Sichtweise kann insbesondere durch die Äußerung eines Herausgeber verdeutlicht werden, der explizit in einem persönlichen Nachsatz darauf hinweist, *„dass nach meinem Verständnis erst dann eine gewisse Relevanz Ihrer Studie erreicht werden kann, wenn bei allen Befragten sicher gestellt ist, dass sie vergleichbare Vorstellungen von ‚qualitativen' Methoden haben"*.

Hierdurch – so unser zentrales Argument – vergibt das Fach jedoch die Möglichkeit, wichtige Befunde herauszustellen und ihre Modelle realitätsnäher zu gestalten, da allein die standardisierten Vorgaben den Bereich möglicher empirischer Erfahrungen massiv einschränken. So gilt es z. B. anzuerkennen, dass gerade in der Mikroökonomik bzw. Wohlfahrtsökonomik noch immer relativ wenige Erkenntnisse über die Nutzenfunktionen und Präferenzen von Individuen vorliegen. Vielmehr wird als handelndes Individuum *ex ante* ein relativ unrealistischer, streng rational agierender *homo oeconomicus* festgelegt, welcher bei Bedarf entsprechend modelltheoretisch erweitert wird, wie z. B. um „Bounded Rationality" (Simon 1955; 1956), „Theorien sozialer Präferenzen" (Fehr und Schmidt 1999; Fehr und Fischbacher 2002) oder „Extended Rationality Models" (Neumärker 2007). In diesem Sinne kann der Neoklassik tatsächlich eine Art „Modellplatonismus" (Albert 1965) vorgeworfen werden. Gerade hier jedoch könnten qualitative Methoden durchaus geeignet sein, wertvolle Erkenntnisse beizutragen, da sie aufgrund des offenen Ansatzes eine ex ante-Modellbildung verhindern würden.[12]

---

12 Insbesondere für wirtschaftspolitische Forschungsansätze, die wie die Ordnungsökonomik die individuelle Zustimmungsfähigkeit als normatives Kriterium in den Mittelpunkt ihres Forschungsinteresses stellen, wären qualitative Befragungsmethoden sehr geeignet, wichtige Erkenntnisse über die tatsächlichen Wünsche und Ziele von Wirtschaftsakteuren zu generieren. Denn nur wenn die wirtschaftspolitischen Vorschläge von Ökonomen auch den Interessen der Betroffenen wirklich entsprechen, haben sie im demokratischen

Entsprechend wurde in der vorliegenden Erhebung die Frage nach qualitativen Forschungsmethoden in der Volkswirtschaftslehre bewusst offen gehalten und erst auf Nachfrage spezifiziert. Hierdurch konnten wertvolle Hinweise über die den Antworten zugrundeliegenden Repräsentationssysteme von empirischen Forschungsmethoden gewonnen werden, denn bereits die Art und Weise der Nachfragen deuten darauf hin, dass die meisten befragten VolkswirtInnen kaum Berührungspunkte mit rekonstruktiven Forschungsmethoden haben.

So zeigt sich als ein *zentrales Muster* in der Reaktion der Befragten, dass die bewusst offen gehaltene Fragestellung nach „Qualitativen Forschungsmethoden" *Unsicherheiten und weitere Klärungs- bzw. Definitionswünsche* erzeugt. Exemplarisch kann dafür folgende Äußerung eines Herausgebers stehen, dem z. B. unklar war, ob „*alles was nicht quantitativ ist, also auch rein theoretische Analysen oder eher empirisch orientierte Ansätze, die jedoch z. B. mangels geeigneter Daten, keinen explizit quantitativen Ansatz verfolgen*" zu qualitativen Forschungsmethoden gezählt werden sollte. Ein Wirtschaftsprofessor formulierte diese Unsicherheit folgendermaßen: „*Ich will mich gerne beteiligen, verstehe aber nicht ganz, was Sie unter qualitativen Methoden verstehen. VWL ohne Mathematik und Statistik, auch ohne Bezug zu Zahlen?*" Treffend belegt wird dieses zentrale Muster der Unsicherheit und Fremdheit in den Reaktionen der Befragten auch durch das folgende Zitat:

> *„Drittens sind die Fragen derart unspezifiziert, dass sie zu Missinterpretationen geradezu einladen. So müssten Sie die Inhalte von ‚qualitativ' und ‚quantitativ' näher erläutern: selbsterklärend sind sie nicht. Was ist z. B. mit einer modelltheoretischen Arbeit? Ist die dort verwendete Mathematik ‚qualitative' oder ‚quantitative' Methode? Was ist mit experimentellen Arbeiten? Oder: Sind Arbeiten in denen Zahlen vorkommen, schon deswegen ‚quantitativ'?"*

Bereits an dieser Stelle kommt die Dominanz des quantitativen Paradigmas deutlich zum Vorschein. Denn die Klärungswünsche zielen in der Mehrheit darauf ab, die Vergleichbarkeit (d. h. Kontrolle) von Daten sicher zu stellen, indem die Gütekriterien quantitativer Forschungspraxis (Objektivität, Reliabilität und Validität) herangezogen werden sollen. Dass qualitative Methoden jedoch einem

Wettbewerb eine Chance realisiert zu werden (Eith und Goldschmidt 2005). In diesem Sinne ist festzuhalten, dass in vielen Bereichen die qualitative Perspektive nicht nur eine empirische Bereicherung darstellen würde, sondern vielmehr für zentrale normative Fragestellungen wie z. B. Verteilungsfragen, Gerechtigkeitsüberlegungen etc. wichtige empirische Erkenntnisse liefern könnte, die bis dato nicht existieren bzw. systematisch verhindert werden.

anderen Forschungsparadigma folgen, wurde von den wenigsten TeilnehmerInnen berücksichtigt.

## „Eine seriöse empirische Erhebung sieht anders aus"

Diese fehlende Vertrautheit mit qualitativen Forschungsmethoden manifestierte sich sogar in einem noch sehr viel drastischeren Antwortmuster – der schroffen Ablehnung eines Professors:

> *„Ihre Mail ist ein perfektes Negativbeispiel, wie qualitative Forschung auf gar keinen Fall aussehen darf. Warum sollte ich mir die Zeit nehmen und auf Ihre Fragen auch noch schriftlich antworten? Sie erwarten einen zeitlichen Einsatz, der ungleich höher ist, als wenn Sie ein Interview führen würden – wie ich auch noch die Transkription selbst übernehmen soll."*

Hierbei ist auf zweierlei hinzuweisen. Zum einen zeigt die Antwort den fehlenden Umgang mit qualitativen Interviews, welche sich in der Regel – insbesondere auch für den zu Interviewenden – als sehr zeitintensiv gestalten (im Anschreiben wurde hingegen explizit darauf verwiesen, dass die Expertise auf maximal zwei Seiten begrenzt sein sollte, um möglichen zeitlichen Restriktionen vorzugreifen). Zum anderen handelt es sich bei der Fragestellung – wie unsere Befunde deutlich zeigen – um eine relativ ‚heikle' Thematik innerhalb des wirtschafswissenschaftlichen Feldes, weshalb die Bereitschaft zur Durchführung zeitintensiver ExpertInneninterviews als relativ gering eingeschätzt wurde.

Noch deutlicher wird das Muster der fehlenden Kenntnis im Umgang mit qualitativer Forschungspraxis durch das folgende Zitatbeispiel eines Herausgebers:

> *„[...] in der derzeitigen Form Ihrer Umfrage ist mir eine Teilnahme nicht möglich. Zum ersten sind 20 Befragte ein zu kleines Sample, um daraus verlässliche Angaben zu gewinnen. [...] Ferner wäre es wesentlich zielführender, einen Fragenkatalog zu entwickeln, damit die Antworten standardisierter erfolgen können. Das ganze Verfahren macht mir viel zu sehr den Eindruck von ‚aus der Hüfte geschossen'. Eine seriöse empirische Erhebung sieht anders aus. Das ist ein besonders schwerwiegender Einwand, weil Sie ja gerade auf die Bedeutung ‚qualitativer' Forschung abstellen. Dann muss aus der Untersuchung aber erkennbar sein, dass die Autoren das verstehen, gegenüber dem sie die ‚qualitative Forschung' abheben wollen. [...] In welcher Weise sind Ökonomen in dieses Projekt eines soziologischen Instituts einbezogen?"*

Anhand dieses Beispiels zeigen sich deutlich eine unterstellte Hierarchie zwischen quantitativer und qualitativer Methodik sowie eine fachdisziplinäre Zuordnung quantitativer Methoden zur Volkswirtschaftslehre und qualitativer Methoden zur Soziologie. Die Forderung nach einer quantitativen anstelle einer qualitativen Erhebung entspricht einer zugrundeliegenden *Instrumentenlogik*. Diese quantitative Instrumentenlogik in den Antwortmustern der Befragten kann anhand der Äußerung eines Herausgebers prägnant belegt werden, wenn er vorschlägt, dass es „zielführender" wäre, einen „Fragekatalog" zu entwickeln.

## „Hierbei darf man natürlich keine Repräsentativität verlangen"

Wie durch die vorausgegangenen Ausführungen bereits verdeutlicht werden konnte, ist es ein zentraler Befund der Untersuchung, dass sich in den Antwortmustern der Befragten ein starkes Bedürfnis nach der Transformation bzw. Re-Interpretation der gewählten qualitativen Methodik in eine quantitative Forschungslogik offenbart, d.h. dass die Befragten Personen quantitative Maßstäbe an die rekonstruktive Befragung anlegen. Besonders deutlich zeigt sich dieses Muster in der mehrfachen Feststellung einer fehlenden Repräsentativität der Umfrage („20 Befrage sind ein zu kleines Sample"). Ergänzend sei an dieser Stelle exemplarisch aus einem anonymen Peer-Review Gutachten zitiert, in welchem die Verwendung qualitativer Daten folgendermaßen kommentiert wurde:

> *„Grundsätzlich ist nichts dagegen einzuwenden, wenn anstelle der häufig in der Ökonomik anzutreffenden quantitativen Analysen ein qualitatives Untersuchungsdesign gewählt wird. Angesichts der ‚black box der Vermittlungspraxis' spricht daher nichts gegen die durchgeführte Auswertung von explorativen Interviews. Hierbei darf man natürlich keine Repräsentativität verlangen, nichtsdestotrotz sind aber an die empirische Analyse gewisse methodische Standards zu stellen. So ist es nicht möglich aus der anekdotischen Evidenz der wiedergegebenen Zitate (im Sinne von ‚es gibt eine Kundin, die sagt...') allgemeingültige Aussagen abzuleiten. Weiterhin muss auch gefragt werden, inwieweit der Beitrag tatsächlich auf eine Überprüfung der Hypothesen ausgerichtet ist. Die Schlussfolgerungen und Interpretationen am Ende des Textes deuten stark darauf hin. Hierfür ist allerdings das komplette empirische Untersuchungsdesign ungeeignet, denn die empirische Aufbereitung der Interviews kann nur hypothesengenerierend eingesetzt werden."* (ohne Angaben)

In diesem Sinne bewertet auch eine/einer der „BefürworterIn" qualitativer Methoden die Reputationsprobleme anhand quantitativer Gütekriterien, wenn er/sie feststellt:

*„Die Vorbehalte gegenüber qualitativen Forschungsmethoden sind sicherlich, dass nur einzelne Fälle analysiert werden können und es schwierig ist, auf eine größere Allgemeinheit zu schließen."*

Ursache hierfür sind unseres Erachtens fachspezifische Charakteristika sowie die Dominanz des neoklassischen Forschungsparadigmas mit ihrer Fokussierung auf mathematische Methoden und Statistik sowie einer damit einhergehende Immunisierung der Theorie. Michael Piore (2006b) sieht die Ablehnung qualitativer Ansätze insbesondere in zwei feldspezifischen Eigenschaften begründet: So sind die Wirtschaftswissenschaften erstens extrem strukturalistisch, in dem Sinne, dass sie mit sehr ‚engen' Theoriegerüsten und empirischen Methoden operieren. Zweitens ist die Ökonomik eine normative Wissenschaft, deren Aufgabe es ist, wirtschaftliche Abläufe zu untersuchen und Verbesserungsvorschläge zu formulieren. So stellt insbesondere die Wohlfahrtsökonomik auf Paretooptimalität ab, welche jedoch ein sehr enges Normativitätsverständnis beinhaltet.[13] Ökonomik als Anwendungswissenschaft hingegen zielt auf die Lösung konkreter, klar definierter Problemstellungen. Die neoklassische Theorie ist also im Kern um die Annahmen herum konstruiert, dass rationale Individuen ihr Eigeninteresse auf kompetitiven Märkten verfolgen, wo sie unabhängig voneinander miteinander durch Preise kommunizieren. Die Theorie stellt auf eine allgemeine Gleichgewichtslösung ab, weshalb sie dazu neigt, empirische Daten auf der Grundlage einer mengentheoretischen Analytik zu betrachten.

### „Methodisch bleibt die Gefahr eines Induktionsschlusses gegeben, wenn verallgemeinerungsfähige Aussagen aus den Beispielen abgeleitet werden sollen"

Entsprechend konnte auch ein weiteres zentrales Muster in den Wahrnehmungsschemata der Befragten herausgearbeitet werden, welches sich auf die konsequente Anwendung deduktiv-nomothetischer Erklärungsansätze bezieht, d.h. auf die logische Ableitung eines festgestellten Sachverhaltes aus allgemeinen Gesetzmäßigkeiten und Randbedingungen. Ein solches Vorgehen sucht – ähnlich wie solche in der Naturwissenschaft – nach nomothetischen Aussagen, um soziale Phänomene erklären zu können. Implizit wird davon ausgegangen, dass es ebenfalls das Ziel qualitativer Methoden wäre, bereits formulierte Hypothesen zu testen und mittels Falsifikation deduktiv zu prüfen. Entsprechend wurden in einem Peer-Review-Gut-

---

13 Vgl. für eine Kritik sowie einer konsequenten Weiterentwicklung im Sinne einer modernen Ordnungsökonomik, welche als normatives Referenzkriterium die Zustimmung der betroffenen Individuen verwendet, exemplarisch Vanberg (2005).

achten bezüglich der Integration ausgewählter empirischer Beispiele aus qualitativen Studien sowohl die konzeptionelle wie auch die methodische Nützlichkeit kritisiert. Konzeptionell wurde der Erklärungsbeitrag der selektiv ausgewählten Befragungsbeispiele als „nur bedingt hilfreich" eingestuft, „wenn damit nicht zumindest eine theoretisch fundierte Hypothese unterlegt wird, die im Sinne stilisierter Fakten überprüft werden kann". Methodisch, so wurde argumentiert, „bleibt die Gefahr eines Induktionsschlusses gegeben, wenn verallgemeinerungsfähige Aussagen aus den Beispielen abgeleitet werden sollen."

### *„Es sollte zumindest kaum einen Ökonometriker geben, der nicht die Bedeutung von qualitativen Informationen für seine Arbeit anerkennt"*

Wird das Feld der Volkswirtschaftslehre insgesamt betrachtet, so ist festzuhalten, dass es auch einige positive Interpretationsmuster bezüglich der Relevanz von qualitativen Forschungsmethoden gibt. So werden rekonstruktive Methoden durchaus als „wichtig" mit „großem Stellenwert" angesehen, „der zumindest ebenbürtig neben quantitativen Methoden stehen könnte". Dabei wird von einem Professor insbesondere das hypothesengenerierende Potential qualitativer Ansätze hervorgehoben:

> *„Sie stellen ein relevantes Mittel in der VWL dar und sind wichtig, um neue Themenbereiche zu erforschen und aus der Sicht von ‚Insidern' zu belichten."*

Auf die Frage, für welche Forschungsbereiche, Felder und Fragestellungen in der Volkswirtschaftslehre der Einsatz qualitativer Methoden als relevant und gewinnbringend angesehen wird, ist in den Antwortmuster der Befürworter zum einen der Verweis auf die neuere Institutionenökonomik in der Tradition von North (1990) und Denzau und North (1995) zu finden:

> *„Wenn es um Institutionen geht, erscheint das vollkommen einleuchtend. North geht davon aus, dass die Entstehung von Institutionen stark von den mentalen Modellen der Menschen beeinflusst wird, von Ideologien, etc. […] aber um z. B. die mentalen Modelle zunächst zu verstehen, um überhaupt Muster in der Denke erkennen zu können, benötigen wir ‚narratives'."*

Zum anderen scheint der Einsatz qualitativer Methoden aber auch in den ‚klassischen' Bereichen der orthodoxen Ökonomik gut vorstellbar:

> *„So mag das Verstehen der Entstehung von Konjunkturzyklen oder Wachstumsphasen mit Hilfe von qualitativen Daten: wie entwickeln sich eigentlich*

*bestimmte Geschäftsklimata? Letztlich sehr viel besser möglich sein, als mit Hilfe von quantitativen Daten*".

Auch spezifischere, aktuelle Themen, wie die Verhaltensweisen von Investoren in Großbanken und Versicherungsgesellschaften sowie Managern in Unternehmen, wurden genannt. Ein/eine TeilnehmerIn gab sogar an, dass er/sie qualitative Methoden „*für alle Bereiche der VWL*" als relevant erachtet.

Allgemein erscheint die Aussage bemerkenswert, dass „*je näher die Fragestellung an einem real existierenden Phänomen interessiert ist, desto eher erscheinen qualitative Vorgehensweisen angebracht*", zielt sie doch auf eine zentrale Schwierigkeit der moderner Volkswirtschaftslehre ab, dass die wirtschaftlichen Abläufe nicht in Realexperimenten kontrolliert erhoben werden können. Insgesamt zeigt sich in dem Antwortmuster der Befürwortung eine Tendenz zur „intermethodischen Kooperation", d.h. es gibt den Wunsch, quantitative Methoden um qualitative Methoden zu ergänzen.

### „Wenn ein Student zu mir in die Studienberatung käme würde ich wahrscheinlich sagen, dass, wenn er etwas in der VWL werden will, er die Finger von qualitativen Methoden lassen soll, sollte er eine wissenschaftliche Karriere als VWLer anstreben"

In der Praxis scheint jedoch aus verschiedenen Gründen eine intermethodische Kooperation zwischen quantitativen und qualitativen Methoden unwahrscheinlich. So wird insbesondere in den Befürwortungsmustern im Hinblick auf qualitative Methoden die ‚schwache' Position dieser Ansätze innerhalb der Volkswirtschaftslehre anerkannt und explizit hervorgehoben, was sich exemplarisch in Antworten zu persönlichen Erfahrungen mit qualitativen Methoden von NachwuchswissenschaftlerInen äußert:

> *„Qualitative Studien können nur in Journals zu Randbereichen der VWL publiziert werden, die kein hohes Ranking haben. Daher ist eine Publikation für fast alle Wissenschaftler aus der VWL dort eher uninteressant. [...] ich habe erst gar keine Artikel eingereicht, weil eine Publikation chancenlos ist."*

Diese Einschätzung wird auch von einem Professor für Umweltökonomik geteilt:

> *„In einem Beitrag von mir [mit qualitativem Inhalt; Anm. d. Verf.], stelle ich fest, dass der Editor immer mehr qualitative Teile des Papiers herausgestrichen hat. Das war für ihn ‚Geschwafel'. Es gibt einfach zu wenig Platz für einen*

*qualitativen Ökonom, um etwas zu veröffentlichen. In richtig renommierte Journals kommt man gar nicht rein."*

Um darzustellen, dass dieses Einstellungsmuster wiederum eine generalisierte Repräsentation im wirtschaftswissenschaftlichen Feld darstellt, sei an dieser Stelle nochmals aus einem anonymen Peer-Review-Gutachten zitiert:

> *„Im Rahmen der vorliegenden Untersuchung [anonymisiert, Anm. d. Verf.] erscheint die wortgenaue Wiedergabe der Interaktionssituation nicht notwendig. Sie unterbricht den konzeptionellen roten Faden der Argumentation. [...] Vor diesem Hintergrund wird darum gebeten, diese [Interviewpassagen, Anm. d. Verf.] in einem Anhang wiederzugeben und sie im eigentlichen Text durch einen allgemeinen Verweis auf Anhang und Sekundärliteratur zu ersetzten." (ohne Angaben)*

Anhand der letzten beiden Zitate kann deutlich die fehlende Vertrautheit im Umgang mit qualitativen Studien aufgezeigt werden. Beide subjektiven Aussagen decken sich zudem mit den Angaben vieler HerausgeberInnen aus unserer Email-Befragung, dass sie bisher noch nicht mit qualitativen Einreichungen „*konfrontiert*" gewesen waren.

Thomas Kuhn (2007 [1969]) hat darauf hingewiesen, dass Wissenschaftsdisziplinen durch *scientific communities* geprägt werden, die ihrerseits auf gemeinsam tradierte Wissenschaftspraktiken gründen. Eine wissenschaftliche Gemeinschaft besteht demnach aus den Spezialisten eines wissenschaftlichen Fachgebiets, welche die gleiche Ausbildung und berufliche Initiation durchlaufen haben. Da alle Mitglieder einer *scientific community* üblicherweise dieselbe Fachliteratur gelesen haben, definieren die Grenzen dieses Standardliteraturkorpus die Grenzen des jeweiligen Fachgebiets sowie der fachspezifischen Fragestellungen und Forschungsmethoden. Zum Zwecke der Identitätssicherung findet ein Austausch von Forschungsbefunden und -methoden zwischen den verschiedenen Fachdisziplinen – wenn überhaupt – nur vereinzelt statt (2007 [1969], S. 188–189).

### „Die Chance für qualitativ arbeitende VWL ist wahrscheinlich ihre Anschlussfähigkeit bei anderen Sozialwissenschaften"

Damit steigt jedoch die Gefahr, dass die Volkswirtschaftslehre aufgrund des hohen Mathematisierungs- und Formalisierungsgrades zunehmend ihre Anschlussfähigkeit an andere Sozialwissenschaften verliert. Entsprechend wird von den BefürworterInnen qualitativer Methoden ein erhebliches Potential für qualitative Forschungsmethoden gesehen und die Anschlussfähigkeit qualitativer Methoden bei anderen Sozialwissenschaften betont: *„In Zeiten vieler interdisziplinärer Lehrstühle ist das vielleicht eine Nische“*.

Insgesamt ist aufgrund des hohen Formalisierungs- und Mathematisierungsgrades der Ökonomik – insbesondere gegenüber Politik und Öffentlichkeit – eine mangelnde Sprachfähigkeit zu diagnostizieren, d. h. die Ergebnisse und Befunde ökonomischer Forschung lassen sich nur äußert eingeschränkt außen stehenden Nicht-Ökonomen vermitteln (vgl. auch Feld und Köhler 2011). Für eine erfolgreiche Implementierung praktischer Politikempfehlungen ist diese Anschlussfähigkeit jedoch eine unerlässliche Aufgabe (vgl. zu diesen Überlegungen auch Goldschmidt 2011). Gerade hierbei wird von BefürworterInnen der qualitativen Sozialforschung eine gewisse ‚Übersetzungsleistung‘ oder ‚Transferleistung‘ erhofft.

## 5 Schlussfolgerungen

Laut Blinder (1999, S. 141 und S. 153) sind es drei fundamentale Veränderungen in der Ökonomik, welche die Herausbildung des neoklassischen Paradigmas begründet haben und damit die fehlende Anschlussfähigkeit an andere Disziplinen verstärken: (1) Die *Mathematisierung* der Disziplin; (2) die Entwicklung und Anwendung der *Ökonometrie*; und (3) der Bedeutungsgewinn der *Makroökonomik* als ein Teilgebiet der Ökonomik. Die Mainstream-Ökonomik, welche dem mathematisch neoklassischen Paradigma verpflichtet ist, ist heute in zwei Sparten unterteilt, welche beide mit rigorosen theoretischen Annahmen arbeiten. Anknüpfend an den *methodologischen Individualismus*, gemäß dem zur Beschreibung und Erklärung sozialer Prozesse auf der Makroebene von den Handlungen der einzelnen daran beteiligten Personen auf der Mikroebene ausgegangen werden muss, basiert die Theorie im Kern auf einem spezifischen, das individuelle Verhalten vorhersagendem Modell. Das Modell menschlichen Verhaltens, das in den „Mainstream Economics“ zugrunde gelegt wird, besteht im Kern wiederum aus zwei zentralen Annahmen, welche einer genaueren Betrachtung bedürfen: zum einen die Annahme (vollständig oder eingeschränkt) rational agierender Individuen (vgl. von Neumann und Morgenstern 2007 [1944]) und zum anderen die Annahme selbstinteressiert agierender Individuen (vgl. grundlegend Smith 2005 [1776]). Daraus lassen sich zwei einfache Verhaltensmuster ableiten: Menschen versuchen erstens, sich bei der Realisierung ihrer Ziele möglichst rational zu verhalten, zweitens kann davon ausgegangen werden, dass Menschen ihre eigenen Interessen in den Vordergrund stellen und versuchen werden, ihren individuellen Nutzen unter Berücksichtigung der bestmöglichen Kosten-Nutzen-Relation zu maximieren. Übersetzt in eine mathematische Nutzenfunktion wird davon ausgegangen, dass rationale und selbstinteressierte Menschen unter gegebenen Beschränkungen versuchen werden, ihre Nutzenfunktion zu maximieren. Technisch wird die Rationalitätsannahme durch das Maximierungsparadigma ausgedrückt und die Annahme des Selbstinteresses durch die genauen Elemente der Nutzenfunktion dargestellt (Vanberg 2008, S. 241).

Zusammengefasst untersucht die ökonomische Theorie die Resultate des Maximierungsprozesses sowie die dazugehörigen individuellen Verhaltensmuster und Marktinteraktionen der ökonomischen Akteure. Hieraus resultieren jedoch häufig fachspezifische Deutungsschemata, was es anderen Fachdisziplinen erschwert, die Befunde und Erkenntnisse der Ökonomik aufzugreifen und in ihren Wissenskanon zu integrieren. Um jedoch eine interdisziplinäre Perspektive zu ermöglichen, erscheint der Rückgriff auf qualitative Forschungsmethoden geeignet.

Die vorgestellten rekonstruktiven Analysen der qualitativen Email-Befragung haben spezifische Repräsentationsmuster des wirtschaftswissenschaftlichen Feldes aufzeigen können. In den Antworten sind distanzierende, kritische oder gar negative Positionierungen zu finden. Dabei zeigt sich vor allem eine methodologische Kritik gegenüber den offenen Fragestellungen, welche als „zu uneindeutig" und „zu allgemein" eingestuft wurden. Es zeigen sich Klärungs- und Definitionswünsche sowie Strukturierungsbedürfnisse, die Unsicherheit abbauen und Kontrolle ermöglichen sollen – sowohl in Bezug auf die ProbandInnen selbst als auch in Bezug auf die zu generierenden Daten. So wurde die Nachfrage, was unter „qualitativer Forschung" zu verstehen sei, unter Umständen mit der Intention gestellt, den Forschungsgegenstand umzudeuten, wobei darauf hingewiesen wurde, dass nur unter der Voraussetzung eines identischen Verständnisses von „qualitativen Methoden" sinnvolle Daten erhoben werden könnten. Diese Rückfrage ist zwar aus einer spezifischen – nämlich standardisierten – Perspektive berechtigt, verfehlt jedoch den originären Ansatz eines „sozialen Experiments" (Helfferich 2005, S. 93), in dem das zu rekonstruierende Konstrukt „qualitative Forschung" bewusst offen gehalten wird, um die Reaktion der Befragten beobachten zu können. Denn aus den Strategien des Umgangs mit dieser Offenheit, d. h. wie die Befragten selbst das nicht spezifizierte Konstrukt zu füllen versuchen, lassen sich die Konzepte bzw. Repräsentationen in Hinsicht auf „qualitative Forschung" rekonstruieren.

Innerhalb dieser Muster zeigen sich, wie zuvor ausgeführt, insbesondere Transformationslogiken in das Paradigma deduktiv-nomothetischer, standardisierter Forschung. Diese methodologische Transformation des Forschungsansatzes in eine ‚quantitative Logik' betrifft dabei mehrere Felder und Dimensionen: das *Indexikalitätsproblem* sprachlicher Stimuli, daraus folgend die *Instrumentenlogik* von Forschungsmethoden sowie das klassische Problem der *Repräsentativität* von qualitativer Forschung gerade auch im Sinne einer *Induktionsfehlschluss-Kritik*.

Hierdurch wird deutlich, dass die genuine Operationslogik qualitativer Forschung von den befragten VolkswirtInnen nicht praktiziert wird. Das bedeutet, dass qualitative Forschung quantitativ *reframed* und deren Operationslogik im wirtschaftswissenschaftlichen Feld mit den Maßstäben standardisierter Forschung beurteilt wird, was aber grundlegend nicht möglich ist, schließlich kann die Operationslogik, die Güte bzw. Wissenschaftlichkeit qualitativer Forschung, nur mit Kriterien aus dieser Operationslogik selbst heraus beurteilt werden (Kruse 2014, S. 21–54). Sind diese in den Repräsentationssystemen von Akteuren im volkswirtschaftlichen Feld nicht vorhanden, wofür die vorliegende explorative Analyse deutliche Hinweise liefert, kann das Ergebnis formuliert werden, dass qualitative Forschungsmethoden in der Volkswirtschaftslehre aktuell keine Bedeutung haben und dementsprechend auch rekonstruktive Befunde – wenn überhaupt – sehr schwierig vermittelbar sind.

Diese Schwierigkeit der Etablierung qualitativer Methoden in volkswirtschaftlichen Forschungsprojekten liegt nun weniger in einem solchen deduktiv-nomothetischen Wissenschaftsverständnis selbst begründet, sondern ist eher darin zu suchen, so unsere These, dass StudentInnen in der volkswirtschaftlichen Ausbildung genau das gegenteilige Verständnis vermittelt wird – man beachte nur die gängige Methodeneinführungsliteratur – und diese somit auf ein spezifisch-objektivistisches Wirklichkeitsverständnis geprägt werden.[14] Hierzu tragen vermutlich verschiedene Faktoren bei: Zum einen, dass die fachliche Dominanz der Wirtschaftswissenschaften innerhalb der Universitäten und die damit einhergehende fachliche ‚Isolation' eine Ursache hierfür darstellen. Zum anderen ist der Austausch mit anderen Fachdisziplinen, bedingt durch die separate Nachwuchsausbildung in Diplomstudiengängen, mit Sicherheit in der Vergangenheit weniger intensiv geführt worden als in anderen sozialwissenschaftlichen Fächern mit Magisterabschlüssen[15] (vgl. zur fachlichen Isolation der Ökonomik Dürmeier et al. 2006; Münch 2011, S. 123–154).

Anknüpfend an die bisherigen Überlegungen ist somit hervorzuheben, dass qualitative Forschungsmethoden geeignet sind, praktische Erkenntnisse über das Verhalten und die Präferenzen von Wirtschaftsakteuren zu gewinnen (für eine ausführliche Erörterung dieser Argumentation siehe Kruse und Lenger 2013, S. 128–132). Entsprechend ist auch der Argumentation von Michael Piore kritisch gegenüberzustehen, der argumentiert, dass rekonstruktiv gewonnenes Material nicht direkt als empirische Evidenz behandelt werden könne. Piore sieht den Vorteil qualitativer Methoden ‚lediglich' als theorieschaffendes Instrumentarium, indem eine kritische Prüfung der Standardtheorieannahmen durchgeführt wird und auf diese

14 Zum Prozess der Fachsozialisation siehe Frank (1990); Engler (1993).

15 Im Gegensatz zu Diplomstudiengängen war es in Magisterstudiengängen üblich ein bis zwei komplementäre (Neben-)Fächer zu studieren.

Weise alternative Theoriemodelle konstruiert werden können (Piore 2006a; 2006b). Vielmehr gilt es, so der hier vertretene Standpunkt, die hohe Forschungsrelevanz qualitativer Ansätze hervorzuheben, da diese das Potential zu wesentlich genaueren empirischen Aussagen haben, als dies mit standardisierten Verfahren möglich ist.

Unabhängig von den präsentierten Befunde scheinen sich als Reaktionen auf die restriktive Ablehnung im wirtschaftswissenschaftlichen Feld qualitative ForscherInnen insbesondere drei Lösungsstrategien zur Vermittlung qualitativer Daten entwickelt zu haben. So ist erstens eine Pseudo-Formalisierung mittels Computergestützter Codierungstools (wie beispielsweise MaxQDA) zu beobachten, zweitens eine Quantifizierung qualitativer Daten unter dem Label der sogenannten Mixed-Methods-Forschung (Kelle 2007; Kuckartz 2014) und drittens die Triangulation, in der den qualitativen Forschungen – ganz im Sinne einer Arbeitsteilung – ausschließlich die Hypothesengenerierung zukommt, während die Daten zur empirischen Analyse ausschließlich mittels quantitativen Methoden erhoben werden (vgl. hierzu auch Starr 2011).

Abschließend sei nochmals hervorgehoben, dass es sich bei der vorliegenden Studie – bedingt durch die Tatsache, dass über die verschiedenen Repräsentationsmuster bezüglich rekonstruktiver Forschungsmethoden in der Volkswirtschaftslehre bisher fast keine Erkenntnisse vorliegen – zunächst um eine rein explorative Datenanalyse handelt. Weitere Forschung – quantitative wie qualitative – zum akademischen Feld der Wirtschaftswissenschaften steht noch aus. Es konnte aber gezeigt werden, dass im wirtschaftswissenschaftlichen Feld verschiedene, konkurrierende Repräsentationsmuster existieren, die in gewisser Art und Weise dem in den Sozialwissenschaften bestehenden Konflikt zwischen quantitativer und qualitativer Forschungslogik entsprechen (vgl. Kelle 2007). Damit ist zunächst nichts über Umfang und Reichweite dieser Repräsentationsmuster oder bestimmter Typen gesagt (hierfür wäre eine quantitative Erhebung sowie weiterführende qualitative Interviews nötig). Vielmehr ermöglichen die vorgestellten Daten ausschließlich eine erste Aussage darüber, *dass* diese konfligierenden Repräsentationsmuster prinzipiell vorhanden sind und *wie* sie im Einzelfall aussehen (d. h. aus welchen Elementen und in welcher Kombination zu einem Muster sie bestehen). Hierdurch wird aber bereits ein entscheidender Punkt offensichtlich, welchen es bei weiteren Überlegungen zu berücksichtigen gilt. Denn die Aussagen zeigen deutlich, dass zwar einige ÖkonomInnen qualitative Forschungsmethoden durchaus dem Forschungsgegenstand als angemessen einstufen, aufgrund feldspezifischer Hierarchien (Dominanz des quantitativen Forschungsparadigmas, ökonomische Sozialisationsprozesse) sowie individueller strategischer Kalküle (Publikationshindernisse, Reputation im relevanten Feld, Karriereerwägungen) auf eine Verwendung qualitativer Methoden verzichten bzw. versuchen, rekonstruktive Befunde durch eine entsprechende Quantifizierung an das ökonomische Feld zurückzubinden. Die Volkswirtschaftslehre könnte jedoch – so unsere zentrale These – weitaus realitätsnähere Erkenntnisse generieren, wenn sie konsequent einer gegenstandsbezogenen Forschungsmethodik folgen würde und bei entsprechendem Bedarf auf qualitative Methoden zurückgreifen würde. In diesem Sinne ist Blinder zuzustimmen, wenn er über das Potential qualitativer Forschungsmethoden für die Ökonomik schreibt:

> *„Stacked up against competition of this caliber from theory and econometrics, the interview method doesn't look so bad after all – especially if viewed as a supplement to, rather than a replacement for, more conventional modes of economic inquiry." (Blinder 1990, S. 298–299)*

## Literatur

Albert, H. (1965). Modell-Platonismus. Der neoklassische Stil des ökonomischen Denkens in kritischer Beleuchtung. In E. Topitsch (Hrsg.), *Logik der Sozialwissenschaften* (S. 406–434). Berlin: Kiepenheuer & Witsch.

Bergmann, J. R. (1988). *Ethnomethodologie und Konversationsanalyse*. Studienbrief 000315613 (11.88) der Fernuniversität – Gesamthochschule – in Hagen, Fachbereich Erziehungs-, Sozial und Geisteswissenschaften, Kurseinheit 1 bis 3. Fernuniversität Gesamthochschule, Hagen.

Bewley, T. F. (1995). A Depressed Labor Market as Explained by Participants. *American Economic Review 85 (2)*, 250–254.

Bewley, T. F. (1999). *Why Wages Don't Fall during a Recession*. Cambridge: Harvard University Press.

Bewley, T. F. (2002). Interviews as a Valid Empirical Tool in Economics. *Journal of Socio-Economics, 31 (4)*, 343–353.

Bitsch, V. (2000). Agrarökonomie und qualitative Forschung: Unvereinbare Paradigmen? *Forum Qualitative Sozialforschung / Forum: Qualitative Social Research 1 (1)*, Art. 6. http://www.qualitative-research.net/index.php/fqs/article/view/1116/2472. Zugegriffen: 12.12.2010.

Blinder, A. S. (1990). Learning by Asking Those Who Are Doing. *Eastern Economic Journal 16 (4)*, 297–306.

Blinder, A. S. (1991). Why Are Prices Sticky? Preliminary Results from an Interview Study. *American Economic Review 81 (2)*, 89–96.

Blinder, A. S. (1999). Economics Becomes a Science – Or Does It? In: A. G. Bearn (Hrsg.), *Useful Knowledge. The American Philosophical Society Millennium Program* (S. 141–160). Philadelphia: American Philosophical Society (Memoirs of the American Philosophical Society, Vol. 234).

Blinder, A. S., Canetti, E., Lebow, D., & Rudd, J. (1998). *Asking about Prices: A New Approach to Understanding Price Stickiness.* New York: Russell Sage.
Blinder, A. S., & Choi, D. h. (1990). A Shred of Evidence on Theories of Wage Stickiness. *The Quarterly Journal of Economics 105 (4)*, 1003–1016.
Bohnsack, R. (2000). *Rekonstruktive Sozialforschung.* Opladen: Leske u. Budrich.
Bommer, R., & Ursprung, H. W. (1998). Spieglein, Spieglein an der Wand: Eine publikationsanalytische Erfassung der Forschungsleistungen volkswirtschaftlicher Fachbereiche in Deutschland, Österreich und der Schweiz. *Zeitschrift für Wirtschafts- und Sozialwissenschaften 118*, 1–28.
Buber, R., & Holzmüller, H. H. (2009). *Qualitative Marktforschung. Konzepte – Methoden – Analysen. 2., überarb. Auflage.* Wiesbaden: Gabler.
Burton, B. (2007). Qualitative Research in Finance – Pedigree and Renaissance. *Studies in Economics and Finance 24 (1)*, 5–12.
Caspari, V., & Schefold, B. (Hrsg.) (2011). *Wohin steuert die ökonomische Wissenschaft? Ein Methodenstreit in der Volkswirtschaftslehre.* Frankfurt am Main: Campus.
Cassell, C., & Symon, G. (Hrsg.) (1994). *Qualitative Methods in Organizational Research. A Practical Guide.* London: Sage.
Cassell, C., & Symon, G. (Hrsg.) (2004). *Essential Guide to Qualitative Methods in Organizational Research.* London: Sage.
Cawthorne, P. (1995). Of Networks and Markets: The Rise and Rise of a South Indian Town. The Example of Tiruppur's Cotton Knitwear Industry. *World Development 23 (1)*, 43–75.
Cawthorne, P. (2001). Identity, Values and Method: Taking Interview Research Seriously in Political Economy. *Qualitative Research 1 (1)*, 65–90.
Clark, W. W., Jr., & Fast, M. (2001). *Towards a Science of Business Economics: Qualitative Economics and Building a Theory of the Firm.* Herausgegeben vom Center for International Studies Aalborg University International Business Economics. (*Working Paper Series, No. 34*).
Clark, W. W., Jr., & Fast, M. (2008). *Qualitative Economics. Towards a Science of Economics.* Oxford: Coxmoor Publishing Company.
Coase, R. (1937). The Nature of the Firm. *Economica 4*, 386–405.
Coase, R. (1988). The Nature of the Firm: Origin. *Journal of Law, Economics, and Organization 4 (1)*, 3–17.
Coast, J. (1999). The Appropriate Uses of Qualitative Methods in Health Economics. *Health Economics 8*, 345–353.
Coast, J., McDonald, R., & Baker, R. (2004). Issues Arising from the Use of Qualitative Methods in Health Economics. *Journal of Health Services Research & Policy 9 (3)*, 171–176.
Denzau, A. T., & North, D. C. (1995). Shared Mental Models: Ideologies and Institutions. *Kyklos 47 (1)*, 3–31.
Diekmann, A. (2009). *Empirische Sozialforschung. Grundlagen, Methoden, Anwendungen. Orig.-Ausg., vollst. überarb. und erw. Neuausg., 20. Aufl.* Reinbek bei Hamburg: Rowohlt.
Dürmeier, T., Egan-Krieger, T., & Peukert, H. (Hrsg.) (2006). *Die Scheuklappen der Wirtschaftswissenschaft. Postautistische Ökonomik für eine pluralistische Wirtschaftslehre.* Marburg: Metropolis.
Eith, U., & Goldschmidt, N. (2005). Zwischen Zustimmungsfähigkeit und tatsächlicher Zustimmung. Kriterien für Reformpolitik aus ordnungsökonomischer und politikwissenschaftlicher Perspektive. In D. Haubner, E. Mezger & H. Schwengel (Hrsg.), *Agenda-*

*setting und Reformpolitik. Strategische Kommunikation zwischen verschiedenen Welten* (S. 51–70). Marburg: Metropolis.

Engler, S. (1993). *Fachkultur, Geschlecht und soziale Reproduktion. Eine Untersuchung über Studentinnen und Studenten der Erziehungswissenschaft, Rechtswissenschaft, Elektrotechnik und des Maschinenbaus.* Weinheim: Deutscher Studien Verlag.

Etges, M. S., & Lenger, A. (2010). Die Eingliederungsvereinbarung des SGB II. Eine kritische Betrachtung aus ordnungsökonomischer Perspektive. *Zeitschrift für Wirtschaftspolitik 59 (3)*, 329–356.

Fabel, O., Lehmann, E., & Warning, S. (2003). Vorträge als Qualitätsindikator: Empirische Evidenz der Jahrestagungen des Vereins für Socialpolitik. In G. Brinkmann, U. Backes-Gellner & C. Schmidtke (Hrsg.), *Hochschulökonomie. Analysen interner Steuerungsprobleme und gesamtwirtschaftlicher Effekte* (S. 13–31). Berlin: Duncker & Humblot.

Fehr, E., Fischbacher, U. (2002). Why Social Preferences Matter. The Impact of Non-Selfish Motives on Competition, Cooperation and Incentives. *The Economic Journal 112*, C1-C33.

Fehr, E., & Schmidt, K. M. (1999). A Theory of Fairness, Competition and Cooperation. *Quarterly Journal of Economics 114 (3)*, 817–868.

Frank, A. (1990). *Hochschulsozialisation und akademischer Habitus. Eine Untersuchung am Beispiel der Disziplinen Biologie und Psychologie.* Weinheim: Deutscher Studien Verlag.

Frey, B. S., Humbert, S., & Schneider, F. (2007). Was denken deutsche Ökonomen? Eine empirische Auswertung einer Internetbefragung unter den Mitgliedern des Vereins. *Perspektiven der Wirtschaftspolitik, 8 (4)*, 359–377.

Garfinkel, H. (1967). *Studies in Ethnomethodology.* Prentice-Hall: Englewood Cliffs.

Garfinkel, H. (1973). Das Alltagswissen über soziale und innerhalb sozialer Strukturen. Arbeitsgruppe Bielefelder Soziologen (Hrsg.), *Alltagswissen, Interaktion und gesellschaftliche Wirklichkeit. Band 2* (S.189–214). Reinbek bei Hamburg: Rowohlt.

Glaser, B. G., & Strauss, A. L. (1967/2008): *Grounded Theory. Strategien qualitativer Forschung.* Bern: Huber.

Handelsblatt (2011). Handelsblatt VWL Ranking. http://www.handelsblatt.com/politik/oekonomie/vwl-ranking/. Zugegriffen: 25. Januar 2012.

Haufler, A., & Rincke, J. (2009). Wer trägt bei der Jahrestagung des Vereins für Socialpolitik vor? Eine empirische Analyse. *Perspektiven der Wirtschaftspolitik 10*, 123–145.

Heining, J., Jerger, J., & Lingens, J. (2008). Deutsche Hochschulkarrieren im Fach Volkswirtschaftslehre. Eine deskriptive Analyse von Lebenslaufdaten. *Perspektiven der Wirtschaftspolitik 9 (3)*, 306–328.

Helfferich, C. (2005). *Qualität qualitativer Daten – Manual zur Durchführung qualitativer Einzelinterviews.* Wiesbaden: VS Verlag für Sozialwissenschaften.

Helper, S. (2000). Economists and Field Research: 'You Can Observe a Lot Just by Watching'. *American Economic Review 90 (2)*, 228–232.

Hill, E., & Meagher, G. (1999). Doing 'Qualitative Research' in Economics: Two Examples and Some Reflections. *Open Discussion Papers in Economics 16*, 1–18.

Hübler, O. (2005). *Einführung in die empirische Wirtschaftsforschung. Probleme, Methoden und Anwendungen.* München: Oldenbourg.

Humphrey, C., Lee, B. (Hrsg.) (2004). *The real life guide to accounting research. A behind-the-scenes view of using qualitative research methods.* Amsterdam: Elsevier.

Kardorff, E. v. (1995). Qualitative Sozialforschung – Versuch einer Standortbestimmung. In U. Flick, E. v. Kardorff, H. Keupp, L. v. Rosenstiel & S. Wolff (Hrsg.), *Handbuch Qua-*

*litative Sozialforschung. Grundlagen, Konzepte, Methoden und Anwendungen* (S. 3–10). Weinheim: Beltz.

Kelle, U. (2007). *Die Integration qualitativer und quantitativer Methoden in der empirischen Sozialforschung.* Wiesbaden: VS Verlag für Sozialwissenschaften.

Kelle, U., & Kluge, S. (1999). *Vom Einzelfall zum Typus.* Opladen: Leske & Budrich.

Kleining, G. (1982). Umriss zu einer Methodologie Qualitativer Sozialforschung. *Kölner Zeitschrift für Soziologie und Sozialpsychologie 34 (2)*, 224–253.

Knoblauch, H. (1995). *Kommunikationskultur. Die kommunikative Konstruktion kultureller Kontexte.* Berlin, New York: De Gruyter.

Koob, D. (2007). Loriot als Symbolischer Interaktionist. Oder: Warum man selbst in der Badewanne gelegentlich soziale Ordnung aushandeln muss. *Forum Qualitative Sozialforschung 8 (1)*, Art. 27. http://nbn-resolving.de/urn:nbn:de:0114-fqs0701279. Zugegriffen: 25. Januar 2012.

Kruse, J. (2009). Indexikalität und Fremdverstehen: Problemfelder kommunikativer Verstehensprozesse. In B. Rehbein & G. Saalmann (Hrsg.), *Verstehen* (S. 133–150). Konstanz: UVK.

Kruse, J. (2014). *Qualitative Interviewforschung. Ein integrativer Ansatz.* Weinheim: Beltz Juventa.

Kruse, J., & Lenger, A. (2013). Zur aktuellen Bedeutung von qualitativen Forschungsmethoden in der deutschen Volkswirtschaftslehre – Eine programmatische Exploration. *Zeitschrift für Qualitative Forschung 14 (1)*, 105–138.

Kuckartz, U. (2014). *Mixed Methods. Methodologie, Forschungsdesigns und Analyseverfahren.* Wiesbaden: Springer VS.

Kuhn, T. S. (2007 [1969]). *Die Struktur wissenschaftlicher Revolutionen.* Frankfurt am Main: Suhrkamp.

Lawson, T. (2003). *Reorienting Economics.* London: Routledge.

Lerner, J., Tirole, J. (2002). Some Simple Economics of Open Source. *Journal of Industrial Economics 52*, 197–234.

Lester, R. K., & Piore, M. J. (2004). *Innovation. The Missing Dimension.* Cambridge, Mass.: Harvard University Press.

Levitt, S. D., Venkatesh, S. A. (2000). An Economic Analysis of a Drug-Selling Gang's Finances. *Quarterly Journal of Economics 115 (3)*, 755–789.

Levitt, S. D., Venkatesh, S. A. (2001). Growing up in the Projects: The Economic Lives of a Cohort of Men Who Came of Age in Chicago Public Housing. *American Economic Review 91 (2)*, 79–84.

Mayring, P. (2007). *Qualitative Inhaltsanalyse: Grundlagen und Techniken. 9. Aufl.* Weinheim, Basel: Beltz.

Menard, C. (2001). Methodological Issues in New Institutional Economics. *Journal of Economics Methodology 81 (1)*, 85–92.

Merkens, H. (2003). Auswahlverfahren, Sampling, Fallkonstruktion. In U. Flick, E. v. Kardoff & I. Steinke (Hrsg.), *Qualitative Forschung. Ein Handbuch* (S. 286–299). Reinbek bei Hamburg: Rowohlt.

Mill, J. S. (2002 [1843]). *A System of Logic. Ratiocinative and Inductive: Being a Connected View of the Principles of Evidence and the Methods of Scientific Investigation.* Honolulu: University Press of the Pacific.

Moosmüller, G. (2004). *Methoden der empirischen Wirtschaftsforschung.* München: Pearson Studium.

Münch, R. (2011). *Akademischer Kapitalismus. Über die politische Ökonomie der Hochschulreform*. Frankfurt am Main: Suhrkamp.
Naderer, G., & Balzer, E. (Hrsg.) (2007). *Qualitative Marktforschung in Theorie und Praxis. Grundlagen, Methoden und Anwendungen*. Wiesbaden: Gabler.
Neumann, J. v., & Morgenstern, O. (2007 [1944]). *Theory of Games and Economic Behavior. 60. Aufl.* Princeton: Princeton University Press.
Neumärker, K. J.B. (2007). Neuroeconomics and the Economic Logic of Behavior. *Analyse & Kritik: Zeitschrift für Sozialtheorie 29 (1)*, 60–85.
North, D. C. (1990). *Institutions, Institutional Change and Economic Performance*. Cambridge: Cambridge University Press.
Olmstedt, J. C. (1997). Telling Palestinian Women's Economic Stories. *Feminist Economics 3 (2)*, 141–151.
Olson, P., & Emami, Z. (2002). *Engendering Economics: Conversations with Women Economists in the U.* S. London, New York; Routledge.
Ostrom, E. (1990). *Governing the Commons. The Evolution of Institutions for Collective Action*. Cambridge: Cambridge University Press.
Ostrom, E. (2005). *Understanding institutional diversity*. Princeton: Princeton University Press.
Piore, M. J. (1979). Qualitative Research Techniques in Economics. *Administrative Science Quarterly 24 (4)*, 560–569.
Piore, M. J. (2006a). Qualitative Research: Does It Fit in Economics? In E. Perecman & S. R. Curran (Hrsg.), *A handbook for social science field research. Essays & bibliographic sources on research design and methods*. Thousand Oaks: Sage.
Piore, M. J. (2006b). Qualitative Research: Does It Fit in Economics? *European Management Review3 (1)*, 17–23.
Piore, M. J., & Sabel, C. F. (1985). *Das Ende der Massenproduktion. Studie über die Requalifizierung der Arbeit und die Rückkehr der Ökonomie in die Gesellschaft*. Berlin: Wagenbach.
Ritzberger, K. (2008). Eine invariante Bewertung wirtschaftswissenschaftlicher Fachzeitschriften. *Perspektiven der Wirtschaftspolitik 9 (3)*, 267–285.
Ronning, G. (2011). *Statistische Methoden in der empirischen Wirtschaftsforschung*. Berlin: LIT Verlag.
Schlüter, A. (2001). *Institutioneller Wandel und Transformation. Restitution, Transformation und Privatisierung in der tschechischen Landwirtschaft*. Aachen: Shaker.
Schlüter, A. (2009). *Economics, Institutions and the Environment*. Kumulative Habilitationsschrift, Fakultät für Forst- und Umweltwissenschaften, Albert-Ludwigs-Universität, Freiburg im Breisgau, 10. Dezember 2009.
Schlüter, A. (2010). Institutional Change and Qualitative Research. Methodological considerations for institutional economic empirical research. *Journal of Interdisciplinary Economics 22*, 391–406.
Schlüter, A, & Vollan, B. (2011). Morals as an Incentive? A Field Study on Honour Based Flower Picking. *European Review of Agricultural Economics 38 (1)*, 1–19.
Simon, H. A. (1955). A Behavioral Model of Rational Choice. *The Quarterly Journal of Economics 69 (1)*, 99–118.
Simon, H. A. (1956). Rational Choice and the Structure of Environments. *Psychological Review 63*, 129–138.
Simon, H. A. (1992). What is an „Explanation" of Behavior? *Psychological Science 3 (3)*, 150–161.
Smith, A. (2005 [1776]). *Der Wohlstand der Nationen. Eine Untersuchung seiner Natur und seiner Ursachen*. 11. Aufl. München: Deutscher Taschenbuch Verlag.

Starr, M. A. (2011). Qualitative and Mixed-Methods Research in Economics. Discussion Paper, American University. http://www.icape.org/d7-starr.pdf. Zugegriffen: 12. Februar 2011.

Sterns, J. A., Schweikhardt, D. B., & Peterson, C. H. (1998). Using Case Studies As an Approach for Conducting Agribusiness Research. *International Food and Agribusiness Management Review 1 (3)*, 311–327.

Strauss, A., & Corbin, J. (1996). *Grounded Theory: Grundlagen Qualitativer Sozialforschung.* Weinheim: Psychologische Verlags Union.

Swann, P. G.M. (2006). *Putting Econometrics in Its Place. A New Direction in Applied Economics.* Cheltenham: Edward Elgar.

Vanberg, V. J. (2002). Rational Choice vs. Program-Based Behavior. Alternative Theoretical Approaches and their Relevance for the Study of Institutions. *Rationality & Society 14 (1)*, 7–53.

Vanberg, V. J. (2004). Mathematikmanie und die Krise der Ökonomik. *Schweizer Monatshefte 84 (9/10)*, 21–24.

Vanberg, V. J. (2005). Market and State. The Perspective of Constitutional Political Economy. *Journal of Institutional Economics 1 (1)*, 23–49.

Vanberg, V. J. (2008). Rationalität, Regelbefolgung und Emotionen: Zur Ökonomik moralischer Präferenzen. In V. J. Vanberg, *Wettbewerb und Regelordnung* (S. 241–267). Herausgegeben von N. Goldschmidt & M. Wohlgemuth. Tübingen: Mohr Siebeck.

Weintraub, E. R. (2002). *How Economics Became a Mathematical Science.* Durham: Duke University Press.

Westgren, R., & Zering, K. (1998). Case Study Research Methods for Firm and Market Research. *Agribusiness 14 (5)*, 415–424.

Winker, P. (1997). *Empirische Wirtschaftsforschung.* Berlin: Springer.

Winker, P. (2007). *Empirische Wirtschaftsforschung und Ökonometrie. 2., vollständig überarbeitete Auflage.* Berlin, Heidelberg: Springer.

# DSGE-Makroökonomik und die Krise

## Soziologische Inspektion einer modellgetriebenen Wissensformation

Hanno Pahl und Jan Sparsam

*If you have an interesting and coherent story to tell, you can tell it in a DSGE model. If you cannot, your story is incoherent.*
Varadarajan Venkata Chari (2010, S. 2)

## 1 Einleitung

Die mit den Bezeichnungen „Lucas-Kritik" und „Rational Expectations Revolution" verbundenen Veränderungen innerhalb der Mainstream-Makroökonomik, deren aktuellen Ausläufern in Form von DSGE-Modellen sich dieser Text zuwendet, sind bisher zu großen Teilen der soziologischen Aufmerksamkeit entgangen. Während es für ökonomische Fachvertreter ebenso wie für Dogmenhistoriker durchaus üblich ist, die Geschichte der modernen Makroökonomik in zwei Phasen einzuteilen, – „vor Lucas (1976) und nach Lucas (1976)" (Michaelis 2013, S. 1) – lassen sich eine Reihe von Mutmaßungen anstellen, warum der Fokus soziologischer Beobachtung zumeist anders situiert war und ist:

1. Mit Blick auf die Propagierung und Durchsetzung neoliberaler Politikprogramme waren Friedman und Hayek die einschlägigeren Kandidaten für kritische Analysen (siehe etwa Gertenbach 2008; Mirowski und Plehwe 2009), weil diese Protagonisten sich offensiv politisch positioniert und auch jenseits akademischer Zirkel aktiv für ihre Vorstellungen geworben haben. Insofern die durch Lucas initiierten New Classical Macroeconomics wirtschaftspolitisch in vielen (wenn auch nicht allen) Punkten mit dem klassischen Monetarismus übereinstimmten, aber (zunächst einmal) stärker auf die Transformation binnendisziplinären

Wissens abgestellt haben, blieben sie gleichsam im „Windschatten" von Friedman und Hayek verborgen.[1]

2. Die neoliberale Umformatierung der Gesellschaft hatte als eines ihrer auffälligsten Phänomene eine deutliche Aufwertung und ein Größenwachstum finanzökonomischer Institutionen mit sich gebracht, was die soziologische Aufmerksamkeit stark auf den diesen Prozess begleitenden (und teilweise erst ermöglichenden) Aufstieg der Financial Economics gelenkt hat (de Goede 2005; Krippner 2012). Auch dies ging oftmals auf Kosten der Betrachtung der Makroökonomik.
3. Etwas anders gelagert ist ein dritter Punkt: Unter der Bezeichnung eines *Changing Face of Mainstream Economics* (Colander et al. 2004) wurden Transformationsprozesse insbesondere in der Mikroökonomie zusammengefasst, die sich für die letzten 30 bis 40 Jahre feststellen lassen. Mit dem Aufstieg von Forschungsrichtungen wie der Verhaltensökonomie oder der Experimentellen Ökonomik, deren Methoden und Befunde ausgewählte Axiome der Neoklassik aushebeln, sei eine Charakterisierung des wirtschaftswissenschaftlichen Mainstreams als „neoklassisch" nicht mehr trennscharf. Dies hat einige BeobachterInnen offenkundig dazu veranlasst, die Fortschreibung dezidiert neoklassisch-gleichgewichtstheoretischer Theorieprogramme aus den Augen zu verlieren.[2]

Letztgenannten Aspekt können wir als Einstiegspunkt für unseren Beitrag verwenden. Im Zuge des SNF-Projekts *Strukturveränderungen von Zentrum und Peripherie in den Wirtschaftswissenschaften, 1970–2010. Ein wissenschaftssoziologischer Beitrag* wurden Experteninterviews mit Vertretern verschiedener ökonomischer Forschungsrichtungen durchgeführt.[3] In diesem Zuge wurden von Gesprächspart-

---

1 In wirtschaftswissenschaftlichen *textbooks* firmiert die neuklassische Theorie angelehnt an die Einschätzung James Tobins heute noch als „Monetarismus der zweiten Art" (Felderer und Homburg 2005, S. 234), zur Kritik siehe Hoover (1988, Kap. 9).

2 Für die Wirtschaftssoziologie hat die neoklassische Ökonomik von jeher primär als Abgrenzungsobjekt fungiert. Entsprechend konnte man sich dort mit relativ pauschal gearbeiteten Kritikmustern bescheiden und hat der Fortentwicklung gleichgewichtstheoretischer Forschungslinien nur wenig Beachtung geschenkt. Als positiver Anlehnungskontext waren jene Forschungsrichtungen ungleich interessanter, die mit der neoklassischen Orthodoxie in gewichtigen Hinsichten gebrochen haben, obwohl die Annäherung an tatsächlich heterodoxe Varianten noch zaghaft verläuft.

3 Das Projekt wurde von Hanno Pahl durchgeführt, der Rekurs auf Experteninterviews ergibt sich aus der Annahme, dass auf diesem Wege Relevanzkriterien, Machtverhältnisse und Forschungspraktiken in zeitgenössischer ökonomischer Forschung herauspräpariert werden können, die sich nur auf dem Weg von Literaturrecherche nicht gewinnen lassen. Experteninterviews wurden hier nicht vornehmlich für den Hilfszweck eingesetzt, bei „geeigneten Personen zeiteffektiv erfahrungsgestütztes Experten-Wissen abzuholen"

nern, die im Bereich eher heterodoxer Makroökonomik positioniert sind (etwa in der Evolutorischen Ökonomik oder in der Komplexitätsökonomik), mehrfach Aussagen wie die folgende getätigt:

> *„Und da würde ich jetzt auch sagen, dass das, was ich vorhin gesagt habe [zur Mikroökonomie, HP und JS], dass viele andere Ansätze schon einen Fuß in der Tür haben, das gilt dafür [für die Makroökonomie, HP und JS] nicht. Makro ist vollkommen gleichgewichtsorientiert, nach wie vor, und hat ja auch sehr extreme Annahmen, über Rationalität und so. […] Da wurde sicher mal ein bisschen mehr geschaut: was machen die überhaupt, diese anderen Leute. Was jetzt aber den Publikationsoutput und das Hiring insbesondere in den USA betrifft, da habe ich nicht den Eindruck, dass sich im Makro-Bereich irgendwas besonders ändert. Das sind schon die gleichen Leute, die die Main Player sind. Die aber natürlich versuchen […], diese Modelle im Rahmen ihrer grundsätzlichen Struktur ein bisschen anzupassen. Also man geht natürlich nicht davon ab: Man schaut sich Gleichgewichtsmodelle an und jeder ist vollkommen rational. Aber man baut dann vielleicht zwei Typen von Leuten ein. Und sagt: Na ja, das können wir auch gerad noch machen. Was aber natürlich diese kosmetischen Änderungen nicht machen, dass die diese grundsätzliche Frage stellen, ob das eigentlich ein sinnvoller Modellierungsansatz ist für makroökonomische Interaktion. Und diese Diskussion, die wurde nur sehr begrenzt geführt.“*

Diese Aussage lässt sich als Indiz heranziehen, dass die Mainstream-Makroökonomik – via Lucas – nach wie vor stark durch neoklassisch-gleichgewichtstheoretische Trajektorien gekennzeichnet ist. Kombiniert mit einer zweiten Beobachtung, wonach die Fortentwicklung ökonomischen Wissens stark modellgetrieben abläuft, ergibt sich die Forschungsperspektive, die Modellbildung in der zeitgenössischen Mainstream-Makroökonomik zentral zu stellen. Wir möchten anhand der Diskussion eines Beispiels aus der DSGE-Modellklasse erste Hinweise geben, wie in der Ökonomik die Arbeit an und mit Modellen verläuft. Perspektivisch wird damit eine soziologische Beobachtung ökonomischer Modellierungskulturen anvisiert, die auch die historischen, sozialen und kulturellen Bedingungen ökonomischen Modellierens in die Analyse einbezieht. Wir setzen ein mit wissenschaftshistorischen Hinweisen zu maßgeblichen Entwicklungsschritten der Mainstream-Mak-

(Mieg und Brunner 2004, S. 199), sondern als eigenständiges Instrument der Datenerhebung, das auf einen spezifischen Modus von Wissen bezogen ist: Expertenwissen (vgl. Meuser und Nagel 2009, S. 466–467).

roökonomik seit der sogenannten Lucas-Kritik der 1970er-Jahre, die seit wenigen Jahren in der Entwicklung und globalen Diffusion der sogenannten DSGE-Modelle (Dynamic Stochastic General Equilibrium) kulminieren (Abschnitt 2). Hieran schließen, mit Bezug auf wissenschaftsgeschichtliche und -theoretische Studien, methodologische Überlegungen zur wissenschaftssoziologischen Analyse ökonomischer Modellierungskulturen an (Abschnitt 3). Wir unterscheiden analytisch zwischen der syntaktischen Dimension von mathematischen Modellen (a) und ihrer semantischen Dimension (b). Im Fortgang (Abschnitt 4) konkretisieren wir diese Überlegungen am Beispiel der kriseninduzierten Erweiterung und Anpassung eines DSGE-Modells. Es wird gezeigt, wie durch die Differenzierung der Verhaltensparameter ökonomischer Akteure bzw. die Neukonzeptualisierung repräsentativer Agenten auf der Grundlage einer variierten Axiomatisierung (der Qualität der Erwartungen) eine neuartige Experimentierumgebung generiert wird. Durch die Modifikation entsteht ein Modell, das der Volatilität makroökonomischer Aggregate zu Krisenzeiten eher gerecht wird als es bei den Standardvarianten von DSGE-Modellen der Fall ist und zugleich vormals exogene Erklärungsleistungen endogenisiert. Abgerundet wird der Text mit einem Resümee, in dem wir erläutern, wie die beispielhaft diskutierten Anpassungs- und Erweiterungsverfahren von DSGE-Modellen einzuschätzen sind, speziell geht es um die Frage, welcher Variationsspielraum ermöglicht wird und wo wir die (paradigmatisch induzierten) Grenzen der Modellklasse verorten (Abschnitt 5).

## 2 Die historische Konsolidierung der Makroökonomik: Von der Lucas-Kritik zur DSGE-Modellklasse

Im Verlauf der sich verschärfenden Krisenprozesse 2007ff. kam es nicht nur zu einer breiten Kritik an den dominanten Strängen und Forschungslinien der Makroökonomik, mindestens zeitweise wurden auch weitreichende Änderungen am dortigen Theorien- und Methodenarsenal erwartet (siehe zur Debatte Caspari und Schefold 2011). Bereits mit dem Abstand von wenigen Jahren kann allerdings vermutet werden, dass der wirtschaftswissenschaftliche Mainstream die Turbulenzen in seinem Objektkorrelat vergleichsweise gut überstanden hat, jedenfalls ist es bis dato nicht zu Anpassungsreaktionen gekommen, für die gut etablierte wissenschaftstheoretische Begrifflichkeiten wie jene einer Paradigmenrevolution in

Anschlag gebracht werden könnten.[4] Dies ist nicht verwunderlich, wenn man sich vergegenwärtigt, dass es sich bei wissenschaftlichen Disziplinen im Allgemeinen um eigenlogisch prozessierende Systeme (Luhmann 1990) oder autonome Felder (Bourdieu 1998) handelt, die – trotz zahlreicher Verkopplungen mit ihrer disziplinexternen Umwelt – über eigene institutionelle Machtstrukturen, thematische Relevanzkriterien und kognitiv-epistemologische Pfadabhängigkeiten verfügen. Jede wissenschaftliche Disziplin besitzt eine ihr eigene Brechungsstärke, durch die externe Kritik nach fachinternen Kriterien gefiltert wird. Es kommt im Fall der Makroökonomik allerdings noch ein zweiter, historisch-spezifischer Aspekt hinzu, der von vielen Beobachtern, die eine kriseninduzierte Rekonfiguration ökonomischer Wissensbestände und Forschungsweisen erwartet haben, offensichtlich nicht berücksichtigt wurde.

Unmittelbar vor Ausbruch der jüngsten Krise wähnte sich die Mainstream-Makroökonomik auf einem Gipfel sowohl innerer Geschlossenheit als auch gesellschaftsweiter kognitiver Autorität, wie dies seit den 1950er- und 60er-Jahren nicht mehr zu verzeichnen war: Stellungnahmen und Selbstbeschreibungen führender Fachvertreter wie die einer „New Neoclassical Synthesis" (Woodford 2009) verweisen auf eine hohe interne Geschlossenheit der Disziplin, und solche eines „Consensus on Monetary Policy" (Goodfriend 2007) lassen zudem auf weitreichende Einigkeit auch im Feld der Politikberatung schließen. Beide Dimensionen finden sich vereint in einer Aussage wie jener, die Robert Lucas im Rahmen seiner Presidential Address auf der Jahrestagung der AEA (American Economic Association) in 2003 tätigte: „macroeconomics […] has succeeded: Its central problem of depression prevention has been solved, for all practical purposes, and has in fact been solved for many decades" (Lucas 2003, S. 1).

Die Klasse der DSGE-Modelle stellt den aktuellen Kulminationspunkt dieser Haupttrajektorien makroökonomischer Forschung dar, fungiert als maßgeblicher Grund für die disziplinären Einheitssemantiken und wird seitens zahlreicher Mainstream-Ökonomen emphatisch angepriesen: „Dynamic equilibrium theory made a quantum leap between the early 1970s and the late 1990s. […] It was similar to jumping from the Wright brothers to an Airbus 380 in one generation" (Fernandez-Villaverde 2010, S. 4). Obgleich hochgradig stilisierte Repräsentationen der Wirtschaft, ermöglichten DSGE-Modelle „a disciplined way of thinking about

4 Jedenfalls wenn der Fokus auf die vorherrschenden Methoden gelegt wird. Aldegwy und Thiemann (siehe den Beitrag im vorliegenden Band) sprechen mit Blick auf das Policy-Konzept der *macroprudential regulation* von einem Paradigmenwechsel. Die beiden offerierten Diagnosen schließen sich nur auf den ersten Blick aus, wie sich im Fortgang zeigen wird.

the economic outlook and its interaction with policy" (Sbordone et al. 2010, S. 24). Sie werden als „powerful tools" rubriziert, „that provide a coherent framework for policy discussion and analysis. In principle, they can help to identify sources of fluctuations; answer questions about structural changes; forecast and predict the effect of policy changes, and perform counterfactual experiments" (Tovar 2008, S. 1).

Was ist die Vorgeschichte dieser Modelle und welche Rolle kommt hierbei den Arbeiten von Robert Lucas zu? Die sogenannte Lucas-Kritik hat in den 1970er-Jahren zu einem deutlichen Verlust der kognitiven Autorität des vormals hegemonialen Keynesianismus (der originären neoklassischen Synthese) geführt, zunächst vor allem im akademischen Kontext, später auch in Kreisen der Wirtschafts- und Geldpolitik. Lucas' Einwände bezogen sich nicht auf einzelne dortiger Theoreme und Aussagen, sondern auf die Kerneigenschaften ganzer Modellklassen. Für zielgerichtete Eingriffe in den Wirtschaftsprozess qua Geld- oder Fiskalpolitik muss unterstellt werden, dass die Wirtschaftsakteure diese Eingriffe nicht antizipieren können. Stellt man aber – wie Lucas (1972, 1976) im Anschluss an Muth (1961) annahm – in Rechnung, dass Wirtschaftsakteure über rationale Erwartungen verfügen, dann ziehen diese Akteure erwartete wirtschaftspolitische Maßnahmen bzw. deren Effekte in ihren Kalkulationen in Betracht und lassen sie dadurch möglicherweise ins Leere laufen. Ein Beispiel: Zur Stimulierung wirtschaftlicher Aktivitäten intendierte Maßnahmen (etwa: *deficit spending*) resultieren im Falle rationaler Erwartungen beispielsweise lediglich in einer Änderung des nominalen Preisniveaus, also einer bloßen Erweiterung der Geldmenge, aber nicht, wie in keynesianischen Modellen angenommen, in einer Ausweitung von Beschäftigung.[5] Rationale Erwartungen sind axiomatisch als modellkonsistente Erwartungen veranschlagt, sie bezeichnen die Annahme: „everyone's expectations about what will happen are consistent with the macroeconomic forces actually at work, and also consistent with everyone else's expectations, no matter what kinds of policies are pursued" (Howitt 2006, S. 349; siehe zur Kritik Kirman 1992).[6]

Nachdem die kognitive Autorität keynesianischer Makroökonomik schwer beschädigt war, folgte ab Anfang der 1980er-Jahre die Entwicklung der sogenannten Real Business Cycle-Modelle (Kydland und Prescott 1982), die – modelltheoretisch in der Linie von Lucas gearbeitet – eine ganz andersgeartete Erklärung für die

5 Oder mit etwas anderem Fokus bei Mehrling (2011, S. 88) ausgedrückt: „It is simply a logical mistake, argued Lucas, to treat the behavioral equations in an economic model as invariant to policy intervention, since agents should optimally use whatever they know about current policy practice when they are deciding how to behave. Change the policy rule and you change the behavior rule as well".

6 „The term ‚rational expectation', as Muth used it, refers to a consistency axiom for economic models, so it can be given precise meaning only in the context of specific models" (Lucas 1988, S. 13).

empirisch gut dokumentierten Schwankungen in ökonomischen Zeitreihen („Konjunkturzyklen") lieferten als die keynesianische Tradition. Galten Schwankungen des wirtschaftlichen Aktivitätsniveaus zuvor tendenziell als wohlfahrtsmindernd und korrekturbedürftig, so galten sie nun als „an equilibrium outcome resulting from the economy's response to exogenous variations in real forces (most importantly, technology), in an environment characterized by perfect competition and frictionless markets" (Galí 2008, S. 3). Die Policy-Prämissen dieser Forschungsrichtung waren denkbar radikal, sowohl Fiskal- als auch Geldpolitik seien im besten Fall nutzlos, in den meisten Fällen aber schädlich (*policy-ineffectiveness proposition*).[7]

Dies hat sich im Zuge des weiteren Verlaufs der 1980er- und dann der 1990er-Jahre relativiert, zunächst durch empirisch ausgerichtete Arbeiten, die zumindest für die kurze Frist Effekte von Geldpolitik nachweisen konnten (Bernanke und Blinder 1992), später durch den Einbau keynesianischer Faktoren in die aus der Real Business Cycle-Tradition übernommenen Modellarchitekturen. Die hieraus resultierende Basalmotorik neukeynesianischer DSGE-Modelle beschreiben Fagiolo und Roventini wie folgt:

> „In line with the RBC tradition, the starting point of the new vintage models is a stochastic version of the standard neoclassical growth model with variable labor supply: the economy is populated by an infinitely-lived representative household, who maximizes its utility under an intertemporal budget constraint, and by a large number of firms, whose homogenous production technology is hit by exogenous shocks. The New Keynesian flavor of the model stems from three ingredients: money, monopolistic competition and sticky prices" (Fagiolo und Roventini 2012, S. 4).[8]

Durch das Beibehalten der These rationaler Erwartungen und den Rekurs auf als politikinvariant eingestufte Präferenzordnungen konnte der Lucas-Kritik Rechnung getragen werden, allerdings wurde die Annahme der Markträumung zurückgewiesen:

> „The New Keynesians see an economy in which firms face only limited competition. These imperfectly competitive firms restrict their output to keep prices high and respond only partially to shifting demand conditions. As a result, the economy shows the tendencies toward underemployment and price ‚stickiness' that are very much a part of the traditional Keynesian perspective" (Stark und Taylor 1991, S. 21).

---

7 Das ist eine Position, die in ihrer steuerungsskeptischen Radikalität deutlich über alles hinausgeht, was Friedman, der andere große Gegenspieler keynesianischen Nachfragemanagements, propagiert hat: „Friedman had never questioned the countercyclical project, and had confined his critique of Keynesian economic management to the question of which lever to use (monetary versus fiscal) and how best to use it (rules versus discretion)" (Mehrling 2011, S. 145).

8 Siehe für den großen Variantenreichtum die Darstellung in Slanicay (2014).

# 3 Mainstream-Ökonomik als modellierende Disziplin

Die modernen Mainstream-Wirtschaftswissenschaften prozessieren, das sollte bereits deutlich geworden sein, genuin in den Medien von Mathematik und Modellen (Morgan 2012). Der Aufstieg von mathematischer Modellierung zu einer quasi-obligatorischen Vorgehensweise ist historisch eng mit dem „Siegeszug" der neoklassisch-gleichgewichtstheoretischen Ökonomik zum disziplinbeherrschenden Paradigma verkoppelt. Solow formulierte beispielsweise rückblickend auf die Mitte des 20. Jahrhunderts: „Economics went from being a sort of cultural subject to a model-building subject, and I liked that" (in Snowdon und Vane 2005, S. 662), Leijonhufvud (1973) charakterisierte die Praxis des Modellbauens in seinem (selbst) ironischen Feldforschungsbericht *Life Among the Econs* als eine Art Fetischhandlung, durch die nicht zuletzt innerdisziplinäre Machstrukturen reguliert und Inklusions-/Exklusionsprozesse geregelt werden.

Modelle stellen irreduzible, weder mit Theorie noch mit empirischen Methoden identische epistemische Objekte dar, es handelt sich um „small mathematical, statistical, graphical, diagrammatic, and even physical objects that can be manipulated in various different ways" (Morgan 2012, S. 2). Boumans zufolge operieren sie auf der „theory-world axis mediating between facts about phenomena and data" (Boumans 2005, S. 108). Ihre Entwicklung und Fortschreibung sowie das Experimentieren mit ihnen bilden den eigentlichen Modus Operandi moderner ökonomischer Forschung. Boumans bezeichnet wirtschaftswissenschaftliche Modelle deshalb als „the economist's instruments of investigation, just as the microscope and the telescope are tools of the biologist and the astronomer" (2005, S. 2) und spezifiziert die Verwendung von Modellen in der Ökonomik durch eine Kontrastierung mit der Physik, wo es möglich ist, stabile Umwelten für Experimente zu generieren, wohingegen sich Wirtschaftswissenschaftlerinnen mit einer permanent im Wandel befindlichen Umgebung konfrontiert sehen. Die für Experimente und Messungen notwendige Invarianz müsse aus diesem Grund in das Beobachtungsinstrument selbst eingebaut werden, in die Modellarchitektur (Boumans 2005, S. 177).

## 3.1 Mathematische Modelle als Experimentierumgebungen und als Generatoren kognitiver Pfadabhängigkeiten

Ermöglicht werden „Experimente außerhalb des Labors" (Boumans 2012, S. 4) – speziell in der neoklassisch-gleichgewichtstheoretischen Tradition – durch „Aussonderung" der relevanten Größen und durch Axiomatisierung (vgl. Clower 1995): Axiome und ceteris paribus Bedingungen ermöglichen die Konstruktion einer „artifiziellen Modellwelt" (Morgan 2012, S. 279),[9] die – anders als die empirische Welt – übersichtlich, stabil und vollständig intelligibel ist und auf diese Weise als Experimentierumgebung fungieren kann. Axiomatisierung und ceteris paribus Klauseln fungieren in Kombination als Ermöglichungsbedingung wie als Einschränkungsfaktor für die Entwicklung ökonomischen Wissens. Durch das Erforschen axiomatisch generierter Welten werden kontrollierte Experimente möglich, die in der isolierten Modellwelt Kausalketten zwischen ökonomischen Objekten bzw. Kategorien zu identifizieren erlauben. Zugleich resultieren hieraus Prozesse kognitiver Pfadabhängigkeit: Bestimmte Fragestellungen und Trajektorien werden intelligibel und rigide erforschbar, solche hingegen, die sich im Rahmen jeweils akzeptierter Modellierungskulturen nicht konzise formulieren lassen, werden tendenziell aus dem Kanon wissenschaftlich-validen Wissens ausgeschlossen (bzw. in die nur prekär institutionalisierten Abteilungen heterodoxer Ökonomik verwiesen).

Es gibt aktuell eine Vielzahl kriseninduzierter Modifikationen von DSGE-Modellen. Interessant ist vor allem der Modus dieser Anpassungsverfahren: In der Regel wird ein einziges Element (oder: sehr wenige Elemente) im herkömmlichen Axiomenset verändert oder entfernt und es wird über verschiedene Verfahren ermittelt, welche Effekte und Forschungsmöglichkeiten sich hieraus ergeben. So halten Angeletos und La'O in einem Beitrag, der ein solches Modell präsentiert, fest:

> „[W]e consider a class of convex, competitive economies in which agents are rational, the equilibrium is unique, and there is no room for either randomization devices (sunspots and lotteries) or deterministic cycles and chaotic dynamics. We further impose that there are no shocks to preferences, technologies, government policies, or any other kind of fundamentals. In short, we stay comfortably within the boundaries of the neoclassical framework while also ruling out all known sources of macroeconomic volatility. *And yet, we show that these economies may still exhibit rich and persistent fluctuations in equilibrium allocations and prices*" (Angeletos und La'O 2011, S. 1, Hervorheb. HP und JS).

Das Element, das im Modell verändert wird, besteht in der Zurücknahme des Axioms vollständiger Informationen (qua vollständiger Netzwerke), wodurch Fluktuationen, die im Standardfall von DSGE-Modelle qua exogener Schocks generiert werden, sich aus der endogenen Modelldynamik ergeben. Es ist zu fragen, welche Formen der Variation der basalen Axiomensets im ökonomischen Mainstream als sinnvoll erachtet werden (und warum) und wo die Grenzen von als legitim geachteten Modifikationen liegen.

9 Zur Isolierung durch ceteris paribus Annahmen siehe Boumans (2005, S. 102–105; 2012) und Morgan (2012, S. 278–279).

## 3.2 Referenzierung und Relevanzbildung wirtschaftswissenschaftlicher Modelle

Trotz des Prozessierens im Medium mathematischer Modelle können die Wirtschaftswissenschaften, wie alle anderen Abteilungen der Sozial- und Kulturwissenschaften, nicht den Status einer exakten Wissenschaft beanspruchen. Für Modelle unterscheiden Gibbard und Varian beispielsweise die mathematische Struktur als „uninterpreted system, in much the way the postulates of a pure geometry are now commonly regarded as doing" von einem „element of interpretation: the model always tells a story" (Gibbard und Varian 1978, S. 666–667). Anders ausgedrückt: Die auf der Ebene der (reinen) Mathematik gegebene „Trennung von Syntax und Semantik", das „(w)o es Formeln gibt, braucht nicht mehr gesprochen werden" (Heintz 2000, S. 12), lässt sich im Fall empirischer Wissenschaften niemals vollständig durchhalten. Insbesondere die Arbeiten zu den *Rhetorics of Economics* (McCloskey 1998) haben im Detail untersucht, „welches Maß an Literarizität auch (wirtschafts-)wissenschaftlichen Texten zu eigen ist" und „die Aufdeckung der rhetorischen und ideologischen Tiefenstrukturen der Ökonomik" als genuin sozial- und kulturwissenschaftliche Aufgabe ausgewiesen (Horvath 2011, S. 57–58).

Die narrative Komponente von Modellen wird allerdings nicht nur seitens der Wissenschaftsforschung thematisiert, sondern ist auch im Feld selbst als Thema präsent. So wird in einem aktuellen Beitrag zu DSGE-Modellen im Anwendungskontext vermerkt:

> „[W]e view the narratives embedded in our model as a key potential contribution to the forecasting and policymaking process: It is these stories that connect – or possibly disconnect – the output of our model to the intuition and analysis brought to the policymaking process by staff not directly connected to day-to-day model operations" (Edge et al. 2007, S. 13).

Nun lässt sich allerdings feststellen, dass die basalen ökonomischen Narrative, die aus der DSGE-Architektur resultieren, gerade in Krisenkonstellationen hochgradig unplausibel anmuten. Auch dies wurde im Feld bemerkt, beispielsweise wenn bei Kocherlakota ausgeführt wird:

> „The sources of disturbances in macroeconomic models are (to my taste) patently unrealistic. [...] Why should everyone want to work less in the fourth quarter of 2009? What exactly caused a widespread decline in technological efficiency in the 1930s?" (Kocherlakota 2009, S. 16).

Damit stellt sich die Frage, wie durch die Verknüpfung mathematischer Modellkomponenten mit (sozial-)ökonomischen Sachverhalten qua Narrativen und anderen Formen der Referenzierung Sinn produziert wird und wie es um die Abhängigkeitsverhältnisse – aber auch um die Freiheitsgrade – zwischen den Registern von Syntax einerseits und Semantik andererseits bestellt ist.

## 4 Fallbeispiel: Kriseninduzierte Modifikationen von DSGE-Modellen

Die DSGE-Modellklasse ist als „Verkörperung“ zentraler Prämissen der beiden aktuell dominanten makroökonomischen Strömungen von New Classical Macroeconomics und New Keynesian Economics im Verlauf der aktuellen Wirtschaftskrise vielfach in die Kritik geraten. In der Grundversion dieser Modelle sind keine Finanzmarktkomponenten (Kreditrelationen, Geschäftsbanken) enthalten, analytischer Ausgangspunkt ist die Annahme einer „frictionless world“, in der es jedem Unternehmen (und Haushalt) stets möglich ist, „to raise capital from external sources in exchange for a share in its future stream of profits“ (Bradzik et al. 2012, S. 255). Zahlreiche Vorwürfe sind – neben Hinweisen auf das Fehlen von Finanzmarktkomponenten, die Problematik der Annahme repräsentativer Akteure, das damit gegebene Ausblenden von Netzwerkstrukturen etc. – in einem Argumentationsraster wie dem folgenden zusammengelaufen, das beanstandet, der DSGE-Ansatz „has become so mesmerized with its own internal logic that it has begun to confuse the precision it has achieved about its own world with the precision that it has about the real one“ (Caballero 2010, S. 85).

Solche fundamentalkritisch angelegten Einwände an DSGE kamen allerdings fast ausschließlich aus den Bereichen des Wirtschaftsjournalismus, der heterodoxen Ökonomik (Caballero 2010) sowie der älteren (Solow 2010) oder der politisch linksorientierten (Stiglitz 2009) Garde des Mainstreams. Innerhalb großer Bereiche des Feldes herrscht weithin die Auffassung vor, dass die Leistungsbilanz der DSGE-Modell mit Blick auf die Prognose (und später auch Erklärung und Bekämpfung) der Wirtschaftskrise zwar in der Tat nicht gut war, dass hieraus aber keine Verabschiedung der gesamten Modellklasse erfolgen sollte, sondern gezielte Modifikationen.[10] Sehr deutlich wird dies in Charis Reaktion auf die heftige Kritik an der Disziplin formuliert:

10 So hat einer der im oben genannten Projekt interviewten Ökonomen, der im Mainstream der Makroökonomik situiert ist, ausgesagt: „Gerade wenn es jetzt um Prognosen geht,

„The recent crisis has raised, correctly, the question of how best to improve modern macroeconomic theory. I have argued we need more of it. After all, when the AIDS crisis hit, we did not turn over medical research to acupuncturists. In the wake of the oil spill in the Gulf of Mexico, should we stop using mathematical models of oil pressure? Rather than pursuing elusive chimera dreamt up in remote corners of the profession, the best way of using the power in the modeling style of modern macroeconomics is to devote more resources to it" (Chari 2010, S. 9–10).

So ist der Einbau zuvor absenter Finanzmarktkomponenten (*financial frictions*) gegenwärtig eine Wachstumsbranche,[11] wie bereits die Titel einiger aktueller Aufsätze anzeigen: *Credit Risk and the Macroeconomy: Evidence from an Estimated DSGE Model* (Gilchrist et al. 2009), *Credit and Banking in a DSGE Model of the Euro Area* (Gerali et al. 2010), *Money and risk in a DSGE framework: A Bayesian application to the Eurozone* (Benchimol und Fourcans 2012), *Endogenous risk in a DSGE model with capital-constrained financial intermediaries* (Wouters und Dewachter 2012). Diese Anpassungsprozesse auf der Ebene von Modellarchitekturen finden statt im Kontext einer durchaus im Wandel begriffenen geldpolitischen Landschaft: Nachdem das Prinzip des *inflation targeting* im Zeitraum von Anfang der 1990er-Jahre bis 2007 ein „undisputed policy framework modern central banks should adopt" (de Grauwe 2010, S. 485) darstellte, wurden im Gefolge der Krise nicht nur – mehr ad hoc legitimiert als theoretisch fundiert – Politiken wie das Quantitative Easing (Joyce et al. 2010) praktiziert. Es wurde auch grundsätzlich gefragt, inwieweit sich beispielsweise Zentralbankpolitik auf eine Sicherung der Geldwertstabilität beschränken darf – und damit gegebenenfalls auch auf ein kostspieliges „mop up after a crisis" (King 2012, S. 8) – oder ob nicht auch Fragen gesellschaftsweiter finanzökonomischer Stabilität in ihren Verantwortungsbereich fallen. Unter dem Stichwort *macroprudential policy* werden etwa systemische Risiken ins Zentrum gerückt (Clement 2010), ein zuvor nur marginal beachtetes Thema (siehe hierzu den Beitrag von Aldegwy und Thiemann im vorliegenden Band). Hier wird von den um *financial frictions* erweiterten

---

schneiden die DSGE-Modelle nicht gut ab, da es sehr schwierig ist, überhaupt Rezessionen, tiefe Rezessionen, damit vorherzusagen. [...] Das heißt, dass die DSGE-Modelle in der Hinsicht schon schlecht funktionieren, aber das liegt jetzt nicht an der Philosophie der Modelle, sondern das ist vielleicht einfach sehr schwierig. Und ich denke, dass eine Richtung dann auch sein kann, die Modelle zu erweitern, und die Sachen, die bei der Kritik aufgetaucht sind, dass ein Finanzsektor fehlt, das ist natürlich katastrophal. Und da gibt es jetzt ja auch aktuell einige Arbeiten, die da zumindest einige Fortschritte machen."

11 Es gab bereits vor der Krise einige wenige DSGE-Modelle, in denen die Annahme friktionsloser Finanzmärkte zurückgenommen wurde, etwa Bernanke et al. (1999). Diese Arbeiten sind vor 2007 allerdings nicht auf besonders große Resonanz gestoßen.

DSGE-Modellen erneut nichts weniger erwartet als „to provide a workhorse setup for macroprudential analysis" (Brzoza-Brzezina et al. 2011, S. 7).

Ein Beispiel, das wir betrachten wollen, um Modifikationsprozesse von DSGE-Modellen stichprobenartig zu analysieren, ist der Text *House Prices, Credit Growth, and Excess Volatility: Implications for Monetary and Macroprudential Policy* (Gelain et al. 2013). Die Autoren setzen mit der Beobachtung ein, dass empirische Daten zur Subprime-Krise ein wechselseitiges Steigerungsverhältnis der Vergabe günstiger Immobilienkredite mit dem Anstieg von Immobilienpreisen erkennen lassen: „Overall, the data suggests the presence of a self-reinforcing feedback loop in which an influx of new homebuyers with access to easy mortgage credit helped fuel an excessive run-up in house prices" (Gelain et al. 2013, S. 221). Die Forschungsfrage des Papiers wird in dem Problem situiert, „what ‚actions by the authorities' could be used to restrain the boom? Our aim in this paper is to explore the effects of various policy measures that might be used to lean against credit-fueled financial imbalances" (Gelain et al. 2013, S. 223).

Hierauf folgt eine Problemdiagnose zu den Standardvarianten von DSGE-Modellen, die für eine solche Forschungsfrage wenig geeignet seien:

> „Standard dynamic stochastic general equilibrium (DSGE) models with fully rational expectations have difficulty producing large swings in house prices and household debt that resemble the patterns observed in many industrial countries over the past decade. Indeed, it is common for such models to include extremely large and persistent exogenous shocks to rational agents' preferences for housing in an effort to bridge the gap between the model and the data" (Gelain et al. 2013, S. 223–224).

Die tradierten DSGE-Modelle sind auf Grund der Prämisse rationaler Erwartungen nicht in der Lage, in Simulationsdurchläufen eine hinreichende Volatilität der interessierenden Variablen (hier: Hauspreise, Verschuldung von Haushalten) zu generieren.[12] Das Standardverfahren, die gewünschte Volatilität rein über externe Schocks zu erzeugen, wird vor dem Hintergrund der empirischen Sachlage als unzureichend bewertet. Dies wird im Folgenden – nicht ohne Sarkasmus – unter Bezug auf die möglichen Narrative, die sich aus einer Standardversion von DSGE-Modellen ergeben, problematisiert:

> „Leaving aside questions about where these preference shocks actually come from and how agents' responses to them could become coordinated, if housing booms and busts were truly driven by preference shocks, then central banks would seem

12 „Die Fähigkeit eines Modells, die Realität abzubilden, wird [...] umso höher eingestuft, je ähnlicher die Statistiken der simulierten und der empirischen Zeitreihen sind" (Felderer und Homburg 2005, S. 267).

> to have little reason to be concerned about them. Declines in the collateral value of an asset are often modeled as being driven by exogenous fundamental shocks to the ‚quality' of the asset, rather than the result of a burst asset-price bubble. Taken literally, this type of model would imply that the decline in U.S. house prices since 2007 was caused by something akin to a nationwide infestation of wood termites" (Gelain et al. 2013, S. 224).[13]

Die tradierten narrativen Erklärungen die zur Begründung externer Schocks herangezogen wurden (und „deren Ursache" bezeichnen, die selbst außerhalb der Modellarchitektur angesiedelt ist), bezogen sich entsprechend der axiomatischen Standards von Gleichgewichtsmodellen mit rationalen Erwartungen ausschließlich auf eruptive Änderungen von Präferenzstrukturen und/oder auf technologische Entwicklungssprünge. Im vorliegenden Fall erweisen sich solche Erklärungsmuster in sehr ersichtlicher Weise als unbefriedigend, wenn, wie die Autoren deutlich machen, nur noch Narrative wie das einer flächendeckenden Zerstörung von Wohngebrauchswerten durch eine Termitenplage übrig bleiben.

Das eigene Programm flaggen die Autoren als „consideration of a model where agents' subjective forecasts serve as an endogenous source of volatility" aus (Gelain et al. 2013, S. 224). Damit geht eine Rekonfiguration der Grenze von internen und externen Faktoren einher, Erklärungskomponenten, die zuvor an exogene Schocks ausgelagert wurden, sollen einer modellendogenen Erklärung zugänglich gemacht werden. Die Abweichung von der Standard-DSGE-Motorik besteht in der Einführung von „excess volatility[14] […] by allowing a fraction of households to employ simple moving average forecast rules, i.e., adaptive expectations" (Gelain et al. 2013, S. 225). Die Modellarchitektur beruht anschließend an die Studie Iacoviellos (2005) auf zwei unterschiedlichen Typen von Haushalten, einmal „Patient-lender households [who] own the entire capital stock and operate monopolistically competitive firms", das andere mal „Impatient-borrower households [who] derive income only from labor and face a borrowing constraint linked to the market value of their housing stock" (Gelain et al. 2013, S. 225). Dieses Setup wird als Konstellation ausgewiesen, die „roughly approximates the highly skewed distribution of U.S. financial wealth in which the top decile of households own about 80 percent of financial wealth"

13 Das Thema der Variabilität von Narrativen berühren die Autoren auch mit anderem Akzent, wenn sie mit Blick auf den Vorkrisenboom Beispiele für „seemingly plausible fundamental arguments that seek to justify the dramatic rise in asset prices" erwähnen, die zu jener Zeit von prominenten Sprechern wie Alan Greenspan oder Ben Bernanke getätigt wurden (Gelain et al. 2013, S. 221).

14 Exzessive Volatilität wird definiert als ein Schwanken makroökonomischer Variablen, dessen Ausmaß nicht mehr qua rationaler Reaktion auf Fundamentaldaten zu erklären ist (Gelain et al. 2013, S. 224).

(Gelain et al. 2013, S. 225). Als Begründung dient einerseits ein Rekurs auf stilisierte Fakten, anderseits wird hervorgehoben, dass die basale Struktur des Modells von einem bereits existierenden Modell übernommen wurde.

Die Variation des Modells setzt am Axiom der rationalen Erwartungen an: An die Stelle eines repräsentativen Agenten treten zwei unterschiedliche repräsentative Agenten – jeweils Teilmengen („subsets") der beiden Haushaltstypen –, die sich hinsichtlich ihrer Erwartungsstrukturen unterscheiden. Die Erwartungen der beiden Agenten werden in summa modelliert „as a weighted average of a fully rational forecast rule and a moving average forecast rule" (Gelain et al. 2013, S. 224). Hinter dem Begriff des *moving average forecast rule* verbirgt sich das Konzept adaptiver Erwartungen, das im Unterschied zum Konzept rationaler Erwartungen solche Erwartungsstrukturen bezeichnet, die sich primär an beobachteten Werten (ökonomischer Variablen) aus der Vergangenheit orientieren. Bis zur Lucas-Kritik war dieser Typ der Erwartungsmodellierung in den Wirtschaftswissenschaften vorherrschend (Evans und Ramey 2006). Beide Erwartungstypen werden hier in pragmatischer Absicht – der Endogenisierung der Volatilität – in einem „hybrid expectations model" (Gelain et al. 2013, S. 225) zusammengesetzt.

Diese Neuaxiomatisierung erlaubt nun die problemadäquate Kalibrierung des Modells für die angestrebte Simulation. Die Kalibrierung der Parameterwerte orientiert sich den fachlichen Konventionen entsprechend an Sollwerten und Werten aus der Literatur (Gelain et al. 2013, S. 243–245).[15] Die Kalibrierung der Parameter für das Verhältnis der beiden Erwartungstypen jedoch erfordert das „experimentieren" (Gelain et al. 2013, S. 245) – im Sinne von „durchprobieren" – mit den Werten, „to generate an empirically plausible degree of volatility in the simulated house price, household debt, and real output series. Our calibration implies that 30 percent of households employ a moving-average forecast rule, while the remaining 70 percent are fully rational" (Gelain et al. 2013, S. 225–226).[16] Diese Gewichtung stellt in der

15 Was Kalibrierung in der wirtschaftswissenschaftlichen Modellierung bedeutet, ist nicht eindeutig definiert, vielmehr gibt es einen erheblichen Interpretationsspielraum: „A model is calibrated when its parameters are quantified from casual empiricism or unrelated econometric studies or are chosen to guarantee that the model precisely mimics some particular feature of the historical data" (Hoover 1995, S. 25). In der Praxis des Kalibrierens ökonomischer Modelle wird deshalb die kognitive Pfadabhängigkeit virulent: „In other fields [als der Naturwissenschaft, H.P., J.S.], calibration is achieved by the involvement of (other) models to define or reveal standards or stable facts" (Boumans 2012, S. 6).

16 „The volatilities of house prices and household debt in the hybrid expectations model are around 1.5 times larger than those in the rational expectations model. Moreover, both variables exhibit significantly higher persistence under hybrid expectations. Stock-price volatility is magnified by a factor of about 1.4, whereas the volatilities of output, inflation, consumption, and labor hours are magnified by factors ranging from about 1.2

anschließenden Simulation eine genauere Übereinstimmung mit den empirischen Zeitreihendaten her als es die DSGE-Standardmodelle generieren können: „The hybrid expectations model outperforms the rational expectations model in being able to match the observed volatilities in the data“ (Gelain et al. 2013, S. 248). Neben den konventionsgeleiteten Praktiken der Kalibrierung und der Simulation wird zur Legitimation des Einsatzes von adaptiven Erwartungen – als Abweichung von etablierten Standards der Modellierung – noch auf eine weitere empirische Begründung referiert, die als narrative Abgrenzung zum Termitenbeispiel fungiert: Es wird vermerkt, dass sich der Boom auf dem US-amerikanischen Immobilienmarkt bekanntermaßen einem „influx of an unsophisticated population of new homebuyers“ verdankt habe, weshalb die Endogenisierung angemessen erscheint.

Bei der anschließenden Durchführung verschiedener Policy-Experimente fungiert wiederum der Vergleich der DSGE-Standardvariante und des modifizierten Modells mit hybriden Erwartungen als Bezugspunkt. Durchgeführt werden die Experimente unter der Fragestellung, wie es möglich ist, die qua Zeitreihenbetrachtung zunächst empirisch festgestellte und dann durch eine Anpassung der Axiome auch modelltheoretisch generierte Volatilität zu verkleinern, wobei die Autoren zwischen klassischen geldpolitischen Maßnahmen und Verfahren von *macroprudential policy* unterscheiden. Klassische geldpolitische Maßnahmen beziehen sich einerseits auf Versuche der Beeinflussung von Hauspreisen, andererseits auf solche zur Beeinflussung des Kreditwachstums. In beiden Fällen wird das angestrebte Ergebnis allerdings nur durch den Einbezug entsprechender Komponenten in die Festlegung des Leitzinses anzustreben versucht. Die Resultate der Experimente verweisen darauf, dass Versuche der Beeinflussung qua Geldpolitik sehr stark von den jeweiligen Erwartungsstrukturen abhängig sind: Nur unter dem Regime rationaler Erwartungen kommt es zur gewünschten Eindämmung, ohne im gleichen Atemzug die Volatilität anderer makroökonomischer Variablen zu vergrößern, das Regime mit hybriden Erwartungen verweist hingegen auf eine Desavouierung entsprechender Politikmaßnahmen:

> „Under rational expectations, the impatient households understand that an increase in borrowing will contribute to higher interest rates which, in turn, will raise the cost of borrowing. This expectations channel serves to dampen fluctuations in household debt. But under hybrid expectations, this channel becomes less effective because a

---

to 1.4. These results are striking given that only 30 percent of households in the model employ moving-average forecast rules. The use of such forecast rules by even a small subset of agents can have a large influence on model dynamics because the presence of these agents influences the nature of the fully rational forecast rules employed by the remaining agents“ (Gelain et al. 2013, S. 228–229).

subset of borrowers construct forecasts using only a moving average of past values and hence do not take into account the central bank's policy rule" (Gelain et al. 2013, S. 255–256).

Die makroprudentiellen Experimente betreffen einerseits eine „imposition of a more restrictive loan-to-value ratio (i.e., a tightening of lending standards)" und andererseits „the use of a modified collateral constraint that takes into account the borrowers' wage income" (Gelain et al. 2013, S. 229). Ökonomische Steuerung ist im Fall von *macroprudential regulation* nicht auf traditionelle geldpolitische Maßnahmen der Leitzinsfestlegung beschränkt, sondern enthält auch (fiskalpolitische) Elemente wie Besteuerung oder die Anpassung von Normen, die den Kreditzugang regeln. Neben einer restriktiveren Handhabung des Beleihungsaúslaufs (der *loan-to-value-ratio*, die den Quotienten aus dem Darlehensbetrag und dem Beleihungswert einer Kreditsicherheit bezeichnet) treffen die AutorInnen eine eher unkonventionelle Maßnahme:

> „Our second macroprudential policy experiment achieves a countercyclical loan-to-value ratio in a novel way by requiring lenders to place a substantial weight on the borrower's wage income in the borrowing constraint. As the weight on the borrower's wage income increases, the generalized borrowing constraint takes on more of the characteristics of a debt-to-income constraint. Intuitively, a debt-to-income constraint represents a more prudent lending criterion than a loan-to-value constraint because income, unlike asset value, is less subject to distortions from bubble-like movements in asset prices" (Gelain et al. 2013, S. 230).

Im Fall eines wechselseitigen Steigerungsverhältnisses von Schulden und Hauswerten, wie es im Vorverlauf der Krise zu beobachten war, versagen Sicherungskriterien, die am Verhältnis von Darlehenssumme zu Sicherungswert orientiert sind um den Verschuldungsgrad von Haushalten zu messen. Vergleichend zeigen die Autoren, dass nur das Modell mit hybriden Erwartungen dazu in der Lage ist, den Unterschied zwischen beiden Formen von *macroprudential regulation* zureichend abzubilden.[17]

---

17 „Figure 10 compares the volatility of the borrower's wage income to the volatility of the borrower's housing value in the rational expectations model and the hybrid expectations model. When expectations are fully rational, the volatilities of the two series are roughly similar, so it does not make much difference which one is included in the collateral constraint. However, when expectations are not fully rational, the volatility of the borrower's housing value is much larger than the volatility of the borrower's wage income. In this case, excess volatility in housing value is transmitted directly to excess volatility in household debt, which is harmful from a financial stability perspective" (Gelain et al. 2013, S. 262).

## 5 Diskussion und Resümee

Die Soziologie ökonomischen Wissens bzw. der Wirtschaftswissenschaften sollte der Erforschung von Modellierungskulturen – die im Zusammenhang mit den kognitiven Aspekten von Modellen stehende Praxis ihrer Produktion sowie die darin hergestellte innerdisziplinär gültige intersubjektive Bedeutung („sozialer Sinn") ihrer Bestandteile und ihrer Gesamtheit – einen hohen Stellenwert beimessen. Der Stand der Forschung zeigt, dass die bis dato instruktivsten Beiträge zu Modellen zumeist außerhalb der Soziologie, in den wissenschaftshistorischen und wissenschaftstheoretischen Bereichen des weiten Feldes der Science Studies, generiert wurden (Morgan 2012; Boumans 2005; Halsmayer 2014; siehe aber den Beitrag von Giacovelli und Langenohl im vorliegenden Band für eine soziologische Perspektive). Ein Kernpunkt unserer vorläufigen und tentativen Ausführungen zielt darauf ab, ökonomische Modellierungskulturen detaillierter zu untersuchen als im Rahmen jener – in der Soziologie nach wie vor vorherrschenden – Zugriffsweisen, die an den unrealistischen Prämissen bzw. Axiomen insbesondere der neoklassischen Ökonomik ansetzen und dies bereits für eine hinreichende Auseinandersetzung halten. Im Unterschied dazu möchten wir herausstellen, dass sich Leistungen, Grenzen und blinde Flecken ökonomischer Modelle erst durch die nähere Betrachtung der Arbeit an und mit ihnen sinnvoll diskutieren lassen.

Auch wenn sich zweifellos die Frage stellt, wie repräsentativ unsere stichprobenartigen Ausführungen mit Blick auf ökonomische Modellierung im Allgemeinen oder das Segment der DSGE-Modelle im Spezifischen sind,[18] können wir doch – unter Bezug auf weitere Literatur – einige erste Zwischenergebnisse zur Diskussion stellen:

1. Ähnlich wie bei Ylikoski und Aydinonat (2014, S. 19–20) argumentiert, konnte auch unser Fallbeispiel zeigen, dass es wenig aufschlussreich ist, ein ökonomisches Modell losgelöst vom historischen Kontext seiner Entstehung zu diskutieren. Die konventionell geleitete Variation bzw. empirisch motivierte Aktualisierung von Modellen ist Bestandteil der stetigen Entwicklung ihrer Modellklasse. Die Erkenntnisse, die sie zu generieren beanspruchen, lassen sich nicht sinnvoll erschließen und verorten, wenn sie als singuläre epistemische Entitäten abgesondert und pauschal einer „Realität" gegenübergestellt werden. So haben die Autoren des in Abschnitt 4 diskutierten Papiers ihr modifiziertes DSGE-Modell stets in Bezug zum Modellkanon gesetzt und aus den sich ergebenden Differenzen ihren Erkenntnisgewinn konstruiert.

---

18 Siehe aber etwa Hoover (1995).

2. Die Schilderung der Modifikationsprozesse ergibt einerseits das Bild einer äußerst rigiden Wissenschaftskultur, die zahlreiche kognitive Vorgaben enthält und andere Optionen ausschließt, andererseits aber auch eine große Flexibilität besitzt. Kapeller (2012, S. 157–158) bezeichnet die Verfahrensweisen von Modellbildung in der neoklassischen Ökonomik mit dem Begriff der axiomatischen Variation, womit bezeichnet wird, dass „nahezu jedes Axiom modifiziert, verändert oder weggelassen werden darf, um die möglichen Effekte einer solchen Modifikation formal zu erkunden". Während Kapeller von einer wissenschaftstheoretischen Warte aus das Fehlen einer Unterscheidung von Gesetzes- und Hilfshypothesen kritisiert, würde sich eine Fortführung in der Linie unseres Fallbeispiels eher empirisch dafür interessieren, welche Arten der Modifikation von Modellarchitekturen im Feld als legitim und innerdisziplinär „verstehbar" veranschlagt werden und welche nicht. Vorläufig lässt sich sagen, dass jede axiomatische Variation eine neue Kette von Kalibrierung, Simulation und Policy-Experimenten nach sich zieht. Unser Beispiel liefert Ansatzpunkte für die Annahme, dass hierbei vor allem „Sparsamkeit" eine Rolle spielt, eine Änderung von nur wenigen Grundannahmen, um dadurch Vergleichbarkeit mit den Referenzmodellen zu gewährleisten und die modifizierte Modellarchitektur möglichst intelligibel zu halten.
3. Der DSGE-Modellklasse als ganzer scheint ein ähnlicher Status zuzukommen, wie es für die 1960er-Jahre für das IS/LM-Modell (als Versuch einer Formalisierung der Keynes'schen Theorie auf Basis gleichgewichtstheoretischer Forschungslinien) und dessen zahlreiche Erweiterungen vermutet werden kann. Sie stellt ein „geglättetes" epistemologisches Terrain oder auch gemeinsames „Spielfeld" zur Verfügung, auf dem sich Kontroversen zwischen den unterschiedlichen dem Mainstream zugehörigen Forschungslinien kontrolliert austragen lassen (Kaboub 2010). Als Gesamtheit (oder als „Paradigma") wird durch die DSGE-Modellklasse zugleich das Inklusions-/Exklusionsregime der Zugehörigkeit zum makroökonomischen Mainstream reguliert: Ansätze, die einer Mikrofundierung im Sinne des Maximierungsparadigmas und/oder dem Gleichgewichtskonzept skeptisch gegenüberstehen, werden von vornherein aus methodologischen Gründen aus dem Kreis valider Beiträge zur makroökonomischen Forschung ausgeschlossen (und dies betrifft tendenziell alle heterodoxen Ansätze in den Wirtschaftswissenschaften).
4. Bereits mit der originären neoklassischen Synthese der Nachkriegsjahrzehnte wurde das Begründungsschema für Krisenphänomene stillschweigend ausgetauscht: „Because it had abandoned uncertainty as an explanation for the volatility of investment and output, the Keynesian models of the post-war period depended on the *ad hoc* assumption of price rigidities in order to be

able to explain the persistence of unemployment in an otherwise Walrasian economy" (Braun 2014, S. 59). Das Gleiche gilt weiterhin für die neukeynesianischen Modelle, wie bei de Grauwe (2010, S. 480) vermerkt wird: „In the DSGE models now favored by central banks, business cycle movements in output and prices originate from price and wage stickiness. In order to reduce this kind of volatility more flexibility in prices and wages are required. That is why many central banks call for more flexibility. In a more flexible world, central banks will not be called upon so often to stabilize output, and thereby set price stability at risk". Weil die Walrasianische Gleichgewichtstheorie als kaum hinterfragtes „kognitives Skelett" fungiert, diesem Theorieunternehmen aber zugleich starke Normalitätsvorstellungen bezüglich der Funktionsweise von Märkten inhärent sind, ist große Vorsicht bei der unmittelbaren Ableitung geld- und wirtschaftspolitischer Maßnahmen geboten. Auf Basis der Ausführungen im Text können wir keine gesicherten Aussagen darüber machen, wie dieser „Hiatus" seitens praktizierender Ökonomen gehandhabt wird.

## Literatur

Angeletos, G.-M., & La'O, J. (2011). Decentralization, Communication, and the Origins of Fluctuations. *Massachusetts Institute of Technology. Department of Economics Working Paper Series, 11-0.*

Benchimol, J., & Fourcans, A. (2012). Money and Risk in a DSGE Framework: A Bayesian Application to the Eurozone. *Journal of Macroeconomics 34*, 95–111.

Bernanke, B. S., & Blinder, A. (1992). The Federal Funds Rate and the Channels of Monetary Transmission. *American Economic Review 82 (4)*, 901–921.

Bernanke, B. S., Gertler, M., & Gilchrist, S (1999). The Financial Accelerator in a Quantitative Business Cycle Framework. In J. B. Taylor & M. Woodford (Hrsg.), *Handbook of Macroeconomics, Vol. 1* (1341–1393). Amsterdam et al.: North Holland.

Boumans, M. (2005). *How Economists Model the World into Numbers.* New York: Routledge.

Boumans, M. (2012). Modeling Strategies for Measuring Phenomena In- and Outside the Laboratory. In H. W. de Regt, S. Hartmann & S. Okasha (Hrsg.), *EPSA Philosophy of Science: Amsterdam 2009* (S. 1–11). Dordrecht: Springer.

Bourdieu, P. (1998). *Vom Gebrauch der Wissenschaft. Für eine klinische Soziologie des wissenschaftlichen Feldes.* Konstanz: UVK.

Brazdik, F., Hlavacek, M., & Marsal, A. (2012). Survey of Research on Financial Sector Modeling within DSGE Models: What Central Banks Can Learn from It. *Czech Journal of Economics and Finance 62 (3)*, 252–277.

Braun, B. (2014). Why Models Matter: The Making and Unmaking of Governability in Macroeconomic Discourse. *Journal of Critical Globalisation Studies 7*, 48–79.

Brzoza-Brzezina, M., Kolada, M., & Makarski, K. (2011). The Anatomy of Standard DSGE Models with Financial Frictions. *National Bank of Poland Working Paper 80*. http://www.nbp.pl/publikacje/materialy_i_studia/80_en.pdf. Zugegriffen 03. März 2016.

Caballero, R.J. (2010). Macroeconomics after the Crisis: Time to Deal with the Pretense-of-Knowledge Syndrome. *Journal of Economic Perspectives 24*, 85–102.

Caspari, V., Schefold, B. (Hrsg.) (2011). *Wohin steuert die ökonomische Wissenschaft? Ein Methodenstreit in der Volkswirtschaftslehre*. Frankfurt am Main: Campus.

Chari, V. (2010). Testimony before the Committee on Science and Technology, Subcommittee on Investigations and Oversight, U.S. House of Representatives. http://people.virginia.edu/~ey2d/Chari_Testimony.pdf. Zugegriffen 03. März 2016.

Clement, P. (2010). The Term „Macroprudential": Origins and Evolution. *BIS Quarterly Review (March)*, 59–67. http://www.bis.org/publ/qtrpdf/r_qt1003h.pdf. Zugegriffen 03. März 2016.

Clower, R.W. (1995). Axiomatics in Economics. *Southern Economic Journal 62 (2)*, 307–319.

Colander, D., Holt, R., & Rosser, B. (2004). The Changing Face of Mainstream Economics. *Review of Political Economy 16 (4)*, 485–499.

De Goede, M. (2005). *Virtue, Fortune and Faith. A Genealogy of Finance*. Minneapolis: University of Minnesota Press.

De Grauwe, P. (2010). Top-Down versus Bottom-Up Macroeconomics. *CESifo Economic Studies 56 (4)*, 465–497.

Edge, R.M., Kiley, M.T., & Laforte, J.-P. (2007). Natural Rate Measures in an Estimated DSGE Model of the U.S. Economy. *Finance and Economics Discussion Series Divisions of Research & Statistics and Monetary Affairs, 2007–08*. http://www.federalreserve.gov/pubs/feds/2007/200708/200708pap.pdf. Zugegriffen 03. März 2016.

Evans, G.W., & Ramey, G. (2001). Adaptive Expectations, Underparameterization and the Lucas Critique. *Journal of Monetary Economics 53 (2)*, 249–264.

Fagiolo, G., & Roventini, A. (2012). Macroeconomic Policy in DSGE and Agent-Based Models. Verona. *Working Paper Series Department of Economics University of Verona 7*. http://leonardo3.dse.univr.it/home/workingpapers/2012WP07DFR_OFCE_v3.pdf. Zugegriffen 03. März 2016.

Felderer, B., & Homburg, S. (2005). *Makroökonomik und neue Makroökonomik*. Berlin et al.: Springer.

Fernandez-Villaverde, J. (2010). The Econometrics of DSGE Models. *SERIEs 1 (1)*, 3–49.

Galí, J. (2008). *Monetary Policy, Inflation, and the Business Cycle. An Introduction to the New Keynesian Framework*. Princeton: Princeton University Press.

Gelain, P., Lansing, K.J., & Mendicino, C. (2013). House Prices, Credit Growth, and Excess Volatility: Implications for Monetary and Macroprudential Policy. *International Journal of Central Banking (June 2013)*, 219–276.

Gerali, A., Neri, S., Sessa, L., & Signoretti, F.M. (2010). Credit and Banking in a DSGE Model of the Euro Area. *Journal of Money, Credit and Banking 42*, 107–141.

Gertenbach, L. (2008). *Die Kultivierung des Marktes. Foucault und die Gouvernementalität des Neoliberalismus. 2. Aufl.* Berlin: Parodos.

Gibbard, A., & Varian, H.R. (1978). Economic Models. *The Journal of Philosophy 75 (11)*, 664–677.

Gilchrist, S., Ortiz, A., & Zakrajsek, E. (2009). Credit Risk and the Macroeconomy: Evidence from an Estimated DSGE Model (Paper prepared for the FRB/JMCB conference "Financial Markets and Monetary Policy," held at the Federal Reserve Board, Washington D.C.,

June 4–5, 2009.). http://www.federalreserve.gov/events/conferences/fmmp2009/papers/Gilchrist-Ortiz-Zakrajsek.pdf. Zugegriffen: 03. März 2016.

Goodfriend, M. (2007). How the World Achieved Consensus on Monetary Policy. *Journal of Economic Perspectives 21 (4)*, 47–68.

Halsmayer, V. (2014). From Long-Run Utopia to Technical Expertise. Solow's Growth Model as a Multipurpose Design. *CHOPE Working Paper, Duke University, 2014-09*. https://hope.econ.duke.edu/sites/hope.econ.duke.edu/files/Halsmayer%202014.pdf Zugegriffen: 03. März 2016.

Heintz, B. (2000). *Die Innenwelt der Mathematik. Zur Kultur und Praxis einer beweisenden Disziplin*. Wien: Springer.

Hoover, K.D. (1988). *The New Classical Macroeconomics. A Sceptical Inquiry*. Oxford: Blackwell.

Hoover, K.D. (1995). Facts and Artifacts: Calibration and the Empirical Assessment of Real-Business-Cycle Models. *Oxford Economic Papers 47 (1)*, 24–44.

Horvath, M. (2011). Vielfalt der Deutungen statt exakter Modelle? Möglichkeiten und Grenzen des interdisziplinären Dialogs zwischen Ökonomik und Kulturwissenschaft. In C. Künzel & D. Hempel (Hrsg.), *Finanzen und Fiktionen. Grenzgänge zwischen Literatur und Wirtschaft* (S. 45–66). Frankfurt am Main, New York: Campus.

Howitt, P. (2006). Monetary Policy and the Limitations of Economic Knowledge. In: D.C. Colander (Hrsg.), *Post Walrasian macroeconomics. Beyond the dynamic stochastic general equilibrium model* (S. 347-367). Cambridge, New York: Cambridge University Press.

Iacoviello, M. (2005). House Prices, Borrowing Constraints, and Monetary Policy in the Business Cycle. *American Economic Review 95(3)*, 739–764.

Joyce, M., Lasaosa, A., Stevens, I., & Tong, M. (2010). The Financial Market Impact of Quantitative Easing. *Bank of England Working Paper, 393*. http://www.bankofengland.co.uk/research/Documents/workingpapers/2010/wp393.pdf. Zugegriffen: 03. März 2016.

Kaboub, F. (2010). IS-LM Model. In: R.C. Free (Hrsg.), *21st Century Economics. A Reference Handbook* (341–347). Thousand Oaks, Calif: Sage.

Kapeller, J. (2012). *Modell-Platonismus in der Ökonomie. Zur Aktualität einer klassischen epistemologischen Kritik*. Frankfurt am Main et al.: Peter Lang.

King, M. (2012). Twenty Years of Inflation Targeting. The Stamp Memorial Lecture, London School of Economics. http://www.lse.ac.uk/assets/richmedia/channels/publicLecturesAndEvents/transcripts/20121009_1830_twentyYearsOfInflationTargeting_tr.pdf. Zugegriffen: 03. März 2016.

Kirman, A. (1992). Whom or What Does the Representative Individual Represent? *Journal of Economic Perspectives 6 (2)*, 117–136.

Kocherlakota, N. (2009). Modern Macroeconomic Models as Tools for Economic Policy. Minneapolis. The Federal Reserve Bank of Minneapolis Annual Report Essay. https://www.minneapolisfed.org/~/media/files/pubs/region/10-05/2009_mplsfed_annualreport_essay.pdf. Zugegriffen: 03. März 2016.

Krippner, G.R. (2012). *Capitalizing on Crisis. The Political Origins of the Rise of Finance*. Cambridge: Harvard University Press.

Kydland, F.E., & Prescott, E.C. (1982). Time to Build and Aggregate Fluctuations. *Econometrica 50 (6)*, 1345–1370.

Leijonhufvud, A. (1973). Life among the Econ. *Western Economic Journal 11 (3)*, 327–337.

Lucas, R.E. (1972). Expectations and the Neutrality of Money. *Journal of Economic Theory 4*, 103–124.

Lucas, R. E. (1976). Econometric Policy Evaluation: A Critique. K. Brunner & A. H. Meltzer (Hrsg.), *Carnegie-Rochester Conference Series. Vol. 1* (S. 19–46). Amsterdam: North Holland.

Lucas, R. E. (1988). *Models of Business Cycles.* Oxford: Blackwell.

Lucas, R. E. (2003). Macroeconomic Priorities. *American Economic Review 93 (1)*, 1–14.

Luhmann, N. (1990). *Die Wissenschaft der Gesellschaft.* Frankfurt am Main: Suhrkamp.

McCloskey, D. (1998). *The Rhetoric of Economics.* Madison: The University of Wisconsin Press.

Mehrling, P. (2011). *The New Lombard Street. How the Fed Became the Dealer of Last Resort.* Princeton: Princeton University Press.

Meuser, M., & Nagel, U. (2009). Das Experteninterview – konzeptionelle Grundlagen und methodische Anlage. In S. Pickel, G. Pickel, H.-J. Lauth & D. Jahn (Hrsg.), *Methoden der vergleichenden Politik- und Sozialwissenschaft. Neue Entwicklungen und Anwendungen* (S. 465–479) Wiesbaden: VS Verlag für Sozialwissenschaften.

Michaelis, J. (2013). Und dann werfen wir den Computer an – Anmerkungen zur Methodik der DSGE-Modelle. *MAGKS. Joint Discussion Paper Series in Economics, 23-2013.* http://www.uni-marburg.de/fb02/makro/forschung/magkspapers/23-2013_michaelis.pdf. Zugegriffen: 03. März 2016.

Mieg, H. A., & Brunner, B (2004). Experteninterviews. Reflexionen zur Methodologie und Erhebungstechnik. *Schweizerische Zeitschrift für Soziologie 30*, 199–222.

Mirowski, P., Plehwe, D. (Hrsg.) (2009). *The Road from Mont Pelerin. The Making of the Neoliberal Thought Collective.* Cambridge: Harvard University Press.

Morgan, M. S. (2012). *The World in the Model. How Economists Work and Think.* Cambridge: Cambridge University Press.

Muth, J. F. (1961). Rational Expectations and the Theory of Price Movements. *Econometrica 29 (3)*, 315–335.

Sbordone, A. M., Tambalotti, A., Rao, K., & Walsh, K (2010). Policy Analysis Using DSGE Models: An Introduction. Federal Reserve Bank of New York. *FRBNY Economic Policy Review, October 2010.* http://www.newyorkfed.org/research/epr/10v16n2/1010sbor.pdf. Zugegriffen: 03. März 2016.

Slanicay, M. (2014). Some Notes on Historical, Theoretical, and Empirical Background of DSGE Models. *Review of Economic Perspectives – Národohospodářský Obzor 14 (2)*, 145–164.

Snowdon, B., & Vane, H. R. (2005). *Modern Macroeconomics. Its Origins, Development and Current State.* Cheltenham, Northampton: Edward Elgar.

Solow, R. M. (2010). Building a Science of Economics for the Real World. Prepared Statement, House Committee on Science and Technology, Subcommittee on Investigations and Oversight, July 20, 2010. http://www2.econ.iastate.edu/classes/econ502/tesfatsion/Solow.StateOfMacro.CongressionalTestimony.July2010.pdf. Zugegriffen: 26. November 2012.

Stark, T., & Taylor, H. (1991). Activist Monetary Policy for Good and Evil? The New Keynesians vs. the New Classicals. *Business Review (Federal Reserve Bank of Philadelphia) (March/April).* http://www.phil.frb.org/research-and-data/publications/business-review/1991/brma91ts.pdf. Zugegriffen: 03. März 2016.

Stiglitz, J. E. (2009). The Current Economic Crisis and Lessons for Economic Theory. *Eastern Economic Journal 35*, 281–296.

Tovar, C. E. (2008). DSGE Models and Central Banks. Bank for International Settlements. Basel. *BIS Working Papers 258.* http://www.bis.org/publ/work258.pdf. Zugegriffen: 03. März 2016.

Woodford, M. (2009). Convergence in Macroeconomics: Elements of the New Synthesis. *American Economic Journal: Macroeconomics 1 (1)*, 267–279.
Wouters, R., & Dewachter, H. (2012). Endogenous Risk in a DSGE Model with Capital-Constrained Financial Intermediaries. *National Bank of Belgium, Working Paper Research 235*. http://nbb.be/doc/ts/publications/wp/WP235En.pdf. Zugegriffen: 03. März 2016.
Ylikoski, P. & Aydinonat, N. E. (2014). Understanding with Theoretical Models. *Journal of Economic Methodology 21 (1)*, 19–36.

# Das „dominante Schaubild“ und die visuelle Herstellung des Verständnisses der wirtschaftlichen Zukunft

Werner Reichmann

## 1 Einleitung

Im Vergleich zu anderen sozialwissenschaftlichen Disziplinen werden gegenwärtig in den Wirtschaftswissenschaften nicht nur überdurchschnittlich häufig bildliche Darstellungen verwendet, um Wissen mit anderen zu teilen, es wurde historisch gesehen auch früher damit begonnen Schaubilder und Grafiken herzustellen und zu publizieren (Beniger und Robyn 1978; Klein 1995). In diesem Beitrag stelle ich die Frage, wie man das visualisierte Wissen der Ökonomie, genauer gesagt der Wirtschaftsprognostik, aus einer durch die Social Studies of Science inspirierten Perspektive interpretieren kann.

Empirischer Ausgangspunkt der Interpretation ist, dass sich, ähnlich wie in den Naturwissenschaften, in der Wirtschaftsprognostik eine konventionalisierte, von mir als „dominantes Schaubild“ bezeichnete Darstellungsweise der wirtschaftlichen Zukunft etabliert hat. Dies ist hier in zweierlei Hinsicht interessant: Erstens wird das dominante Schaubild, was Inhalt und Form angeht, entsprechend Konventionen hergestellt, die sich aus dem System der Volkswirtschaftlichen Gesamtrechnung (ab jetzt: VGR) speisen. Variationen sind lediglich in thematischen und institutionellen Randbereichen zu beobachten. Zwar ist das dominante Schaubild in Text eingebettet, dieser wird allerdings vom Schaubild dominiert, der Text hat sich – inhaltlich und auch im Schriftbild – um das dominante Schaubild zu gruppieren. Zweitens ist das „dominante Schaublid“ als „skopisches System“ (Knorr Cetina 2012) interpretierbar, das Blicke in eine Welt ermöglicht, die (noch) nicht existiert und vielleicht nie existieren wird, nämlich in die wirtschaftliche Zukunft. Gleichzeitig ko-konstruiert bzw. verändert das dominante Schaubild die wirtschaftliche Zukunft. Die Eigenartigkeit des „dominanten Schaubilds“ der Wirtschaftsprognostik ist eine doppelte: Es zeigt nicht nur etwas, was wir eigentlich nicht sehen können, nämlich „die Wirtschaft“. Es vermittelt zudem auch die Zukunft „der Wirtschaft“, bildet also einen gesellschaftlichen Bereich ab, für dessen empirischen Zugang (noch) keine Apparaturen oder Methoden existieren.

Zunächst stecke ich das von mir untersuchte empirische Feld, die Wirtschaftsprognostik im deutschsprachigen Raum, ab um anschließend die konventionalisierte und von mir als „dominantes Schaubild" bezeichnete Visualisierung der wirtschaftlichen Zukunft zu beschreiben. Der Einordnung des dominanten Schaubildes in bildwissenschaftliche Literatur folgt eine Analyse der Konventionen, nach denen es angefertigt wird. Abschließend widme ich mich der wissenschaftssoziologischen Interpretation des dominanten Schaublides als skopisches Medium, das erst durch seine Einbettung in ein gemeinsam „sehendes" Denkkollektiv verstanden werden kann.

## 2 Das empirische Feld

Da zu Beginn des 21. Jahrhunderts viele Organisationen existieren, die Aussagen über die wirtschaftliche Zukunft tätigen und verbreiten, ist es notwendig, das von mir untersuchte Feld einzuschränken und zu charakterisieren. Die empirischen Daten, die in die vorliegende Untersuchung einfließen, stammen von einer spezifischen Gruppe von wirtschaftsprognostischen Organisationen und Instituten, die in Deutschland üblicherweise als „die unabhängigen Wirtschaftsforschungsinstitute" bezeichnet werden. Nur für deren Visualisierungen gelten die in diesem Beitrag getätigten Aussagen. Drei der wichtigsten Charakteristika dieser Institute sind: (1) Sie verdienen ausschließlich mit Wirtschaftsforschung Geld. Anders als Finanzinstitute und Großbanken, die ebenso Wirtschaftsprognosen erstellen, verwenden die in diesem Beitrag untersuchten Institute ihre Prognosen nicht, um Anderes zu verkaufen. Sie produzieren ausschließlich wirtschaftswissenschaftliches Wissen und Expertise. (2) Des Weiteren sehen sich die hier untersuchten Wirtschaftsprognoseinstitute als *wissenschaftliche* Einheiten, und das Tun der dort arbeitenden Menschen beinhaltet Praktiken, die ausschließlich in der Wissenschaft vorkommen: Sie schreiben Aufsätze für wissenschaftliche Zeitschriften, sie habilitieren, sie geben Seminare an Universitäten etc. (3) Die hier untersuchten Institute sind nicht Teil einer politischen Organisation, einer Interessensvertretung, Partei oder Gewerkschaft. Damit sind jene Prognoseinstitute, die organisatorisch bzw. ideologisch eng an Interessensverbände und politischen Parteien gebunden sind oder diesen als wissenschaftlicher Dienst zuarbeiten, vom für diesen Beitrag analysierten wissenschaftlichen Feld ausgeschlossen.

Die empirischen Daten bestehen aus einer Gesamterhebung aller wissenschaftlichen Wirtschaftsprognosen für den deutschsprachigen Raum (Deutschland, Österreich und Schweiz) seit 2009. Darüber hinaus gehören 30 qualitative Interviews mit Personen, die Wirtschaftsprognosen professionell herstellen oder verwenden, zum Datenpool.

## 3 Das (wirtschafts-)wissenschaftliche Bild

Wissenschaftliche Bilder sind aus historischer, bildwissenschaftlicher und philosophischer Perspektive gut erforscht. Allerdings konzentrieren sich diese Studien im Wesentlichen auf Bilder, die im Rahmen der Naturwissenschaften entstanden sind (zum Beispiel Heintz und Huber 2001; Breidbach 2005; Adelmann et al. 2009; Vögtli und Ernst 2007; Liebsch und Mößner 2012). Die Bilder der Ökonomie wurden bislang seltener analysiert. Zaloom (2009) interpretiert beispielsweise die *„yield curve"*, wobei bei ihr weniger die Bildpraxis als vielmehr die visuellen Signale für Märkte und die auf Märkten beobachtbaren Affekte im Mittelpunkt stehen. Tanner (2002) wiederum richtet einen kulturwissenschaftlichen Blick auf die „Wirtschaftskurve", was bei ihm eine nicht näher bestimmbare Repräsentation wie auch immer gearteter Wirtschaftsdaten sein kann. Klein (1995) beinhaltet eine kurze, sehr informative und Begriffe klärende Geschichte der Kurve in der Politischen Ökonomie. Es fällt auf, dass die wenige Literatur wirtschaftswissenschaftliche Bilder auf die Kurve einengt und andere visuelle Darstellungsformen, die die ökonomische Forschung hervorbringt, vernachlässigt werden. Empirisch zeigt sich, dass Wirtschaftswissenschaftler ein vielfältiges Repertoire an bildhaften Darstellungen produzieren und zur Wissensvermittlung verwenden und dass die Erzeugung und das Verstehen der Bilder der wirtschaftlichen Zukunft in soziologisch relevanten epistemischen Strukturen eingebettet sind, die in der angeführten Literatur weitgehend ignoriert wird.

### 3.1 Das „dominante Schaubild" der Wirtschaftsprognostik

Die empirische Analyse der Visualisierungen der wirtschaftlichen Zukunft zeigt zunächst, dass diese in Form und Inhalt rigiden Standards und Konventionen folgen. Unabhängig davon, welches Wirtschaftsforschungsinstitut die bildlichen Darstellungen erzeugt, werden sie einem unausgesprochenen und nicht niedergeschriebenen Regelwerk entsprechend produziert. Es existiert ein Bestand an sozial geteiltem Wissen und Konventionen darüber, wie die wirtschaftliche Zukunft bildlich darzustellen ist. Die Daten zeigen, dass die immer gleichen Elemente im Bild platziert werden und dass nur wenige mögliche Inhalte existieren, die über das Schaubild vermittelt werden. Variationen davon sind lediglich in einem engen Rahmen vorfindbar. Diese Art der standardisierten Darstellung der wirtschaftlichen Zukunft möchte ich als das „dominante Schaubild" der Wirtschaftsprognostik bezeichnen (vgl. dazu Reichmann 2013, S. 344; Reichmann 2015a).

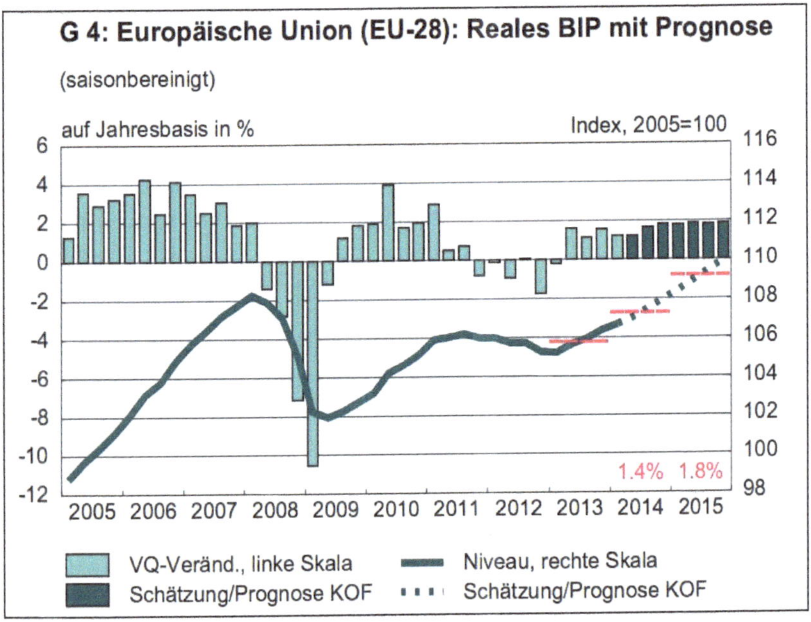


**Abb. 1** Das „dominante Schaubild" der wirtschaftlichen Zukunft Europas
Quelle: KOF Bulletin Nr. 75, Juni 2014, Anhang: Grafiken

Die Abbildungen 1 und 2 stellen aktuelle Beispiele für das dominante Schaubild der Wirtschaftsprognostik dar und enthalten alle der Konvention entsprechenden Elemente. Zwei Dimensionen spannen einen Raum auf, in dem durch eine Linie miteinander verbundene Datenpunkte platziert werden. Die waagerechte Achse bildet eine in der üblichen Richtung (von links nach rechts) lesbare zeitliche Dimension ab, die mehrere Jahre, unterteilt in Quartale, umfasst. Die Zeiträume werden visuell markiert, sodass sich Vergangenheit und Zukunft farblich voneinander unterscheiden. Die Zukunft hat eine andere Farbe als Gegenwart und Vergangenheit. Auf der senkrechten Achse ist ein wirtschaftsbezogener quantitativer Indikator aufgetragen. Das Spektrum möglicher Indikatoren ist klein. Es werden solche Indikatoren verwendet, die die Arbeit, den Arbeitsmarkt, die Auftragslage, den Konsum, öffentliche Finanzen, Produktion und Investition, den Außenhandel, Preise, das Banken- und Kreditwesen, das Geldvolumen, Devisen oder Zinsen betreffen. Ein besonderer Schwerpunkt liegt zudem auf Aggregaten, die der VGR entnommen werden. Linien werden mit Säulen kombiniert, die die Veränderung des jeweiligen Indikators pro Zeiteinheit angeben.

Eine Variation des „dominanten Schaubildes" der Wirtschaftsprognostik besteht aus direkt im Schaubild platzierten Zusatzinformationen. In Abbildung 1 wird beispielsweise das relative jährliche Wachstum des BIPs als Zahl in den Datenraum eingefügt. Visualisiert wird dieses zudem durch eine waagerechte Linie, die den prognostizierten Jahresdurchschnitt zeigt. Eine weitere Variation ist der visualisierte Vergleich von wirtschaftsbezogenen Indikatoren. Entweder werden mehrere dominante Schaubilder mit unterschiedlichen Indikatoren nebeneinander gestellt oder es werden zwei Indikatoren in einem dominanten Schaubild verglichen. Die Vergleichsebenen sind dabei Branchen (z. B. Industrie, Landwirtschaft etc.), Zeiträume oder Regionen, die nach geographischen („in europäischen Ländern", „Ostasien" etc.), wirtschaftlichen („Euroraum", „BRICS", „PI[I]GS" etc.) oder politischen („EU 27", „OECD" etc.) Kriterien definiert werden (Reichmann 2013, S. 345f.).

## 3.2 Ist das dominante Schaubild ein Bild?

Zunächst stellt sich die Frage, ob das dominante Schaubild der Wirtschaftsprognostik überhaupt als „Bild" behandelt werden kann? Und hat es überhaupt etwas mit anderen bildlichen Darstellungen in den Wissenschaften, wie beispielsweise Photographien, Zeichnungen, Computervisualisierungen gemeinsam? In der bildwissenschaftlichen Literatur wird diese Frage durch eine Auffächerung begrifflicher Unterscheidungen eindeutig positiv beantwortet. Bilder kommen in der Wissenschaft als empirischer Beleg, also als Datenmaterial, im Begründungszusammenhang, also als Argument oder im Rahmen der Wissensvermittlung vor (Sachs-Hombach 2012, S. 32f.). Diese Bilder, so die einhellige Meinung in der Literatur, bleiben auch dann Bilder, wenn sie „Instrumente" sind und auch dann, wenn sie „ihren Zweck notwendigerweise außer sich selbst haben" (Boehm 2001, S. 53). Im Unterschied zu anderen Bildern, beispielsweise Portraits, Malereien oder Urlaubsschnappschüssen, verlagert sich leidglich die Absicht hinter der Bildproduktion von ästhetischen Überlegungen (auch wenn diese niemals gänzlich ausgeschlossen werden, siehe Heßler 2012, S. 88) hin zu instrumentellen Absichten. Es ist eben genau diese Absicht, „nützliche Bilder" (Boehm 2001) herzustellen und damit Bilder zu produzieren, deren Ästhetik für die Sinnproduktion bewusst instrumentalisiert wird (Heßler 2012, S. 82). Unter Rückgriff auf Goodmans Bestimmung des Bildlichen stellt Heßler (2012) die These auf, dass sich wissenschaftliche Bilder dem Instrumentarium der Ästhetik, z. B. Farbe, Linien, Dicke der Linien, Kontrast, Hintergrund, bedienen, um wissenschaftlichen, glaubhaften Sinn zu erzeugen.

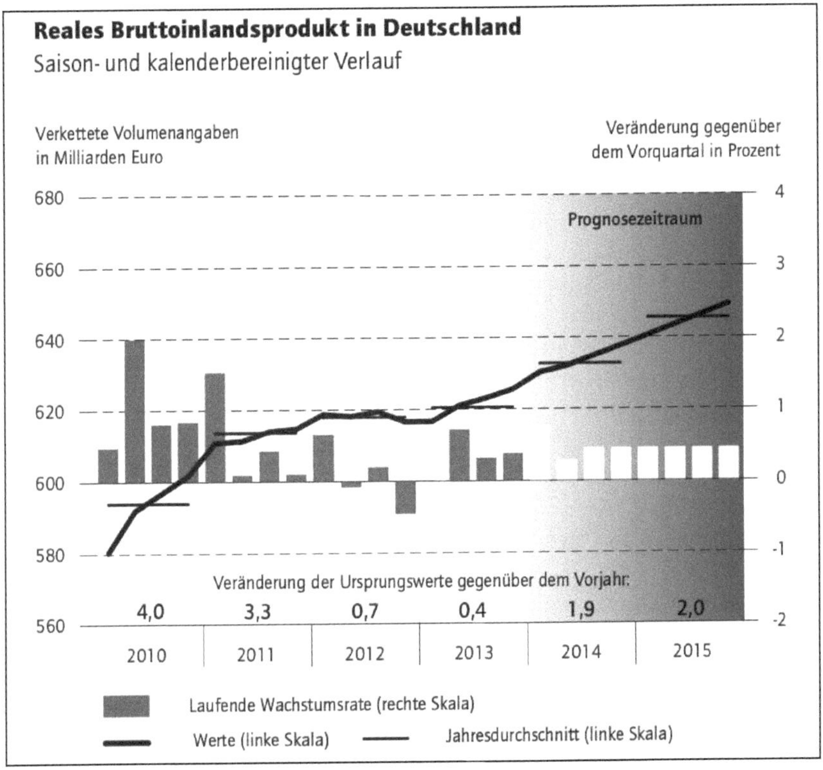


**Abb. 2** Das „dominante Schaubild" der wirtschaftlichen Zukunft Deutschlands
Quelle: Gemeinschaftsdiagnose, Frühjahr 2014, S. 48

Im Falle des dominanten Schaubildes der Wirtschaftsprognostik ist offensichtlich, dass es sich nicht um ein „natürliches Abbild" eines Objektes handelt, weil die wirtschaftliche Zukunft kein physisches Objekt ist, das sich einer visuellen Spiegelung unterziehen lässt. Es gibt zudem gute Gründe zu bezweifeln, dass es „natürliche Abbilder", die Objekte lediglich passiv spiegeln, überhaupt gibt. Das natürliche Bild steht in der Tradition der Bildtheorie Platons und sollte „etwas in der Welt bereits Gegebenes in Farben und Formen ‚wiedergeben' oder abbilden. [...] Ein Abbild ist für diese Tradition eine schwache Kopie einer zuvor schon vollständig gegebenen Gegenständlichkeit" (Scholz 2012, S. 44f.). Im Falle der Wirtschaftsprognostik ist klar, dass es sich um „gemachte Bilder" handelt – die Ökonomie macht selbstverständlich keine „Abbilder", sondern produziert aktiv soziale Tatsachen. Diese gemachten Bilder sind nicht als Kopie von etwas zu sehen, sondern referenzieren mehr oder weniger stark auf ein Objekt, das aber immer in einer zu spezifizierenden Weise verstehend behandelt und manipuliert wird (Scholz 2012, S. 45). Für die Analyse wirtschaftsprognostischer Bilder ist zudem wichtig, dass auch „im Sachbezug leere Bilder" unterschieden werden – Bilder, die „nichts Wirkliches" (Scholz 2012, S. 46) zeigen, beispielsweise Abbildungen eines Perpetuum mobile oder von Dingen, von denen Wissenschaftler nur irrtümlicherweise dachten, dass es sie gibt, deren Existenzannahme sich aber hinterher als falsch herausgestellt hat.

Ein besonderer Typus der von Sachbezügen befreiten Bilder sind sogenannte „entwerfende Bilder" (Scholz 2012, S. 47). Sie bilden etwas ab, das es nicht oder noch nicht gibt und das es vielleicht niemals geben wird. Scholz (2012) gibt beispielsweise technische Planer und Zeichner an, die Dinge abbilden, von denen wir nicht wissen, ob es sie gibt, geschweige denn, ob es sie je geben wird (Scholz 2012, S. 47). Der Begriff des „entwerfenden Bildes" bezieht sich in diesem Zusammenhang zwar offenbar auf den bei Architekten und Bauzeichnern üblichen Begriff des „Entwurfs", eignet sich aber auch für die begriffliche Erfassung von Wirtschaftsprognosen. Auch sie sind Entwürfe, die auf gegenwärtiges Wissen zurückgreifen, um zu zeigen, was in der Zukunft (vielleicht) sein wird.

## 4 Die Konventionalität des dominanten Schaubildes

Wissenschaftliche Disziplinen, so Scholz (2012, S. 46f.), haben ihre jeweils eigenen Bildsysteme und Bildkonventionen entwickelt. Wissenschaftshistorische Analysen der Genese wissenschaftlicher Bildsysteme sind rar (beispielhaft für eine historische Analyse der Entwicklung wissenschaftsdisziplinärer Bildsysteme ist Rudwick 1976) bzw. existieren sie für die Sozial- und Wirtschaftswissenschaften gar nicht. Auch in diesem Beitrag kann kein Überblick über die historische Entwicklung der Regeln der Bilderstellung in der Ökonomie abgeliefert werden. Vielmehr versuche ich mich im Folgenden in einer wissenschaftssoziologischen Deutung der Konventionalität der Abbildungen wirtschaftlicher Zukunft.

Die Standardisierung ist ein entscheidendes und empirisch in großer Deutlichkeit erkennbares Merkmal des hier analysierten dominanten Schaubildes der Wirtschaftsprognostik. Es entsteht offensichtlich unter Einhaltung von Konventionen, also von unausgesprochenen und nicht niedergeschriebenen Regeln. Die Konvention unterscheidet sich nach Max Weber vom Recht dadurch, dass es keine eigens definierte gesellschaftliche Gruppe gibt, die die Einhaltung von Konventionen überwacht und deviantes Verhalten legitimer Weise bestrafen kann (Weber 1922, Kapitel I, §6, Abs. 1). Freiwillig werden Konventionen deswegen aber auch nicht befolgt. Vielmehr werden Konventionen „dem einzelnen als verbindlich oder vorbildlich durchaus ernstlich ‚zugemutet' und durchaus nicht [...] freigestellt" (Weber 1922, Kapitel I: §6, Abs. 1). Bestraft wird in diesem Sinne unkonventionelles Verhalten über den „sozialen Boykott der Standesgenossen" (Weber 1922, Kapitel I: §6, Abs. 1), aber eben nicht durch extra dafür ausgebildete oder besonders legitimierte Gesellschaftsmitglieder. Konventionen, so wissen wir darüber hinaus, sind kontingent, im Prinzip veränderlich und könnten im Prinzip immer auch anders ausgestaltet sein (Bloor 1994).

Dass das dominante Schaubild im Prinzip veränderbar und Ergebnis sozialer Konventionen ist, kann ein Blick in die Geschichte der bildhaften Darstellungen der Ökonomie belegen. Zwischen 1786 und dem Ende des 19. Jahrhunderts war die dominante ökonomische Variable, die in wirtschaftswissenschaftlichen Abbildungen verwendet wurden, der Weizenpreis (Klein 1995, S. 113). Dies wird durch die wichtige Position, die Weizen für damalige Gesellschaften als Produktionsfaktor eingenommen hat, erklärt. Auch auf individueller Ebene hat Weizen damals das Leben wesentlich bestimmt, da ein Arbeiter des 18. Jahrhunderts mehr als die Hälfte seines Jahreseinkommens für Weizenprodukte ausgegeben hat (Klein 1995, S. 116). Nicht nur der historische Vergleich zeigt die prinzipielle Veränderlichkeit der bildlichen Darstellungen der ökonomischen Zukunft. In stärker liberal ausgerichteten wirtschaftspolitischen Systemen wird in wirtschaftswissenschaftlichen Expertisen deutlich stärker auf Preise als auf Produktionsergebnisse fokussiert. Anders als im deutschsprachigen Raum (und im größten Teil Europas) spielen Preise in den USA und England eine größere Rolle in wirtschaftswissenschaftlichen bildlichen Darstellungen; vor allem Immobilienpreise und Zinsen werden herangezogen, auch um die Zukunft abzubilden. Dies korrespondiert mit der Skepsis dieser Länder gegenüber der Idee der VGR, die sich beispielsweise durch fehlendes Engagement der USA bei der Revision der VGR 1968 ausdrückt oder in der Tatsache, dass auch das darauf folgende VGR 1993 niemals vollständig von den USA adaptiert und umgesetzt wurde (Vanoli 2005, S. 125; Reichmann 2015b).

## 5 Die wirtschaftliche Zukunft „sehen“

Wie wird die Konventionalität des dominanten Schaubildes hergestellt? Dass es auch andere Konventionen als jene des dominanten Schaubildes gibt, zeigen nicht-wissenschaftliche Darstellungen der wirtschaftlichen Zukunft. Beispielsweise versuchen Massenmedien in ihren Zukunfts-Darstellungen wesentlich schriller zu agieren, um die Affekte anzusprechen. Hier werden zum Beispiel „Emoticons“ und bunte Bilder verwendet, die für die jeweils gesendete Botschaft für passend gehalten werden. Staatliche statistische und wirtschaftspolitische Organisationen wiederum zeichnen sich bei ihren Visualisierungen durch eine starke Sachlichkeit und radikale Unspektakularität aus. Sie zeigen beispielsweise lediglich Tabellen, meistens in langen Zeitreihen und in sehr technischen Textumgebungen.

Meine These ist, dass die Einhaltung der Konventionalität des wirtschaftswissenschaftlichen Bildes durch ein „Denkkollektiv“ sicher gestellt wird, das, weil es sich ja um bildliche Darstellungen handelt, vor allen von denjenigen bestimmt wird, die das Bild sehen und verstehen wollen oder müssen. Nicht nur der Produzent des wirtschaftswissenschaftlichen Bildes, sondern auch der- oder diejenige, der oder die es sehen und verstehen will, prägt dessen Konventionalität. Für den Schwenk von der Produktion und Kommunikation visueller Darstellungen wissenschaftlichen Wissens zu deren Rezeption ist eine Idee Ludwik Flecks (1983) sehr nützlich, die zwischen „schauen“ und „sehen“ unterscheidet. Wer bloß schaut oder „starrt“ (Fleck 1983, S. 148), führt einen atomistischen, sozial abgeschotteten und auf physiologische Prozesse reduzierten Vorgang aus – er versteht nicht und weiß auch nicht. Im Gegensatz dazu ist „sehen“ ein sozialer und kultureller Vorgang und ist mitunter deshalb hochgradig kontingent (Fleck 1983, S. 157): „Um zu sehen, muß man wissen, was wesentlich und was unwesentlich ist, [...] muß darüber orientiert sein, zu was für einer Kategorie der Gegenstand gehört“ (Fleck 1983, S. 148). Erst wenn man weiß, „*wie* man darauf schauen muß“ (Fleck 1983; Hervorheb. WR), erkennt man die „Gestalt“ (hier gestaltpsychologisch gemeint) der Gegenstände. Gestalten sind Ganzheiten, die aus Einzelteilen zusammengesetzt sind. Die Einzelheiten werden aber nicht mehr wahrgenommen, sondern verschwinden gleichsam hinter der „Gestalt“. Die Einzelmerkmale der „Gestalt“ können innerhalb eines geringen Spektrums variieren. Variieren sie zu stark, „kippt“ die Gestalt und zeigt entweder etwas Anderes oder kann nicht verstanden werden.

„Sehen", so wie Ludwik Fleck es versteht, ist ein sozialer Vorgang. Es bilden sich daher auch Sehgemeinschaften, die ein ihren jeweiligen Denkstilen und Denkkollektiven entsprechendes Verständnis von Zeichen entwickeln und miteinander teilen. Die Idee, dass alles Wissen (also auch wissenschaftliches Wissen) durch in Denkkollektiven verankerte Denkstile beeinflusst wird, arbeitete Fleck schon früh aus (Fleck 1995 [1935]) und sie zieht sich durch sein gesamtes Werk. So wird auch das „Sehen", das hier erst durch Wissen ermöglicht wird, zu einer das Denkkollektiv formende Praktik. Umgekehrt formt das gemeinsame Sehen das Denkkollektiv.

Für die Ergebnisse der Visualisierungen der Wirtschaftsprognostik lässt sich ein so charakterisierbares, gemeinschaftliches „Sehen" feststellen. Wie beschrieben, zeigen die hier analysierten empirischen Daten, dass das dominante Schaubild nur wenig variiert. Damit bildet es eine „Gestalt", die von einem kulturell geprägten Denkkollektiv, das weiß, wie man es „sehen" muss, verstanden und gewusst wird. Es wäre nicht leicht, einem Menschen, der sich nicht zumindest zum Teil des von der VGR erzeugten Denkstils bedient, davon zu überzeugen, dass eine Linie in irgendeinem Zusammenhang mit dem „wirtschaftlichen Wohlstand" oder „der Wirtschaft" steht,[1] dass eine Säule Veränderung gegenüber dem Vorquartal symbolisiert und dass eine farbliche Veränderung des Hintergrunds die Zukunft symbolisiert. Damit wird deutlich, dass die Visualisierungen der wirtschaftlichen Zukunft nicht ohne Rückgriff auf ein Wissen verstanden werden kann, das uns ein – wie Fleck es nennt – Denkkollektiv anbietet. Das Denkkollektiv ist beim „Sehen" der Visualisierungen der wirtschaftlichen Zukunft immer mit anwesend.

Flecks Antwort auf die Frage nach dem Verstehen von visuellen Darstellungen der wirtschaftlichen Zukunft hat auch noch andere Folgen. Fleck meint, dass „wir mit dem Erwachen der Bereitschaft, bestimmte Gestalten wahrzunehmen, die Fähigkeit verlieren, andere wahrzunehmen" (Fleck 1983, S. 149). Auf die visuelle Kommunikation von Wirtschaftsprognosen angewendet bedeutet das, dass wir jene wirtschaftlichen Handlungen und Aggregate, die nicht vom kulturellen Wissensbestand der VGR abgedeckt werden, auch nicht wahrzunehmen in der Lage sind, anders: dass wir sie nicht „wissen". Dieser Gedanke könnte Ausgangspunkt einer Kritik des wirtschaftswissenschaftlichen Bildes sein.

In den von Scholz (2012, S. 50–55) vorgeschlagenen „Bausteinen" einer Theorie des wissenschaftlichen Bildes weist er darauf hin, dass Bildsysteme immer *„konventionale Zeichensysteme"* (Scholz 2012, S. 52) sind. Meine Antwort auf die Frage, wie diese Konventionen produziert und ihre Einhaltung garantiert werden, ist, dass sowohl die Produktion als auch die Rezeption dieser Zeichensysteme in die konventionalen Strukturen eines (im Fleck'schen Sinne) Wissenskollektivs eingebettet sind, die aus

1 Abgewandelter Satz von Ludwik Fleck (1983, S. 164).

eigentlich Sinn-losen Zeichen legitimes wissenschaftliches Wissen und glaubhafte wissenschaftliche Bilder entstehen lässt. Dieses Denkkollektiv ist, v.a. in Kontinentaleuropa, maßgeblich vom System der Volkswirtschaftlichen Gesamtrechnung geprägt. Das dominante Schaubild kann demnach von vielen Menschen nur dann verstanden werden, wenn diese anerkanntes Wissen darüber, was „Wirtschaft" ist und wie sie funktioniert bzw. funktionieren soll, teilen.

## 6 Das „dominante Schaubild" als skopisches Medium

„Entwerfende Bilder", wie jene der wirtschaftlichen Zukunft, kehren, so Scholz (2012, S. 47), die Analyserichtung traditioneller Bildtheorien (v.a. der Nachahmungs- und Ähnlichkeitstheorien) um. Diese gingen davon aus, dass Welt Bild macht. „Entwerfende Bilder" hingegen stellen diesen Zusammenhang auf den Kopf: „entwerfende Bilder" machen Welt. Die Frage nach der Verbindung zwischen Bild und dem abgebildeten Objekt, also nach der Referenzialität (Krämer 2009) des wirtschaftswissenschaftlichen Bildes, ist im Fall der Wirtschaftsprognostik besonders prekär. Was stellt das dominante Schaubild der Wirtschaftsprognostik dar? Etwas, das es nicht gibt, das es vielleicht nie geben wird und das sich dadurch, dass es abgebildet wird, maßgeblich verändern könnte (vgl. dazu Wansleben 2014). Das besondere Verhältnis zwischen Bild und Objekt sowie die Fähigkeit zur Welten-Produktion (Goodman 1978) des dominanten Schaubildes teilt es mit sogenannten „skopischen Medien" (Knorr Cetina 2012). Der Abschluss dieses Beitrags ist der Möglichkeiten der Interpretation des dominanten Schaubildes als skopisches Medium gewidmet.

Technisch gesehen bestehen skopische Medien üblicherweise aus einer Anordnung von Bildschirmen, die an eine komplexe Hardwarestruktur angeschlossen sind. Skopische Medien stellen nicht einfach eine existente Realität oder eine inszenierte Arena dar, sie produzieren nicht einfach ein Spiegelbild eines Objektes. Vielmehr vermitteln sie einen gesellschaftlichen Bereich, der ohne das skopische Medium nicht einsehbar wäre, in manchen Fällen auch nicht existieren würde. Dabei setzen sie kleine Informationsstücke zusammen, die aus unterschiedlichen, global verteilten Quellen stammen. Skopische Medien synthetisieren die Informationen und helfen so, Akteure, die nicht körperlich ko-präsent sind, an sozialen Situationen teilzunehmen, zu koordinieren. Damit transformieren skopische Medien die soziale Situation – es entsteht eine synthetische Situation (Knorr Cetina 2009; Einspänner-Pflock und Reichmann 2014). Moderne Gesellschaften neigen dazu, skopische Medien immer dann einzusetzen, wenn ein gewisses Maß an Schicksalshaftigkeit im Spiel ist, wenn also unter Ungewissheit gehandelt wird und gleichzeitig Handeln als besonders folgenreich angenommen werden muss (Goffman 1971, S. 178f.) da skopische Medien in der Lage sind, strukturell Unüberschaubares kulturell handhabbar zu machen (Grimpe 2010). Sie erzeugen eigene Temporalitäten und zwingen diese den synthetischen Situationen gleichsam auf (Knorr Cetina 2009).

Skopische Medien werden in sehr unterschiedlichen gesellschaftlichen Bereichen eingesetzt. Ein Beispiel für ihre Verwendung beschreibt Grimpe (2010) in ihrer Ethnographie über das nationale Schuldenmanagement in Entwicklungsländern. Sie zeigt, dass die Kreditaufnahmen und -rückzahlungen ein „strukturell unüberschaubares Gemeinschaftshandeln" (Grimpe 2010, S. 33f.) darstellen. Das Problem, diesen Bereich gesellschaftlichen Handelns trotzdem handhabbar zu machen, löst das Schuldenmanagement der Vereinten Nationen in Zusammenarbeit mit den Entwicklungsländern, indem es global verteilte Daten zusammenführt, diese Daten prozessiert und auf Bildschirmen sichtbar macht. An einem anderen Beispiel zeigt Woermann (2012), wie durch das globale Teilen von beim Extremsport aufgenommenen Filmen dem Sport eine zusätzliche Realitätsebene, eine Zusatz-Welt gegeben wird und durch die Sichtbarmachung Vergemeinschaftungs- und Identitätsprozesse stimuliert werden. Die Filme folgen einer spezifischen Inszenierungspraxis, tragen kleinteilige Informationen (Filmszenen) aus der ganzen Welt zusammen und stellen sie gesammelt und kulturspezifisch angeordnet dar. Auch hier wird also eine nicht-existente Welt dargestellt, denn, wie Woermann (2012) ausführt, es existiert ein markanter Unterschied zwischen den zeitlichen Abläufen der tatsächlichen Aktivität des Extremsports und seiner filmischen Inszenierung.

Wissenschaftlich erzeugte Bilder der wirtschaftlichen Zukunft geben auch Auskunft über einen mit den herkömmlich verfügbaren menschlichen Sinnen nicht einsehbaren Bereich menschlichen Handelns. Sie erzeugen und zeigen Bilder einer Welt, die es ohne das skopische Medium nicht gäbe und vielleicht nie geben wird. Die Bilder der Wirtschaftsprognostik sind nicht „Repräsentationen" einer existenten Realität – vielmehr mediatisieren sie (noch) nicht existente Ereignisse. Auch die hohe Informationalität lässt Darstellungen der wirtschaftlichen Zukunft als skopische Medien erscheinen. Schließlich zeigen sie nach gewissen Regeln zusammengesetzte Werte, die aus äußerst kleinteiligen Informationen aus unterschiedlichen wirtschaftlichen Bereichen und aus aller Welt zusammengestellt werden. Des Weiteren ist anzunehmen, dass Wirtschaftsprognosen ebenso wie skopische Medien reflexiven Charakter haben. Ihre Veröffentlichung hat für das nächste Prognose-„Update" Folgen. Zwar hat die Wirtschaftsprognostik keine exakte Vorstellung davon, wie diese Folgen im Detail aussehen werden, sie geht aber von der prinzipiellen Folgenhaftigkeit ihrer Prognosen aus. Ebenso kann in Zusammenhang mit den Bildern der Wirtschaftsprognostik von einer gewissen Schicksalshaftigkeit im Sinne Goffmans (1971, S. 180) gesprochen werden. Die

Prognosen fließen in die Steuerschätzung ein (Lehmann 2010), sie beeinflussen den Emissionskalender für Staatsanleihen, sie determinieren Tarifverhandlungen etc. So gesehen ist die Vermittlung und visuelle Kommunikation der wirtschaftlichen Zukunft eine ebenso unsichere wie keineswegs folgenlose Tätigkeit.

Die Interpretation der visuellen Kommunikation der wirtschaftlichen Zukunft als skopisches Medium hat allerdings auch Grenzen. In jenen Feldern, in denen skopische Medien bisher tiefergehend untersucht wurden, ist zu beobachten, dass die erzeugten Bilder in sehr kurzen Abständen aufgefrischt bzw. „upgedated" werden. Die bildlichen Darstellungen des Finanzmarktes sind hier besonders extreme Beispiele, da dort das skopische Medium die Handlungen der anderen an der Situation Teilnehmenden (beinahe) in Echtzeit prozessiert und projiziert. Das bei Grimpe (2010) analysierte Darstellungsverfahren von Staatsschulden in Entwicklungsländern ist viel langsamer, es kann zwischen einem Tag und einer Woche dauern, bis es möglich ist, einen neuen Schuldenstand zu projizieren. Die Wirtschaftsprognostik ist noch langsamer. Sie „updated" die Wirtschaftsprognosen je nach Wirtschaftsforschungsinstitut im 3-Monats- bis 1-Jahres-Rythmus.

Trotzdem ist es sinnvoll, die Visualisierungen der Wirtschaftsprognostik als „entwerfendes Bild" eines skopisches Mediums zu analysieren: Die Temporalität ist zwar eine sehr langsame – gleichzeitig ist sie aber auch ein Merkmal der Visualität der wissenschaftlich erzeugten wirtschaftlichen Zukunft. Nicht-wissenschaftliche Produzenten wirtschaftlicher Zukunft können sich nur aus einem Grund in der Lage sehen, jeden Tag oder gar jede Stunde Prognosen über die wirtschaftliche Zukunft zu veröffentlichen: Sie speisen weniger Informationen in die Prognosen. Die hier analysierten Wirtschaftsprognostiker hingegen bedienen sich einer außerordentlichen Vielzahl von Informationen, um ihr skopisches Medium anzureichern (vgl. dazu Evans 2007; Reichmann 2013).

Die Interpretation des dominante Schaubilds der Wirtschaftsprognostik als eine Variante des kulturell spezifisch ausgestalteten „skopischen Mediums" (Knorr Cetina und Grimpe 2008), also gleichsam als Fenster in eine ko-konstruierte, ansonsten nicht zugängliche und informationell stark angereicherte Welt, weist auch auf die von Scholz (2012, S. 52) aufgestellte, bildtheoretische These hin, dass wissenschaftliche Bilder die Eigenart besitzen, mit den von ihnen dargestellten Objekten dauerhaft korreliert und kausal verbunden zu sein. Eine Veränderung des Objektes zieht eine Veränderung der Abbildung nach sich. Umgekehrt kann angenommen werden, dass auch die Veränderung des Bildes auf die eine oder andere Weise eine Veränderung des Objektes nach sich zieht. Beide, Objekt und Bild, stehen in einer engen, quasi-kausalen Verbindung zueinander.

Die Analyse des dominanten Schaubilds der Wirtschaftsprognostik zeigt einmal mehr, dass die Wissenschaftssoziologie nicht bei der Untersuchung naturwissenschaftlicher Handlungsfelder verharren sollte und dass es lohnend ist, auch die Wirtschafts- und Sozialwissenschaften wissenschaftssoziologisch zu erforschen. Darüber hinaus erscheint auch eine vergleichende Untersuchung der Visualisierungen aus den Natur- bzw. Sozialwissenschaften erkenntnisreich und interessant. Einerseits stehen hier Fragen nach den unterschiedlichen Konventionalisierungen der Bilderzeugung und -inszenierung im Raum. Andererseits könnte eine genaue Untersuchung der Relation zwischen Bild und Objekt in den unterschiedlichen Wissenskulturen der Natur-und Sozialwissenschaften Phänomene und Formen der differenten Ontologien der jeweiligen Erkenntnisgegenstände ans Licht bringen.

## Literatur


Adelmann, R., Frercks, J., Heßler, M., & Henning, J. (2009). *Datenbilder – Zur digitalen Bildpraxis in den Naturwissenschaften.* Bielefeld: transcript.

Beniger, J., & Robyn, D. L. (1978). Quantitative Graphics in Statistics: A Brief History. *American Statistican 32*, 1–11.

Bloor, D. (1994). What Can the Sociologist Say About 2+2=4? In P. Ernest (Hrsg.), *Mathematics, Education and Philosophy: An International Perspective* (S. 21–32). London: Falmer Press.

Boehm, G. (2001). Zwischen Auge und Hand: Bilder als Instrumente der Erkenntnis. In B. Heintz & J. Huber (Hrsg.), *Mit dem Auge denken: Strategien der Sichtbarmachung in wissenschaftlichen und virtuellen Welten* (S. 43–54). Wien, New York: Springer Verlag.

Breidbach, O. (2005). *Bilder des Wissens: Zur Kulturgeschichte der wissenschaftlichen Wahrnehmung.* München: Wilhelm Fink Verlag.

Einspänner-Pflock, J., & Reichmann, W. (2014). „Digitale Sozialität" und die „synthetische Situation" – Konzeptionen mediatisierter Interaktion. In F. Krotz, C. Despotovic & M.-M. Kruse (Hrsg.), *Die Mediatisierung sozialer Welten. Synergien empirischer Forschung* (53–72). Wiesbaden: Springer VS.

Evans, R. (2007). Social Networks and Private Spaces in Economic Forecasting. *Studies in History and Philosophy of Science Part A 38*, 686–697.

Fleck, L. (1983). Schauen, sehen, wissen. In T. Schnelle & L. Schäfer (Hrsg.), *Erfahrung und Tatsache – Gesammelte Aufsätze* (S. 147–174). Frankfurt am Main: Suhrkamp.

Fleck, L. (1995 [1935]). *Entstehung und Entwicklung einer wissenschaftlichen Tatsache: Einführung in die Lehre vom Denkstil und Denkkollektiv.* Frankfurt am Main: Suhrkamp.

Goffman, E. (1971). *Interaktionsrituale. Über Verhalten in direkter Kommunikation.* Frankfurt am Main: Suhrkamp.

Goodman, N. (1978). *Ways of Worldmaking.* Sussex: Harvester Press.

Grimpe, B. (2010). *Ökonomie sichtbar machen – Die Welt nationaler Schulden in Bildschirmgröße – eine Ethnographie.* Bielefeld: transcript.

Heintz, B., & Huber, J. (2001). *Mit dem Auge denken: Strategien der Sichtbarmachung in wissenschaftlichen und virtuellen Welten.* Wien, New York: Springer Verlag.

Heßler, M. (2012). Visuelles Denken und ästhetisches Handeln. Überlegungen zur Logik der Bilder. In D. Liebsch & N. Mößner (Hrsg.), *Visualisierung und Erkenntnis: Bildverstehen*

*und Bildverwenden in Natur- und Geisteswissenschaften* (S. 81–95). Köln: Herbert von Halem Verlag.
Klein, J. L. (1995). The Method of Diagrams and the Black Arts of Inductive Economics. In I. H. Rima (Hrsg.), *Measurement, Quantification and Economic Analysis* (S. 98–139). London: Routledge.
Knorr Cetina, K. (2009). The Synthetic Situation: Interactionism for a Global World. *Symbolic Interaction 32*, 61–87.
Knorr Cetina, K. (2012). Skopische Medien: Am Beispiel der Architektur von Finanzmärkten. In A. Hepp & F. Krotz (Hrsg.), *Mediatisierte Welten: Beschreibungsansätze und Forschungsfelder*, (S. 167–195). Wiesbaden: VS Verlag für Sozialwissenschaften.
Knorr Cetina, K., & Grimpe, B. (2008). Global Financial Technologies: Scoping Systems That Raise the World. In T. Pinch & R. Swedberg (Hrsg.), *Living in a Material World: Economic Sociology Meets Science and Technology Studies* (S. 161–189). Cambridge, London: The MIT Press.
Krämer, S. (2009). Operative Bildlichkeit. Von der Grammatologie zu einer Diagrammatologie? Reflexionen des erkennenden Sehens. In M. Heßler & D. Mersch (Hrsg.), *Logik des Bildlichen. Zur Kritik der ikonischen Vernunft* (S. 94–123). Bielefeld: transcript.
Lehmann, R. (2010). Die Steuerschätzung in Deutschland – eine Erfolgsgeschichte? *Ifo Dresden berichtet 3*, 34–37.
Liebsch, D., & Mößner, N. (Hrsg.) (2012). *Visualisierung und Erkenntnis: Bildverstehen und Bildverwenden in Natur- und Geisteswissenschaften*. Köln: Herbert von Halem Verlag.
Reichmann, W. (2013). Epistemic Participation – How to Produce Knowledge About the Economic Future. *Social Studies of Science 43*, 852–877.
Reichmann, W. (2013). Wirtschaftsbilder. Visualisierungen wirtschaftswissenschaftlichen Wissens über Gegenwart und Zukunft. In R. Tuma, L.-M. Schmidt & P. Lucht (Hrsg.), *Visuelles Wissen und Bilder des Sozialen: Aktuelle Entwicklungen in der Soziologie des Visuellen* (S. 339–353). Wiesbaden: VS Verlag für Sozialwissenschaften.
Reichmann, W. (2015a). Die Visualisierung der wirtschaftlichen Zukunft. Skopische Medien, Wissenskulturen und Sehgemeinschaften. In K. Lobinger & S. Geise (Hrsg.), *Visualisierung und Mediatisierung* (S. 279–296). Köln. Herbert von Halem Verlag.
Reichmann, W. (2015b). National Account Systems. In *International Encyclopedia for the Social and Behavioral Sciences, 2. Aufl., Bd. 16* (S. 227–232). Oxford et al.: Elsevier.
Rudwick, M. (1976). The emergence of a visual language for geological science 1760-1840. *History of Science 14*, 149–195.
Sachs-Hombach, K. (2012). Bilder in der Wissenschaft. In D. Liebsch & N. Mößner (Hrsg.), *Visualisierung und Erkenntnis: Bildverstehen und Bildverwenden in Natur- und Geisteswissenschaften* (S. 31–42). Köln: Herbert von Halem Verlag.
Scholz, O. R. (2012). Bilder in Wissenschaften, Design und Technik – Grundlegende Formen und Funktionen. In D. Liebsch & N. Mößner (Hrsg.), *Visualisierung und Erkenntnis: Bildverstehen und Bildverwenden und Natur- und Geisteswissenschaften* (S. 43–57). Köln: Herbert von Halem Verlag.
Tanner, J. (2002). Wirtschaftskurven – Zur Visualisierung des anonymen Marktes. In D. Gugerli & B. Orland (Hrsg.), *Ganz normale Bilder – Historische Beiträge zur visuellen Herstellung von Selbstverständlichkeit* (S. 129–158). Zürich: Chronos.
Vanoli, A. (2005). *A History of National Accounting*. Amsterdam: IOS Press.
Vögtli, A., & Ernst, B. (2007). *Wissenschaftliche Bilder: Eine kritische Betrachtung*. Basel: Schwabe Verlag.

Wansleben, L. (2014). Die Beobachtung makroökonomischer Zahlen auf den Finanzmärkten. In A. Cevolini (Hrsg.), *Die Ordnung des Kontingenten – Beiträge zur zahlenmäßigen Selbstbeschreibung der modernen Gesellschaft* (301–318). Wiesbaden: VS Verlag für Sozialwissenschaften.

Weber, M. (1972 [1922]). *Wirtschaft und Gesellschaft*. Tübingen: J. C.B. Mohr.

Woermann, N. (2012). On the Slope is on the Screen – Prosumption, Social Media Practices, and Scopic Systems in the Freeskiing Subculture. *Amercian Behavioral Scientist* 56, 618–40.

Zaloom, C. (2009). How to Read the Future: The Yield Curve, Affect, and Financial Prediction *Public Culture 21*, 245–66.

# Computerspielwelten und Ökonomie

## Herleitung einer transformationskritischen Computerspielwelt innerhalb Evolutionärer Politischer Ökonomie

Manuel Scholz-Wäckerle

## 1 Einleitung: Computerspielwelten und ökonomische Modellierungspraktiken

Ökonomie ist eine Wissenschaft, die in synergetischen Effekten die Entwicklung künstlicher Intelligenz vorantreibt. Die geschichtliche Entwicklung von künstlichen Intelligenzen geht einher mit unterschiedlichen Stufen ökonomischer Modellentwicklung. Die Geschichte der Ökonomie wird zumeist als Ideengeschichte präsentiert (Screpanti und Zamagni 2005; Milonakis und Fine 2008). Nur Schumpeter hat versucht, dies als eine Geschichte der ökonomischen *Analyse* zu formulieren (Schumpeter 1954). In diesem Kapitel synthetisieren wir unterschiedliche Ansätze und arbeiten ein Stück ökonomischer Theoriegeschichte auf, insbesondere der ökonomischen Modellentwicklung des 20. Jahrhunderts. Zentral für dieses Unterfangen, im Gegensatz zu anderen Ansätzen, ist ein genealogischer Blick auf die gemeinsame Entwicklung von Computerspielwelten und ökonomischen Modellen im Laufe der Zeit, die die Entwicklung von künstlicher Intelligenz begünstigt haben. Mirowski (2001) entwickelt eine ähnliche Genealogie, allerdings mit Fokus auf die Entwicklung radikaler Markwirtschaft und Ökonomie als „Cyborg-Wissenschaft". Obwohl diese eher pessimistische Abhandlung ausgesprochen detailliert und umfassend ist, so fehlt ihr es doch an realutopischen Visionen die politökonomische Transformation gedanklich provozieren. Insbesondere gehen wir in diesem Kapitel auf Pias (2010) ein, der eben eine Genealogie von Computerspielwelten entwickelt, die wir historisch und kulturell der Entwicklung bestimmter ökonomischer Modellierungspraktiken gegenüberstellen.

Die Arbeitswissenschaft hat zu Beginn des 20. Jahrhunderts die Optimierung von Verhaltensweisen und Arbeitsroutinen auf Basis der Sensomotorik analysiert (Pias 2010, S. 29–46). Durch die Entwicklung des Computers wurde in dieser Tradition die erste Schreibtischsoftware entwickelt, der „Desktop" wurde geboren (Pias 2010,

S. 102–104). Diese Denkschemata waren unter anderem ausschlaggebend für die Erfindung der ersten Spielmaschinen und -automaten (Pias 2010, S. 105–118). In Abschnitt 2 diskutieren wir die spezifische Rolle der Arbeitswissenschaft für die Entwicklung *zeitkritischer* Computerspielwelten sowie den Einfluss der behavioristischen Psychologie auf diese. In diesem historischen Kontext und kulturellen Umfeld sind nicht bloß die ersten Reaktionsspiele entstanden, es setzten sich in der Ökonomie neoklassische Modellierungspraktiken innerhalb eines methodologischen Individualismus durch. Diese *zeitkritische* Computerspielwelt repräsentiert eine virtuelle Komponente des Übergangs von der Disziplinargesellschaft (Foucault 1994) zur Kontrollgesellschaft (Deleuze 1993).

In Abschnitt 3 setzen wir uns mit den in Abenteuern verpackten Geschichten auseinander, ihren Verbindungen und Knotenpunkten, die wir mit ökonomischen Modellierungspraktiken in der frühen zweiten Hälfte des 20. Jahrhunderts vergleichen. Es sind jene Geschichten, die klar strukturiert sind und deterministische Endzustände beinhalten. Die System- und die Netzwerktheorie war maßgebend für die Entwicklung des Internets, sie erhielt auch Einzug in die ökonomische Modellierung, konnte sich aber zu dieser Zeit dort nicht durchsetzen. Ihre Konzeptionen bauen auf vorgegebenen Heuristiken auf, auf semantischen Datenbanken, so wie die ersten in verbreitbare Software verwandelten Adventurespiele. Sensomotorik spielt hier keine große Rolle mehr. Die Abgrenzung von Handlungsmöglichkeiten und der vorgegebene begrenzte Raum sind Teil der Kontrollgesellschaft wie sie von Deleuze (1993, S. 254–262) skizziert wurde. Die zugehörige Computerspielwelt wird bei Pias (2010, S. 119–190) *entscheidungskritisch* genannt.

Erst zu Ende des 20. Jahrhunderts spielt das strategische Element eine zentrale Rolle und ein Spiel wird zu einem strategischen Konfigurationsproblem (Abschnitt 4). Vor allem durch die spieltheoretischen Erkenntnisse von John von Neumann und Oscar Morgenstern änderte sich die Gestaltung der Mikroökonomie bedeutend. Es kommt ein *konfigurationskritisches* Verständnis zum Zug, wie Pias (2010, S. 191–270) analysiert. Nun sind es die Strategien, die die Modellierungspraktiken in der Ökonomie dominieren. Mit dem Siegeszug der Spiele wird Moral wieder von den ÖkonomInnen thematisiert, die heute z. B. in Form von „altruistischer Sanktionierung" oder „(in)direkter Reziprozität" diskutiert wird. Ähnlich wie in den Strategiespielen sollen Spieler oder ökonomische Akteure ihre Strategie der gegebenen Konfiguration anpassen, indem bereits zu Beginn ausgearbeitete Antwortstrategien vorbereitet werden.

Die Probleme der politischen Ökonomie werden allerdings in diesem Zusammenhang nicht in Abhängigkeit von Wissens- und Machtverhältnissen diskutiert, sondern auf rein reziproke Art und Weise, wie wir in Abschnitt 5 ausführen. Der Umstand, dass ökonomische Zwänge einem „energetischen Imperativ" (Pias 2010,

S. 29) folgen, wird in einer rein moralgesteuerten Ökonomie ignoriert. Die Thermodynamik gibt sozusagen die zunehmende Ausdifferenzierung der Arbeitsteilung vor. Der Begriff der Entropie ist in diesem Zusammenhang insbesondere relevant, da der kapitalistische Produktionsprozess niedrige in hohe Entropie umwandelt und dadurch ein politökonomischer Zielkonflikt rund um die Sicherung von (endlichen) Ressourcen und Produktionsfaktoren entsteht (Georgescu-Roegen 1971, S. 306). Andererseits ist Evolution derjenige biologische Entwicklungsprozess, der genau das Gegenteil verursacht, er schafft Vielfalt und bringt somit Neg-Entropie hervor. Auf soziale Systeme angewendet, entspricht dies der Emanzipation sozialer Strukturen und dem Schaffen von kultureller Vielfalt (Hanappi und Wäckerle 2014; Wäckerle 2014). Die kapitalistische Produktionsweise arbeitet jedoch rein prinzipiell in die entgegengesetzte Richtung. Mit Marx' (MEW 23, 7. Abschnitt) Analyse des Akkumulationsprozesses (vgl. Fine und Saad-Filho 2004, S. 74–88) wird klar, dass das Schaffen von Mehrwert nur unter dem Kapitalismus eigenen Herrschaftsverhältnissen aufrechtzuerhalten ist. Eine politische Ökonomie muss demnach Wissens- und Machtrelationen in ihre Theoriebildung einpflegen, d. h. sie muss energetisch und soziohistorisch dimensioniert sein. Diesbezüglich leiten wir eine vierte Computerspielwelt her die diesen Bedingungen gerecht werden könnte, aber bei Pias (2010) nur grob am Schluss skizziert ist.

In Abschnitt 6 gehen wir auf eine *transformationskritische* Computerspielwelt ein, die charakterisiert ist durch offene interaktive Welten und generativ wächst in Zusammenhang von Wissens- und Macht-Topologien. Zugleich verankern wir diese Welt theoretisch innerhalb evolutionärer politischer Ökonomie, die Auswege aus dem erstarrten Marginalismus und der allgemeinen Gleichgewichtstheorie bieten soll. Das Genre entspringt nun dem Gedanken von *artificial life* und ist spielerisch im Bereich des „massively mutiplayer online role-playing game" zu verorten. Aus methodischer Sicht bestehen Synergieeffekte mit agentenbasierter Modellierung innerhalb der evolutionären politischen Ökonomie. Philosophisch betrachtet, sprechen wir von der Emergenz einer synthetischen Vernunft (DeLanda 2011).

## 2 Zeitkritische Computerspielwelten: Action und der Homo Oeconomicus

Pias (2010) leitet auf der Grundlage des energetischen Imperativs in die zeitkritische Computerspielwelten ein und sieht diesen als zentralen Antrieb hinter ökonomischen Zwängen.

> „*Scientific Management* ist eine Ingenieurs-Wissenschaft, die sich einem ‚energetischen Imperativ' unterstellt. Als Ökonomie eines ‚Kraftsparsystems' ist sie dem Zeitalter der Thermodynamik verpflichtet, also jenem kapitalistischen Pessimismus, den die Feststellung nährt, dass der Arbeitsprozess in jedem beliebigen System die investierte Energie degradiert." (Pias 2010, S. 29)

Nach Pias (2010, S. 29f.) ist es kein Wunder, dass sich die Idee eines *Betriebssystems* aus den frühen Arbeitswissenschaften des 20. Jahrhunderts ableitet. Es ist der alte Newton'sche Arbeitsbegriff der dem Taylorismus zugrunde liegt. Hier geht es um ein Akkordieren von Arbeitsschritten, welches einen Betrieb zeitlich optimiert: „Erst die Arbeitswissenschaft sollte daraus ein Spiel mit klaren Regeln machen" (Pias 2010, S. 30). Zuvor definierte sich das Erlernen von Arbeitsschritten als eine Art von *kindlichem Herumspielen*, eine Mimesis, die keinen kodifizierten Regeln unterliegt. Mit Taylor ändert sich diese Konzeption von Arbeit, sie lässt sich normieren und dadurch programmieren. Des Weiteren „löst sich genau hier die Grenze zwischen Arbeit, Spiel und Pädagogik auf" (Pias 2010, S. 41). Das Spiel ist nun Arbeit und die Arbeit ist zugleich Spiel. Diese Form der Arbeitswissenschaft analysiert die Sensomotorik und zeitliche Abfolge von Arbeitsschritten, zeichnet sie auf und optimiert sie. Akkordarbeit ist spezifisch für die fortschreitende Industrialisierung, da nur mit ihr optimierte Outputmengen zu erzeugen sind. Demnach wurde zugleich eine neue Utopie vom Mensch als Arbeiter geboren, dessen wirtschaftliche Aktivität zeitkritisch optimiert ist und einen Höhepunkt Marx'scher Entfremdung markiert (MEW 23, S. 595–596; Fine und Saad-Filho 2004, S. 26–29). Mit der Intervallzeit als Hauptkriterium wird die Art und Weise der Synchronisation signifikant. Die ArbeiterIn darf auch nicht ermüden, eine wesentliche Vorgabe des Taylorismus, die das *Ermüdungsstudium* begründet. Pias (2010) erläutert, dass die Darstellung von Arbeit als Spiel und vice versa „[...] Teil einer umfassenden Diskursivierung ist" (Pias 2010, S. 42), die maßgebend ist für den thermodynamischen Pessimismus, gekennzeichnet durch die Optimierung von Arbeitsenergie, Zeit und Raum. In diesem Arbeitsbegriff wird Körper und Geist absolut getrennt, es geht bloß um die Bewegungsmuster und das Timing der Arbeitsprozesse. In diesem Punkt trifft sich die Arbeitswissenschaft mit der Experimentalpsychologie und dem Behaviorismus. Es wird auf Bewusstsein und Erfahrung verzichtet, Psychologie wird als Naturwissenschaft verstanden und findet so ihren Platz in einer ebenfalls rein zeitkritischen ökonomischen Theorie der Neoklassik zu Beginn des 20. Jahrhundert.

Das zeitkritische Paradigma ist geprägt durch die Vorhersage und Steuerung von Verhalten. Die ersten Konzepte von Computerspielen, Benutzeroberflächen und Betriebssystemen folgen diesem Paradigma, in dem in Verfahren und Akkorden gedacht wird. Desktops spiegeln real-existierende zweidimensionale Schreibtischoberflächen wider, die akribisch designt und optimiert werden. Pias erläutert weiter: „[...], so markiert die Arbeitswissenschaft nach dem Ersten Weltkrieg die Vorbereitung jener auf die Kybernetik zu datierenden Schwelle, die Gilles Deleuze den Übergang von «Disziplinargesellschaften» zu «Kontrollgesellschaften» genannt hat“ (Pias 2010, S. 55). Dieses Zitat spielt eine wichtige Rolle für ein historisches und im Speziellen genealogisches Verständnis der Wissensgenerierung in der politischen Ökonomie. Deleuze vergleicht diese Gegensatzpaare zwischen Disziplin und Kontrolle mit den Begriffen der „Einschließung und Öffnung“, „analogischer und numerischer Sprache“, „Fabrik und Unternehmen“, „Individuum und Dividuum“ sowie „Energie und Information“ (Deleuze 1993, S. 254–262) und schließt:

> „In den Disziplinargesellschaften hörte man nie auf anzufangen (von der Schule in die Kaserne, von der Kaserne in die Fabrik), während man in den Kontrollgesellschaften nie mit etwas fertig wird: Unternehmen, Weiterbildung, Dienstleistung sind metastabile und koexistierende Zustände ein und derselben Modulation, die einem universellen Verzerrer gleicht. ... Der Mensch der Disziplinierung war ein diskontinuierlicher Produzent von Energie, während der Mensch der Kontrolle eher wellenhaft ist, in einem kontinuierlichen Strahl, in einer Umlaufbahn. ... Die alten Souveränitätsgesellschaften gingen mit einfachen Maschinen um: Hebel, Flaschenzüge, Uhren; die jüngsten Disziplinargesellschaften waren mit energetischen Maschinen ausgerüstet, welche die passive Gefahr der Entropie und die aktive Gefahr der Sabotage mit sich brachten; die Kontrollgesellschaften operieren mit Maschinen der dritten Art, Informationsmaschinen und Computern, deren passive Gefahr in der Störung besteht und deren aktive Gefahr Computer-Hacker und elektronische Viren bilden. Es ist nicht nur eine technologische Entwicklung, sondern eine tiefgreifende Mutation des Kapitalismus“ (Deleuze 1993, S. 257–262).

Michel Foucault siedelt die Dispositive der Disziplinargesellschaften im 18. und 19. Jahrhundert an. Deleuze (1993, S. 254–262) zieht hier die großen Linien der Transformation kapitalistischer Dispositive und hebt den Wechsel zur Kontrollgesellschaft hervor, eine neue Mutation eingeleitet durch die Informationsmaschine. Wir finden diesen Wandel ganz eindeutig in der Entwicklung von Computerspielen, wie Pias kritisch verdeutlicht: „Computerspiele sollen zur Produktionsgymnastik des flexiblen Menschen werden“ (Pias 2010, S. 56). Gerade Actionspiele sind charakteristisch für ein diskontinuierliches „Neuanfangen“, um endlich den Highscore überbieten zu können. Es sind auch jene Spiele, die nicht als Kooperationsspiele, sondern als Individualspiele konzipiert waren, in denen eine zeitliche Optimierung von Bewegungsabläufen zum Sieg führt. Der Vergleich mit einem nutzenmaximierenden *homo oeconomicus* der neoklassischen Ökonomie liegt nahe. Somit wird das Action-Computerspiel zu einem Training, einer Konditionierung für einen produktionsoptimalen Arbeitsalltag, der vollkommen entfremdet. Wollen wir einen provokanten Vergleich ziehen, so stellen wir in dieser Computerspielwelt zum Beispiel „Super Mario Bros." dem *homo oeconomicus* bei der Optimierung der Haushaltsentscheidung gegenüber. Der repräsentative Haushalt und die repräsentative Firma folgen dem Marginalitätsprinzip in der Mikroökonomie. Der Haushalt bestimmt den maximalen Konsum bei gegebenen Präferenzen und Budget, die Firma bestimmt den maximalen Output bei gegebenen Input von physischen Kapital und Arbeit. Sowohl die Spielpraxis von „Super Mario Bros.", die auf zeitoptimierende Reaktion und sensomotorisches Geschick aufbaut, und die ökonomische Modellierungspraxis sind mit der Arbeitswissenschaft zu assoziieren. Hier dominiert das zeitkritische Handeln, mit klar erkennbaren Nebenbedingungen wie z. B. Start und Ziel. Durch Wiederholung kann dieses Handeln sensomotorisch optimiert werden.

In dieser zeitkritischen Computerspielwelt befinden wir uns in einer Übergangsperiode vom analogen ins digitale Denken, welches bestimmt ist durch das Herunterbrechen in immer kleinere (optimierte) Akkorde. Die Ökonomie wird zur dominanten sozialwissenschaftlichen Disziplin auf Grundlage der Optimierung unter Nebenbedingungen sowie der Theorie der rationalen Entscheidung. Erst jetzt wird klar, dass sich das „Politische" in Gänze aus der Ökonomie verabschiedet hat, wie wir anfangs erläutert haben. Dieser ökonomische Optimierungsschritt kreiert die „Informationsmaschine", die nach Deleuze (1993) die Kontrollgesellschaft einleitet und mit ihr Dispositive schafft, die stets neue Normen für die ArbeiterIn produziert. Die Informationsmaschine wird allerdings erst mit der Kybernetik zur künstlichen Intelligenz, dort erhält sie den nächsten Feinschliff. Der relative simple Behaviorismus Skinners wird abgelöst durch die kognitive, computerwissenschaftliche Psychologie von Newell und Simon (1971). Pias argumentiert, dass es sich hierbei um eine Bewegung von indexikalischen Vorgaben zu jenen der Symbolmanipulation handelt, von einer „konditionierten wetware" zu einer kognitiv entscheidenden (Pias 2010, S. 79).

> „Zur Kybernetik fehlt der persönlichen Arbeitswissenschaft die Rückkopplung in Echtzeit, zum Computerspiel das algorithmische Gegenüber, dessen IF/THEN-Verzweigungen an Drehbänken nicht implementierbar sind" (Pias 2010, S. 41).

## 3 Entscheidungskritische Computerspielwelten: Adventure, Systemdynamik und Netzwerktheorie

Aufregend geht es weiter in die Welt der Abenteuer, eine Welt geprägt von Überraschungen und Entdeckungen. Ein Adventure-Spiel einer künstlichen Welt definiert sich als „Serie von Entscheidungen, die auf Orte der Karte verteilt sind" (Pias 2010,

S. 124). Digitale Abenteuerwelten sind durch simple Narrative geprägt, mit einem klaren Anfang, einem Höhepunkt und einem Ende. Die Wege, die der/die HeldIn zurücklegt, sind von Entscheidungen an Kreuzungspunkten abhängig, sie sind vorgegeben und durch einen Entscheidungsbaum modelliert. Dementsprechend ist eine solche Abenteuerwelt vollständig kartographiert, dies ist kein Wunder, denn die Idee dieser Computerspielwelten wurde bei der Kartographierung von kalifornischen Höhlen Anfang der 1970er-Jahre geboren. Eine Höhlenforscherin (die auch gern „Pen & Paper" Rollenspiele spielte, vgl. Pias 2010, S. 120) empfand es als naheliegend, ihre Höhlen auch von Zuhause aus zu besuchen. Ihr damaliger Ehemann, Entwickler der ersten Internet-Routingprotokolle, machte sich die Simulation dieser Höhlenwanderungen zum Hobby. Das Konzept von „Dungeons & Dragons" fand seinen Einzug in die Computerspielwelt, in der das Routing von Knoten und Kanten im Vordergrund steht. Adventure-Spiele sind formal betrachtet Datenbanken. An den Wegpunkten des Adventure-Spiels werden Entscheidungen durch Selektion von Datenbankeinträgen getroffen. Die Ontologie der Datenbank gibt die auswählbaren Kombinationsmöglichkeiten dieser Einträge vor und grenzt somit den virtuellen Rahmen des potenziell Machbaren in der Computerspielwelt ab. Das Adventure-Spiel ist gestaltet als ein heuristisch zu lösendes Problem mit klarem Start und Ziel. Diese Designidee entspringt rund um die Erforschung von künstlicher Intelligenz. Wir befinden uns in der Blütezeit der „Artificial Intelligence", in der die heuristische Symbolmanipulation zum Schlüsselbegriff wird um einerseits das eigene menschliche Denken, den kognitiven Apparat, genauer zu verstehen und andererseits die künstliche Intelligenz weiterzuentwickeln, d. h. menschenähnlicher zu machen. Nach Newell und Simon ist das semantische Verständnis der Symbolmanipulation entscheidend für weitere Erkenntnisse in diesem Bereich:

> „Symbols lie at the root of intelligent action, which is, of course, the primary topic of artificial intelligence. … For all information is processed by computers in service of ends, and we measure the intelligence of a system by its ability to achieve stated ends in the face of variations, difficulties and complexities posed by the task environment" (Newell und Simon 1976, S. 114).

Die *entscheidungskritische* Welt des Adventure-Spiel unterscheidet sich von der *zeitkritischen* Computerspielwelt durch die endogene Variation der Nebenbedingungen in Laufzeit, wie Newell und Simon hier das Problem der Artificial Intelligence erklären. Start und Ziel bleibt nach wie vor fix. Die Selektionen in der Datenbank eröffnen unterschiedliche und vor allem pfadabhängig neue Lösungswege. Die anfängliche Ordnung der Datenbankeinträge ist allerdings signifikant für die heuristische Lösungssuche. Pias (2010, S. 134) folgt diesbezüglich Michel Foucault, dass das Wissen eines Spiels organisiert/geordnet gehört: „der Raum in dem das Subjekt eine Stellung einnehmen kann, um von Gegenständen zu sprechen“ (Foucault 1981, S. 259). Durch die anfängliche Ordnung kann die SpielerIn sich als entscheidendes Subjekt wahrnehmen und in dieser Computerspielwelt vorankommen. Dies macht das entscheidungskritische Moment aus, deren Komplexität einen größeren Möglichkeitsraum umfasst als jenes Paradigma der zeitkritischen Computerspielwelten.

Die Idee eines Rollenspiels, das Übernehmen eines bestimmten Charakters, bedarf Fantasie und Kreativität sowie Einfühlungsvermögen. Es ist Letzteres, was ÖkonomInnen bis heute verborgen blieb, weshalb vor allem die neoklassische Synthese Mitte des 20. Jahrhunderts aus dem zeitkritischen Paradigma kein Entrinnen ermöglicht. Pias (2010, S. 146f.) beschäftigt sich mit diesem Thema auf zwei Ebenen, einerseits untermauert er die Schwierigkeiten von Sprachspielen, der Entstehung von Narrativen, dem Zusammenspiel von Syntax, Semantik und Ontologie. Andererseits geht er auf das heuristische Denken ein, dass die militärnahe Forschung an Institutionen wie der „RAND Corporation“ fokussierte, um damit Kriegsszenarien und deren Logistik zu simulieren. Diese Szenarien entstanden in Konfigurationen ähnlich der Computerspielwelten des Adventure-Spiels, ihre Narrative waren nun heuristisch optimierbar. Das Rollenspiel gab eine Art Anleitung für die Entwicklung dieser Szenarien, es war zentral zu wissen, wie der Feind entscheidet und welche Wege er verfolgt. Auch hier wird, wie eingangs bereits erwähnt, ersichtlich, dass die kybernetische Optimierung einen weiteren Meilenstein zur Entwicklung von künstlicher Intelligenz darstellt. Diese Art der Computersimulation, der Digitalisierung von Rollen, Heuristiken, Entscheidungen und Konflikt macht Software und ihre Programmierung ein Stück intelligenter als es im zeitkritischen Paradigma möglich war. In der politischen Ökonomie, in der es aufgrund von eingemauerten Machtrelationen zwischen Kapitalisten und Sozialisten zu realen Kriegsszenarien kam, wurde das moderne entscheidungskritische Wissen für die Simulation von Kriegsszenarien als Adventure verwendet. Auf Seiten der ökonomischen Modellierungspraxis erhielt dieses Denken zu dieser Zeit wenig Aufmerksamkeit, zumindest nicht im standard-ökonomischen Kanon. Die ersten ökonomischen Weltmodelle à la Forrester (1971) entstanden, die jedoch wenig Einfluss auf die orthodoxe Lehre hatten. Die Ökonomie hat die entscheidungskritische Computerspielwelt übersprungen, sie übt allerdings heute noch großen Einfluss auf heterodoxe ökonomische Arbeiten aus. Womöglich die größte Entwicklung des entscheidungskritischen Paradigmas für die moderne Welt der Computersimulation ist das graphentheoretische Denken von Netzwerken in Knoten und Kanten, das John von Neumann schon früh faszinierte (vgl. für eine moderne Einführung Newman 2010). Eine passende Assoziation – innerhalb dieser entscheidungskritischen Computerspielwelt – können wir herstellen zwischen dem frühen Arpanet (Internet/Routing), dem Konzept des Adventure-Spiel sowie der systemdynamischen Modellierung. Letzteres konnte sich im standardökonomischen Kanon nicht durchsetzen, aktuell findet diese Modellierungspraxis Anwendung in „stock-flow consistent models", siehe u. a. Godley und Lavoie (2012), sowie in der sozialen Netzwerkanalyse (Scott 2013).

## 4 Konfigurationskritische Computerspielwelten: Strategie und Spieltheorie

Wie Pias ausführt, lässt sich das zeitkritische Paradigma auf „Fragen von Rhythmus und Kommensurabilität von Menschen und Maschinen" und das entscheidungskritische auf „Fragen der Vernetzung und Navigation" zurückführen. Des Weiteren unterscheidet er zwischen der „chronologischen Ökonomie von Wahrnehmung und Motorik" im ersteren und der „logischen Ökonomie von Entscheidung und Orientierung" im letzteren Fall (Pias 2010, S. 191). Diese Ausführungen sind äußerst trefflich gewählt für die großen Modellentwicklungen der Ökonomie im letzten Jahrhundert. Es zeigt ebenso, dass die Ökonomie sich wesentlich durch den technologischen Wandel verändert hat und dies nicht nur durch Hard-, sondern umso mehr durch Software. Eine Genealogie der Computerspiele liefert den Referenzpunkt für diesen technologischen Wandel, die Mutationen des Kapitalismus und weist auch darauf hin, dass, wie eingangs erwähnt, die Ökonomie als Entwicklungsprojekt von künstlicher Intelligenz zu interpretieren ist. Das Strategiespiel kommt zum Zug und leitet in die Computerspielwelt des späten 20. und frühen 21. Jahrhundert ein. Pias spezifiziert, dass es sich bei der Strategie um „eine Logistik der einzelnen taktischen Gebräuche" handelt (Pias 2010, S. 191). Andererseits, folgt man von Neumann und Morgenstern (1944), sind es die Nullsummenspiele, die das Erlangen von individuellem, ökonomischem Nutzen als strategisches Spiel modellieren. Ein paar Jahrzehnte später war es bereits das nicht-kooperative Spiel, deren Lösung im statischen „one-shot case" John Nash den Nobelpreis der Wirtschaftswissenschaften 1994 erbrachte. Es stellt sich die Frage, welche Rolle die Spieltheorie für die Wissenschaft und überdies hinaus für die Gesellschaft verkörpert. Hanappi (2013) erörtert, dass das „von Neumann-Morgenstern Project" ursprünglich eine formale Weiterentwicklung der Sozialwissenschaften zum Ziel hatte. Demnach kann die Spieltheorie einen mathematischen Apparat zu Verfügung stellen, der eine analytische Formulierung sozialer Konflikte ermöglicht. Darüber hinaus lässt sich mit ihr das Entstehen von Koalitionen modellieren. Im rein spieltheoretischen Sinne ist die Unwissenheit der Spielerinnen ein Problem für von Neumann und

Morgenstern. Dies lässt nicht weiter wundern, so war es auch Morgenstern, der der ökonomischen Wissenschaft einen zu hohen Grad an Ungenauigkeit attestierte; dazu Leonard: „‚[T]here are but few sciences', writes Morgenstern, ‚which are in such an objectively unsatisfactory condition as economics'. ...The discipline is riddled with ‚value judgements'" (Leonhard 2010, S. 166). Morgenstern verstand Ökonomie als ein soziales Spiel, welches mit rationalem Intellekt zu meistern sei. Diese Einstellung hob sich zwar von den eher naiven Annahmen der Neoklassik ab, war jedoch in einer zutiefst mathematischen Romantik verhaftet, die typisch für die Kreise von Neumanns und Morgensterns war. Insbesondere verwundert es nicht, dass hier das konfigurationskritische Paradigma einsetzt.

Die politische Ökonomie wird konfigurationskritisch, sobald sie sich von der Robinson-Crusoe Ökonomie verabschiedet und – wie von Neumann und Morgenstern (1944, S. 8–12) schreiben – sich auf die „social economy" konzentriert. Charakteristisch für diese Modelltransformation ist, dass das Nutzenmaximierungsproblem sich signifikant ändert, sofern bloß ein weiterer Akteur beteiligt ist, man spricht ab sofort von „expected utility theory". „Thus the study of the Crusoe economy and the use of the methods applicable to it, is of much more limited value to economic theory than has been assumed heretofore even by the most radical critics" (von Neumann und Morgenstern 1944, S. 12). Sie erklären hiermit, dass konzeptionell zwischen zwei verschiedenen Maximierungsproblemen zu unterscheiden ist. Allein auf dieser Ebene ist diese konfigurationskritische Computerspielwelt zu unterscheiden von der zeit- und entscheidungskritischen. Strategien werden an die Ausgangskonfigurationen angepasst, die nun auch die Entscheidungsmöglichkeiten der anderen Spieler enthalten. Nichtsdestotrotz operieren von Neumann und Morgenstern (1944, S. 30) vorerst mit der Annahme vollständiger Information, das heißt jede SpielerIn kann über das vollständige Wissen des kompletten Entscheidungsbaumes verfügen. Diese neue Konzeption von strategischer Welt war für militärische Interessen hochinteressant, insbesondere im Kalten Krieg. So zeichnet der Regisseur Stanley Kubrick „Dr. Strangelove" 1964 u. a. nach John von Neumann. Von Neumann war einer jener Berater der amerikanischen Regierung, der das nukleare Auf- und Wettrüsten im Kalten Krieg unterstützte, um den Gegner einzuschüchtern für den Fall eines vernichtenden „second strike" (der zur „mutual assured destruction" führen würde). Sofern beide Parteien diese Strategie verfolgen, würde das Waffenarsenal nicht zum Einsatz kommen. Man würde hier von einem äußerst kostenintensiven und beängstigenden Nash-Gleichgewicht sprechen.

Des Weiteren wurden die von von Neumann weiterentwickelte lineare Programmierung und das Operations Research in ihren frühen Formen auch für die Logistik von Bombardierungen eingesetzt. In strategischen Computerspielen wurden beide Modellierungspraktiken (Spieltheorie und Operations Research) eingesetzt und es liegen dementsprechend Assoziationen von konfigurationskritischen Computerspielwelten nahe. Die Geburt der synthetischen Wissenschaften (Simon 1996) lässt sich auf von Neumann zurückführen, der mit seiner späteren Automatentheorie die Informatik neu definierte. Das „Kriegsspiel" war entscheidend für diese wissenschaftlichen Errungenschaften.

> „Die Zeit nach dem Zweiten Weltkrieg ist durch eine enorme Ausdifferenzierung des Kriegsspiels gekennzeichnet. Kopplungen von Operations Research und freiem oder strengem Kriegsspiel in verschiedensten Maßstäben, von ökonomischer Spiel- und zellulärer Automatentheorie unter dem Primat des neuen Mediums Computer mögen dabei eine erste historische Phase bezeichnen, Visualisierungsprobleme, objektorientierte Programmierung und die Integration von politischen, militärischen und ökonomischen Spielen eine zweite, Agentenkonzepte und die kritische Erweiterung der von Neumann'schen Spieltheorie eine dritte" (Pias 2010, S. 244).

## 5 Strategie, Spiel, Moral und eine verkürzte politische Ökonomie

Laut Rauchenschwandtner (2012, S. 83) spielten von Neumann und Nash tatsächlich „Kriegsspiele" (in Form von Gesellschaftsspielen am Brett) in Princeton, wohingegen Turing und Pigou am King's College in London das Schachspiel pflegten. Letzteres ist den perfekten Spielen zuzuordnen, das „Kriegsspiel" gehört zu den Spielen in unvollständiger Information. Diese sozialen Praktiken waren in diesem Zusammenhang entscheidend für das Entstehen der jeweiligen Theoriestränge. Morgenstern unterschied Spiele in vollständiger von jenen in unvollständiger Information, anhand „lebender" Variablen. Rauchenschwandtner (2012, S. 83) erläutert mit Bezug auf Morgenstern, dass es sich bei „toten" ökonomischen Variablen um diejenigen handelt, die nicht die Entscheidungen anderer ökonomischer Subjekte reflektieren, „lebende" jedoch schon. Die ersten Entwicklungen der Spieltheorie haben demnach das Entscheidungsverhalten akteursspezifisch belebt durch zwei gegenüberstehende SpielerInnen. Allerdings wurden die Spiele in vollständiger Information mit rational entscheidenden SpielerInnen abgebildet. Rauchenschwandtner (2012, S. 87–89) stellt der Spieltheorie ein Armutszeugnis aus, da sie Lebenswelten auf eine extreme Art und Weise analytisch reduziert. Die derzeitigen Ausuferungen des spieltheoretischen Vermächtnisses von von Neumann und Morgenstern erscheinen größtenteils in skurriler und absurder Form in den Curricula der wirtschaftswissenschaftlichen Fakultäten sowie in den einschlägigen Fachjournalen, weshalb Rauchenschwandtners (2012) Kritik aus sozialwissenschaftlicher Perspektive absolut angebracht ist. Wenn wir den Ausführungen von Gintis (2009) folgen, soll die Spieltheorie die Verhaltenswissenschaften vereinen und ihren einzigen universellen analytischen Apparat repräsentieren. Diese Forderung kommt nicht zufällig, denn es ist die evolutionäre Spieltheorie (vgl. Maynard-Smith 1987 für deren Ursprünge), die versucht zu erklären warum große Gesellschaften stabil sind auf Basis von Nicht-Verwandtschaftsselektion („non-kin selection"). Diese Frage bezieht sich auf das Problemfeld der „Evolution von Kooperation" (Axelrod 1984). In den letzten Jahrzenten hat die evolutionäre Spieltheorie große Fortschritte gemacht und die ökonomische Modellwelt gravierend verändert. Hayeks (1978) bioökonomischer Ansatz, der auf der Theorie der Gruppenselektion und der kulturellen Vererbung von Verhaltensregeln aufbaut, ist einerseits fortschrittlich, weil er sich vom methodologischen Individualismus verabschiedet und die Komplexität ökonomischer Interaktion hervorhebt. Andererseits spielt die moralische Komponente menschlichen Handelns hier eine dermaßen übergeordnete Rolle, dass Hayek annimmt auf lange Sicht würden nur Gesellschaften überleben, in denen die defektive Strategie durch Kooperation verdrängt wird. Heruntergebrochen auf politische Ökonomie werden hier genau jene Wissens- und Machtrelationen vernachlässigt, die durch den kapitalistischen Akkumulationsprozess die gesellschaftlichen Verhältnisse reproduzieren. In einer solchen Auslegung von Ökonomie wird nicht mehr Bezug auf die Produktion von Waren und Dienstleistungen genommen, sondern bloß das Verhalten auf reibungslosen, effizienten Märkten scheinbar gleichgestellter Akteure analysiert.

Hayeks Ansatz zur kulturellen Evolution verkürzt die Problematik der politischen Ökonomie auf moralische Verhaltensregeln und nimmt ihr die historisch materialistischen Zusammenhänge. Moderne Ansätze der evolutionären Spieltheorie (u.a. Nowak 2006; Bowles und Gintis 2011) setzen sich zur Aufgabe eben dieses bioökonomische Moralproblem für langfristige Populationsdynamiken zu lösen und stellen den Menschen als eine „cooperative species" dar. Das soziale Dilemma soll über „(in)direkte Reziprozität" oder „altruistische Sanktionierung" konditional stabilisiert werden. Sie implizieren gemischte Strategien, die Kooperation evolutionär stabilisieren können unter gegebenen Annahmen. Dies mag neue Erkenntnisse über die Gruppen-Selektionstheorie liefern, inwiefern pro-soziales Verhalten „Freeriding" auf lange Sicht verhindern kann, allerdings ist mit Implikationen für die politische Ökonomie in diesem Rahmen vorsichtig umzugehen. In diesen spezifischen spieltheoretischen Ansätzen sieht man prinzipiell von der Existenz historisch gewachsener sozialer Strukturen ab. Die Gefahr besteht, dass sich ein Diskurs entwickelt, der historisch gewachsene Herrschaftsverhältnisse wegabstrahiert auf Basis von reziprokem Verhalten unter scheinbar gleich ausgestatteten

Akteuren. Bei Hayek (1978) ist nicht klar ersichtlich, worauf er damit abzielt, bei Hayek (1989) ist es ganz eindeutig, dass er die gesamte politische Ökonomie meint.

## 6 Transformationskritische Computerspielwelten: Komplexe Adaptive Systeme und Evolutionäre Politische Ökonomie

Evolutionäre politische Ökonomie beschäftigt sich mit der Evolution gesellschaftlicher und wirtschaftlicher Aktivitäten. Ihr Zusammenspiel, ihre historische Entwicklung sind abhängig von Wissens- und Machtrelationen, die im Sinne von Marx aus den Produktionsverhältnissen und dem technologischen Wandel abzuleiten sind. Gehen wir ein Stück weit mit Schumpeter (1911), so ist wirtschaftlicher Wandel endogen und durchläuft endogene Krisen, die zu Transformationen im System führen. Schumpeter (1911) beschreibt diesen Wandel als zyklisch in Abhängigkeit einschneidender Innovationen, die durch energetische Unternehmer in die Gesellschaft gebracht werden. Die Basis solcher Innovationen bildet stets, nach neo-ricardianischer Lehre, eine „General Purpose Technology". Die Innovation der Eisenbahn war demnach abhängig von der Invention der Dampfmaschine, die des Internets vom Computer.

Folgen wir Veblen (1904), verläuft die endogene Transformation der Gesellschaft in Abhängigkeit zweier Interessen, den „pecuniary" und den „industrial interests". Erstere entstehen erst mit der Entwicklung des modernen „business enterprise" und sind monetärer Natur. Industrielle Interessen sind hingegen nicht monetärer, sondern materieller Natur, sie sind Teil der Ingenieurskunst. An anderer Stelle erläutert Veblen (1899), dass diese Transformationsprozesse einem institutionellen Wandel unterliegen, der durch das kumulative Wirken von Denkgewohnheiten („habits of thought") neue institutionelle Strukturen schafft, wie z. B. jene des demonstrativen Konsums, den er dann später mit dem monetären Interesse in Verbindung bringt (Veblen 1904).

Zusammen ergeben die von Schumpeter und Veblen beschriebenen Abläufe eine ko-evolvierende Dynamik, die zentral für die Analyse des kapitalistischen Prozesses ist. Schumpeters Dynamik ist von der Angebotsseite getrieben („push dynamics") und Veblens Dynamik von der Nachfrageseite („pull dynamics"), (vgl. Dosi 1982). Die wechselwirkenden Prozesse aus „push" und „pull" können eine Gesellschaft allerdings auch in ein „lock-in" führen, in einen Teufelskreis dem sie schwer wieder zu entrinnen ist, wie z. B. Jackson (2009, S. 87–103) in Zusammenhang der sozioökologischen Krise erläutert.

Der energetische Imperativ, wie ihn Pias (2010) anfangs beschreibt, schlägt hier voll zu, da eine Ökonomie wohl kaum Innovation zur Regel und Konsum zu einem Statuswettbewerb machen kann. Die sozioökologische Krise, der wir uns gegenübersehen, ist ein Produkt des kapitalistischen Prozesses u. a. auf Basis der zuvor beschriebenen Dynamiken à la Schumpeter und Veblen. Um einen Transformationsprozess in Gang zu setzen, der nicht in eine sozioökologische Katastrophe führt, gilt es, die Komplexität dieser Prozesse besser sichtbar zu machen. Eine evolutionäre politische Ökonomie setzt sich zum Ziel, ein solches Wissen theoretisch und methodisch zu generieren.

Wir folgen Pias (2010) und fragen uns, wie ein solches „Transformationswissen" in Form einer ökonomischen Modellierungspraxis generiert werden kann. Die bisher diskutierten Computerspielwelten schaffen ein Universum von Action, Adventure und Strategie. Alle Komponenten finden sich in ihren wesentlichen Zügen in bestimmten ökonomischen Modellierungspraktiken innerhalb der Ideengeschichte wieder, doch beinhalten sie kaum transformationskritische Züge. Zentral für diese sind historisch gewachsene soziale Strukturen, die hinreichend stabil und durch Wissens- und Machtrelationen gekennzeichnet sind, in denen Akteure strategisch entscheiden können. Eine solche politische Ökonomie muss über die moralischen Konzeptionen des interaktiven Handelns hinausgehen, die in Abschnitt 5 beschrieben wurden. In Hanappi und Wäckerle (2014) ist eine solche transformationskritische, evolutionäre politische Ökonomie grob skizziert. Sie baut ökonomisch auf Marx, Schumpeter und Veblen auf. Es wird die ontologische Frage über real existierende soziale Strukturen im Sinne eines kritischen (vgl. Pühretmayer 2013), objekt-orientierten (vgl. DeLanda 2006) bzw. evolutionären (vgl. Dopfer und Potts 2004) Realismus gestellt. Die dynamische Interdependenz aus individueller Handlungsfähigkeit und sozialer Struktur führt zu endogenem institutionellem Wandel, der maßgebend ist für politökonomische Transformationsprozesse.

Man könnte nun argumentieren, dass diese Wissensformen die politische Ökonomie in ihrer Weiterentwicklung hindern, weil sie nicht mehr mit den traditionellen Computerspielwelten zu modellieren sind, die Komplexität zu groß wird. Auf einen ersten Blick mag dies stimmen, vor allem nach der genealogischen Analyse von Pias (2010), wo wir keine passenden Welten diesbezüglich finden. Auf einen zweiten Blick sieht die Sache allerdings anders aus, denn Pias (2010) Geschichte endet mit den konfigurationskritischen Computerspielwelten sehr plötzlich, mit dem Genre des Strategie-Spiels. Delanda (2011) spricht diesen Sachverhalt konkret an und plädiert für die Emergenz einer synthetischen Vernunft. Nach Simon (1996) arbeitet die synthetische Wissenschaft prozessbezogen, empirisch und pragmatisch, sie versucht das Reale, das Empirische und das Aktuelle zu synthetisieren. Im Rahmen einer evolutionären politischen Ökonomie gilt es zu verstehen wie sich institutionelle Netzwerke real programmieren und wie wir diese synthetisch (d.h. „from bottom up") reprogrammieren können (vgl. Castells 2009). Die Herstellung, Diskursivierung sowie Demokratisierung eines solchen Transformationswissens repräsentiert eine zentrale Komponente für eine sozioökologische Transformation, in einem real-utopischen Sinne (Wright 2010). Ein wesentliches Momentum der Weiterentwicklung und Funktionsweise von Künstlicher Intelligenz ist jenes des *artificial life*. Diese Konzeption ist nicht bloß in einem computerwissenschaftlichen Rahmen hervorzuheben, sondern könnte eine wichtige Rolle bei der Formulierung von real-utopischen Visionen heute spielen.

> „Biology has traditionally started at the top, viewing a living organism as a complex biochemical machine, and worked analytically downwards from there – through organs, tissues, cells, organelles, membranes, and finally molecules – in its pursuit of the mechanisms of life. Artificial Life starts at the bottom, viewing an organism as a large population of simple machines, and works upwards synthetically from there, constructing large aggregates of simple, rule-governed objects which interact with one another nonlinearly in the support of life-like, global dynamics" (Langton 1989, S. 2).

Artificial Life kennzeichnet sich durch eine „bottom-up" Logik, die sich der Dominanz universaler Gesetze entzieht. Wesentlich für diese Logik ist der Begriff der Emergenz, das Entstehen von etwas Neuem/Ganzem durch das Zusammenspiel lokaler Akteure und Heuristiken. Dieses Ganze wirkt allerdings zurück auf die einzelnen Akteure und ihre Ensembles, die sich in Gegenwart einer sich verändernden Umwelt ungleichzeitig (nicht-linear) adaptieren. Dieser Prozess impliziert somit Multikausalitäten, da emergente Effekte multipel und asynchron auftreten können. Wesentlich ist aber nicht bloß die Emergenz einer entstehenden institutionellen Struktur, sondern ihre (In)stabilität über Raum und Zeit (Wäckerle et al. 2014).

Prozessabläufe dieser Art lassen sich nicht mehr analytisch in geschlossener Form aufschreiben. Es ist jener Schritt, in der die Computerwissenschaft gegenüber der analytischen Mathematik zu priorisieren ist. Diesbezüglich haben wir es mit einer fundamentalen Änderung der Modellierungspraktiken zu tun, der Computer wird zum Labor, in dem „in silico" Experimente durchgeführt werden können. Es handelt sich dabei um ein synthetisches Denken (Simon 1996).

Interessanterweise verweist Pias (2010) zum Schluss seiner Genealogie noch auf ein zentrales Merkmal dieser transformationskritischen Computerspielwelt, die er allerdings nicht mehr als solche bezeichnet bzw. auf eine solche nicht mehr ausführlich eingeht: „Das entscheidende Spiel findet jedoch, […], nicht nur in Actionspielen im Weltraum statt, sondern während des Prozesses der Programmierung selbst" (Pias 2010, S. 302). Der Prozess der Programmierung ist entscheidend für synthetisches Denken, erst im Laufe der Implementierung werden die Heuristiken der lokalen Agenten in einer solchen Simulation finalisiert. Der Erkenntnisprozess, die Generierung eines neuen Wissens, unterliegt selbst einer „bottom up"-Logik, durch das schrittweise Hinzufügen neuer Code-Zeilen und ihrer parallel getätigten Tests. Eine Simulation von *artificial life* entspricht der Entwicklung von Software und unterliegt daher auch den Regeln des Software-Engineering, im Gegensatz zur mathematischen Modellierung, die „top down" verläuft. Diese Regeln erstrecken sich über vielerlei Konzepte der Programmierung, von der Entwicklung von Algorithmen, über Rekursionen, das Schreiben von Prozeduren, Datenbankdesign sowie objekt-orientierter Programmierung. John von Neumann hat mit seiner Automatentheorie einige dieser Konzepte vorweggenommen und z. B. die Modellierung und Simulation zellulärer Automaten erfunden (Wolfram 2002). Wie Pias (2010, S. 256) erläutert, ist dem zellulären Automaten eigen, dass er mit einer bestimmten Ausgangskonfiguration initialisiert wird, die den einzigen „menschlichen Spielzug" ausmacht. Insofern ist der zelluläre Automat noch vollständig den konfigurationskritischen Computerspielwelten zuzuordnen. Das Zusammenwirken von Spieltheorie und zellulären Automaten führt eben noch nicht zu einem transformationskritischen Prozess.

> „Das Bateson'sche Argument einer Statik der Spieltheorie ist damit zwar temporal aufgelöst, nicht jedoch räumlich. Daher bleibt der Einwand bestehen *[wie bereits in Abschnitt 5 ausgeführt anhand einer Kritik der evolutionären Spieltheorie]*, dass in einer ständig durchmischten, anonymen Gesellschaft Kooperation schwieriger herzustellen ist als in einer räumlich strukturierten Population, die eine stabile Diversität aufweist und daher einen höheren Minderheitenschutz bietet" (Pias 2010, S. 292).

Das räumliche Nebeneinander im zellulären Automaten lässt keine Interaktionen über die unmittelbare räumliche Nachbarschaft der Zellen hinaus zu. Erst mit Hilfe agentenbasierter Modellierung lässt sich ein Wissen herleiten, welches über das Bild des „universalen Egoisten der Spieltheorie" (Pias 2010, S. 296) hinausgeht. Die Akteure sind nun nicht mehr homogen, sie entwickeln auf Basis von Interkationen mit anderen eigene „historische Gedächtnisse". Pias geht auf diese Modellierungspraxis nicht mehr explizit ein, assoziiert diese allerdings mit der objektorientierten Programmierung und schreibt: „Die Entlinearisierung durch das Konzept von classes und objects erlaubt jene Rückkopplung mehrerer Ebenen und Prozesse, die Norbert Wiener an der Neumann'schen Spieltheorie vermisst hatte." Diese „Berücksichtigung horizontaler und vertikaler Verknüpfungen und Verschachtelungen" (Pias 2010, S. 298) charakterisiert ein *artificial life*, ohne das Transformation nicht möglich scheint. Es bleibt allerdings offen, ob Pias diese Modellierungspraxis noch den konfigurationskritischen Computerspielwelten zuordnen würde oder ob eine weitere Kategorisierung hier notwendig ist. An anderer

Stelle schreibt Pias zwar, dass Computersimulationen „so etwas wie das Attribut einer ‚postmodernen' Wissenschaft rechtfertigen. Damit ist hier nur gesagt, dass ihre Wissensproduktion nicht von ihren medientechnischen Bedingungen zu lösen ist" (Pias 2012, S.45). Insofern lässt sich zeigen, dass Pias (2012) hier einen ähnlichen Schluss über die Computersimulationen zieht wie in DeLandas (2011) Bezug von Simulation zur synthetischen Vernunft, wo „Computersimulationen durch die Einbringung unrealistischer Elemente realistischer werden können" (Pias 2012, S.46). Die Verwendung einer solchen Simulation als Computerspiel erlaubt „provisorische Erkenntnisstrategien" (ebd.). Pias (2012, S.47–48) spricht des Weiteren von Simulationen als „Demonstration von Adäquatheit, im Gegensatz zu formalen Beweisen" und schließt, dass „die Wissenskultur der Simulation sich der Hegemonie des dynamischen Bildes unterstellt hat" und nicht mehr der statischen Formel unterliegt. Diese Erkenntnisse zeigen Konvergenzen zwischen poststrukturalistischen Konzepten und den Methoden der evolutionären politischen Ökonomie, welche durch provisorische Erkenntnisstrategien die Generierung eines Transformationswissens real-utopischer Visionen erlauben.

Auch gibt es ein Computerspielgenre, welches bei Pias (2010) nicht mehr andiskutiert wird und nicht mehr dem Strategiespiel zugehörig ist. Das „massively multiplayer online roleplaying game" (MMORPG) vereint SpielerInnen in einem virtuellen Universum, die sowohl zeit-, entscheidungs- als auch konfigurationskritisch agieren müssen und insofern die herkömmlichen Computerspielwelten synthetisieren. Spiele wie „EVE-Online", die diesem Genre angehören, sind sowohl Action-, Adventure- als auch Strategiespiel. Dieses Computerspiel ist insofern besonders, als dass es seit seiner Einführung in 2003 nie gestoppt wurde, allerdings in regelmäßigen Abständen seinen Raum erweitert. Heute beherbergt es über 500.000 SpielerInnen in ein und demselben Universum. Im Speziellen ist es eine interstellare politische Ökonomie, in der SpielerInnen ihre Charaktere über die Zeit weiterentwickeln, in Interaktion mit menschlichen SpielerInnen aber auch mit KIs stehen, mit diesen Ressourcen abbauen und tauschen, damit Raumschiffe und Ausrüstung produzieren, Allianzen, Unternehmen und Banken bilden und in diplomatischem Austausch stehen. Organisationen sind selbstverwaltet nach individuell vereinbarten Regeln. „EVE-Online" ist für die in diesem Kapitel dargebrachte Analyse interessant, weil sich in diesem System ähnliche Probleme wie in einer realen politischen Ökonomie ergeben. So gibt es Klassenkämpfe auf den unterschiedlichen Hierarchieebenen, Betrug, politischen Konflikt, der auch in Krieg enden kann, inflationäre Geldendwertung durch Blasenbildung, Einkommens- sowie Vermögensungleichheit u.v.m. Die Entwickler des Spiels haben deswegen politische und ökonomische Experten als Berater herangezogen, um mit kleinen

Regeländerungen systemische Krisen zu vermeiden.[1] Dies ist insofern relevant, da die SpielerInnen ihr virtuell akkumuliertes Kapital in Form von Raumschiffen, Ausrüstungen oder Ownership von Unternehmen/Banken gegen virtuelle Währung verkaufen können, für die wiederum ein realer Wechselkurs (zum Beispiel) zu US-Dollar existiert. Sogenannte „virtual crimes“ bzw. „in game“-Piraterie sind keine Seltenheit. Die virtuelle politische Ökonomie befindet sich in ständiger Transformation und zwingt die Spieler, sich individuell und kollektiv an systemische institutionelle Veränderungen (endogen durch Emergenz neuer Normen im Spiel und exogen durch Programmierung neuer Regeln) anzupassen.

Diese Computerspielwelt wächst historisch und ist infinit konzipiert, d.h. sie kann sich endogen weiterentwickeln in einer offenen virtuellen Welt. Es ist somit zu vergleichen mit den Belangen der agentenbasierten makroökonomischen Modellierung (ABMM), die sich erst in den letzten 10 Jahren entwickelt hat. Diese Modellierungspraxis ist nicht mehr zu vergleichen mit jener des agenten-basierten Modells institutioneller Lebenszyklen, weil sie bereits ein vollständiges Produktions-, Kredit- und Konsumsystem inkludiert und dementsprechend nicht mehr einfach zu visualisieren ist. Bei diesen Modellen handelt es sich um virtuelle politische Ökonomien, in denen nur KIs in bottom up-Interaktion stehen, die also bis heute noch keine Mensch-Maschinen-Komplexe beinhalten. Die ABMMs haben sich erst kürzlich entwickelt und wollen eine Alternative zu hegemonialen makroökonomischen Modellierungspraktiken wie z.B. „Dynamic Stochastic General Equilibrium“ (DSGE) bieten (vgl. Wäckerle 2013 für eine Gegenüberstellung). Die Modellierungspraxis der ABMMs umfasst (ebenso wie MMORPG) sowohl zeit-, entscheidungs- als auch konfigurationskritische Elemente von Computerspielwelten. Mit ihr wird eine virtuelle Welt geschaffen, in der individuelle Handlungsfähigkeit, in Form einfacher Heuristiken, ungleichzeitig wechselwirkt mit endogen entstehender sozialer Struktur. Es lassen sich daher provisorisch Wissens- und Machtrelationen in Form evolvierender Institutionen simulieren. Die Idee von ABMM ist es, endogene Krisen kapitalistischer Produktionssysteme zu simulieren und damit endogene Systemtransformationen virtuell zu erzeugen. Hier wird ein Wissen generiert, mit dem neue Erkenntnisse über Systemwandel gewonnen werden können. Insofern repräsentiert ABMM eine synthetisierende Modellierungspraxis für eine evolutionäre politische Ökonomie. Man könnte diese Computerspielwelt *transformationskritisch* nennen. In Zukunft wird es vermehrt Kreuzungen geben zwischen den erwähnten MMORPGs und ABMMs, in denen KIs mit menschlichen Akteuren in Interaktion treten. Schon heute bezeichnet man

---

1 http://www.reuters.com/article/2007/08/16/us-videogames-economist-life-idUSN0925619220070816 [Mai 2015 abgerufen]

diesen Hybrid als Serious Game (vgl. Katsaliaki und Mustafee 2014 für Spiele im Bereich nachhaltiger Entwicklung), wobei in den ersten Entwicklungen die KIs meist eine untergeordnete Rolle spielen.

## 7 Schlussfolgerungen

In diesem Beitrag wurde eine besondere Innenwelt der Ökonomie veranschaulicht, die der ökonomischen Modellierungspraktiken in Rahmen von Computerspielwelten. Es wurde versucht, eine neue transformationskritische Computerspielwelt herzuleiten, auf Basis von Pias (2010), der eine Genealogie von zeit-, entscheidungs- und konfigurationskritischen Computerspielwelten zeichnet. Das Action Spiel-Genre ist dem zeitkritischen Komplex zuzuordnen und entspricht auf Ebene der ökonomischen Modellierung der neoklassischen Nutzenmaximierung des *homo oeconomicus*. In dieser Computerspielwelt ist das Individuum von seiner sozialen Umwelt isoliert, es ist jene Welt der frühen Arbeitswissenschaft des 20. Jahrhunderts. Sie ist charakteristisch für den Übergang der Disziplinargesellschaft in die Kontrollgesellschaft. Mit ihr wurde das Politische aus der Ökonomie letztendlich entfernt und somit auch der historische Bezug im ökonomischen Denken. In weiterer Folge lässt sich der entscheidungskritische Komplex mit der Modellierungspraxis von Kybernetik, Netzwerktheorie und Systemdynamik vergleichen. Es ist die Welt des Adventure-Spiels, in der die Entscheidungen von virtuellen HeldInnen durch Knoten abgebildet sind und die Wege durch Kanten. In die konfigurationskritische Computerspielwelt wird übergeleitet durch die Spieltheorie, dort bekommt die Nutzenmaximierung einen sozialen Raum. Hier sprechen wir von Kernkomponenten der Kontrollgesellschaft, in der die Gefahr besteht, in eine reduzierte und verkürzte politische Ökonomie einzutreten, die das Akkumulationsprinzip ignoriert und von Moralkodizes geprägt ist. Als real-utopischer Ausweg wird zum Schluss des Kapitels eine transformationskritische Computerspielwelt hergeleitet, die auf Basis von historisch wachsenden sozialen Strukturen die strategische Interaktion von AkteurInnen unter real existierenden Wissens- und Machtrelationen skizziert. Es wird in diesem Zusammenhang von ergebnisoffenen pfadabhängen Prozessen in komplexen adaptiven Systemen gesprochen. Als theoretischer Rahmen wird die Konzeption einer evolutionären politischen Ökonomie vorgeschlagen, die eine Synthese aus Marx, Schumpeter und Veblen vorsieht. Aus methodischer Perspektive, wo Ökonomie historisch betrachtet künstliche Intelligenz weiterentwickelt hat, wird die agentenbasierte Modellierung vorgestellt, die es erlaubt offene transformative verteilte Systeme zu simulieren, die sich auf multiplen hierarchischen

Ebenen regulieren. In diesem Sinne kann das kapitalistische Akkumulationsprinzip einerseits einschließlich ihrer Auswirkungen modelliert werden und andererseits gezeigt werden, wie es die Gesellschaft gezwungenermaßen kontinuierlich endogen in Krisen stürzt. Durch diese Simulationen lässt sich ein Wissen auf der Grundlage einer synthetischer Vernunft herleiten und didaktisch veranschaulichen, das emanzipatorische Transformationspraktiken provoziert und einen Übergang von der Kontroll- in eine Transformationsgesellschaft begünstigt.

## Literatur

Axelrod, R. (2006 [1984]). *The Evolution of Cooperation. überarbeitete Aufl.* New York: Basic Books.
Bowles, S., & Gintis, H. (2011). *A Cooperative Species. Human Reciprocity and its Evolution.* Princeton: Princeton University Press.
Castells, M. (2009). *Communication Power.* Oxford, New York: Oxford University Press.
DeLanda, M. (2006). *A New Philosophy of Society. Assemblage Theory and Social Complexity.* London, New York: Continuum.
DeLanda, M. (2011). *Philosophy and Simulation. The Emergence of Synthetic Reason.* London, New York: Continuum.
Deleuze, G. (1993). *Unterhandlungen: 1972-1990.* Frankfurt am Main: Suhrkamp.
Dosi, G. (1982). Technological paradigms and technological trajectories: a suggested interpretation of the determinants and directions of technical change. *Research Policy 11 (3)*, 147–162.
Fine, B., & Saad-Filho, A. (2004). *Marx's Capital. 4. Aufl.* London, Sterling: Pluto Press.
Dopfer, K., & Potts, J. (2004). Evolutionary Realism: a new ontology for economics. *Journal of Economic Methodology 11*, 195–212.
Forrester, J. W. (1971). *World Dynamics.* Cambridge: Wright-Allen Press.
Foucault, M. (1981). *Archäologie des Wissens.* Frankfurt am Main: Suhrkamp.
Foucault, M. (1994). *Überwachen und Strafen. Die Geburt des Gefängnisses.* Frankfurt am Main: Suhrkamp.
Georgescu-Roegen, N. (1971). *The Entropy Law and the Economic Process.* Cambridge: Harvard University Press.
Gintis, H. (2009). *The Bounds of Reason. Game Theory and the Unification of the Behavioral Sciences.* Princeton: Princeton University Press.
Godley, W., & Lavoie, M. (2012). *Monetary Economics. An integrated Approach to Credit, Money, Income, Production and Wealth. 2. Aufl.* London: Palgrave MacMillan.
Hanappi, H. (2013). The Neumann-Morgenstern Project – Game Theory as a Formal Language for the Social Sciences. In H. Hanappi (Hrsg.), *Game Theory Relaunched* (S. 3–26). InTech: http://dx.doi.org/10.5772/56106.
Hanappi, H., & Wäckerle, M. (2014). Evolutionäre Politische Ökonomie: Inhalt und Methode. *Wirtschaft und Gesellschaft 40 (3)*, 379–404.

Hayek, F. A. (1978). *New Studies in Philosophy, Politics, Economics and the History of Ideas.* London: Routledge.
Hayek, F. A. (1989). *The Fatal Conceit: The Errors of Socialism.* Chicago: Chicago University Press.
Katsaliaki, K., & Mustafee, N. (2014). Edutainment for Sustainable Development: A Survey of Games in the Field. *Simulation & Gaming.* doi: 10.1177/1046878114552166
Jackson, T. (2009). *Prosperity without Growth. Economics for a Finite Planet.* London, Washington: Earthscan.
Langton, C. G. (Hrsg.) (1989). *Artificial Life. Santa Fe Institute Studies in the Sciences of Complexity, Proceedings Vol. 6.* Reading: Addison-Wesley.
Leonard, R. (2010). *Von Neumann, Morgenstern, and the creation of game theory.* New York: Cambridge University Press.
Maynard-Smith, J. (1982). *Evolution and the Theory of Games.* New York: Cambridge University Press.
Marx, K. (2001 [1867]). *Das Kapital. Kritik der politischen Ökonomie. 20. Aufl. MEW 23.* Berlin: Dietz Verlag.
Milonakis, D., & Fine, B. (2008). *From Political Economy to Economics: Method, the Social and the Historical in the Evolution of Economic Theory.* Abingdon: Routledge.
Mirowski, P. (2002). *Machine Dreams: Economics becomes a Cyborg Science.* Cambridge: Cambridge University Press.
Newell., A., & Simon, H. A. (1971). Human Problem Solving: The State of the Theory in 1970. *American Psychologist 26 (2)*, 145–159.
Newell, A., & Simon, H. A. (1976). Computer Science as Empirical Inquiry: Symbols and Search. ACM Turing Award Lecture. *Communications of the Association for Computing Machinery 19*, 113–126.
Newman, M. (2010). *Networks.* London, New York: Oxford University Press.
Nowak, M. A. (2006). *Evolutionary Dynamics. Exploring the Equations of Life.* Cambridge, London: The Belknap Press of Harvard University Press.
Nowak, M. A., & Sigmund, K. (2005). Evolution of indirect reciprocity. *Nature 437*, 1291–1298.
Pias, C. (2010). *Computerspielwelten.* 2. Aufl. Zürich: Diaphanes.
Pias, C. (2012). Zur Epistemologie der Computersimulation. In P. Berz, M. Kubaczek, W. Laquièze-Waniek & D. Unterholzner (Hrsg.), *Spielregeln. 25 Aufstellungen* (S. 41–60). Zürich: Diaphanes.
Pühretmayer, H. (2013). Kritischer Realismus. Eine Wissenschaftstheorie der Internationalen Politischen Ökonomie. In J. Wullweber, A. Graf & M. Behrens (Hrsg.), *Theorien der Internationalen Politischen Ökonomie. Globale Politische Ökonomie* (S. 217–232). Wiesbaden: Springer.
Rauchenschwandtner, H. (2012). Das Spiel des Lebens. In P. Berz, M. Kubaczek, W. Laquièze-Waniek & D. Unterholzner (Hrsg.), *Spielregeln. 25 Aufstellungen* (S. 83–93). Zürich: Diaphanes.
Schumpeter, J. A. (1997 [1911]). *Theorie der wirtschaftlichen Entwicklung. 9. Aufl.* Berlin: Duncker & Humblot.
Schumpeter, J. A. (1994 [1954]). *History of Economic Analysis.* New York: Oxford University Press.
Schweitzer, F., Fagiolo, G., Sornette, D., Vega-Redondo, F., Vespignani, A., & White, D. R. (2009). Economic Networks: The New Challenges. *Science 325 (5939)*, 422–425.
Scott, J. (2013). *Social Network Analysis.* 3. *Aufl.* Los Angeles et al.: Sage Publications.

Screpanti, E., & Zamagni, S. (2005). *An Outline of the History of Economic Thought*. Oxford: Oxford University Press.
Simon, H. A. (1996). *The Sciences of the Artificial. 3. Aufl.* Cambridge: MIT Press.
Veblen, T. (1899). *The Theory of the Leisure Class*. New York: MacMillan.
Veblen, T. (2009 [1904]). *Theory of Business Enterpise*. Gloucester: Dodo Press.
Von Neumann, J., & Morgenstern, O. (2004 [1944]). *Theory of Games and Economic Behavior. 3. Aufl.* Princeton: Princeton University Press.
Wäckerle, M. (2013). On the Bottom-up Foundations of the Banking-Macro Nexus. *Economics: The Open-Access, Open-Assessment E-Journal 7*, 2013–40.
Wäckerle, M. (2014). *The Foundations of Evolutionary Institutional Economics: Generic Institutionalism*. Abingdon: Routledge.
Wäckerle, M., Rengs, B., & Radax, W. (2014). An Agent-Based Model of Institutional Life-Cycles. *Games 5 (3)*, 160–187.
Wolfram, S. (2002). *A New Kind of Science*. Champain: Wolfram Media.
Wright, E. O. (2010). *Envisioning Real Utopias*. London, New York: Verso.

# Teil II
# Macht und Legitimität in der Ökonomie

# Zur Ökonomisierung der Psyche

## Konturen des Konzepts Burnout

Alexander Hirschfeld

## 1 Einleitung

Es ist noch nicht lange her, da wurde der Arbeit und dem psychischen Wohlbefinden ein ausschließlich positives Verhältnis bescheinigt. Heute erscheint die Arbeit selbst jedoch zunehmend als Ursache psychischer Erkrankungen – ein Perspektivenwechsel, der eng an den rasanten Anstieg psychisch bedingter Arbeitsausfälle geknüpft ist. Vor diesem Hintergrund wird der Zusammenhang zwischen Arbeit und psychischer Gesundheit gegenwärtig neu verhandelt. Im Zentrum dieser Debatte finden sich Konzepte jenseits anerkannter medizinischer Krankheitsvorstellungen: Insbesondere der Begriff Burnout ist dabei zu einem Synonym arbeitsbedingter psychischer Leiden geworden.

Seit einige Jahren weisen Studien unterschiedlicher Krankenkassen in Deutschland auf den Anstieg psychisch bedingter Arbeitsausfälle hin (Abschnitt 2.1). Diese Entwicklung wird seitens der Sozialwissenschaften einerseits durch veränderte Formen der Arbeitsbelastung, den erhöhten Leistungsdruck und die gestiegene Angst und Unsicherheit in prekären Beschäftigungsverhältnissen erklärt (Abschnitt 2.2). Andere sehen das Phänomen als Bestandteil einer zunehmenden medizinischen Durchdringung alltäglicher Probleme, die entweder als reine Professionspolitik oder als wissenschaftlicher Fortschritt gedeutet wird (Abschnitt 2.3).

Die Diagnose neuer psychischer Pathologien im Zuge einer fortschreitenden Deregulierung und Liberalisierung ist selbstverständlich nicht von der Hand zu weisen. Gleiches gilt für den Verweis auf Interessen und Machtkonstellationen im Gesundheitssektor, auf deren Basis etablierte Expertengruppen Problemfelder dominieren. Dennoch ist es gerade bei der Entstehung neuer Problemfelder unabdingbar, sich von dem bloßen Fokus auf etablierte Herrschaftsmechanismen zu lösen und nach der Genese und Veränderung spezifischer Wissensformen und Praktiken zu fragen. Um dies zu leisten, wird die psychische Erschöpfung – im Anschluss an die Überlegungen Michel Foucaults – als soziale Problematisierung gedacht. Hier etabliert sich Schritt für Schritt die legitime Deutung des Zusammenhangs zwischen Arbeit und psychischer Gesundheit (Abschnitt 3.1). Durch diese Perspektivenverschiebung ist es möglich, sich von den gängigen Diagnosen – erstens der Pathologie der Wettbewerbsgesellschaft und zweitens der fortschreitenden Medikalisierung alltäglicher Probleme – zu lösen und stattdessen die Genese und Entwicklung dominanter Wissensformen und Praktiken in den Blick zu nehmen, die als ökonomisch-medizinischer Wissenskomplex beschrieben werden können.

Im Anschluss an die Überlegungen zur „Ökonomisierung des Sozialen" (Bröckling et al. 2000) stellt sich dabei vor allem die Frage der Verankerung des Konzepts Burnout in weitreichenderen (neo-)liberalen Ordnungsvorstellungen (Abschnitte 3.2 und 3.3): Inwieweit sind Vorstellungen selbstregulierender Märkte, individueller Autonomie und Selbstverantwortung auch im Bereich der psychischen Gesundheit identifizierbar? Zur empirischen Illustration dieser Fragen sowie der theoretischen Perspektive dient der wissenschaftliche (Abschnitt 4) und öffentliche Disput (Abschnitt 5) um das Burnout-Syndrom.

## 2 Problemdiagnosen

Bevor wir uns den theoretischen Überlegungen widmen, werden einige gängige Argumentationsmuster bezüglicher gegenwärtiger Pathologien der Arbeit dargestellt. Dabei geht es nicht darum, den einzelnen Autoren und ihren Arbeiten im Detail gerecht zu werden. Stattdessen möchte ich zeigen, wie in der Öffentlichkeit – aber auch innerhalb der Sozialwissenschaften – gewisse Annahmen die Debatte strukturieren. Ziel ist es, auf grundlegende erkenntnistheoretische Entscheidungen und damit verbundene Reichweiten und Beschränkungen hinzuweisen. Nur so ist es möglich, ein anderes analytisches Raster anzulegen, das die vorherrschenden Grundannahmen zumindest teilweise unterläuft (Abbott 2001). Darüber hinaus lassen sich so sozialwissenschaftliche Perspektiven bezüglich naturalisierter Menschenbilder und Gesellschaftsmodelle kritisch hinterfragen.

### 2.1 Arbeit und psychische Erkrankungen

Im Jahr 2011 rückten die Themen Stress und Burnout ins Zentrum des öffentlichen Interesses. Wie viele andere Magazine und Zeitungen widmet der Spiegel (Dettmer et al. 2011) dem Thema eine Titelstory. Unter der Überschrift *Volk der Erschöpften* wird Burnout hier als „moderne Epidemie" beschrieben, die aus der grundlegenden Veränderung der Arbeitswelt resultiert. Dabei werden auch unterschiedliche soziologische Diagnosen, wie etwa die der *Entgrenzung der Arbeit*, aufgegriffen und zur Burnout-Problematik in Beziehung gesetzt. Sozialwissenschaftliche Überlegungen sind also neben naturwissenschaftlichen Erklärungen zentraler Bestandteil der Debatte. Unabhängig von der spezifischen Argumentationsweise wird durchweg auf die Entwicklung der sogenannten Arbeitsunfähigkeitstage (AU-Tage) verwiesen.

Laut dem Gesundheitsreport der Betriebskrankenkasse haben sich psychisch bedingte Arbeitsausfälle seit Mitte der 1970er-Jahre (bei einem gleichzeitigen Rückgang der Gesamtzahl an Arbeitsausfällen) etwa verfünffacht. Daten anderer Versicherungen bestätigen einen generellen Anstieg dieses Indikators ab dem Jahr 2000 (BPtK 2012, S. 16). Damit sind psychische Probleme heute die zweithäufigste Ursache für krankheitsbedingte Arbeitsausfälle. Wie bereits mehrfach angedeutet, ist die gesellschaftliche Sensibilität für diese Entwicklung eng mit der Popularisierung des Konzepts Burnout verbunden.

In der psychologischen Fachliteratur wurde das Burnout-Syndrom bereits Anfang der 1980er-Jahre anhand dreier Dimensionen konkretisiert: emotionale Erschöpfung, Depersonalisierung – verstanden als zynische Distanzierung von der Arbeit – sowie verringerte Leistungsfähigkeit (Maslach und Jackson 1981). Im Unterschied zur Depression und anderen affektiven Störungen verweist Burnout also direkt auf die Verbindung des psychischen Leidens mit der Arbeit. Beim Burnout handelt es sich nicht um eine medizinisch anerkannte Krankheit: Im aktuellen Klassifikationssystem der American Psychiatric Association, dem DSM-V, ist Burnout gar nicht aufgeführt. Im ICD-10, dem Klassifikationssystem der WHO, das in Deutschland zur Diagnose und Abrechnung genutzt wird, ist Burnout mit dem Schlüssel Z73 kodiert – als Bestandteil der Kategorie „Probleme mit Bezug auf Schwierigkeiten bei der Lebensbewältigung" (DIMDI 2015). Burnout ist damit lediglich eine sogenannte Zusatzdiagnose, nicht eine Behandlungsdiagnose, wie sie beispielsweise für eine professionelle Therapie oder eine Einweisung in ein Krankenhaus nötig ist.

Trotz der fehlenden offiziellen Anerkennung wird die Zusatzdiagnose Burnout seit Ihrer Einführung im ICD-10 im Jahr 2004 zunehmend von Ärzten genutzt – und das obwohl die psychiatrische Forschung und medizinische Praxis dem Konzept aufgrund seiner Unschärfe sehr kritisch gegenüberstehen (Bianchi et al. 2013; Kaschka et al. 2011). Burnout steht also paradigmatisch für eine neue Art, arbeitsbedingte psychische Leiden – jenseits naturwissenschaftlich-medizinischer Kategoriensysteme – zu benennen. Das Konzept Burnout verweist vor allem auf die konkreten Arbeitsbedingungen und damit verbundene psychische Probleme; damit drängen sich sozialwissenschaftliche Diagnosen zum Wandel der Arbeitswelt auf.

## 2.2 Pathologien der Erschöpfung: Zwischen Zwang und Anomie

Arlie R. Hochschild (1983) hat bereits zu Beginn der 1980er-Jahre darauf verwiesen, dass auch Emotionen zur Ware werden, sobald Serviceberufe auf „Gefühlsarbeit" setzen. In der Arbeitssoziologie wird dieser Veränderungsprozess seit längerem unter den Schlagwörtern der *Entgrenzung* oder *Subjektivierung von Arbeit* verhandelt (Kleemann et al. 1999; Voß 1998). Als Folge der neuen Arbeitsorganisation wird eine Verschiebung von der körperlichen hin zur psychischen Belastung konstatiert. Der Mensch stöhnt unter dem Druck der heutigen Arbeitswelt, die eine „erweiterte Selbstkontrolle des Arbeitenden" forciert sowie den „Zwang zur verstärkten Ökonomisierung der eigenen Arbeitsfähigkeit" (Pongratz und Voß 1998, S. 131) mit sich bringt. „Konsequenz solcher Mechanismen ist eine Selbstüberforderung, welche die Menschen bis in die letzte Pore ihres Lebens in und außerhalb des Betriebs verfolgt [...]" (Voß und Weiss 2013, S. 36). Der klassische Arbeitskampf, so die These, hat sich auf die Ebene des Individuums verschoben, das den Mechanismen von Markt und Wettbewerb nun direkt ausgeliefert ist. Arbeit im Kontext des Kapitalismus wird also, im Anschluss an Marx, als repressiver Zwangsapparat interpretiert; materielle Ausbeutung, typisches Merkmal des Taylorismus, ist der psychischen Ausbeutung immaterieller Arbeit gewichen.

Eine alternative Diagnose wird von Alain Ehrenberg (2004) vorgeschlagen, der in seiner Untersuchung zum *erschöpften Selbst* die Genese und Veränderung psychischer Pathologien untersucht. Ehrenberg legt eine detaillierte Analyse dominanter Expertendiskurse und materieller Praktiken zum Themenfeld depressiver Erkrankungen vor. Die theoretische Interpretation beschränkt sich jedoch auf eine einfache entwicklungslogische Erklärung. Ehrenberg begreift die Depression als „*Krankheit der Verantwortlichkeit*, in der ein Gefühl der Minderwertigkeit vorherrscht" (Ehrenberg 2004, S. 15). Demnach haben die 1960er-Jahre als eine Art „Erdbeben der Emanzipation" gewirkt und „uns mehr und mehr zu Menschen ohne Führer gemacht, uns nach und nach in die Situation versetzt, für uns selbst entscheiden und unsere eigenen Orientierungen konstruieren zu müssen" (Ehrenberg 2004, S. 18). Gegenwärtige psychische Pathologien sind somit das Resultat einer genereller Orientierungslosigkeit, die mit dem Zusammenbruch eindeutiger Ordnungs- und Regelsysteme einhergeht. Ohne klare Regeln geraten individuelle Ziele und die Möglichkeit, diese zu verwirklichen, zwangsläufig in Konflikt.[1]

1 Gil Eyal geht sogar noch weiter und begreift Ehrenbergs These als bloße Reproduktion der Anomietheorie Émile Durkheims (Eyal 2010).

Auf den Bereich Arbeit lässt sich dieses Argument mit dem Verweis auf Existenzängste und eine gestiegene Unsicherheit übertragen – man denke etwa an die Zunahme prekärer Arbeitsverhältnisse. Die neuen Bedingungen verlangen nach einem „Menschen, der ohne feste Ordnung auskommt, jemand, der inmitten des Chaos aufblüht" (Sennett 1998, S. 79). Wer das nicht kann, wird nicht nur scheitern, sondern muss sich die Verantwortung für diesen Misserfolg selbst zuschreiben und damit fertig werden. In diesem Zusammenhang lassen sich arbeitsbedingte Erschöpfungserscheinungen wie etwa Burnout als strukturell bedingte Krisen der Selbstverwirklichung interpretieren (Neckel und Wagner 2013; Thuman 2013).

Dieser exemplarische Einblick in die sozialwissenschaftliche Problemdiagnose macht deutlich, dass die psychische Erschöpfung häufig als direkte Konsequenz einer veränderten oder gestiegenen Arbeitsbelastung begriffen wird. Ausgangspunkt sind dabei zwei anthropologische Grundverständnisse, die entweder die menschliche Freiheit oder das Bedürfnis nach institutioneller Ordnung in den Vordergrund rücken. Burnout lässt sich also – in loser Anlehnung an die Konzepte der Ausbeutung, Entfremdung und Anomie – problemlos in die Sprache der Soziologie übersetzten. Damit wird die medizinisch-naturwissenschaftlichen Deutung um den Aspekt sozialer Belastungsfaktoren ergänzt. Deren soziale Entstehungsbedingungen bleiben dadurch jedoch nicht nur unberücksichtigt, sondern werden durch die impliziten Grundannahmen einer spezifischen sozialen und menschlichen Natur naturalisiert und verdeckt.

## 2.3 Pathologen der Erschöpfung: Machthaber oder Aufklärer?

Widmet man sich der Genese von Wissensformen, Institutionen und Praktiken im Bereich der Gesundheit, trifft man auf die Wissenschafts- und Professionssoziologie. Innerhalb dieses Forschungsfeldes gibt es zwei wichtige Traditionen, die zwar schon seit Längerem marginalisiert sind (Collins 1983; Swidler und Arditi 1994), aber dennoch gängige Argumentationsmuster bezüglich des hier analysierten Gegenstands nachhaltig prägen.

Die Wissenschaftssoziologie um Robert K. Merton postuliert die Unterscheidbarkeit wahren und falschen Wissens auf Basis rationaler Kriterien und spricht der Wissenschaft diesbezüglich eine spezifische Funktion innerhalb der Gesellschaft zu (Merton 1938; 1942). Vor diesem Hintergrund beschäftigte man sich mit dem Zusammenhang normativer sowie organisationaler Strukturen und dem wissenschaftlichen Fortschritt.[2] Die Untersuchung von Expertenwissen und Professionen wurde in analoger Weise von Talcott Parsons geprägt (Parsons 1939; 1951, S. 439–476). Diese funktionalistische Perspektive findet ihren Höhepunkt in der Identifikation spezifischer Bedingungen und Verlaufsmuster der Professionalisierung (Hall 1968; Wilensky 1964). In kritischer Reaktion darauf ist seit Ende der 1960er-Jahre die marxistische Position wieder stark gemacht worden. Expertengruppen, insbesondere die institutionalisierte Medizin, gelten hier als machtvolle Vertreter partikularer Interessen. Die funktionale Rollendifferenzierung und damit verbundene Asymmetrie sozialer Beziehung werden als vermeintliche Ideologie entlarvt, die auf dem Machtmonopol der Professionen gründet (Freidson 1986; Johnson 1972). Beide Theorietraditionen vereint trotz erheblicher Unterschiede das Interesse an allgemeinen gesellschaftlichen Entwicklungsprozessen, etwa der Professionalisierung und Bürokratisierung.[3]

Die Nachwirkungen dieser Theorieprogramme kreisen um das Konzept der *Medikalisierung*: Im Anschluss an die marxistische Stoßrichtung lässt sie sich als Ausweitung eines wissenschaftlich-technischen Herrschaftssystems begreifen, das von wirtschaftlichen, staatlichen und professionalen Interessenvertretern dominiert ist (Conrad 1992; 2005; Crawford 1980; Zola 1972). Andere heben, in funktionalistischer Manier, die Notwendigkeit der Autonomie von Medizin und Psychiatrie hervor. Sie gilt als Garant wissenschaftlichen Fortschritts und bildet die Grundvoraussetzung der Entwicklung wichtiger Diagnose- und Behandlungsmethoden. Allan V. Horwitz (2002) und Jerome C. Wakefield (2007) versuchen beispielsweise zu zeigen, wie die Ausdehnung psychischer Diagnosen auf alltägliche Probleme den Kernbereich der Psychiatrie immer weiter verwässert und damit dessen eigentliche Aufgabe, die Behandlung „echter Krankheiten", gefährdet. Auf der einen Seite erscheint die psychiatrische Profession als Teil einer machtvollen Elite, die die Popularisierung neuer Krankheitsbilder zur strategischen Erweiterung medizinischer Kontrolle nutzt. Wird die Psychiatrie andererseits als notwendig autonome Profession gedacht, dann sind neue Krankheitsbilder, wie etwa das Burnout-Syndrom, entweder als medizinischer Fortschritt oder als gesellschaftliche Modeerscheinungen zu interpretieren (Kaschka et al. 2011). Vor diesem Hintergrund

---

2 Einen systematischen Überblick dieses Forschungsprogramms geben Joseph Ben-David und Teresa A. Sullivan (1975).

3 Andrew Abbott liefert in seinem Standardwerk *The System of Professions* eine kritische Darstellung der hier angerissenen Entwicklung der Professionssoziologie (1988, S. 3–9). Hansjürgen Daheim hat eine ausführlichere und differenziertere Betrachtung vorgenommen (1992).

lässt sich die unscharfe Symptomatik des Burnout-Syndroms als Indiz einer zu starken Popularisierung verstehen (Heinemann und Heinemann 2013).

Die Bedeutung externer Einflüsse auf die medizinische Praxis ist sicher nicht von der Hand zu weisen.[4] Problematisch an dieser theoretischen Perspektive ist jedoch gerade die klare Trennung zwischen der Medizin auf der einen und der gesellschaftlichen Wahrnehmung des Problems auf der anderen Seite. Diese Erklärungsstrategie ist im Fall psychische Erschöpfung und Burnout besonders ungeeignet, da wir es hier mit einem heterogenen Phänomenbereich zu tun haben, der nicht klar von bestimmte Experten oder Professionen dominiert ist. Die Ausbreitung der (Selbst-) Zuschreibung psychischer Probleme, so die These, hat ein diskursives Feld erzeugt, in dem heute unterschiedliche Wissensbestände und Akteure um Deutungshoheit ringen. Um die hier entstehende Wissensordnung zu rekonstruieren, macht es daher wenig Sinn, schematisch zwischen innen und außen zu unterscheiden und a priori bestimmte Interessens- und Machtkonstellationen zu postulieren. Diese Betrachtungsweise ist besonders problematisch, wenn bestimmte Normalitätsvorstellungen in Form „echter Krankheiten" als epistemologischer Ballast mitgebracht werden.

## 3 Burnout als soziale Problematisierung

Essentialistische Vorstellungen sozialer Pathologien und Krankheiten führen also notwendigerweise zur Ausklammerung oder reduktionistischen Darstellung der Entstehungsbedingungen psychischer Krankheitsvorstellungen. Mit der zunehmenden Ausbreitung psychischer Probleme in der Arbeitswelt, so die These, ist ein diskursives Feld der psychischen Gesundheit entstanden, in dem neue Deutungsmuster erscheinen und alte Wissensordnungen unter Druck geraten. Nun muss man analysieren, wie dieses konkrete Problem unter spezifischen Bedingungen zum Ausgangspunkt wissenschaftlicher Erkenntnis und professioneller Intervention gemacht wurde (Hacking 2000).

4 So zeigt sich etwa im Falle des Autismus, dass die soziale Nähe zu anderen Betroffenen die Wahrscheinlichkeit einer eigenen Diagnose der Krankheit erheblich erhöht (Liu et al. 2010). Ähnlich plausibel ist es, die Interessen der Medizin selbst als Erklärungsfaktor ins Spiel zu bringen. Die Neufassung des DSM im Jahr 1980 lässt sich vor diesem Hintergrund plausibel als Machtpolitik der psychiatrischen Profession begreifen (Horwitz 2002; Rogler 1997). In beiden Fällen wird den naturalistischen Erklärungen ein konstruktivistischer Ansatz entgegengesetzt, der auf spezifische Interessen und Machtkonstellationen verweist.

## 3.1 Kontroversen als Gegenstand

Andrew Abbott (Abbott 1988) hat gezeigt, wie Professionen Macht und Deutungshoheit im Rahmen ihrer konkreten Tätigkeit generieren: Auf Basis eines spezifischen Wissensvorrats und technischen Know-hows werden Problemfelder und Lösungsstrategien im Spannungsfeld unterschiedlicher Expertengruppen hervorgebracht, verändert und reproduziert. Seit dieser Diagnose ist jedoch eine generelle Delegitimierung professioneller Autorität zu konstatieren (Beck und Bonß 2001; Hitzler 1998; Pfadenhauer 2006). Dies äußert sich vor allem in steigenden Ansprüchen und Anforderungen bezüglich subjektiver Autonomie (Bröckling et al. 2000; Burchell et al. 1991; Greco 1993). Eigenverantwortliche Akteure agieren zunehmend in einem offenen marktähnlichen Raum professioneller Kompetenzen, die je nach Bedarf in Anspruch genommen und zunehmend hinterfragt werden. Experten sehen sich bezüglich der Legitimierung ihrer Position also neuen sozialen Bedingungen unterworfen; sie sind immer häufiger zur Darstellung ihrer Kompetenz gezwungen (Pfadenhauer 2003). Daher gilt es, vom Fokus auf klar umgrenzte Professionen abzurücken und historisch variable Problemfelder in den Blick zu nehmen (Eyal 2013). Der rapide Anstieg psychisch bedingter Arbeitsausfälle hat eine Vielzahl von Deutungsangeboten, Institutionen und Akteuren auf den Plan gerufen, die sich darüber streiten, worin genau das Problem besteht und wie diesem zu begegnen sei. Anstatt hier vorschnell Position zu beziehen, sollte man nach den Bedingungen der Konstitution dominanter Wissensformen und materieller Praktiken fragen.

Insbesondere Studien innerhalb der „neueren" Wissenschaftssoziologie rücken diese sozialen Dynamiken von Expertenwissen in den Vordergrund (Bloor 1991; Latour und Woolgar 1986; Knorr Cetina 1981), indem sie wissenschaftliches Wissen und materielle Praktiken bewusst als Bestandteil des Sozialen betrachten (Latour 2005). Im Themenfeld Medizin wurde diese Perspektive bisher vor allem bei der Analyse von Patientengruppen genutzt (Brown und Zavestoski 2004; Epstein 2008). Diese Untersuchungen deuten unter anderem darauf hin, dass Laien heute nicht mehr nur einen Resonanzraum darstellen, der über den Erfolg oder Misserfolg sozialer Deutungen und Praktiken entscheidet, sondern ein wichtiger Faktor im Kontext der Wissensproduktion selbst sind (Epstein 1995; 1998; Rabeharisoa und Callon 2004). Steven Epstein (1995; 1998) hat beispielsweise in seiner Studie zum Umgang mit AIDS in den USA gezeigt, wie Betroffene Schritt für Schritt zu anerkannten Experten und Interessenvertretern im Feld der Bio-Medizin und staatlichen Gesundheitspolitik avancieren, die aktiv in die Produktion und Selektion wissenschaftlichen Wissens und therapeutischer Techniken eingreifen. Ian Hacking weist in diesem Zusammenhang auf die zentrale Bedeutung der *Klassifizierten*, also etwa der Betroffenen psychischer Krankheiten, in der Gegenwartsgesellschaft hin (Hacking 2007). Der Anspruch subjektiver Autonomie reicht also über die bloße Selektion von Expertenwissen weit hinaus. Die eigene Gesundheit ist heute zunehmend auch Ort aktiver Partizipation; die Erfahrungen und Kompetenzen von Laien gewinnen an Relevanz.

## 3.2 Die Regierung der Psyche

Die skizzierte erkenntnistheoretische und methodologische Herangehensweise wird mit Hilfe der Theorie Michel Foucaults konkretisiert, in der die Analyse von Wahrheitsspielen ins Zentrum rückt. Er stellt dabei folgende Frage: „Warum diese so insistierende ethische Sorge, die gleichwohl in ihrer Form und in ihrer Intensität variiert? Warum diese Problematisierung?" (Foucault 1986, S. 17). Warum rücken im Kontext der Debatte um Stress und Burnout bestimmte Vorstellungen psychischer Erschöpfung in den Vordergrund? Lässt sich hier die Herrschaft einer spezifischen Denkweise identifizieren? Welche Konflikte sind in diesem Problembereich erkennbar?

Um einige Aspekte des Konflikts um die Deutungshoheit psychischer Erschöpfung zu erfassen, wird mit dem analytischen Fokus auf das Burnout-Syndrom ein spezifisches Phänomen exemplarisch herausgegriffen und untersucht.[5] Als theoretische Klammer dient dabei Foucaults Konzept der Gouvernementalität (Foucault 2004): Es stellt eine Perspektive bereit, um historische Entstehungsbedingungen sozialer Probleme zu spezifischen Denkweisen und Machttechniken in Beziehung zu setzen (Foucault 1999, S. 34). Im Mittelpunkt steht dabei die Produktion, Einschränkung und Kanalisierung des Sagbaren, Sichtbaren und Machbaren. Die Aufgabe besteht nun nicht mehr nur darin, Macht in Individuen, Gruppen oder Institutionen zu verorten, sondern Strategien zu identifizieren, die die beteiligten Elemente ihrer Logik unterordnen. Damit trägt Foucault der beschriebenen Delegitimierung professioneller Autorität und der Anforderung subjektiver Autonomie Rechnung: einmal auf empirischer Ebene, da er auf die historische Kontingenz und gleichzeitige soziale Verbindlichkeit der „organisierten Selbstverwirklichung" (Honneth 2002)

5 Alain Ehrenbergs (2004) Analyse leistet einen wichtigen Beitrag zum Verständnis der historischen Genese der psychischen Erschöpfung, indem sie die zunehmende Dominanz der Depression und deren veränderte Diagnose und Behandlungsmethoden nachzeichnet. Wie jedoch angemerkt, neigt Ehrenberg dazu, die Depression in entwicklungstheoretischer Manier als Folge einer fortschreitenden Individualisierung zu deuten. Darüber hinaus ist seine Diagnose des *erschöpften Selbst* von sehr allgemeiner Natur und verdeckt den Konflikt um die Deutungshoheit in diesem Bereich.

verweist; zweitens in theoretischer Hinsicht, indem er das Subjekt nicht als passives Anhängsel des Macht-Wissen Komplexes begreift, sondern hinsichtlich seiner Aktivität und Selbstbezüglichkeit berücksichtigt. Dies wird durch die Vorstellung von Macht als „Führung" zum Ausdruck gebracht: Darunter fallen sowohl die Möglichkeit, auf das Handeln anderer Einfluss zu nehmen, als auch die Fähigkeit, sich selbst zu regieren (Foucault 2005a, S. 256). Regierung ist daher immer eine Verknüpfung externer Machtwirkung und Techniken der Selbstführung.[6]

An Foucaults Konzept des Dispositivs[7] anschließend, lassen sich die Erscheinungsformen, Wirkungsweisen und Widerstände von Machtbeziehungen – in notwendigerweise stark unterkomplexer Art – konkretisieren. Beim Dispositiv handelt es sich um ein variables Netz diskursiver und nicht-diskursiver Praktiken; jedes neue Element kann dessen strategische Ausrichtung verändern. So macht es beispielsweise einen enormen Unterschied, ob die menschliche Psyche im Kontext der Burnout-Debatte als „abgebranntes Streichholz" oder als „leerer Akku" symbolisiert wird. Ein abgebranntes Streichholz wirft man weg, den leeren Akku lädt man wieder auf (Bröckling 2013; Haubl 2013). Vor dem Hintergrund seiner historischen Analysen entwickelt Foucault außerdem eine allgemeine Erklärungsstrategie hinsichtlich der (Re-)Produktion und Verschiebung von Regierungstechniken. Demnach sind Dispositive einerseits die Grundstruktur objektiver Erscheinungsformen und subjektiver Erfahrung. Gleichzeitig sind sie Ausgangspunkt von Konflikten, da „es Machtbeziehungen nur in dem Maße geben kann, in dem die Subjekte frei sind" […] woraus sich „notwendigerweise Möglichkeiten des Widerstands" (Foucault 2005b, S. 890) ergeben.

Doch wie äußert sich dieser Widerstand? Foucault begreift Macht streng relational als Resultat von Kräfteverhältnissen. Daher „liegt der Widerstand niemals außerhalb der Macht", sondern stellt vielmehr „die andere Seite, das nicht wegzudenkende Gegenüber" (Foucault 1987, S. 96) dar. Dispositive beinhalten also selbst immer bereits potentielle Konfliktlinien, die ein transformatorisches Potential bieten. Neben dieser Immanenz von Macht und Widerstand muss berücksichtig werden, dass ein Dispositiv der sozialen Welt als „ein Anreiz und Vermehrungsme-

6 Selbsttechniken sind laut Foucault Praktiken, „mit denen sich die Menschen nicht nur die Regeln ihres Verhaltens festlegen, sondern sich selbst zu transformieren, sich in ihrem besonderen Sein zu modifizieren und aus ihrem Leben ein Werk zu machen suchen […]" (Foucault 1986, S. 18).

7 Das Dispositiv ist für Foucault ein „heterogenes Ensemble, das Diskurse, Institutionen, architektonische Einrichtungen, reglementierende Entscheidungen, Gesetze, administrative Maßnahmen, wissenschaftliche Aussagen, philosophische, moralische oder philanthropische Lehrsätze, kurz: Gesagtes ebensowohl wie Ungesagtes" (Foucault 1978, S. 119f.) umfasst.

chanismus gegenübertritt" (Foucault 1987, S. 50). Je umfangreicher das bestehende Netz verwandter Wissensbestände und materialer Objekte, desto schneller und weitreichender kann es sich ausbreiten.[8]

## 3.3 Zur Ökonomisierung der Psyche

Mit Bezug auf Foucaults Interesse an der „Mikrophysik der Macht" rät man gerne zur Vorsicht, was Verallgemeinerungen dominanter Regierungstechniken betrifft. Gleichzeit sollte man dieses Gebot der empirischen Sorgfalt nicht als ein Verbot auffassen, sich auf die Ergebnisse vielfach belegter und plausibler Gegenwartsdiagnosen zu stützen. Wie bereits beschrieben, deutet unter anderem die Untersuchung sogenannter Patientenbewegungen auf die steigende Bedeutung aktiver Partizipation seitens der Betroffenen hin. Mit Foucault lassen sich diese und ähnliche Phänomene als Bestandteil einer (neo-)liberalen Regierungstechnik beschreiben (Foucault 2004), die seit Ende des Zweiten Weltkriegs in westlichen Gesellschaften zunehmend an Bedeutung gewonnen hat. Im Unterschied zum Liberalismus zeichnet sich diese Wirtschafts- und Sozialordnung gerade durch die aktive Hervorbringung marktähnlicher Strukturen in allen gesellschaftlichen Bereichen aus. Kern dieser politischen Technologie ist das Vertrauen auf die selbstregulierenden Fähigkeiten von Märkten und Individuen.

Mit der Ausbreitung dieser Regierungstechnik, insbesondere seit Beginn der 1980er-Jahre, korrespondiert der Abbau des klassischen Wohlfahrtsstaates. In diesem Zusammenhang wird Sozialpolitik zunehmend zum Bestandteil aktivierbarer individueller und kollektiver Kapazitäten erklärt (Lessenich 2009; Rose 1996). Das Leitbild des *unternehmerischen Selbst* löst sich also vom wirtschaftlichen Kontext und breitet sich auf andere Bereiche des sozialen Lebens aus (Bröckling 2007). Vor diesem Hintergrund wird auch im Feld der Gesundheit ein Übergang von einer medizinisch-disziplinären zu einer ökonomisch-liberalen Ordnung diagnostiziert (Castel 1991; Rose 2001; Rose und Novas 2004). So zeigt Robert Castel, wie sich in der Psychiatrie Frankreichs und den USA bereits seit Ende des 19. Jahrhunderts

8 Auch Gilles Deleuze weist auf diese Zweiseitenform des Dispositivs – als Netz von Wissens- und Subjektivierungsweisen und gleichzeitig Ausgangspunkt der Veränderung – hin: „In jedem Dispositiv muß man unterscheiden zwischen dem, was wir sind (was wir schon nicht mehr sind), und dem, was wir im Begriff sind zu werden: *der Anteil der Geschichte und der Anteil des Aktuellen.* [...] In jedem Dispositiv müssen wir die Linien der jüngeren Vergangenheit und die der nahen Zukunft entmischen: den Anteil des Archivs und den des Aktuellen, den Anteil der Geschichte und den des Werdens, *den Anteil der Analytik und den der Diagnostik*" (Deleuze 1991, S. 160).

eine Akzentverschiebung von der Behandlung des Patienten hin zur Analyse globaler Risikofaktoren abzeichnet. Diese diskursive Verschiebung schlägt sich ab den 1960er-Jahren auch zunehmend in rechtlichen und politischen Reformen nieder. Damit geraten das System der psychiatrischen Anstalt und das Modell der Arzt-Patienten-Beziehung nach der idealtypischen Zweiteilung professioneller Autorität und passiver „sick role" unter Druck. Laut Nikolas Rose (1990) bildet die Psychologie gegenwärtig einen zentralen Ausgangspunkt unterschiedlicher Techniken der Subjektivierung, die den Menschen direkt an die neoliberale Wirtschaft- und Sozialordnung binden.

An diese Überlegungen anschließend, wird am Beispiel der psychischen Erschöpfung die These einer „Ökonomisierung des Sozialen" (Bröckling et al. 2000) – also die Ausbreitung (neo-)liberaler Regierungstechniken auf immer weitere gesellschaftliche Lebensbereiche und Handlungsfelder – formuliert. Der Fall Burnout ist dabei besonders spannend, da hier externe gesundheitliche Risikofaktoren als primäre Ursache des Problems in den Fokus rücken. Als potentielle Krankheitsdiagnose macht Burnout damit anerkannten psychiatrischen Diagnosen, allen voran der Depression, Konkurrenz. Außerdem scheint das Burnout-Syndrom dem Einzelnen ein besonderes Maß an persönlichem Handlungsspielraum zuzugestehen; subjektive Techniken der Regulierung und Optimierung der Psyche deuten sich hier an. Damit stellen sich unter anderem folgende Fragen: Wo und wie wird innerhalb der Burnout-Debatte eine „Ökonomisierung der Psyche" sichtbar? Welche Rolle spielen dabei Psychiatrie, Staat, wirtschaftliche Interessenvertreter und Betroffene? An welchem Punkt stößt die „Sorge um sich" an ihre Grenzen und wird durch andere Regierungs- und Subjekttechniken unterlaufen bzw. herausgefordert?

## 4 Von der diffusen Gefahr zum benennbaren Risiko

Ein erster Blick in die Burnoutforschung macht deutlich, dass die öffentliche Debatte um den Status von Burnout als „echte Krankheit" hier überhaupt keine Rolle spielt. Schaut man etwas genauer hin, dann ist dies nicht länger überraschend: Die meisten Artikel zum Thema stammen aus Journals der Organisationsforschung und Wirtschaftspsychologie. Die Forschung zu diesem Thema hat sich also fernab vom Kern der medizinischen bzw. psychiatrischen Profession etabliert. Besonders wichtig ist aber die generelle Entwicklung der Thematik in der Wissenschaft: Hier wird Anfang der 1980er-Jahre das sogenannte Maslach Burnout Inventory (MBI) entwickelt (Maslach und Jackson 1981) – das bis heute meistgenutzte Messinstrument (Burisch 2006, S. 36).

Das Konzept Burnout hat seine Wurzeln in der Freiwilligenarbeit in den USA: Herbert Freudenberger, der sich im New York der 70er-Jahre ehrenamtlich als Sozialarbeiter im Drogenmilieu engagierte, bildet den Ausgangspunkt der wissenschaftlichen Thematisierung von Burnout. Im Folgenden werde ich insbesondere auf Freudenbergers Darstellungen eingehen, da sie exemplarisch für diese Entstehungsphase sind. In den beiden ersten Artikeln, die 1974 und 1975 von Herbert Freudenberger verfasst wurden, erscheint Burnout primär als ein Problem des übermäßigen persönlichen Engagements (Freudenberger 1974; 1975). Die Darstellung des Problems erinnert dabei stark an das von Wolfgang Schmidbauer (1998) Ende der 1970er-Jahre geprägte Helfersyndrom. Dabei schwankt Freudenberger zwischen einer Glorifizierung des altruistischen Helfers und der Problematisierung pathologischen Übereifers:

> „It is precisely because we view ourselves as dedicated and committed people, that we are likely – if we do not watch out – to subtly get ourselves into a personal burn-out trap. The committed worker tends to take on too much, for too long, and too intensely" (Freudenberger 1975, S. 74).

Der Motivation zur Arbeit wird die Gefahr der Arbeitssucht gegenübergestellt, durch die andere Bedürfnisse und Interessen vernachlässigt werden. Ein Bild der Pathologie individueller Selbstverwirklichung wird angedeutet, das nicht auf den Kontext sozialer Berufe begrenzt wird. Gleichzeitig weist Freudenberger jedoch darauf hin, dass es sich beim Burnout um eine Art symptomatischen Zustand der sozialen Arbeit handelt. Die besondere Situation der Helfer bestehe darin, dass die unterschiedlichen sozialen Probleme und Bedürfnisse der Klienten insgesamt nicht zu bewältigen seien. Burnout wird daher als allgegenwärtige Gefahr begriffen, was auf grundlegende strukturelle Probleme und damit einhergehende Interessenkonflikte verweist:

> „The very nature of alternative institution work almost guarantees that burn-out will take place. Hopefully, we will in time learn better ways to help people without its requiring such a terrible cost not only to the helpers but to the numbers of people in the communities who put their trust and hope in those who perform the helping tasks" (Freudenberger 1975, S. 82).

Im kurze Zeit später von Christina Maslach publizierten Text *The Client Role in Staff Burn-out* (1978) rückt diese allgegenwärtige Gefahr des Berufslebens in den Hintergrund und wird durch ein anderes Motiv ersetzt. Zentraler Ausgangspunkt des Artikels ist die Verknüpfung des Burnout-Syndroms mit dem Konzept Stress:

> „The staff-client interaction can be very emotionally stressful for the staff person as well as for the client, both because of its content – e.g., embarrassing information about the client, hostility directed at the staff person – and because of its structure – e.g., regulations requiring the staff member to ask certain personal questions of the client, or the staff member not being authorized to give the client what he or she wants" (Maslach 1978, S. 112).

Hier werden eine typische Arbeitssituation, die Interaktion mit dem Klienten, beschrieben und unterschiedliche Elemente als potentielle Stressfaktoren konkretisiert. Stress erscheint somit nicht mehr als allgemeine Gefahr des spezifischen Tätigkeitsfeldes, die sich aus einer pathologischen Arbeitsmotivation ergibt. Stattdessen handelt es sich um einen Bündel von Risikofaktoren, die es genau zu kennen gilt. In diesem Zusammenhang kommt auch dem Akteur eine andere Rolle zu:

> „When considering the dynamics of the staff-client relationship, it is important to keep in mind that there are two participants who shape and direct the interaction and the thoughts and feelings that arise from it. (…) If we hope to improve the quality of staff-client contacts, we need to focus on changes on both sides of the exchange. The institutional system ultimately translates into people, and it is the way each of these people interacts with others that can either promote human values or destroy them" (Maslach 1978, S. 123).

Die Ursache des Problems liegt also nicht mehr länger in den Arbeitsbedingungen und einem pathologischen Drang nach Selbstverwirklichung. Stattdessen rückt die eigene Verantwortung hinsichtlich der Planung und Gestaltung der Beziehung mit den Klienten in den Vordergrund. Dabei wird explizit ein Modell des sozialen Austauschs eingeführt. Die Investition psychischer Ressourcen, so die Annahme, zahlt sich langfristig aus.

Dieser Übergang von der strukturellen Gefahrensemantik zu einer individualisierten Risikosemantik stellt eine der zentralen Verschiebungen innerhalb der wissenschaftlichen Debatte dar. Dies geht mit einer Verallgemeinerung der Definition von Burnout auf immer weitere Berufsgruppen einher. In diesem Kontext sind vor allem das *Anforderungs-Kontroll-Modell* (Karasek 1992) und das *Modell beruflicher Gratifikationskrisen* (Siegrist 1996) von Bedeutung. Im ersten Ansatz wird davon ausgegangen, dass hohe Anforderungen insbesondere dann zu Stress führen, wenn die individuellen Entscheidungsspielräume stark eingeschränkt sind. Nach dem *Modell beruflicher Gratifikationenskrisen* tritt Burnout dann auf, wenn nicht genügend individuelle Ressourcen vorhanden sind. Neben der persönlichen Gestaltungsmöglichkeit werden in diesem Zusammenhang auch die Wertschätzung durch Kollegen sowie Erfolgserlebnisse als Bestandteil dieser flexiblen Ressource begriffen.

Psychische Ressourcen erscheinen hier also nicht mehr nur als etwas, das in der Arbeit verausgabt wird. Stattdessen wird die Arbeitswelt selbst zum Ort der Produktion und Reproduktion psychischer Energie und Belastungsfähigkeit. In diesem Zusammenhang ist es nicht überraschend, dass aktuelle Publikationen häufig stärker auf unterschiedliche Formen der Arbeitsmotivation eingehen, die als positiver Gegenpol zum Burnout begriffen wird (Maslach et al. 2001). Eine Ergänzung von Techniken der Risikoevaluation und Prävention durch unterschiedliche Konzepte individueller Gestaltung zeichnet sich ab.

## 5 Krankheit oder Risiko?

In der medialen Debatte um arbeitsbedingten Stress und Burnout finden sich natürlich eine ganze Reihe unterschiedlicher Experten. Besonders interessant ist dabei die Position der Medizin, die ja prinzipiell auf klare Diagnosen zur Behandlung und Abrechnung angewiesen ist. Einen ersten Einblick vermittelt hier der Übersichtsartikel *Modediagnose Burnout* (Kaschka et al. 2011), der 2011 im deutschen Ärzteblatt erschienen ist. Gleich zu Beginn des Texts wird darauf verwiesen, dass die bereits dargestellte zunehmende Diagnose von Burnout und die daraus resultierenden Krankschreibungen die Ärzteschaft quasi zu einer Auseinandersetzung mit der Thematik zwingen. Burnout wird in diesem Zusammenhang als „wichtiger gesundheitsökonomischer Faktor" (Kaschka et al. 2011, S. 781) beschrieben.

Laut den Autoren hat es die wissenschaftliche Psychiatrie „bisher weitestgehend vermieden, sich mit dem Phänomen Burn-out zu beschäftigen, […] [da] die Überschneidungsbereiche mit etablierten psychiatrischen Diagnosen wie Depression oder Anpassungsstörung so groß erschienen, dass man glaubte, auf eine Validierung von Burn-out als diagnostische Entität verzichten zu können" (Kaschka et al. 2011, S.783). Im Text knüpft man nahtlos an diese Tradition an, indem Burnout als „aus medizinischer Sicht […] unfertiges Konzept" (Kaschka et al. 2011, S. 783) bezeichnet wird. Dabei wird neben der Unschärfe und Widersprüchlichkeit der Symptome, vor allem der Einsatz von Selbstbeurteilungsinstrumenten in Form von Fragebögen kritisiert (Kaschka et al. 2011, S. 784f.). Burnout wird zwar eine zentrale Bedeutung innerhalb des Gesundheitssektors beigemessen, die Ärzteschaft selbst sieht sich hier jedoch nicht nur nicht in der Pflicht, sondern warnt sogar vor der Vergabe dieser Diagnose (Kaschka et al. 2011, S. 786).

An diesem Beispiel deutet sich eine wichtige Grenzlinie gesundheitlicher Diskurse und Praktiken an: Die psychiatrische Arbeit am Patienten folgt in vieler Hinsicht dem klassischen Modell der Arzt-Patienten-Beziehung; durch die Arbeitsunfähigkeitsbescheinigung sind Ärzte zudem befugt, in rechtlich-wirtschaftliche Prozesse einzugreifen. Mit dem Anstieg psychisch bedingter AU-Tage und der Popularisierung neuer Krankheitsbilder ist die Medizin unter Rechtfertigungsdruck geraten. Burnout lässt sich in diesem Zusammenhang als Bestandteil einer Gesundheitsökonomie begreifen, die jenseits des Kerngeschäfts der Medizin angesiedelt ist.

Eine etwas deutlichere Form der Abgrenzung zwischen psychischen Gesundheitsrisiken und psychischen Krankheiten wird von Ulrich Hegerl (2011), dem Direktor einer psychiatrischen Klinik und Vorsitzenden der Stiftung Deutsche Depressionshilfe, vorgenommen. „Ein Großteil der Menschen, die wegen ‚Burnout' eine längere Auszeit nehmen, leidet", laut Hegerl „defacto schlicht an einer depressiven Erkrankung" (Hegerl 2011, o.S.). Problematisch sei dabei vor allem, dass „der Begriff eine Selbstüberforderung oder Überforderung von außen als Ursache suggeriert" (Hegerl 2011, o.S.). Hegerl stellt demgegenüber klar, dass es sich bei der Depression um eine affektive Störung, also eine Veränderung der Stimmungslage, handelt, die lediglich durch externe Ursachen „getriggert" wird. Abschließend wird vor einer Stigmatisierung von Personen mit depressiver Erkrankung gewarnt, da diese im Fahrwasser der Burnout Rhetorik zunehmend für ihre Probleme selbst verantwortlich gemacht werden. Ein graduelles Verständnis psychischer Gesundheit trifft also insbesondere im Zentrum der psychiatrischen Profession auf deutliche Opposition.

Neben der individualisierten Risikosemantik und der medizinisch-psychiatrischen Sprache der Klassifikation stößt man in der öffentlichen Debatte vor allem auf eine strukturelle Deutungen des Phänomens. Im Zentrum steht dabei die steigende Zahl psychisch bedingter Arbeitsausfälle, die, ähnlich wie in der sozialwissenschaftlichen Problemdiagnose, als Konsequenz des Wandels der Arbeitswelt begriffen wird. Insbesondere Gewerkschaften, allen voran die IG Metall, sind ein wichtiger Träger dieser diskursiven Strategie. Aufschlussreich ist in diesem Zusammenhang, die sogenannte *Anti-Stress-Verordnung* der IG-Metall, eine seit zwei Jahren diskutierte Initiative einer gesetzlichen Regulierung. Im Positionspapier der IG-Metall wird der Wandel der Arbeitswelt in spezifische Belastungsfaktoren übersetzt, aus denen sich ein Maß der Gefährdung ableitet. Alles kreist um die unterschiedlichen Aspekte der Belastung, die aufgrund der veränderten Arbeitsbedingungen zur „Zeitbombe Arbeitsstress" (IG Metall 2012, S.2) erklärt werden. Individuelle Bewältigungsstrategien reichen demnach nicht aus, nur eine Veränderung der Arbeitsbedingungen kann das Problem lösen:

> „Ein Gegensteuern wird sich nicht auf die Stärkung der Stressbewältigungsressourcen der Beschäftigten reduzieren lassen – so wichtig diese auch sein mögen. Insofern greifen die Vorschläge der Arbeitgeberseite zu kurz. Die Bundesvereinigung der Deutschen Arbeitgeberverbände (BDA) etwa stellt das »Coaching von Mitarbeitern« in den

> Mittelpunkt und setzt darauf, die »Widerstandskraft (Resilienz) der Mitarbeiter« zu stärken (BDA 2012). Nur mit Resilienzstärkung die individuelle Ebene in den Blick zu nehmen verkennt, dass wirksame Prävention vor allem die bedingungsbezogenen Faktoren ins Visier nehmen muss" (IG Metall 2012, S. 22).

Diese Textpassage verdeutlicht, dass die Arbeitgeber, gegen die hier klar Position bezogen wird, die Steigerung individueller psychischer Ressourcen in den Vordergrund rücken. Damit schließen beide Lager der wirtschaftspolitischen Interessenvertretung an die bestehende, dichotom strukturierte wissenschaftliche Debatte an, in der externe Risikofaktoren individuellen Ressourcen gegenübergestellt werden. Die IG Metall plädiert „für eine Verordnung zum Schutz der Beschäftigten vor Stress und weiteren Gefährdungen aus psychischer Belastung" (IG Metall 2012, S.2). Im Anschluss an die Sprache des Arbeitsschutzgesetzes rücken damit externe Ursachen in den Vordergrund.

Dennoch wird Strategien zur Steigerung individueller Ressourcen keine völlige Absage erteilt:

> „Der Erfahrungssatz, dass auf Stress individuell unterschiedlich reagiert werden kann, ist auch bei physischen Beeinträchtigungen zu beobachten. Aus ihm kann ausschließlich abgeleitet werden, dass die Maßnahmen des Gesundheitsschutzes, soweit sie die Stärkung der persönlichen Ressourcen betreffen, individuell unterschiedlich zu konzipieren und zu realisieren sind. Dagegen sind die organisationalen Belastungen generell zu verringern" (IG Metall 2012, S. 72).

Individuell unterschiedliche Fähigkeiten der Stressbewältigung sind demnach dem Gesundheitsschutz unterzuordnen. Psychische Gefährdungen bedürfen einer rechtlichen Regulierung, Techniken des Selbstmanagements können allenfalls ergänzend wirken.

Hier wird die zweite Konfliktlinie innerhalb der Burnout-Debatte deutlich: der Unterschied zwischen einer individualisierten Risikosemantik – die an subjektive Techniken der Gestaltung gekoppelt ist – und einer strukturellen Semantik der Risikovermeidung, die an Maßnahmen rechtlicher Regulierung anschließt.

## 6 Schluss

In diesem Text wurde vor allem eine theoretische Perspektive skizziert, durch die gängige soziologische Problemdiagnosen unterlaufen und ergänzt werden. Neben den Diagnosen einer Pathologie der Wettbewerbsgesellschaft und einer fortschreitenden Medikalisierung lässt sich die psychische Erschöpfung auch als neues Problemfeld denken, in dem es das spezifische Zusammenspiel von Wissensformen und Praktiken zu untersuchen gilt. Die beispielhafte Analyse der Burnout-Debatte macht deutlich, wie man, ausgehend von solch einer Problematisierung, konkrete Konfliktlinien in den Blick bekommt. Anstatt vorab bestimmte Felder und soziale Positionen zu postulieren, dient die angedeutete Analysestrategie der diskursiven Rekonstruktion unterschiedlicher symbolischer Ökonomien. Dadurch wird vor allem das Zusammenspiel unterschiedlicher Spielregeln und damit verbundenen Interessen sichtbar, die in bestimmten Institutionen und Praktiken verankert sind – so etwa die Position der IG Metall im Arbeitsschutzgesetz.

Kehren wir nun zurück zu den Ausgangsfragen des Textes: Ist auch im Bereich der psychischen Gesundheit eine „Ökonomisierung des Sozialen“ (Bröckling et al. 2000) erkennbar? Welche Formen des Widerstandes bzw. der Kritik deuten sich an? Die schematische Darstellung einiger Aspekt der Burnout-Debatte zeigt, dass sich innerhalb der Wissenschaft vor allem eine individualisierte Risikosemantik identifizieren lässt. Hier wird eine Differenzierung zwischen externen Risikofaktoren und individuellen Ressourcen vorgenommen, wobei beide Aspekte als veränderbare Größen auftreten. Strategien der Reduktion von Belastungsfaktoren werden zunehmend durch aktive Formen individueller Gestaltung von Arbeitssituationen ergänzt. Im Kontext der Medizin wird die Bedeutung externer Belastungsfaktoren als bedeutsamer Aspekt der psychischen Gesundheit anerkannt. Gleichzeit ist eine deutliche Distanzierung vom damit verbundenen graduellen Gesundheitsverständnis zu erkennen, dem die Diagnose „echter Krankheiten“ als Kerngeschäft der Psychiatrie entgegengesetzt wird. Die gewerkschaftliche Positionierung schließt an die Problematisierung der psychischen Erschöpfung als quantifizierbares Risiko an. Gleichzeitig rücken hier jedoch externe Bedrohungen, nicht individuelle Ressourcen und Gestaltungsmöglichkeiten in den Vordergrund.

Die Frage nach einer „Ökonomisierung der Psyche“ muss also differenziert beantwortet werden. Auch wenn innerhalb der Wissenschaft eine steigenden Bedeutung subjektiver Ressourcen zu konstatieren ist, so deuten sich im Bereich der Medizin und der politischen Interessenvertretung seitens der Gewerkschaften klare Widerstandspotentiale an. Dabei scheint der angewandten Psychologie eine Schlüsselrolle bei der Übersetzung wirtschaftlicher Ordnungsvorstellungen in medizinische Wissensformen und Praktiken zuzukommen – die Entstehung eines neuen ökonomisch-medizinischen Wissenskomplexes deutet sich an. Für weiterführende Untersuchungen stellt sich damit die Frage, inwieweit die Vorstellung individueller Risiken sowie subjektiver psychischer Ressourcen gegenüber anderen Deutungsmustern die Oberhand gewinnt.

## Literatur


Abbott, A. D. (1988). *The System of Professions: An Essay on the Division of Expert Labor*. Chicago: University of Chicago Press.

Abbott, A. D. (2001). *Chaos of Disciplines*. Chicago: University of Chicago Press.

Beck, U., Bonß, W. (2001). *Die Modernisierung der Moderne*. Frankfurt am Main: Suhrkamp.

Ben-David, J., & Sullivan, T. A. (1975). Sociology of Science. *Annual Review of Sociology 1*, 203–222.

Bianchi, R., Boffy, C., Hingray, C. Truchot, D., & Laurent, E. (2013). Comparative Symptomatology of Burnout and Depression. *Journal of Health Psychology 18 (6)*, 782–787.

Betriebskrankenkasse (BKK). (2013). *BKK Gesundheitsreport 2013. Gesundheit in Bewegung*. Berlin: Königsdruck Printmedien und digitale Dienste.

Bloor, D. (1991). *Knowledge and Social Imagery*. Chicago: University of Chicago Press.

Bröckling, U. (2007). *Das unternehmerische Selbst*. Frankfurt am Main: Suhrkamp.

Bröckling, U. (2013). Der Mensch als Akku, die Welt als Hamsterrad. Konturen einer Zeitkrankheit. In S. Neckel & G. Wagner (Hrsg.), *Leistung und Erschöpfung: Burnout in der Wettbewerbsgesellschaft* (S. 179–200). Frankfurt am Main: Suhrkamp.

Bröckling, U., Krasmann, S., & Lemke, T. (2000). *Gouvernementalität der Gegenwart: Studien zur Ökonomisierung des Sozialen*. Frankfurt am Main: Suhrkamp.

Brown, P., & Zavestoski, S. (2004). Social Movements in Health: An Introduction. *Sociology of Health & Illness 26 (6)*, 679–694.

Bundespsychotherapeutenkammer (BPtK). (2013). BPtK-Studie zur Arbeitsunfähigkeit. Psychische Erkrankungen und Burnout. http://www.bptk.de/uploads/media/20120606_AU-Studie-2012.pdf. Zugegriffen: 08. Dezember 2014.

Burchell, G., Gordon, C., & Miller, P. (1991). *The Foucault Effect: Studies in Governmentality*. Chicago: University of Chicago Press.

Burisch, M. (2006). *Das Burnout-Syndrom: Theorie der inneren Erschöpfung*. Heidelberg: Springer Medizin.

Castel, R. (1991). From Dagerousness to Risk. In G. Burchell, C. Gordon & P. Miller (Hrsg.), *The Foucault Effect-Studies in Governmentality* (S. 281–298). Chicago: University of Chicago Press.

Collins, H. M. (1983). The Sociology of Scientific Knowledge: Studies of Contemporary Science. *Annual Review of Sociology 9*, 265–285.

Conrad, P. (1992). Medicalization and Social Control. *Annual Review of Sociology 18*, 209–232.

Conrad, P. (2005). The Shifting Engines of Medicalization. *Journal of Health and Social Behavior 46 (1)*, 3–14.

Crawford, R. (1980). Healthism and the Medicalization of Everyday Life. *International Journal of Health Services: Planning, Administration, Evaluation 10 (3)*, 365–388.

Daheim, H. (1992). Zum Stand der Professionssoziologie. In B. Dewe, W.Ferchhoff & F.-O. Radtke (Hrsg.), *Erziehen als Profession* (S. 21–35). Wiesbaden: VS Verlag für Sozialwissenschaften.

Deleuze, G. (1991). Was ist ein Dispositiv. In F. Ewald & B. Waldenfels (Hrsg.), *Spiele der Wahrheit. Michel Foucaults Denken* (S. 153–162). Frankfurt am Main: Suhrkamp.

Dettmer, M., Shafy, S., & Tietz, J. (2011). Volk der Erschöpften. *Der Spiegel 4/2011*, 114–122.

Deutsches Institut für Medizinische Dokumentation und Information (DIMDI). (2015). Internationale statistische Klassifikation der Krankheiten und verwandter Gesundheitsprobleme. 10. Revision German Modification. http://www.dimdi.de/static/de/klassi/icd-10-gm/kodesuche/onlinefassungen/htmlgm2015/index.htm. Zugegriffen: 08. Dezember 2014.

Ehrenberg, A. (2004). *Das erschöpfte Selbst*. Frankfurt am Main: Suhrkamp.

Epstein, S. (1995). The Construction of Lay Expertise: AIDS Activism and the Forging of Credibility in the Reform of Clinical Trials. *Science, Technology & Human Values 20 (4)*, 408–37.

Epstein, S. (1998). *Impure Science: AIDS, Activism, and the Politics of Knowledge*. Berkeley: University of California Press.

Epstein, S. (2008). Patient Groups and Health Movements. In E. Harkett, O. Amsterdamska, M. Lynch & J. Wajcman (Hrsg.), *The Handbook of Science and Technology Studies* (S. 499–539). Cambridge: MIT Press.

Eyal, G. (2010). The Weariness of the Self: Diagnosing the History of Depression in the Contemporary Age. *Contemporary Sociology: A Journal of Reviews 39(6)*, 697–98.

Eyal, G. (2013). For a Sociology of Expertise: The Social Origins of the Autism Epidemic. *American Journal of Sociology 118 (4)*, 863–907.

Foucault, M. (1978). *Dispositive der Macht: Über Sexualität, Wissen und Wahrheit*. Berlin: Merve Verlag.

Foucault, M. (1986). *Sexualität und Wahrheit 2: Der Gebrauch der Lüste*. Frankfurt am Main: Suhrkamp.

Foucault, M. (1987). *Sexualität und Wahrheit 1: Der Wille zum Wissen*. Frankfurt am Main: Suhrkamp.

Foucault, M. (1999). *Überwachen und Strafen*. Frankfurt am Main: Suhrkamp.

Foucault, M. (2004). *Geschichte der Gouvernementalität: Vorlesung am Collège de France 1977-1978, 1978-1979*. Frankfurt am Main: Suhrkamp.

Foucault, M. (2005a). Subjekt und Macht. In D. Defert & F. Ewald (Hrsg.), *Analytik der Macht* (S. 240–263). Frankfurt am Main: Suhrkamp.

Foucault, M. (2005b). Die Ethik der Sorge um sich als Praxis der Freiheit. In M. Foucault (Hrsg.), *Schriften. Dits et Ecrits IV* (S. 875–902). Frankfurt am Main: Suhrkamp.

Freidson, E. (1986). *Professional Powers: A Study of the Institutionalization of Formal Knowledge*. Chicago: University of Chicago Press.

Freudenberger, H. J. (1974). Staff Burn-Out. *Journal of Social Issues 30 (1)*, 159–165.

Freudenberger, H. J. (1975). The staff burn-out syndrome in alternative institutions. *Psychotherapy: Theory, Research & Practice 12 (1)*, 73–82.

Greco, M. (1993). Psychosomatic Subjects and the „duty to Be Well". Personal Agency within. *Economy and Society 22 (3)*, 357–372.

Hacking, I. (2000). *The Social Construction of What?* Cambridge, Mass.: Harvard University Press.

Hacking, I. (2007). Kinds of People: Moving Targets. *Proceedings of the British Academy 151*, 285–318.

Hall, R. H. (1968). Professionalization and Bureaucratization. *American Sociological Review 33 (1)*, 92–104.

Haubl, R. (2013). Burnout – Diskurs und Metaphorik. In S. Neckel & G. Wagner (Hrsg.), *Leistung und Erschöpfung: Burnout in der Wettbewerbsgesellschaft* (S. 165–78). Frankfurt am Main: Suhrkamp.

Hegerl, U. (2011). Fünf Gründe gegen das Modewort Burnout. http://www.deutsche-depressionshilfe.de/stiftung/pm-fuenf-gruende-gegen-das-modewort-burnout.php. Zugegriffen: 08. Dezember 2014.

Heinemann, L. V., & Heinemann, T. (2013). Die Etablierung einer Krankheit? Wie Burnout in den modernen Lebenswissenschaften untersucht wird. In S. Neckel & G. Wagner (Hrsg.), *Leistung und Erschöpfung: Burnout in der Wettbewerbsgesellschaft* (S. 129–147). Frankfurt am Main: Suhrkamp.

Hitzler, R. (1998). Reflexive Kompetenz — Zur Genese und Bedeutung von Expertenwissen jenseits des Professionalismus. In W. Schulz (Hrsg.), *Expertenwissen* (S. 33–47). Wiesbaden: VS Verlag für Sozialwissenschaften.

Hochschild, A. R. (1983). *The Managed Heart*. Berkeley: University of California Press.

Honneth, A. (2002). Organisierte Selbstverwirklichung. Paradoxien der Individualisierung. In A. Honneth (Hrsg.), *Befreiung aus der Mündigkeit: Paradoxien des gegenwärtigen Kapitalismus* (S. 141–58). Frankfurt am Main: Campus.

Horwitz, A. V. (2002). *Creating Mental Illness*. Chicago: University of Chicago Press.

Horwitz, A. V., & Wakefield, J. C. (2007). *The Loss of Sadness. How Psychiatry Transformed Normal Sorrow Into Depressive Disorder*. Oxford: Oxford University. Press.

IG Metall. (2012). *Anti-Stress-Verordnung. Eine Initiative der IG Metall*. Dresden: Druckhaus Dresden.

Johnson, T. J. (1972). *Professions and Power*. London: Macmillan.

Karasek, R. (1992). *Healthy Work: Stress, Productivity, and the Reconstruction of Working Life*. New York: Basic books.

Kaschka, W. P., Korczak, D., & Broich, K. (2011). Modediagnose Burn-out. *Deutsches Ärzteblatt 46*, 781–87.

Kleemann, F., Matuschek, I., & Voß, G. G. (1999). *Zur Subjektivierung von Arbeit*. Berlin: WZB.

Knorr Cetina, K. (1981). *The Manufacture of Knowledge: An Essay on the Constructivist and Contextual Nature of Science*. Oxford: Pergamon Press.

Latour, B. (2005). *Reassembling the Social: An Introduction to Actor-Network-Theory*. Oxford: Oxford University Press.

Latour, B., & Woolgar, S. (1986). *Laboratory Life: The Social Construction of Scientific Facts*. Princeton: Princeton University Press.

Lessenich, S. (2009). *Die Neuerfindung des Sozialen*. Bielefeld: transcript.

Liu, K.-Y., King, M., & Bearman, P. S. (2010). Social Influence and the Autism Epidemic. *American journal of sociology 115 (5)*, 1387–1434.

Maslach, C. (1978). The Client Role in Staff Burn-Out. *Journal of Social Issues 34 (4)*, 111–124.

Maslach, C., & Jackson, S. E. (1981). The Measurement of Experienced Burnout. *Journal of Organizational Behavior 2 (2)*, 99–113.

Maslach, C., Schaufeli, W. B., & Leiter, M. P. (2001). Job Burnout. *Annual Review of Psychology 52 (1)*, 397–422.

Merton, R. K. (1938). Science and the Social Order. In R. K. Merton (Hrsg.), *The Sociology of Science. Theoretical and Empirical Investigations* (S. 254–266). Chicago: University of Chicago Press.

Merton, R. K. (1942). The Normative Structure of Science. In R. K. Merton (Hrsg.), *The Sociology of Science. Theoretical and Empirical Investigations* (S. 267–278). Chicago: University of Chicago Press.

Neckel, S., & Wagner, G. (2013). Erschöpfung als „schöpferische Zerstörung". Burnout und gesellschaftlicher Wandel. In S. Neckel & G. Wagner (Hrsg.), *Leistung und Erschöpfung: Burnout in der Wettbewerbsgesellschaft* (S. 203–217). Frankfurt am Main: Suhrkamp.

Parsons, T. (1939). The Professions and Social Structure. *Social Forces 17 (4)*, 457–467.

Parsons, T. (1951). *The Social System*. Glencoe: Free Press.

Pfadenhauer, M. (2003). *Professionalität: Eine Wissenssoziologische Rekonstruktion Institutionalisierter Kompetenzdarstellungskompetenz*. Opladen: VS Verlag für Sozialwissenschaften.

Pfadenhauer, M. (2006). Crisis or Decline? Problems of Legitimation and Loss of Trust in Modern Professionalism. *Current Sociology 54 (4)*, 565–578.

Pongratz, H. J., & Voß G. G. (1998). Der Arbeitskraftunternehmer. Eine neue Grundform der Ware Arbeitskraft. *Kölner Zeitschrift für Soziologie und Sozialpsychologie 50 (1)*, 131–158.

Rabeharisoa, V., & Callon, M. (2004). Patients and Scientists in French Muscular Dystrophy Research. In S. Jasanoff (Hrsg.), *States of Knowledge: The Co-production of Science and Social Order* (S. 142–160). London: Routledge.

Rogler, L. H. (1997). Making Sense of Historical Changes in the Diagnostic and Statistical Manual of Mental Disorders: Five Propositions. *Journal of Health and Social Behavior 38 (1)*, 9–20.

Rose, N. (1990). *Governing the Soul*. London: Routledge.

Rose, N. (1996). The Death of the Social? Re-figuring the Territory of Government. *Economy and Society 25 (3)*, 327–56.

Rose, N. (2001). The Politics of Life Itself. *Theory, Culture & Society 18 (6)*, 1–30.

Rose, N., & Novas, C. (2004). Biological Citizenship. In A. Ong & S. J. Collier (Hrsg.), *Globals Assemblages* (S. 439–463). Malden: Blackwell

Schmidbauer, W. (1998). *Die hilflosen Helfer*. Reinbek bei Hamburg: Rowohlt.

Sennett, R. (1998). *Der flexible Mensch*. Berlin: Berlin-Verlag.

Siegrist, J. (1996). Adverse Health Effects of High-effort/Low-reward Conditions. *Journal of Occupational Health Psychology 1 (1)*, 27–41.

Swidler, A., & Arditi, J. (1994). The New Sociology of Knowledge. *Annual Review of Sociology 20 (1)*, 305–329.

Thuman, E. (2013). Burnout als sozialpathologisches Phänomen der Selbstverwirklichung. In S. Neckel, & G. Wagner (Hrsg.), *Leistung und Erschöpfung: Burnout in der Wettbewerbsgesellschaft* (S. 58–85). Frankfurt am Main: Suhrkamp.

Voß, G. G., & Weiss, C. (2013). Burnout und Depression – Leiterkrankungen des subjektivierten Kapitalismus oder: Woran leidet der Arbeitskraftunternehmer? In S. Neckel & G. Wagner (Hrsg.), *Leistung und Erschöpfung: Burnout in der Wettbewerbsgesellschaft* (S. 29–57). Frankfurt am Main: Suhrkamp.

Voß, G. G. (1998). Die Entgrenzung von Arbeit und Arbeitskraft. *Mitteilungen aus der Arbeitsmarkt-und Berufsforschung 31 (3)*, 473–487.

Wilensky, H. L. (1964). The Professionalization of Everyone? *American Journal of Sociology 70 (2)*, 137–58.

Zola, I. K. (1972). Medicine as an Institution of Social Control. *The Sociological Review 20 (4)*, 487–504.

# Die Welt der Wirtschaftswissenschaften

## Ein „starkes Feld" verbunden mit dem Feld der Macht

Frédéric Lebaron

## 1 Einleitung

Die Wirtschaftswissenschaft hat heute die zentralen Orte der Macht durchdrungen und nimmt Einfluss auf das tägliche öffentliche und private Handeln wichtiger gesellschaftlicher Akteure. Sie ist an der Ko-Konstruktion von Staaten und Märkten beteiligt. Durch die Entwicklung ökonomischer Expertise in den Lenkungsgremien der globalen Ökonomie ist ihr Status als sowohl moderne als auch universelle „kamerale Wissenschaft" weltweit weiter gestärkt worden, sodass die Unterscheidung zwischen Wissen als Machtinstrument und Wissen als Erkenntnismedium in ihr kaum mehr zum Tragen kommt.

In diesem Artikel wird das globale Feld der Wirtschaftswissenschaft als ein sozialer Raum analysiert, dessen Eigenschaften eng mit dem globalen Feld der Macht verbunden sind. Dadurch wird dieses soziale Universum zu einem ganz speziellen wissenschaftlichen Feld: zu einem, das als ein „starkes Feld" im Sinne eines mächtigen institutionellen Raumes *innerhalb der globalen Gesellschaft* bezeichnet werden kann.

Die Wirtschaftswissenschaft ist derweil als wissenschaftliches Subsystem stark um ein Institutionengefüge herum strukturiert, das ihre Beiträge evaluiert und ihr besondere Anerkennung zuteilwerden lässt. An dessen Spitze steht der „Alfred-Nobel-Gedächtnispreis für Wirtschaftswissenschaften", der 1968 von der Schwedischen Reichsbank ins Leben gerufen wurde. Dieser Preis verdeutlicht die strukturierende Kraft einer organisatorischen Konstruktion, die global durch einen besonders weit entwickelten und effizienten Vereinheitlichungsprozess arbeitet: sprachliche Vereinheitlichung bei absoluter Hegemonie des Englischen, theoretische Vereinheitlichung durch den „neo-klassischen" Rahmen, methodische Vereinheitlichung durch die Verwendung eines standardisierten Designs mathematischer Statistik sowie Vereinheitlichung in der Evaluation durch die Verwendung der Bibliometrie und quantitativer Messungen. In eben diesem Raum können sich Kontroversen und theoretische Innovationen, die um einzelne Bezeichnungen und universelle Bezugsrahmen geführt werden, entfalten. Von da ausgehend ist es möglich, die Auswirkungen der Infragestellung des Berufsstandes während der globalen Finanzkrise von 2008 einzuschätzen, und zwar besonders im Hinblick auf die relative Position und Struktur dieses „starken Feldes". Dabei wird dessen starke Abwehrfähigkeit gegenüber externen Schocks deutlich.

Im ersten Teil wird der Aufstieg der wirtschaftswissenschaftlichen Disziplin im Feld der Macht als ein wesentlicher Bestandteil dieser Entwicklung analysiert. Veranschaulicht wird dies am Beispiel der Zentralbanken. Dieser Teil beinhaltet die, wenn man so will, „äußeren" Entwicklungstendenzen. Der zweite Teil wendet sich der „inneren" Strukturierung des Feldes zu, um abschließend ein darauf aufbauendes allgemeines Forschungsprogramm zu skizzieren.

## 2 Theorie und Methodologie der Feldanalyse

### 2.1 Was ist das Feld der Macht?

In den 1960er-Jahren hat sich Bourdieus Ansatz von einer eher „realistischen" Konzeption sozialer Strukturen stärker in Richtung einer „relationalen" Position gewandelt, die fortan ein bestimmendes Charakteristikum seines theoretischen Ansatzes wurde. Er hat in diesem Zuge Verfahren zu einer räumlichen Darstellung bzw. Abbildung der Gesellschaft (des „sozialen Raumes") entwickelt, die dazu gedacht waren, die vorherrschenden essentialistischen Vorstellungen von großen sozialen Gruppen, die zumeist rein sozioökonomisch verstanden wurden, zu korrigieren (Lebaron und Le Roux 2014). In Arbeiten zu Eliten nach 1968 hat Bourdieu diesen relationalen Ansatz für seine Analysen dominanter sozialer Gruppen angewendet (zum Beispiel in Bourdieu 1984a, 1989). Dominante Gruppen wurden nun als Teile oder Sektoren des Sozialraums durch den Einsatz von Geometrischer Datenanalyse (Korrespondenzanalyse) explizit und systematisch analysiert (zunächst in dem gemeinsam mit Monique de Saint-Martin verfassten Text „*L'anatomie du gout*" (Bourdieu und de Saint-Martin 1976), dann auch im Artikel „*Le patronat*" (Bourdieu und de Saint-Martin 1978).

Nach dieser „relationalen Wende" hat Bourdieu die Anwendung und Konturierung des Feldkonzepts vorangetrieben. Insbesondere ab „*Distinction*" (1979) wurde das relationale Denken ebenfalls Grundlage seiner erneuerten Klassentheorie (Bourdieu 1984b). Unter der Perspektive von Machtrelationen kann das Konzept des Feldes der Macht als Möglichkeit verstanden werden, die (synthetische und empirische) Analyse des Raumes der dominanten Klassen und die (analytische und theoretische) Konstruktion des Sozialen (basierend auf dem Feldkonzept) zu kombinieren. Dies beinhaltet schließlich die Hinzuziehung seines einschlägigen theoretischen Begriffsapparats (das Kapitalkonzept, die Begriffe von *illusio*, Spiel etc.). Ein Feld der Macht ist demnach nicht nur der Ort der dominanten Klassen im sozialen Raum. Es ist ein Ort, an dem sich die Akteure in Konkurrenz um ein gemeinsames Ziel befinden: Machtgewinn, wobei Machtgewinn, präzise nach der Konzeption von Bourdieu, die Fähigkeit bezeichnet, die relativen Werte einzelner Kapitalsorten zu beeinflussen. Das Feld der Macht ist demnach ein Ort, an dem dominante Positionen sich miteinander verbinden und zugleich miteinander konkurrieren.

Das Feld der Macht lässt sich als ein *Feld der Felder* verstehen, weil dort die dominanten Akteure aus den verschiedenen gesellschaftlichen (Sub-)Feldern miteinander konkurrieren und die relative Hierarchie zwischen diesen untergeordneten Feldern aushandeln. Es handelt sich um eine Art Meta-Feld, in dem das gemeinsame Spiel darin besteht, die Relationen zwischen den diversen untergeordneten Feldern festzulegen und damit auch die Beziehungen zwischen den verschiedenen Formen von Kapital zu verhandeln. Ökonomische Akteure sind mit politischen und intellektuellen Akteuren konfrontiert: spezifische Auseinandersetzungen zwischen Journalisten korrespondieren mit den allgemeinen Kämpfen innerhalb des Feldes der Macht. Die Dynamik der Felder prozessiert in Abhängigkeit von bzw. in Bezug auf die Entwicklung von Gleichgewichten zwischen verschiedenen Fraktionen und Gruppen im Feld der Macht. Eine ganze Reihe von Studien, die von Bourdieu inspiriert wurden, haben die Fruchtbarkeit der Heuristik dieses allgemeinen Ansatzes aufzeigen können (Cohen 2006; Bigo et al. 2007; Dezalay 2007; Hjellbrekke et al. 2007; Denord, et al. 2011).

Am Schnittpunkt der herrschenden Positionen in unterschiedlichen autonomen gesellschaftlichen Feldern (Politik, Wirtschaft, aber auch Universität, Medien, Religion, Armee etc.) interagieren Akteure innerhalb des Feldes der Macht. Dieses Feld korrespondiert mit unterschiedlichen elitären Positionen in der Gesellschaft (Bourdieu 1989). Die Struktur des Feldes der Macht steht in Beziehung zur Differenzierung elitärer Gruppen und derjenigen Mechanismen, durch die diese Differenzierung produziert und reproduziert wird. Bourdieus Konzeption der Differenzierung des Feldes der Macht wurde kürzlich in einer Arbeit von Denord (Denord et al. 2011) illustriert, in dem die Autoren die unterschiedlichen Fraktionen der Elitegruppen entsprechend den Darstellungen des *who's who* in Frankreich beschrieben haben. Hier wird ein Set von Oppositionen zwischen staatsnahen, technokratischen Eliten und Unternehmenseliten sowie Intellektuellen vs. wirtschaftsorientierten Gruppen nachgezeichnet.

Das Feld der Macht wird durch spezifische Arten von Kapital und deren jeweilige Kombinationen definiert: ökonomisches, kulturelles, symbolisches Kapital und natürlich die besonderen Kapitaltypen, die in einem bestimmten Feld akkumuliert werden (wie beispielsweise „mathematisches Kapital" als eine besondere Kombination symbolischen, kognitiven und technischen Kapitals). Daher ist das Feld der Macht ein relationales und mehrdimensionales Konzept, das darauf abzielt, das hoch differenzierte Wesen der Macht in der heutigen Gesellschaft zu erfassen.

In Frankreich wird die Verteilung der Akteure auf die dominanten Positionen, wie sie Bourdieu beschreibt, von eher strengen Reproduktionsmechanismen geleitet. Die akademische und intellektuelle Elite wird in einigen höheren Bildungseinrichtungen (École Normale Supérieure, Polytechnique etc.) geformt, während die wirtschaftliche Elite je nach den Reproduktionslogiken ihrer Familien entweder über eine staatlich-administrative Laufbahn oder durch Abschluss einer Wirtschaftshochschule rekrutiert wird. Der Begriff des globalen Feldes der Macht verweist darauf, dass Führungspositionen heute auch auf der transnationalen Ebene definiert werden müssen, auch wenn nationale Machtfelder weiterhin Bestand haben und viele der Realitäten und Verhaltensweisen in den jeweiligen Gesellschaften bestimmen.

Zusammenfassend lässt sich sagen, dass das Feld der Macht alle dominanten Positionen aus den einzelnen Feldern enthält. Unsere Arbeiten zum Feld der Wirtschaftswissenschaften (Lebaron 2000, 2001) haben nun gezeigt, dass dieses spezifische, autonome Feld der Wirtschaftswissenschaften besonders eng mit dem Feld der Macht als Ganzem verbunden ist und nicht nur mit spezifischen Sektoren wie dem wissenschaftlichen oder dem akademischen Feld. Die multiplen Verbindungen zwischen Zentralbanken und der wirtschaftswissenschaftlichen Disziplin zeigen beispielsweise eine starke Interpenetration von Machtlogiken (vor allem monetäre und finanzielle Mechanismen) mit akademischen Logiken im wirtschaftswissenschaftlichen Feld (vgl. Lebaron 2008). Diese Verbindung ist noch augenscheinlicher in Bezug auf mächtige finanzökonomische Akteure. Wie die Performativitätsansätze gezeigt haben (Muniesa und Callon 2008), existiert wirtschaftswissenschaftliches Wissen nicht getrennt von ökonomischen Institutionen (etwa Märkte und ökonomische Organisationen), in vielen Fällen ist es vielmehr ein konstitutiver Bestandteil ihres alltäglichen Funktionierens.

Nicht zuletzt konnte gezeigt werden, dass die Struktur des Feldes der Macht im Feld der Wirtschaftswissenschaften präsent ist (Lebaron 2001): WirtschaftswissenschaftlerInnen befinden sich in Konkurrenzbeziehungen in einem relativ autonomen (disziplinären) Feld, aber diese Form der Konkurrenz hat eine starke Verbindung mit der allgemeinen Konkurrenz im Feld der Macht. Dies bedeutet auch, dass die

Kämpfe im Feld der Wirtschaftswissenschaften viele gemeinsame Muster mit jenen besitzen, die im globalen Feld der Macht ausgemacht werden können. Schließlich bedeutet dies, dass Kämpfe innerhalb des Feldes der Wirtschaftswissenschaften Effekte auf das Feld der Macht haben, und zwar im Sinne eines dialektischen Prozesses: Kämpfe im Feld der Wirtschaftswissenschaften beeinflussen das Feld der Macht und damit zugleich auch die Gesamtgesellschaft. Dieses Thema berührt natürlich die Frage der Performativität der Wirtschaftswissenschaften (Muniesa und Callon 2008). Unsere Beobachtungen verweisen darauf, dass die Performativität der Ökonomik aber nur deswegen möglich ist, weil die Wirtschaftswissenschaft so eine starke Autorität besitzt und ein dominantes Feld ist, dessen Akteuren und VertreterInnen Gehör geschenkt wird.

## 2.2 Daten und Methoden

Die empirische Grundlage dieses Beitrages basiert auf einer Reihe von Untersuchungen, die seit der zweiten Hälfte der 1990er-Jahre durchgeführt wurden: drei prosopographischen Studien (zu französischen ÖkonomInnen, NobelpreisträgerInnen und ZentralbankerInnen) sowie weiteren, qualitativ ausgerichteten Felderhebungen (informelle Gespräche und formale Interviews mit ÖkonomInnen sowie teilnehmende Beobachtungen). In diesem Beitrag werden die empirischen Befunde nicht detailliert vorgestellt, sie dienen vielmehr als Hintergrundinformationen und Illustration.

Die Analysen zum Feld der ÖkonomInnen in Frankreich in den 1990er-Jahren gehen auf zwei Studien zurück (Lebaron 2000, 2001). Die Erhebungen zu den NobelpreisträgerInnen (Lebaron 2006) wurden kürzlich aktualisiert und werden hier in dieser neuen Form diskutiert. Die Datenbasis besteht jetzt aus n=76 PreisträgerInnen, zu denen die folgenden Daten erhoben wurden: Geburtsdatum, Geburtsort, Sterbedatum, Alter zum Zeitpunkt der Nominierung, Zivilstand, Beruf des Vaters, Beruf der Mutter, Nationalität zum Zeitpunkt der Geburt, Nationalität zum Zeitpunkt der Nominierung, Universität an der das Studium absolviert wurde, Universität an der die Promotion erfolgte, wissenschaftliches Fachgebiet, wissenschaftliche Orientierung, politische Orientierung etc. Wir haben auch zum neu entstehenden Bereich der Neuroökonomik geforscht (Monneau und Lebaron 2011). Die Untersuchungen zu den Zentralbankern basieren auf der CENTBANK-Datenbank, die seit Beginn der 2000er-Jahre erstellt und sukzessive erweitert wurde (Lebaron 2000, 2008, 2010, 2012). Wir haben hier eine Anzahl von n=301 Direktoren (gegenwärtige oder vormalige Vorsitzende) extrahiert. Diese Population deckt insgesamt 156 Staaten aus allen Regionen der Welt ab und wurde für den Zeitraum von 2000 bis 2015 erhoben. Bei den Indikatoren, die analysiert worden sind, handelt es sich um klassische soziodemografische Indikatoren (Geburtsjahr, Geschlecht), Daten zum Ausbildungsgang (höchster Abschluss, Bereich der Ausbildung, Studien im Ausland) sowie zu den Tätigkeiten in verschiedenen Sektoren (Universität, Politik, Verwaltung, Privatbanken, andere private Organisationen, Zentralbanken). Einer dieser Sektoren wurde jeweils als hauptsächlicher Indikator für die berufliche Karriere bestimmt. Zudem wurden die Datensätze vor und nach 2006 miteinander gegenüber gestellt, um Vergleiche im Zeitverlauf zu ermöglichen.

In diesen empirischen Untersuchungen haben wir eine Kombination aus quantitativen und qualitativen Methoden verwendet. Die quantitative Analyse, auf der vor allem die Untersuchung des sozialen Raumes basiert, geht auf die Methodologie der Geometrischen Datenanalyse (Geometric Data Analysis (GDA)) zurück. Diese wurde unter Einbezug von Inferentieller Datenanalyse verstärkt seit 1998 eingesetzt (Le Roux und Rouanet 2004, 2010; Rouanet 2006; Lebaron und Le Roux 2014; Grenfell und Lebaron 2014; Lebaron und Le Roux 2015). Qualitative Analysen, die die quantitativ gewonnenen Befunde komplementieren und erweitern, basieren auf der Analyse von Lebensläufen und Interviews. Die Daten, die die quantitative Analyse ergänzen und erweitern, werden hier vor allem zur Illustration einiger Aspekte der generellen Analyse eingesetzt.

# 3 Die Wirtschaftswissenschaften im Feld der Macht

## 3.1 Der lange Aufstieg der Wirtschaftswissenschaften im Feld der Macht

Der gesellschaftliche Aufstieg der Wirtschaftswissenschaften ist recht augenscheinlich, wenn wir eine transnationale und langfristige Perspektive einnehmen, auch wenn er sich nicht ohne Weiteres anhand einfacher Indikatoren objektiv zeigen lässt (Coats 1993, 1997; Fourcade-Gourinchas 2002; Fourcade 2010). Dieser Prozess findet auf mehreren Ebenen statt und kann verschiedene Realitäten tangieren, wie es die vielfältigen Bedeutungen des Begriffs „Ökonom" selbst nahelegen (Lebaron 2000).

Es ließe sich zum Beispiel auf den Zugang professioneller ÖkonomInnen auf Machtpositionen besonders in internationalen Organisationen, Regierungen, Zentralbanken und allgemeiner in öffentlichen und privaten Organisationen verweisen (siehe unter anderem Georgakakis und de Lassalle 2007; Georgakakis 2012). Auch die professionelle Strukturierung dieser Gruppe in der ganzen Welt, die – besonders aufgrund von Standardisierung und Vereinheitlichung – eine Ausweitung ihrer Kompetenzen zeigt, die besonders auf Kosten der JuristInnen ging, ist dabei von Interesse. Nicht zuletzt spielt die wachsende Sichtbarkeit von ÖkonomInnen in den Medien, in öffentlichen Debatten, bei Wahlkämpfen und aufgrund der Öffentlichkeitswirksamkeit von „Ehrungs-" bzw. „Weihungs-Institutionen" wie des Nobel-Preises eine entscheidende Rolle. Im Alltag von Organisationen und im gesellschaftlichen Leben nimmt die Bedeutung ökonomischer Diskurse, Verhaltensweisen und Denkmuster zu.

Diese Trends mögen den Eindruck einer unvermeidlichen Entwicklung erwecken, die einer starken gesellschaftlichen Dynamik folgt, welche leicht als mechanistischer Prozess beschrieben werden könnte. Tatsächlich aber ist dieser Prozess zumindest teilweise historisch kontingent. Deskriptiv können wir zwei Phasen des Aufstiegs der Wirtschaftswissenschaften als bürokratisches und politisches Kapital, das im Feld der Macht von besonderem Wert ist, ausmachen: Die erste Phase, die in den 1930er-Jahren begann, wird von der Makroökonomie und der Wirtschaftsplanung beherrscht und ist auf staatliche Intervention ausgerichtet. Die zweite Phase, die in den 1970er-Jahren einsetzt, ist durch den weitverbreiteten Erfolg der Mikroökonomik und des Neoliberalismus in seinen zahlreichen Facetten gekennzeichnet. Dass dieser Prozess in seiner zweiten Phase so nachhaltig wirkt, liegt sicherlich zum großen Teil an der Tatsache, dass er mit einer Transformation staatlicher Einrichtungen einhergeht, die sich vom Weber'schen Modell weg entwickeln und einem universellen Typus wirtschaftlicher Organisation annähern, der auf dem Vorbild des Privatunternehmens beruht (im Hinblick auf Frankreich stellt dies Bezes (2009) dar).

Ein Aspekt dieses allgemeinen Trends ist die Entwicklung hin zum *New Public Management*. Dieses Phänomen nimmt zu unterschiedlichen Zeiten und in unterschiedlichen Ländern verschiedene Formen an, aber in allen Fällen gibt es die Tendenz, demokratisch gewählte Akteure zu delegitimieren und andere Formen politischer Autorität aufzuwerten, die sich eher auf unabhängige Expertise und rationales ökonomisches Denken berufen (dazu Maeße 2015 und in diesem Band). Ein weiterer Vektor bei der Konstruktion einer symbolischen Ordnung, die sich mittlerweile eindeutig auf den Markt konzentriert, ist die Formierung politischer und administrativer Expertengruppen, die stark von den Wirtschaftswissenschaften beeinflusst und auf diesem Wege mit „Marktmechanismen" sozialisiert ist; dies erfordert Vertrautheit mit bestimmten, als „rechtmäßig" ausgewiesenen Kategorien der Wahrnehmung und des Handelns.

## 3.2 Wirtschafts- und Rechtswissenschaften und die Wandlung des Nachkriegsstaates

Dieser Prozess der Ökonomisierung bezieht sich zum einen auf die Aufwertung von Expertenwissen auf Kosten anderer Formen der Legitimation, und er stellt ein langfristiges Phänomen dar, das mit der historischen Transformation des Staates, die alle traditionellen Herrschaftsstrukturen erschüttert, verknüpft ist. Die juristische Kultur ist dagegen alles andere als vereinheitlicht und ähnelt eher der der „modernen" Wirtschaftswissenschaft, besonders unter dem Einfluss nordamerikanischer akademischer Strömungen wie der Bewegung des „law and economics" und der Ausbreitung der Wirtschaftsrechts als Disziplin (für eine Analyse dieses Prozesses etwa Dulong 1997; Dezalay und Garth 1998a; 1998b).

Soziologische Forschungen zur Transformation des politischen Feldes sowie des administrativen Feldes belegen daher eine Tendenz zur teilweisen Ersetzung juristischen und administrativen Wissens – dem die Ausmusterung droht oder das einfach nicht mehr mithalten kann – durch ein im engen Sinne ökonomisches Wissen (ein Beispiel aus der Europäischen Kommission schildern Georgakakis und de Lassalle,2007; Georgakakis und Lebaron 2015). Ökonomisches Wissen setzt sich aus Managementlehre und Wirtschaftsanalyse (Makroökonomie, nationale Rechnungslegung, Ökonometrie, Mikroökonomie) zusammen, auch wenn die Abgrenzung zwischen den beiden Unterbereichen nie ganz eindeutig bestimmt werden kann.

Die Gemeinsamkeiten von Planung, nationaler Rechnungslegung, Makroökonomie, ökonomischem Spezialwissen oder zumindest die am stärksten legitimierten politischen und administrativen Akteure (die sehr eng miteinander verbunden sind) lagen nicht darin, dass sie die Universalität von Marktprozessen in den Vordergrund stellten. Vielmehr maßen sie der Fähigkeit zu viel Wert bei, staatliche Politik im Allgemeinen zu verstehen und insbesondere die wirtschaftliche und gesellschaftliche Ordnung – mehr oder weniger stark – umzuformen. Dies war in Frankreich – zumindest um 1945–47 und dann wieder in den 1960er-Jahren –, aber auch in vielen Entwicklungsländern besonders stark ausgeprägt, wie jene Arbeiten unzweifelhaft herausstellen, die das gemeinsame Thema der Geschichte über den Wandel staatlicher Politik nach dem Krieg bearbeiten (etwa Hall 1989; Speich Chassé 2013). Marxistische, sozialistische und keynesianische Ideen standen in heftigem Wettbewerb miteinander, ihre Akteure hielten aber alle an dem Glauben an die Vorteile und die transformativen Möglichkeiten staatlicher Intervention fest, wobei dieser Glaube wahrscheinlich mit der Notwendigkeit zu tun hatte, eine Welt „wiederaufzubauen", die vom Krieg zerstört war. Das ökonomische Feld wurde oft als mehr oder weniger komplexes System wahrgenommen, das aber weitgehend durch politisches Handeln „formbar" sei, d.h. durch Gesetze, mit deren Hilfe politische Maßnahmen zentral oder lokal umgesetzt werden könnten, um festgelegte Ziele zu erreichen. Diese Möglichkeit, staatliche Politik „außerhalb" der Marktordnung zu transformieren, konnte von der Aussicht einer systemischen Veränderung begleitet werden, wie sie der „Sozialismus" in seinen vielen Formen verkörperte, wobei der marxistisch-leninistische Voluntarismus der Arbeiterklasse die Möglichkeit bot, die wirtschaftliche und gesellschaftliche Ordnung zu transformieren, um eine klassenlose Gesellschaft auf Grundlage einer zentral geplanten Wirtschaft herbeizuführen.

In den verschiedenen Ländern und Traditionen blieb das Maß der Effektivität, die man staatlicher Politik zuschrieb, äußerst unterschiedlich, aber die politischen und administrativen Akteure, die in der Nachkriegszeit ausgebildet wurden, beriefen sich oft auf eine höhere Rationalität als jene, die sie den MarktteilnehmerInnen zuschrieben. Wenn Unternehmen auf „Wettbewerbsfähigkeit" aus waren, dann resultierte dieser „Rationalisierungs-"Ansatz in erster Linie aus diesen Vorstellungen einer allgemeinen, systemischen Bewegung, in der die Führungsrolle des Staates von zentraler Bedeutung blieb.

Zwar wurden die Normen und Definitionskriterien der Wirtschaftswissenschaften weitgehend durch die USA geprägt (in Nachfolge einer britischen Dominanz), trotzdem besitzen nationale Traditionen eine gewisse Autonomie: In Deutschland ist vor allem an die ordo-liberale Tradition zu erinnern, in Frankreich an die interventionistische (Colbertistische) Tradition. In vielen Entwicklungsländern gab es in der Periode nach dem Zweiten Weltkrieg starke und einflussreiche entwicklungsökonomische Strömungen. Die Marxistische politische Ökonomie war innerhalb des sowjetischen Einflussbereichs die offizielle Doktrin und ist es zum Teil noch heute in den verbliebenen „kommunistischen" Ländern (China, Vietnam, Nordkorea, Laos und Kuba).

## 3.3 Die neoliberale Revolution

Seit den 1970er-Jahren ist der staatliche Eingriff in die Sphäre der Ökonomie weniger sichtbar geworden und dem Glauben an die dem Markt innewohnenden Tugenden, an Wettbewerb und privates Management, gewichen: Der Vorstellung der „Planung", aber in gewissem Maße auch der „makroökonomischen Politik", trat die zunehmend verbreitete Vorstellung von der relativen Ohnmacht der Politik, des Staates – besonders aufgrund der Globalisierung – entgegen und disqualifizierte sie. Dieser Prozess wird als quasi naturwüchsig angesehen und Anpassung – die Verinnerlichung der Wettbewerbslogik – erscheint als die einzige legitime politische Reaktion (siehe Denord 2007; Herredia 2014).

In einigen wirtschaftswissenschaftlichen Arbeiten, wie zum Beispiel Finn Kydlands und Edward Prescotts Beiträgen zur Geldpolitik (2004 mit dem Nobel-Preis geehrt; Kydland und Prescott 1977), kristallisiert sich die Ohnmacht des Staates und der politischen Akteure in Form eines Gegensatzes heraus. Dieser verläuft zwischen einer „diskretionären Politik", die die Stabilität und Effizienz der Wirtschaftsordnung durch deren irrationale Unterwerfung unter Partikularinteressen bedroht und der Übernahme der „Regeln staatlichen Handelns", die auf einer überlegenen Rationalität gründen, welche letztlich die der Ökonomie selbst sind: stetiges Wachstum der Geldmenge, fehlende Sensibilität für Inflationsdruck etc. In diesem Prozess der Delegitimierung demokratisch gewählter Akteure ist dies bereits angelegt. Die neoliberale Wende wird nun aber zugunsten „unabhängiger" Einrichtungen statt einer starken „Exekutivgewalt" weiterbetrieben, denn letztere wird ebenfalls disqualifiziert, weil sie als Quelle der Willkür und potenzieller Verzerrungen des Marktmechanismus angesehen wird. Die „public choice"-Schule, eine einflussreiche intellektuelle Bewegung aus den USA, leistete dieser Abqualifizierung staatlicher Akteure erheblichen Vorschub, indem sie die Akteure der öffentlichen Hand bezichtigt, die Ausweitung staatlicher Ausgaben und Macht zu betreiben und wenig bis nichts mit den idealisierten Darstellungen des Strebens nach dem Gemeinwohl zu tun zu haben, das individuellem Egoismus überlegen sein soll.

Die wirtschaftswissenschaftliche Ausbildung politischer und administrativer Akteure verlagerte sich im Zuge dieser historischen Entwicklung in einen Raum, der seine Bezüge unmittelbarer aus dem kommerziellen Bereich ableitet. In diesem neuen Rahmen versucht die Politik nur mehr, eine rechtliche und institutionelle Umgebung zu schaffen, die der Ausweitung der Märkte und der Schaffung wettbewerbsfähiger Unternehmen zuträglich ist, und beschränkt die Einführung politischer oder gesellschaftlicher Ziele wie die Verringerung wirtschaftlicher oder sozialer Ungleichheiten, den gesellschaftlichen oder territorialen Zusammenhalt oder Ähnliches.

Um diesen internationalen institutionellen Wandel zu beschreiben, wurde der Begriff des „Washington Consensus" verwendet (Dezalay und Garth 1998a, 1998b). Er beschreibt den Aufstieg nicht-hinterfragbarer „Marktlösungen", die sowohl „orthodoxe" Fiskal- und Geldpolitiken als auch die massenhafte Privatisierung der Versorgungseinrichtungen sowie die rasanten Integration in den Weltmarkt umfassen. Die Auswirkungen dieser Strategien im Umgang mit wirtschaftlicher und finanzieller Instabilität und sozialer Ungleichheit haben dazu beigetragen, dass diese neoliberalen „Lösungen" schrittweise an Glaubwürdigkeit eingebüßt haben, besonders seit dem Beginn der Subprime-Krise ab 2007. Sie bilden jedoch weiterhin den epistemischen Bezugsrahmen staatlicher Politik auf der globalen wie auf der nationalen Ebene. Die Interpretation dieses Konsenses als Erzeugnis einer relativ homogenen „epistemischen Community", also strukturierter Netzwerke zur Beeinflussung staatlicher Politik, dominiert in der neo-institutionalistischen Forschung zu diesem Thema. Kritische Analysen – wie die von Joseph Stiglitz (2013) – zeigen, wie dieser Politikmix in wirtschaftspolitische Entscheidungen mündete, die gesellschaftlich ungewollte Wirkungen hervorbrachten und schließlich in vielen Ländern eine relative Diskreditierung des „Washington Consensus" und der Bretton Woods-Institutionen zur Folge hatten.[1]

## 3.4 Die neue Rolle der ExpertInnen

In staatlichen Organisationen leidet das traditionelle Konzept öffentlicher Verwaltung unter den Folgen der Einführung neuer wissenschaftlicher Kategorien aus dem Bereich der Wirtschafswissenschaften und des Managements: Mithilfe des „New Public Management" soll die Funktionsweise des Staates organisatorischen Zielen von Unternehmen aus dem kommerziellen Bereich angeglichen werden, da diese vermeintlich effizienter sind, weil externe Evaluationen einzelner Abläufe sowie Anreize zum Wettbewerb eingeführt werden; so sieht die praktische Anwendung des „Principal-Agent"-Modells aus.

Die Einführung dieses Modells im Gesundheitswesen, das nun stärker einer ökonomischen Logik unterworfen wird, wurde bereits ausführlich untersucht (Benamouzig 2005). Im Bildungssystem geschieht dasselbe. Im Prinzip werden in den gesellschaftlichen Bereichen, an denen weniger systemrelevantes Interesse besteht, „Leistungs"-Kriterien aus dem Unternehmensbereich angewendet. Statt von der Einführung des Marktes wird im angelsächsischen Raum sehr oft von einem Quasi-Markt gesprochen. Dahinter steht die Idee, in einem Kontext, der nicht marktförmig organisiert ist, viele dem Markt ähnliche Mechanismen einzuführen. Auch die wissenschaftliche Forschung als Institution ist heute besonders stark von der Ökonomisierung betroffen. Die Wirtschaftswissenschaften liefern die Legitimation für öffentliche Einrichtungen, hinter denen nun eine Marktlogik steht und die im Gegenzug die unerlässliche institutionelle Unterstützung für den historischen Kanon des „Neoliberalismus" bieten. Das Beispiel der „unabhängigen" Zentralbanken verdeutlicht dieses neue Charakteristikum staatlicher Politik, die fest in die Marktordnung eingebettet ist (Lebaron 2006b). Zentralbanken beeinflussen letztere durch die Bereitstellung von Liquidität, wenn die Finanzmärkte ernste Anzeichen von Schwäche zeigen, wie es während der Krise von 2007 und 2008 der Fall war. Ihre Akteure werden gesellschaftlich als „apolitisch" definiert

1 Siehe dazu auch Krugman (2012).

und ihre Legitimität beruht letztlich auf ihrem Status als rationale Experten. Das Führungspersonal der Zentralbanken verwehrt sich gegen jede Form der Politisierung öffentlichen Handelns und gegen jegliche Zielsetzungen, die von ihren eigenen ganz spezifischen Zielen abweichen. Drohen politische Akteure, ihre Legitimität zu gefährden, so verteidigen die Zentralbanker ihre Position.

Ein Zugang, der es erlaubt, die gestiegene Bedeutung ökonomischer Indikatoren objektiv zu messen, ergibt sich, wenn wir die Zielsetzungen von Organisationen betrachten, also ihre gesellschaftlichen und offiziellen Funktionen, und annehmen, dass der Raum der Indikatoren hierarchisch strukturiert ist. Die gewachsene Bedeutung bestimmter ökonomischer Indikatoren auf allen Ebenen verdeutlicht das weiterhin zunehmende Gewicht von Kriterien aus der Geschäftswelt in anderen gesellschaftlichen Bereichen. Finanzielle Kriterien beherrschen alle kommerziell ausgerichteten Organisationen einschließlich solcher, die auf Industrie und Handel ausgerichtet sind, wobei letztere von den Profitabilitätskriterien des Finanzsektors dominiert werden. Dieselben Kriterien üben einen starken Druck auf alle gesellschaftlichen Bereiche aus, auch auf solche, die sich bisher der Anwendung von Marktstandards widersetzt haben – wie der Kulturbereich, die Verwaltung des Bildungs- und Gesundheitswesens, die sozialen Dienste etc. –, indem staatliche Politik sie durchsetzt und die Wirksamkeit und Effizienz öffentlicher Ausgaben überwacht werden. Schließlich können wir noch auf die Entwicklung marktwirtschaftlicher Expertise durch *think tanks* (wiederum ein US-amerikanisches Modell) verweisen, die sich in den meisten Ländern der Welt und besonders in Frankreich in den letzten Jahren beobachten lässt. Diese Bewegung verdeutlicht auch die Besonderheit dieses Marktes: Als private Organisationen, die oft von Stiftungen, berufsständischen Organisationen und großen Konzernen unterstützt werden, zielen *think tanks* vor allem auf die Reform staatlichen Handelns durch Evaluationsmethoden („*benchmarking*") und machen Medienpräsenz zu einem Machtinstrument. Diese Entwicklung wurde für viele Staaten und unter Rekurs auf verschiedene Forschungsweisen dokumentiert (siehe für einen diskursanalytischen Zugriff Angermüller et al. 2013).

Ihr Beitrag zur Existenz (bzw. Dominanz) eines „marktfreundlichen" ökonomischen Diskurses in der Öffentlichkeit ist ganz wesentlich geworden. Er wirkt komplementär zur Arbeit in der Richtung ökonomischer Studien von Banken und Finanzinstitutionen, die besonders für die Wirtschaftspresse tägliche Konjunkturanalysen liefern. Die Welt der hauptberuflichen ÖkonomInnen ist bislang jedoch wenig untersucht worden und weist große Überschneidungen mit dem Wirtschaftsjournalismus auf, welcher sich für den ökonomischen Diskurs der Marktspezialisten zu interessieren begann. Der Markt der akademischen Wirtschaftswissenschaft ist dagegen letztlich nur ein kleines Segment im gesamten Feld der Wirtschaftswissenschaftler.

## 3.5 Finanzialisierung

In unserer Studie zu wirtschaftswissenschaftlichen Nobelpreisträgern haben wir eine zunehmende Verbindung von Wirtschaftswissenschaft und Finanzökonomik für die Periode von 1969 bis 2016 feststellen können. Dies kann exemplarisch an Samuelson gezeigt werden, aber auch an Merton, Scholes oder Fama. Vergleicht man die wissenschaftlichen Profile von NobelpreisträgerInnen, dann lässt sich für die jüngste Periode eine Dominanz von Finanzökonomik und neoliberalen Positionen registrieren (siehe Tabelle 1).

**Tab. 1** Wissenschaftliche Orientierung von verstorbenen und lebenden NobelpreisträgerInnen

| Effectif/poids<br>% en ligne<br>% en colonne | Finance | Institutio | Keynesien | Liberal | Mathema | Psycholog | Statistici | Total |
|---|---|---|---|---|---|---|---|---|
| Verstorbene Nobelpreisträger | 0 | 6 | 12 | 11 | 4 | 0 | 4 | 37 |
| | 0,0 | 16,2 | 32,4 | 29,7 | 10,8 | 0,0 | 10,8 | 100,0 |
| | 0,0 | 66,7 | 66,7 | 44,0 | 44,4 | 0,0 | 44,4 | 48,7 |
| Lebende Nobelpreisträger | 5 | 3 | 6 | 14 | 5 | 1 | 5 | 39 |
| | 12,8 | 7,7 | 15,4 | 35,9 | 12,8 | 2,6 | 12,8 | 100,0 |
| | 100,0 | 33,3 | 33,3 | 56,0 | 55,6 | 100,0 | 55,6 | 51,3 |
| Total | 5 | 9 | 18 | 25 | 9 | 1 | 9 | 76 |
| | 6,6 | 11,8 | 23,7 | 32,9 | 11,8 | 1,3 | 11,8 | 100,0 |
| | 100,0 | 100,0 | 100,0 | 100,0 | 100,0 | 100,0 | 100,0 | 100,0 |

Quelle: eigene Darstellung

In anderen Studien (beispielsweise zum Arbeitsmarkt für Wirtschaftswissenschaftler, vgl. Lebaron 1996) haben wir eine starke Verbindung zwischen ÖkonomInnen und Finanzorganisationen festgestellt, insbesondere Banken. Ein offensichtlicher Grund für diese Verbindung ist die Nähe zwischen Wirtschaftstheorie und finanzökonomischen Modellen, weil Letztere oftmals auf Ersterer basieren (MacKenzie 2006). Seit der jüngsten Krise wurden diese engen Verbindungen vielfach problematisiert.

Der Aufstieg der ÖkonomInnen ist auf vielfältige Weise mit der „Finanzialisierung" der Wirtschaft verbunden (Epstein 2005). In diesem Zusammenhang scheint der Erfolg der Wirtschaftswissenschaften, wie er seit den 1970er- und besonders den 1980er-Jahren an den Lehrplänen vieler Eliteuniversitäten ablesbar ist, viel mit den Verbindungen zwischen der „Finanzwissenschaft" und der Wirtschaftswissenschaft zu tun zu haben. Die Wirtschaftswissenschaften produzieren nicht nur eine Interpretation der Wirklichkeit, sondern liefern auch direkt Handlungsleitlinien für Praxis und Institutionen (siehe die Beiträge in Pahl und Sparsam 2013; Maeße 2013). In jedem Fall liefert die moderne Wirtschaftswissenschaft die neueste Legitimation der wesentlichen Entwicklungen im Finanzwesen als gesellschaftliche Einrichtung: die Globalisierung, flexible Wechselkurse, Derivatenmärkte etc. Diese Entwicklungen haben zur Vergabe mehrerer Nobel-Preise an ÖkonomInnen geführt, die maßgeblich daran beteiligt waren. Im Gegenzug versammeln sich „kritische" ÖkonomInnen in erster Linie um den gemeinsamen Nenner der Kritik an den Auswirkungen und schädlichen Folgen der Finanzialisierung und Neoliberalisierung westlicher Volkswirtschaften sowie an Ungleichheit und den zentralen Ursachen von Instabilität. Forschungsarbeiten zu den Spielarten des Kapitalismus belegen die historische Vorherrschaft des angelsächsischen Kapitalismus, der gerade von der Hegemonie des Finanzwesens gekennzeichnet ist. Diese Tatsache trat während der Krise von 2007–08 noch deutlicher in den Vordergrund (siehe insbesondere die Forschungen der Regulationsschule in Frankreich Amable (2005)).

### 3.6 Das Beispiel der ZentralbankerInnen

Im Rahmen einer prosopografischen Erhebung, die seit Anfang der 2000er-Jahre zu regelmäßigen Veröffentlichungen geführt hat (Lebaron 2000, 2008, 2010, 2012), haben wir den Prozess ermittelt, in dessen Zuge sich die soziale Identität von ZentralbankerInnen am Schnittpunkt dreier sozialer Welten – Wissenschaftsbetrieb, Staat und Finanzwesen – konstruiert und reproduziert. Ein großer Anteil der ZentralbankerInnen in Führungspositionen zählt gleichzeitig zu den anerkannten ÖkonomInnen, die im akademischen Feld gearbeitet und sich auf geldpolitische Fragen spezialisiert haben. Andere Entwicklungslinien verlaufen über den Staat (Politik oder Verwaltung) und wieder andere über die Finanzmärkte. Die übrigen Wege in diese Positionen rein gewerblicher Karrieren sind selten und sehr spezifisch. Die dreifache Legitimitätsquelle (die aus der Wissenschaft, dem Recht und dem Markt stammen) wird durch eine Mischung beruflicher Profile innerhalb der Führungsgremien der Zentralbanken (Ausschüsse für Geldpolitik wie das „Federal

Open Market Committee“ der „Federal Reserve Bank“ oder der „Gouverneursrat“ der „Europäischen Zentralbank“) verdeutlicht.

Die gesellschaftliche Dynamik seit den 1980er-Jahren hat zu einer Aufwertung akademischer Legitimität bei gleichzeitig enger werdenden Verbindungen zur Finanzwelt geführt, wie die mittlerweile regelmäßigen Kontroversen um die „Goldman Sachs Connection“ an der Spitze der Zentralbanken verdeutlicht. Gleichzeitig bleiben manche Zentralbanken wie die „People's Bank of China“, die „Bank of Japan“ oder sogar die EZB hochgradig in spezifische politische Felder und die Verwaltung eingebettet, was wiederum die Spezifizität nationaler Kapitalismen in der inneren Organisation der Zentralbanken selbst zeigt.

An ZentralbankerInnen lässt sich sehr deutlich ein allgemeinerer Prozess der Kombination verschiedener Autoritätstypen ablesen, der mit dem globalen Status der Wirtschaftswissenschaften zu tun hat. Die Vorsitzenden der Bretton Woods-Institutionen (der internationalen Finanzinstitutionen) – vor allem des „Internationalen Währungsfonds“ und der „Weltbank“ – verfügen auch über ein hohes Maß wirtschaftswissenschaftlichen symbolischen und technischen Kapitals. Sie halten enge Verbindungen zu nationalen politischen und Verwaltungsfeldern, wie die Fälle Dominique Strauss-Kahn, Professor der Wirtschaftswissenschaften, hochrangiger Staatsbeamter und Politiker, und Christine Lagarde, Jura-Professorin, Politikerin und frühere Finanzministerin, belegen. Die Tabellen 2 und 3 bieten empirische Illustrationen dieser Prozesse der Akademisierung und Ökonomisierung, die auf unserer jüngsten Studie zu Zentralbankern basieren.

**Tab. 2** Bildungsgrad von aktiven ZentralbankerInnen zwischen 2000 und 2015

| **Effectif/poids**<br>**% en ligne**<br>**% en colonne** | **Bachelor** | **Master** | **PhD** | **Keine Daten** | **Total** |
|---|---|---|---|---|---|
| **Vor 2006** | 22 | 42 | 58 | 5 | 127 |
| | 17,3 | 33,1 | 45,7 | 3,9 | 100,0 |
| | 50,0 | 42,0 | 45,3 | 100,0 | 45,8 |
| **2006 und danach** | 22 | 58 | 70 | 0 | 150 |
| | 14,7 | 38,7 | 46,7 | 0,0 | 100,0 |
| | 50,0 | 58,0 | 54,7 | 0,0 | 54,2 |
| **Total** | 44 | 100 | 128 | 5 | 277 |
| | 15,9 | 36,1 | 46,2 | 1,8 | 100,0 |
| | 100,0 | 100,0 | 100,0 | 100,0 | 100,0 |

Quelle: eigene Darstellung

**Tab. 3** Wichtigstes Studienfach von aktiven ZentralbankerInnen zwischen 2000 und 2015

| **Effectif/poids**<br>**% en ligne**<br>**% en colonne** | **Management** | **Economics** | **Law** | **Other+NA** | **Total** |
|---|---|---|---|---|---|
| **Vor 2006** | 18 | 93 | 9 | 8 | 128 |
| | 14,1 | 72,7 | 7,0 | 6,3 | 100,0 |
| | 54,5 | 41,7 | 64,3 | 72,7 | 45,6 |
| **2006 und danach** | 15 | 130 | 5 | 3 | 153 |
| | 9,8 | 85,0 | 3,3 | 2,0 | 100,0 |
| | 45,5 | 58,3 | 35,7 | 27,3 | 54,4 |
| **Total** | 33 | 223 | 14 | 11 | 281 |
| | 11,7 | 79,4 | 5,0 | 3,9 | 100,0 |
| | 100,0 | 100,0 | 100,0 | 100,0 | 100,0 |

Quelle: eigene Darstellung

Ähnliche Trends ließen sich wahrscheinlich auch unter Finanzministern ausfindig machen, die im Hinblick auf die konkrete Umsetzung neoliberaler Politiken eine zentrale Funktion einnehmen. Das Beispiel der Eurogruppe (die Gruppe der Finanzminister der Eurozone) zeigt die komplexe Spannung zwischen akademischer Legitimität (hauptsächlich in VWL, aber auch in Jura), einer Einbettung in politische und Verwaltungszusammenhänge und natürlich der weniger sichtbaren Verbindungen zu den Finanzmärkten. Diese Spannung war 2015 besonders augenfällig, als der damalige griechische Finanzminister Yanis Varoufakis akademische Werte heterodoxer Wirtschaftswissenschaft in ein bürokratisches und politisches Feld einbrachte und harsche Reaktionen von den Insidern erntete, denen eher ein juristischer und politischer Hintergrund gemein ist.

## 4 Die interne Strukturierung der Wirtschaftswissenschaften

Die Ausbildung von „ÖkonomInnen" als „Hauptberufliche" (die den Beruf des oder der ÖkonomIn in all seinen Ausformungen an Universitäten, in öffentlichen Verwaltungen, berufsständischen Organisationen oder Unternehmen ausüben) oder schlicht als „HochschulabsolventInnen" (die in unterschiedlichen Branchen, vor allem aber im Bank- oder Finanzwesen oder in der Verwaltung arbeiten) hat wesentlich zur Konstruktion einer marktzentrierten symbolischen Ordnung beigetragen. Durch diese Bildung wird die wirtschaftliche Realität leichter zu einer gesellschaftlich wahrnehmbaren Realität, die als selbstverständlich, fast als natürlich angenommen wird und deren „Gesetze“ für alle gesellschaftlichen Akteure, besonders für Politiker, verbindlich gelten. Sie dient als impliziter Bezugspunkt in den politischen, wirtschaftlichen und Verwaltungsinstitutionen. Das Feld der Wirtschaftswissenschaften ist als wissenschaftliches Feld in dem Sinne ein starkes Feld, dass es von starken institutionellen Rahmenbedingungen und Normen strukturiert wird, die dessen tägliches Funktionieren organisieren. Diese stehen in Beziehung zu den Lehrplänen, den methodologischen Normen der wissenschaftlichen Validierung, der Sprache und der wissenschaftlichen Kultur im Allgemeinen.

## 4.1 Der Aufstieg der „Wirtschaftswissenschaften" als Kultur der Bildung

Die Kultur der Wirtschaftswissenschaften kann als „dritte Kultur“ im Sinne von Wolf Lepenies (1985) analysiert werden und steht so neben der Kultur der geschriebenen Sprache (Literatur, Recht etc.) und der wissenschaftlich-technischen Kultur. Wie Max Weber in *Die protestantische Ethik und der Geist des Kapitalismus* und anderen Arbeiten gezeigt hat, ist die „utilitaristische“ Kultur auf die Geschäftswelt ausgerichtet. Sie macht es möglich, dass kapitalistische Ethos auszuweiten. Man sollte die entscheidende Rolle des Bildungssystems (besonders des Hochschulwesens) bei der Transformation und Neukonfiguration der Formen gesellschaftlicher Herrschaft nicht ausblenden und in diesem Zusammenhang besonders den Aufstieg der Wirtschafts- und Managementwissenschaften als Elitekultur in den Blick nehmen, die der Ausübung von Herrschaft mittlerweile inhärent ist. All dies sind Trends, die Bourdieu und Saint-Martin in ihren Arbeiten seit den 1970er-Jahren herausarbeiteten (siehe Bourdieu et al. 1976), sie stützen diese Annahmen ebenso wie gegenwärtige Entwicklungen in unterschiedlichen Ländern: der Aufstieg technokratisch ausgerichteter Studiengänge und der Wirtschaftshochschulen im Feld der höheren Bildung, die Transformation der Elitenbildung im Sinne einer Aufwertung wirtschaftswissenschaftlichen Wissens auf Kosten der traditionellen Rechtskultur (Pollak 1976) usw. Der Aufstieg der Wirtschaftswissenschaften lässt sich ebenso quantitativ an dem langfristig wachsenden Gewicht der ökonomischen Bereiche in der höheren Schul- und der Hochschulbildung ablesen.

Im Falle Frankreichs gibt es tatsächlich eine rasch fortschreitende „Ökonomisierung“ des sekundären und höheren Bildungswesens, die einer globalen Bewegung zu entsprechen scheint, auch wenn sich dies anhand internationaler Statistiken nur schwer belegen lässt. In den Jahren 2012–13 waren an den Hochschulen Frankreichs 2,4 Millionen Studierende eingeschrieben. An den auf Wirtschaft, Management und Rechnungswesen spezialisierten Hochschulen studierten hiervon 133.800 junge Menschen oder 5,6 Prozent – im Gegensatz zu einem Prozentsatz von 1,3 in den Jahren 1980–81. Der Anteil der Studierenden in den Fächern Wirtschaft und Management an den regulären Hochschulen hat sich im vergangenen Jahrzehnt erhöht, was sich am Anstieg des wissenschaftlichen Lehrpersonals in diesem Bereich von 8,6 Prozent in 2002–03 auf 10,3 Prozent in 2012–13 zeigt (DEPP 2015). Dieser Anstieg ist umso auffälliger, wenn man die heutige Situation mit der an den Universitäten in den 1960er-Jahren vergleicht, als das Fach Wirtschaft noch den juristischen Fakultäten unterstellt war und die „Instituts l'Administration de l'Entreprise" (Institute für Wirtschaftsverwaltung) an den Universitäten erst aufgebaut wurden.

In Frankreich hat sich vor langer Zeit schon eine mittlere Position der an den Universitäten gelehrten Wirtschaftswissenschaften (Wirtschafts- und Sozialmanagement, Wirtschafts- und Managementwissenschaften) innerhalb der gesellschaftlichen Hierarchie der Stellenbesetzungen durchgesetzt. Diese lässt sich zum Beispiel am Anteil der entsprechenden AbsolventInnen jener Berufe in Führungspositionen („Kader") ablesen. Diese Position, die der Vorstellung zu widersprechen scheint, dass unter den Eliten zunehmend eine ökonomisierte Kultur vorherrsche, verbirgt jedoch eine sehr ausgeprägte innere Heterogenität. Wirtschaftswissenschaften decken den gesamten Bereich der gesellschaftlichen Stellenvermittlung von Hochschulabsolventen ab. Sie bilden mit Sicherheit (und besonders deswegen, weil die Wettbewerbslogik durch staatliche Politik bestärkt wird) einen Markt, wie wir oben gesehen haben. Aber dieser Markt ist stark hierarchisiert und differenziert und in den globalen Markt integriert.

Dieser Prozess wird heute noch verstärkt. Spezialisierungen in den Wirtschaftswissenschaften genießen an Eliteschulen hohes Prestige, ob als intellektueller Pol („École Normale Supérieure") oder als politische Abteilung (wie die „École Nationale d'Administration" in Straßburg, die sich mehr in Richtung Management und Mikroökonomie entwickelt). Der Wettbewerb zwischen den Wirtschafts- und den Managementwissenschaften ist in diesem Zusammenhang ein zentrales Thema geworden. Eingeschränkt werden könnte dieser Prozess nur durch tiefgreifende Neukonfigurationen in der Disziplin selbst und diese müssten das „Bündnissystem" innerhalb der Bildungs- und Forschungseinrichtungen verändern. Die disziplinäre Gruppe der „Wirtschafts- und Managementwissenschaften" scheint sich heute in vielen Ländern in einer herrschenden akademischen Stellung zu befinden.

## 4.2 Die Strukturierung des Feldes: ein Fall starker Institutionalisierung und Professionalisierung

Die historische Grundlage dieses Prozesses ist in verschiedenen Studien über die Veränderungen der Inhalte der Wirtschaftswissenschaften, besonders über die Etablierung des Nexus von Mikroökonomie-Makroökonomie-Ökonometrie durch die Lehrpläne beschrieben worden (Thomas 1962; Coats 1993; Klamer und Colander 1994; Fourcade 2010; Monneau-Lebaron 2011; Herredia 2014; in Frankreich: Le Van-Lemesle 2004; Godechot 2011; Le Merrer 2011; Le Gall 2012). Die Standardisierung der Lehrinhalte und -pläne ist eindeutig Teil einer langfristigen und globalen Aufwertung der Disziplin: Diese Standardisierung vermittelt der Disziplin ein (zumindest scheinbar) universales Repertoire intellektueller Ressourcen und Techniken. Ein erster Aspekt dieses Prozesses ist die algorithmische „Beweismethode" in den Wirtschaftswissenschaften, die auf der Praxis des *fit-and-test* in der mathematischen Statistik beruht. Eine simple Aneinanderkettung rationalen Verhaltens, aggregierte Verhältnisse und ökonometrische Tests bilden die universelle Methode, um Antworten auf wissenschaftliche Fragen zu geben.

Ein zweiter Aspekt hat damit zu tun, wie die Disziplin sich um einen einzigen Satz an Evaluationsinstrumenten organisiert hat, symbolisiert durch die „Hierarchie der Preise" (vom Nobelpreis bis zu den nationalen und den Preisen in Unterdisziplinen). Diese Preise sind durch einen ähnlichen Messungsraum, einer „class of equivalence" (vgl. Desrosières 1993, 2008a, 2008b; Angeletti 2013) zueinander angeordnet und zwar auf Grundlage der systematischen Anwendung der Bibliometrie. Die Bibliometrie bietet der Wirtschaftswissenschaft ein effizientes Instrument zur starken Standardisierung und Vereinheitlichung.

Rankings sind ein zentraler Bestandteil der Konstruktion einer homogenen symbolischen Ordnung in den Wirtschaftswissenschaften (für Deutschland siehe Maeße 2015; für UK siehe Lee et al. 2013). Sie schaffen einen einheitlichen Raum der Äquivalenz und bieten eine quantitative Operationalisierung des wissenschaftlichen Wertes von Individuen, Institutionen (Abteilungen oder Fakultäten) oder Universitäten. Wie die Tabelle 4 zeigt, rangierte die Wirtschaftshochschule von Toulouse im Jahr 2013 auf Platz 13. Als aber Jean Tirole 2014 den Nobelpreis erhielt, stieg die Hochschule im Shanghai-Ranking sogar bis in die obersten dreihundert *Universitäten* auf (allerdings weit hinter der *London School of Economics*). Dies zeigt die starke Rolle der wirtschaftswissenschaftlichen Institutionen innerhalb der akademischen Welt (http://shanghairanking.com/fr/ARWU2015.html). Es ist dadurch möglich geworden, Rankings als normales Mittel einzusetzen, um Hierarchien zwischen Individuen, Abteilungen, Universitäten, Ländern etc. zu errichten und Bewertungen zu etablieren. Dieser Trend deckt sich natürlich mit der wachsenden

Anwendung von Rankings im Kontext des *New Public Management* im öffentlichen Dienst und hier besonders an den Universitäten und Forschungseinrichtungen.

**Tab. 4** Ein Beispiel für internationales Ranking

| Rang | Institution | Wert | Autoren | Autorenanteile |
|---|---|---|---|---|
| 1 | Department of Economics, Harvard University<br>Cambridge, Massachusetts (USA) | 1.17 | 65 | 51.56 |
| 2 | Economics Department, Massachusetts Institute of Technology (MIT)<br>Cambridge, Massachusetts (USA) | 2.49 | 41 | 32.55 |
| 3 | Department of Economics, University of Chicago<br>Chicago, Illinois (USA) | 3.94 | 41 | 34.3 |
| 4 | Department of Economics, Oxford University<br>Oxford, United Kingdom | 4.12 | 168 | 130.69 |
| 5 | Department of Economics, Princeton University<br>Princeton, New Jersey (USA) | 4.33 | 48 | 35.34 |
| 6 | Department of Economics, University of California-Berkeley<br>Berkeley, California (USA) | 4.85 | 43 | 33.65 |
| 7 | Department of Economics, New York University (NYU)<br>New York City, New York (USA) | 7.75 | 54 | 40.2 |
| 8 | Paris School of Economics<br>Paris, France | 9.4 | 211 | 131.72 |
| 9 | Department of Economics, School of Arts and Sciences, Columbia University<br>New York City, New York (USA) | 9.55 | 52 | 40.82 |
| 10 | Department of Economics, Stanford University<br>Stanford, California (USA) | 10.3 | 56 | 44.64 |
| 11 | Toulouse School of Economics (TSE)<br>Toulouse, France | 11.51 | 147 | 122.9 |
| 12 | Barcelona Graduate School of Economics (Barcelona GSE)<br>Barcelona, Spain | 12.25 | 152 | 115.83 |

Quelle: https://ideas.repec.org

Dieses Instrument hat auch mit einer weiteren Triebkraft der Vereinheitlichung zu tun, nämlich mit der Verwendung des Englischen als universaler Sprache der Wirtschaftswissenschaften, die durch die Vorherrschaft englischsprachiger Journale und anderer Publikationen durchgesetzt wird. Im Prozess der Durchsetzung des

Englischen als einziger Sprache der Wissenschaft hat die Wirtschaftswissenschaft eine führende Rolle eingenommen. Die Beispiele der Pariser und der Toulouser Schulen für Wirtschaftswissenschaften in Frankreich sind in diesem Zusammenhang von besonderer Bedeutung (siehe Tabelle 4). Eine der Folgen dieses Prozesses ist der Niedergang der intellektuellen Vielfalt, die die nationalen akademischen Kulturen in der Wirtschaftswissenschaft und der Politischen Ökonomie zu früheren Zeiten kennzeichnete. In Frankreich sind die „heterodoxen" Fakultäten, wie sie mitunter bezeichnet werden, an den Rand gedrängt worden, und dieser Prozess hat sich mit den Hochschulreformen seit 2007 – das heißt, mit der Herausbildung von Clustern, mit „Exzellenz"-Strategien und dem zunehmenden Einsatz neuer öffentlicher Verwaltungstechniken im Forschungsbereich – noch beschleunigt.

## 4.3 Elemente der historischen und soziologischen Struktur des Feldes: Die Nobelpreisträger

Die Institution des Nobelpreises (bzw. für den Fall der Wirtschaftswissenschaften: des Alfred-Nobel-Gedächtnispreises für Wirtschaftswissenschaften) bildet die Spitze im System der Evaluation und der damit verbundenen Definition von Exzellenz. Der Nobelpreis ist Teil jener starken Ranking-Kultur innerhalb der Wirtschaftswissenschaften, die zur rigiden internen Organisation der Disziplin beigetragen hat (zur Geschichte des Preises siehe Lindbeck 1985). Im Februar 2016 gab es 76 NobelpreisträgerInnen von denen 39 noch am Leben sind. Ein Vergleich zwischen den noch lebenden und den bereits verstorbenen PreisträgerInnen zeigt interessante Trends auf: 82 Prozent der noch lebenden PreisträgerInnen sind US-amerikanische StaatsbürgerInnen, während dies bei den Verstorbenen nur 65 Prozent waren (siehe Tabelle 5).

**Tab. 5** Nationalität von verstorbenen und lebenden NobelpreisträgerInnen zum Zeitpunkt ihrer Nominierung

| | Germany | Canada | Cyprus/GB | USA | USA/GB | USA/Israel | France | GB | India | Norway | NL | Sweden | UsSSR | Total |
|---|---|---|---|---|---|---|---|---|---|---|---|---|---|---|
| % en ligne | | | | | | | | | | | | | | |
| % en colonne | | | | | | | | | | | | | | |
| Verstorbene Nobelpreisträger | 0 | 0 | 0 | 24 | 0 | 0 | 1 | 6 | 0 | 2 | 1 | 2 | 1 | 37 |
| | 0,0 | 0,0 | 0,0 | 64,9 | 0,0 | 0,0 | 2,7 | 16,2 | 0,0 | 5,4 | 2,7 | 5,4 | 2,7 | 100,0 |
| | 0,0 | 0,0 | 0,0 | 45,3 | 0,0 | 0,0 | 50,0 | 85,7 | 0,0 | 66,7 | 100,0 | 100,0 | 100,0 | 48,7 |
| Lebende Nobelpreisträger | 1 | 1 | 1 | 29 | 1 | 2 | 1 | 1 | 1 | 1 | 0 | 0 | 0 | 39 |
| | 2,6 | 2,6 | 2,6 | 74,4 | 2,6 | 5,1 | 2,6 | 2,6 | 2,6 | 2,6 | 0,0 | 0,0 | 0,0 | 100,0 |
| | 100,0 | 100,0 | 100,0 | 54,7 | 100,0 | 100,0 | 50,0 | 14,3 | 100,0 | 33,3 | 0,0 | 0,0 | 0,0 | 51,3 |
| Total | 1 | 1 | 1 | 53 | 1 | 2 | 2 | 7 | 1 | 3 | 1 | 2 | 1 | 76 |
| | 1,3 | 1,3 | 1,3 | 69,7 | 1,3 | 2,6 | 2,6 | 9,2 | 1,3 | 3,9 | 1,3 | 2,6 | 1,3 | 100,0 |
| | 100,0 | 100,0 | 100,0 | 100,0 | 100,0 | 100,0 | 100,0 | 100,0 | 100,0 | 100,0 | 100,0 | 100,0 | 100,0 | 100,0 |

Quelle: eigene Darstellung

Noch lebende EuropäerInnen unter den PreisträgernInnen gibt es nur sehr wenige: einen Deutschen, drei Briten (von denen einer ebenfalls Amerikaner und ein anderer ebenfalls Zypriot ist), einen Franzosen sowie einen Norweger. Dies kontrastiert stark mit der ersten Periode (der Gruppe der bereits verstorbenen PreisträgerInnen), in der es wesentlich mehr EuropäerInnen gab, insbesondere SkandinavierInnen. Sowohl der Franzose als auch der Norweger haben ihre Promotion in den USA durchgeführt, der erste am Massachusetts Institute of Technology, der zweite an der Carnegie Mellon University. Finn Kydland hat seine gesamte Karriere in den USA verbracht, während Jean Tirole zurück nach Frankreich ging, um dort federführend an der Errichtung einer Wirtschaftsuniversität mitzuwirken, die vollständig dem amerikanischen Modell entsprechend aufgebaut ist (inklusive der organisationalen Aspekte). Die Preise für ÖkonomInnen, die aus Entwicklungsländern stammen, beziehen sich auf eine einzige Person: Amartya Sen.[2,3] Die Unterschiede zwischen beiden Gruppen fallen noch deutlicher aus, wenn die Nationalität zum Zeitpunkt der Geburt herangezogen wird: ein Viertel der US-amerikanischen PreisträgerInnen aus der ersten Gruppe wurde in Europa geboren (um dann in den 1930er-Jahren in die USA auszuwandern), diesen Fall gibt es in der zweiten Gruppe fast gar nicht. Nahezu alle noch lebenden PreisträgerInnen, welcher Nationalität auch immer, haben ihren Doktortitel in den USA erhalten, wo sie auch mindestens einen Teil ihrer Karriere verbracht haben (die einzige Ausnahme ist Reinhard Selten). Wir können hier ein mit Blick auf das Selbstverständnis des Preises eigentümliches Phänomen erkennen: Im Zeitverlauf wird der Alfred-Nobel-Gedächtnispreis für Wirtschaftswissenschaften zu einem Quasi-Monopol der USA, was den Vergaben in anderen Sparten des Nobelpreises kontrastiert, wo die Vergaben sich im Zeitverlauf stärker diversifizieren. Für den Fall der Wirtschaftswissenschaften lässt sich hingegen eine absolute Hegemonie der angelsächsischen Kultur feststellen.

Das Kodieren der wissenschaftlichen Profile der PreisträgerInnen erlaubt die Unterscheidung zwischen Neoliberalen (wie Hayek, Friedman, Mundell oder Prescott), Keynesianern (Krugman, Solow oder Stiglitz), mathematischen Statistikern (Nash oder Sargent), Institutionalisten (North, Williamson) oder Finanzökonomen (Merton, Scholes). Aus der Perspektive dieser (selektiven) Nobelpreisvergabelogik erscheint die Wirtschaftswissenschaft als eng mit der (finanz-)ökonomischen Globalisierung, dem Glauben an Markteffizienz, der Unabhängigkeit von Zentralbanken und dem Glauben an die Grenzen makroökonomischer Steuerungsmöglichkeiten

2 Nach einem Studium in Indien schloss Sen seine Promotion in Großbritannien ab und arbeitete danach in Großbritannien und in den USA.

3 Seit dem Tod Elionor Ostroms in 2012 gibt es keine Frau mehr unter den noch lebenden Nobelpreisträgern.

verbunden. Sie hat in der wissenschaftlichen Welt und in der Öffentlichkeit eine kollektive Idealisierung (Durkheim 1912) vorweggenommen und unterstützt, zentriert um ein okzidentales, US-amerikanisches Denksystem, das in den 1980er- und 1990er-Jahren ein Revival erlebt und zugleich in viele internationale Organisationen Einzug erhalten hat.

Heute ist die Gruppe der noch lebenden PreisträgerInnen stärker diversifiziert als zunächst angenommen werden mag. Die Entwicklung in Richtung auf neoliberale Positionen hat alternative Sichtweisen nicht ausgelöscht (Pahl 2013). Diese sind seit der Finanzkrise von 2007–2008 vielmehr noch stärker sichtbar (siehe als Beispiel Stiglitz 2013). Zu denken ist hier auch an die Intensivierung der Debatten über die Effizienz von Finanzmärkten oder die sich verschärfende wirtschaftliche Ungleichheit.[4] Der Erfolg von Krugmans Blog sowie der Bücher von Stiglitz oder Shiller oder auch das deutliche Positionieren von Sen zeigen eine deutliche Vitalität der Agenda klassischer politischer Ökonomie: Makroökonomie und Wirtschaftspolitik, die Analyse von Instabilitäten und Wandel in der globalisierten Finanzsphäre, Prozesse der Entstehung wirtschaftlicher Ungleichheit und Möglichkeiten zu deren Verringerung.

Können diese Beobachtungen als repräsentative Betrachtung der globalen Dynamiken der Disziplin der Ökonomik seit dem Zweiten Weltkrieg gelten? Die Gesamtheit der NobelpreisträgerInnen ist, genau genommen, kein repräsentatives Sample. Sie ist in gewisser Hinsicht sogar eher untypisch für die Globalpopulation der WirtschaftswissenschaftlerInnen. Der Franzose Jean Tirole zum Beispiel ist überhaupt kein typischer französischer Akademiker: Er hat als Student keine „normale" französische Universität besucht, sondern war Schüler einer „École Polytechnique", um dann in den USA zu promovieren. Als eine hochgradig durch Selektion gekennzeichnete Gruppe zeigen die NobelpreisträgerInnen allerdings gerade die dominanten Trends innerhalb der Wirtschaftswissenschaften und deren Dynamiken. An ihnen lässt sich beispielhaft zeigen, was das Feld der Wirtschaftswissenschaften zu einem starken Feld macht: Die Kombination einer hohen disziplininternen Konsekration (die NobelpreisträgerInnen waren in der Regel vielzitierte, reine Wissenschaftler, die „Grundlagenforschung" betrieben haben) mit starken Verbindungen nach Außen. Diese Verbindungen nach Außen zeichnen sich deutlich ab: Zunächst die Statistikämter, speziell während der ersten Periode des Erfolgs von Volkswirtschaftlicher Gesamtrechnung und ökonometrischen makroökonomischen Modellen; die öffentlichen Organisationen des Geld- und Finanzwesens (Zentralbanken, Finanzministerien), die zu zentralen Akteuren

4 Das hat sich deutlich am Erfolg von Thomas Pikettys (2013) *Das Kapitel im 21. Jahrhundert* gezeigt.

der Wirtschaftsordnung wurden; schließlich private Organisationen, oftmals als Kombination aus *think tanks* („Rand Corporation") und finanzökonomischen Organisationen (etwa die von Merton und Scholes gegründete „Fondsgesellschaft Long Term Capital Management").

# 5 Fazit

Warum handelt es sich bei den Wirtschaftswissenschaften um ein starkes Feld? Nach dieser zum Teil noch skizzenhaften soziologischen und historischen Beschreibung ließe sich schließlich antworten, dass es sich um ein wissenschaftliches Feld wie jedes andere handeln würde, lediglich um eines, das mehr Verbindungen zur Politik aufweist, im Speziellen zu Zentralbanken, Finanzministerien, internationalen Organisationen und Statistikbehörden. Ein starkes Feld ist durch seine Beziehungen zu schwächeren Feldern definiert, wie sie seitens verschiedener AutorInnen analysiert und theoretisiert wurden (Fligstein und McAdam 2013; Vauchez 2008; Vauchez und de Witte 2012; siehe ebenfalls Bernhard und Schmidt-Wellenburg 2012). Diese Verbindung kann sodann bezogen werden auf eine starke „epistemische Kultur" (Knorr Cetina, 1999) in den Wirtschaftswissenschaften oder über eine enge Verbindung zu Nationalkulturen.

Diese Interpretationen situieren die „superiority of economists" (Algan et al. 2015) auf einer eher allgemeinen Ebene und in einer globalen Art und Weise. Das widerspricht nicht unserer Charakterisierung der Ökonomik als starkes Feld: Wie gezeigt wurde, bezieht sich diese Bezeichnung sowohl auf ein intern rigide strukturiertes als auch auf ein von Außen unterstütztes Set konkurrierender Akteure, die sich als Diskursproduzenten in einem relativ autonomen sozialen Raum betätigen. Es kann vermutet werden, dass jene Eigenschaften des Feldes, die hier mit dem Begriff des „starken Feldes" bezeichnet wurden, den Wirtschaftswissenschaften eine sehr spezifische Stellung im globalen Sozialraum ermöglichen. Die Wirtschaftswissenschaft ist gewissermaßen die Kameralwissenschaft der Globalisierung *par exellence*, aber sie hat diese Position durch die Replikation ihrer internen Struktur als wissenschaftliches Feld in einem langen historischen Prozess erlangt. Sie hat eine universalistische Wissenschaftskultur mit eigenen internen Gesetzmäßigkeiten ausgebildet und sich zugleich als universale Wissenschaft politischen und ökonomischen Handelns etabliert, die konkurrierende Wissensformen und Diskurse in vielen gesellschaftlichen Bereichen herausfordert.

Aus diesen allgemeinen Befunden lässt sich prospektiv ein systematisches, empirisch angelegtes Forschungsprogramm generieren:

1. Wie haben sich die Wirtschaftswissenschaften zu einem straff organisierten Feld entwickelt, nicht zuletzt durch den Import von Techniken der Evaluation und von anderen organisationalen Techniken? Wie wurden in diesem Zuge alternative Wissenschaftsverständnisse marginalisiert bzw. exkludiert?
2. Wie ist es ÖkonomInnen gelungen, führende Positionen im Bereich der höheren Bildung zu besetzen? Welche Rolle spielte hierbei die Fähigkeit, generelle Rahmen von Organisation, Evaluation und akademischer Kultur bereitstellen zu können?
3. Wie konnte sich die Wirtschaftswissenschaft als dominante Wissensform in akademischen Eliteeinrichtungen etablieren? Mit welchen anderen Wissensformen hat sie konkurriert?
4. Wie ist es WirtschaftswissenschaftlerInnen gelungen, in maßgeblichen (inter-) nationalen politischen und ökonomischen Organisationen (etwa Weltbank, IMF, OECD, EU, Zentralbanken, Finanzministerien, Statistikämtern) eine hegemoniale Stellung einzunehmen, wiederum oftmals auf Basis des Zurückdrängens anderer Professionen?

Um diese Reihe von empirischen Fragen zu beantworten, wäre ein systematisches Programm auszuarbeiten, das eine Reihe von Fallstudien hervorbringt, die das Forschungsfeld einer Soziologie der Wirtschaftswissenschaften weiter entwickelt.

## Literatur

Algan, Y., Fourcade, M., & Ollion, E. (2015). The superiority of economics. *Journal of Economics Perspectives 29 (1)*, 89–114.

Amable B. (2005). *Les cinq capitalismes.* Paris: Seuil.

Angeletti, T. (2013). *Le laboratoire de la nécessité. Economistes, institutions et qualifications de l'économie.* Thèse de doctorat. Paris: EHESS.

Angermuller, J., Temmar, M., & Lebaron, F. (2013). *Les Discours sur l'économie.* Paris: PUF.

Benamouzig, D. (2005). *La santé au miroir de l'économie.* Paris: Presses Universitaires de France, collection sociologies.

Bernhard, S., & Schmidt-Wellenburg, C. (Hrsg.) (2012). *Feldanalyse als Forschungsprogramm 1. Der programmatische Kern.* Wiesbaden: Springer VS.

Bernhard, S., & Schmidt-Wellenburg, C. (Hrsg.) (2012). *Feldanalyse als Forschungsprogramm 2. Theorien und Methoden der Feldanalyse.* Wiesbaden: Springer VS.

Bezes, P. (2009). *Réinventer l'Etat. Les réformes de l'administration française 1962-2008.* Paris: PUF.

Bigo, D., Bonelli, L., Chi, D., & Olsson, C. (2007). *The field of the EU internal security agencies.* Paris: L'Harmattan.

Bourdieu, P., & de Saint-Martin, M. (1976). L'anatomie du goût. *Actes de la recherche en sciences sociales 2*, 2–81.

Bourdieu, P., & de Saint-Martin, M. (1978). Le patronat. *Actes de la recherche en sciences sociales 20/21*, 3–82.

Bourdieu P. (1979). *La distinction. Critique sociale du jugement*. Paris: Minuit.

Bourdieu, P. (1984a). *Homo academicus*. Paris: Minuit.

Bourdieu, P. (1984b). Espace social et genèse des classes. *Actes de la recherche en sciences sociales 52/53*, 3–14.

Bourdieu, P. (1989). *La noblesse d'Etat. Grandes écoles et esprit de corps*. Paris: Minuit.

Coats, A. W. (1993). *British and American Essays, vol. II, The Sociology and Professionalization of Economics*. London, New York: Routledge.

Coats A. W. (Hrsg.) (1997). *The Post-1945 Internationalization of Economics*. Durham: Duke University Press.

Cohen, A. (2006). L'Europe en constitution. Professionnels du droit et des institutions entre champ académique international et „champ du pouvoir européen". In A. Cohen, B. Lacroix & P. Riutort (Hrsg.), *Les formes de l'activité politique. Eléments d'analyse sociologique, du XVIIIème siècle à nos jours* (S. 297–315). Paris: Presses Universitaires de France.

Deforge, Q., & Zamith, P. (2014). Fiches thématiques: Portrait des étudiants, carrières des corps enseignants et structuration de la recherche en économie. In P.-C. Hautcoeur (Hrsg.), *Rapport sur l'avenir des sciences économiques à l'Université en France (S. 67–134)*. Paris: Ministère de l'enseignement supérieur et de la recherche.

Denord, F. (2007). *Néolibéralisme version française. Histoire d'une idéologie politique*. Paris: Demopolis.

Denord, F., Lagneau-Ymonet, P., & Thine, S. (2011). Le champ du pouvoir en France. *Actes de la recherche en sciences sociales 190 (5)*, 24–57.

Direction de l'évaluation des performances et de la prospective (DEPP), Ministère de l'éducation nationale (2015), Repères et références statistiques.

Desrosières A. (1993). *La Politique des grands nombres: Histoire de la raison statistique*. Paris: La Découverte.

Desrosières A. (2008a). *Pour une sociologie historique de la quantification: L'Argument statistique I*. Paris: Presses de l'École des Mines de Paris.

Desrosières, A. (2008b). *Gouverner par les nombres: L'Argument statistique II*. Paris: Presses de l'École des Mines de Paris.

Dezalay Y., & Garth, B. (1998a). *The internationalization of palace wars*. Chicago: University of Chicago Press.

Dezalay Y., & Garth B. (1998b). Le „Washington consensus". Contribution à une sociologie de l'hégémonie du néolibéralisme. *Actes de la recherche en sciences sociales 121 (1)*, 3–22.

Dezalay, Y. (2007). De la défense de l'environnement au développement durable. L'émergence d'un champ d'expertise des politiques européennes. *Actes de la recherche en sciences sociales 166–167(1–2)*, 67–79.

Durkheim, E. (1912). *Les formes élémentaires de la vie religieuse*. Paris: Alcan.

Dulong, D. (1997). *Moderniser la politique. Aux origines de la Ve République*. Paris: L'Harmattan.

Epstein, G. A. (Hrsg.) (2005). *Financialization and the world economy*. Cheltenham: Edward Elgar.

Fligstein, N, & McAdam, D. (2013). *A theory of fields*. Oxford: Oxford University Press.

Fourcade-Gourinchas, M. (2002). Les économistes français et leurs discours: traditions nationales et science universelle. *Sciences de la société 55*, 29–39.
Fourcade, M. (2010). *Economists and Societies*. New York: Princeton University Press.
Georgakakis, D. (2012). *Le champ de l'Eurocratie. Une sociologie politique du personnel de l'UE*. Paris: Economica.
Georgakakis, D, & de Lassalle, M. (2007). Genèse et structure d'un capital institutionnel européen. *Actes de la recherche en sciences sociales 166-167 (1-2)*, 38–53.
Georgakakis, D., & Lebaron, F. (2015). *Le champ de la gouvernance économique européenne et les politiques d'austérité (2010-2015): premières esquisses*. Communication au colloque de Strasbourg „The economic crisis and the reconfiguration of european actors", 4 November 2015.
Godechot, O. (2011). How did the neoclassical paradigm conquer a multi-disciplinary research institution. *Revue de la régulation 10 (2)*, 2–27.
Grenfell, M., & Lebaron, F. (Hrsg.) (2014). *Bourdieu and data analysis*. Oxford: Peter Lang.
Hall, P. A. (Hrsg.) (1989). *The political power of economic ideas. Keynesianism across nations*. Princeton: Princeton University Press.
Heredia, M. (2014). *A quoi sert un économiste*. Paris: La Découverte.
Hjellbrekke, J., Le Roux, B., Korsnes, O., Lebaron, F., Rosenlund, L., & Rouanet, H. (2007). The Norwegian fields of power, anno 2000. *European Societies 9 (2)*, 245–273.
Klamer A., & Colander, D. (1989). *The making of an economist*. Boulder: Westview Press.
Knorr Cetina, K. (1999). *Epistemic cultures: How the sciences make knowledge*. Cambridge: Harvard University Press.
Krugman, P. (2012). *End this depression now!* New York, London: W.W Norton & Company.
Kydland, F., & Prescott, E. (1977). Rules rather than discretion: The inconsistency of optimal plans. *The Journal of Political Economy 85 (3)*, 473–492.
Lebaron, F. (1996). *Les économistes français entre science et politique. Contribution à une sociologie de la culture économique*. Thèse de doctorat. Paris: EHESS.
Lebaron, F. (2000). *La croyance économique*. Paris: Seuil.
Lebaron, F. (2001). Economists and the economic order; the field of economists and the field of power in France. *European Societies 3 (1)*, 91–110.
Lebaron, F. (2008). Central bankers in the contemporary global field of power: a 'social space' approach. *Sociological Review 56 (S1), Remembering Elites*, 121–144.
Lebaron, F. (2010). European Central Bank leaders in the global space of central bankers: A geometric data analysis approach. *French Politics 8 (3)*, 294–320.
Lebaron, F. (2011). Geometric Data Analysis in a sociological research program: The case of Bourdieu's sociology. In M. Gettler-Summa, L. Bottou, B. Goldfarb, F. Murtagh, C. Pardoux & M. Touati (Hrsg), *Statistical Learning and Data Science* (S. 77–89). London: Chapman & Hall.
Lebaron, F. (2012). A universal paradigm of central banker? An inquiry based on biographical data. *Social Glance 1 (1)*, 40–58.
Lebaron, F., & Le Roux, B. (2014). Géométrie du champ. *Actes de la recherche en sciences sociales 200 (5)*, 106–109.
Lebaron, F. (2014). Banquiers. In E. L. Abdelgawad & H. Michel (Hrsg.), *Dictionnaire des acteurs de l'Europe*. Strasbourg: Larcier.
Lebaron, F., & Le Roux, B. (Hrsg.) (2015). *La méthodologie de Pierre Bourdieu en action. Espace culturel, espace social et analyse des données* Paris: Dunod.

Lebaron, F. (2015). *A sociological take on central bank innovation.* ECPR, General Conference, Université de Montréal, 28 August 2015.

Lee, F. S., Pham, X., & Gu, G. (2013). The UK Research Assessment Exercise and the narrowing of UK economics. *Cambridge Journal of Economics 37*, 693–717.

Lepenies, W. (1985). *Die drei Kulturen. Soziologie zwischen Literatur und Wissenschaft.* Frankfurt am Main: Fischer.

Le Roux, B., & Rouanet, H. (2004). *Geometric data analysis. From correspondence analyisis to structured data analysis.* Dordrecht: Kluwer.

Le Gall, B. (2012). Un soubresaut de 1968, la parenthèse critique de l'économie politique à Vincennes. In C. Soulié (Hrsg.), *Un mythe à détruire ? Origines et destin du cercle universitaire de Vincennes* (S. 359–391). Saint-Denis: PUV.

Le Van-Lemesle, L. (2004). *Le Juste ou le riche, l'enseignement de l'économie politique, 1815-1950.* Paris: La Documentation Française.

Lindbeck, A. (1985). The prize in economic science in memory of Alfred Nobel. *Journal of Economic Literature 23 (1)*, 37–56.

MacKenzie, D. (2006). *An engine, not a camera. How financial models shape markets.* Cambridge: MIT Press.

Maeße, J. (Hrsg.) (2013). *Ökonomie, Diskurs, Regierung. Interdisziplinäre Perspektiven.* Wiesbaden: Springer VS.

Maeße, J. (2015). Eliteökonomen. Wissenschaft im Wandel der Gesellschaft. Wiesbaden: Springer VS.

Merrer Le, P. (2011). L'affirmation de l'économie comme discipline scientifique: une histoire française particulière. *Tracés 11*, 163–174.

Monneau, E., & Lebaron, F. (2011). L'émergence de la neuroéconomie: Genèse et structure d'un sous-champ disciplinaire. *Revue d'histoire des sciences humaines* 25 (2), 203–238.

Muniesa, F., & Callon, M. (2008). La performativite des sciences economiques. *CSI Working Paper Series 010. 2008.* http://www.csi.mines-paristech.fr/working-papers/WP/WP_CSI_010.pdf. Zugegriffen: 28. April 2016

Pahl, H. (2013). Überleben als heterodoxer Ökonom. Wissenschaftssoziologische Befunde und Handreichungen, insbesondere Modellierungen betreffend ohne Gewähr. *Working Paper 04/2013 der DFGKollegforscherInnengruppe Postwachstumsgesellschaften.* http://www.kolleg-postwachstum.de/sozwgmedia/dokumente/WorkingPaper/wp4_2013.pdf. Zugegriffen: 28. April 2016.

Pahl, H., & Sparsam, J. (Hrsg.) (2013). *Wirtschaftswissenschaft als Oikodizee? Diskussionen im Anschluss an Joseph Vogls Gespenst des Kapitals.* Wiesbaden: Springer VS.

Pavis, F. (2003). *Sociologie d'une discipline hétéronome. Le monde des formations en gestion entre universités et entreprises en France. Années 1960-1990.* Thèse de doctorat Paris: Université Paris 1.

Pierru, F., & Pollak, M. (1976). La planification des sciences sociales. *Actes de la recherche en sciences sociales 2 (2)*, 105–121.

Rouanet, H. (2006). The geometric analysis of individuals x variables tables. In M. Greenacre & J. Blasius (Hrsg.), *Multiple correspondence analysis and related methods* (S. 137–159). London: Chapman & Hall.

Speich Cassé, D. (2013). *Die Erfindung des Bruttosozialprodukts. Globale Ungleichheit in der Wissensgeschichte der Ökonomie.* Göttingen: Vandenhoeck & Ruprecht.

Stiglitz J. (2013). *The price of inequality: How today's divided society endangers our future.* New York, London: W. W. Norton & Company.

Thomas, P. S. (1962). The training of economists in the United States. *Weltwirtschaftliches Archiv 89*, 147–159.

Taylor, H. (1954). The teaching of economcis in the united states. In W. Messiha (Hrsg.), *The university teaching of social sciences: Economics*. Paris: Unesco.

Vauchez, A., & de Witte, B. (2012). *The european legal field*. Oxford: Hart Publishing.

Vauchez, A. (2008). The force of a weak field: law and lawyers in the government of the European Union. *International Political Sociology 2 (2)*, 128–144.

# Ökonomisches Expertentum
## Für eine Diskursive Politische Ökonomie der Wirtschaftswissenschaft

Jens Maeße

## 1 Einleitung

Was ist „ökonomisches Expertentum"? In Politik, Medien und Wissenschaft nehmen Wirtschaftsexperten[1] eine wichtige Rolle ein. Es gibt heute kaum noch ein Thema, zu dem ÖkonomInnen sich nicht zu Wort melden: ob Soziales, Europa, Bildung, Migration, Wissenschaft oder Gesundheit, beinahe überall bietet auch die Wirtschaftswissenschaft Problemlösungswissen an. Im Unterschied zu vielen sozial- und kulturwissenschaftlichen Disziplinen dreht sich ökonomisches Expertenwissen nicht um rein akademische Fragen. Es ist vielmehr ein Politikum, weil ökonomische Experten diskursiv einen bestimmten gesellschaftlichen Deutungsanspruch hegemonial geltend machen (Lebaron in diesem Band). Dieser hegemoniale Anspruch wird gegenüber anderen, alternativen Wissensformen erhoben. Insofern ist die diskursive Inszenierung ökonomischen Expertentums – ob nun in den Medien, in der Wissenschaft oder in anderen professionellen Kontexten – immer auch ein Machtkampf um die Durchsetzung einer bestimmten diskursiven Perspektive (Schmidt-Wellenburg in diesem Band). Wie funktioniert diese diskursive Positionierung?

Während Wirtschaftsexperten üblicherweise als einheitliche, kohärente und integrierte Figuren dargestellt werden, die als kompakte Akteure agieren, zeigt dieser Beitrag, dass Wirtschaftsexperten vielmehr multiple, desintegrierte und

---

1 Der Begriff „Wirtschaftsexperte" bzw. „Experte" wird hier wie andere wissenschaftliche Begriffe – etwa „Akteur" – geschlechtsneutral verwendet, weil es sich dabei um eine diskursive Inszenierungsstrategie handelt. Obgleich auch im Falle ökonomischen Expertentums „Geschlecht" eine Kategorie sozialer Ungleichheit ist, spielt sie für die diskursiven Inszenierungstechniken von Experten (bisher) keine Rolle. Diese Begriffe werden demzufolge nicht geschlechtergerecht formuliert.

heterogene Wesen sind. Sie sind nicht das Produkt eines einzigen sozialen Feldes, ausgestattet mit einer sozialen Identität und einer sozialen Rolle. Sie sind vielmehr das Produkt eines trans-epistemischen Diskursfeldes, welches die Grenzzonen sozialer Ordnungsbildung fokussiert. Das erste Ziel dieses Artikels ist es somit zu zeigen, wie ökonomische Experten als hybride Existenzen an der Schnittstelle von Wissenschaft, Wirtschaft, Medien und Politik konstituiert werden.

Um die Funktionsweise von Wirtschaftsexperten als hybride Wesen an den Schnittstellen des trans-epistemischen Feldes zu untersuchen, wird die Methodologie einer Diskursiven Politischen Ökonomie der Wirtschaftswissenschaft (DPÖW) entwickelt. Darin besteht das zweite Ziel des vorliegenden Beitrages. Die Verbindung von Diskurs und Macht ist von zentraler Bedeutung, um zu verstehen, wie Wirtschaftsexperten als polit-ökonomische Akteure entstehen und selbst in die Lage versetzt werden Macht auszuüben. Weil ökonomisches Expertenwissen sich vor allem über die Perspektive, aus der es geäußert wird, Gehör verschafft, wird die diskursive Rolle von Experteninszenierungen unterstrichen. „Experten" werden hier als Akteure betrachtet, die durch diskursive Prozesse der Positionierung erzeugt werden und auf diese Weise in unterschiedlichen gesellschaftlichen Kontexten Relevanz für ihre Sicht der Dinge erzeugen können. „Expertentum" ist kein Wahrheitsmonopol, sondern die diskursiv inszenierte Darstellung von „Problemlösungskompetenz" und „Deutungshoheit". Für Wirtschaftsexperten als Diskursakteure bedeutet dies vor allem, sich nicht nur gegenüber anderen Perspektiven einzuordnen, sondern die eigene Position zu behaupten und hegemonial in Stellung zu bringen. Aus diesem Grunde wirbt dieser Beitrag für eine Erweiterung der Diskursperspektive um die Machtdimension. Mit einer diskurstheoretisch-poststrukturalistisch gewendeten Feldtheorie soll Bourdieus Begriff des „Kapitals" für eine machttheoretische Diskursanalyse fruchtbar gemacht werden (dazu Maeße und Hamann 2016). Dazu wird die diskursanalytische Machtperspektive auf ökonomisches Expertentum mit dem Begriff der DPÖW auf den Punkt gebracht.

Vor diesem Hintergrund verfolgt der vorliegende Beitrag zwei Ziele, die systematisch aufeinander bezogen sind: auf der einen Seite zeigt er, wie Wirtschaftsexperten diskursiv als hybride Wesen konstruiert werden; auf der anderen Seite stellt er eine Methodologie vor, die es uns ermöglicht, ebendiesen Prozess systematisch zu untersuchen. Gegenüber wirtschaftssoziologischen und polit-ökonomischen Forschungen soll mit der DPÖW auf die besondere Rolle von wirtschaftswissenschaftlichen Diskursen für die Formierung von Wirtschaft, Politik und Medienöffentlichkeit hingewiesen werden. Im zweiten und dritten Kapitel wird die Perspektive einer Diskursiven Politischen Ökonomie der Wirtschaftswissenschaften vorgestellt. Hier wird einerseits gezeigt, worin der Mehrwert einer diskursanalytischen Erweiterung für Politische Ökonomie und Wirtschaftssoziologie liegt (Jessop 2004; Diaz-Bone und

Krell 2009; Langenohl und Wetzel 2011; Glynos et al. 2012; Stavrakakis 2013; Maeße 2013a). Auf der anderen Seite wird für eine Analyse wirtschaftswissenschaftlichen Wissens plädiert (Pahl und Sparsam 2013), welche die Wechselwirkung von Politik, Wissenschaft, Medien und Wirtschaft als eine diskursive Positionierungsarena in den Blick nimmt (Kessler 2011; Wengeler und Ziem 2013, Nölke und Heires 2014). Hieran schließt das vierte Kapitel an. Indem ökonomisches Expertentum als der Effekt eines trans-epistemischen Feldes aus Wissenschaft, Wirtschaft, Politik und Medien betrachtet wird, können die konstitutiven Austauschbeziehungen zwischen der akademischen, der politischen, der wirtschaftlichen und der medialen Welt für die machtvolle Inszenierung von Wirtschaftsexperten sichtbar gemacht werden. Nachdem die Methodologie vorgestellt und der empirische Gegenstand umrissen wurde, wird im fünften Kapitel anhand einer Diskurs- und Machtanalyse von ökonomischem Expertentum in Wissenschaft, Medien und Politik empirisch illustriert, wie Experten erzeugt werden, indem sie sich diskursiv positionieren. Damit versteht sich der Beitrag nicht nur als eine machtanalytische Vertiefung der Analyse von Wissenschaftsdiskursen, sondern auch als diskursanalytische Erweiterung von Politischer Ökonomie und Wirtschaftssoziologie.

## 2 Perspektiven der Politischen Ökonomie

### 2.1 Perspektiven auf Märkte, Staat und Macht

Die Politische Ökonomie geht typischerweise der Frage nach, wie Firmen, Märkte und ganze Wirtschaftssysteme durch politisches Handeln beeinflusst werden (Frey 1978; Whynes 1984). Im Gegensatz zur orthodoxen neoklassischen Lehre, die jegliche Form marktexterner Eingriffe ablehnt (Long und Plosser 1983), unterstreichen klassische Ansätze aus den Wirtschaftswissenschaften die Rolle von staatlichen Institutionen für die Herstellung effizienter Marktbeziehungen (Rothschild 1989). Ziel dieser Eingriffe ist es, das Handeln der Marktakteure dahingehend zu beeinflussen, dass diese Angebot und Nachfrage nach Gütern und Dienstleistungen so ins Verhältnis bringen, wie es politisch wünschenswert erscheint. Der Begriff der „Effizienz" dient hierbei als Orientierungsmarke und Leitprinzip zur Herstellung effizienter Marktbeziehungen mit Hilfe von staatlich eingerichteten und sozial etablierten Institutionen.

Diese institutionalistische Sicht ist sowohl in weiten Bereichen der Wirtschaftswissenschaften als auch in der wirtschaftssoziologischen Forschung vertreten (etwa Maurer 2008; Swedberg 2003). In der Wirtschaftswissenschaft erstreckt sich die institutionalistische Marktperspektive nicht nur auf neoklassische BefürworterInnen freier Märkte, sondern auch auf KritikerInnen wie etwa die Informationsökonomik (Greenwald et al. 1984; Akerlof und Dickens 1982), die Verhaltensökonomik (Kahneman und Tversky 1979) oder die Spieltheorie (Selten 2001). Die Grenzen zwischen Marktskepsis und Marktvertrauen sind hier fließend. Obgleich KritikerInnen des Neoliberalismus wie etwa Stiglitz oder Akerlof deutlich stärkere Regulierungen einfordern, bleiben sie dennoch einer institutionell verkürzten Grundhaltung treu. Diese institutionelle Verkürzung besteht darin, den politischen Einfluss auf Märkte im Wesentlichen auf staatliche Regulierungen oder Interessensgruppen zu reduzieren.

Jenseits dieser staatlichen Eingriffe kennen institutionalistische Ansätze aus Wirtschaftswissenschaft und Wirtschaftssoziologie nur noch den Einfluss von Lobbygruppen und anderen *stakeholdern* (etwa Gewerkschaften, Kartellen, Großunternehmen etc.). Um diesen Einfluss sozialwissenschaftlich zu erfassen, hat sich jedoch bisher kein theoretisch elaboriertes Machtkonzept etablieren können (Bourdieu 2005; Lebaron 2001b). Vielmehr wird hier ein weitestgehend impliziter Begriff von „Macht" entlang marktwirtschaftlicher Effizienz- oder demokratietheoretischer Legitimationskriterien als „schädlich vs. nützlich" bzw. „legitim vs. willkürlich" verhandelt (Sparsam 2013). Typischerweise werden den Akteuren Interessen, Präferenzen und Wahrnehmungsweisen unterstellt, mit denen sie ihren Einfluss geltend machen (Mayntz und Scharpf 1995; Scharpf 1997). Auch andere Ansätze aus den Untersuchungen zu den „Varieties of Capitalism" nehmen eine auf institutionalistische Probleme verkürzte Perspektive ein (Hall 2014). Im Rahmen dieser Konzeptualisierung der klassischen Politischen Ökonomie entstehen schließlich Gegenüberstellungen wie etwa „Markt" vs. „Staat", „Effizienz" vs. „Demokratie". Solche Gegensätze erscheinen den Ansätzen aus der kritischen Politischen Ökonomie als Scheingegensätze, weil ihnen ein unterkonzeptualisierter Begriff von Macht zugrunde liegt (Wullweber et al. 2013).

Ansätze aus der kritischen Politischen Ökonomie stützen sich dagegen vor allem auf die Marxistische Theorietradition (siehe etwa Jäger und Springler 2015; Boyer und Saillard 2002; Evans et al. 1985; Arrighi 1996). Sie zielt darauf, das Verhältnis von Politik und Wirtschaft machttheoretisch zu erfassen. Macht wird hierbei überwiegend klassentheoretisch gedeutet und thematisiert den umkämpften Charakter von Institutionen. Das Verhältnis von politischem Handeln und Wirtschaftssystem ist nicht länger auf die Beziehung „Staat" vs. „Ökonomie" reduziert, vielmehr werden die Einflüsse und Interessen der Kapitalfraktion in allen Bereichen des gesellschaftlichen Lebens untersucht (etwa Bieling und Buhr 2015). Dies gilt nicht nur für den Einfluss auf staatliches Handeln (Poulantzas 1978; Jessop 1993; Hirsch 1996), sondern auch für die Frage, wer Einfluss auf innerbetriebliche Strukturen (Dörre und Brinkmann 2005; Deutschmann 2002), Zugriff auf Medien (Adorno und Horkheimer 1969), Zivilgesellschaft (Gramsci 1991–2001), den Diskurs (Althusser 1977), das Bildungssystem (Bowls und Gintis 1977) und andere Bereiche des kulturellen Lebens hat. Für marxistische Perspektiven steht der Begriff des Überbaus im weitesten Sinne des Wortes Pate für das Verhältnis von Macht und Ökonomie. Nicht der Staat ist der entscheidender Faktor, sondern die in der ökonomischen Basis verankerte soziale Klasse und die manifesten und latenten Strukturen der Klassenherrschaft. Die entscheidende Machtressource ist hier nicht in erster Linien staatliche Souveränität, sondern die Verfügung über ökonomische Ressourcen und die davon abgeleiteten Zugriffschancen auf Staat, Recht, Sicherheit, Medien und Bildung.

Die kritischen Ansätze in der Politischen Ökonomie stießen allerdings bald auf innere Grenzen. Während sie den Gegensatz von Markt vs. Staat bzw. nationalstaatlicher Institution überwunden haben, indem sie den Machtbegriff klassenspezifisch reformulieren und damit soziologisch einbetten konnten, blieb die Frage, wie das Verhältnis von Wissen, Kultur und Macht zu denken ist, oft einem verkürzenden Ideologieverständnis verhaftet. Demnach besteht Macht einerseits darin, über Ressourcenverfügung Einflüsse gesamtgesellschaftlich geltend zu machen und anderseits durch ideologische Interventionen in den gesellschaftlichen Diskurs Widerstand gegen die Macht der herrschenden Klassen durch die Implementierung eines „falschen Bewusstseins" zu demobilisieren. Demgegenüber haben institutionalistische Arbeiten die Rolle und den Einfluss von Ideologien und politischen Konzepten untersucht (etwa Hall 1989) und sind der Frage nachgegangen, wie sich diese Ideen in Institutionen verfestigt haben (Crouch und Streek 1995). Nichtsdestotrotz blieb eine systematische Reflexion von Wissen und Kultur aus. Die folgenden Abschnitte werden den „cultural turn" in der Politischen Ökonomie beleuchten (2.2.) und schließlich für ein diskursanalytisches Verständnis von „Wissen" und „Kultur" argumentieren (2.3.).

## 2.2 Der „Cultural Turn" in der Politischen Ökonomie

Diese „kulturelle Lücke" wird neuerdings in der Politischen Ökonomie thematisiert und von unterschiedlichen interdisziplinären Ansätzen geschlossen. So plädieren etwa die Beiträge in Best und Paterson (2009a) für eine umfassende Berücksichtigung kultureller Dynamiken für die Untersuchung des Verhältnisses von Wirtschaft und politischem Handeln. Werte, Glaubensvorstellungen und Wissen spielen eine Rolle für die Konstitution von Märkten, Unternehmen und Volkswirtschaften in ihrer politischen Bearbeitung. „Political economy, as conventionally understood, whether in neoclassical, public choice, institutionalist, statist, or Marxist terms, thus fails to fully explain its object because it abstracts political economy from its cultural constitution" (Best und Paterson 2009b, S. 2).

Bereits Bourdieu (1982) hat darauf hingewiesen, dass Kultur als kulturelles Kapital nicht nur der passive Ausdruck ökonomischen Kapitals ist, sondern eigene Machtwirkungen entfaltet. Diese kulturtheoretische Erweiterung von Macht und politischer Ökonomie gewinnt Ende des 20. Jahrhunderts immer mehr an Bedeutung. Mosco (1996) unterstreicht etwa in den 1990er-Jahren die Rolle der Medien und der Informationstechnologie für Politik und Ökonomie. Während die ideengeschichtliche Forschung noch den Wettkampf manifester politischer Ideen und ihre institutionelle Verfestigung untersucht, thematisiert Mosco den differenzierten Charakter von Sinn und Kommunikation durch Kommodifizierungsprozesse und Massenmedien. Im Anschluss an die Kritische Theorie Adornos und Horkheimers hat Jameson auf die tiefe kulturelle Durchdringung des Kapitalismus hingewiesen (siehe Jameson 1989), wenngleich eine polit-ökonomische Reflexion der kulturellen Durchdringungsmuster noch ausstehen würde.

Bob Jessop (2004) plädiert demgegenüber für eine systematische Konzeptualisierung von Kultur, Staat, Klasse und Ökonomie unter dem Begriff der Kulturellen Politischen Ökonomie. Mit diesem Konzept nehmen Jessop und Sum eine kulturtheoretische Kritik der Regulationstheorie vor (Jessop und Sum 2006). Durch eine systematische Berücksichtigung von Prozessen der „Semiosis" in allen Bereichen des Politischen und Ökonomischen kann der aufziehenden Wissensgesellschaft Rechnung getragen werden. Denn Semiotiken dienen neben Institutionen und ökonomischen Verhältnissen der Absicherung von Akkumulationsregimen und damit der Absicherung und Stabilisierung von Klassenherrschaft (Sum und Jessop 2013). Um eine bestimmte Herrschaftsordnung aufrecht erhalten zu können, werden im politisch-ökonomischen Machtgefüge dominante Felder des Denk- und Sagbaren erzeugt und bestimmte Deutungsschemata gegenüber alternativen Formen des legitimen Denkens durchgesetzt.

Auch in der Wirtschaftssoziologie und in den Finanzialisierungsstudien ist ein Trend zu einer kulturellen Erweiterung von Politik und Ökonomie zu konstatieren. Insbesondere die Studien zur Performation der Ökonomie durch Wissen aus der Wirtschaftswissenschaft konnten hier neue Möglichkeiten eröffnen, um die Beziehung von Kultur und Ökonomie zu denken. So haben Callon (1998) und MacKenzie (2006) das Verhältnis von Wirtschaft und Wirtschaftswissenschaft auf den Kopf gestellt. Während die klassischen Ansätze in der Politischen Ökonomie der Wirtschaftswissenschaft noch eine Beobachterrolle für das Geschehen in der Ökonomie zuerkannten und die kritische Politische Ökonomie darin bestenfalls eine Agentur der Ideologieproduktion erkannte, haben Callon, MacKenzie & Co.

gezeigt, dass wirtschaftswissenschaftliches Wissen ein Instrument zur Konstruktion von Wirtschaftsbeziehungen sein kann (siehe MacKenzie et al. 2007; Kalthoff und Vormbusch 2012). Das Wissen über Märkte und die Ökonomie performiert damit den Gegenstand, von dem es angeblich nur spricht: es bringt ihn im Sinne einer sich-selbst-erfüllenden Prophezeiung hervor und verändert ihn (Maeße und Sparsam 2016).

Eine in diesem Sinne „performative" Beziehung besteht jedoch nicht nur zwischen wirtschaftswissenschaftlichem Wissen und Märkten, sondern auch zu anderen Feldern und Gegenständen der politischen Ökonomie. So zeigt etwa Breslau (2003), dass „die Volkswirtschaft" (*the economy*) als der polit-ökonomische Zusammenhang zwischen aggregierten wirtschaftlichen Austauschbeziehungen und staatlichen Interventionen erst durch die Applizierung der makroökonomischen Theorie mittels staatlicher Institutionen auf die Gesellschaft erzeugt wurde. „Die Volkswirtschaft" ist demnach nicht der Gegenstand, sondern vor allem das Produkt der Volkswirtschaftslehre. Nach Desrosières (2005) ist selbst der Staat und die durch ihn hervorgebrachte Volkswirtschaft erst das Resultat der Verbindung von Statistik und Makroökonomie zur Ökonometrie (siehe ausführlich Morgan 1990). Fourcade (2006) hat schließlich gezeigt, inwiefern der zeitgenössische Staat der Effekt ökonomischen Wissens ist. Hier fungiert ökonomische Expertise als „globale Profession" und legt die kognitiven Grundlagen für die Transformation staatlicher Institutionen unter den Bedingungen der neoliberalen Globalisierung.

Auch die Finanzialisierungsstudien befassen sich mit dem Verhältnis von Kultur, Politik und Ökonomie. Begriffe wie Neoliberalismus und Globalisierung verweisen vor allem auf wirtschaftspolitische Strategien und die globale Veränderung kapitalistischer Machtverhältnisse (Epstein 2005). Der Begriff der Finanzialisierung zielt demgegenüber auch auf kognitive Logiken, Kategorisierungsformen und Klassifizierungsweisen in der Gesellschaft (Heires und Nölke 2011). Während zunächst eine allgemeine Durchdringung von Denk- und Wahrnehmungskategorien mit Konzepten aus der Finanzwelt konstatiert wurde (Martin 2002; Leyshon und Thrift 2007), wurde später auch die diskursive Dimension der Finanzialisierung thematisiert. Im Folgenden wird diese Diskursivierung des Kulturellen erläutert, um den spezifischen Beitrag der DPÖW-Perspektive gegenüber eines allgemeinen kulturellen oder lediglich performativen Verständnisses der Politischen Ökonomie zu verdeutlichen.

## 2.3 Die Diskursivität der politischen Ökonomie

Mit der Einführung der diskursiven Dimension in die Analyse der politischen Ökonomie wird die Rolle von Kontextualität, Interpretation und die transformative Aneignung von Wissen und Symbolen zentral. So verweisen etwa poststrukturalistische Ansätze auf den kontingenten, konstruktivistischen Charakter von Macht und Herrschaft in der politischen Ökonomie (Glynos und Howarth 2007; Wullweber und Scherrer 2010; Herschinger 2011; Nonhoff 2006). Damit sollen nicht nur der essentialistische Charakter positivistisch-realistischer Ansätze in der Politischen Ökonomie kritisiert, sondern die Eigenständigkeit von Diskurs und Hegemonie hervorgehoben werden. Wirtschaft und Finanzwelt lassen sich nicht einfach nur von der Wirtschaftswissenschaft beobachten und von der Politik dementsprechend steuern, sie bilden vielmehr eigene Semantiken heraus, die im System des Finanzwesens Geltung haben – und nur dort (Kessler und Wilhelm 2014). Die Wirtschaft ist ein Diskurs, der sich vom Diskurs der Politik und vom Diskurs der Wissenschaften unterscheidet, obgleich Rückkopplungen zum Diskurs des Finanzwesens existieren (Walter 2013). Für den Fall der Finanzmärkte existieren etwa eigene Diskursregeln, die den Mechanismus der Preisbildung informationell einbetten (Langenohl 2011). Der konzeptuelle Sinn von Zeichen wird erst in den Sinnformen des Marktgeschehens relevant (Langenohl und Wetzel 2011). Dies gilt auch für die Wirtschaftswissenschaft selbst, die keinesfalls manifeste Konzepte mit kontextfreier Bedeutung generiert, sondern Metaphern konstruiert (McCloskey 1998; Pahl 2013a) und ihre eigenen Ideen und Konzepte regelmäßig uminterpretiert (Hesse 2010; Halsmayer und Huber 2013; Pahl 2013b).

Diskursstudien zum Verhältnis von Wirtschaftswissenschaft, Ökonomie und Politik insistieren also auf dem interpretativen und kontextuellen Charakter der Politischen Ökonomie als Kultureller Politischer Ökonomie (Dannreuther 2007). Wissen, das als kultureller Faktor einen Einfluss auf Politik, Ökonomie und Wissenschaft nimmt, muss seine Geltung erst in den sozialen Welten erringen, in denen es real appliziert, verwendet und angeeignet wird. Darauf verweist der Begriff des Diskursiven. Diskurs ist also nicht mit Wissen, Semantik und Bedeutung gleichzusetzen, es handelt sich hierbei vielmehr um die Regeln der sozial umkämpften Bedeutungszuschreibung. Während etwa semiotische Ansätze sich für machtvolle Bedeutungen interessieren und performative Ansätze eine Identität von wirtschaftswissenschaftlichen Semiotiken und Marktstrukturen zu unterstellen scheinen (siehe Aspers 2007), heben diskursanalytische Ansätze den gebrochenen Charakter des Diskurses in der politischen Ökonomie hervor (Maeße 2013b). Auf der einen Seite besteht eine Beziehung zwischen Wirtschaftswissenschaft, Wirtschaft und Politik, auf der anderen Seite ist diese Beziehung nicht durch eine semantische Identität gekennzeichnet. Ökonomische Strukturen und wirtschaftswissenschaftliches Wissen unterscheiden sich in ihrer semiotischen Ausgestaltung. Begriffe und Konzepte aus der Wirtschaftswissenschaft müssen in der Welt der Politik und der Ökonomie erst interpretativ angeeignet und in die Logik der jeweiligen sozialen Welt übersetzt werden. Dabei verändert sich die Bedeutung, der Status und der soziale Wert des jeweiligen Wissens (Maeße 2015).

Eine Kulturelle Politische Ökonomie ist vor diesem Hintergrund also in zweierlei Hinsicht zu spezifizieren. Einerseits hat sie einen diskursiven Charakter, weil das Kulturelle immer eine umkämpfte, interpretative, kontextuelle Dimension annimmt. In diesem Sinne ist die Kulturelle Politische Ökonomie eine *Diskursive* Politische Ökonomie – und eben keine semantische oder symbolische. Anderseits scheint ökonomischem Wissen aus der Wirtschaftswissenschaft ein Sonderstatus als kulturelle Ressource zuzukommen. Es kann als eine besondere Form von Herrschaftswissen in Märkten, politischen Institutionen und in der Zivilgesellschaft betrachtet werden. Aus diesem Grunde plädiert dieser Beitrag für eine Diskursive Politische Ökonomie der *Wirtschaftswissenschaft* (DPÖW).

Während bisher der *cultural turn* in der Politischen Ökonomie und die Diskursivität polit-ökonomischer Beziehungen herausgearbeitet wurde, wird das nächste Kapitel den DPÖW-Ansatz als eine Methodologie ausbreiten, die ökonomisches Expertentum an der Schnittstelle von Diskurs und Macht in den Blick nimmt.

## 3 Diskurs und Kapital: diskursive Positionierung als Machtstrategie

### 3.1 Semantische Identität vs. diskursive Diversität ökonomischen Expertenwissens

Im Feld der Kulturellen Politischen Ökonomie lassen sich diskursanalytische und diskurstheoretische Ansätze also von semiotischen Perspektiven dadurch unterscheiden, dass letztere zwar den kulturellen Charakter der politischen Ökonomie betonen, aber Diskursansätze anders als semiotische Theorien skeptisch gegenüber einer semantischen Universalisierung des gesamten polit-ökonomischen Feldes sind. Auch ideologisches Wissen übt Herrschaft nicht nur über das Bewusstsein aus, sondern muss erst diskursiv vermittelt werden. Diskursperspektiven betonen die Interpretativität und Kontextualität ökonomischen, politischen und akademischen Wissens. So werden etwa Begriffe aus der Neoklassik in Märkten und politischen Diskursen verwendet, allerdings büßen sie dort ihre akademischen Bedeutungen weitgehend ein und werden in Branchen-, Unternehmens- und Politikdiskurse überführt (Diaz-Bone und Krell 2009). Besonders einschlägig ist dies am Beispiel der Effizienzmarkthypothese zu beobachten, die nie in den Märkten so funktioniert hat, wie es akademisch vorgesehen war (MacKenzie 2006, der Beitrag von Leins in diesem Band). Allerdings hat sie das politische und wirtschaftliche Geschehen an den Finanzmärkten enorm beeinflusst. Wie ist diese non-konforme, kontra-faktische und anti-intentionale Diskursivität denkbar, ohne das Kind mit dem Bade auszuschütten und die Idee einer kulturellen Überformung polit-ökonomischer Beziehungen mit wirtschaftswissenschaftlichen Kategorien zurückzuweisen?

Gegenüber semantischen Überformungen können auch anderen Formen der kulturellen Durchdringung geltend gemacht werden. So haben etwa Studien zum Bankensektor (Wansleben 2011; Leins 2013; Kessler und Wilhelm 2014) gezeigt, dass Wirtschaftsexperten eine Legitimierungs- und Autorisierungsfunktion in Finanzmärkten ausführen. Wissen aus den Expertenwelten wird nicht einfach auf Probleme der Akteure in der Finanzwelt appliziert (Vormbusch 2012). Vielmehr fungieren Experten und Expertisen als Autoritäten, Referenzen und Legitimierungsinstanzen (Seabrooke 2006). Diskursanalytisch reformuliert bedeutet dies, dass Akteure im Namen einer akademischen Wissenschaft sprechen und sich damit als Experten ihrer Ideen ausweisen. Hierfür müssen die Ideen, die in diesen nicht-akademischen Kontexten geäußert werden, selbst überhaupt keinen akademischen Bezug haben. Vielmehr bürgt der Sprecher als Mitglied einer institutionalisierten Expertise für den akademisch-wissenschaftlichen Wert der Aussagen, die er bzw. sie trifft. So treten ökonomische Experten etwa in Mediendiskursen als Repräsentanten ihrer akademischen Disziplin in Erscheinung und können damit von dem zugeschriebenen akademischen Prestige profitieren (Maeße 2010b).

## 3.2 Diskurs als Positionierungspraxis

Aus diskurssoziologischer Sicht können wir hier von Positionierungspraktiken sprechen (Angermuller 2013). Mittels geschriebener und gesprochener Sprache, mit Texten oder Worten, Bildern oder Symbolen beziehen Individuen und Gruppen Stellung und werden somit zu Akteuren im Diskurs einer bestimmten sozialen Welt. Indem sie sich als Mitglieder einer Gruppe, Tradition, politischen Partei oder akademischen Disziplin ausweisen, geben sie sich als Teil einer sozialstrukturell manifesten Statusgruppe zu erkennen. Diese Prozesse der Positionierung verlaufen jedoch niemals gradlinig und monophon. Vielmehr kommen in Diskursen unterschiedliche Sprecher zum Zuge (Angermüller 2007; Maeße 2010a). Das heißt, dass in Expertenaussagen immer mehrere SprecherInnenperspektiven mitschwingen, latent am Werk sind oder offen zutage treten. Polyphonie ist der Regelfall in der diskursiven Inszenierung ökonomischen Expertentums (Maeße 2012).

Allerdings sind Positionierungspraktiken nicht nur polyphon, sie sind vielmehr auch eingelassen in ein weites Feld von sozialen Beziehungen, Traditionen, Institutionen und Machtgefüge. Insbesondere wenn es darum geht, als Akteur einer bestimmten Idee hervorzustechen, verbinden sich mit Positionierungen Machtansprüche (Maeße und Nonhoff 2014). Wie ist das Verhältnis von Diskurs und Macht denkbar? Damit sich mit bestimmten diskursiven Positionierungen – etwa als „Experte" – Macht verbindet, muss im Zuge der Positionierungspraxis Exklusivität mit der hervorgebrachten Position verbunden werden.

## 3.3 Diskurs als Machtstrategie

Nach Bourdieu (1982) sind soziale Positionen dann machtvoll, wenn sie eine bestimmte Menge einer bestimmte Sorte bzw. Zusammensetzung unterschiedlicher Sorten von Kapital auf sich vereinigen können. Allerdings leitet sich für Bourdieu eine diskursive Position aus dem sozialen Raum sowie aus dem Feld der Kapitalwerte ab (Bourdieu 1991). Demgegenüber wird hier eine Verbindung von Diskursanalyse und Kapitaltheorie verfolgt, die auf eine diskursanalytische Überwindung des Feld-Raum-Determinismus zielt (siehe Diaz-Bone 2001; Angermüller 2007; Bernhard und Schmidt-Wellenburg 2012; Hamann 2014; Maeße und Hamann 2016; Maeße 2015, Kap. 1). Demnach verbinden sich feldspezifisch festgelegte Kapitalien erst im Zuge der diskursiven Positionierung mit der daraus resultierenden sozialen Position. Die Verbindung von Kapital (etwa Titel, erworbenes Ansehen etc.) mit diskursiv hervorgebrachten Positionen (etwa in Form eines Statements zu wirtschaftspolitischen Themen) basiert ebenso auf Zuschreibung durch das soziale Umfeld wie jede andere Interpretation in Diskursen auch.

Kapital hat hier eine gewisse Autorisierungs- und Legitimierungsfunktion, indem in interpretativen Zuschreibungen an den diskursiv evozierten Kapitalien distinguierende Indizien ratifiziert werden (Schmidt-Wellenburg 2013). Die Autorität der Sprecher wird also durch Merkmale fruchtbar gemacht, die Bourdieu seinerzeit mit dem Begriff der „sozialen Herkunft" bezeichnete. Die soziale Herkunft hinterlässt ihre Spuren im Habitus der Positionsinhaber und wird vom sozialen Umfeld, in welchem sich die Positionsinhaber bewegen, wiedererkannt. Auch die soziale Herkunft eines Wirtschaftsexperten hinterlässt seine Spuren in den Diskursen, in denen er bzw. sie sich als Akteur einer bestimmten Aussage positioniert, etwa durch den Titel, die Sprache, die Wahl der Tonlage und der Themen etc. Das bedeutet, dass der Ort der diskursiven Inszenierung als Ort der Zuweisung von Macht und

Autorität mit der sozialen Herkunft, die sich in bestimmten Aspekten der Inszenierung zu erkennen gibt, in Verbindung tritt. Bourdieu hat diese beiden Aspekte nie wirklich auseinander gehalten, weil sich soziale Herkunft als Macht über das Homologieprinzip – also quasi automatisch – Geltung verschafft. Dies kann aus diskursanalytischer Sicht so jedoch nicht übernommen werden. Vielmehr müssen die Kapitalien, die am Ort der sozialen Herkunft erworben wurden, auf den Ort der Inszenierung übertragen und dort konvertiert werden. Jede Machtverleihung in Diskursen ist immer auch eine Konvertierung – das heißt eine interpretative Umwandlung – von Kapital.

Forschungsstrategisch bedeute dies zweierlei: einerseits erfolgt eine Diskursanalyse der Positionierungslogiken. Dies ist typischerweise eine Analyse der polyphonen Zusammensetzung von Expertenaussagen. Anderseits muss diese Analyse polyphoner Regeln ergänzt werden um eine Analyse der Kapitalsorten. Im Falle der Untersuchung ökonomischen Expertentums, das in einem polit-ökonomischen Umfeld in Erscheinung tritt, welches durch das Zusammenspiel unterschiedlicher sozialer Welten – also von Wirtschaft, Wissenschaft, Politik und Medien – gekennzeichnet ist, impliziert eine Kapitalanalyse nicht nur die Untersuchung der Regeln der Produktion und Distribution von Kapital, sondern auch eine Untersuchung der Konvertierung in andere Kapitalsorten. So konvertieren ökonomische Expertendiskurse etwa akademisches Kapital (z. B. Titel) in populäres Kapital (öffentliches Ansehen, Medienauftritte etc.) und politisches Kapital (etwa politische Posten, Ministerämter etc.), weil die Positionierung als Inszenierung von Expertentum an eigene Regeln gebunden ist.

## 4 Die Logik ökonomischer Expertendiskurse

Die Analyse des Zusammenhangs von Macht und Diskurs nimmt also einerseits die soziale Herkunft des ökonomischen Expertentums in den Blick, also den Ort der Produktion jener Insignien, die den Sprecherrollen des ökonomischen Expertentums Autorität in Diskursen verleiht. Sie nimmt zweitens die Logik der Positionierung als ein polyphones Inszenierungsspektakel in den Blick, über das ökonomische Experten als Akteure einer bestimmten Aussage ins Spiel gebracht werden. Und sie nimmt drittens die Kapitalkonvertierungen in den Blick, welche die soziale Herkunft mit den Inszenierungspraktiken verbindet.

## 4.1 Die trans-epistemischen Felder ökonomischen Expertentums

Die hier eingenommene Forschungsperspektive einer Diskursiven Politischen Ökonomie der Wirtschaftswissenschaft verbindet damit neo-marxistische Ansätze aus dem Poststrukturalismus mit neo-phänomenologischen Ideen aus der Diskursanalyse (ausführlich Maeße 2015, Kap. 1). Vom neo-marxistischen Poststrukturalismus bezieht sie das Interesse für Fragen von Macht und Konflikt in einem diskursiv gebrochenen Sozialgefüge; von der neo-phänomenologischen Diskursanalyse übernimmt sie die Perspektive auf Kontextualität und Interpretativität diskursiver Machtbeziehungen. Während die traditionelle Phänomenologie blind für Fragen von sozialer Macht ist, aber offenbar eine Allmacht des diskursiven Auslegens der Welt unterstellt, verkennt der traditionelle Marxismus die konstruktivistischen Potentiale diskursiver Praktiken. Soziale Positionen waren für den Marxismus immer nur eine Frage von Basis und Überbau, ökonomischer Struktur und Ideologie. Macht bedeutete für die Phänomenologie selten mehr als eine krude Form von Gewalt, die in der Gesellschaft bestenfalls am Rande in Erscheinung tritt.

Die diskursiven Inszenierungen des ökonomischen Expertentums finden jedoch weder in einer geschlossenen ökonomischen Struktur (Marx) oder einem traditionellen Feld (Bourdieu) statt, noch spielen sie sich im ordinären Alltag ab als ein Produkt von konventionellen *face-to-face*-Interaktionen. Vielmehr sind sie der Effekt eines trans-epistemischen Feldes zwischen Wissenschaft, Politik, Wirtschaft und Medien.

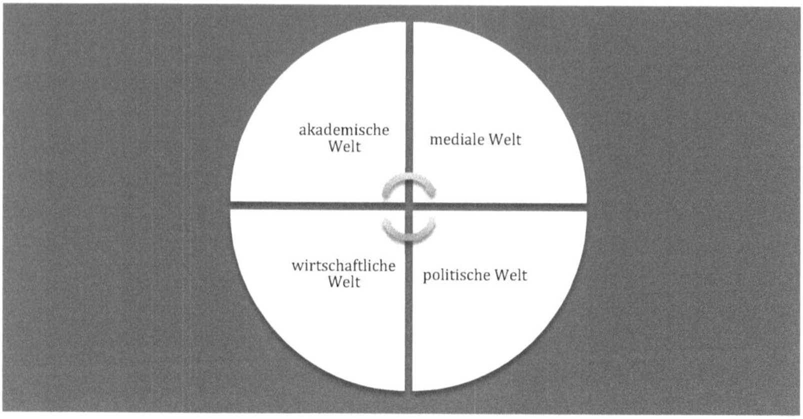


**Abb. 1** Das trans-epistemische Feld ökonomischen Expertentums
Quelle: eigene Darstellung

Das trans-epistemische Feld ist ein diskursiv vernetzter, heterogener Wirkungszusammenhang, in dem sich unterschiedliche soziale Welten überkreuzen und ineinander übergehen. Es ist eine offene und gebrochene Struktur (Laclau 1990), die diverse diskursive Positionierungspraktiken ermöglicht und erzwingt. Zwischen den unterschiedlichen sozialen Welten findet ein intensiver Austausch statt, der sich eben nicht auf die semantische Ebene von Texten, Interaktionen und Sprache bezieht, sondern vielmehr als ein Prozess der Kapitalkonvertierung gedacht werden kann.

## 4.2 Kapital und Kapitalkonvertierung in der diskursiven Inszenierung

Wenn sich ökonomische Experten in der Welt der Medien (rechts oben) diskursiv inszenieren, dann mobilisieren sie auch Insignien aus der akademischen Welt (links oben), indem sie symbolisches Kapital, das dort produziert wurde, in medialen Kontexten einsetzen und hier als Machtressource verwenden, um medial Anerkennung zu erlangen. Mediale Anerkennung kann schließlich auch in der Welt der Politik (rechts unten) in Diskursen wirken, etwa dann, wenn das Ansehen von Wirtschaftsexperten in den Medien derart gesteigert wurde, dass nun auch hier symbolisches Kapital in diskursiven Inszenierungen – etwa im Zuge von Politikberatungsprozessen – als eine relevante Ressource für Macht und Anerkennung fungieren kann. Zu nennen sind hier etwa Figuren wie etwa Hans-Werner Sinn, die sowohl in den Medien als auch – über das ifo-Institut – in der Politikberatung großen Einfluss haben. Umso stärker ökonomisches Expertentum in Medien und Politik nachgefragt wird, umso größer wird schließlich der Druck auf die akademische Welt, symbolisches Kapital zu produzieren. Insofern sind Rückkopplungen zu beobachten. Denn was in Medien und Politik auf Anerkennung trifft, ist nicht das akademische Wissen von Wirtschaftsexperten, sondern ihr akademischer Status als „Experten". Dieser Status von Akteuren verleiht ihren Aussagen in Diskursen über die ökonomische Welt besondere Autorität. Umgekehrt entsteht dadurch in Medien und Politik ein Bedürfnis nach „Legitimitätsgütern". Diese Legitimitätsgüter können offizielle („Professor") und inoffizielle („Spitzen-Ökonom") Titel sein, die den Akteuren, die sie tragen, in wirtschaftspolitischen und medialen Diskursen Macht verleihen können.

In der folgenden illustrativen empirischen Analyse soll dieser Zusammenhang zwischen gesellschaftlichen Legitimitätsbedürfnissen in Politik und Medien und der Produktion von Legitimitätsgütern in der akademischen Welt als eine Dialektik von „Akademisierung" und „Elitisierung" untersucht werden (Maeße 2016). Die Dialektik selbst basiert auf einer historischen Hypothese: im Zuge der

Globalisierung ist das Projekt der nationalstaatlichen Moderne nicht mehr in der Lage, in ausreichendem Maße gesellschaftliche Legitimität etwa für gesellschaftliche Willensbildungen und Problemlösungsfindungen zu erzeugen (Habermas 1985). Die dadurch entstehenden Legitimitätsbedürfnisse in der Gesellschaft werden unter anderem von der akademischen Welt bedient, die im Zuge einer allgemeinen Bildungsexpansion an Bedeutung gewinnt (Vester 2004). Der gesellschaftliche Hintergrund dieser Entwicklung ist die zunehmende Nachfrage nach Bildungszertifikaten zur Legitimierung von sozialen Machtpositionen (Bourdieu/Boltanski/Saint Martin 1981). Diese Entwicklung dehnt sich nun ausgehend von den schulischen Formen kulturellen Legitimierungskapitals (Schul- und Hochschulabschlüsse) auf alle bildungsbezogenen Zertifizierungsagenturen aus (etwa Qualitätsmessung, Exzellenzpolitiken, *best practice* Verfahren, *peer review* oder eben die Verleihung eines Expertenstatus) und spiegelt sich in einer umfassenden quantifizierenden Klassifizierungspraxis wider (Power 1997; Lentsch und Weingart 2013; Angermuller und Maeße 2015). Es entsteht eine Zertifizierungsindustrie, weil Bildungstitel, Expertenmeinungen, Exzellenzsigel und Qualitätszertifikate in die Lücke springen, die der Verlust der utopischen Energien der westlichen Moderne hinterlässt (Jameson 2012).

Die Dialektik von Akademisierung und Elitisierung, in deren Rahmen sich ökonomische Experten diskursiv inszenieren, basiert auf einem Produktions- und Konvertierungsprozess von unterschiedlichen Kapitalsorten, der Resultat und Vorausaussetzung von diskursiven Positionierungen durch Inszenierungen ist. Experten positionieren sich in der politischen Welt, indem sie etwa ihre akademische Herkunft ins Spiel bringen; sie werden inszeniert in der medialen Welt, indem sie gleichzeitig mit Alltagserwartungen, ihren akademischen Zertifikaten und mit politischen Konflikten spielen. Akademisierung und Multireferenz als Positionierungsmodalitäten und Inszenierungsstrategien würden aber nicht funktionieren, wenn der Elitismus in der akademischen Welt – das heißt die Positionierung akademischer ÖkonomInnen als „Top-ForscherInnen" durch „exzellente Forschung" – nicht symbolisches Kapital generieren würde, das in anderen Kontexten dann konvertiert werden kann.

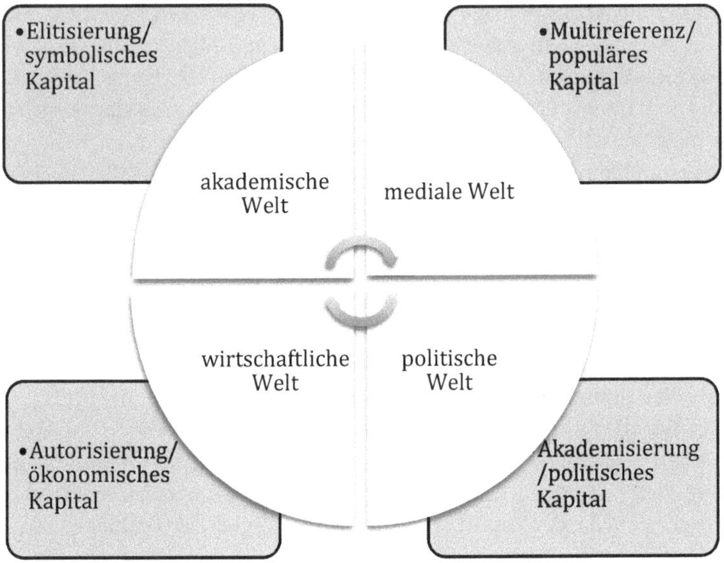


**Abb. 2** Das Verhältnis von Kapitalproduktion und -konvertierung und diskursiver Inszenierung

Quelle: eigene Darstellung

In der jeweiligen sozialen Welt werden also nicht nur Kapitalien durch Diskurse produziert; zwischen den Welten zirkulieren die Produkte des jeweiligen Feldes und sind somit als Machtressourcen für die anderen Welten verfügbar. Während der Elitismus in der akademischen Welt auf die gesellschaftlichen Legitimitätsbedürfnisse reagiert, die sich in Medien, Politik und Wirtschaft unterschiedlich zeigen, indem er Legitimitätsgüter produziert, konsumieren die anderen Felder entsprechend auf ihre Art und für ihre Kontexte das symbolische Kapital des Elitismus. Der akademischen Welt fällt also hier eine Sonderrolle zu, wie dem Bildungswesen als gesellschaftlichem Zertifizierungs- und Legitimierungsapparat insgesamt.

## 4.3 Das Dispositiv des Elitismus: die emergenten Kräfte

Mit dem Begriff des Elitismus soll ein Trend in der Welt der Volkswirtschaftslehre bezeichnet werden, der sich seit etwa den 1970er-Jahren ausgehend von den US-amerikanischen *economics departments* entfaltet (siehe Coates 1993, S. 407–413) und von dort Stück für Stück die Welt der Wirtschaftswissenschaft in einem globalen Maßstab erobert (Fourcade 2009). Elitismus bedeutet, dass einige ausgewählte WirtschaftswissenschaftlerInnen sich in der Welt der ökonomischen Fachdiskurse gegenüber ihren KollegInnen als „Top-ForscherInnen" positionieren können. Um eine solche diskursive Positionierung einerseits zu ermöglichen und anderseits fest zu institutionalisieren, müssen bestimmte strukturelle Vorkehrungen in den akademischen Kontexten getroffen werden, die sich in einem allgemeinen Elitismusdispositiv manifestieren. Hier können fünf unterschiedliche emergente Triebkräfte identifiziert werden, die das Elitismusdispositiv hervorbringen.

### *Rankings und Journale*

Zu nennen ist hier zunächst die Einführung einer quantitativ mess- und qualitativ vergleichbaren Publikationskultur. Nur unter diesen Voraussetzungen ist es möglich, Forschungsleistung vergleichend zu bewerten. In der Volkswirtschaftslehre setzt sich ab den 1970er-Jahren ein Trend in Richtung englischsprachiger Journale und einheitlicher Rankingverfahren durch.

**Tab. 1** Zitationen von ökonomischen Fachzeitschriften

| **Number of Citations to:** | **1970** | **1980** | **1990** |
|---|---|---|---|
| Papers published 1965-69 | 4,815 | | |
| All papers (est.) | 13,192 | | |
| Papers published 1975-79 | | 17,798 | |
| All papers | | 45,018 | |
| Papers published 1985-89 | | | 28,122 |
| All papers | | | 83,948 |

Quelle: Laband und Piette 1994, S. 652

Wie die Tabelle 1 darstellt, nimmt der relative Output von Papern in Journalen zwischen 1970 und 1990 massiv zu. Begleitet wird diese Entwicklung hin zu Rankings und Journalen von der Durchsetzung eines formalistischen, modellwissenschaftlichen Verständnisses der ökonomischen Disziplin (Blaug 2003), das zunächst mit der Etablierung einer „neo-klassischen Orthodoxie" einherging aber später in Teilen auch von heterodoxen Paradigmen übernommen wurde (Pahl 2013c). Angesichts der überwältigenden Hegemonie verhaltens- und informationsökonomischer, spieltheoretischer und institutionalistischer Ansätze kann heute kaum noch von einer rein neo-klassischen „Orthodoxie" des Feldes gesprochen werden (Colander et al. 2004). Vielmehr hat der Modellformalismus neben der und teilweise auch gegen die Neoklassik eine relativ heterogene Forschungslandschaft entstehen lassen.

### *Hierarchie und Klassenbildung*

Neben der Etablierung von Forschungsleistungsmesstechnologien besteht ein zweiter Trend in einer hierarchischen Umgruppierung des Feldes, die in einer stratifikatorischen Enkulturation mündet. Der Elitismus basiert auf einer strukturell ungleichen Verteilung von ökonomischen Ressourcen des akademischen Feldes. Besonders forschungsstarke ÖkonomInnen finden sich in globalen „Elitedepartments" wieder, während neben diesen „Leuchttürmen der Forschung" ein breites Feld von Departments entstehen konnte, in denen die Forschungsleistung kaum in den entsprechenden Journalen Sichtbarkeit erlangt. Goyal et al. (2006) konnten etwa zeigen, dass sich um sogenannte „Stars" bzw. „Big-Shots" Zirkel von Zitationsgemeinschaften und Ko-Autorschaften scharen. Diese Einkapselung von „Top-ForscherInnen" gegenüber der akademischen Peripherie und Semiperipherie spiegelt sich auch in den Karrierewegen wider. Wie Han (2003) anhand einer Analyse der Rekrutierungswege zeigt, besteht eine äußerst geringe soziale Mobilität zwischen den hierarchisierten Departments. Post-Docs aus den „Eliteeinrichtungen" neigen dazu, ebenfalls in Einrichtungen mit hohem Ansehen eine Anstellung zu finden, wohingegen Post-Docs aus den „unteren Ligen" dort verbleiben. Was sich hier zu etablieren scheint, ist eine ständisch verfestigte Klassenordnung. Nur wer in die oberen Etagen akademisch einsozialisiert wird, hat auch Chancen, jemals systematisch in den durch die Rankings konstruierten Top-Journals zu publizieren. Dies wiederum ist eine Voraussetzung dafür, bestimmte soziale Netzwerke zu betreten, wertvolle Bekanntschaften zu machen, um schließlich noch mehr akademische Würden auf sich zu vereinen. Als höchste Stufe der symbolischen Anerkennung winkt schließlich der Nobelpreis (Lebaron 2006).

Ausgehend vom akademischen „Kernland" – den USA – breitet sich das Elitismusdispositiv global aus (Fourcade 2009). Zunächst ist eine Ausbreitung des Elitismus in Großbritannien zu beobachten. Hier konstatieren etwa Lee et al. (2013) die Herausbildung einer akademischen Klassengesellschaft.

**Tab. 2** Stratifizierung von Forschungsqualität anhand der Menge der zugewiesenen Forschungsmittel nach volkswirtschaftlichen Departments

| Elite class | Near-elite class | Middle class | Working class |
|---|---|---|---|
| LSE | Nottingham | Kent | London Metropolitan |
| UCL | Bristol | Leicester | Kingston |
| Warwick | Queen Mary | Birkbeck | Manchester Metropolitan |
| Oxford | Cambridge | Surrey | |
| Essex | Manchester | Surrey | |
| | Southampton | Sheffield | |
| | Royall Holloway | York | |
| | Exeter | Birmingham | |
| | | East Anglia | |
| | | Sussex | |
| | | City | |
| | | Brunel | |
| | | Loughborough | |

Quelle. Lee et al. 2013, S. 700

In den 1980er-/90er-Jahren wird im Zuge der staatlichen Messung und Vergleichung von Forschungsleistung durch das REA (Research Excellence Assessment) und später das REF (Research Excellence Framework) ein Wandel in der volkswirtschaftlichen Forschungslandschaft vorangetrieben. Am Ende dieser Entwicklung konnten sich im Wesentlichen die LSE, das UCL, Warwick, Oxford und Cambridge behaupten. Neben diesen Einrichtungen sind weitere Departments angesiedelt, die zwischen „globaler Elite" und „zweiter Liga" hin und her schwanken. Besonders eindrucksvoll ist dieser Wandel in Oxford zu beobachten. Hier wurde 1998 das alte College-Modell gewissermaßen „über Nacht" abgeschafft und durch das amerikanische Department-Modell ersetzt. Waren in den Colleges lediglich eine Handvoll ÖkonomInnen beschäftigt, die aneinander vorbei Forschung und vor allem Lehre betrieben, wandelte sich Oxford ab den 2000er-Jahren zu einem ansehnlichen Department mit etwa 30 ProfessorInnen (inklusive *Full Professors* und *Assistant Professors*) und weiteren 30 ForscherInnen, die auf der Homepage gelistet sind.

### *Departmentalisierung als eine neue Form der Forschungsorganisation*

Diese „Departmentalisierung", die den dritten Trend im Elitismusdispositiv bezeichnet, ist auch in der deutschsprachigen Welt der VWL zu beobachten. Regionale Traditionen wie etwa die der College-ProfessorIn in Großbritannien oder der humboldtianischen ProfessorIn in Deutschland werden substituiert durch neue Strukturen und Sozialtypen. Departments verfolgen eine kollektive, betriebsförmige Forschungspolitik, die auf gemeinschaftliche Ziele gerichtet ist. Die Einführung von Graduiertenschulen in Frankfurt, Köln, Mannheim, München, Bonn (das bereits lange vor den anderen Standorten eine Graduiertenschule eingeführt hatte!) und anderen, kleinen Universitäten belegt dies eindrücklich. Graduiertenschulen zielen auf eine systematische Schulung von NachwuchsforscherInnen. Es geht nun nicht mehr darum, eine humboldtianische Forscherpersönlichkeit „heranzubilden" (Hamann 2014), sondern darum, Publikationskader zu erzeugen, die systematisch in Top-Journalen veröffentlichen. Hierfür wird ein dicht gestricktes Netz von Ausbildungsstufen entworfen und umgesetzt (siehe ausführlich Maeße 2015, S. 115–146). Die NachwuchsforscherInnen werden nicht nur mit den neuesten Methoden und dem notwendigen *know how* vertraut gemacht, sie knüpfen auch wertvolle Kontakte, wissen über erfolgversprechende Forschungsthemen Bescheid und üben einen distinguierten Sprach- und Argumentationsstil ein. „Exzellenz" muss eingeübt werden, auch wenn die strukturellen Vorkehrungen für das Fernhalten der Konkurrenz von der Peripherie getroffen sind.

### *Magnifizierung als das Prinzip der „kritischen Größe"*

Diese drei Trends – die Umstellung auf eine journalförmige Publikations- sowie eine modellorientierte Wissenschaftskultur, Hierarchisierung der sozialen Strukturen, die Departmentalisierung der Forschungsorganisation – werden von einem vierten Merkmal eingefasst, das gewissermaßen als eine Entwicklungsvoraussetzung fungiert. Wie ausnahmslos alle Fälle zeigen, die in Großbritannien und der deutschsprachigen VWL beobachtet werden konnten, basiert der Elitismus auf einer kritischen Größe der departmentalisierten Einrichtungen. Sowohl in Deutschland als auch in Großbritannien sind die beschriebenen Elitisierungsprozesse an jenen Einrichtungen zu beobachten, die eine kritische Größe von mindestens 20 Professuren erreichen. Magnifizierung – im Sinne der Bereitstellung einer bestimmten Anzahl von akademischen Ressourcen in Form von Professuren an einem bestimmten Ort – ist die Bedingung für Departmentalisierung. Ausnahmen bestätigen insofern diese Regel, als diese die neue „akademische Mittelschicht" bilden, welche „nach oben" strebt (evtl. Göttingen, Konstanz, Cambridge) bzw. „von oben" – etwa durch die Auslagerungen oder Ausweitungsstrategien – in Beschlag genommen werden (vielleicht Essex, Heidelberg, Zürich, Wien, Konstanz, Florenz).[2]

### *Konzentration akademischen Kapitals*

Unter der Voraussetzung der Anwendung von Rankings (in Deutschland etwa das Handelsblatt-Ranking, in Großbritannien die „Diamond list") und der Einleitung

2 Diese Ausweitungsstrategien müssten genauer untersucht werden und könnten etwa anhand der Migrationsmuster bestimmt werden.

von Departmetalisierungen an den magnifizierten Einrichtungen ist schließlich eine allgemeine Konzentration von allen Sorten akademischen Kapitals – Drittmitteln, publikationspotenten ForscherInnen, Ämtern und Posten, öffentlichen Geldern etc. – auf einige ausgewählte Einrichtungen zu beobachten. Hierbei handelt es sich um einen fünften Trend. Im deutschsprachigen Raum sind stehen in erster Linie München, Mannheim, Bonn und Frankfurt, gefolgt von weiteren Einrichtungen in Deutschland, Österreich und der Schweiz, etwa Zürich, Wien, Graz, Köln, Göttingen, Kiel etc im Zentrum dieser Entwicklung. In Großbritannien sind dies vor allem die LSE, Warwick, UCL, Oxford, vielleicht Essex, Cambridge etc.

## 4.4 Die externen Ursachen des Elitismusdispositives: die heteronome Stimme und das offizielle Bild der ÖkonomInnen

Was bedeutet diese Entwicklung für die diskursiven Positionierungen in der akademischen Welt der VWL? Zunächst sind die Diskurse in der VWL ebenfalls durch die für akademische Diskurse typische Polyphonie gekennzeichnet (Flottum 2005). Akademische Akteure schreiben sich demnach in kleinere und umfassendere Forschungszusammenhänge ein, indem sie Label verteilen und sich selbst im Zuge ihrer akademischen Laufbahn ein akademisches Markenzeichen zulegen (Angermuller 2013).

### *„Akademische Exzellenz" als Kult und Ritual*

Das Elitismusdispositiv hat aber einen spezifischen Effekt auf ebendieses Positionierungsspiel, denn durch das hierarchisierte System der Journale wird das Bild einer „akademischen Elite" erzeugt, die gezählt und gemessen werden kann und wird. Das bedeutet, dass bestimmte Forschungsarbeiten das Exzellenzsigel in der akademischen Welt verliehen bekommen und sich dadurch von anderen Arbeiten nicht nur horizontal, sondern insbesondere auch vertikal absondern können. Dabei kommt es nicht darauf an, hin und wieder in einem A-Journal zu publizieren, sondern regelmäßig einen hohen Output zu erzielen. Nicht „Klasse" statt „Masse" ist die Erfolgsformel, sondern „Masse" *und* „Klasse". Auf diese Weise wird ein „Exzellenz-Kult" erzeugt, der nicht an eine bestimmte Person gebunden ist, sondern der fest im Feld institutionalisiert und durch aufwendige Technologien der Hierarchisierung, Departmentalisierung, Konzentration, Magnifizierung und Evaluierung aufrechterhalten wird. Seit etwa 40 Jahren tendiert die akademische Welt der VWL im globalen Maßstab zum Elitismusdispositiv. Wie die Ländervergleiche andeuten (siehe Coates 1993; Lebaron 2001a; 2008; Fourcade 2009; Lee et al. 2013; Maeße 2015), macht der Elitismus vor keinem Land halt.

Darüber hinaus ist es augenfällig, dass die Hierarchisierungsprozesse in der VWL kaum auf Widerstand stoßen. Dies wäre in vielen anderen Disziplinen undenkbar. Überhaupt scheint es in der VWL einen innerwissenschaftlichen Konsens bezüglich bestimmter Aspekte der Disziplin zu geben, die in anderen Disziplinen eher zu internen, horizontalen Ausdifferenzierungen in einen qualitativ-rekonstruktiv-hermeneutischen und einen quantitativ-deduktiv-naturwissenschaftlichen Flügel geführt haben (Abbott 2000). In der VWL suchen wir diese Strukturen vergeblich. Wie ist dies zu erklären?

## *„Akademische Exzellenz" als symbolisches Exportgut*

Wenn keine plausiblen wissenschaftsinternen Faktoren der VWL als Erklärung dafür herangezogen werden können, dann kann dies mit der besonderen sozial-diskursiven Form zusammenhängen, in welche die VWL als Expertendiskurs gegossen ist. Hier soll die These vertreten werden, dass es sich im Falle der VWL um eine akademische Disziplin handelt, die erstens seit ihrer festen Institutionalisierung am Ende des 19. Jahrhunderts bereits sehr nah an den Anforderungen des Staates und der Wirtschaft stand (siehe Maeße 2013c) und die, zweitens, heute erst recht besondere gesellschaftliche Legitimitätsgüter produziert. Es sind also die besonderen *Außen*beziehungen und weniger die internen Differenzierungsdynamiken, welche die VWL zur Gesellschaft unterhält, die sie in den Elitekult wie in einen Strudel hineinziehen. Das Elitismusdispositiv ist also durch die gesellschaftliche Umwelt (mit)bedingt.

Die Wirtschaftswissenschaft bewegt sich eben nicht in einem „akademischen Feld" (Bourdieu 1992), sondern in einem trans-epistemischen Feld ökonomischen Expertentums. Diese enge trans-epistemische Verbindung der akademischen Welt mit der Welt der Medien, der Politik und auch der Wirtschaft erzeugt einen Druck auf das akademische Feld, der es dazu veranlasst, bestimmte „Exportgüter" herzustellen. Der Elitismus kreiert im Wesentlichen einen „Elite- und Exzellenz-Kult", der einige TeilnehmerInnen der akademischen Welt dazu verpflichtet, symbolisches Kapital zu produzieren, das als Ausweis, Zertifikat und Indiz für die Außerordentlichkeit einer bestimmten wissenschaftlichen Sichtweise bürgt. Daraus kann ein gesellschaftlicher Überlegenheitsanspruch abgeleitet werden. Insofern ist die akademische Stimme der „Stars", „Big Shots" und „Eliteökonomen" im Diskurs der akademischen VWL eine heteronome Stimme. Sie erzeugt ein Produkt, das nicht in erster Linie für die engeren Zirkel der akademischen Wissensproduktion von Belang ist, sondern vielmehr für ihre Außendarstellung. Sie ist die Stimme, über die sich eine Disziplin Selbstvergewisserung verschafft, die sich weniger als empirische Erkenntniswissenschaft versteht, sondern als die Wissenschaft von *effizienten* Märkten, also von politisch zu gestaltenden Märkten. Wenn sich „akademische Stars" oder „Big Shots" in ihren akademischen Kontexten positionieren, dann sprechen sie nicht nur über den engeren akademischen Zusammenhang ihrer Theorien, Modelle und Methoden. Sondern die diskursive Stimme reicht darüber hinaus, weil sie indirekt von den gesellschaftlichen Macht- und Legitimierungsbedürfnissen orchestriert wird. Eliteökonomen sind immer auch gesellschaftliche „Funktionäre".

In der Verbindung des normativen mit dem positiven Anspruch, der die VWL in ihren Grundfesten berührt, vereint sich in der Stimme der „Eliteökonomen" die doppelte Zugehörigkeit der Wirtschaftswissenschaft: zum Staat mit seinen praktischen Fragen und zur Wissenschaft mit ihrem reinen Erkenntnisanspruch. Diese Stimme kreiert symbolisches Kapital, das reine Prinzip von Macht durch Anerkennung, das nun auf andere Kontexte übertragen, dort konvertiert und in diskursive Praxis eingebunden werden kann. Dies findet in politischen, medialen und unternehmerischen Diskursen statt.

## 4.5 Multireferenz in den Medien: die Produktion populären Kapitals durch Vielstimmigkeit

Wirtschaftsexperten sind ein beständiges Inventar des politischen Diskurses in den Medien. Seit der Einrichtung der ökonomischen Expertenräte ab der Mitte des 20. Jahrhunderts in allen westlichen Demokratien zählen ÖkonomInnen zu jenen Figuren des öffentlichen Lebens, die durch ihre Beiträge das politische Denken mitprägen. Bereits die großen ÖkonomInnen der Keynesianischen Phasen in den 1940er- bis 1970er-Jahren waren berühmt für ihre engagierten politischen Kommentare und Polemiken. Zu denken ist hier etwa an John Maynard Keynes selbst, Herbert Giersch oder Karl Schiller. Sie alle waren nicht nur hoch anerkannten Ökonomen und prominente Politikberater, sondern sie verstanden es vor allem, die politischen Emotionen ihrer Zeit zu bedienen. In dieser Rolle waren sie zuallererst „Populisten", weil sie den „populären Geschmack" kannten und damit zu spielen wussten. Auch in der heutigen Medienszene mangelt es nicht an prominenten ÖkonomInnen. In Deutschland ist hier etwa an Hans-Werner Sinn zu denken, der mit seinen Beiträgen zu vielen politischen Fragen sicherlich zu den wichtigsten Medienökonomen zählt (siehe Maeße 2010b; 2012).

### *ÖkonomInnen als „universale Intellektuelle"*

Bei allen Parallelen und Überschneidungen zwischen den MedienökonomInnen der Gegenwart und der Vergangenheit sowie zwischen Wirtschaftsexperten und Experten aus anderen Disziplinen – etwa aus der Pädagogik oder der Soziologie – sind einige Besonderheiten zu nennen, die zeitgenössische MedienökonomInnen auszeichnet. Zunächst treten Experten aus anderen Disziplinen in der Regel als Experten ihres jeweiligen Fachbereichs in Erscheinung. Bildungsexperten reden über ihren spezifischen Bildungsbereich: frühkindliche Erziehung, Schule oder Hochschulfragen. SoziologInnen treten als JugendforscherInnen auf oder äußern sich zu Fragen von Konsum und (immer seltener) zu Fragen sozialer Ungleichheit. Sie sind in ihrer diskursiven Inszenierung „spezifische Intellektuelle" (Bourdieu) oder besser „spezielle Intellektuelle", weil sie sich auf ihren Spezialbereich beziehen. Demgegenüber scheinen sich ÖkonomInnen in den Medien kompetent zu fühlen, zu beinahe allen Fragen des gesellschaftlichen Lebens, der Werte und der Moral sowie der politischen Richtungssuche Stellung zu beziehen. In diesem Sinne inszenieren sie sich diskursiv eher als „universelle Intellektuelle" in einer Gesellschaft, die immer deutlicher von Globalisierungen erfasst ist. Ökonomische Experten können vielleicht – etwas zugespitzt – als die „Universalintellektuellen der Globalisierung" bezeichnet werden. Natürlich sind auch ÖkonomInnen „spezielle Intellektuelle" in dem Sinne, dass wir keinesfalls in einer vollständig ökonomischen Welt leben oder insofern als die Ökonomie freilich auch nur eine perspektivisch verkürzte Sicht auf die Dinge bietet. Allerdings scheint die Hegemonialisierung ökonomischer Denkkategorien durch den Neoliberalismus derart fortgeschritten zu sein, dass im ökonomischen Diskurs leicht ein ideologischer Universalismuseffekt entsteht. Denn Universalismus ist selbst ein Machteffekt. Die Finanzialisierungsstudien bestätigen diesen Trend (Leyshon und Thrift 2007).

Gegenüber ihren Vorgängern unterscheiden sich die zeitgenössischen Medienökonomen wie etwa Hans-Werner Sinn vor allem dadurch, dass Erfolg in der akademischen Forschung und Erfolg in der politiknahen Ökonomie heute kaum noch von einer Person allein erbracht werden kann. Zu weit liegen die Fragen der Politik bzw. des Staates und die Fragen der akademischen Wissenschaft auseinander, zu dicht sind die jeweiligen sozialen Netzwerke untereinander geknüpft, zu zeitintensiv die jeweiligen Karrierewege. Während in der Zeit von John Maynard Keynes noch eine Handvoll ÖkonomInnen in Wissenschaft und Politik den Ton angeben konnten, sind heute in akademischer und politikberatender Ökonomie mehrere Tausend ForscherInnen beschäftigt, die sich in Organisationen zu Diskursgemeinschaften zusammengeschlossen haben, welche akademisch zertifiziert werden müssen. Nicht ohne Grund steht hinter jenen MedienökonomInnen, die systematisch erfolgreich sind, auch ein ganzer Apparat von ForscherInnen. Mehr noch: Hinter dem Politikbetrieb steht heute ein akademischer Wissenschaftsbetrieb, der nicht länger in Personalunion mit dem Politikberatungsbetrieb funktioniert. Die funktionale Arbeitsteilung innerhalb der Ökonomie als Profession, Medienagentur und Wissenschaft hat einen relativ stabilen Grad der Institutionalisierung erreicht.

### *Die drei Register ökonomischer Expertendiskurse: öffentliche Moral, akademische Redlichkeit und politischer Konflikt*

Was bedeutet dies für die Techniken der diskursiven Inszenierung ökonomischen Expertentums in den Medien? Grundsätzlich sprechen ökonomische Experten über ihre Medienbeiträge drei differente Publika an, das heißt, sie kommunizieren über drei Kanäle gleichzeitig. Als „Universalintellektuelle" bedienen sie den Alltagsverstand, das „Allerweltswissen" (Schütz 1960) bzw. die „öffentliche Moral". In Phrasen wie „Wir müssen sparen" oder „Eine Währungsunion muss stabil sein" müssen Medienkonsumenten keinesfalls ökonomische Theorie kennen oder gar verstehen, um daraus eine für die NormalbürgerIn sinnvolle Aussage zu konstruieren. Wirtschaftsexperten können hier darauf setzen, auf einen als allgemein wünschenswert anerkannten Zustand anzuspielen. Dieser Diskurs mobilisiert, wenn man so will, „moralisches Kapital" in Form von gesellschaftlichen Normen und Wertvorstellungen.

Gleichzeitig bedienen Expertendiskurse allerdings auch noch ein zweites Diskursregister: nämlich das der akademischen Welt selbst. In den Augen von KollegInnen sollten die Aussagen, die ökonomische Experten in der Öffentlichkeit treffen, durchaus in Überstimmung mit gängigen Lehrsätzen, Modellen und Theorien zu bringen sein – auch wenn die Modelle mit den Probleme des Staates und der Wirtschaft oft wenig zu tun haben. Denn der Wirtschaftsexperte spricht im Namen seiner akademischen Disziplin. Er mobilisiert, wenn man so will, das aufwendig hergestellte symbolische Kapital aus dem Elitismusdispositiv, um damit seine Sprecherposition als eine besondere Autorität in Stellung zu bringen. Viele mögen beispielsweise Hans-Werner Sinns Aussagen zur Eurokrise als kontroverse Positionen empfinden. Kaum jemand wird allerdings ernsthaft infrage stellen, dass Hans-Werner Sinn Mitglied einer Gemeinschaft ist, die auf legitime Weise „Forschungsexzellenz" und „Top-Ökonomen" hervorbringt (zu denen Hans-Werner Sinn während seiner aktiven Forscherlaufbahn trotz seiner multiplen Funktionen in Medien und Politikberatung definitiv zählte). Konkret bedeutet dies, dass Medienexperten nicht mehr selbst in der akademischen Forschung auf den obersten Etagen mitspielen müssen. Allerdings ist es notwendig, Zugehörigkeit zum akademischen Elitismus zum Ausdruck zu bringen. Dies kann etwa über die Zugehörigkeit zu einem bestimmten Standort (etwa München), eine Institution (etwa der Zentralbank) oder zu einem Netzwerk (Ces-ifo Group) dargestellt oder einfach nur über den Titel (Prof. der Ökonomie) zum Ausdruck gebracht werden. Der Medienexperte als diskursiv in Szene gesetzte Figur trägt die Insignien des Elitismus als Ausweis seiner sozialen Herkunft.

Nicht zuletzt muss die Aussage, die Wirtschaftsexperten in den Medien treffen, an das politische Geschehen anschließbar sein. Sie schreibt sich damit typischerweise in die ideologischen und parteipolitischen Auseinandersetzungen ein, bezieht implizit oder explizit Stellung zu Regierung und Opposition, äußert sich zur Rolle der jeweiligen Nation in Europa etc. „Für Sparen" oder „Stabilität" einzutreten mobilisiert also nicht nur einen akademischen und einen moralischen, sondern auch einen politischen Sinn. Damit bezieht sich ein und dieselbe Aussage auf drei differente Kontexte: auf die Alltagswelt, indem sie moralisches Kapital ins Spiel bringt, auf die akademische Welt, indem sie symbolisches Kapital mobilisiert und auf die politische Welt, indem sie polit-ideologisches Kapital rekrutiert. Erst wenn alle drei Register bedient sind, kann eine bestimmte Sorte von Kapital erzeugt werden, das als *populistisches Kapital* bezeichnet werden kann. Die ÖkonomIn wird zum „Volkstribun" (Maeße 2010b), wenn es ihr gelingt, „Beliebtheit" zu erlangen und Experte zu bleiben, „allgemein bekannt" zu sein und doch nur ein bestimmtes Lager zu bedienen. Dies meint der Begriff der „Multireferenz": das diskursive Bezugnehmen auf mehrere Kontexte und Register mit nur einer einzigen Aussage. Medienexperten wie Sinn sprechen, wenn man so will, mit drei Stimmen gleichzeitig. Dies ist die diskursive Kunst des modernen Experten-Populismus.

## 4.6 Akademisierung in der Politikberatung: die Produktion politischen Kapitals durch akademische Autorisierung

Während die mediale Welt immer schon auf die akademischen Titel der dort präsentierten Experten setzte, auch wenn sich die Art und das Ausmaß in den letzten Jahrzehnten deutliche verändert hat, so ist doch die Akademisierung in der Welt der Politik ein etwas anders gelagertes Phänomen. Der Beginn der wissenschaftlichen Beratung des Staates vor allem in Fragen der Wirtschaftspolitik lässt sich auf den Beginn der professionellen empirischen Wirtschaftsforschung gegen Ende des 19. und Anfang des 20. Jahrhunderts datieren. Insbesondere die Einrichtung von Statistikämtern im 19. Jahrhundert, die Etablierung von Wirtschaftsforschungsinstituten am Beginn des 20. Jahrhunderts, die Entwicklung von Ökonometrie und Modellwissenschaft sowie die professionelle Analyse der Volkswirtschaft nach dem zweiten Weltkrieg etablierten den wissenschaftlichen Apparat des ökonomischen Regierens (Desrosières 2005; Morgan 1990; Breslau 2003; Speich Cassé 2013). Auch die Etablierung eines staatlich überwachten und regulierten Bankenwesens (Ziegler 2005) sowie die Einrichtung von funktionierenden Zentralbanken (Galbraith 1990) und ihre weltweite Ausdehnung (Fourcade 2006) fielen in diese Zeit. Nach dem zweiten Weltkrieg wurden überall Expertenräte und Planungskommissionen eingerichtet, die sich am US-amerikanischen *council* bzw. sowjetischen Planungstyp orientierten, in Deutschland (BRD) etwa der Wissenschaftliche Beirat beim Wirtschaftsministerium oder in den 1960er-Jahren der Sachverständigenrat zur Begutachtung der gesamtwirtschaftlichen Lage. Die Politik begann nun, systematisch wissenschaftliches Expertenwissen aus der Ökonomie zu mobilisieren und in eigens dafür etablierten Einrichtungen zu erzeugen (Pechman 1989; Hall 1989).

### Ökonomische Expertise zwischen wissenschaftlichem und akademischem Kapital

Das änderte sich ab den 1970er- und 1980er-Jahren. Die sogenannte „Krise der Regierbarkeit", die vor allem eine politische Krise des Keynesianischen Makrosteuerung war, warf neue Frage nach der Machbarkeit der ökonomischen Planung auf. Aber anstatt weniger ökonomischer Expertise wurde nun noch mehr ökonomisches Expertentum mobilisiert (Speich Cassé 2013). Die neoliberale Wende verhalf der neoklassischen Preistheorie in den Feldern der staatlichen Steuerung zum Durchbruch. Makroökonomische Aggregate wurden keinesfalls abgeschafft, sie wurden im Rahmen der sogenannten Mikrofundierung um erwartungstheoretische und rationalistische Verhaltensmodelle (*homo oeconomicus*) ergänzt. Das ökonomische Wissen war nun voll etabliert. War es vor allem dieses Wissen aus der ökonomischen Fachdisziplin, das nun im Rahmen der Regierungsausübung als professionelles Wissen genutzt werden konnte (oder auch nicht), so war in den 1980er- und 1990er-Jahren ein neuer Trend zu beobachten. Im Zuge des Aufbaus (Anfang bis Mitte des 20. Jahrhunderts), des Ausbaus und der Professionalisierung (ab 1945) sowie der Ergänzung um mikroökonomische Kategorien (ab etwa 1970) wurde wissenschaftliches Kapital mobilisiert und als Regierungsressource institutionalisiert (Maeße 2016). Die Staatenbildung war auf der Institutionalisierungsebene mit der Etablierung eines Apparates der ökonomischen Gouvernementalität abgeschlossen, als das wissenschaftliche Kapital vollständig etabliert war.

Nun setzt ein Akademisierungsprozess ein. Das bedeutet, dass wissenschaftliches Kapital (Theorien, Modelle, Statistiken, Ökonometrie, Daten aller Art etc.), das nun allen staatlichen Einrichtungen vollumfänglich zur Verfügung steht und je nach politischer Ausrichtung genutzt, variiert oder ignoriert werden kann, durch akademisches Kapital ersetzt wird – und zwar deswegen, weil wissenschaftliches Kapital innerhalb des Staatsapparates demokratisiert ist und damit als Distinktionsressource im Machtkampf keine Rolle mehr spielt. Jetzt kommt es darauf an, die SprecherInnen mit den höchsten Titeln für die jeweiligen politischen Zwecke zu mobilisieren. Zum Ausdruck kommt dies etwa darin, dass ab den 1990er-Jahren die Wirtschaftsforschungsinstitute angehalten wurden, „akademische Qualität" ihrer (bisher staatnahen und relativ unakademischen) Forschung unter Beweis zu stellen (siehe ausführlich Maeße 2016). Heute hat kein Wirtschaftsforschungsinstitut mehr eine Chance auf Anerkennung und öffentliche Förderung, das nicht in der Lage ist zu belegen, dass es im akademischen Wettkampf mithalten kann. Waren ÖkonomInnen an den Wirtschaftsforschungsinstituten in den 1950er- oder 1960er-Jahren noch damit beschäftigt, den ökonomischen Staatsapparat aufzubauen, zu verstehen und zu beraten, so sind die heutigen DoktorandInnen und NachwuchswissenschaftlerInnen darum bemüht, möglichst systematisch in hoch angesehene Zeitschriften zu publizieren.

### *Akademisierung als Zertifizierungsprozess*

Diesen Akademisierungstrend vollziehen auch andere Einrichtungen nach, etwa die Deutsche Bundesbank, die in den 1990er-Jahren ein eigenes Forschungszentrum aufbaute. Auch die EZB oder die Fed verfügen über ein ansehnliches Heer akademisch trainierter Publikationsmaschinen. Marcel Fratzscher, der gegenwärtige Chef des krisengeschüttelten DIW, war etwa Leiter einer Forschungsabteilung in der EZB und im Handelsblatt-Ranking der erfolgreichsten akademischen ÖkonomInnen gelistet. Was bedeutet dies für den wirtschaftspolitischen Diskurs? Das konkrete Fach- und Problemlösungswissen rückt in den Hintergrund. Staatliche Behörden können diese Sorte an Wissen vor allem intern über eigene Fachleute und unter Rückgriff auf externen Sachverstand von Fall zu Fall selbst rekrutieren. Was dagegen zunehmend nicht nur im medialen Diskurs sondern auch im wirtschaftspolitischen Fachdiskurs zählt, ist der Ausweis akademischer Exzellenz. Experten verweisen direkt oder indirekt in wirtschaftspolitischen Fachdebatten auf ihr akademisches Prestige, wenn sie sich mit ihren Ideen und Vorschlägen positionieren. Akademisches Kapital (Titel etc.) überformt und supplementiert wissenschaftliches Kapital (Fachwissen etc.) ab.

Wirtschaftsexperten bringen in diskursiven Positionierungen also nicht nur wirtschaftspolitische Ideen, sondern auch die Insignien eines akademischen Zertifizierungsapparates zur Geltung. Es reicht nicht mehr aus, im Machtgefüge der politischen Auseinandersetzung etabliert zu sein, damit die eigene Stimme zählt. Vielmehr muss akademisches Kapital mitgebracht werden, um auch hier einen Unterschied im Wettkampf um eine einflussreiche (politische) Positionierung zu machen. Deswegen hat die diskursive Stimme von Wirtschaftsexperten in politischen Diskursen eine duale Struktur: auf der einen Seite „spricht" der Wirtschaftsexperte als diskursives Wesen im Namen eines bestimmten politisch-ideologischen Lagers; auf der anderen Seite gibt er bzw. sie sich als VertreterIn ihrer akademischen Zunft zu erkennen, die unabhängig von der politischen Lagerzugehörigkeit existiert. Diese Positionierungslogik kann mit dem Begriff des Akademismus bezeichnet werden, wenn sie gleichzeitig einen Kapitalkonvertierungsprozess in Gang setzt. Indem sich Wirtschaftsexperten als solche inszenieren, mobilisieren sie symbolisches Kapital aus der akademischen Welt (und, wenn es vorhanden ist, auch populistisches Kapital aus der medialen Welt), um politischen Einfluss zu erlangen und politisches Kapital etwa in Form von (Minister-)Ämtern, (Beirats-)Posten, Vortragsterminen und anderen Dingen durch Diskurse zu akkumulieren.

## 5 Konklusion

Ökonomische Expertise ist nicht auf ein einziges Feld beschränkt. Sie zirkuliert vielmehr als ein diskursiviertes Machtinstrument durch das heterogene Terrain der globalen kulturellen politischen Ökonomie. Wirtschaftsexperten sind keine Akteure mit einer einzigen professionellen Identität und einer klar definierten sozialen Rolle. Sie sind vielmehr gespaltene Persönlichkeiten und hybride Figuren, die an der Schnittstelle differenter sozialer Kontexte konstituiert werden. Das trans-epistemische Feld ökonomischen Expertentums ist die strategische Arena, in der Positionierungspraktiken stattfinden. Ökonomische Experten in den Medien sind auf akademische Diskurse angewiesen, ÖkonomInnen in der wirtschaftspolitischen Fachwelt nutzen nicht nur ihr akademisches Prestige, sondern bisweilen auch ihr mediales Ansehen. WirtschaftswissenschaftlerInnen in der akademischen Welt betreiben einen aufwendigen Elitismus und Exzellenz-Kult, um ein symbolisches Exportgut herzustellen, das von ihren KollegInnen in der Welt der Medien und der Politik konsumiert wird, um dort die Legitimitätsdefizite des ausklingenden Projektes der westlich-nationalstaatlichen Moderne auszugleichen. Dies setzt die Verbindung von diskursiven Positionierungs- und Inszenierungsstrategien mit Kapitalproduktions- und Kapitalkonvertierungsmechanismen voraus, welche die trans-epistemische Welt ökonomischen Expertentums in Bewegung setzten.

Der Elitismus ist die Positionierungslogik der akademischen Welt, welche symbolisches Kapital produziert, weil die diskursiven Praktiken hier auch unter dem heteronomen Druck der Außenwelt stehen. In der medialen Welt kommt der multireferentielle Dreiklang als diskursive Inszenierungstechnik zum Zuge und in der Fachwelt der wirtschaftspolitischen Diskurse müssen sich die Akteure als legitimes Mitglied einer bestimmten akademischen Gemeinschaft ausweisen können, um politischen Einfluss zu erlangen. Wie einschlägige Studien gezeigt haben (Leins 2013; Wansleben 2011; Kessler und Wilhelm 2014; Schmidt-Wellenburg 2013), scheint auch die Welt der Wirtschaft nicht grundsätzlich von diesem Muster der diskursiven Machtausübung mit symbolischem Kapital abzuweichen.

Um zu verstehen, wie ökonomische Expertendiskurse in einem trans-epistemischen Feld funktionieren, wird eine Methodologie benötigt, die sowohl den Blick auf Diskurse als auch den auf Machtpraktiken freigibt. Mit der DPÖW können die differenten Stimmen und Perspektiven ökonomischer Expertendiskurse untersucht und gleichzeitig auf die heterogenen sozialen Kontexte bezogen werden, wobei ebendiese Kontexte Felder der Macht sind. Im Vergleich zu anderen Ansätzen in der kritischen Diskursforschung (Wodak und Meyer 2001) können damit die versteckten Machtstrategien herausgearbeitet werden, auch und gerade wenn sie sich auf legitime Werte und Normen stützen (im Gegensatz zu Ideologien etwa des Rassismus, dessen Illegitimität es in der CDA etwa herauszuarbeiten gilt). Gegenüber wissenssoziologischen Ansätzen (Keller 2010) fokussiert die DPÖW den polyphonen Aspekt ökonomischer Expertendiskurse, wobei anders als in phänomenologischen Arbeiten (Potter 2012) hier Fragen von Macht und Gesellschaft jenseits der Mikro-Makro-Unterscheidung thematisiert werden.

Indem die Perspektive einer *Diskursiven* Politischen Ökonomie der Wirtschaftswissenschaft zugrunde gelegt wird, kann die Analyse der kulturellen Dimension des zeitgenössischen Kapitalismus um einen diskurssoziologischen Ansatz erweitert werden. Auf der einen Seite wird der Blick für die unterschiedlichen Stimmen in ökonomischen Expertendiskursen eröffnet, auf der anderen Seite können wir ebendiese Positionierungen als Dominanz- und Machtpraktiken deuten. Trotz der allgemeinen polyphonen Grundmuster, die hier für die jeweiligen Sozialwelten skizziert wurden, findet die konkrete Polyphonie in den jeweiligen Kontexten und Fällen der diskursiven Inszenierung ganz unterschiedliche empirische Formen. Das gleiche gilt für die Kapitalkonvertierungen. Nichtsdestotrotz wirft die machtsoziologische Diskursperspektive – und dies ist der dritte Vorzug der *Diskursiven Politischen Ökonomie der Wirtschaftswissenschaft* – auch ein Licht auf die übergreifenden Zirkulationszusammenhänge und Wechselwirkungen des trans-epistemischen Feldes, weil die diskursiven Praktiken des ökonomischen Expertentums sich eben nicht hinreichend aus der Situation heraus erklären, in der sie in Erscheinung treten.

## Literatur

Abbott, A. (2000). *The chaos of disciplines*. Chicago, London: University of Chicago Press.

Akerlof, G. A., & Dickens, W. T. (1982). The economic consequences of cognitive dissonance. *The American Economic Review 72 (3)*, 307–319.

Althusser, L. (1977). *Ideologie und ideologische Staatsapparate: Aufsätze zur marxistischen Theorie*. Hamburg: VSA.

Angermüller, J. (2007). *Nach dem Strukturalismus. Theoriediskurs und intellektuelles Feld in Frankreich*. Bielefeld: transcript.

Angermuller, J. (2013). How to become a philosopher. Academic discourse as a multi-levelled positioning practice. *Sociología histórica 3*, 263–289.

Angermuller, J., & Maeße, J. (2015). Regieren durch Leistung. Die Verschulung des Sozialen in der Numerokratie. In A. Schäfer & C. Thompson (Hrsg.), *Leistung* (S. 61–108). Paderborn: Schöningh.

Arrighi, G. (1994). *The long twentieth century. Money, power, and the origins of our time*. London, New York: Verso.

Aspers, P. (2007). Theory, reality, and performativity in markets. *The American Journal of Economics and Sociology 66 (2)*, 379–398.

Bernhard, S., & Schmidt-Wellenburg, C. (Hrsg.) (2012). *Feldanalyse als Forschungsprogramm 1: Der programmatische Kern*. Wiesbaden: Springer VS.

Best, J., & Paterson, M. (Hrsg.) (2009a). *Cultural political economy*. London, New York: Routledge.

Best, J., & Paterson, M. (2009b). Introduction: understanding cultural political economy. In J. Best & M. Paterson (Hrsg.), *Cultural political economy* (S. 1–25). London, New York: Routledge.

Bieling, H.-J, & Buhr, D. (Hrsg.) (2015). *Europäische Welten in der Krise. Arbeitsbeziehungen und Wohlfahrtsstaaten im Vergleich*. Frankfurt am Main, New York: Campus.

Blaug, M. (2003). The formalist revolution. In W. J. Samuels, J. E. Biddle & J. B. Davis (Hrsg.), *A companion to the history of economic thought* (S. 395–410). Malden et al.: Blackwell.

Bourdieu, P. (1982). *Die feinen Unterschiede. Kritik der gesellschaftlichen Urteilskraft*. Frankfurt am Main: Suhrkamp.

Bourdieu, P. (1991). *Language and symbolic power*. Cambridge: Polity Press.

Bourdieu, P. (1992). *Homo academicus*. Frankfurt am Main: Suhrkamp.

Bourdieu, P., Boltanski, L., & Saint-Martin, M. de (1981). *Titel und Stelle. Über die Reproduktion sozialer Macht*. Frankfurt am Main: Europa-Verlag.

Bowles, S., & Gintis, H. (1977). *Schooling in capitalist America. Educational reform and the contradictions of economic life*. New York: Basic Books.

Boyer, R., & Saillard, Y. (Hrsg.) (2002). *Régulation theory. The state of the art*. Routledge, London & New-York.

Breslau, D. (2003). Economics invents the economy: mathematics, statistics, and models in the work of Irving Fisher and Wesley Mitchell. *Theory and Society 32 (3)*, 379–411.

Callon, M. (Hrsg.) (1998). *The laws of the markets*. Oxford: Blackwell Publishers.

Callon, M., Millo, Y., & Muniesa, F. (Hrsg.) (2007). *Market devices*. Malden, Oxford und Carlton: Blackwell Publisher.

Coats, A. W.B. (1993). *The sociology and professionalization of economics. British and American economic essays. Vol. II*. London, New York: Routledge.

Colander, D. C., Holt, R. P., & Rosser, B. J. (2004). The changing face of mainstream economics. *Review of Political Economy 16 (4)*, 485–499.
Crouch, C., & Streeck, W. (Hrsg.) (1995). *Modern capitalism or modern capitalisms?* London: Francis Pinter.
Dannreuther, C. (2007). A zeal for a zeal. SME policy and the Political Economy of the EU. *Comparative European Politics 5*, 377–399.
Desrosières, A. (2005). *Die Politik der großen Zahlen. Eine Geschichte der statistischen Denkweise*. Berlin: Springer.
Deutschmann, C. (2002). *Postindustrielle Industriesoziologie. Theoretische Grundlagen, Arbeitsverhältnisse und soziale Identitäten*. Weinheim, München: Juventa.
Diaz-Bone, R. (2001). *Kulturwelt, Diskurs und Lebensstil: eine diskurstheoretische Erweiterung der Bourdieu'schen Distinktionstheorie*. Opladen: Leske + Budrich.
Diaz-Bone, R., & Krell, G. (Hrsg.) (2009). *Diskurs und Ökonomie. Diskursanalytische Perspektiven auf Märkte und Organisationen*. Wiesbaden: VS Verlag.
Dörre, K., & Brinkmann, U. (2005). Finanzmarkt-Kapitalismus: Triebkraft eines flexiblen Produktionsmodells? In P. Windolf (Hrsg.), *Finanzmarkt-Kapitalismus. Analysen zum Wandel von Produktionsregimen* (S. 58–84). Wiesbaden: VS Verlag.
Evans, P. B., Rueschemeyer, D., & Skocpol, T. (Hrsg.) (1985). *Bringing the state back in: New perspectives on the state as institution and social actor*. Cambridge: Cambridge University Press.
Flottum, K. (2005). The self and the others: polyphonic visibility in research articles. *International Journal of Applied Linguistics 15 (1)*, S. 29–44.
Frey, B. S. (1978). *The modern political economy*. London: Martin Robertson.
Fourcade, M. (2006). The construction of a global profession: the transnationalization of economics. *American Journal of Sociology 112 (1)*, 145–194.
Fourcade, M. (2009). *Economists and societies. Disciplin and profession in the United States, Britain, and France, 1890s to 1990s*. Princeton and Oxford: Princeton University Press.
Glynos, J., & Howarth, D. D. (2007). *Logics of critical explanation in social and political theory*. Routledge: Abingdon.
Glynos, J., Klimecki, R., & Willmott, H. (2012). Cooling out the marks. The ideology and politics of the financial crisis. *Journal of Cultural Economy 5 (3)*, 297–320.
Goyal, S., van der Leij, M. J., & Moraga-González, J. L. (2006). Economics: an emerging small world. *Journal of Political Economy 114 (2)*, 403–412.
Gramsci, A. (1991-2001). *Gefängnishefte. 10 Bände*. Hamburg: Argument.
Greenwald, B., Stiglitz, J. E., & Weiss, A. (1984). Informational imperfections on the capital market and macro-economic fluctuations. *NBER Working Paper Series, Working Paper No. 1335*. http://www.nber.org/papers/w1335.pdf. Zugegriffen: 16. Mai 2016.
Habermas, J. (1985). *Die neue Unübersichtlichkeit. Kleine politische Schriften V.* Frankfurt am Main: Suhrkamp.
Hall, P. A. (Hrsg.) (1989). *The political power of economic ideas. Keynesianism across nations*. Princeton: Princeton University Press.
Hall, P. A. (2014). Varieties of capitalism and the Euro Crisis. *West European Politics 37 (6)*, 1223–1243.
Halsmayer, V., & Huber, F. (2013). Ökonomische Modelle und brüchige Welten – Joseph Vogels *Das Gespenst des Kapitals*. In H. Pahl & J. Sparsam (Hrsg.), *Wirtschaftswissenschaft als Oikodizee? Diskussionen im Anschluss an Joseph Vogels Gespenst des Kapitals* (S. 77–90). Wiesbaden: Springer VS.

Hamann, J. (2014). *Die Bildung der Geisteswissenschaften. Zur Genese einer sozialen Konstruktion zwischen Diskurs und Feld.* Konstanz: UVK.

Han, S.-K. (2003). Tribal regimes in academia: a comparative analysis of market structure across disciplines. *Social Networks 25*, 251–280.

Heires, M., & Nölke, A. (2011). Finanzkrise und Finanzialisierung. In O. Kessler (Hrsg.), *Die internationale Politische Ökonomie der Weltfinanzkrise* (S. 37–52). Wiesbaden: Springer VS.

Herschinger, E. (2011). *Constructing global enemies. Hegemony and identity in international discourses on terrorism and drug prohibition.* Abingdon und New York: Routledge.

Hesse, J.-O. (2010). The ‚Americanisation' of West German economics after the Second World War: success, failure, or something completely different? *The European Journal of the History of Economic Thought 19 (1)*, 67–98.

Hirsch, J. (1996). *Der nationale Wettbewerbsstaat. Staat, Demokratie und Politik im globalen Kapitalismus.* Berlin: ID-Archiv.

Horkheimer, M., & Adorno, T. W. (1969). *Dialektik der Aufklärung. Philosophische Fragmente.* Frankfurt am Main: Fischer.

Jäger, J., & Springler, E. (Hrsg.) (2015). *Asymmetric crisis in Europe and possible futures. Critical political economy and post-Keynesian perspectives.* London und New York: Routledge.

Jameson, F. (1989). *The political unconscious. Narrative as a socially symbolic act.* London: Routledge.

Jameson, F. (2012). The aesthetics of singularity. Vortrag anlässlich der George-Foster-Vorlesung in Mainz.

Jessop, B. (1993). Towards a Schumpeterian workfare state? Preliminary remarks on post-fordist political economy. *Studies in Political Economy 40*, 7–39.

Jessop, B. (2004). Critical semiotic analysis and cultural political economy. *Critical Discourse Studies 1 (2)*, 159–174.

Jessop, B., & Sum, N.-L. (2006). *Beyond the regulation approach: putting capitalist economies in their place.* Cheltenham: Edward Elgar.

Kahneman, D., & Tversky, A. (1979). Prospect theory: an analysis of decision under risk. *Econometrica 47 (2)*, 263–291.

Kalthoff , H., & Vormbusch, U. (Hrsg.) (2012). *Soziologie der Finanzmärkte.* Bielefeld: transcript.

Keller, R. (2010). Sociology of knowledge approach to discourse analysis. A research program for the analysis of social relationships of knowledge and politics of knowledge. *Forum Qualitative Sozialforschung/Forum: Qualitative Social Research 11 (3).*

Kessler, O. (Hrsg.) (2011). *Die internationale Politische Ökonomie der Weltfinanzkrise.* Wiesbaden: Springer VS.

Kessler, O., & Wilhelm, B. (2014). *Finanzialisierung und die Performativität des Schattenbanksystems.* In A. Nölke & M. Heires (Hrsg.), *Politik der Finanzialisierung* (S. 97–113). Wiesbaden: Springer VS.

Laband, D. N., & Piette, M. J. (1994). The relative impacts of economics journals: 1970-1990. *Journal of Economic Literature 32 (2)*, 640–666.

Laclau, E. (1990). The impossibility of society. In E. Laclau, *New reflections on the revolution of our time* (S. 89–92). London, New York: Verso.

Langenohl, A. (2011). Die Ausweitung der Subprime-Krise: Finanzmärkte als Deutungsökonomien. In O. Kessler (Hrsg.), *Die internationale Politische Ökonomie der Weltfinanzkrise* (S. 75–98). Wiesbaden: VS Verlag.

Langenohl, A., & Wetzel, D. J. (Hrsg.) (2011). Sinnformen an Finanzmärkten. *Focus issue of Berliner Journal für Soziologie* 2011, 4.
Lebaron, F. (2001a). Economists and the economic order. The field of economists and the field of power in France. *European Societies 3 (1)*, 91–110.
Lebaron, F. (2001b). Toward a new critique of economic discourse. *Theory, Culture & Society 18 (5)*, 123–129.
Lebaron, F. (2006). „Nobel" economists as public intellectuals: the circulation of symbolic capital. International Journal of Contemporary Sociology *43 (1)*, 87–101.
Lebaron, F. (2008). Central bankers in the contemporary global field of power: a ‚social space' approach. *Sociological Review 56*, 121–144.
Lee, F. S., Pham, X. & Gu, G. (2013). The UK Research Assessment Exercise and the narrowing of UK economics. *Cambridge Journal of Economics* 37, 693–717.
Leins, S. (2013). Playing the market? The role of risk, uncertainty and authority in the construction of stock market forecasts. In R. Cassidy, A. Pisac & C. Loussouarn (Hrsg.), *Qualitative research in gambling: exploring the production and consumption of risk* (S. 218–232). New York, London: Routledge.
Lentsch, J., & Weingart, P. (Hrsg.) (2013). *The poltics of scientific advice. Institutional design for quality assurance.* Cambridge: Cambridge University Press.
Leyshon, A., & Thrift, N. (2007). The capitalization of almost everything: the future of finance and capitalism. *Theory Culture & Society 24 (7-8)*, 97–115.
Long, J. B. Jr., & Plosser, C. I. (1983). Real business cycle. *The Journal of Political Economy 91 (1)*, 39–69.
MacKenzie, D. (2006). *An engine, not a camera. How financial models shape markets.* Cambridge und London: MIT Press.
MacKenzie, D., Muniesa, F., & Siu, L. (Hrsg.) (2007). *Do economists make markets? On the performativity of economics.* Princeton und Oxford: Princeton University Press.
Maeße, J. (2010a). *Die vielen Stimmen des Bologna-Prozesses. Zur diskursiven Logik eines bildungspolitischen Programms.* Bielefeld: transcript.
Maeße, J. (2010b). Der Ökonom als Volkstribun. Die mediale Inszenierung von ökonomischem Expertentum. *Aptum. Zeitschrift für Sprachkritik und Sprachkultur 3*, 277–288.
Maeße, J. (2012). Ökonomischer Expertendiskurs und transversale Öffentlichkeit. In A. Peltzer, K. Lämmle & A. Wagenknecht (Hrsg.), *Krise, Cash & Kommunikation – Fallstudien zur Inszenierung der Finanzkrise in Informations- und Unterhaltungsmedien* (S. 113–137). Konstanz: UVK Verlag.
Maeße, J. (Hrsg.) (2013a). *Ökonomie, Diskurs, Regierung. Interdisziplinäre Perspektiven.* Wiesbaden: Springer VS.
Maeße, J. (2013b). Spectral performativity. How economic expert discourse constructs economic worlds. *Economic Sociology. The European Electronic Newsletter 14 (2)*, 25–31.
Maeße, Jens, (2013c). Das Feld und der Diskurs der Ökonomie. In J. Maeße (Hrsg.), *Ökonomie, Diskurs, Regierung. Interdisziplinäre Perspektiven* (S. 241–275). Wiesbaden: Springer VS.
Maeße, J. (2015). *Eliteökonomen. Wissenschaft im Wandel der Gesellschaft.* Wiesbaden: Springer VS.
Maeße, J. (2016). The elitism dispositif. Hierarchization, discourse of excellence and organizational change in European economics. *Higher Education, Special Issue "The New Political Economy of Higher Education"*, in review.
Maeße, J., & Nonhoff, M. (2014). Macht und Hegemonie im Diskurs. In J. Angermuller, M. Nonhoff, E. Herschinger, F. Macgilchrist, M. Reisigl, J. Wedl, D. Wrana & A. Ziem (Hrsg.),

*Diskursforschung. Ein interdisziplinäres Handbuch, Band 1: Theorien, Methodologien und Kontroversen* (S. 386–410). Bielefeld: transcript.

Maeße, J., & Hamann, J. (2016). Die Universität als Dispositiv. Die gesellschaftstheoretische Einbettung von Bildung und Wissenschaft aus diskurstheoretischer Perspektive. *Zeitschrift für Diskursforschung*, 1, 29–50.

Maeße, J., & Sparsam, J. (2016). Die Performativität der Wirtschaftswissenschaft. In A. Maurer (Hrsg.), *Handbuch der Wirtschaftssoziologie*. Wiesbaden: Springer, i. E.

Martin, R. (2002). *The financialization of daily life*. Philadelphia: Temple University Press.

Mayntz, R., & Scharpf, F. W. (1995). Der Ansatz des akteurzentrierten Institutionalismus. In dies. (Hg.), *Gesellschaftliche Selbstregelung und politische Steuerung* (S. 39–72). Frankfurt am Main, New York: Campus.

McCloskey, D. N. (1998). *The rhetoric of economics*. Madison, London: University of Wisconsin Press.

Morgan, M. S. (1990). *The history of econometric ideas. Historical perspectives in modern economics*. Cambridge: Cambridge University Press.

Mosco, V. (1996). *The political economy of communication: rethinking and renewal*. London: Sage.

Nölke, A., & Heires, M. (Hrsg.) (2014). *Politik der Finanzialisierung*. Wiesbaden: Springer VS.

Nonhoff, M. (2006). *Politischer Diskurs und Hegemonie. Das Projekt „Soziale Marktwirtschaft"*. Bielefeld: transcript.

Pahl, H. (2013a). Disziplinierung und Popularisierung ökonomischen Wissens als wechselseitiger Verstärkungsprozess. In H. Pahl & J. Sparsam (Hrsg.), *Wirtschaftswissenschaft als Oikodizee? Diskussionen im Anschluss an Joseph Vogels Gespenst des Kapitals* (S. 53–76). Wiesbaden: VS Verlag.

Pahl, H. (2013b). Zur performativen Dimension konstitutiver Metaphern in der ökonomischen Theoriebildung: Zwischen Disziplinarität und Gesellschaft. In J. Maeße (Hrsg.), *Ökonomie, Diskurs, Regierung. Interdisziplinäre Perspektiven* (S. 277–298). Wiesbaden: Springer VS.

Pahl, H. (2013c). Überleben als heterodoxer Ökonom. Wissenschaftssoziologische Befunde und Handreichungen, insbesondere Modellierungen betreffend (ohne Gewähr). *Working Paper 04/2013 der DFG-KollegforscherInnengruppe Postwachstumsgesellschaften*. http://www.kolleg-postwachstum.de/sozwgmedia/dokumente/WorkingPaper/wp4_2013.pdf. Zugegriffen: 16. Mai 2016.

Pahl, H., & Sparsam, J. (Hrsg.) (2013). *Wirtschaftswissenschaft als Oikodizee? Diskussionen im Anschluss an Joseph Vogels Gespenst des Kapitals*. Wiesbaden: Springer VS.

Pechman, J. A. (Hrsg.) (1989). The role of the economist in government. An international perspective. New York et al.: Harvester Wheatsheaf.

Potter, J. (2012). Discourse analysis and discursive psychology. In H. Cooper (Hrsg.), *APA handbook of research methods in psychology: Vol. 2. Quantitative, qualitative, neuropsychological, and biological* (S. 111–130). Washington: American Psychological Association Press.

Poulantzas, N. (1978). *Political power and social classes*. New Left Books: London, New York.

Power, M. (1997). *The audit society. Rituals of verification*. New York: Oxford University Press.

Rothschild, K. W. (1989). Political economy or economics? Some terminological and normative considerations. *European Political Economy* 5, 1–12.

Seabrooke, L. (2006). *The social sources of financial power: Domestic legitimacy and international financial orders*. Ithaca: Cornell University Press.

Scharpf, F. W. (1997). *Games real actors play. Actor-centered institutionalism in policy research*. Boulder: Westview.

Schmidt-Wellenburg, C. (2013). *Die Regierung des Unternehmens. Managementberatung im neoliberalen Kapitalismus*. Konstanz: UVK.
Schütz, A. (1960). *Der sinnhafte Aufbau der sozialen Welt: Eine Einleitung in die verstehende Soziologie*. Wien: Springer.
Selten, R. (2001). What is bounded rationality. In G. Gigerenzer & R. Selten (Hrsg.), *Bounded rationality. An adaptive toolbox* (S. 13–36). Dahlem Workshop Toolbox: Massachusetts Institute of Technology.
Sparsam, J. (2013). Eine soziale Entelechie des Marktes? Kapitalistische Ökonomie als ausgespartes Zentrum in der wirtschaftssoziologischen Oikodizee. In H. Pahl & J. Sparsam (Hrsg.), *Wirtschaftswissenschaft als Oikodizee? Diskussionen im Anschluss an Joseph Vogls Gespenst des Kapitals* (S. 159–193). Wiesbaden: Springer VS.
Speich Cassé, D. (2013). *Die Erfindung des Bruttosozialprodukts. Globale Ungleichheit in der Wissensgeschichte der Ökonomie*. Göttingen: Vandenhoeck & Ruprecht.
Stäheli, U. (2007). Spektakuläre Spekulationen. Das Populäre der Ökonomie. Frankfurt am Main: Suhrkamp.
Stavrakakis, Y. (2013). Dispatches from the Greek lab: metaphors, strategies, and debt in the European crisis. *Psychoanalysis, Culture & Society 18*, 313–324.
Sum, N.-L., & Jessop, B. (2013). *Towards a Cultural Political Economy. Putting culture in its place in Political Economy*. Cheltenham: Edward Elgar.
Swedberg, R. (2003). *Principles of economic sociology*. Princeton: Princeton University Press.
Vester, M. (2004). Die Illusion der Bildungsexpansion. Bildungsöffnung und soziale Segregation in der Bundesrepublik Deutschland. In S. Engler & B. Krais (Hrsg.), *Das kulturelle Kapital und die macht der Klassenstrukturen. Sozialstrukturelle Verschiebungen und Wandlungen des Habitus* (S. 13–53). Weinheim, München: Juventa.
Vormbusch, U. (2012). Zahlenmenschen als Zahlenskeptiker. Daten und Modelle im Portfoliomanagement. In H. Kalthoff & U. Vormbusch (Hrsg.), *Soziologie der Finanzmärkte* (S. 313–337). Bielefeld: transcript.
Walter, T. (2013). Regulation, economic expertise and performativity – regulating or context steering the economy by enacting different economic realities? *Paper prepared for the EAEPE Annual Conference*, "Beyond Deindustrialisation: The Future of Industries", Université Paris Nord , Campus Bobigny , Paris, France, 7-9 November 2013.
Wansleben, L. (2011). Wie wird bewertbar, ob ein Staat zu viele Schulden hat? Finanzexperten und ihr Bewertungswissen in der griechischen Schuldenkrise. *Berliner Journal für Soziologie 21*, 495–519.
Wengeler, M., & Ziem, A. (Hrsg.) (2013). *Sprachliche Konstruktionen sozial- und wirtschaftspolitischer Krisen in der BRD: Interdisziplinäre Perspektiven*. Bremen: Ute Hempen Verlag.
Whynes, D. K. (Hrsg.) (1984). *What is political economy?* Oxford: Oxford University Press.
Wodak, R, & Meyer, M. (Hrsg.) (2001). *Methods of critical discourse analysis*. London: Sage.
Wullweber, J., & Scherrer, C. (2010). Post-modern and post-structural International Political Economy. In R. A. Denemark (Hrsg.), *The international studies encyclopedia*. Oxford: Blackwell. Blackwell Reference Online.
Wullweber, J., Graf, A., & Behrens, M. (Hrsg.) (2013). *Theorien der Internationalen Politischen Ökonomie*. Wiesbaden: Springer VS.
Ziegler, D. (2005). Das deutsche Modell bankenorientierter Finanzsysteme (1848-1957). In P. Windolf (Hrsg.), *Finanzmarkt-Kapitalismus. Analysen zum Wandel von Produktionsregimen* (276–293). Wiesbaden: VS Verlag.

# Die Vermessung ‚der Wirtschaft'

## Konstruktionen und Kontroversen in der internationalen Standardisierung der volkswirtschaftlichen Gesamtrechnung, 1940er- und 50er-Jahre

Matthias Schmelzer

## 1 Einleitung

1984 wurde der sogenannte Wirtschaftsnobelpreis an Richard Stone für „bahnbrechende Leistungen bei der Entwicklung von volkswirtschaftlichen Gesamtrechnungssystemen" vergeben. Das Bruttoinlands- bzw. Bruttosozialprodukt (BIP bzw. BSP) ist nicht nur die wahrscheinlich „mächtigste Zahl der Welt" (Fioramonti 2013), sondern liefert auch die Grundlage für empirische Wirtschaftsanalyse und wachstumsorientierte Wirtschaftspolitik. Die Königlich Schwedische Akademie der Wissenschaften argumentierte bei der Preisverleihung an den britischen Ökonomen Richard Stone, das BIP-Rechnungswesen werde „sowohl vom analytischen als auch vom ideologischen Standpunkt aus als ‚neutral' betrachtet."[1]

Gleichzeitig gibt es eine Vielzahl an Kritiken an dieser Art und Weise, wirtschaftliche Aktivität zu messen, und vor allem an der Idee, dass das so gemessene Wirtschaftsprodukt immer weiter wachsen soll. So argumentiert die *Organization for Economic Co-operation and Development* (OECD) beispielsweise:

> „Während eines Großteils des 20. Jahrhunderts gab es die implizite Annahme, dass Wirtschaftswachstum synonym mit Fortschritt sei: die Annahme, dass ein wachsendes BIP heißt, das Leben müsse sich verbessern. Aber jetzt realisiert die Welt, dass es nicht

---

1 The Royal Swedish Academy of Sciences, Press Release, 18. Oktober 1984, im Internet unter http://www.nobelprize.org/nobel_prizes/economics/laureates/1984/press.html (3. April 2014). Alle Übersetzungen aus dem Englischen M.S. Zum Alfred-Nobel-Gedächtnispreis für Wirtschaftswissenschaften vgl. Lebaron 2006, zum BIP vgl. auch Fioramonti 2013; Speich Chassé 2013. Die Unterschiede zwischen dem älteren Konzept des BSP und dem neueren BIP sind nicht relevant für das Argument im vorliegenden Beitrag und werden daher vernachlässigt.

> ganz so einfach ist. Trotz hoher Wachstumsraten in vielen Ländern sind wir nicht zufriedener mit unserem Leben (oder glücklicher) als vor 50 Jahren" (OECD 2008).

Nicht nur die Gleichsetzung von BIP-Wachstum mit steigender Wohlfahrt wird hinterfragt, sondern zunehmend wird auch problematisiert, dass steigende ökologischen Kosten sowie die sehr relevanten nicht-marktförmigen Formen von Arbeit (wie Hausarbeit und Ehrenamt) durch diesen Wirtschaftsmaßstab unsichtbar gemacht werden. Die Vorherrschaft des BIPs als wichtigstem gesellschaftlichen Maßstab für wirtschaftliche Entwicklung und Wohlstand stellt somit ein „Puzzle" oder „Paradox" dar, das erklärt werden muss (Offer 2006, S. 17; van den Bergh 2009; vgl. auch Jackson 2009; Victor 2008; Waring 1999).

Wie lässt sich die Behauptung, die volkswirtschaftliche Gesamtrechnung sei ideologisch und analytisch ‚neutral', mit den weit verbreiteten kritischen Stimmen zum BIP zusammenbringen? Und wie ist diese statistische Sozialtechnik überhaupt entstanden, was hat sich durch ihre Erfindung und Verbreitung verändert und wann ist die Kritik an diesem Maßstab historisch entstanden? Der vorliegende Beitrag nähert sich diesen Fragen durch eine wissensgeschichtliche Analyse.[2] Denn noch in der Mitte des 20. Jahrhunderts war nicht in der Art und Weise, wie es uns heute so selbstverständlich erscheint, festgelegt, was als ‚die Wirtschaft' gelten sollte. Die Statistiken und Zahlen, die wir als Metronome des modernen Lebens zu akzeptieren gelernt haben – BIP, Nachfrage, Inflation, oder Produktivität – mussten erst noch als exakte mathematische und vergleichbare Konzepte entwickelt, international standardisiert und gesellschaftspolitisch hegemonial gemacht werden.

Ein Aufsatz von zwei der wichtigsten Statistikexperten der Nachkriegszeit, Richard Stone und Kurt Hansen, veranschaulicht die Situation des Mangels an vergleichbaren und standardisierten Wirtschaftsstatistiken. Auf einer Konferenz der führenden akademischen Vereinigung des neu aufkommenden Feldes statistischer Expertise, der *International Association for Research on Income and Wealth* 1951, begründeten Stone und Hansen die Standardisierung der volkswirtschaftlichen Gesamtrechnung folgendermaßen:

> „Wenn eine internationale Organisation gegründet wird, kommt die Frage der finanziellen Beiträge auf und es wird normalerweise entschieden, dass die reichen Länder mehr als die armen beitragen sollen. Wenn Hilfe bereitgestellt werden soll, sind als Grundlage dafür Regeln notwendig und diese Regeln berücksichtigen normalerweise Bedürfnisse. Die Fortsetzung solcher Zuschüsse muss in Beziehung zur Leistung stehen und die Beiträge unterschiedlicher Länder zu einer gemeinsamen Anstren-

2 Zu Wissensgeschichte und zur Geschichte der Ökonomie als Wissenschaftsgeschichte vgl. Sarasin (2011); Schabas (2002); Speich Chassé (2014); Vogel (2004).

gung hängen von der Zahlungsfähigkeit ab. Zusätzlich zu diesen administrativen Notwendigkeiten ist es so, dass Partner in einer gemeinsamen Unternehmung über die Situation und den Fortschritt der anderen informiert sein wollen, denn dadurch können gefährliche Situationen und teure Fehler vermieden werden" (Stone und Hansen 1953, S. 101).

Die heutige Leserin wird mit all den Konzepten in dieser Bemerkung vertraut sein, und technische Expertise und entsprechende Zahlen, um die damit verbundenen quantitativen Bemessungen vorzunehmen, sind leicht verfügbar. Aber in den frühen 1950er-Jahren war die konzeptionelle Grundlage für die Beantwortung dieser Fragen gerade erst im Entstehen. Wie Stone und Hansen es ausdrückten: „Aber was ist mit Reichtum, Bedürfnissen, Leistung, Zahlungsfähigkeit, Situation und Fortschritt gemeint, und wie sollen sie gemessen und verglichen werden?" (Stone und Hansen 1953, S. 101).

Dies waren schwierige Fragen. Sie mussten beantwortet werden, sonst ruhte nicht nur die Wirtschaftsanalyse und -politik, sondern auch die internationale Zusammenarbeit in den Bereichen Wiederaufbau, Verteidigung oder Entwicklungshilfe auf wackligem Boden. Die statistische Sozialtechnik der volkswirtschaftlichen Gesamtrechnung, die in den frühen 1950er-Jahren international standardisiert wurde, stellte wirkmächtige und scheinbar einfache Antworten auf diese Fragen bereit. Darüber hinaus hatte sie einen grundlegenden Einfluss darauf, die Epistemologie dessen zu bestimmen, wie ÖkonomInnen, PolitikerInnen, und auch die Öffentlichkeit über ökonomische Probleme und Lösungen zu denken begannen. Sie kann daher verstanden werden als „eine Konstruktion von Realität, in der sich eine wachsende Zahl an Gemeinschaftsmitgliedern durch eine *lingua franca* der Buchhaltung an das Konzept der Makroökonomie gewöhnt haben" (Suzuki 2003, S. 473). Es ist daher nicht verwunderlich, dass die volkswirtschaftliche Gesamtrechnung als „das wichtigste neue Instrument der Wirtschaftsanalyse und der Wirtschaftspolitik in der zweiten Hälfte des 20. Jahrhunderts" bezeichnet wird (Kenessey 1994b, S. 1).

Dieser Aufsatz analysiert historisch, wie die volkswirtschaftliche Gesamtrechnung – und damit einhergehend die Idee, dass das Bruttosozialprodukt die Wirtschaft definiert – in den späten 1940er- und frühen 1950er-Jahren etabliert und international standardisiert wurde (wenn auch zuerst nur auf die kapitalistischen Länder begrenzt).[3] Basierend auf Archivrecherchen im OECD-Archiv in Paris, im

3 Dazu gibt bisher wenig Forschungsarbeiten. Ausnahmen sind der Anhang in Vanoli (2005, S. 130–132) und die Ausführungen in McDowall (2008, 84–120). Die einzige archivbasierte Studie zu Richard Stone ist bei Suzuki (2003) zu finden. Die historische Forschung zum Aufkommen volkswirtschaftlicher Gesamtrechnungssysteme hat sich

britischen und US-Nationalarchiv und im Nachlass des Ökonomen Richard Stone in Cambridge sowie auf Veröffentlichungen der ProtagonistInnen der internationalen Standardisierung der volkswirtschaftlichen Gesamtrechnung fokussiere ich dabei vor allem die Aushandlungsprozesse auf der internationalen Ebene und zwar aus einer hegemonietheoretisch und diskursanalytisch inspirierten Perspektive der Wissensgeschichte.[4] Die meisten der Kontroversen, die gegenwärtig darüber ausgefochten werden, wie das BIP „unser Leben falsch misst" (Stiglitz et al. 2010) können – so möchte ich argumentieren – tatsächlich bis in die Zeit der Entwicklung und internationalen Standardisierung der volkswirtschaftlichen Gesamtrechnung in den späten 1940er- und frühen 1950er-Jahren zurückverfolgt werden. Nur indem wir die machtvollen Reduktionen, Annahmen und Ausschlüsse analysieren, die in die Art und Weise eingeschrieben worden sind, wie Volkswirtschaften definiert wurden, können wir das bis heute vorherrschende Wachstumsparadigma, seine Überzeugungskraft aber auch seine inhärenten Probleme adäquat verstehen. Der Aufsatz skizziert zunächst (2.) den Aufstieg der volkswirtschaftlichen Gesamtrechnung während des Zweiten Weltkriegs und argumentiert, dass erst dadurch eine moderne Konzeption ‚der Wirtschaft' aufkam (betont wird dabei die Rolle der Kriegswirtschaft und des Keynesianismus). Im darauffolgenden Teil (3.) wird der Prozess beschrieben, der zur internationalen Standardisierung dieser Sozialtechnik führte, wobei vor allem der Einfluss internationaler Organisationen und eines kleinen Netzwerks anglo-amerikanischer ExpertInnen im Vordergrund stehen. Abschließend (4.) werden einige der Schlüsselkontroversen innerhalb der damaligen Diskussionen analysiert um aufzuzeigen, dass die volkswirtschaftliche Gesamtrechnung von Anfang an ein ausgesprochen umstrittenes Messinstrument war.

---

auf akademische Diskussionen konzentiert, auf die langfristige Entwicklungen seit dem 17. Jahrnundert, besonders in Frankreich, Deutschland, den USA und Kanada, und auf die Schwierigkeiten, diese Konzepte im kolonialen und postkolonialen Kontext anzuwenden (vgl. Carson 1975; Fioramonti 2013; Fourquet 1980; Lepenies 2013; Kenessey 1994a; McDowall 2008; Speich Chassé 2013; Studenski 1958; Tooze 1998; Tooze 2001; Ward 2004).

4 Ein ausführlichere Darstellung mit etwas anderem Fokus findet sich in Schmelzer 2016, Kap. 1. Zur Perspektive vgl. auch Landwehr (2008); Wodak (2009); Cox (1983); Vogel (2004).

## 2 Die Quantifizierung ‚der Wirtschaft': Das Aufkommen moderner Wirtschaftsstatistiken

Der Mangel eines „umfassenden und konsistenten Bildes der Volkswirtschaft" wurde weithin als eines der drängendsten Probleme gesehen, mit denen nationale Regierungen und internationale Organisationen in der Nachkriegszeit konfrontiert waren (OEEC 1952, S. 11). Die Unzulänglichkeit oder Abwesenheit von Regierungsstatistiken war von ÖkonomInnen und PolitikerInnen zunehmend kritisiert worden, am prominentesten von John Maynard Keynes in seinem Werk *How to pay for the War* von 1939. Dort vergleicht Keynes die Wirtschaft mit einem „Kuchen" und beklagt, dass ohne Statistiken die Verteilung dieses Kuchens höchst unsicher sei: „Jede Regierung seit dem letzten Krieg war unwissenschaftlich und obskur und betrachtete die Sammlung von essentiellen Fakten als Geldverschwendung" (Keynes und Moggridge 1972, IX, S. 318).

Diese Situation schuf grundlegende Probleme für die Regierungen und die internationalen Institutionen, die in der Nachkriegszeit haufenweise neu geschaffen wurden: Das Europäische Wiederaufbauprogramm (European Recovery Program, ERP) brauchte verlässliche und vergleichbare Wirtschaftsstatistiken, um die Marshallplan-Gelder zu verteilen, internationale Organisationen benötigten exakte Zahlen, um die nationalen Beiträge für ihre Budgets zu bestimmen, und die NATO brauchte Statistiken für den militärischen Lastenausgleich. Robert Marjolin, Generalsekretär des 1948 gegründeten Europäischen Wirtschaftsrats (OEEC), erinnerte sich später mit Entrüstung: „Die meisten vertretenen Regierungen hatten keinen nationalen Plan und nicht einmal ein umfassendes Bild der Volkswirtschaft" (Marjolin 1989, S. 185).

Ein Ereignis im Spätsommer 1947 veranschaulicht einen Aspekt dieses Problems sehr lebhaft. Um die Verteilung der Marshallplanhilfe zu erleichtern, mussten alle westeuropäischen Regierungen entsprechende Wirtschaftsdaten vorlegen, die in leere Tabellen des *Committee for European Economic Co-operation* (der Vorläufer der OEEC) eingetragen wurden. Der Generalsekretär erinnert sich:

> „Ich [Marjolin] war im Grand Palais mit Eric Roll [dem britischen Delegierten bei der OEEC, MS] als uns der griechische Delegierte in seinem Büro auffiel, mit den Tabellen vor sich ausgebreitet. Offensichtlich in tiefen Gedanken versunken, notierte er ab und zu eine Zahl. Entrüstet rief ich ihm zu: ‚Was machen diese Tabellen hier? Sie sollten seit mindestens einer Woche in Athen sein. Es ist nicht Ihre Aufgabe sie auszufüllen. Sie können die Antworten auf diese Fragen gar nicht wissen.' ‚Das stimmt', antwortete er ruhig und mit einem Lächeln, ‚Ich muss mir viel ausdenken, aber denken Sie die in Athen wissen irgendetwas was ich nicht weiß?' Verblüfft zog ich mich zurück und die griechischen Zahlen, die auf diese Art zusammengestellt

worden waren, erschienen an ihrem gebührenden Platz in unseren Gesamttabellen" (Marjolin 1989, S. 185).

In vielen Ländern Kontinentaleuropas war der Zweite Weltkrieg ein deutlicher Rückschlag für die seit den 1930er-Jahren entstehenden nationalen Statistiken.[5] Die Probleme gingen aber über einen reinen Mangel an offiziellen Wirtschaftsstatistiken hinaus. Es gab kein standardisiertes und international vergleichbares System von Definitionen und Methoden, die festlegten, was überhaupt gemessen werden sollte und wie.

Schätzungen und Messungen der Wirtschaftsproduktion von Königen und Ländern hatten sich in Europa seit dem 17. Jahrhundert entwickelt (Carson 1975; Lepenies 2013; Mitra-Kahn 2011; Vanoli 2005). Aber erst die Große Depression der 1930er-Jahre stellte einen Wendepunkt hin zu modernen Wirtschaftsstatistiken dar, nicht nur was das Interesse von Staaten an diesen Zahlen angeht, die zunehmend durch offizielle Regierungsapparate produziert wurden, sondern auch in Bezug auf ausgefeiltere Arbeiten zu Einkommens-, Produktions- oder Ausgabenkonten und erste Versuche, die Buchhaltungstechnik von Unternehmen auf die Gesellschaft zu übertragen (Fourquet 1980; Speich Chassé 2013; Tooze 1998). Aber im Gegensatz zu heutigen Messmethode waren die meisten Statistiken dieser Zeit Ansammlungen von großen Datensätzen, die mit wenig interner, geschweige denn internationaler Konsistenz erhoben wurden. Es war nicht ungewöhnlich, isolierte statistische Reihen zu Lebensmittel- oder Rohstoffproduktion oder zur Produktion bestimmter Industriegüter als Belege für die Entwicklung des Nationaleinkommens zu präsentieren (Comim 2001). Darüber hinaus zielten die damaligen Ansätze im Kern darauf ab, die Wohlfahrt von Ländern zu messen. Simon Kuznets' Sicht des Nationaleinkommens, die durch anhaltende Diskussion in seinem Ursprungsland Russland inspiriert war, konzentrierte sich beispielsweise auf die Fähigkeit von Menschen, die Dinge zu konsumieren, die ihnen gefallen (vgl. auch Barnett 2008). In seinem einflussreichen Artikel von 1935 in der *Encyclopedia of Social Sciences* definierte er Nationaleinkommen als das „net total of desirable events enjoyed", die „Nettosumme der erstrebenswerten Ereignisse", die von den BürgerInnen eines Landes erlebt wurden (Kuznets 1935, S. 205). Und dementsprechend schloss Kuznets, ganz der damals vorherrschenden Tradition entsprechend, weder Regierungsausgaben noch Ausgaben für das Militär mit ein und zog gleichzeitig jedweden Konsum

5 In anderen Ländern wie den USA oder Großbritannien hatte der Zweite Weltkrieg eine gegenteilige Wirkung, wie noch beschrieben wird. Für eine gute Übersicht vgl. Studenski (1958).

ab, den er als einen Schaden für die Gesellschaft erachtete, wie beispielsweise das Rauchen (Suzuki 2003, S. 489; siehe auch Mitra-Kahn 2011, Kap. 9).

Bis in die 1940er-Jahre waren ÖkonomInnen und StatistikerInnen nicht nur uneins bei der Frage, wie ein Nationaleinkommen gemessen werden sollten. Vielmehr hinterfragten liberale ÖkonomInnen wie Friedrich von Hayek oder Joseph Schumpeter das gesamte Unternehmen der statistischen Messung der Wirtschaftsproduktion. Schumpeter betrachtete beispielsweise die „Gesamtproduktion als ein Produkt der Einbildung das, anders als das Preisniveau, nicht als solches existieren würde, wenn es keine Statistiker gäbe, die es erschaffen" und er kritisierte das Nationaleinkommen als einen „bedeutungslosen Haufen" (Schumpeter 1939, S. 484).

Der zweite Weltkrieg ist als „take-off" der volkswirtschaftlichen Gesamtrechnung beschrieben worden (Vanoli 2005, S. 21). Das erste statistische Rahmenwerk das alle essenziellen Elemente der heutigen Einkommensmessung und die Idee beinhaltete, dass das BSP die Größe der Wirtschaft definiert, wurde 1941 von Richard Stone und James Meade in England und 1942 von Milton Gilbert in den USA veröffentlicht. Stone, der dafür 1984 den Wirtschaftsnobelpreis erhalten sollte, hatte an der Universität in Cambridge studiert und war stark durch Colin Clark beeinflusst worden, der sein Interesse an Ökonometrie und Buchhaltung teilte (Stone und Pesaran 1991, S. 88; vgl. auch Suzuki 2003, S. 481–484; Deaton 1987). Im September 1939, nachdem der Zweite Weltkrieg ausgebrochen war, trat Stone in das britische Kriegsministerium ein, wo er den Kriegseintritt Italiens anhand der Bewegungen von Öltankern vorhersagte. Im Sommer 1940 wurde Stone dann als Wirtschaftsstatistiker in den *Central Economic Information Service* des Kriegskabinetts rekrutiert, in dem ÖkonomInnen unter der Aufsicht von John Maynard Keynes dabei waren, das Problem der Kriegsfinanzierung zu bearbeiten, und dafür ineinander verzahnte volkswirtschaftlichen Konten entwickelten (Suzuki 2003, S. 484). Bis Ende 1940 hatte er zusammen mit James Meade ein Set an Zahlenreihen entwickelt, dass weithin als erste voll ausgearbeitete moderne Gesamtrechnung gilt und als Teil von Keynes' *White Paper* veröffentlicht wurde, das mit dem Haushaltsplan von 1941 weite Verbreitung fand. Zur gleichen Zeit gab es ähnliche Anstrengungen in den USA. Während dort die offiziellen Einkommensstatistiken bis in die frühen 1940er-Jahre im Kern der Tradition von Kuznets folgten, wurden sie in den Jahren nach 1941 grundlegend überarbeitet, vor allem durch den neuen Leiter der *Division of National Income* im *Bureau of Economic Analysis*, Milton Gilbert (Carson 1975; Comim 2001; Mitra-Kahn 2011; Stone 1984; vgl. auch Giovannini 1995).

Der Keynesianismus und auch Keynes selbst spielten eine Schlüsselrolle in der Entwicklung dieser neuen Sozialtechnik. Keynes war persönlich sowohl in die Entwicklung und Etablierung der Gesamtrechnung durch Stone und Meade in England involviert, und stand in engem Austausch mit den amerikanischen

Statistikbehörden um Gilbert (Tily 2009; siehe auch Galbraith 1980; Mitra-Kahn 2011). Was vielleicht noch entscheidender war: In seiner *General Theory* (1936) hatte Keynes die theoretischen Grundlagen für die makroökonomischen Aggregate zur Verfügung gestellt, die bis dahin durch einen rein empirischen Ansatz gebildet worden waren. Das Aufkommen einer Wirtschaftspolitik, die auf makroökonomischen Aggregaten wie Konsum, Nachfrage, Ersparnissen, Investitionen, Ausgaben und auf deren Beziehungen basierte, machte die präzise Messung dieser Zahlen zur öffentlichen Notwendigkeit, die weit über das Interesse der bisherigen vergleichenden Wohlstandsforschung hinausging. Wie Tomo Suzuki gezeigt hat, wurden die neuen Buchhaltungstechniken speziell dafür entworfen, die Schlüsselaggregate des Kenyesianischen Denkens zu repräsentieren und dadurch eine Epistemologie makroökonomischer Realität zu schaffen, in der die Gleichung Y (Nationaleinkommen, oder BSP) = C (privater Konsum) + I (Bruttoinvestitionen) + G (Staatsausgaben) und die damit verbundene Gleichung S (Ersparnisse) = I (Investitionen) ausgedrückt werden konnten.[6]

Die Schlüsselfrage, die die Regierungen in den USA und England interessierte, als sie in den 1940er-Jahren intensiv an diesen neuen Zahlensystemen arbeiteten, war, wie die Kriegsproduktion und die Rüstungsausgaben gesteigert werden konnten, ohne eine Reduktion des normalen Konsums in Kauf zu nehmen (Carson 1975). Es ging also um eine Statistik, die die Steuerung einer Kriegswirtschaft erleichterte, und das BSP „entwickelte sich als ein Kriegsplanungsinstrument" (so die Politikanalysten Clifford Cobb, Ted Halstead, und Jonathan Rowe, zitiert in Fioramonti 2013, S. 31). Bis dahin hatten die meisten ÖkonomInnen wie Clark oder Kuznets, ganz in der Tradition von Alfred Marshall, das Nationaleinkommen in streng privatwirtschaftlichen Begriffen konzeptualisiert und entsprechend nur private Produktion und privaten Konsum von Gütern und Dienstleistungen als wirtschaftliche Aktivität gezählt. Im Gegensatz dazu beinhalteten die Rechnungen, die von Keynes, Stone und Meade 1941 vorangetrieben wurden, zum ersten Mal Staatsausgaben als integralen Bestandteil des Nationalprodukts. Diese Neudefinition der Wirtschaft transformierte steigende Staatsausgaben (beispielsweise Investitionen in Rüstung und Armee) von einer Verringerung des Nationaleinkommens – je mehr die Regierung ausgab, desto weniger war für privaten Konsum übrig – in einen Beitrag zum Wirtschaftswachstum (Mitra-Kahn 2011, Kap. 8). Wie Gilbert es 1942 ausdrückte: „Der Prozess der Konversion des Nationaleinkommens in ein Bruttosozialprodukt war daher im Kern einer, der den Umfang des Nationalproduktkonzeptes vergrö-

6 Suzuki (2003). Die Gleichung Y = C + I + G wird normalerweise ergänzt durch den Zusatz: + X (Exporte) – M (Importe) (vgl. auch Tily 2009, S. 350).

ßerte, damit es zu dem Konzept passte, das in den Kriegsausgaben implizit war" (Gilbert 1942, S. 197).

## 3 Internationale Standardisierung: Dreierverhandlungen und internationale Organisationen

Der Zweite Weltkrieg brachte nicht nur neue Wege hervor, die Wirtschaft zu messen und daher auch über sie nachzudenken und sie zu definieren, sondern er markierte auch eine Verschiebung des relevanten Forums für die damit einhergehenden akademischen Debatten, die zunehmend international geführt wurden, sowie den Anfang der internationalen Harmonisierung dieser Sozialtechnik. Schon 1939 hatte der Völkerbund die Normalisierung und Harmonisierung der Einkommensstatistiken diskutiert, aber diese Anstrengungen fanden ein abruptes Ende mit dem Ausbruch des Weltkrieges (Vanoli 2005, S. 130; siehe auch Clavin 2013). Im September 1944, während die Bretton-Woods-Konferenz die Grundlagen für die internationale Währungs- und Wirtschaftsordnung der Nachkriegszeit legte, wurden diese Verhandlungen wieder aufgenommen und zentrale Statistikexperten aus den USA, England und Kanada hielten Gespräche über einen gemeinsamen statistischen Standard für die Vermessung der Wirtschaft ab. Die Protagonisten dieser „dreiseitigen" Verhandlungen waren drei junge Männer: Richard Stone besuchte den jungen kanadischen Experten George Luxton in Kanada, und dann trafen sich beide mit Milton Gilbert und seinem Team in Washington (Stone 1984; Denison 1947). Diese Experten einigten sich auf ein internationales Rahmenwerk der volkswirtschaftlichen Gesamtrechnung, dass dem von Stone und Keynes entwickelten sehr ähnlich war und dessen Herzstück das BPS darstellte. Im Abschlussbericht des Treffens hieß es, dass aufgrund der Ergebnisse dieser „Washingtoner Diskussionen die meisten der quantitativ wichtigen Unterschiede bei der Messung von Nationaleinkommen und Nationalprodukt zwischen den drei Ländern nun beseitigt werden" und dass einige der kontroverseren Definitionen nun „uniform sind, weil die USA und Kanada die Methode des Vereinigten Königreichs übernommen haben" (Denison 1947, S. 21). Das Resultat der Diskussionen war daher „extrem befriedigend" für Stone (Stone 1984; Denison 1947, S. 3). Der neue Standard wurde explizit zu anderen Ansätzen „kontrastiert, besonders zu dem Wohlfahrtsansatz der Nationaleinkommensmessung", der am prominentesten von Kuznets vertreten wurde, und er wurde als das „wichtigste Instrument in der Formulierung nationaler Wirtschaftspolitik" beschrieben (Denison 1947, S. 7).

Nach dem Treffen in Washington wurden internationale Organisationen – besonders die OEEC und die UN – die treibende Kräfte und Schauplätze der Internationalisierung der volkswirtschaftlichen Gesamtrechnung. Diese Bestrebungen wurden durch ein relativ kleines Netzwerk von WirtschaftsexpertInnen aus den USA, Kanada und den reicheren westeuropäischen Ländern vorangetrieben, die während und nach dem Zweiten Weltkrieg in den Statistikbehörden ihrer Länder und in internationalen Organisationen arbeiteten und die sehr stark durch die von Stone und Gilbert entwickelte Sozialtechnik beeinflusst waren.

Die Internationalisierung und Vereinheitlichung von Wirtschaftsstatistiken wurde vor allem durch den Bedarf internationaler Organisationen an vergleichbaren Zahlen vorangetrieben. Dies war nicht nur die Begründung im ersten Bericht zu diesem Thema an die UN, dessen Leiter der Statistikabteilung argumentierte, es gebe eine „starke Neigung auf Seiten der internationalen Organe, die Ausgabenverteilung auf Nationaleinkommensstatistiken zu gründen, die nicht existieren oder für diesen Zweck ausgeheckt wurden", sondern auch für die Arbeit der OEEC.[7] Während der 1950er-Jahre war den beteiligten Akteuren weithin bewusst, dass „trotz der Wichtigkeit des rein wissenschaftlichen Ansatzes des internationalen Vergleichs, der effektivere Antrieb für die Verbreitung der Wirtschaftsstatistiken und der Standardisierung der Methoden praktische administrative und politische Notwendigkeiten der internationalen Organisationen" waren (Kendrick 1957, S. 5; Árvay 1994, S. 221).

1945 wurde Stone gebeten, einen Bericht über bestehende nationale Einkommensschätzungen für die UN zu erstellen. Sein einflussreicher 1947 veröffentlichter Bericht *Measurement of National Income and the Construction of Social Accounts* wurde ohne viel Diskussion durch die neu eingerichtete Statistikkommission der UN als eine ihrer ersten Aktivitäten angenommen.[8] Aber das hochkomplexe und technische Buchhaltungssystem war ungeeignet, um direkt als Grundlage für die Entwicklung nationaler Wirtschaftsstatistiken in der Nachkriegsperiode zu dienen, da den meisten Statistikbehörden diese detaillierten Zahlen nicht zur Verfügung standen und das System daher nicht implementiert werden konnte. In den folgenden Jahren wurde daher die OEEC zum globalen Trendsetter der Standardisierung von Wirtschaftsstatistiken.

---

7 King's College Archive Centre, Cambridge – The Papers of John Richard Nicholas Stone (JRNS)/5/1, Loveday an Stone, 14. Juni 1945; OECD Historisches Archiv in Paris (OECD-HA), C(49)29, Proposal for a research unit on national income and related matters, 24. März 1949.

8 JRNS/5/1, League of Nations, Committee of Statistical Experts, Report of the Subcommittee on National Income Statistics, April 1946; vgl. auch Stone 1947.

Die zentrale Triebkraft hinter diesen Arbeiten war ein entstehendes transnationales Netzwerk von ÖkonomInnen und StatistikerInnen um Richard Stone, der OEEC und der *Economic Cooperation Administration* (ECA), die sich fast ausschließlich aus Männern, diese wiederum vor allem aus den USA und England, zusammensetzten. ECA, die US Behörde, die 1948 damit beauftragt worden war, die Marshallplanhilfe zu verwalten, hatte entschieden, die volkswirtschaftliche Gesamtrechnung als allgemeines Rahmenwerk sowohl für die Verteilung der Wiederaufbaugelder als auch für die Beobachtung und Kontrolle der europäischen Wirtschaft zu nutzen. Da weder solch ein Rahmenwerk noch die statistischen Möglichkeiten existierten, um die relevanten Daten zu sammeln, machte ECA es sich zur obersten Priorität, die Standardisierung der Gesamtrechnung in Westeuropa zu befördern und durchzusetzen. Besonders einflussreich innerhalb der ECA waren vor allem die renommierten und in Yale tätigen WirtschaftswissenschaftlerInnen Richard und Nancy Ruggles (Ruggles 1949; Tice 2004). Ihr 1949 veröffentlichtes Buch *National Income Accounting and its Relation to Economic Policy* stellte die Grundlage für das ECA-System der volkswirtschaftlichen Gesamtrechnung bereit und nahm zentrale Aspekte des späteren OEEC-Standards vorweg. Volkswirtschaftliche Statistiken, so ist im Bericht zu lesen, bieten nicht nur ein „allgemeines Barometer des Zustands einer Wirtschaft", sondern stellten auch dar, „wie die Art der Produktion sich verändert" und was die Wirtschaftspolitik tun könne, um dies zu beeinflussen (Ruggles 1999, S. 25). Und um solch ein „allgemeines Barometer" in Europa einzusetzen, das laut den Ruggles „unentbehrlich" geworden sei, kamen sie auf die Idee, eine an die OEEC angebundene Forschungsgruppe für die Produktion eines europäischen Standards einzurichten, und sie überzeugten Richard Stone, diese Aufgabe zu übernehmen (Hill 1999).

Die Mitgliedsländer des europäischen Wirtschaftsrats, zu dieser Zeit zutiefst über die materiellen Nöte ihrer Bevölkerung, die Spannungen des Kalten Krieges und die Schwierigkeiten des Wiederaufbaus besorgt, stimmten mit den „verschiedenen enthusiastischen Geistern" innerhalb der ECA im Allgemeinen nicht überein, die mit „eher unmöglichen Vorschlägen für die Reorganisierung der statistischen System innerhalb der OEEC" voranpreschten.[9] Aber amerikanischer Druck durch die ECA und die Interessen des OEEC-Sekretariats, das nicht nur dringend Datenmaterial für die Berichterstattung über den Fortschritt des Wiederaufbauprogramms brauchte, sondern auch über seinen „notorisch schlechten"

9 The National Archive, Kew, Britain (TNA), FO 371/71915, Saunders an Gore-Booth, 31. August 1948; vgl. auch Lie 2007; Comin 2001.

statistischen Ruf besorgt war, stellten sicher, dass diese „großangelegte Revision der europäischen Statistikmethoden" lanciert wurde.[10]

Da die OEEC-Länder nicht bereit waren, eine US-amerikanische StatistikexpertIn für diese sensible Schlüsselaufgabe zu engagieren und keine Person gefunden werden konnte, die im Pariser Hauptsitz der OEEC arbeiten konnte, wurde als Kompromiss Richard Stone, der erste Direktor des berühmten *Department of Applied Economics* in Cambridge, damit beauftragt, die so genannte *National Accounts Research Unit* (NARU) in Cambridge aufzubauen (Comim 2000). NARU, die größtenteils durch die ECA gefördert wurde, existierte nur für eine kurze Periode von zwei Jahren zwischen 1949 und 1951 und wurde dann in die Statistikabteilung der OEEC unter Milton Gilbert überführt. Seine Kernaufgabe war die Produktion eines westeuropäischen Standards der volkswirtschaftlichen Gesamtrechnung. 1951 veröffentlichte NARU mit *A Simplified System of National Accounts* den ersten internationalen Standard für die Messung und Verrechnung von Nationaleinkommen. Dieses *vereinfachte System* diente als Basis für die Zusammenstellung diverser *National Accounts Studies,* die modellhafte Gesamtrechnungen in diesem neuen Rahmenwerk für Dänemark, die Schweiz, Frankreich, die Niederlande, Westdeutschland, Italien, Großbritannien, Schweden und später auch für die anderen Mitgliedsländer vorlegten.[11] Diese Länderstudien fungierten als Testgelände und Modelle, die aufzeigten, welche Anpassungen notwendig waren, um die nationalen Statistikdaten und spezifischen Quellen an den internationalen Standard anzupassen. Durch den entsprechenden kollaborativen Schreibprozess, in den ExpertInnen in Paris, Cambridge und den jeweiligen Hauptstädten involviert waren, hatten die Teams von Stone und Gilbert die Möglichkeit, nationale StatistikerInnen mit den neuen statistischen Instrumenten vertraut zu machen und dadurch „eine neue Art offizieller Statistiker zu trainieren" (Maddison 1994). Aufbauend auf den Erfahrungen, die bei der Vorbereitung der Länderstudien und den entsprechenden Änderungsvorschlägen der StatistikexpertInnen gemacht worden waren, entwickelte NARU im folgenden Jahr eine revidierte Version, das *Standardized System of National Accounts* (OEEC 1952).

Nachdem dieser Standard innerhalb einer begrenzteren regionalen Organisation etabliert worden war, diente die UN der Globalisierung des OEEC-Systems. Innerhalb nur eines Monats, im Juli 1952, wurde der gesamte Aushandlungsprozess in der UN abgeschlossen und eine ExpertInnengruppe unter Stones Vorsitz produzierte

10 TNA, FO 371/72016, Hall-Patch an Makins, 22. November 1948; FO 371/71915, Saunders an Gore-Booth, 31. August 1948.

11 Die *National Accounts Studies* über individuelle Länder wurden 1951 und 1952 von der OEEC veröffentlicht (vgl. auch Stone und Hansen 1953, S. 138–140).

den ersten globalen Standard: 1953 verabschiedete die UN das berühmte *System of National Accounts* (SNA), das weitgehend mit dem in der OEEC entwickelten System identisch war und – auch wenn es immer wieder Überarbeitungen gab – bis heute der vorherrschende Standard zur Messung der Wirtschaft ist (United Nations 1953; Ward 2004, S. 44). Dass diese Entscheidungen zur Festlegung internationaler Standards zur Vermessung der Wirtschaft, die bis heute weitreichende Konsequenzen haben, durch ein kleines transatlantisches Elitennetzwerk von BuchhaltungsexpertInnen gefällt wurden, rechtfertigten die Beteiligten damals mit der Komplexität des Themas. Stone argumentierte beispielsweise, „1952 waren nur wenige Statistiker mit volkswirtschaftlicher Gesamtrechnung vertraut und daher waren elaborierte Diskussion außerhalb des Komitees [das die UN einberufen hatte, MS] nicht notwendig" (Stone 1984).

Die Nachkriegszeit erlebte den erstaunlichen Aufstieg dieses OEEC- und UN-Standards zu zunächst westlicher und schließlich globaler Hegemonie. Im Kontext der Dekolonisierung wurde er von den neu geschaffenen nicht-kommunistischen postkolonialen Staaten übernommen und schuf die Grundlage für ein globales Entwicklungshilferegime (Speich Chassé 2011). Innerhalb von nur einem Jahrzehnt veröffentlichten über 60 Länder volkswirtschaftliche Gesamtrechnungen (Fourquet 1980; Lequiller und Blades 2006; O'Bryan 2009; Speich Chassé 2013; Ward 2004). Trotz der weitgehenden Homogenisierung der statistischen Techniken blieben einige wichtige nationale Eigenheiten wie beispielsweise die skandinavische Buchhaltungstechnik oder die französischen Planungsmethoden für viele Jahre bestehen. Die zentrale Demarkationslinie war jedoch der Eiserne Vorhang. So lange sich kapitalistische und kommunistische Staaten im Kalten Krieg gegenüberstanden, blieb die Welt auch bei der Einkommenserrechnung geteilt. Der sowjetische Block übernahm nicht den westlichen SNA. Aufbauend auf einer spezifischen Interpretation von Marx' Werttheorie und bahnbrechenden Arbeiten von sozialistischen ÖkonomInnen hatte die kommunistische Welt seit den 1920er-Jahren das Materialproduktsystem eingeführt, das in den späten 1940ern auch von den osteuropäischen Staaten und von China übernommen wurde. Der Hauptunterschied zum westlichen SNA – das tatsächlich auch auf Marx' Reproduktionschema basierte – war, dass das Materialproduktsystem alle Dienstleistungen nicht mit in die wirtschaftlichen Messungen mit einbezog. Da so ganze Bereiche wie Wissenschaft, Kultur, öffentliche Wohlfahrt, Wohnen, öffentliche Einrichtungen, finanzielle Dienstleistungen und teilweise auch Transport, Kommunikation und Handel als unproduktiv definiert wurden, waren internationale Vergleiche über den Eisernen Vorhang hinweg durchgehend umkämpft und ausgesprochen schwierig zu bewerkstelligen.[12] Auch wenn es innerhalb der UN jahrzehntelange Versuche gab, die wirtschaftlichen Statistiksysteme der kapitalistischen Länder und der Sowjetunion so weit wie möglich aneinander anzugleichen, brachte erst die Übernahme des SNA durch die vormals sowjetischen Staaten in den 1990er-Jahren einen wirklich globalen Maßstab hervor (Herrera 2010).

## 4 Ein umstrittener Standard: Frühe Kontroversen um die volkswirtschaftliche Gesamtrechnung

Angesichts des außergewöhnlichen Aufstiegs der volkswirtschaftlichen Gesamtrechnung zum westlichen und – seit den 1990er-Jahren – globalen Standard ist es wichtig hervorzuheben, dass dieser Standard immer umstritten und bei seiner Gründung auch nur für sehr begrenzte Zwecke gedacht war. Die scheinbare Neutralität und Allgemeingültigkeit dieser Statistik und ihre Anwendung auf vielfältige wissenschaftliche und gesellschaftliche Fragestellungen, die weit über diese engen Zwecke hinausgingen, entwickelten sich erst im Laufe der Nachkriegsgeschichte.[13] Was waren die wichtigsten Kontroversen während der Entstehung der volkswirtschaftlichen Gesamtrechnung, die danach in Vergessenheit gerieten?

Die Wohlfahrtskritik ist so alt wie die Gesamtrechnung selbst. Schon 1934 warnte Simon Kuznets den Kongress der Vereinigten Staaten, dass die Wohlfahrt einer Nation schwerlich aus der Messung des Nationaleinkommens abgeleitet werden kann (Kuznets 1934). Und 1940 schrieb Colin Clark, das Nationaleinkommen messe nur einen Teil der nationalen Wohlfahrt, welche selbst nur ein Teil des gesamten Wohlergehens sei. Er kritisierte die Disziplin der Wirtschaftswissenschaften, weil sie sich ausschließlich „mit den Dingen [beschäftige], die für Geld gekauft und verkauft werden können" und dabei „völlig ungerührt [bleibe] gegenüber der Anschuldigung, dass sie die wichtigsten Aspekte des menschlichen Lebens vernachlässigt" (Clark 1940, S. 1–2).

Als moderne BSP-Zahlen in den 1940er-Jahren standardisiert wurden, betonten die ProtagonistInnen wiederholt, dass sie „nicht versuchen, nationale Wohlfahrt zu

12 Árvay (1994); Holesovsky (1961); Jefferies (2014); SSBC und Institute of Economic Research of Hitotsubashi University (1997). Es gab eine ganze Zunft von Sovietologen, die vor allem damit beschäftigt waren, für westliche Geheimdienste die Macht und Funktionsweise der sowjetischen Wirtschaft zu analysieren (vgl. dazu Engermann 2009).

13 Suzuki (2003, S. 485–498) hat einige weniger kontroverse aber ähnlich wirkmächtige Festlegungen diskutiert. Vgl. auch die ausführlichere Diskussion von Kuznets Kritik am BSP-System in Fioramonti (2013, S. 50–68) und natürlich Speich Chassé (2013).

messen, sondern den Wert der Produktion aus einer aus Unternehmensperspektive“ (Gilbert 1945, S. 5; siehe auch Stone und Clark in Gilbert et al. 1949, S. 258–259). Diese vorsichtigen Kontextualisierungen und Einschränkungen wurden jedoch kontinuierlich durch widersprüchliche Aussagen von BuchhaltungsexpertInnen unterwandert und gerieten bald in Vergessenheit. Obwohl Stone und Hansen beispielsweise die Grenzen des OEEC-Ansatzes betonten, argumentierten sie auch, dass es ihr oberstes Ziel sei, zu messen, „ob ein Land besser gestellt ist als ein anderes“ (Stone und Hansen 1953, S. 102–104). Und bereits Mitte der 1950er-Jahre war es keine Frage mehr, ob das BSP die „Wohlfahrt“ eines Landes repräsentierte; es wurde einfach als selbstverständlich angenommen.[14]

In der früheren Phase waren kritische Stimmen besonders deutlich in Bezug auf Vergleiche zwischen den Industrieländern und den (post)kolonialen Staaten, die gerade als „unterentwickelte“ Länder und Regionen definiert worden waren (Escobar 1995; Sachs 1992). Der Ausschluss von unbezahlter Arbeit, Hausarbeit und dem gesamten nicht-marktförmigen Sektor, aber auch das Konzept des „Haushalts“ sowie anthropologische Annahmen über Menschen als *homo oeconomicus* – alles Konzepte, die für die Gesellschaften und Wirtschaftssysteme der USA und Westeuropas entwickelt worden waren – machten die Anwendung der BSP-Buchhaltung auf koloniale und dekolonisierende Subsistenzwirtschaften hochproblematisch oder sogar, so die Ansicht vieler, unmöglich (Speich Chassé 2013).

Eine andere Schlüsseldebatte, die die umstrittene Schaffung der volkwirtschaftlichen Gesamtrechnung verdeutlicht und in der historischen Forschung vernachlässigt wurde, dreht sich um den Ausschluss unbezahlter Arbeit aus diesen Statistiken. Deutlich später – seit den 1970er-Jahren – haben feministische ÖkonomInnen kritisiert, dass das BIP unbezahlte Arbeit, die damals wie heute vor allem durch Frauen im Haushalt getätigt wird, nicht mit einbezieht und daher weibliche Arbeit entwertet. Diese Forschungen waren ausgesprochen wichtig, um die geschlechtliche und patriarchale Dimension dieser Wirtschaftsstatistiken aufzuzeigen, aber sie basierten auf der unhinterfragten Annahme, dass (weibliche) unbezahlte Arbeit von den ErfinderInnen der Gesamtrechnung einfach nicht mit einbezogen wurde, weil sie als „nicht-ökonomisch“ oder „unproduktiv“ betrachte wurde (vgl. z. B. Waring 1999; Ferber und Nelson 1993; Benerìa, May und Strassmann 2011a; Benerìa, May und Strassmann 2011b; Boserup 1970). Die historischen Belege zeigen aber, dass es bis in die 1940er-Jahre ein Vielzahl an Ansätzen gab, die nicht-monetäre Hausarbeit als zentralen Teil des Nationaleinkommens mitberechneten. Bis zum

14 National Archives and Records Administration, College Park, Maryland, United States (NARA), RG 469, Entry UD 379, Box 93, Folder OEEC General 1955, Kaufmann, OEEC Meeting of National Accounts Experts, 26. November 1955 (vgl. auch Maddison 1994).

Zweiten Weltkrieg betrachteten viele ÖkonomInnen und StatistikerInnen Hausarbeit als Teil der produktiven Aktivitäten der Gesellschaft. Unbezahlte Hausarbeit war nicht nur in vielen der frühen nationalen Einkommensschätzungen enthalten, sondern während und nach dem Zweiten Weltkrieg war Hausarbeit integraler Teil der offiziellen volkswirtschaftlichen Gesamtrechnungen in Ländern wie Norwegen oder Ungarn.[15] In den Diskussionen um internationale Standardisierung wurde unbezahlte Hausarbeit jedoch als außerhalb der Produktionsgrenze („production boundary") liegend definiert.[16] Stone und Hansen beispielsweise diskutieren in ihrer Vorstellung der Arbeit der NARU folgendermaßen, was als ‚wirtschaftliche' Aktivität zählen sollte:

> „Aktivität kann ‚wirtschaftlich' oder andersartig sein. Viele Arten von Aktivitäten können relativ einfach in die eine oder andere Klasse zugeteilt werden. ‚Leben' im Sinne von das eigene häusliche und private Leben zu organisieren ist in vielerlei Hinsicht schwierig zu klassifizieren. In den meisten Arbeiten zu monetarisierten, industriellen Wirtschaften wird angenommen, dass ‚Leben' abgesondert werden kann und dass es keine Form wirtschaftlicher Aktivität darstellt" (Stone und Hansen 1953, S. 123; siehe auch Stone und Stone 1977, S. 36).

Sowohl der generelle Ausschluss nicht-monetärer Hausarbeit als auch die Anrechnung vieler anderer nicht-monetärer Einkommen in die volkswirtschaftliche Gesamtrechnung wurden generelle Wirtschaftsbuchhaltungspraktiken, die die Wirtschaftsstatistiken seit der Nachkriegszeit bis heute prägen. Während der Ausschluss von Hausarbeit von den Nationaleinkommenszahlen ab Mitte der 1950er-Jahre einfach als selbstverständlich hingenommen wurde, wurde dies in den Jahren davor breit diskutiert, explizit gerechtfertigt und als grundlegendes Problem und Grenze für den Informationsgehalt und die Erklärungskraft der volkswirtschaftlichen Gesamtrechnung angesehen (vgl. z. B. Stone 1947,S. 93–94).

Der Einfluss der internationalen Standardisierung kann am Beispiel des norwegischen Nationalbudgets veranschaulicht werden, das 1952 die Einrechnung von unbezahlter Arbeit in die Gesamtrechnung auf Druck des internationalen Standardisierungsprozesses hin beendete. Im Budget von 1949 hatte es noch geheißen:

---

15 Colin Clark, in Gilbert et al. (1949, S. 257). In Norwegen machte Hausarbeit 15 Prozent des Nationaleinkommens von 1912 aus (vgl. Fløttum et al. 2012, S. 24). Die Missachtung von weiblicher Hausarbeit hat lange historische Wurzeln (vgl. beispielsweise Folbre 1991).

16 NARA, RG 56, Entry UD-UP 734-M, Box 48, Folder National Income - U.S., J.B.D. Derksen, The Comparability of National Income Statistics, Economic and Social Council of the United Nations, 28. August 1947; Denison (1947, S. 14–16).

> „In Norwegen wird der Wert der Arbeit der Hausfrauen üblicherweise mit einbezogen, im Gegensatz zur Praxis in einigen anderen Ländern. Für Zwecke der internationalen Vergleichbarkeit wird der errechnete Wert am Ende hinzuaddiert, um sowohl Schätzungen des Inlandsproduktes, die unbezahlte Hausarbeit beinhalten, als auch solche, die sie ausschließen, bereitzustellen" (zitiert nach Fløttum et al. 2012, S. 24).

Ab 1952 wurde unbezahlte Hausarbeit jedoch nicht mehr in den norwegischen Wirtschaftsstatistiken aufgeführt. Die unterschiedlichen Traditionen und Ansätze sowie die lebhaften Diskussion über die jeweiligen Vor- und Nachteile wurden durch die internationale Standardisierung der volkswirtschaftlichen Gesamtrechnung bewusst homogenisiert und geglättet. In diesem Prozess wurde Hausarbeit weder einfach vergessen, noch galt sie als offensichtlich unproduktiv oder unwirtschaftlich. Vielmehr wurde sie absichtlich aus dem Einkommensstatistiksystem herausgedrängt.[17]

Diese Diskussionen verdeutlichen, dass die Definition der Wirtschaft und ihre Messmöglichkeiten alles andere als selbstevident waren. Viele ÖkonomInnen waren gegenüber der politischen Nützlichkeit und den Vergleichspotentialen sehr skeptisch und es gab eine Vielzahl an kontroversen oder ungeklärten Themen. ÖkonomInnen waren weit von der Sicherheit und Immunität gegenüber Zweifeln entfernt, die sie seit den 1950er-Jahren in Bezug auf die konzeptionellen und statistischen Grundlagen ihrer Disziplin entwickelten. Damals gab es zwei grundlegende Denkschulen: Die eine um Stone, Tinbergen und Gilbert betonte die Anwendbarkeit und Nützlichkeit volkswirtschaftlicher Gesamtrechnungen, um die Funktionsweise von Wirtschaften zu studieren und um wirtschaftspolitisch zu beraten; die andere Schule um Kuznets herum betonte die Schwierigkeiten und Unzulänglichkeiten volkswirtschaftlicher Gesamtrechnungen für das Studium und den Vergleich von Wohlergehen über Zeit und Raum hin. Akademische ExpertInnen waren sich generell einig, dass wirtschaftliche Statistiken nur aussagekräftig aggregiert werden können, wenn der Gebrauch und Nutzen dieser Abstraktionen eindeutig bestimmt würde und dass unterschiedliche Statistiksysteme entwickelt werden müssten, je nachdem, ob es um die Wohlfahrtsmessung gehe oder um ein politikorientiertes Buchhaltungssystem. Schließlich warnten die ExpertInnen, die die volkswirtschaftliche Gesamtrechnung erfunden hatten, wiederholt vor politischem Missbrauch dieser Zahlen und argumentierten, dass einfache BSP-Daten, die von bestimmten Forschungsfragen oder expliziten Politikzahlen losgelöst betrachtet würden, entweder relativ nutzlos oder sogar irreführend seien.

Eine Debatte der einflussreichsten ökonomischen StatistikexperInnen auf dem Jahrestreffen der *Econometric Society* im September 1947 in Washington ist sehr

17 Zu einer feministischen Perspektive auf den Umbau der Gesamtrechnung vgl. Moore (1994).

erhellend was die generelle Skepsis gegenüber der politischen Macht der „einen Zahl“ angeht. Auf diesem prestigeträchtigen Treffen diskutierten die wichtigsten ProtagonistInnen der Entwicklung der volkswirtschaftlichen Gesamtrechnung sehr kontrovers über die Widersprüche und Unvollkommenheit existierender Wirtschaftsstatistiken. Zu den diskutierten Problemen gehörten der Ausschluss nicht-monetärer Einkommen und der Hausarbeit, das Problem der Vergleichbarkeit zwischen Industrieländern und „unterentwickelten Ländern“ und der in den Standard eingeschriebene politische Fokus auf kurzfristige Politikprobleme. Schließlich diskutierten die ExpertInnen auch über die Schwierigkeit der Unterscheidung „zwischen Regierungsabteilungen, die wirklich zur Wohlfahrt der Gemeinschaft beitragen – z. B. Gesundheit, Bildung, Nationalparks – und denen, deren Aktivitäten notwendige Kosten für die Gesellschaft sind, ohne die unser gegenwärtiges soziales und wirtschaftliches Leben nicht ausgeführt werden könnte – z. B. Polizei, Autobahnen, und – sollten wir sagen – Statistiken?“ (Colin Clark, nach Gilbert et al. 1949, S. 258, vgl. auch S. 268–267 und Speich Chassé 2011). Angesichts dieser Mehrdeutigkeiten und Probleme wurde die Produktion einer mächtigen aber potentiell irreführenden Zahl für den öffentlichen Gebrauch als problematisch angesehen. Aber die Dynamiken internationaler Organisationen und des Nachkriegswiederaufbaus nahmen auf diese akademischen Zweifel keine Rücksicht. Wie der US Ökonom Arthur Smithies auf dem Treffen bemerkte:

> „Diese Zahlen wurden produziert und Menschen nutzen sie. Wenn wir von neuem anfangen würden, hätte ich viel Sympathie für das was darüber gesagt wurde, keine einzelne Zahl zu benutzen, oder sogar auch gar keine zu produzieren. Aber wie sich die Dinge im Moment darstellen ist es so, dass bei jedem Regierungsproblem, wo eine Vielzahl an Regionen oder Ländern involviert sind, Nationaleinkommenszahlen benutzt werden [...]. Daher denke ich, der Statistiker darf seinen Kopf nicht in den Sand stecken bei dieser Angelegenheit. Er [sic!] sollte wissen, dass der praktische Politiker seine Resultate gebrauchen und wahrscheinlich auch missbrauchen wird. Und daher glaube ich, dass es zwingend notwendig ist, die bestmögliche Zahl zu produzieren und sehr wenige einfache Regeln für ihre Anwendung zu benutzen“ (Arthur Smithies, nach Gilbert et al. 1949, S. 269–270).

Die Tatsache, dass aus einer wissenschaftlichen Perspektive einige grundlegende Fragen im Feld der volkswirtschaftlichen Gesamtrechnung unbeantwortet blieben, verblasste zunehmend im Prozess der internationalen Standardisierung. Und diese Schaffung eines einfachen statistischen Rahmens mit einer standardisierten „einzelnen Zahl“ wurde – wie oben gezeigt – maßgeblich durch internationale Organisationen vorangetrieben.

## 5 Fazit

Wie eingangs ausgeführt begründete die Königlich Schwedische Akademie der Wissenschaften die Verleihung des Wirtschaftsnobelpreis an Richard Stone 1984 damit, dass das BSP-System analytisch und ideologisch ‚neutral' sei. Dieser Beitrag hat demgegenüber argumentiert, dass auch wenn BSP und Nationaleinkommen sowohl in der öffentlichen Debatte als auch in den Wirtschaftswissenschaften als objektiv, zeitlos, universell anwendbar, und politisch neutrales Instrument der Wirtschaftsanalyse und -politik angesehen werden, sie historisch gesehen jung sind und erst in der Mitte des 20. Jahrhunderts in einem Kontext voller Machtinteressen und fundamentaler konzeptueller und ideologischer Kontroversen entstanden. Ausschlaggebend war weder ein wissenschaftlicher Konsens noch gesichertes statistisches Wissen. Vielmehr machten die politische Nützlichkeit marktorientierter Einkommensstatistiken, besonders im Kontext der internationalen Zusammenarbeit während des Zweiten Weltkriegs, des Wiederaufbaus und in der frühen Ära des Kalten Kriegs, sowie die grundlegende Rolle des Staates bei der Produktion von Sozialstatistiken den Prozess einer Standardisierung und internationalen Harmonisierung scheinbar unvermeidbar.

Die statistische Sozialtechnik der volkswirtschaftlichen Gesamtrechnung, die durch Keynes, Meade und Stone in England entwickelt, durch Gilbert in den USA eingeführt und durch internationale Organisationen nach dem Zweiten Weltkrieg globalisiert wurde, war für ganz bestimmt Zwecke, für eine bestimmte Zeit und für einen spezifischen Typ von Wirtschaft entwickelt worden. Dieses System der Vermessung der Wirtschaft zielte darauf ab, eine statistische Basis für makroökonomische Analyse und Politikmaßnahmen im Kontext von Kriegswirtschaft, Wiederaufbau und internationaler Zusammenarbeit bereitzustellen. Die USA drängten darauf, mit ihren Alliierten im Kalten Krieg ein standardisiertes wirtschaftliches Buchhaltungssystem zu implementieren, weil die eigene wirtschaftliche Vormachtstellung in dieses Rahmenwerk eingeschrieben war und es die Verteilung der Marshallplanhilfe erleichterte. Internationale Organisationen benötigten standardisierte Zahlen, um Hilfsgelder zu verwalten, um Wirtschaften miteinander zu vergleichen und um eine rationale Grundlage für die Verteilung der nationalen Beiträge zu haben. Der Standard wurde für die industrialisierten Wirtschaften von Westeuropa und Nordamerika produziert und auf deren historische Situation in der Mitte des 20. Jahrhunderts zugeschnitten.

Aber sogar für diese Ökonomien und selbst innerhalb der kleinen transnationalen Expertengemeinschaft vornehmlich britischer und US-amerikanischer StatistikexpertInnen (fast ausschließlich Männer), die diesen Standard entwickelt hatte, wurde die Nutzung von BSP-Zahlen zur Messung der Wohlfahrt eines

Landes als Maßstab für wirtschaftlichen Erfolg sowie für die Bewertung und den Vergleich von sehr unterschiedlichen Wirtschaftsregionen und Zeiten angezweifelt. Diese damals ausgefochtenen grundlegenden Kontroversen – wie beispielsweise die Diskussion um die Inklusion des Staatssektors, die Anwendbarkeit auf Ökonomien des globalen Südens sowie der explizite Ausschluss nicht-marktförmiger Hausarbeit aus den Statistiken – machen deutlich, dass die meisten Kritiken am BIP so alt sind wie diese Statistik selbst.

Nichtsdestotrotz gehörten ab den 1950er-Jahren nationale Einkommensstatistiken, besonders BSP und später BIP, zu den am weitesten verbreiteten Wirtschaftsstatistiken weltweit. Sie stellten eine mächtige Sozialtechnik dar, die einen universellen wirtschaftlichen Raum produzierte und ‚die Wirtschaft' eines jeden Nationalstaates definierte, quantifizierte und über Zeit und Raum vergleichbar machte. Aufgeladen mit einer Vielzahl an Bedeutungen begannen BSP-Daten öffentliche Diskurse, den Politikprozess und akademische Forschungen zu prägen. Die Erweiterung und Benutzung dieser sehr spezifischen Technik der volkswirtschaftlichen Gesamtrechnung als Grundlage für das Verständnis und die Gestaltung von Wirtschaften in allen Ländern und zu allen Zeiten kann mit Bruno Latour als ein „partikulärer Universalismus" bezeichnet werden (Latour 1993; siehe auch Rist 1996, S. 44). Dadurch wurden die Werte, statistischen Techniken und Politikinstrumente, die historisch für eine bestimmte Zeit und in spezifischen Gesellschaften geschaffen wurden, auf andere Gesellschaften und Zeiten ausgedehnt. Die Naturalisierung und Universalisierung dieses spezifischen Standards war ein komplexer historischer Prozess, der die meisten Reduktionen und Annahmen, die in die Wirtschaftsstatistiken eingeschrieben sind, unsichtbar machte. Das Ergebnis war, dass BIP-Zahlen – ein Maßstab des Volumens von monetärem Austausch in der Marktwirtschaft – und sein Sprössling ‚Wirtschaftswachstum' mit einigen der essenziellsten gesellschaftlichen Ziele wie Wohlergehen, Fortschritt, Modernität oder Regierungserfolg verschmolzen oder auf engste an diese gekoppelt wurden (siehe dazu Schmelzer 2016). Und dazu waren diese Statistiken von ihren ErfinderInnen nie gedacht. Gegen Ende seines Lebens kritisierte sogar Stone selbst, dass der exklusive Fokus auf quantifizierbare Markttransaktionen in der BIP-Buchhaltungstechnik wichtige qualitative Dimension des Lebens außen vor ließ: „Wenn ich als Wirtschaftswissenschaftler spreche vermute ich, dass in einigen Fällen das Versagen unserer Modelle an der Missachtung nicht-ökonomischer Faktoren liegen könnte" (Stone und Pesaran 1991, S. 112).

## Literatur


Árvay, J. (1994). The Material Product System (MPS): A Retrospective. In Z. Kenessey (Hrsg.), *The Accounts of Nations* (S. 218–236). Amsterdam: IOS Press.

Barnett, V. (2008). Russian Émigré Economists in the USA. In V. Barnett & J. Zweynert (Hrsg.), *Economics in Russia: Studies in Intellectual History* (S. 107–122). Aldershot: Ashgate.

Benerìa, L., May, A. M., & Strassmann, D. (2011a). *Feminist Economics, Vol. 1: Feminist Economics: Feminism, Economics, and Well-Being*. Cheltenham: Edward Elgar.

Benerìa, L., May, A. M., & Strassmann, D. (2011b). *Feminist Economics, Vol. 2: Households, Paid and Unpaid Work and the Care Economy*. Cheltenham: Edward Elgar.

Boserup, E. (1970). *Woman's Role in Economic Development*. London: Allen & Unwin.

Carson, C. S. (1975). The History of the United States National Income and Product Accounts: The Development of an Analytical Tool. *Review of Income and Wealth 21 (2)*, 153–181.

Clark, C. (1940). *The Conditions of Economic Progress*. London: Macmillan.

Clavin, P. (2013). *Securing the World Economy: The Reinvention of the League of Nations, 1920-1946*. Oxford: Oxford University Press.

Comim, F. (2000). On the Concept of Applied Economics: Lessons from Cambridge Economics and the History of Growth Theories. *History of Political Economy 32 (Suppl 1)*, 145–176.

Comim, F. (2001). Richard Stone and Measurement Criteria for National Accounts." *History of Political Economy 33 (Suppl 1)*, 213–234.

Cox, R. W. (1983). Gramsci, Hegemony and International Relations: An Essay in Method. *Millennium – Journal of International Studies 12 (2)*, 162–175.

Deaton, A. (1987). Stone, Richard John Nicholas. In J. Eatwell & P. Newman (Hrsg.), *The New Palgrave: A Dictionary of Economics* (S. 509–512). London: Macmillan.

Denison, E. F. (1947). Report on Tripartite Discussions of National Income Measurement. *Studies in Income and Wealth 10*, 3–22.

Engerman, D. C. (2009). *Know Your Enemy: The Rise and Fall of America's Soviet Experts*. Oxford: Oxford University Press.

Escobar, A. (1995). *Encountering Development: The Making and Unmaking of the Third World*. Princeton: Princeton University Press.

Ferber, M., & Nelson, J. A. (1993). *Beyond Economic Man: Feminist Theory and Economics*. Chicago: University of Chicago Press.

Fioramonti, L. (2013). *Gross Domestic Problem: The Politics Behind the World's Most Powerful Number*. London: Zed Books.

Fløttum, E. J., Halvorsen, T., Simpson, L. H., & Skoglud, T. (2012). *History of National Accounts in Norway. From Free Research to Statistics Regulated by Law*. Oslo: Statistics Norway.

Folbre, N. (1991). The Unproductive Housewife: Her Evolution in Nineteenth-Century Economic Thought. *Signs 16 (3)*, 463–484.

Fourquet, F. (1980). *Les comptes de la puissance: histoire de la comptabilité nationale et du plan*. Fontenay-sous-Bois: Recherches.

Galbraith, J. K. (1980). The National Accounts: Arrival and Impact. In N. Cousins (Hrsg.), *Reflections of America: Commemorating the Statistical Abstract Centennial* (S. 75–80). Washington: U. S. Department of Commerce.

Gilbert, M. (1942). Measuring National Income as Affected by the War. *Journal of the American Statistical Association 37 (218)*, 186–198.

Gilbert, M. (1945). National Income: Concepts and Measurements. In *Measuring and Projecting National Income: National Income: Concepts and Measurements.* New York: National Industrial Conference Board.
Gilbert, M., Clark, C., Stone, J. R.N., Perroux, F., Lieu, D. K. et al. (1949). The Measurement of National Wealth: Discussion. *Econometrica 17*, 255–272.
Giovannini, E. (1995). *Social Statistics, National Accounts and Economic Analysis: International Conference in Memory of Sir Richard Stone.* Rome: ISTAT.
Herrera, Y. M. (2010). *Mirrors of the Economy: National Accounts and International Norms in Russia and Beyond.* Ithaca: Cornell University Press.
Hill, P. (1999). Foreword. In N. D. Ruggles & R. Ruggles, *National Accounting and Economic Policy: The United States and UN Systems* (S. vii–xii). Cheltenham: Edward Elgar.
Holesovsky, V. (1961). Karl Marx and Soviet National Income Theory. *The American Economic Review 51 (3).* 325–344.
Jefferies, W. (2014). *Measuring National Income in the Centrally Planned Economies Why the West Underestimated the Transition to Capitalism.* New York: Routledge.
Jackson, T. (2009). *Prosperity without Growth: Economics for a Finite Planet.* London: Earthscan.
Kendrick, J. W. (1957). Introduction: Problems in the International Comparison of Economic Accounts. In NBER (Hrsg.), *Problems in the International Comparison of Economic Accounts* (S. 1–18). Princeton: Princeton University Press.
Kenessey, Z. (Hrsg.) (1994a). *The Accounts of Nations.* Amsterdam: IOS Press.
Kenessey, Z. (1994b). The Genesis of National Accounts: An Overview. In Z. Kenessey (Hrsg.), *The Accounts of Nations* (S. 1–15). Amsterdam: IOS Press.
Keynes, J. M., & Moggridge, D. E. (1972). *The Collected Writings of John Maynard Keynes. Vol. IX.* London: Macmillan.
Kuznets, S. (1934). National Income, 1929–1932. In *Senate Document No. 124, 73rd Congress, 2nd Session.* Washington: US Government Printing Office.
Kuznets, S. (1935). National Income. In E. A. Seligman & A. S. Johnson (Hrsg.), *Encyclopaedia of the Social Sciences* (S. 205–224). New York: Macmillan.
Landwehr, A. (2008). *Historische Diskursanalyse.* Frankfurt, New York: Campus.
Latour, B. (1993). *We Have Never Been Modern.* Cambridge: Harvard University Press.
Lebaron, F. (2006). ‚Nobel' Economists as Public Intellectuals: The Circulation of Symbolic Capital. *International Journal of Contemporary Sociology 43 (1)*,88–101.
Lepenies, P. (2013). *Die Macht der einen Zahl. Eine politische Geschichte des Bruttoinlandsprodukts.* Frankfurt am Main: Suhrkamp.
Lequiller, F., & Blades, D. (2006). *Understanding National Accounts.* Paris: OECD.
Lie, E. (2007). The ‚Protestant' View: The Norwegian and Scandinavian Approach to National Accounting in the Postwar Period. *History of Political Economy 39 (4)*, 713–734.
Maddison, A. (1994). Confessions of a Chiffrephile. *Banca Nazionale Del Lavoro Quarterly Review 189*, 123–185.
Marjolin, R. (1989). *Architect of European Unity: Memoirs, 1911-86.* London: Weidenfeld & Nicholson.
McDowall, D. (2008). *The Sum of the Satisfactions: Canada in the Age of National Accounting.* Montreal: McGill-Queen's Press.
Mitra-Kahn, B. H. (2011). *Redefining the Economy: A History of National Accounting and Economics.* Dissertation an der City University London.

Moore, D. C. (1994). Feminist Accounting Theory as a Critique of What's ‚Natural' in Economics. In P. Mirowski (Hrsg.), *Natural Images in Economic Thought: „Markets Read in Tooth and Claw"* (S. 583–610). Cambridge: Cambridge University Press.

O'Bryan, S. (2009). *The Growth Idea: Purpose and Prosperity in Postwar Japan*. Honolulu: University of Hawaii Press.

OECD (2008). *Statistics, Knowledge and Policy: Measuring and Fostering the Progress of Societies*. Paris: OECD.

OEEC (1952). *A Standardised System of National Accounts*. Paris: OEEC.

Offer, A. (2006). *The Challenge of Affluence: Self-Control and Well-Being in the United States and Britain since 1950*. Oxford: Oxford University Press.

Rist, G. (1996). *The History of Development: From Western Origins to Global Faith*. London: Zed Books.

Ruggles, R. (1949). *National Income and Income Analysis*. New York: McGraw-Hill Book Company.

Ruggles, R. (1999). National Income Accounting and Its Relation to Economic Policy. In N. D. Ruggles & R. Ruggles (Hrsg.), *National Accounting and Economic Policy: The United States and UN Systems* (S. 3–38). Cheltenham: Edward Elgar.

Sachs, W. (Hrsg.) (1992). *The Development Dictionary: A Guide to Knowledge as Power*. London: Zed Books.

Sarasin, P. (2011). Was ist Wissensgeschichte? In *Internationales Archiv für Sozialgeschichte der deutschen Literatur 36 (1)*, 159–172.

Schabas, M. (2002). Coming Together. History of economics as history of science. *History of Political Economy 34*, 208–225.

Schmelzer, M. (2016). *The Hegemony of Growth. The OECD and the Making of the Economic Growth Paradigm*, Cambridge: Cambridge University Press.

Schumpeter, J. A. (1939). *Business Cycles: A Theoretical, Historical, and Statistical Analysis of the Capitalist Process*. New York und London: McGraw-Hill Book Company.

Speich Chassé, D. (2013). *Die Erfindung des Bruttosozialprodukts: Globale Ungleichheit in der Wissensgeschichte der Ökonomie*. Göttingen: Vandenhoeck & Ruprecht.

Speich Chassé, D. (2014). Was Zählt der Preis? Dogmengeschichte und Wissensgeschichte der Ökonomie. *Berichte Zur Wissenschaftsgeschichte 37*, 132–147.

Speich Chassé, D. (2011). The Use of Global Abstractions: National Income Accounting in the Period of Imperial Decline. *Journal of Global History 6 (1)*, 7–28.

SSBC, & Institute of Economic Research of Hitotsubashi University (1997). *The Historical National Accounts of the People's Republic of China, 1952-1995*. Tokyo: Institute of Economic Research, Hitotsubashi University.

Stone, R. (1947). *Measurement of National Income and the Construction of Social Accounts. Report of the Sub-Committee on National Income Statistics of the League of Nations Committee of Statistical Experts*. Geneva: United Nations.

Stone, R. (1984). Autobiography. http://www.nobelprize.org/nobel_prizes/economic-sciences/laureates/1984/stone-bio.html. Zugegriffen: 09. Juni 2016.

Stone, R., & Hansen, K. (1953). Inter-Country Comparisons of the National Accounts and the Work of the National Accounts Research Unit of the OEEC. *Review of Income and Wealth 3 (1)*, 101–141.

Stone, R., & Pesaran, M. H. (1991). The Interview: Professor Sir Richard Stone. *Econometric Theory 7*, 85–123.

Stone, R., & Stone, G. S. (1977). *National Income and Expenditure*. London: Bowes & Bowes.

Studenski, P. (1958). *The Income of Nations: Theory, Measurement and Analysis: Past and Present.* New York: New York University Press.
Suzuki, T. (2003). The Epistemology of Macroeconomic Reality: The Keynesian Revolution from an Accounting Point of View. *Accounting, Organizations and Society 28 (5)*, 471–517.
Tice, H. S. (2004). Essays in Honor of Nancy and Richard Ruggles: Editor's Introduction. *Review of Income and Wealth 50 (2)*, 149–151.
Tily, G. (2009). John Maynard Keynes and the Development of National Accounts in Britain, 1895–1941. *Review of Income and Wealth 55 (2)*, 331–359.
Tooze, A. (1998). Imagining National Economies: National and International Economics Statistics 1900-1950. In G. Cubitt (Hrsg.), *Imagining Nations* (S. 212–228). Manchester: Manchester University Press.
Tooze, A. (2001). *Statistics and the German State, 1900-1945: The Making of Modern Economic Knowledge.* Cambridge: Cambridge University Press.
United Nations (1953). *A System of National Accounts and Supporting Tables.* New York: United Nations.
Van den Bergh, J. C.J. M. (2009). The GDP Paradox. *Journal of Economic Psychology 30 (2)*, 117–135.
Vanoli, A. (2005). *A History of National Accounting.* Amsterdam: IOS Press.
Victor, P. A. (2008). *Managing Without Growth: Slower by Design, Not Disaster.* Advances in Ecological Economics. Cheltenham: Edward Elgar.
Vogel, J. (2004). Von der Wissenschafts- zur Wissensgeschichte. Für eine Historisierung der ‚Wissensgesellschaft'. *Geschichte und Gesellschaft 30 (4)*, 639–660.
Ward, M. (2004). *Quantifying the World: UN Ideas and Statistics.* Bloomington: Indiana University Press.
Waring, M. (1999). *Counting for Nothing: What Men Value and What Women Are Worth.* Toronto: University of Toronto Press.
Wodak, R. (2009). Critical Discourse Analysis: History, Agenda, Theory and Methodology. In R. Wodak & M. Meyer (Hrsg.), *Methods for Critical Discourse Analysis* (S. 1–33). London: SAGE.

# Akademisches Wissen, professionelle Expertise und alltägliche Unternehmenspraxis

## Unternehmensbezogene Professionen als neoliberale Regierungsformen

Christian Schmidt-Wellenburg

### 1 Einleitung

Betritt man an einem beliebigen Tag des Semesters das Vorlesungsgebäude einer deutschen Hochschule, hat man gute Chancen, entweder Flyer in die Hand gedrückt zu bekommen, die auf eine Opportunity Lounge hinweisen, in einen Career Day zu geraten oder zumindest einen Aufsteller zu finden, auf dem für ein Assessment Center geworben wird. Ein Großteil der Firmen, die hier den Kontakt zu künftigen Mitarbeitern suchen, sind Professional Service Firms (PSF), die Beratungs-, Buchführungs-, Buchprüfungs- und Rechtsdienstleistungen anbieten. Diese Unternehmen zählen bei Studierenden der Betriebs-, Volks- und Rechtswissenschaften zu den beliebtesten potentiellen Arbeitgebern und gelten als ideale Adressen für einen Einstieg in Managementkarrieren, was auf die starke Position verweist, die sie sich im Feld des Managements in den letzten Jahrzehnten erarbeitet haben. Der Bedeutungszuwachs wird oftmals als Ergebnis des Outsourcings von Managementaufgaben begriffen. Diese Interpretation greift jedoch zu kurz, da viele der Aufgaben sich nur mit professioneller Expertise erfüllen lassen, die gerade nicht im Unternehmen generiert werden kann, weshalb sie nie Teil des Unternehmens waren. Ignoriert man dies, bleibt unbemerkt, dass PSFs weit mehr als nur Dienstleistungen bieten. Sie leisten Subjektivierungsarbeit, indem sie Führungspersonal, zu führendes Personal und Unternehmen als handlungsfähige Einheiten des Wirtschaftslebens produzieren. Und sie leisten Wahrheitsarbeit, da sie allgemeines Wissen über Unternehmen und ihre wirtschaftliche (d.h. vernünftige) Führung schaffen. Sie gelten als Experten für wirtschaftliche Unternehmen, sind als solche in politischen Regulierungsprozessen gefragt und an der Kontextsteuerung der Ökonomie des Unternehmens beteiligt.

Der vorliegende Beitrag untersucht die zentrale Position der PSFs im heutigen Regierungsgeflecht genauer. In einem ersten Schritt wird eine Heuristik entwickelt, die es erlaubt, Professionen als Ergebnis professionellen Handelns, das in Praxisfeldern strukturiert wird, zu verstehen (2). In einem zweiten Schritt (3) wird anhand von drei Managementkonzepten, die in den 1980er- und 1990er-Jahren den Blick auf und die Führung des Unternehmens maßgeblich verändert haben, aufgezeigt, welche diskursiven Veränderung zur Etablierung und zum Wandel von unternehmensnahen Professionen beigetragen haben und wie PSFs an Bedeutung in professionellen Feldern gewinnen konnten.

## 2 Professionen aus feldtheoretischer Sicht

Professionen aus feldtheoretischer Perspektive (Bernhard und Schmidt-Wellenburg 2012; Bourdieu und Wacquant 1996; Fligstein und McAdam 2012) zu analysieren bedeutet, sie als Ergebnis professionellen Handelns wahrzunehmen, das wiederum als strukturierte Praxis begriffen wird. Ziel einer solchen Analyse professionellen Handelns ist ein Verständnis der Regelhaftigkeit der Praxis, die klar abgegrenzte und als Professionen erkennbare Entitäten mit bestimmten Eigenschaften und Funktionen schafft. Die Profession muss in Raum und Zeit dekonstruiert werden, wobei man sich der Genese des professionellen Handelns, seiner Unterschiedlichkeit zu anderen Handlungsformen und seiner internen Differenzierung in verschiedene Professionen widmet (Schmidt-Wellenburg 2013, S. 21ff.).

### 2.1 Professionelles Handeln und professionelle Felder

Professionelles Handeln ist Agentschaft für Andere (Meyer und Jepperson 2005, S. 62f.). Anders als bei anderen Formen der Delegation verfolgen Professionelle jedoch ein besonderes Ziel: die Wiederherstellung oder Optimierung der Agentschaft der Anderen durch bspw. Beratung, Hilfestellung zur Selbsthilfe oder Therapie. Dass eine solche Agentschaft für Andere die Agentschaft des Selbst der Anderen verbessert und nicht infrage stellt, ist der zentrale Glaube im professionellen Feld. Erst die Existenz dieser doxischen Haltung ermöglicht die Illusio, dass eine Sozialsphäre der Professionen existiert, die von der Welt der Bürokratie, der Wissenschaft, der Familie, der Organisation etc. zu unterscheiden ist.

Professionen setzen an existentiellen Grundproblemen moderner Agentschaft an und zielen auf die Handlungsfähigkeit des Akteurs. Im Fall von Personen sind es die klassischen Professionen des Rechts, der Medizin, der Seelsorge, der Psychologie etc., die sich der Subjekthaftigkeit des Menschen annehmen (Pfadenhauer und

Sander 2010; Schmeiser 2006). Professionelle verwenden Wissen, das im Modus der Agentschaft für Prinzipien im wissenschaftlichen Kontext geschaffen wurde, und setzen es fallspezifisch ein, um konkrete praktische Probleme der Agentschaft des Selbst zu bearbeiten (Meyer und Jepperson 2005, S. 60ff.). Sie müssen hierfür über ein lebensweltliches Können verfügen, das sich von abstraktem akademischen Wissen ebenso unterschiedet wie vom Alltagsverstand: „a real and substantive skill possessed by an individual, typically by virtue of being socialized into a group of similar experts" (Eyal 2013, S. 870). Die Expertise scheidet den professionellen vom wissenschaftlichen Kontext und den Experten vom Laien. Es entsteht ein Wissensgefälle, das notwendig und zugleich hinderlich ist: Ist es zu gering, so kommt die Notwendigkeit abhanden, einen Experten zur Problemlösung heranzuziehen; ist es zu groß, so verliert der Laie die Einsicht und das Vertrauen in professionelle Dienste. Hier klingt ein Grundproblem an: der Verzicht auf die Handlungshoheit und die dadurch entstehende Gefahr des Missbrauchs durch Professionelle. Diese Bedrohung der Experten-Laien-Beziehung wird durch Vertrauen, ethische Bindung und Anerkennung abgefangen (Parsons 1968). Die Gefahr kann aber nie ganz beseitigt werden, sodass der Verdacht einer Monopolisierung der Erwerbschancen als einzigem Zweck der Professionalisierung immer mitschwingt (Collins 2004). Wie ich zeigen werde, handelt es sich hier aber nicht um eine Entweder-oder-Option, sondern um das zentrale Charakteristikum von Professionen. Es macht ihre Eigenheit aus und verschafft ihnen eine äußerst machtvolle gesellschaftliche Position, wenn sie es schaffen, das Verhältnis auszutarieren.

Expertise ist das feldspezifische Kapital professioneller Felder. Ihre Formen und ihr Besitz bestimmen die Position einzelner Professioneller und ihrer Professionen zueinander. Akteure versuchen, zu Experten zu werden, ihre Expertise zu erhalten und sie in Abschlüssen, Arbeitserfahrung und Lebensläufen zu objektivieren. Da der Handlungsbereich, in welchem eine Profession Expertise besitzt, begrenzt ist, ist das Feld der Professionellen intern differenziert und die Hoheit über einzelne Tätigkeiten zugleich umkämpft (Abbott 1988). Professionelle ringen immer um die Definition ihrer Expertise, ihres professionellen Gegenstandes und die Deutungs- und Handlungshoheit – um die Jurisdiktion ihrer Profession. Dabei sind sie zumindest in drei Feldkontexten verankert: im Feld der Professionen, im konkreten Handlungsfeld der Laien und im Feld der Wissenschaft. Gelingt es Professionellen, ihre spezifische Expertise als Therapeutikum für einen Typus praktischer Krisen moderner Akteure zu etablieren, indem sie ein eigenes professionelles Objekt schaffen und über Problembeschreibungen und korrespondierende Lösungsansätze für ihre Behandlung verfügen, führt dies dazu, dass sie in einen weiteren Feldzusammenhang eingebunden sind: in ihre eigene, relativ autonome Profession. Die Autonomisierung der eigenen professionellen Expertise ist eine zentrale Strategie im Feld der Professionen. Über sie lässt sich professionelles Handeln und die Entwicklung des Feldes der Professionen verstehen (Burrage et al. 1990).

## 2.2 Staat, Bürokratie und Professionen

Professionalisierungsprojekte sind der Versuch von Professionen, Autonomie zu gewinnen oder aufrechtzuerhalten. Ziel ist es, sich eine feste Position im Feld der Professionen, im Feld des professionellen Objekts und im Feld der Wissenschaft zu sichern. Hierfür greifen sie auf eine Ressource zurück, die das Verhältnis zwischen Feldern beeinflussen kann: den Staat. Er ist das Meta-Feld, innerhalb dessen um das Verhältnis zwischen Feldern, ihren Kapitalien, Weltzugängen und Positionen, d.h. um den Einfluss auf andere Felder gerungen wird (Bourdieu 2014, S. 347ff.). Zugang zu diesem Meta-Feld haben Akteure, die der herrschenden Fraktion innerhalb einzelner Felder angehören. Aus sozialstruktureller Sicht ist der Staat ein Feld der Macht, konstituiert durch die gesamtgesellschaftlich mächtigen Positionen im sozialen Raum (Bourdieu 1998b, S. 101). Ist man hingegen an den Praktiken interessiert, die den Staat als soziales Phänomen schaffen, und an den spezifischen Kapitalformen, die ein Ausüben staatlicher Tätigkeiten ermöglichen, sieht man sich einem zweifachen Monopolisierungsprozess symbolischer und physischer Gewalt gegenüber, der ein bürokratisches Feld und später ein Feld der Politik entstehen lässt (Bourdieu 2014, S. 335ff.).

Die Etablierung eines Monopols der öffentlichen Gewalt steht beispielhaft für Prozesse der Ressourcenbündelung, die neue Felder entstehen lassen und zugleich das Meta-Feld stärken. Es sind Prozesse der Konzentration, die eine Ressource zugleich universalisieren und ihre Produktion monopolisieren, sodass – bezogen auf einen bestimmten Lebensbereich – Laien und Experten entstehen. Im Fall der physischen Gewalt führt dies dazu, dass eine Gruppe von Experten (Militär und Polizei) ihren Einsatz professionalisiert und so ihre Anwendung diszipliniert und kontrolliert. Die Monopolbildung hat aber nur Bestand, wenn sie mit einer Monopolisierung symbolischer Gewalt einhergeht. Symbolische Gewalt wirkt in den symbolischen Formen, die dazu verwendet werden, zu erkennen und zu beurteilen (Bourdieu 2014, S. 290f.). Die durch sie ausgeübte Herrschaft ist eine zweifache (vgl. Swartz 2012, S. 83ff.). Erstens wird durch die Verwendung der Formen die bestehende Ordnung imprägniert, gerade auch durch jene, die dieser Ordnung zu ihrem Nachteil unterworfen sind. Dies geschieht alltäglich durch die Verwendung der Sprache, den Gebrauch von Berufsklassifikationen oder die Bezahlung nach Tariflohn. Zweitens werden im Gebrauch die Verfahren anerkannt, die eine bestimmte Weltsicht universalisieren und bestimmten Akteuren in den Auseinandersetzungen um die Formen der Ordnung einen größeren Einfluss zugestehen. Dies ist immer dann der Fall, wenn jemanden mehr Gehör findet, da er gebildet ist, eine wichtige Interessengruppe vertritt oder sich um das Allgemeinwohl verdient gemacht hat.

Die Monopolisierung des symbolischen Kapitals führt zur Entstehung eines Feldes der Bürokratie, eines eigenen Praxisbereiches, der mit der Vergabe, der Bestätigung und der Verwaltung der Anerkennungsakte einer Gesellschaft befasst und eng mit der Vereinheitlichung und Autonomisierung des juristischen Feldes verknüpft ist (Bourdieu 2014, S. 368ff.). Davon profitieren vor allem die Juristen, die ihr in der juristischen Praxis angelegtes Interesse am Allgemeinen dazu prädestiniert, im Feld der Bürokratie eine wichtige Rolle zu spielen, jenem Feld, „innerhalb dessen eine Staatsräson im objektiven und im subjektiven Sinne wirkt" (Bourdieu 2014, S. 340). Diese besondere Räson hebt das bürokratische Feld von anderen Feldern ab und lässt es zugleich für alle anderen Felder zuständig werden. Es ist das Feld, das die Ketten der Offizialisierung, der vielen kleinen Bestätigungen, Anerkennungen und „Staatsakte", am Laufen hält, über sie wacht und so dafür garantiert, dass sie universelle Gültigkeit besitzen.

Die hier für das juristische Feld und das militärisch-polizeiliche Feld beobachtete Vereinheitlichung, die zu einer Autonomisierung dieser Felder und zur Etablierung eines bürokratischen Felds beiträgt, lässt sich auch für zwei andere Bereiche beobachten. Erstens für die Vereinheitlichung von Märkten, die Konstruktion eines einheitlichen ökonomischen Raumes und eines einheitlichen ökonomischen Kapitals – ein Phänomen, das sich ohne staatliche Aktivitäten nicht verstehen lässt (Polanyi 1977): Die Konzentration ökonomischer Macht durch das Steuerwesen auf den Staat geht mit dem Privileg einher, Münzen zu prägen und Wechselkurse festzusetzen. Bürokratisches Wissen wird in Form von Statistiken im Zuge der Besteuerung (Informationskapital) gesammelt. So werden Märkte geschaffen, die man beschreibt und in die man steuernd eingreifen kann. Es entsteht ein eigenes Feld der Ökonomie, dessen Agenten sich nicht nur durch ihre Marktteilnehmerschaft auszeichnen, sondern auch durch praktisches Können und Wissen, ohne die sie keiner ökonomischen Tätigkeit nachgehen und nicht auf ökonomische Tätigkeiten Einfluss nehmen könnten. Dieses Feld beinhaltet auch die Institutionen der volkswirtschaftlichen und betriebswirtschaftlichen Ausbildung, Forschung und Beratung, die die Körperschaft des Feldes hervorbringen. Es lässt sich von einem Feld ökonomischer Professioneller sprechen, das sich zwischen jenen, die im Alltag wirtschaften, sei es in produzierenden Unternehmen des öffentlichen oder privaten Sektors, im Handel oder im Finanzsektor, jenen, die innerhalb des bürokratischen Feldes die Regeln dieses ökonomischen Raumes gestalten und garantieren, sei es in Zentralbanken, Finanz- oder Wirtschaftsministerien, und jenen, die im akademischen Feld das praktische ökonomische Tun reflektierend theoretisieren und das so geschaffene Regelwissen lehren und zertifizieren, aufspannt (Bourdieu 1998a, 2014, S. 354ff., S. 374ff.).

Die hier nur in groben Zügen skizzierte Entstehung des Staats ist aufs Engste sowohl mit der Etablierung der Professionen als auch mit der Differenzierung der sozialen Welt in relativ autonome Felder verbunden und erstreckt sich über einen Zeitraum von zumindest einem Jahrtausend. Im Zuge der letzten Jahrhunderte ist aus dem dynastischen Staat der moderne Nationalstaat entstanden. Diese Entwicklung kann als eine Monopolisierung und Vereinheitlichung der Auseinandersetzungen über den Staat und seine Macht in einem politischen Feld begriffen werden (Bourdieu 2014, S. 614). Hier wiederholt sich der Prozess, der zur Ausdifferenzierung des bürokratischen Feldes geführt hat. Er löst dieses aus der Welt der Familie, des Wirtschaftens und des Krieges heraus. Ämter werden nicht mehr nach dem dynastischen Prinzip vererbt, sind nicht mehr käuflich oder durch physische Gewalt einzunehmen. Sie sind Gegenstand der politischen Auseinandersetzung, bei der in den unterschiedlichen gesellschaftlichen Sphären und bei ihren Gruppen um den Rückhalt für eine bestimmte „Politik" gerungen wird. Das hier zum Einsatz kommende Prinzip der Delegation beruht auf der Vorstellung, dass jeder Einzelne über eine Weltsicht verfügt, die, da sie auf einem authentischen Weltzugang beruht, Wahrheits- und damit Verallgemeinerungspotential besitzt und es deshalb wert ist, repräsentiert zu werden. Verschiedene Kapitalien werden dann einerseits mithilfe der Wahl als Zugangsmechanismus (bei Wahlrecht jedes Bürgers und der Universalisierung dieser Kategorie) in politisches Kapital transferiert, andererseits erlangen sie durch die Berufung von Experten in Ausschüsse und Kommissionen Eingang in das politische Feld (vgl. Bourdieu 2001, S. 100ff.). Dass also der Staat als bürokratisches und politisches Feld institutionalisiert ist und in den unterschiedlichen professionellen Feldern und ihren mehr oder weniger staatsnahen Diskursen als universelle Letztinstanz der Gesellschaft begriffen wird, ist das historische Ergebnis symbolischer Kämpfe im Feld der Macht.

## 2.3 Regieren und Professionalisierung

Es kann hier nicht nur von einer Koevolution moderner Professionen und des modernen Nationalstaats gesprochen werden. Vielmehr ist das „Regieren" des modernen Nationalstaats ohne Professionen nicht denkbar (Rose und Miller 1992). Professionen stellen einen Großteil der bürokratischen Körperschaften und einen nicht unerheblichen Teil des politischen Personals. Darüber hinaus produzieren sie Regierungswissen und -techniken, die es erlauben, politische Entscheidungen zu treffen und durchzusetzen. Ohne konkrete Methoden der Informationsgenerierung über und des Zugriffs auf zu regierenden Entitäten, aber auch ohne die von Professionen bereitgestellten Legitimationsdiskurse wären die Regierungsbemühungen bürokratischer Institutionen weitaus konfliktträchtiger und von geringerem Erfolg. Professionen nehmen bei der Produktion dieses Wissens und dieser Techniken aufgrund ihrer intermediären Stellung zwischen einerseits Wissenschaft und andererseits wirtschaftlicher und bürokratischer Praxis eine besondere Rolle ein, da sie sowohl auf akademische Ressourcen als auch auf die Erfahrung praktischer Erprobung zurückgreifen können. Professionen wirken darüber hinaus als Subjektivierungsagenten, da sie Experten ausbilden, die mit einem gewissen Können ausgestattet sind, ihre professionelle Rolle im Rahmen der professionellen Praxis ausüben und so regierbare und optimierbare Laien schaffen. Dies geschieht nicht nur in bürokratischen Institutionen, sondern auch im Kontext professioneller Hilfe wie etwa in Arzt-Patienten-, Anwalt-Klienten- oder Schüler-Lehrer-Beziehungen. Durch die staatliche Anerkennung der von ihnen beobachteten menschlichen Probleme als gesellschaftliche Probleme, die es auf universeller Ebene zu bearbeiten gilt, können Professionen eine Nobilitation erlangen, die in einzelnen Fällen so weit geht, dass ihre Zuständigkeit für einen bestimmten Problem- und damit Realitätsbereich als exklusiv angesehen und als selbstreguliertes Berufsmonopol abgesichert wird (Collins 2004). Professionen versuchen so sich durch ihre Liaison mit dem Staat Autonomie gegenüber anderen Professionen zu sichern, was zugleich ihre Bedeutung im bürokratischen Feld steigen lässt. Professionelle werden zu einer wichtigen neuen gesellschaftlichen Gruppe, die ihren Einfluss im Feld der Macht gegenüber älteren herrschenden Fraktionen durch die Ausdifferenzierung des politischen Feldes stärken kann.

Mit der Autonomie der Professionen wäre es jedoch nicht weit her, wenn es ihnen nicht gelingen würde, ihre Hoheit über die Wissensproduktion zu behaupten, was durch die Akademisierung ihrer Expertise gelingen kann. Im wissenschaftlichen Feld versuchen Akteure, durch die wissenschaftliche Beschäftigung mit einer professionellen Problemstellung ihre eigene Karriere voranzubringen. Sie bemühen sich um Ressourcen aus ähnlich gelagerten Paradigmen und „zweckentfremden" diese für die Erschließung wissenschaftlicher „terra incognita" und den Aufbau eines eigenen disziplinären Bereichs. Auch hier lässt sich staatliches Kapital, das als Meta-Währung den Vorzug hat, Einfluss in allen anderen Feldern zu besitzen, einsetzen: Kann der professionelle Problemzuschnitt als gesellschaftsrelevantes Problem gerahmt werden und können zudem Lösungspotentiale in Aussicht gestellt werden, die es erlauben, das Problem so zu bekämpfen, dass es sich nicht auf das Allgemeinwohl auswirkt, bestehen gute Chancen, symbolisches und ökonomisches Kapital aus dem bürokratischen Feld zu erhalten. Gleiches gilt für Ressourcen aus dem ökonomischen Feld, die sich vor allem rekurrieren lassen, wenn sich das

Problem so fassen lässt, dass die Lösung eine Effizienzsteigerung des Wirtschaftens verspricht, wobei aufgrund der großen Bedeutung, die der wirtschaftlichen Prosperität für das Allgemeinwohl zuerkannt wird, sicher auch staatliche Ressourcen so zu mobilisieren sein werden. Auf diesem Wege erlangen einzelne Professionen Autonomie gegenüber anderen Professionen.

Professionelle Autonomie bedeutet aber auch einen relativen Gewinn an Unabhängigkeit vom wissenschaftlichen Feld, vom bürokratischen und politischen Feld sowie vom Feld der Laien. Gerade zu letzterem muss aktiv Distanz aufgebaut werden. Zwar treiben die praktischen Probleme der Laien die Wissensproduktion im professionellen Feld an, doch ist es gerade die Leugnung der aus Sicht des professionellen Feldes materiellen und profanen Logik der Laienpraxis, die es den Experten erlaubt, Wissen mit einem Anspruch auf Allgemeingültigkeit zu produzieren und einzusetzen. Die praktische Logik der professionellen Praxis hebt sich von der praktischen Logik der Laienpraxis durch ihr Interesse an der Interesselosigkeit (Bourdieu 1998b, S. 150) ab, was eine aktive Verkennung der Eigeninteressen der Professionellen nach sich zieht. Dass Experten immer Eigeninteressen verfolgen, die sehr wohl materieller Natur sind, wie beispielsweise die Akquise möglichst vieler und prestigeträchtiger Klienten, ist allen im Feld Engagierten auch bekannt, wird aber laufend invisibilisiert. Die eigentümliche Logik professioneller Felder lässt sich nur verstehen, wenn man beide Wahrheiten in die Erklärung mit einbindet.

Gegenüber den staatlichen Feldern der Bürokratie und der Politik erlangen professionelle Felder Autonomie in dem Maße, in dem feldinternen Instanzen die gesellschaftsweit exklusive Zuständigkeit für die Produktion und Reproduktion der Körperschaften und der Expertise des Feldes von staatlicher Seite zuerkannt wird. Im Umkehrschluss bedeutet das, dass es der jeweiligen Profession gelungen ist, auf die symbolische Macht des Staates zurückzugreifen, um ihrer Problemkonstellation und Expertise universelle Gültigkeit zu verschaffen und ihre Bedeutung für die Allgemeinheit so hoch zu veranschlagen, dass die Reproduktion des Personals und der Expertise den profanen parteilichen Auseinandersetzungen des politischen Feldes entzogen und den Experten selbst überantwortet wird. Das ist nur möglich, wenn es um Problemstellungen geht, die unmittelbar mit der herrschenden Staatsraison verknüpft sind. Feldeigene Konsekrationsinstanzen wie beispielsweise Zünfte, Kammern, Verbände oder andere Assoziationen ersetzt dann akademische oder politisch-bürokratische Institutionen sowie Institutionen aus dem Kontext der Laienfelder (Siegrist 1990).

## 3 Unternehmensbezogene Professionen – eine neoliberale Regierungsform?

PSFs sind Unternehmen, die professionelle Dienstleistungen für andere Unternehmen zur Verfügung stellen und dabei auf den Erhalt und die Optimierung der Handlungsfähigkeit dieser Unternehmen abzielen. Das unterscheidet sie von anderen Dienstleistungsunternehmen, deren Produkte Dienste sind, die nicht Probleme der Agenthaftigkeit bearbeiten. Zugleich zeichnet PSFs aus, dass sie Expertenunternehmen sind – *professional firms*. Diese Form der Organisation professioneller Tätigkeiten gibt es auch in klassischen professionellen Feldern wie der Medizin - Krankenhäuser - oder der Bildung - Schulen und Hochschulen. Im Gegensatz zu diesen sind PSFs in den neuen professionellen Feldern aber auch Konsekrations- und Kontrollinstanzen. Sie gelten als Garantinnen der Professionalität und des Aufrechterhalts des Bruchs zwischen Laien und Experten, als Orte der Produktion und Bewertung neuen Wissens sowie als Aus- und Fortbildungsstätten der professionellen Körperschaften. Dabei ist ihre zentrale Stellung je nach Geschichte des professionellen Feldes und Erfolg des Professionalisierungsprojekts mehr oder weniger staatlich abgesichert. Im Folgenden wird die Bedeutung der PSFs für neue Professionen in der zweiten Hälfte des 20. Jahrhunderts am Beispiel der Managementberatung und mit besonderem Fokus auf die 1980er- und 1990er-Jahre nachgezeichnet.

### 3.1 Die Konstitution des Unternehmens und seiner Führung in Managementkonzepten

An der Schnittstelle von wissenschaftlichem Feld und Managementfeld wird um das Objekt der professionellen Tätigkeit, seine Eigenschaften und die Expertise, derer es bedarf, um sich der Probleme der Agenthaftigkeit des Managements anzunehmen, gerungen. Dabei kommen Erfahrungen zum Einsatz, die im Praxisfeld gemacht wurden und die durch den Verweis auf die Authentizität des eigenen Erlebens Allgemeingültigkeit erlangen. Gleiches gelingt durch die Prüfung der Erfahrung mittels wissenschaftlicher Techniken, die dem akademischen Kontext entstammen. Und auch auf den Mechanismus der Delegation wird zugegriffen, wenn die Allgemeingültigkeit auf die Erfahrung der Vielen zurückgeführt wird. Alle drei Mechanismen verwandeln Ressourcen aus einem bestimmten Feldkontext in symbolisches Kapital, das sich dazu eignet, einzelne Aussagen von ihrer Standortgebundenheit zu lösen und ihnen allgemeinere Geltung zu verschaffen (Schmidt-Wellenburg 2013, S. 106ff.). ManagementberaterInnen und Accountants verwenden das symbolische Kapital, um Unternehmenskonzepte zu entwerfen, die in erster Linie Lösungen für praktische Führungsprobleme bieten und ihnen zugleich den Anschluss an den wissenschaftlichen Diskurs ermöglichen. AkademikerInnen hingegen versuchen über die Beratung einen Zugang zu praktischer Felderfahrung zu gewinnen, die eine zentrale Ressource für sozialwissenschaftliches Handeln ist. Das führt zu interessanten Koalitionen, die den Diskurs des Unternehmens und die Instrumente seiner Führung verändern: Unternehmen werden zunehmend als mit Agentschaft ausgestattete Akteure begriffen, die für professionelle Agentschaft für Andere – auch Managementberatung – empfänglich sind. Auf dieses Unternehmensbild wird dann auch in den „politischen" Professions- und Regulationskämpfen zurückgegriffen. Die Auseinandersetzungen über die Rolle, die Professionen für Unternehmen spielen können und sollen, finden hier im „politischen Vorfeld" statt. So auch in den 1980er-Jahren bei der Produktion, Verbreitung und Adaption des Managementkonzepts *shareholder value* (SHV), das auf Überlegungen der *competitive strategy* (CS) Bezug nimmt, und bei dessen Weiterentwicklung in den 1990er-Jahren hin zum *balanced scorecard* (BSC).

Der SHV-Ansatz von Alfred Rappaport (1981) bietet Lösungen für einige der zu dieser Zeit drängendsten Probleme an. Ausgehend von der Überzeugung, „that the fundamental objective of the business corporation is to increase the value of its shareholders' investment" (Rappaport 1986), stellt er erstens die Frage, wie der Wert des Unternehmens verlässlich zu messen ist. Die damals verwendeten Konzepte *earnings per share* (EPS) und *return on equity* (ROI) weisen oftmals Wachstum aus, das sich nicht in Aktienwert oder Dividende niederschlägt: Sie bilden den „Wert" des Unternehmens nur unzureichend ab (Rappaport 1981, S. 140). Rappaport schwebt ein Messverfahren vor, das die Auswirkung jeder einzelnen strategischen Entscheidung im Geschäftsprozess von der Strategic Business Unit bis zum Aktienwert verfolgt. Zweitens tritt bei EPS aus Sicht der Shareholder das Problem auf, dass einzig Gewinne, nicht aber Inflation, veränderte Risikolagen und die Variabilität der Kapitalkosten berücksichtigt werden: „Despite impressive double-digit earnings-per-share growth, returns to shareholders were minimal or negative during much of the 1970s due to inflation and lagging productivity" (Rappaport 1986, S. xiii). Ein drittes Problem ist, dass Eigentümer nicht nur nicht sehen, wie es um das Unternehmen bestellt ist, sondern deshalb auch keine geeigneten Mittel zur Kontrolle der Manager zur Hand haben. Da die Messung sich am erwirtschafteten Gewinn und nicht am Aktienwert orientiert, scheint in ihr sogar eine den Shareholderinteressen systematisch zuwiderlaufende Managementpraxis angelegt zu sein. Es wäre denkbar, dass das Management überhaupt keine Dividenden zahlt und alles reinvestiert, um positive EPS zu erhalten. Liegt der gängige Marktzins für diese Investitionen jedoch höher als die Returns im Unternehmen, handelt es sich aus Sicht der Aktionäre um einen Wertverlust ihrer Investitionen. Da dieser aber nicht sichtbar ist, kann nicht kontrollierend eingegriffen werden (Rappaport 1981, S. 140). SHV legt dies offen, weshalb mit ihm die Hoffnung verbunden ist, dass Manager versuchen, für Investitionen eine bessere als die marktübliche Rendite zu erwirtschaften. Viertens nehmen in den 1970er-Jahren Mergers und Acquisitions zu, die am Aktienwert eines Unternehmens orientiert sind. „Unterbewertete" Unternehmen laufen Gefahr, aufgekauft und „feindlich" übernommen zu werden, weshalb das Management den Einfluss seiner strategischen Entscheidungen auf den Aktienwert genau bestimmen können sollte (Rappaport 1986, S. 3).

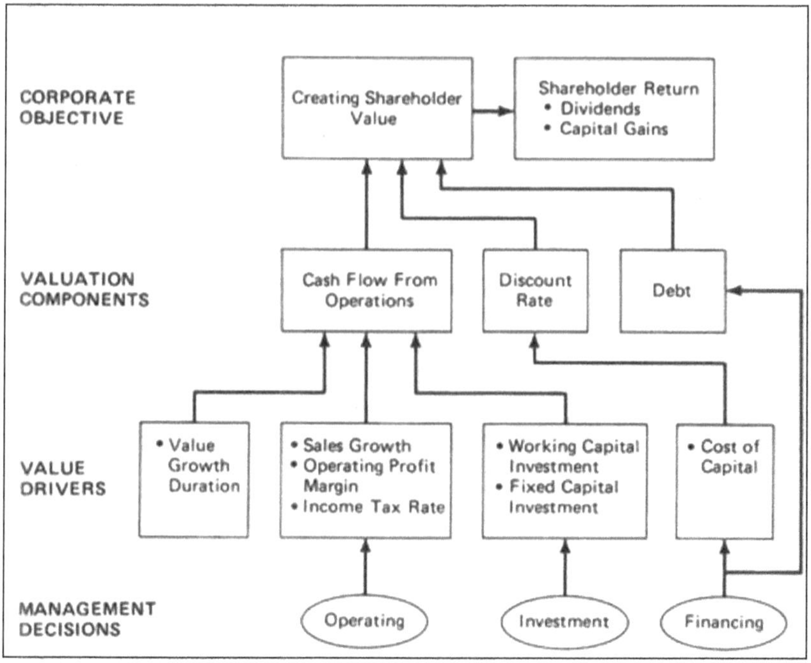


**Abb. 1** Werttreiber des Sharholder Values
Quelle: Rappaport 1986, S. 76

Die Kernidee von SHV ist es, den zukünftigen Wertzuwachs heutiger Investitionen festzustellen, indem zukünftige Überschüsse und damit Cashflows ermittelt und entsprechend abgezinst werden, sodass der Zeitwert des Geldes berücksichtigt wird

(Rappaport 198, S. 50ff.). Neben einem unabhängigen Basiszins wird ein unternehmensabhängiger Risikozins verwendet, der die Bereitschaft der Investoren, das Risiko des Geschäfts einzugehen, belohnt. Im Gegensatz zu EPS dient der Cashflow als Basis nicht der Jahresüberschuss, da in letzteren auch Werte eingerechnet werden, die nicht an Anteilseigner ausgeschüttet werden können. Der SHV hängt damit primär vom Diskontierungszinssatz und dem freien Cashflow ab, wobei es vier Werttreiber als mögliche strategische Schalthebel für das Management gibt (vgl. Abbildung 1): Wirkungsdauer einer Strategie (Wachstumsstand eines Geschäftes), operatives Geschäft selbst (Umsatzwachstum, Cashflow-Gewinnmarge und -steuersatz), Kapitalinvestitionen (Anlage und Umlauf) sowie die Kapitalstruktur (Geschäftsrisiko sowie Eigen- und Fremdkapitalkosten).

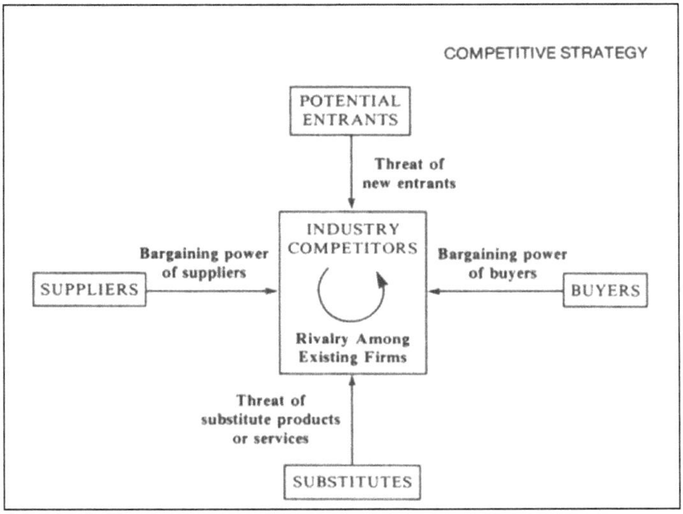


**Abb. 2** Wettbewerbskräfte und -strategie
Quelle: Porter 1980, S. 4

Rappaport passt den SHV in den zu Beginn der 1980er-Jahre anerkannten CS-Ansatz von Michael Porter (1979, 1980) ein, um eine Handhabe für die Entwicklung – in Ergänzung zur Bewertung – von Geschäftsstrategien zu erhalten (Rappaport 1986, S. 81ff.). Porter identifiziert fünf Wettbewerbskräfte, die die Werttreiber in einer bestimmten Branche beeinflussen (Porter 1979, S. 141): die Verhandlungsmacht der Zulieferer und der Käufer, die Bedrohung durch neue Marktteilnehmer und durch neue Produkte oder Dienstleistungen sowie die Intensität des Wettbewerbs zwischen den Unternehmen (vgl. Abbildung 2). Im Mittelpunkt steht das Management mit der zentralen Aufgabe der Strategieentwicklung: „The essence of strategy formulation is coping with competition" (Porter 1979, S. 137). Drei Basisstrategien sind möglich: Entweder man sucht sich eine Nische oder man verändert die Balance im Wettbewerb zu seinen Gunsten oder man setzt auf eine Weiterentwicklung des Geschäfts und damit der Branche selbst. Hierbei werden Geschäfte und verschiedene Industrien als Investitionsobjekte der Unternehmensführung begriffen, was Anklänge zu Konzepten wie der Boston Consulting Matrix (Porter 1980, S. 361ff.; vgl. Henderson 1993) zeigt und das Unternehmen intern „vermarktlicht", da die unterschiedlichen Geschäftseinheiten nun in laufender Konkurrenz zueinander stehen.

Der SHV verschärft Porters CS-Ansatz, indem er das Unternehmen nicht nur als in Märkten stehend und als Zweck an sich denkt, sondern es in letzter Instanz als Mittel zum Zweck der Investition begreift: „In a market-based economy that recognizes the rights of private property, the only social responsibility of business is to create shareholder value and to do so legally and with integrity" (Rappaport 1998, S. 6). So wird eine Verbindung zwischen der Branche, dem Unternehmen und einem Markt für Unternehmenskontrolle hergestellt, die eine neue Form der Regierung des Unternehmens erlaubt. Das Zitat, das sich in der zweiten Auflage von *Creating Shareholder Value* findet und ähnliche Passagen aus der ersten Auflage zuspitzt, nimmt nicht umsonst den Titel eines Kommentars Milton Friedmans aus dem New York Times Magazin auf (Friedman 1970). Es ist ein Hinweis darauf, dass mit dieser Verschiebung in der Form des Unternehmens eine neue Form der Kontrolle mit einer besonderen Form der Expertise möglich wird: die neoliberale Gouvernementalität des Unternehmens (Schmidt-Wellenburg 2009).

Diese grundsätzliche Verschiebung der Aufmerksamkeit vom Unternehmen hin zum Eigentümer und damit Investor im Kontext des Kapitalmarkts wird möglich, da Rappaport auf Einsichten aus dem Bereich der neuen Institutionenökonomie zurückgreift. Das Unternehmen ist ein Nexus von Verträgen, die die Beteiligten eingehen, um ihre Interessen zu verfolgen: „Individual behavior in organizations, including the behavior of managers, will depend on the nature of theses contracts" (Jensen und Meckling 1976, S. 308) und lässt sich eben nicht mit Autorität oder Gemeinschaft erklären (vgl. Alchian und Demsetz 1972). Unternehmen werden hier mit denselben Instrumenten wie Märkte analysiert: „In this sense the ‚behavior' of the firm is like the behavior of a market, that is, the outcome of a complex equilibrium process" (Jensen und Meckling 1976, S. 311). Manager sind vertraglich an Anleger gebundene Agenten mit „von Natur aus" divergierenden Interessen, die es so zu kontrollieren gilt, dass die Kontrollkosten im Verhältnis zum Kontrollertrag möglichst gering sind. „Moral hazard" und „shirking" – das Management verfolgt eigene Interessen und legt sich nicht ausreichend ins Zeug – werden zum allgemeinen Problem mit allgemeiner Lösung: ein Markt für Unternehmenskontrolle in Kombination mit einem Markt für Management. Sind Unternehmen aufgrund schlechten Managements unterbewertet, wird das Management entweder durch die Eigentümer entlassen, oder – wenn die Eigentümer diesen Schritt nicht vollziehen – das Unternehmen wird aufgekauft und das Management dann entlassen. Deshalb überlegt sich das Management, ob und wie man den SHV erhöhen kann und vergleicht seine eigenen potentiellen Managemententscheidungen laufend mit anderen möglichen Entscheidungen. Durch Selbstkontrolle werden Managementkosten kontrolliert (Jensen und Meckling 1976, S. 238f.; Rappaport 1986, S. 6) und das Management wird selbst zur Ressource: Es ist *die* Kernkompetenz, die es zu optimieren gilt (Prahalad und Hamel 1990).

Die Anleihen bei der neuen Institutionenökonomie führen auch zu einer Verschärfung des Wettbewerbsgedankens. Es reicht nicht mehr, im Wettbewerb zu bestehen (schon gar nicht in einer Nische), sondern es gilt jetzt, eine Strategie- und Organisationsform zu finden, die im „survival of the fittest" allen anderen überlegen ist (Jensen und Meckling 1982). Das Urteil spricht ein Richter (Foucault 2004, S. 56), der sich nicht von partikularen Interessen korrumpieren lässt und der als einziger den wahren Preis des Unternehmens kennt – der Aktienmarkt: „The vast scientific evidence on the theory of efficient markets indicates that, in the absence of inside information, a security's market price represents the best available estimate of its true value" (Jensen 1984, S. 113). Deshalb ist er die einzige Instanz, der man die Frage nach dem Allgemeinwohl anvertrauen kann. Diese radikal methodologisch-individualistische und utilitaristische Sicht erlaubt es, ausgehend vom Markt als einem interesselosen Gleichgewicht auch das Unternehmen als abgeleitete und daher interessefreie vertragliche Fiktion zu sehen, als Transmissionsriemen des Markturteils, auf dessen Basis es möglich wird, auch im Unternehmen über alle Stakeholder zu richten bzw. sie über sich selbst richten zu lassen. Es verwundert daher nicht, dass dem SHV eine besondere moralische Qualität zugesprochen wird: „(It) should improve companies' prospects of creating value for their shareholders and thereby contribute to the long-run interests of the companies and of the economy" (Rappaport 1981, S. 148).

In den 1990er-Jahren wird diese Sicht auf das Unternehmen systematisch zum Strategieinstrument ausgebaut, beispielsweise im BSC-Ansatz von Robert S. Kaplan und David P. Norton (1992, S. 77). Ausgehend vom SHV als allgemeingültiger Bewertungsgrundlage werden detailliertere Techniken erarbeitet, die Werttreiber einzelner Geschäftsbereiche und damit Stellschrauben zur Wertsteigerung identifizieren (vgl. Abbildung 3). Ziele sind ein „fast but comprehensive view of the business" (Kaplan und Norton 1992, S. 71) und Maßzahlen, die die strategische Vision des

Topmanagements vereinfachen, verdeutlichen und umsetzbar machen. Die Strategie soll so zerlegt werden, dass auf jeder Ebene konkrete Ziele und deren Beitrag zum Gelingen der Strategie ersichtlich sind. Die Produktentwicklung wird nach dem erwarteten zukünftigen Wertzuwachs beurteilt und auf konkrete gegenwärtige Ziele rückgerechnet. Es werden externe und interne Daten zu Produktivität, Kosten, Qualität und Entwicklungszyklen gesammelt und als Benchmarks aufbereitet, sodass sie das Verhalten des operativen Managements und anderer Mitarbeiter beeinflussen. Da die Ausrichtung an einem sich wandelnden Wettbewerb erfolgt, müssen die Zielvorgaben, aber auch die Messtechniken immer wieder angepasst werden, wobei hier ebenso wie bei der Datengenerierung das Ideal die „Echtzeit" ist.

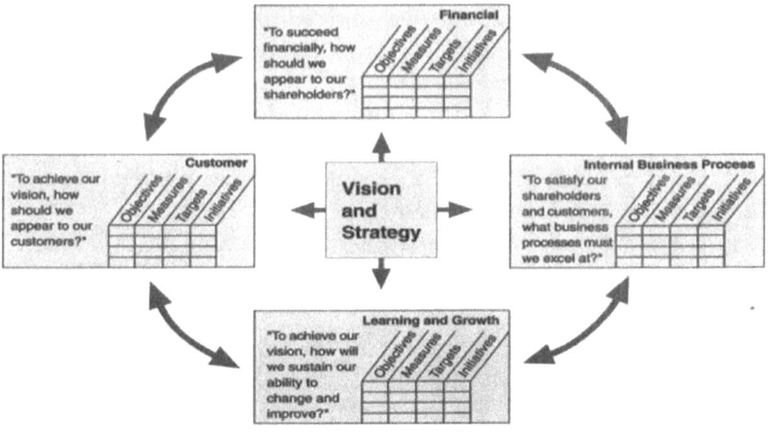


**Abb. 3** Die Business Score Card
Quelle: Kaplan und Norton 1996, S. 9

Das BSC ermöglicht es, die starke Zukunfts-, Wettbewerbs- und Finanzmarktausrichtung in den letzten Winkel des Unternehmens zu tragen. Zugleich verknüpft der Ansatz die Strategievision der Unternehmensführung mit anderen Stakeholder-Interessen und spannt letztere sogar zur Problemlösung ein. Hierbei ist die Grundidee, dass die Leistungserfassung zum Ausgangspunkt für Selbststeuerung und -optimierung wird: „The scorecard puts strategy and vision, not control, at the center. It establishes goals but assumes that people will adopt whatever behaviors and take whatever actions are necessary to arrive at those goals. The measures are designed to pull people toward the overall vision. Senior managers may know what the end result should be, but they cannot tell employees exactly how to achieve that result, if only because the conditions in which employees operate are constantly changing“ (Kaplan und Norton 1992, S. 79).

Das Management nimmt eine Mittlerstelle zwischen den verschiedenen Agenten und ihren Interessen ein und schafft den vertraglichen Rahmen, in dem Andere vernünftige Entscheidungen fällen können – in ihrem Eigeninteresse. Zugleich wird Management zum Marktsubjekt im Markt für Managementleistungen, wo seine Position von der Position des Unternehmens im Aktienmarkt und vice versa beeinflusst wird. Intern wird der Manager zum Coach (Hammer und Champy 1994, S. 90ff.), dessen Performanz extern dem Urteil eines Markts unterworfen ist. Diese „Zähmung“ des Managers durch den Markt ermöglicht es, im Unternehmen mithilfe marktförmiger Arrangements eine Form der Führung durchzusetzen, die mit der Vernunft und den Interessen des Einzelnen sowie seiner „Freiheit“ operiert und sich als „governing at a distance“ (Rose 1996, S. 49) gut beschreiben lässt. Extern wird das Management selbst Gegenstand neoliberaler Kontrollarrangements: Es muss laufend Vergleiche vornehmen, sich um neuestes Managementwissen bemühen und an der eigenen Optimierung arbeiten. Manager werden offen für Beratung und zugleich „accountable“: einerseits berechenbar, da ihr Wert erfassbar wird, andererseits zur Rechenschaft heranziehbar.

CS, SHV und BSC sind nicht nur konkrete Problemlösungen, es handelt sich zugleich um Aussagenbündel, die etwas Wahres und praktisch Relevantes über Unternehmen festhalten. Das gelingt, da die einzelnen Sprecher symbolische Ressourcen einbringen, um ihrem Standpunkt eine universelle Gültigkeit zu verschaffen. So lassen Kaplan und Norton z. B. Lary D. Brady, Ececutive Vice President der FMC Corporation, der über praktische Managementerfahrung mit dem BSC-Ansatz verfügt, ausführlich als „Kronzeuge“ zu Wort kommen (Kaplan und Norton 1993, S. 143) und streuen immer wieder Verweise auf erfolgreiche und bekannte Unternehmen wie Apple oder Dr. Pepper ein (Kaplan und Norton 1992, S. 71; vgl. Porter 1979, S. 142). Wenn wie hier auf authentische Managementerfahrung und deren geldwerte Folgen rekurriert wird, nutzen Sprecher die symbolischen Effekte wirtschaftlichen Kapitals. Die symbolischen Effekte wissenschaftlichen Kapitals kommen beim Verweis auf wissenschaftliche Studien und bei der Nennung akademischer Titel sowie renommierter Business Schools zum Einsatz. Als dritte Quelle symbolischen Kapitals werden professionelle Praktiken der Managementberatung angezapft. Die im Zuge der Agentschaft für Andere zur Herstellung ihrer Akteurhaftigkeit gemachten Erfahrungen – Beratungserfahrung – und deren Reflektion – Beratungsforschung – werden dazu verwendet, die Glaubwürdigkeit von Aussagen über Unternehmen zu stärken. So verweist Porter (1980, S. 275) darauf, dass Mitarbeiter der Boston Consulting Group Daten und Erfahrung für *competitive strategy* beigesteuert haben. Rappaport (1986, S. xv) greift auf die Alcar Group zurück, die er zusammen mit Carl M. Nobel 1979 gegründet hatte und deren Chairman er ist (ChannelPartner 2003). Kaplan und Norton sind ein erfolgreiches Akademiker-Berater-Duo und haben zusammen fünf Bücher und über 20 Artikel veröffentlicht (Kaplan 2008). Ihre Zusammenarbeit begann 1990, als mithilfe des „Nolan Norton Institute, the research arm of KPMG" jene „multicompany study" (Kaplan und Norton 1996, S. vii) entstand, aus deren Ergebnissen der BSC-Ansatz hervorging. Beratungserfahrung und die Forschungsressourcen der Beratungsunternehmen dienen jedoch nicht allein dazu, beachtenswerte Aussagen in der diskursiven Praxis zu erzeugen. Zugleich sind sie Kanäle zur Vermarktung der Ansätze, zu ihrer Verbreitung durch Schulungen und zur Implementation durch Beratungsprojekte. Sie generieren dadurch eine Nachfrage im Managementfeld und setzen auf die Wertsteigerung ihrer Sprecherressourcen.

## 3.2 Managementberatung im Feld des Managements

Die hier in groben Zügen beschriebene symbolische Auseinandersetzung um das Unternehmen und seine Führung hat dazu beigetragen, dass sich die Agentschaft von Managern und Unternehmen verändert hat. Manager werden jetzt selbst als Marktsubjekte wahrgenommen, deren Aufgabe in weitaus größerem Maß die strategische Ausrichtung des Unternehmens und damit das planende Erfassen verschiedener Zukunftsszenarien beinhaltet als zuvor. Unternehmensstrategien sehen Unternehmen mehr und mehr als Teile von Populationen und zugleich als Wettbewerber in verschiedensten Märkten. Dadurch steigt der Bedarf an Informationen über Mitbewerber und ihre produktionsbezogenen Problemlösungen, über Branchen, Märkte und ihre Entwicklung, über politische, soziale und rechtliche Rahmenbedingungen sowie über Strategien und Managementtechniken. Es entsteht eine Nachfrage nach externer Expertise, die große und international agierende Managementberatungen bedienen können. Sie verfügen über Zugang zu diesen Informationen und über Backoffices, in denen sie gesammelt, systematisiert und abrufbar bereitgehalten werden können (Kipping und Kirkpatrick 2008, S. 178). Beratungsunternehmen wie McKinsey, Boston Consulting Group oder Roland Berger sind hier gegenüber kleineren und lokal tätigen Beratungen im Vorteil, da sie Beratungserfahrung in unterschiedlichsten Unternehmen, Branchen und nationalen Kontexten ebenso besitzen wie Personal und finanzielle Möglichkeiten, um aus dieser Erfahrungsbasis praktikable Instrumente der Strategieplanung abzuleiten und dem Kunden so einen Mehrwert zu liefern. Beratungsunternehmen werden zur „profession that ‚interprets markets for you‘ […] they ‚make markets work for you‘“(Leicht und Lyman 2006, S. 37f.).

Auch gibt es einen Bedarf für unternehmensinternen Steuerungsinstrumente, die das eigeninitiative Engagement der Mitarbeiter und die Kontrolle durch Selbstkontrolle in marktförmigen und transparenten Strukturen organisieren. Konzepte zur Unternehmensreorganisation und unterstützende Informationstechnologie sind gefragt. Letztere erlaubt seit den 1980er-Jahren, die Leistungserbringung dezentraler und ergebnisorientierter zu gestalten, ohne die Effizienzgewinne mit steigenden Koordinations- und Qualitätskosten bezahlen zu müssen. „Freiräume“ für Mitarbeiter werden imaginiert, in denen eigenverantwortliches und kreatives Arbeiten möglich ist und zugleich das Unternehmensziel befördert wird. Das Ergebnis ist eine enorme Ausweitung der IT-Beratung, die nun als strategierelevant gilt. IT-Beratungen wie IBM oder Cap Gemini profitieren davon ebenso wie große Accountingfirmen wie beispielsweise Arthur Andersen, Ernest & Young oder PricewaterhouseCoopers (Armbrüster und Kipping 2003). Buchprüfungsgesellschaften bauen ihre IT-Kompetenz in Richtung der elektronischen und buchhalterischen Erfassung des gesamten Geschäftsprozesses und der Wertschöpfungsketten in ihrer ganzen Länge aus und erschließen sich immer mehr Gebiete jenseits der klassischen Rechnungslegung und Buchprüfung. Zum Großteil entwickeln sie dabei eigene Strategie- und Managementberatungssparten, die wie im Fall von Arthur Anderson gemessen an Umsatz, Gewinn und Personal bald eine ebenso große Bedeutung haben wie das klassische Geschäft (Zeff 2003, S. 270). Ähnlich gehen große Beratungsunternehmen vor, die die Bereiche des IT-Consultings und des Controllings ausbauen (Kipping 2002, S. 36f.), da diese nicht nur lukrativ und wachstumsintensiv sind, sondern auch, weil sich die klassische Strategieberatung immer mehr auf Expertise in diesen Bereichen stützt.

Da das Management selbst als Humanressource des Unternehmens entdeckt wurde, steigt dessen Fortbildungsbedarf, der von Business Schools, Akademien und Managementberatungen gedeckt wird. Die Nachfrage befeuert die Produktion, den Vertrieb und die Implementation von Managementkonzepten. Große und internationale Beratungsunternehmen mit guten akademischen Kontakten nutzen ihre Backoffices dazu, Beratungswissen zu Managementkonzepten zu verdichten. Sie stellen einzelne Teams zeitlich begrenzt zur Wissensgüterproduktion frei, richten Forschungsabteilungen ein oder kaufen kleine forschungslastige Beratungsunternehmen auf (Armbrüster 2006, S. 173). Auch werden Managementberatungen und Accountingfirms zu den Ausbildungsstätten des strategischen Managements (Kipping und Amorim 2003; Suddaby et al. 2007, S. 342). Sie rekrutieren die Besten direkt von der Universität, veredeln sie durch „training on the job“ und selektieren sie mithilfe des „up-or-out“-Prinzips (Franck und Opitz 2008). Deshalb sind sie zu begehrten Karrierestationen in Managementlaufbahnen und zu einem beliebten Jagdrevier der Personalabteilungen und -berater geworden (Leicht und Lyman 2006, S. 36).

Seit den 1980er-Jahren bedienen PSFs aufgrund ihrer Internationalität, ihres Könnens im Bereich Strategie, IT und Rechnungswesen und ihrer Erfahrung bei der Entwicklung neuer Unternehmens- und Führungskonzepte die skizzierte Nachfrage bestens. Sie sind daher zur wichtigsten Organisationsform professioneller Tätigkeiten im Bereich der auf das Management ausgerichteten Unternehmensdienstleistungen geworden (vgl. Cooper und Robson 2006; Suddaby et al. 2007, S. 334). PSFs konnten sich gut auf die neuen Bedürfnisse transnational agierender Unternehmen einstellen, da sie ihren Klienten schon seit den 1960er-Jahren rund um den Globus folgen. Es ist ihr Vorteil, dass sie weltweit relativ einheitliche Expertise an der Schnittstelle zwischen Managementberatung und Accounting anbieten und zugleich auf einen großen Erfahrungsschatz und ausreichend Personalkraft zurückgreifen können, um diese aktuell zu halten und schnell verfügbar zu machen. Obwohl sie im Vergleich zu früheren Jahrzehnten häufiger standardisierte Methoden und kodifizierte Beispielfälle verwenden, kommt dem einzelnen Professionellen und seinem intrinsischen Wissen und Können weiterhin sehr große Bedeutung zu (Werr und Stjernberg 2003). Deshalb werden auch PSFs vor allem durch den Appell an das professionelle Selbstverständnis der Mitarbeiter geführt, sodass Professionalität und professioneller Ethos zu „disciplinary mechanism(s)“ (Fournier 1999) werden. Nach außen hingegen legitimieren sich PSFs durch die Marktkonkurrenz, in der sie zu anderen PSFs stehen. Die Qualität der eigenen Dienste und Wissensprodukte, so wird argumentiert, wird durch den Wettbewerb garantiert. Klienten würden bei ausbleibender Leistung den Anbieter wechseln, und andere PSFs würden nur darauf lauern, unprofessionelles Verhalten wie bspw. effektlose und nur auf Folgeaufträge ausgerichtete Leistungen anzuprangern. Die Marktidee entfaltet hier ihre moralische Qualität, garantiert den Wert professioneller Leistungen und verschafft professionellen Tätigkeiten Legitimität (Muzio et al. 2011, S. 454f.). Anstatt einer professionellen Assoziation wacht ein Marktmechanismus über die Einhaltung professioneller Standards. Ganz im Einklang mit den Beobachtungen zum Wandel des Unternehmens und seiner Führung wird ein Akteur, der Autorität ausübt, durch einen Effekt des Verhaltens vieler Marktsubjekte ersetzt. Wie aber kam es dazu, dass an die Stelle der professionellen Vereinigung ein Markt der PSFs tritt, was die PSFs de facto zur Kontroll- und Konsekrationsinstanz der Körperschaften und des Wissens in diesem professionellen Feld werden lässt?

## 3.3 Professionalisierungsprojekte und Staatlichkeit im Wandel

Neben PSFs existieren im Bereich der Managementberatung auch professionelle Assoziationen, die sich am klassischen Professionskonzept mit seiner Idee der Verkammerung oder Lizenzierung orientieren und sich lange Zeit um einen Berufsschutz auf nationaler Ebene bemühten, mit diesem Vorhaben jedoch scheiterten (Groß und Kieser 2006, S. 84), da sie zumindest mit zwei Problemen kämpften. Erstens sind Vereinigungen wie die Association of Consulting Management Engineers oder der Bundesverband Deutscher Unternehmensberater aufgrund ihrer nationalen Ausrichtung und trotz der Gründung regionaler und internationaler Dachverbände auf der transnationalen Ebene im Vergleich zu den PSFs in den 1970er-Jahren nicht wirklich präsent. Zweitens sind in ihnen vor allem kleine und kleinste Beratungsunternehmen organsiert und ohne die PSFs, die klassische Professionalisierungsziele ablehnen (Muzio et al. 2011, S. 448), gelingt es nicht, Unterstützung im politischen Feld zu mobilisieren. Zumal das politische Feld Ende des 20. Jahrhunderts kein guter Ort ist, um einen Berufsschutz, die Lizenzierung eines Berufes oder gar dessen Verkammerung durchzusetzen: „Neoliberal conceptions of how economic and social policy should be carried out" treffen hier auf „free-market, privatized solutions that required little or no economic intervention by experts" (Leicht und Lyman 2006:27). Der schlanke Staat und der Markt als einzig zulässiges Regulativ haben Konjunktur und jede Form von Berufsschutz wird als Versuch gesehen, Monopolrenten abzugreifen.

Zugleich ist eine Transnationalisierung bürokratischer und auch politischer Felder zu beobachten. Neue Formen des Regierens setzten nicht mehr auf den Nationalstaat und seine Regulierung anderer Felder qua Gesetz und bürokratischer Kontrolle, sondern auf Selbstregulierung und ihre Unterstützung durch akademische und professionelle Expertise (Botzem et al. 2009; Djelic und Sahlin-Andersson 2006). Auch ist eine Internationalisierung der Auseinandersetzungen im Feld der Macht und eine „Zerfaserung" des klassischen Nationalstaats zu beobachten (Hurrelmann et al. 2008). Das lässt nationale bürokratische und politische Felder für professionelle Akteure, die auf der Suchen nach symbolischem Kapital sind, um in den Definitionskämpfen gegenüber anderen Professionen zu punkten, unattraktiver erscheinen als früher. Ein Beispiel für diese Entwicklung ist die Europäische Union, die im Bereich der Dienstleistungen einen einheitlichen Binnenmarkt schafft und auf „best practices", wechselseitige Anerkennung nationaler Standards und freiwillige Zertifizierung setzt (Le Bianic und Svensson 2008). Auch NAFTA und WTO sind ganz von den „Wohltaten" globaler Märkte beseelt, sodass in diesem Kontext „domestic professional regulation became characterized as a key barrier to trade investment and the global mobility of labour" (Suddaby et al. 2007, S. 344). Die zeitgleiche Tendenz der Restrukturierung der Bürokratie, die auf Privatisierung und „making government more ‚business like'" zielt (Kipping und Saint-Martin 2005, S. 460), lässt diese selbst zum Konsumenten von Beratungs- und Accounting-Dienstleistungen werden. In Großbritannien, wo dieser Trend am weitesten fortgeschritten ist, machen Beratungsaufträge staatlicher Organisationen heute ca. 25 % des Umsatzes der Managementberatungsindustrie aus, sodass davon ausgegangen werden kann, dass staatliche Akteure ein Interesse daran haben, diese Dienstleistungen nicht durch Lizenzierungsverfahren und eine Verknappung des Angebots zu verteuern (Muzio und Kipping 2011, S. 815).

Im Fall der Managementberatung verhindert diese Entwicklung den Erfolg des klassischen Professionalisierungsprojekts der professionellen Assoziationen (bspw. als geschützte Berufsbezeichnung oder Berufskammer) auf nationaler und internationaler Ebene. Der Weg ist frei für die PSFs und eine Idee der Professionalisierung, bei der die Qualität des Wissens und die Kontrolle der professionellen Tätigkeit durch einen professionellen Markt garantiert werden. Die Form der Standardisierung und Zertifizierung, auf die sich professionelle Vereinigungen und PSFs einigen können und die dann im bürokratischen Feld als gesellschaftsweit akzeptable Lösung konsekriert wird, ist eine freiwillige Zertifizierung – bspw. als Certified Management Consultant (CMC), ein Siegel, das der International Council of Management Consultancy Institutes (ICMCI) ins Leben gerufen hat und das auch durch PSFs, die Mitglied des ICMCI sind, vergeben werden kann. Auch die europäischen Norm EN 16114 entsteht so als Orientierung der Dienstleistungserbringung, wird aber explizit nicht zertifiziert. Diese „weiche" Regulierung zielt darauf ab, „that once a sufficiently large share of the market has been won over and professional qualifications become embedded in corporate tendering processes, professional affiliation would be routinely expected and indeed requested by both clients and employing organisations in their procurement and recruiting strategies; thus, de facto delivering a market form of occupational closure" (Muzio et al. 2011, S. 458).

Die Managementberatung wird aber auch an ganz anderer Stelle im bürokratischen Feld konsekriert: durch Gerichtsentscheide. 1985 befindet der Delaware Supreme Court (1985), dass die Unternehmensführung von Trans Union Corporation mit ihrer Zustimmung zu einem „leverage buy-out merger" durch die Marmon Group grob fahrlässig gehandelt hat, weil keine externe Expertise herangezogen wurde. Die durch Unternehmensjuristen vorgebrachte Interpretation des Urteils teilt Rappaport: „(T)he court ruled that the directors ‚lacked valuation information adequate to reach an informed business judgement'" (Rappaport 1986, S. 199f.). Sowohl Übernahme als auch Verurteilung hätten durch externe Beratung und ein Konzept wie SHV verhindert werden können. 2001 urteilt der Superior Court of

North Carolina (2001) exakt nach derselben Logik: Der Aufsichtsrat der Wachovia Bank habe beim Zusammenschluss mit der First Union Bank nicht grob fahrlässig gehandelt und gutes unternehmerisches Urteilsvermögen gezeigt, da das „board of directors had followed the corporate strategy outlined in a McKinsey report that included the consultants' analysis of a possible merger with First Union" (McKenna 2006, S. 231). Das Urteil zurrt rechtlich fest, was diskursiv längst Realität des Feldes ist: Vernünftige Unternehmensführung greift bei größeren strategischen Entscheidungen auf die Expertise externer Beratungen zurück, und sei es nur, um sich gegen Haftungsansprüche der Shareholder abzusichern.

Politische Entscheidungen fallen jedoch nicht nur zugunsten der PSFs aus, die Managementberatung und Accounting unter einem Dach anbieten. Der Sarbanes-Oxley-Act (U.S. Congress 2002) „forbade accounting firms from offering management consulting services to any corporate client with whom they also served as an auditor" (McKenna 2006, S. 241) und beendet so den Aufstieg der „one-stop-shop"-PSFs. Die strikte Trennung von Buchprüfung und Managementberatung ist eine direkte Reaktion auf den Zusammenbruch von Enron und deren Bilanztricksereien (McKenna 2006, S. 240), die auf die fehlende Eigeninteresselosigkeit Arthur Andersens, die für Enron Buchprüfungs- und zugleich Managementberatungsleistungen erbracht haben, zurückgeführt wurde. Das Ende des Engagements der großen Unternehmensdienstleister aus der Accounting-Branche im Bereich der Managementberatung erfolgt, nachdem die Managementberatung ihr Professionalisierungsprojekt im Rückgriff auf die Ressourcen dieser besser etablierten Profession über zwei Jahrzehnte vorangetrieben hat. Und die US-Legislative konsekriert indirekt die Rolle der Managementberatung, da die Nachfrage nach externer Beratung durch die Urteile verstetigt wird: „[L]egislation significantly increased the legal obligation of corporate directors to monitor internal management decisions"; das Engagement von Managementberatungen gilt dann als „best solution to rising corporate liability" (McKenna 2006, S. 242). An dieser Stelle wird deutlich, dass Professionalisierungsprozesse auch von der Form der Staatlichkeit abhängen, vor allem bei der Ausprägung der Kontroll- und Konsekrationsinstanzen in professionellen Feldern. Je nach Macht-, Sinn- und damit Interessenverhältnissen in bürokratischen und politischen Feldern geht die Durchsetzung des universellen Anspruchs einer Profession auf die Ausübung einer professionellen Tätigkeit anders vonstatten.

# 4 Fazit

Welchen Beitrag leisten PSFs zur Regierung des Unternehmens? Auf der Ebene des Managers als Person vermitteln PSFs Subjektformen des Vorgesetzten, Techniken der Führung und eine Rationalität des Führens. So werden Manager als Führungskräfte und zugleich als im Kontext der Unternehmensführung führbare Agenten eines Prinzipals geschaffen. Auch auf der Ebene der Organisation leisten PSFs Subjektivierungsarbeit: Sie stellen Instrumente zur Verfügung, mit denen die Organisation als Einheit, als Prozess und als mit Eigeninteressen ausgestattet konstituiert wird. Das Unternehmen wird zum mit Handlungskapazität ausgestatteten Subjekt. Erst durch diese Subjektivierungsprozesse aber werden Unternehmen auch zu Objekten, zu wirtschaftlich sowie politisch adressierbaren Einheiten, mit denen zu „rechnen" ist, die also das Ziel von steuernden Bemühungen anderer Subjekte im Rahmen einer Ökonomie werden können. PSFs sichern so Subjektformen durch ihre professionelle Expertise als allgemein anerkannt ab, werden dadurch zu einer gesamtgesellschaftlichen Legitimationsquelle und bezogen auf das Management von Organisationen zum „letzten (oder ersten) Glied der langen Kette der offiziellen Konsekrationshandlungen" (Bourdieu 1998b, S. 114). Blendet man dies bei der Diskussion über Steuerungs- und Regulierungsfragen aus und konzentriert sich nur auf den klassischen Nationalstaat, verschwindet ein wichtiger Aspekt heutiger Herrschaftsformen.

Managementkonzepte wie das SHV geben der Rolle der PSFs bei der Konstituierung des Unternehmens eine besonders interessante Wendung, da sie die Grundkonzeption der Prinzipal-Agenten-Theorie aufnehmen. Das führt dazu, dass das Unternehmen als Subjekt invisibilisiert wird und nur als Effekt eigeninteressierter Akteure, die im Wechsel Agenten oder Prinzipale sind, auftritt: Manager leisten Agentschaft für Eigentümer im Rahmen von Verträgen, die das Unternehmen sind; Arbeitnehmer leisten Agentschaft für Manager im Rahmen von Verträgen, die das Unternehmen sind; Zulieferer leisten Agentschaft für Geschäftsprozesse im Rahmen von Verträgen, die das Unternehmen sind. Auch wenn das Unternehmen hier nicht als handelndes Subjekt auftaucht, so ist es doch immer präsent, da jede der Agentschaften nur in Bezug auf das Unternehmen Sinn macht. Das gilt auch beim Einsatz professioneller Expertise zur Optimierung der angeführten Agentschaften: Diese zielt nie auf den Manager als Person, sondern orientiert sich an der Optimierung der Effekte seiner Agentschaft für die Handlungskapazität des Unternehmens. Die durch die Agentschaft der Anderen gestärkte Akteurhaftigkeit des Unternehmens wird durch zwei Aspekte noch verstärkt. Erstens transzendiert die Akteurhaftigkeit des Unternehmens die verschiedenen perspektivischen Eigeninteressen, was ihr die höheren moralischen Weihen des Allgemeinwohls zukommen lässt. Zweitens basiert sie auf der Figur des freien Tauschs, was die Möglichkeit, Unternehmen als strukturelle Herrschaftsbeziehungen mit Ausbeutungseffekten zu denken, negiert. Es handelt sich um ein Arrangement, das durch die Betonung der Freiheit des Einzelnen verhindert, dass von der Macht des Unternehmens gesprochen wird.

In diesem Prozess haben PSFs keineswegs nur „dienende" Funktionen, sondern sie produzieren und objektivieren laufend Wissen über Unternehmen, ihre Populationen und ihre Führung. Erstens geschieht dies in der Form von Wissen über ein spezifisches Unternehmen und dessen Qualitäten im Vergleich zu anderen Unternehmen. Managementreports von Unternehmensberatungen, Rankings von Ratingagenturen und Unternehmensbewertungen durch Juristen im Fall von Unternehmenszusammenschlüssen oder -übernahmen sowie Börsengängen produzieren Informationen in anerkannten Formaten, mit deren Hilfe Unternehmensentscheidungen möglich werden. Zweitens schaffen PSFs allgemein anerkanntes Wissen über universelle Eigenschaften von Unternehmen, d. h. jene anerkannten Formate, mit denen Informationen über spezielle Unternehmen generiert werden. Es handelt sich um theoretisierte Grundeigenschaften des Unternehmens, die in gängigen Rechtsvorschriften und Rechnungslegungsstandards ebenso eingeschrieben sind wie in Organigramme und Führungsideale, in Diagramme, Portfolios und Bewertungsformeln für Strategieoptionen. Die allgemeinen Unternehmensformen beziehen ihre Autorität nicht nur aus ihrer akademischen Nobilitation und ihrer praktischen Bewährung, sondern auch aus ihrer politischen Absicherung durch beispielsweise transnationale Gremien der Standardsetzung mit mehr oder weniger nationalstaatlicher Beteiligung. PSFs sind legitime Produzenten wissenschaftlicher Wahrheiten, kompetente Experten und legitime Vertreter von Unternehmensinteressen im Kontext staatlicher Regulierung und deshalb wichtiger Teil der heutigen Regierungsarchitektur.

## Literatur

Abbott, A. D. (1988). *The System of Professions.* Chicago: The University of Chicago Press.

Alchian, A. A., & Demsetz, H. (1972). Production, Information Costs, and Economic Organization. *American Economic Review 62*, 777–795.

Armbrüster, T. (2006). *The Economics and Sociology of Management Consulting.* Cambridge: Cambridge University Press.

Armbrüster, T., & Kipping, M. (2003). Strategy Consulting at the Crossroads. Technical Change and Shifting Market Conditions for Top-Level Advice. *International Studies of Management and Organisation 32*, 19–42.

Bernhard, S., & Schmidt-Wellenburg, C. (2012). Feldanalyse als Forschungsprogramm. In S. Bernhard & C. Schmidt-Wellenburg (Hrsg.), *Feldanalyse als Forschungsprogramm 1: Der programmatische Kern* (S. 27–56). Wiesbaden: Springer VS.
Botzem, S., Hofmann, J., Quack, S., Schuppert, G. F., & Straßheim, H. (Hrsg.) (2009). *Governance als Prozess. Koordinationsformen im Wandel*. Baden-Baden: Nomos.
Bourdieu, P. (1998a). *Der Einzige und sein Eigenheim. Schriften zur Politik und Kultur 3*. Hamburg: VSA-Verlag.
Bourdieu, P. (1998b). *Praktische Vernunft. Zur Theorie des Handelns*. Frankfurt am Main: Suhrkamp.
Bourdieu, P. (2001). *Das politische Feld. Zur Kritik der politischen Vernunft*. Konstanz: Universitätsverlag Konstanz.
Bourdieu, P. (2014). *Über den Staat*. Frankfurt am Main: Suhrkamp.
Bourdieu, P., & Wacquant, L. (1996). *Reflexive Anthropologie*. Frankfurt am Main: Suhrkamp.
Burrage, M., Jarausch, K., & Siegrist, H. (1990). An Actor-Based Framework for the Study of the Professions. In M. Burrage & R. Torstendahl (Hrsg.), *Professions in Theory and History. Rethinking the Study of Professions* (S. 203–225). London: Sage.
ChannelPartner (2003). Hyperion übernimmt Finanz-Sofware-Spezialisten Alcar. http://www.channelpartner.de/news/210099/index.html. Zugegriffen: 12. November 2008.
Collins, R. (2004). Schließungsprozesse und die Konflktheorie der Professionen. In J. Mackert (Hrsg.), *Die Theorie sozialer Schließung. Tradition, Analyen, Perspektiven* (S. 67–85). Wiesbaden: Springer VS.
Cooper, D. J., & Robson, K. (2006). Accounting, Professions and Regulation: Locating the Sites of Professionalization. *Accounting, Organizations and Society 31*, 415–444.
Delaware Supreme Court (1985). *Smith vs. Van Gorkom*. 488 A.2d 858.
Djelic, M.-L., & Sahlin-Andersson, K. (Hrsg.) (2006). *Transnational Governance. Institutional Dynamics of Regulation*. Cambridge: Cambridge University Press.
Eyal, G. (2013). For a Sociology of Expertise: The Social Origins if the Autism Epidemic. *American Journal of Sociology 118*, 863–907.
Fligstein, N., & McAdam, D. (2012). *A Theory of Fields*. New York: Oxford University Press.
Foucault, M. (2004). *Geschichte der Gouvernementalität II. Die Geburt der Biopolitik*. Frankfurt am Main: Suhrkamp.
Fournier, V. (1999). The Appeal to ‚Professionalism' as a Disciplinary Mechanism. *The Sociological Review 47*, 280–307.
Franck, E., & Opitz, C. (2008). Karrieresprungbrett Unternehmensberatung: Warum könnte es funktionieren? In A. C. Wohlgemuth & R. Gfrörer (Hrsg.), *Management Consulting. Perspektiven am Puls des Wandels* (S. 232–237). Zürich: Neue Zürcher Zeitung.
Friedman, M. (1970). The Social Responsibility of Business is to Increase its Profits. *New York Times Magazine SM 17*, 13.09.1970.
Groß, C., & Kieser, A. (2006). Are Consultants Moving Towards Professionalization? *Research in the Sociology of Organizations 24*, 69–100.
Hammer, M., & Champy, J. (1994). *Business Reengineering. Die Radikalkur für das Unternehmen*. München: Wilhelm Heyne Verlag.
Henderson, B. D. (1993). Das Unternehmensportfolio. In B. v. Oetinger (Hrsg.), *Das Boston Consulting Group Strategie-Buch. Die wichtigsten Managementkonzepte für den Praktiker* (S. 365–367). Düsseldorf: Econon.

Hurrelmann, A., Leibfried, S., Martens, K., & Mayer, P. (Hrsg.) (2008). *Zerfasert der Nationalstaat? Die Internationalisierung politischer Verantwortung.* Frankfurt am Main, New York: Campus.

Jensen, M. C. (1984). Take Overs: Folklore and Science. *Harvard Business Review 62*, 109–121.

Jensen, M. C., & Meckling, W. (1976). Theory of the Firm: Managerial Behavior, Agency Costs and Ownership Structures. *Journal of Financial Economics 5*, 305–360.

Jensen, M. C., & Meckling, W. (1982). Reflections on the Corporation as a Social Intervention. *Midland Corporate Finance Journal 1.*

Kaplan, R. S. (2008). Publication. http://drfd.hbs.edu/fit/public/facultyInfo.do?facInfo=-pub&facEmId=rkaplan%40hbs.edu. Zugegriffen: 12. November 2008.

Kaplan, R. S., & Norton, D. P. (1992). The Balanced Scorecard – Measures that Drive Performance. *Harvard Business Review 70*, 71–79.

Kaplan, R. S., & Norton, D. P. (1993). Putting the Balanced Scorecard to Work. *Harvard Business Review 71*, 134–147.

Kaplan, R. S., & Norton, D. P. (1996). *Translating Strategy into Action. The Balanced Score Card.* Boston: Harvard Business School Press.

Kipping, M. (2002). Trapped in Their Wave: The Evolution of Management Consultancies. In T. Clark & R. Fincham (Hrsg.), *Critical Consulting. New Perspectives on the Management Advice Industry* (S. 28–49). Oxford: Blackwell.

Kipping, M., & Amorim, C. (2003). Consultancies as Managementschools. In R. P. Amdam, R. Kvålshaugen & E. Larsen (Hrsg.), *Inside the Business Schools. The Content of European Business Education* (S. 133–154). Copenhagen: Copenhagen Business School Press.

Kipping, M., & Kirkpatrick, I. (2008). From Taylorism as Product to Taylorism as Process: Knowledge-Intensive Firms in a Historical Perspective. In D. Muzio & S. Ackroyd (Hrsg.), *Redirections in the Study of Expert Labour* (S. 163–182). Houndsmill: Palgrave Macmillan.

Kipping, M. & Saint-Martin, D. (2005). Between Regulation, Promotion and Consumption: Government and Management Consultancy in Britain. *Business History 47*, 449–465.

Le Bianic, T., & Svensson, L. G. (2008). European Regulation of Professional Education. *European Societies 10*, 567–595.

Leicht, K. T., & Lyman, E. C.W. (2006). Markets, Institutions, and the Crisis of Professional Practice. *Research in the Sociology of Organizations 24*, 17–44.

McKenna, C. D. (2006). *The World's Newest Profession. Management Consulting in the Twentieth Century.* Cambridge: Cambridge University Press.

Meyer, J. W., & Jepperson, R. L. (2005). Die ‚Akteure' der modernen Gesellschaft: Die kulturelle Konstruktion sozialer Agentschaft. In J. W. Meyer (Hrsg.), *Weltkultur. Wie die westlichen Prinzipien die Welt durchdringen* (S. 47–86). Frankfurt am Main: Suhrkamp.

Muzio, D., Hodgson, D., Faulconbridge, J. R., Beaverstock, J., & Hall, S. (2011). Toward Corporate Professionalization: The Case of Project Management, Management Consulting and Executive Search. *Current Sociology 59*, 443–464.

Muzio, D., Kirkpatrick, I., & Kipping, M. (2011). Professions, Organizations and the State: Applying the Sociology of Professions to the Case of Management Consultancy. *Current Sociology 59*, 805–824.

Parsons, T. (1968). Die akademischen Berufe und die Sozialstruktur. In T. Parsons (Hrsg.), *Beiträge zur soziologischen Theorie* (S. 160–179). Neuwied: Luchterhand.

Pfadenhauer, M., & Sander, T. (2010). Professionssoziologie. In G. Kneer & M. Schroer (Hrsg.), *Handbuch Spezielle Soziologien* (S. 361–378). Wiesbaden: Springer VS.

Polanyi, K. (1977). *The Great Transformation. Politische und ökonomische Ursprünge von Gesellschaften und Wirtschaftssystemen.* Wien: Europa Verlag.

Porter, M. E. (1979). How Competitive Forces Shape Strategy. *Harvard Business Review 57*, 137–145.

Porter, M. E. (1980). *Competitive Strategy.* New York: Free Press.

Prahalad, C. K., & Hamel, G. (1990). The Core Competence of the Corporation. *Harvard Business Review 58*, 79–91.

Rappaport, A. (1981). Selecting Strategies that Create Shareholder Value. *Harvard Business Review 59*, 139–149.

Rappaport, A. (1986). *Creating Shareholder Value. The New Standard for Business Performance.* New York: Free Press.

Rappaport, A. (1998). *Creating Shareholder Value. A Guide for Managers and Investors. Revised and Updated.* New York: The Free Press.

Rose, N. (1996). Governing ‚Advanced' Liberal Democracies. In A. Barry, T. Osborne & N. Rose (Hrsg.), *Foucault and Political Reason* (S. 37–64). Chicago: University of Chicago Press.

Rose, N., & Miller, P. (1992). Political Power Beyond the State: Problematics of Government. In: *British Journal of Sociology 43*, 173–205.

Schmeiser, M. (2006). Soziologische Ansätze der Analyse von Professionen, der Professionalisierung und des professionellen Handelns. *Soziale Welt 57*, 295–318.

Schmidt-Wellenburg, C. (2009). Die neoliberale Gouvernementalität des Unternehmens – Management und Managementberatung zu Beginn des 21. Jahrhunderts. *Zeitschrift für Soziologie 38*, 320–341.

Schmidt-Wellenburg, C. (2013). *Die Regierung des Unternehmens. Managementberatung im neoliberalen Kapitalismus.* Konstanz: UVK.

Siegrist, H. (1990). Professionalisation as a Process. Patterns, Progression, and Discontinuity. In M. Burrage & R. Torstendahl (Hrsg.), *Professions in Theory and History. Rethinking the Study of Professions* (S. 177–202). London: Sage.

Suddaby, R., Cooper, D. J., & Greenwood, R. (2007). Transnational Regulation of Professional Services: Governance Dynamics of Field Level Organizational Change. *Accounting,Organizations and Society 32*, 333–362.

Superior Court of North Carolina (2001). *First Union vs. Suntrust Bank.* 635 A.2d 1245.

Swartz, D. L. (2012). Grundzüge einer Feldanalyse der Politik nach Bourdieu. In: S. Bernhard & C. Schmidt-Wellenburg (Hrsg.), *Feldanalyse als Forschungsprogramm 2: Gegenstandsbezogene Theoriebildung* (S. 163–194). Wiesbaden: Springer VS.

U. S. Congress (2002). *Sarbanes-Oxley Act of 2002.* H. R. 3763 116 Stat. 745.

Werr, A., & Stjernberg, T. (2003). Exploring Management Consulting Firms as Knowledge Systems. *Organization Studies 24*, S. 881–908.

Zeff, S. A. (2003). How the U.S. Accounting Profession Got Where it is Today: Part II. *Accounting Horizons 17*, 267–286.

# Politikwissenschaftliche Methoden im Widerstreit

## Holistische vs. parsimonische Analysen der globalen Finanzkrise

Joscha Wullweber

> *„The only truly surprising thing about the 2008 financial meltdown is how easily the idea was accepted that its happening was an unpredictable surprise which hit the markets out of the blue.“*
> (Žižek 2009, S. 9)

## 1 Einleitung

Knapp zehn Jahre nachdem sich die globale Finanzkrise zu entwickeln begann, besteht weiterhin kein einheitlicher Analyserahmen, der die Ursachen, den Verlauf und die Auswirkungen der Finanzkrise erklären könnte. Mehr noch: inzwischen ist deutlich geworden, dass viele der bestehenden Herangehensweisen und Wissensformen unzureichend zur Erklärung der Finanzkrise sind. Medienwirksam pointierte Queen Elizabeth II. in ihrer viel zitierten Frage in einer Diskussion mit führenden ÖkonomenInnen und PolitikwissenschaftlerInnen an der London School of Economics diesen Sachverhalt: „If these things were so large, how come everyone missed them?“ (Financial Times 2008). Die Antwort führender britischer Ökonomen war eindeutig: „The failure to foresee the timing, extent and severity of the crisis and to head it off, while it had many causes, was principally *a failure of the collective imagination* of many bright people“ (Besley und Hennessy 2009, S. 2, Hervorheb. JW). Weiter wird ausgeführt: „The difficulty was seeing the risk to *the system as a whole* rather than to any specific financial instrument or loan“ (Besley und Hennessy 2009, S. 1, Hervorheb. JW).

Die Einschätzung, dass das theoretisch-konzeptionelle und analytische Instrumentarium unzureichend für die Analyse der globalen komplexen Interdependenzen ist (Keohane und Nye 1977; Hay 2010) und insbesondere hinsichtlich der zunehmenden Bedeutung der Finanzwirtschaft bedeutende Lücken aufweist, wird von vielen WissenschaftlerInnen der IPÖ und benachbarter Disziplinen geteilt (vgl.

Katzenstein 2009; Keohane 2009; Helleiner 2011; Bryan et al. 2012; Palan 2013). Ähnlich wie Ryner in Bezug auf die European Studies konstatiert, kann für die IPE festgehalten werden: „It is no exaggeration, then, to assert that the situation is reminiscent to that faced by International Relations (IR) at the end of the Cold War, which took the discipline almost entirely by surprise" (Ryner 2012, S. 649). Ein Grund für diese Überraschung ist nicht zuletzt, dass sich erst nach der globalen Finanzkrise zaghaft die Erkenntnis durchsetzt, dass – entgegen der neoklassischen Lehrmeinung – Finanzmärkte nicht an sich stabil sind, Instabilität nicht allein durch externe Störfaktoren hervorgerufen wird und politische Faktoren für die Analyse von (global-)ökonomischen Prozessen wichtig sind.

In der Tat ergibt sich bisher kein einheitliches Bild, wie ein robuster Analyserahmen globaler Finanzmarktprozesse aussehen könnte. Die Frage ist allerdings, ob ein solcher einheitlicher Rahmen überhaupt wünschenswert ist. Diese Frage wird hier verneint. Stattdessen wird betont, dass gerade die Pluralität verschiedener Theorien und Methodologien Voraussetzung dafür ist, sich der Komplexität globaler politisch-ökonomischer Prozesse und Strukturen anzunähern. Eine Pluralität an Ansätzen, Theorien und Methoden ist im Feld der Internationalen Politischen Ökonomie (IPÖ) bereits in vielen Bereichen vorhanden (vgl. Wullweber et al. 2013), auch wenn es Versuche gibt, die IPÖ wieder einzuengen, wie unten ausgeführt wird.

Im Folgenden wird zu Beginn des Beitrags die „erste große Debatte" der Internationalen Politischen Ökonomie nachvollzogen. In dieser Debatte werden vor allem zwei methodologische Herangehensweisen unterschieden – die amerikanische und die britische IPÖ. Die Debatte dreht sich im Kern um die Frage, welche Methodologie als wissenschaftlich gilt und welche nicht. Zugleich wird aber vor allem auch darum gerungen, ob die IPÖ eine plurale oder eine monistische – also auf wenige, in diesem Fall quantitative Methoden reduzierte – Disziplin sein soll. Die unterschiedlichen Herangehensweisen werden anschließend anhand der Analysen der Finanzkrise diskutiert.

## 2 Amerikanische IPÖ vs. britische IPÖ?

Die derzeitigen IPÖ-Analysen der Finanzkrise können allgemein in holistisch-komplexe und parsimonisch-reduktionistische Herangehensweisen unterteilt werden (vgl. für eine Übersicht der Erklärungen der Finanzkrise Wullweber 2016). Innerhalb der IPÖ hat sich allerdings seit einigen Jahren die Unterscheidung zwischen einer amerikanischen IPÖ und einer britischen IPÖ durchgesetzt. Nach Cohen fußt die amerikanische IPÖ auf zwei Säulen, dem Positivismus und dem Empirismus,

„the twin pillars of a hard science model“ (Cohen 2007, S. 200).[1] Geprägt wurde diese Schule demnach vor allem von den Personen Robert Keohane und Joseph Nye (1971; 1977), Robert Gilpin (1975, 1987), Peter Katzenstein (1976, 1978) und Stephen Krasner (1976, 1983). Demnach zeichnet sich die amerikanische IPÖ-Schule epistemologisch durch eine stark deduktive Vorgehensweise aus, basierend auf einer auf Parsimonie begründeten Beweisführung, womit das Ziel verfolgt wird, mit möglichst wenigen Variablen möglichst umfassende Erklärungen zu liefern. Ziel dieses Ansatzes sei die Entwicklung universeller Wahrheiten. Oberste Priorität haben schlanke und auf relativ wenige Variablen beschränkte Methoden.

Die wissenschaftliche Vorgehensweise beinhaltet vor allem das Aufstellen und Testen von (Null-)Hypothesen gegenüber empirischer Evidenz. Ziel der Analyse ist es, Kausalitäten zu identifizieren bzw. herzustellen und problemlösungsorientiert zu arbeiten. Hierfür sollen Methoden entwickelt und verfeinert werden, die es erlauben, die Hypothesen mit den gesammelten Daten zu testen. Theorieentwicklung findet statt, „[a]s a result of confrontation with evidence“ (Katzenstein et al. 1998, S. 647).[2] Auf der ontologischen Ebene ist die amerikanische Schule, laut Cohen (2014, S. 15), staatszentriert, privilegiert also hinsichtlich des analytischen Fokus souveräne Regierungen (vgl. Milner 2002, S. 214). Zugleich bewegt sie sich analytisch auf Mikro- und Meso-Ebene und nimmt größere (globale) strukturelle Zusammenhänge und Prozesse tendenziell als gegeben und stabil an. Der methodologische Individualismus sowie der Rational-Choice-Ansatz dominieren das Feld (vgl. Krasner 1996, S. 108–109; Cohen 2007, S. 198–201; Higgott und Watson 2008, S. 8; siehe auch Helleiner 2009, S. 378–379; Palan 2009, S. 389).

Die Methodologie der amerikanischen IPÖ, insbesondere der dritten Generation (s. u.), ähnelt, nach Cohen (2009a, S. 441–442), zunehmend dem standarisierten Vorgehen der neoklassischen Ökonomie mit ihren mathematischen und statistischen Methoden und formalen Modellierungstechniken und der Annahme eines anfänglichen Gleichgewichts. Kommt es zu Störungen, dann tendiert das System nach der neoklassischen Grundannahme hin zu einem neuen Gleichgewichtszustand (exemplarisch: Sobel 2013). Es handelt sich insgesamt um einen stark reduktionis-

---

1 Dieser und die beiden folgenden Abschnitte des Artikels basieren maßgeblich auf Wullweber (2014).

2 Unten wird ausführlich argumentiert, dass diese Typologisierung zu kurz greift. Katzenstein selbst (2009; Sil und Katzenstein 2010) verfolgt beispielsweise seit einiger Zeit einen eklektischen Ansatz, der explizit mit Laudan (1977, 1996) über Lakatos und Kuhn hinausgehend die Möglichkeit der gegenseitigen Beeinflussung verschiedener und sich sogar partiell widersprechender Forschungstraditionen postuliert (vgl. Sil und Katzenstein 2010, S. 5–8). Dennoch bestimmt diese Typologisierung weiterhin die IPÖ-Debatte.

tischen Ansatz, der sich partiellen und eng umgrenzten statt größeren allgemeinen Fragestellungen widmet. Veränderungen werden eher als inkrementell, denn als transformativ gesehen. Politische Dynamiken geraten somit tendenziell aus dem Blickfeld. Insgesamt haben methodische Fragestellungen vermehrt die Theorieentwicklung und historische Perspektiven ersetzt (vgl. Helleiner 2009, S. 379).

Die britische Schule der IPÖ wird als komplementär zur amerikanischen Schule dargestellt. Als Gründer dieser Schule sieht Cohen vor allem Susan Strange (1970, 1986, 1988) und Robert Cox (1981, 1987). Das theoretische Design wird von Cohen (2007, S. 207–215) als institutionalistisch, bisweilen stark auf einer historischen Analyse aufbauend und insgesamt im Vorgehen stärker interpretativ beschrieben: „The British school may be fairly criticized for its less rigorous approach to theory building and testing, which makes generalization difficult and cumulation of knowledge virtually impossible" (Cohen 2007, S. 216). Zweck von Theorie sei hier, bestehende Ungerechtigkeiten zu identifizieren und normative Urteile zu begründen (Cohen 2007, S. 200). Auch soziologische, geschichtswissenschaftliche und philosophische Fragen würden eine Rolle spielen. Die Methodologie sei weniger formalisiert und ausgefeilt, sondern explorativ und eher qualitativ als quantitativ. Ausgangspunkt seien nicht deduktiv abgeleitete allgemeine Überlegungen, sondern stark am Sachverhalt orientierte induktive empirische Beobachtungen. Der Staat werde als ein Akteur unter vielen verstanden. Insgesamt liege der analytische Fokus der britischen Schule stärker auf den großen systemischen Strukturen, Zusammenhängen und historischen Transformationen (vgl. Cohen 2008a, S. 44–65; Palan 2009, S. 391).

Während Ansätze, die auf dem methodologischen Individualismus aufbauen, analytisch das Verhältnis von individuell geformten Interessen und kollektiv erfahrenen Auswirkungen privilegieren, werden innerhalb der britischen Schule stärker die globalen Strukturen, innerhalb derer sich individuelle Interessen und Identitäten formen, in den Blick genommen. Interessen, Strukturen und Akteure werden historisiert und es wird nach veränderten Rollen und Möglichkeiten der Einflussnahme gefragt. Im Gegensatz zur amerikanischen IPÖ verortet sich die britische IPÖ nicht innerhalb der IB-Disziplin (Blyth 2009, S. 333). Weiterhin würde sich die britische IPÖ durch eine besondere Form der Inklusivität auszeichnen: „No discipline is automatically excluded; no topic or methodology is considered beyond the pale" (Cohen 2009b, S. 395–396). Auch war der Marxismus innerhalb der britischen IPÖ eine sehr viel einflussreichere intellektuelle Strömung als in den USA (vgl. Cohen 2007, S. 213). Neben den Arbeiten von z. B. Harvey (2003) und Wood (2003) ist der von Robert Cox begründete Neogramscianismus ein wichtiger theoretischer Bezugsrahmen (Cox und Sinclair 1996).

## 3 Streit um die wissenschaftlichere Methode

Helleiner hat Cohens Darstellung eines fehlenden Empirismus der britischen IPÖ scharf kritisiert: „I don't see why qualitative research is any less empiricist than quantitative research" (Helleiner 2009, S. 381).[3] Auch Palan kontert: „Strange and other contributors to the British IPE consider the American variant to be non-empirical, ideologically driven and politically uncritical" (Palan 2009, S. 387). Vielmehr sei es die stark auf dem Rational-Choice-Ansatz basierende und mit verallgemeinernden Setzungen über die Beschaffenheit von Akteuren, Staaten oder des Weltwirtschaftssystems argumentierende amerikanische IPÖ, die nicht empirisch arbeitet. Die britische Schule würde im Gegensatz dazu mit Beobachtungen und nicht mit allgemeinen Annahmen starten (Palan 2009, S. 391). Allerdings würden empirische Arbeiten nicht, wie bei der amerikanischen IPÖ, auf statistischen Tests beruhen. Auch würde der Unterschied zwischen der britischen und amerikanischen IPÖ nicht darin liegen, dass letztere sich im Gegensatz zur ersteren stark auf die Wirtschaftswissenschaften beziehen würde, sondern dass letztere sich fast ausschließlich auf die Neoklassik beruft, während erstere mit der ganzen Bandbreite an meist heterodoxen (vor allem postkeynesianischen, evolutionären und marxistischen) Wirtschaftswissenschaften arbeitet (Palan 2009, S. 389; Helleiner 2009, S. 381).

Weiterhin würde die Behauptung, die amerikanische IPÖ sei theoretisch versiert, die britische IPÖ hingegen theoretisch eher schwach in der Theorieentwicklung, nicht zutreffen. Denn in der amerikanischen IPÖ hätte die Methodologie die Theorie ersetzt. Es handele sich also viel eher um eine methodologisch gewendete Theorie, in der der starke Fokus auf Akteure, Rationalität, Verhalten und Akteurspräferenzen einen blinden Fleck habe entstehen lassen, „hiding most, if not all, the important structural developments of our day" (Palan 2009, S. 391). Während die Behauptung zutreffend sei, dass die britische Schule nicht auf einem kohärenten, klar bestimmten theoretischen Fundament basiert, sei daraus nicht ableitbar, dass sie untheoretisch wäre. Vielmehr gäbe es innerhalb der britischen IPÖ keine Verständigung über den richtigen theoretischen Ansatz, da verschiedene Theorien miteinander konkurrieren würden. Da Theorie zugleich als historisch spezifischer Analyserahmen angesehen werde, könne es diesen übereinstimmenden theoretischen Rahmen auch nicht geben (Palan 2009, S. 391–393). Schließlich wird kritisiert, dass eine Vielzahl der IPÖ-Theorien durch die dichotome Typologisierung gar nicht abgebildet würden. Der Konstruktivismus sei beispielsweise nicht Teil des Narrativs, obwohl sowohl John Ruggies Arbeiten (1983, 1998) als auch die von Peter Katzenstein (1978, 1996)

---

3 Später korrigiert er seine Aussage insofern, als dass er insbesondere formales quantitatives empirisches Arbeiten meint (vgl. Cohen 2008b, S. 32).

für die IPÖ sehr einflussreich waren. Auch für die IPÖ wichtige feministische Arbeiten z. B. von Cynthia Enloe (1989), Isabella Bakker (1994, 2002) und Spike V. Peterson (1992, 2003) kommen nicht vor. Weiterhin werden andere Ansätze wie der kritische Realismus, die Wirtschaftssoziologie und der Poststrukturalismus nicht erwähnt (vgl. Leander 2009, S. 323; Langley 2009). Auch die stereotype Trennung als solche wird problematisiert, weil viele Arbeiten sich an der Schnittstelle zwischen den Forschungstraditionen sehen (Higgott und Watson 2008, S. 2).[4]

Die oben genannten Kritikpunkte an Cohens Typologisierung erklären allerdings nur bedingt die Hitze, mit der die Debatte geführt wird. Stattdessen wurde im Verlauf der Auseinandersetzung deutlich, dass mehr auf dem Spiel steht als allgemeine Fragen der Systematisierung einer Wissenschaftsdisziplin. Der Hauptkritikpunkt an Cohens Typologisierung ist vor allem, dass Cohen, auch wenn er den Dialog zwischen amerikanischer und britischer IPÖ stärken möchte, letztlich den amerikanischen Ansatz als den wissenschaftlicheren Ansatz ansieht. Zugleich gibt es nach Cohen trotz aller Differenzen einen Kern, auf den sich die verschiedenen Traditionen beziehen: „[A]n interest in marrying international economics and IR" (Cohen 2007, S. 198). Dieser vermeintlich geteilte Kern der Disziplin ist jedoch der amerikanischen Tradition zuzurechnen und nicht der britischen IPÖ. Denn in letzterer wird viel stärker die Eigenständigkeit der IPÖ-Disziplin gegenüber der IB-Disziplin betont: „Far from being a subdiscipline of international relations, IPE should claim that international relations are a subdiscipline of IPE" (Strange 1994, S. 218; siehe auch Cohen 2014, S. 15).

Diese voreingenommenen Sichtweisen gehen einher mit einem häufig impliziten und bisweilen auch explizit formulierten Führungsanspruch der amerikanischen gegenüber der britischen IPÖ: „Globally, the dominant version of IPE (we might even say the hegemonic version) is one that has developed in the US" (Cohen 2007, S. 198). In dieser Diskussion wird die amerikanische IPÖ stetig in Richtung des Open-Economy-Politics-Ansatzes (OEP) reduziert. Der OEP-Ansatz hat seit Mitte der 1990er-Jahre in den USA kontinuierlich an Bedeutung gewonnen. Es handelt sich hierbei um eine Art Amalgam aus Rational Choice, Institutionalismus und Wirtschaftstheorie, wobei insbesondere neoklassische Modelle und Theorien zur Erklärung politischer Prozesse herangezogen werden. Die Analysen basieren auf dem Prinzip der *Parsimonie*. Anfangs vor allem im Feld der Handelspolitik angewandt, erweiterte sich das Spektrum an Analysen basierend auf dem OEP-Ansatz

---

4 Insgesamt sei die Varianz innerhalb der von Cohen beschriebenen britischen Schule zu hoch und zugleich die Varianz zwischen amerikanischer und britischer IPÖ zu gering, so dass Ravenhill (2008, S. 26–28) die dichotome Typologisierung insgesamt infrage stellt.

umfassend hin zu u. a. Finanzpolitik, Immigrationspolitik, Unternehmensführung, Wechselkurspolitik und Global Governance (siehe Rogowski 1989; Milner 1997; Bernhard et al. 2002; Frieden et al. 2009; Sobel 2013).

Interessant ist nun, dass von einigen Vertretern, die der amerikanischen IPÖ zugerechnet werden, insbesondere der OEP-Ansatz als derjenige Forschungsansatz angesehen wird, der sich evolutiv als der bessere durchgesetzt und nun zum Standardmodell entwickelt habe: „Where IPE was originally constrained to case studies or, at best, statistical tests based on very limited data, some of the best new research employs very large time series data-sets and powerful econometric tools" (Lake 2006, S. 772; siehe auch Maliniak und Tierney 2009, S. 19; kritisch Helleiner 2009, S. 379). In einem Artikel von Frieden und Martin (2002), der eine Einführung in die IPÖ-Disziplin geben soll und vorgibt, den Konsens über grundsätzliche Fragen der Disziplin zu repräsentieren, wird nur auf den OEP-Ansatz rekurriert. Meinungsverschiedenheiten werden verschwiegen: „Despite imprecision about the definition of IPE, in the past twenty years the field has approached consensus on theories, methods, analytical frameworks, and important questions" (Frieden und Martin 2002, S. 118). In einem weiteren Übersichtsartikel zur IPÖ wird keine einzige Arbeit erwähnt, die dem Stereotyp der britischen Schule entspricht und zugleich die IPÖ mit dem OEP-Ansatz gleichgesetzt: „IPE has grown into a true interdiscipline, combining some of the best of political science and economics" (Lake 2006, S. 771; vgl. auch Lake 2009a, 2009b). Zu Recht wird daher von anderer Seite vor der Gefahr einer intellektuellen Monokultur und Kurzsichtigkeit gewarnt (McNamara 2009; Weaver 2009, S. 1). Es werden Parallelen zum Methodenstreit Ende des 19. Jahrhunderts/Anfang des 20. Jahrhunderts innerhalb der Wirtschaftswissenschaften gezogen, an dessen Ende sich die deduktive neoklassische Wirtschaftstheorie gegenüber stärker induktiven institutionalistischen Wirtschaftstheorien durchsetzte und letztere in den folgenden Jahrzehnten stark marginalisiert wurden, sodass auch Katzenstein warnt: „[W]e should do all we can to avoid the bleak prospects of entering the long and dark tunnel from which our sister discipline of economics, beholden for too long to a dogmatic adherence to neo-classical theory, is just beginning to emerge" (Katzenstein 2009, S. 132; siehe auch Higgott und Watson 2008, S. 8–9; Katzenstein 2009, S. 130).

Diese Form von Reduktionismus hat allerdings in der amerikanischen IPÖ eine längere Tradition. Bereits in den 1980er-Jahren forderte Keohane, dass sich die IPÖ stärker deduktiv-rationalistischen Methoden annähern und von induktiv-reflexiven Methoden entfernen sollte:

> „It is a suggestion that the field needs to move in the direction of formulating parsimonious models and clearly refutable null hypotheses, and toward developing empirical

> techniques that will allow those hypotheses to be more directly confronted by the data" (Keohane 1988, S. 382; vgl. Eichengreen 1998, S. 1012; Higgott und Watson 2008, S. 9).

Katzenstein, Keohane und Krasner sprachen von der neoklassischen Wirtschaftswissenschaft als „the reigning king of the social sciences" (Katzenstein et al. 1998, S. 663). Interessanterweise sehen die an der IPÖ-Debatte beteiligten und von Cohen proklamierten Repräsentanten der amerikanischen IPÖ – Katzenstein und Keohane – diese Entwicklung, die sie selbst unterstützten, nun mit großer Skepsis. Die Konstruktion von Interessen würde nun nicht mehr beachtet werden und auch nicht die Frage, wie die Ideen der Menschen ihre Präferenzen beeinflussen. Auch würde Rationalität zu sehr mit Egoismus gleichgesetzt (Keohane 2009, S. 38). Der Fokus auf innerstaatliche Politik als Determinante der (Außen-)Wirtschaftspolitik vernachlässige, wie z. B. im folgendem Zitat, den internationalen Kontext: „[P]olicy change can adequately be understood by conceiving of national governments as making decisions independently of each other. Policy independence is thus the null hypothesis that motivates our project" (Simmons et al. 2006, S. 787). Sollte diese Nullhypothese stimmen, wäre das nach Keohane (2009, S. 39) das Ende für die IPÖ-Disziplin. Macht und Interdependenzen im globalen Kontext (Keohane und Nye 1977) hätten dann nur noch einen metaphorischen Charakter. Auch Katzenstein betont: „What I question here is the assumption that OEP is now the consensually agreed understanding of what it means to do research on questions of IPE" (Katzenstein 2009, S. 126–127) und führt weiter aus: „OEP and with it much of IPE is running the risk of cutting itself off from important insights offered by analytical alternatives" (Katzenstein 2009, S. 127). Auch Cohen sieht innerhalb der amerikanischen IPÖ eine Kluft: Die heutige amerikanische IPÖ, Cohen nennt sie die dritte Generation, würde einen „imitative scientism" (Cohen 2008a, S. 171) mit Scheuklappen gegenüber Entwicklungen außerhalb der eigenen Forschungstradition verfolgen. Die Konzentration auf den methodologischen Individualismus der neoklassischen Ökonomie wird also auch innerhalb der amerikanischen IPÖ selbst als *ökonomischer Imperialismus* (Gilpin 2001, S. 26; siehe auch bereits Hodgson 1994) und als *schleichender Ökonomismus* (Cohen 2007; 207) kritisiert. Bereits frühzeitig hat es Susan Strange in ihrer bekannten pointierten Art zum Ausdruck gebracht:

> „At all costs it must avoid the narrowness of much neoclassical economics and econometrics, which was apt to produce, as the late Lord Robbins said, nothing but ‚a lot of one-eyed monsters' – one-eyed because they were oblivious of politics; monsters because they were so arrogant towards all outsiders" (Strange 1991, S. 33).

Der Kern der Auseinandersetzung zwischen amerikanischer und britischer IPÖ dreht sich im Kern demnach auch um die Frage, „what constitutes the legitimate study of IPE" (Cohen 2008a, S. 172). Zugleich zeigt sich deutlich, dass die Rahmung der IPÖ-Debatte mit den Stereotypisierungen unzureichend ist. Denn neben der Debatte zwischen gegensätzlichen Forschungsrichtungen und Forschungsdesigns geht es vor allem um die Frage, ob eine pluralistische IPÖ gewollt ist oder nicht (s. u.). Diese Diskussion findet ebenso innerhalb der als amerikanisch beschriebenen Forschungsrichtung wie zwischen den Lagern statt.

## 4 Monismus vs. Pluralismus

Trotz aller Differenzen und Verschiedenheiten hinsichtlich ontologischer, epistemologischer und methodologischer Fragen stimmen alle Ansätze darin überein, dass Politik und Ökonomie untrennbar miteinander verbunden sind. Diesbezüglich hat sich in den letzten 40 Jahren nach dem Erscheinen von Stranges Aufsatz *International Economics and International Relations: A Case of Mutual Neglect* (Strange 1970) viel getan.[5] Es ist heute keine Frage mehr, dass die internationalen und transnationalen Wirtschaftsbeziehungen innerhalb der politikwissenschaftlichen Forschung eine bedeutende Stellung einnehmen. Zugleich steht außer Frage, dass nichtstaatliche Akteure einen wichtigen Faktor bei der Gestaltung der globalen Wirtschaftsstrukturen darstellen. International und auch im deutschsprachigen Raum nimmt zweifelsohne die Bedeutung der Disziplin der Internationalen Politischen Ökonomie stetig zu. Zugleich sind grundsätzliche Diskussionen über die Ontologie, Epistemologie und Methodologie innerhalb einer Disziplin wichtig, ohne dass diese sogleich für den konkreten empirischen Forschungsprozess umsetzbar wären: „[T]hey remind us of the foundations of the normal work we do in our research and teaching" (Katzenstein 2009, S. 123).

In der derzeit laufenden IPÖ-Debatte sind vor allem drei Punkte hervorzuheben. Erstens ist der Versuch, eine Forschungsdisziplin in separate Sektionen zu unterteilen, ein schwieriges und heikles Unterfangen. Auch wenn sich die dichotome Typologie von einer amerikanischen und einer britischen IPÖ durchzusetzen scheint, ist diese Zweiteilung doch äußerst unpräzise und mehr eine Metapher als eine konsistente und kohärente wissenschaftliche Einteilung. Vor allem die geographische Einteilung ist nicht stimmig: Nicht alle amerikanischen Wissenschaftler

5 In der klassischen Politischen Ökonomie von Smith, Ricardo, Mill und Marx wurden Politik und Ökonomie allerdings stets zusammengedacht. Erst mit der sogenannten marginalistischen Revolution in den 1870er-Jahren und Personen wie Alfred Marschall und Leon Walras kam es zu der Trennung.

im Bereich IPÖ arbeiten in der Form, wie es Cohen beschrieben hat, und viele, wenn nicht sogar die überwiegende Anzahl an Wissenschaftlern, die sich in der Beschreibung der britischen IPÖ wiederfinden, sind keine Briten. Aber auch die inhaltliche Bestimmung der Typologien trifft nur bedingt deren Differenzen. Vor allem die häufig geäußerte Erzählung von einer rigoros, systematisch und theoretisch präzise arbeitenden amerikanischen IPÖ auf der einen Seite im Unterschied zu einer unbefangen normativ, eklektisch und pragmatisch arbeitenden britischen IPÖ ist nicht mehr als eine implizite und zuweilen explizite Kritik an einem postpositivistischen Forschungsdesign, das der britischen IPÖ zugerechnet wird.

Richtig ist allerdings, dass innerhalb der IPÖ grundsätzliche Differenzen hinsichtlich Ontologie und Epistemologie deutlich erkennbar sind. Die verschiedenen IPÖ-Strömungen reichen von atomistischen, positivistischen und reduktionistischen Ansätzen bis hin zu holistischen, postpositivistischen und komplexen Ansätzen, mit einer Vielzahl von ‚Schattierungen', Kombinationen und Kompromissen zwischen diesen beiden Polen. Ein atomistischer IPÖ-Ansatz beinhaltet demnach die Sichtweise, Forschungsobjekte als diskrete, unabhängig vom gesellschaftlichen und zeitlichen Kontext konzeptualisierbare, fundamentale und ultimative Analyseeinheiten verstehen zu können (vgl. Blaikie 2007, S. 110–111). Dieser findet sich in vielen Arbeiten, die der amerikanischen IPÖ zugerechnet werden, gepaart mit einem neoklassischen Reduktionismus basierend auf der Annahme eines optimierenden Verhaltens rationaler und gut informierter Individuen unter statischen *ceteris paribus* Konditionen und einer Gleichgewichtsannahme, die Resultat dieses optimierenden Verhaltens ist. Auf der anderen Seite steht eine holistische IPÖ, die das empirische Feld der IPÖ als mehr als nur die Summe ihrer Teilbereiche ansieht und dieses daher nicht vollständig durch separate Analysen von Teilsystemen erfassen kann: „[A]n interdisciplinary field united not by any single method but simply by certain core questions exploring the relationship between economy and politics in world affairs. Nothing more precise than that" (Helleiner 2009, S. 383).

Zweitens zeigt die IPÖ-Debatte, dass Kategorisierungen und Typisierungen keine neutralen Beschreibungen eines Forschungsfeldes oder Forschungsgegenstands sind. Die Akzeptanz von Kategorisierungen geht mit deren Naturalisierung einher. Husserl (1978, S. 165–168) bezeichnet einen solchen Vorgang, bei dem das Wissen um den schöpferischen Moment einer wissenschaftlichen Erkenntnis schrittweise verloren geht, indem diese Erkenntnis in den alltäglichen Sprachgebrauch aufgenommen und unhinterfragt reproduziert wird, als *Sedimentation*. Der ursprünglich kreative Erkenntnisakt wird hierbei sukzessiv verschleiert und das Vorhandensein von Alternativen vergessen. Ein ursprünglich mit anderen Ansätzen konkurrierendes wissenschaftliches Postulat wird auf diese Weise zu einer vermeintlich alternativlosen Selbstverständlichkeit. Zum einen ist aber diese dichotome Stereotypisierung der IPÖ eine künstliche. Viele Arbeiten in diesem Forschungsfeld haben hierin keinen Platz und außerhalb der angelsächsischen Welt scheint es praktisch keine IPÖ zu geben. Durch die repetitive Verwendung dieses Stereotyps wird dieses aber, gewollt oder ungewollt, analytisch verfestigt und zementiert. Zum anderen wird in der Typologisierung die amerikanische IPÖ als wissenschaftlicher als die britische IPÖ dargestellt. Es werden in der Debatte also nicht zwei gleichberechtigte Ansätze miteinander konfrontiert, sondern ein rigoros wissenschaftlicher Ansatz und ein normativer, kreativer und eher unwissenschaftlicher Ansatz.

Drittens, und hierbei handelt es sich vielleicht um die bedeutendste Erkenntnis aus der IPÖ-Debatte, haben sich in den letzten Jahren innerhalb der IPÖ zwei verschiedene, vielleicht sogar antagonistische epistemologische Lager herausgebildet, die allerdings nicht mit der besprochenen Typologisierung identisch sind: ein *monistisches Lager* und ein *pluralistisches Lager*. Der theoretische *Monismus* beruht auf der Vorstellung, dass alle wissenschaftlichen Arbeiten letztlich auf einer Methodologie bzw. einem Grundprinzip basieren sollten: „[A]ll theoretical or generalizing sciences [should] make use of the same method, whether they are natural sciences or social sciences" (Popper 1957, S. 130; ähnlich auch King et al. 1994, S. 9). Der Monismus, wie er von der sogenannten dritten Generation der amerikanischen IPÖ formuliert wird, aber, wie oben beschrieben, auch innerhalb der amerikanischen IPÖ umstritten ist, beruht auf der Vorstellung, dass die Basis der IPÖ die standardisierte formale Methodologie der neoklassischen Ökonomie zu sein habe (vgl. Frieden und Lake 2000; Frieden und Martin 2002). Helleiner schlussfolgert entsprechend: „The more serious division that has emerged is between the Third Generation of the American school and everyone else (including many in the US school who remain inspired by its pioneers' vision of the field)" (Helleiner 2009, S. 382). Dem diametral entgegengesetzt steht die Sichtweise, dass die IPÖ auf einem pluralen Fundament stehen sollte. Demnach sind Methoden basierend auf standardisierten Modellen *eine* Möglichkeit von vielen anderen quantitativen wie qualitativen Methoden und Methodologien, die ebenso gründliches wissenschaftliches Arbeiten beinhalten: „‚Rigorous scientific standards' should be embraced; the *rigor mortis* of a single scientific approach and research program (whatever its nature) should not" (Leander 2009, S. 325). Der angemessene wissenschaftliche Ansatz ist hier nicht vorgegeben, sondern richtet sich nach den Erfordernissen der Fragestellung und der Empirie. Häufig werden zur Erhöhung von Evidenz auch verschiedene Methoden kombiniert (Stichwort *Triangulation*). Den richtigen wissenschaftlichen Ansatz auszuwählen, erfordert hiernach ein Wissen um die vielfältigen Ansätze innerhalb der IPÖ, aber auch in den benachbarten Disziplinen. Interdisziplinarität und ein *theoretischer Multilinguismus* ist gefragt (Leander 2009, S. 325).

Der eigentliche Gegensatz liegt demnach weniger zwischen einer amerikanischen und einer britischen IPÖ und auch nur bedingt zwischen einer atomistischen und einer holistischen IPÖ. Der Kern der Auseinandersetzung basiert auf der Frage, ob die Disziplin der Internationalen Politischen Ökonomie eine monistische Disziplin sein soll, die eine einheitliche methodische und theoretische Herangehensweise beinhaltet, oder eine pluralistische Disziplin, die viele verschiedene Ansätze und Methoden zulässt und sich widersprechende Theorien nicht als Problem, sondern als analytischen Reichtum ansieht. Beide Vorstellungen schließen sich gegenseitig aus. Ein theoretischer Monismus kann nicht plural sein und andersherum. Das Bauen einer Brücke zwischen einer monistischen IPÖ und einer pluralistischen IPÖ oder gar einer Synthese ist nicht möglich. Innerhalb der USA scheint sich in den letzten Jahren verstärkt eine monistische Disziplin herauszubilden. Außerhalb der USA gibt es allerdings bislang keinen dominierenden Ansatz. Hier überwiegt eine pluralistische IPÖ. Das gilt auch für die deutschsprachige IPÖ (vgl. Schirm 2006; Bieling 2011; Wullweber et al. 2013).

Die Entwicklung der Wirtschaftswissenschaften stellt diesbezüglich ein Warnzeichen dar (vgl. Wade 2009). Die Neoklassik ist hier nicht mehr der *primus inter pares*, sondern gewissermaßen der *princeps sine pares*.[6] Nicht zuletzt die globale Finanzmarktkrise hat gezeigt, wie problematisch es ist, wenn ein breites ökonomisches Wissen verloren geht und nur noch an den disziplinären Rändern existiert. Bezogen auf die IPÖ wurden die nationalen und globalen politisch-ökonomischen Prozesse, die schließlich zur Finanzmarktkrise führten, vor allem außerhalb des die US IPÖ dominierenden OEP-Ansatzes problematisiert (Nesvetailova 2007; Schwartz 2009; Langley 2008; vgl. Helleiner 2011). Ein theoretischer *Multilinguismus* erhöht daher die Chance, wichtige politisch-ökonomische Entwicklungen (rechtzeitig) zu erkennen. Auch Cohen konstatiert: „The challenge for IPE today is to keep that kind of ‚joyous contestation' alive" (Cohen 2014, S. 139). Andersherum birgt eine monistische Disziplin die Gefahr, auf neue und komplexe Veränderungen nicht angemessen reagieren zu können. Es gibt jedoch auch Stimmen, die diese Entwicklung anders einschätzen und den vereinheitlichenden Prozess innerhalb der US IPÖ als gewünschte Entwicklung hin zu einer „Kuhnian normalcy" (Lake 2009a, S. 49) interpretieren. Bezogen auf die Disziplin der Internationalen Politischen Ökonomie legt Catherine Weaver Susan Strange eine Warnung in den Mund: „Jerry – the fences are going up, the range is closing!" (Weaver 2009, S. 1). Oder mit *Humpty Dumptys* Worten aus Lewis Carols *Alice hinter den Spiegeln* gesprochen: *The question is which is to be master – that's all!* Auch wenn die Debatte noch

6 Siehe hierzu den alarmierenden offenen Brief zur Monokultur der Ökonomik in Deutschland (http://brief.plurale-oekonomik.de/).

nicht abgeschlossen ist, kann sie vielleicht schon jetzt als die erste *Große Debatte* der Internationalen Politischen Ökonomie angesehen werden. Sie zwingt über die Frage nachzudenken, auf welchem Fundament wissenschaftliches Arbeiten aufbauen sollen, ob eine Pluralität gewollt ist und gefördert werden soll und welche Herangehensweise am besten in der Lage ist, die drängenden politisch-ökonomischen Fragen und Probleme unserer Zeit analytisch zu fassen, um einen Raum für demokratische Antworten zu schaffen.

## 5 IPÖ und Finanzkrise

Anhand der Analysen der globalen Finanzkrise von 2007–2009 sollen die Unterschiede der methodologischen Ansätze aufgezeigt werden. Die holistisch-komplexe Herangehensweise charakterisiert die Finanzwirtschaft tendenziell als allumfassend, spekulativ und hoch volatil und sieht deren zunehmende Bedeutung im Allgemeinen und für die Weltwirtschaft im Besonderen zumeist problematisch. Die Kritik am Finanzwesen steht des Öfteren stellvertretend für eine Kritik an einer profitorientierten und immer stärker globalisierten Wirtschaftsweise. Die spekulative Finanzwirtschaft wird hier als Kern ökonomischer Globalisierungsprozesse und als neue Form einer globalen Infrastruktur gesehen (vgl. Cerny 1994). Der Politik wird ein großer Stellenwert in der regulativen Gestaltung der Finanzwirtschaft zugesprochen. Die zunehmende Bedeutung und Liberalisierung des Finanzsektors wird vor allem auf politische Entscheidungen zurückgeführt. Diese Dynamik entwickelte sich hiernach aus einem komplexen Geflecht diverser Faktoren, von denen sich die wenigsten auf Interessen innerhalb der Finanzwirtschaft zurückführen lassen, sondern beispielsweise auf zwischenstaatliche Konkurrenz oder eine profitorientierte Wirtschaftsweise im Allgemeinen verweisen. Es sind vor allem Untersuchungen und Analysen aus diesem Bereich, die die Möglichkeit einer größeren strukturellen Krise der Finanzwirtschaft mit verheerenden Auswirkungen auf die gesamte Weltwirtschaft in Betracht zogen. Mit dem Erstarken zunehmend unregulierter Kapitalmärkte sei die globale Finanzwirtschaft beständig krisenanfälliger und instabiler geworden. Ein größerer Zusammenbruch wurde nur noch als Frage der Zeit angesehen (vgl. Helleiner 1994; Germain 1997; Langley 2002; Palan 2003; Nesvetailova 2007; Watson 2007).

Auf der anderen Seite stehen die Ansätze, die auf dem methodologischen Individualismus fußen, häufig mit dem Rational-Choice-Ansatz arbeiten und sich an der neoklassischen Methodologie orientieren. Der starke Fokus auf vereinzelte Akteure und klar zuordenbare Präferenzstrukturen und auch die Annahme von

Verhalten entlang eines engen Rationalitätsverständnisses schränkt die Analyse von globalen strukturellen Veränderungen und größeren systemischen Veränderungen ein (vgl. Palan 2009, S. 388–389). Zugleich erschwert es der deduktive und eher reduktionistische Ansatz, die Finanzwirtschaft als globales System zu begreifen. Auch wird die Finanzwirtschaft häufig als nachrangig zur Güter produzierenden Weltwirtschaft verstanden (vgl. Cohen 2009a, S. 440–441). Mit der von der Neoklassik übernommenen Tendenz zur Analyse allgemeiner Gleichgewichtsprozesse wird die systematische Rekonfiguration außerhalb dieser theoretischen Orientierung und die Möglichkeit größerer ökonomischer Krisen gewissermaßen *per definitionem* ausgeschlossen. Statt der Möglichkeit eines generellen Systemrisikos werden nur kalkulierbare vereinzelte Risiken, z. B. ein Kreditrisiko oder ein Liquiditätsrisiko, gesehen. Die Möglichkeit einer unkalkulierbaren *Unsicherheit* scheint methodologisch ausgeschlossen (vgl. Kessler 2009). Cohen (2009a, S. 436–437) argumentiert, dass es der amerikanischen IPÖ auch an kreativer Vorstellungskraft fehlte, sich eine Finanzmarktkrise mit solchen Ausmaßen vorstellen zu können. Gründliche und detaillierte Analysen der Finanzwirtschaft kurz vor dem Ausbruch der Finanzkrise haben keine Anzeichen größerer systemischer Veränderungen erkannt (siehe z. B. Broz 2005; Rosas 2006; Keefer 2007; Pepinsky 2008). Selbst Arbeiten, wie die von Leblang und Satyanath (2006), die das Ziel hatten, ökonomische Standardmodelle zu verfeinern, um besser in der Lage zu sein, nationale Währungskrisen voraussagen zu können, sahen nicht, dass eine Krise von globalem Ausmaß im Entstehen war. Grund scheint auch die oben beschriebene starke Fixiertheit auf Methoden zu sein, die sich häufig auf den nationalen Rahmen beschränken und stark an mathematischer quantifizierbarer Modellierung orientieren (vgl. Cohen 2009a, S. 437). Insbesondere die makroökonomische Dimension der Finanzwirtschaft und die Rolle internationaler Kapitalströme sowie die Tatsache, dass viele der Hauptinvestoren, die massenhaft Geld in den USA anlegten, Regierungen waren, die zu der Finanzblase in den USA beitrugen, wurde nicht gesehen (vgl. Helleiner 2011, S. 82). Der methodologische Individualismus führt durch seine Akteurszentrierung tendenziell dazu, die komplexe Interaktion und institutionelle Einbindung der Akteure außen vor zu lassen und die soziale Dynamik des Finanzsystems zu vernachlässigen:

> „By convention, mainstream American IPE today is […] focusing primarily on key relationships isolated within a broader structure whose characteristics are assumed, normally, to be given and stable. At its core, therefore, the U.S. version of the field is implicitly constructed to downplay the possibility of major systemic change" (Cohen 2009a, S. 440–441).

Beispielhaft für ein solches Negieren von Interdependenz schreiben Simmons et al. (2006, S.787, zitiert nach Keohane 2009, S.38): „[P]rocesses of policy change can adequately be understood by conceiving of national governments as making decisions independently of each other."

Abgesehen von den starken Differenzen zwischen der holistisch-komplexen und der parsimonisch-reduktionistischen Herangehensweisen ist es bemerkenswert, dass sich inzwischen alle theoretischen IPÖ-Strömungen der Analyse der Finanzkrise angenommen haben. So finden sich (post-)keynesianische, liberale, neorealistische, marxistische, poststrukturalistische, mikro- und makrosoziologische, (neo-)institutionalistische, neogramscianische, feministische, systemtheoretische und konstruktivistische Theorien und Ansätze. Interessanterweise verlaufen die Grenzen zwischen vielen Ansätzen fließend und viele Studien (wenn nicht die meisten) sind keiner bestimmten Theorie eindeutig zuzuordnen. Die jeweiligen IPÖ-Ansätze bleiben nicht an ihren konzeptionellen Grenzen stehen, sondern greifen umfangreich auf Konzepte und Analysen anderer IPÖ-Theorien zurück. Einzig der Open-Economy-Ansatz besitzt ein Alleinstellungsmerkmal, indem hier kaum auf Arbeiten außerhalb des Ansatzes verwiesen wird.

Grundsätzliche Kritik an einer – mit Irving Fisher (1933, S.342) gesprochen – *privat-profitorientierten Ökonomie* findet sich neben den marxistischen Analysen – nicht erst, aber doch seit der Krise verschärft – auch bei postkeynesianischen, konstruktivistischen, poststrukturalistischen, feministischen und neorealistischen Ansätzen. Das rasante Wachstum und der immense Bedeutungszuwachs des globalen Finanzsystems hat nach diesen Analysen wenig mit dem Siegeszug einer gewissen Marktrationalität zu tun. Vielmehr sind es vor allem von Staaten vollzogene politische Entscheidungen, die zur Liberalisierung und Deregulierung des Finanzsystems beigetragen haben. Zugleich haben komplexe Akteurskonstellationen aus privaten, staatlichen, suprastaatlichen, regionalen und internationalen Institutionen ein marktliberales Governance der Finanzmärkte bestärkt. Die Finanzmarktakteure sind demnach keine geschlossen Gruppe, sondern verfolgen durchaus divergierende Interessen (Helleiner und Pagliari 2011, S.179). In den Analysen der Finanzkrise dominieren insgesamt Herangehensweisen, die dynamische Analysen statischen Herangehensweisen vorziehen; die die Analyse der Mikro- und der Makroebene als gleichrangig verstehen; die die Vorstellung von rational handelnden Akteuren hinterfragen; und die die Annahme der Stabilität internationaler politisch-ökonomischer Ordnungen als ontologischen Ausgangspunkt infrage stellen.

Allerdings bestehen hinsichtlich der Herangehensweise und der analytischen Ausrichtung zwischen den Ansätzen große Differenzen bestehen. So schlagen einige AutorInnen im Gegenteil vor, den Blick auf die Mikroebene und insbesondere auf das Handeln von Firmen zu verstärken und formale Modellentwicklungen voranzutreiben (Leblang und Pandya 2009; Mosley und Singer 2009; Lake 2009a). *Inside-out*-Erklärungen, wie die von Sobel (1994) werden weiterhin präferiert: „The international outcome is solidly rooted in domestic policy dilemmas and distributional debates. These debates can spill over to rearrange the international context" (Sobel 1994, S. 19). Parsimonie wird als Herangehensweise komplexen Analysen vorgezogen. Schließlich plädieren Anhänger des Open-Economy-Politics-Ansatzes verstärkt für (partielle) Gleichgewichtsanalysen und sehen die Diversität innerhalb der IPÖ als Problem und nicht als Notwendigkeit (Lake 2009a, S. 49–53; für eine Kritik siehe Wullweber 2014). Für diese AutorInnen umfasst die IPÖ-Disziplin vor allem die Untersuchung der Gründe für bestimmte WählerInnen-Präferenzen, des Einflusses von politischen Institutionen und Prozessen auf Policy-Ergebnisse und der Varianz internationaler ökonomischer Kooperationen. Die wichtigsten politischen Akteure sind Wähler, Lobbyisten, Politiker und Bürokraten. Hiernach muss lediglich der bereits bestehende Analyserahmen intensiviert werden – der gleiche Analyserahmen, der die Gründe der Finanzkrise vor allem in einem Zusammenspiel von einer laxen Kreditvergabepolitik der Banken, der Unachtsamkeit der Ratingagenturen und der mangelhaften staatlichen Aufsicht sieht (Leblang und Pandya 2009, S. 430–431).

## 6 Ausblick

Global Finance hat sich in den letzten 40 Jahren umfassend verändert. *Boring Banking* (Krugman 2009) war *vor*gestern. Zugleich verändert sich wissenschaftstheoretisch außerhalb eines kleinen Kreises an holistisch-komplexen IPÖ-Ansätzen vergleichsweise wenig. Auf die Frage, wieso sich in der Wissenschaft bisweilen wenig bewegt, schreibt Kuhn:

> „Part of the answer [...] can be discovered by noting first what scientists *never do* when confronted by even severe and prolonged anomalies. Though they may begin to lose faith and then to consider alternatives, they do *not renounce the paradigm* that has led them into crisis. They do not [...] treat anomalies as counterinstances" (Kuhn 1962, S. 77, Hervorheb. JW).

Die Zeit scheint noch nicht reif für größere Veränderungen in diesem Bereich zu sein:

> „Once it has achieved the status of paradigm, a scientific theory is declared invalid only if an alternate candidate is available to take its place. No process yet disclosed by the historical study of scientific development at all resembles the methodological

stereotype of falsification by direct comparison with nature" (Kuhn 1962, S. 77; für eine ähnlich pessimistische Einschätzung vgl. Palan 2009).

Dennoch: Die globale Finanzkrise verdeutlicht mit aller Wucht die Notwendigkeit, ungeduldiger zu werden und endlich die Borniertheit wissenschaftsdisziplinärer Grenzen zu überwinden: „The need to break with established categorizations and understandings" (Boy et al. 2011, S. 119). Auch wenn es noch viel zu tun gibt, ist die Internationale Politische Ökonomie auf einem guten Weg, eine transdisziplinäre und multitheoretische Epistemologie und Methodologie zu entwickeln. Die politischen Dimensionen und Bedeutungen derzeitiger global-ökonomischer Prozesse und Veränderungen sind gewaltig. Um diese zu erfassen, bedarf es weit mehr als der Analyse von internationalen Verrechtlichungen, Regularien und der Politik von Staaten und internationalen Organisationen. Daher ist es erstaunlich, dass *Global Finance* als multidimensionales politikwissenschaftliches Forschungsfeld im deutschsprachigen Raum nach wie vor so wenig Beachtung erfährt. Die Kurzsichtigkeit besteht daher weniger innerhalb der Internationalen Politischen Ökonomie, sondern in einem Wissenschaftsapparat, der nur sehr langsam auf die Herausforderungen unserer Zeit reagiert.

## Literatur

Bakker, I. (1994). *The Strategic Silence: Gender and Economic Policy*. London: Zed Books.
Bakker, I. (2002). Who Built the Pyramids? Engendering the New International Economic and Financial Architecture. *femina politica 11 (1)*, 13–25.
Bernhard, W., Broz, J. L., & Clark, W. R. (2002). *The Political Economy of Monetary Institutions*. Cambridge: MIT Press.
Besley, T., & Hennessy, P. (2009). *Letter to Her Majesty the Queen*. http://www.ft.com/cms/3e3b6ca8-7a08-11de-b86f-00144feabdc0.pdf. Zugegriffen: 30. März 2013.
Bieling, H.-J. (2011). *Internationale Politische Ökonomie. Eine Einführung. 2. Auflage*. Wiesbaden: VS Verlag für Sozialwissenschaften.
Blaikie, N. (2007). *Approaches to Social Enquiry. 2. Auflage*. Cambridge: Polity.
Blyth, M. (2009). Torn Between Two Lovers? Caught in the Middle of British and American IPE. *New Political Economy 14 (3)*, 329–336.
Boy, N., Burgess, J. P., & Leander, A. (2011). The Global Governance of Security and Finance: Introduction to the Special Issue. *Security Dialogue 42 (2)*, 115–122.
Broz, J. L. (2005). Congressional Politics of International Financial Rescues. *American Journal of Political Science 49 (4)*, 479–496.
Bryan, D., Martin, R., Montgomerie, J., & Williams, K. (2012). An Important Failure: Knowledge Limits and the Financial Crisis. *Economy and Society 41 (3)*, 299–315.

Cerny, P. G. (1994). The Infrastructure of the Infrastructure? Towards Embedded Financial Orthodoxy in the International Political Economy. In R. P. Palan & B. K. Gills (Hrsg.), *Transcending the State-Global Divide: A Neostructuralist Agenda in International Relations* (S. 223–249). Boulder: Lynne Rienner.

Cohen, B. J. (2007). The Transatlantic Divide: Why Are American and British IPE so Different? *Review of International Political Economy 14 (2)*, 197–219.

Cohen, B. J. (2008a). *International Political Economy. An Intellectual History.* Princeton, Oxford: Princeton University Press.

Cohen, B. J. (2008b). The Transatlantic Divide: A Rejoinder. *Review of International Political Economy 15 (1)*, 30–34.

Cohen, B. J. (2009a). A Grave Case of Myopia. *International Interactions 35(4)*, 436–444.

Cohen, B. J. (2009b). The Way Forward. *New Political Economy 14 (3)*, 395–400.

Cohen, B. J. (2014). *Advanced Introduction to International Political Economy.* London: Edward Elgar.

Cox, R. W. (1981). Social Forces, States and World Orders: Beyond International Relations Theory. *Millennium 10 (2)*, 126–155.

Cox, R. W. (1987). *Power, Production, and World Order.* New York: Colombia University Press.

Cox, R. W., & Sinclair, T. (Hrsg.) (1996). *Approaches to world order.* Cambridge: Cambridge University Press.

Eichengreen, B. (1998). Dental Hygiene and Nuclear War: How International Relations Look from Economics. *International Organization 52(4)*, 993–1012.

Enloe, C. (1989). *Bananas, Beaches and Bases. Making Feminist Sense of International Politics.* Berkeley: University of California Press.

Financial Times (2008). Good Question, Ma'am. *Financial Times v. 14 November 2008.* http://www.ft.com/cms/s/0/5b306600-b26d-11dd-bbc9-0000779fd18c.html#axzz2MaMx6Ftt. Zugegriffen: 30. Januar 2014.

Fisher, I. (1933). The Debt Deflation Theory of Great Depressions. *Econometrica 1 (4)*, 337–357.

Frieden, J., & Martin, L. L. (2002). International Political Economy: Global and Domestic Interactions. In I. Katznelson & H. V. Milner (Hrsg.), *Political Science. The State of the Discipline* (S. 118–146). New York: W. W. Norton.

Frieden, J. A., Lake, D. A., & Schultz, K. A. (2009). *World Politics: Interests, Interactions, and Institutions.* New York: W. W. Norton.

Frieden, J. A., & Lake, D. A. (Hrsg.) (2000). *International Political Economy. Perspectives on Global Power and Wealth.* London: Routledge.

Germain, R. D. (1997). *The International Organization of Credit. States and Global Finance in the World-economy.* Cambridge: Cambridge University Press.

Gilpin, R. (1975). *U. S. Power and the Multinational Corporation. The Political Economy of Foreign Direct Investment.* New York: Basic Books.

Gilpin, R. (1987). *The Political Economy of International Relations.* Princeton: Princeton University Press.

Gilpin, R. (2001). *Global Political Economy. Understanding the International Economic Order.* Princeton, Oxford: Princeton University Press.

Harvey, D. (2003). *Der neue Imperialismus.* Hamburg: VSA.

Hay, C. (Hrsg.) (2010). *New Directions in Political Science. Responding to the Challenges of an Interdependent World.* Basingstoke: Palgrave Macmillan.

Helleiner, E., & Pagliari, S. (2011). The End of an Era in International Financial Regulation? A Postcrisis Research Agenda. *International Organization 65 (1)*, 169–200.

Helleiner, E. (1994). *States and the Reemergence of Global Finance: From Bretton Woods to the 1990s*. Ithaca: Cornell University Press.
Helleiner, E. (2009). Division and Dialogue in Anglo-American IPE: A Reluctant Canadian View. *New Political Economy 14 (3)*, 377–383.
Helleiner, E. (2011). Understanding the 2007–2008 Global Financial Crisis: Lessons for Scholars of International Political Economy. *Annual Review of Political Science 14*, 67–87.
Higgott, R., & Watson, M. (2008). All at Sea in a Barbed Wire Canoe: Professor Cohen's Transatlantic Voyage in IPE. *Review of International Political Economy 15 (1)*, 1–17.
Hodgson, G. M. (1994). Some Remarks on "Economic Imperialism" and International Political Economy. *Review of International Political Economy 1 (1)*, 21–28.
Husserl, E. (1978). The Origin of Geometry. In J. Derrida (Hrsg.), *Edmund Husserl's „Origin of Geometry": An Introduction* (S. 157–180). New York: Nicolas Hays.
Katzenstein, P. J. (Hrsg.) (1996). *The Culture of National Security. Norms and Identity in World Politics*. New York: Columbia University Press.
Katzenstein, P. J. (1976). International Relations and Domestic Structures: Foreign Economic Policies of Advanced Industrial States. *International Organization 30 (1)*, 1–45.
Katzenstein, P. J. (1978). *Between Power and Plenty: Foreign Economic Policies of Advanced Industrial States*. Madison: University of Wisconsin Press.
Katzenstein, P. J. (2009). Mid-Atlantic: Sitting on the Knife's Sharp Edge. *Review of International Political Economy 16 (1)*, 122–135.
Katzenstein, P. J., Keohane, R. O., & Krasner, S. (1998). International Organization and the Study of World Politics. *International Organization 52 (4)*, 645–685.
Keefer, P. (2007). Elections, Special Interests, and Financial Crisis. *International Organization 61 (3)*, 607–641.
Keohane, R. O. (1988). International Institutions. Two Approaches. *International Studies Quarterly 32 (4)*, 379–396.
Keohane, R. O. (2009). The Old IPE and the New. *Review of International Political Economy 16 (1)*, 34–46.
Keohane, R. O., & Nye, J. (1971). Transnational Relations and World Politics. *International Organization 25 (3)*, 329–349.
Keohane, R. O., & Nye, J. (1977). *Power and Interdependence: World Politics in Transition*. Boston, Ma: Little, Brown.
Kessler, O. (2009). Die Subprime-Krise und die Frage nach der Finanzmarktstabilität. *Zeitschrift für Internationale Beziehungen 16 (1)*, 161–176.
King, G., Keohane, R. O., & Verba, S. (1994). *Designing Social Inquiry: Scientific Inference in Qualitative Research*. Princeton: Princeton University Press.
Krasner, S. (Hrsg.) (1983). *International Regimes*. Ithaca: Cornell University Press.
Krasner, S. (1976). State Power and the Structure of International Trade. *World Politics 28 (3)*, 317–347.
Krasner, S. (1996). The Accomplishments of International Political Economy. In S. Smith, K. Booth & M. Zalewski (Hrsg.), *International Theory: Positivism & Beyond* (S.108–127). Cambridge: Cambridge University Press.
Krugman, P. (2009). Making Banking Boring. New York Times v. 9 April. http://www.nytimes.com/2009/04/10/opinion/10krugman.html?_r=0. Zugegriffen: 29. July 2014.
Kuhn, T. S. (1962). *The Structure of Scientific Revolution*. Chicago: University of Chicago Press.

Lake, D. A. (2006). International Political Economy: A Maturing Interdiscipline. In B. R. Weingast & D. Wittman (Hrsg.), *The Oxford Handbook of Political Economy* (S.757–777). New York: Oxford University Press.

Lake, D. A. (2009a). TRIPs Across the Atlantic: Theory and Epistemology in IPE. *Review of International Political Economy 16 (1)*, 47–57.

Lake, D. A. (2009b). Open Economy Politics: A Critical Review. *Review of International Organization 4 (3)*, 219–244.

Langley, P. (2002). *World Financial Orders. An Historical International Political Economy.* London: Routledge.

Langley, P. (2008). *The Everyday Life of Global Finance: Saving and Borrowing in Anglo-America.* Oxford: Oxford University Press.

Langley, P. (2009). Power-knowledge Estranged. From Susan Strange to Poststructuralism in British IPE. In M. Blyth (Hrsg.), *Routledge Handbook of International Political Economy. IPE as a Global Conversation* (S. 126–139). London: Routledge.

Laudan, L. (1977). *Progress and its Problems: Towards a Theory of Scientific Growth.* London: Routledge & Kegan Paul.

Laudan, L. (1996). *Beyond Positivism and Relativism: Theory, Method, and Evidence.* Boulder, Co.: Westview Press.

Leander, A. (2009). Why we Need Multiple Stories about the Global Political Economy. *Review of International Political Economy 16 (2)*, 321–328.

Leblang, D., & Satyanath, S. (2006). Institutions, Expectations, and Currency Crises. *International Organization 60 (1)*, 245–262.

Leblang, D., & Pandya, S. (2009). The Financial Crisis of 2007: Our Waterloo or Take a Chance on IPE? *International Interactions 35 (4)*, 430–435.

Maliniak, D., & Tierney, M. J. (2009). The American School of IPE. *Review of International Political Economy 16 (1)*, 6–33.

McNamara, K. R. (2009). Of Intellectual Monocultures and the Study of IPE. *Review of International Political Economy 16 (1)*, 72–84.

Milner, H. V. (1997). *Interests, Institutions and Information.* Princeton, NJ: Princeton University Press.

Milner, H. V. (2002). Reflections on the Field of International Political Economy. In M. Brecher & F. P. Harvey (Hrsg.), *Conflict, Security, Foreign Policy, and International Political Economy* (S. 207–223). Ann Arbor: University of Michigan Press.

Mosley, L., & Singer, D. A. (2009). The Global Financial Crisis: Lessons and Opportunities for International Political Economy. *International Interactions 35 (4)*: 420–429.

Nesvetailova, A. (2007). *Fragile Finance Debt, Speculation and Crisis in the Age of Global Credit.* Basingstoke: Palgrave Macmillan.

Palan, R. (2003). *The Offshore World: Sovereign Markets, Virtual Places, and Nomad Millionaires.* New York: Cornell University Press.

Palan, R. (2009). The Proof of the Pudding is in the Eating: IPE in Light of the Crisis of 2007/8. *New Political Economy 14 (3)*, 385–394.

Palan, R. (2013). New Trends in Global Political Economy. In R. Palan (Hrsg.), *Global Political Economy. Contemporary Theories* (S. 1–14). London, New York: Routledge.

Pepinsky, T. B. (2008). Capital Mobility and Coalitional Politics: Authoritarian Regimes and Economic Adjustment in Southeast Asia. *World Politics 60 (3)*, 438–474.

Peterson, V. S. (1992). *Gendered States. (Re)Visions of International Relations Theory.* Boulder: Lynne Rienner.

Peterson, V.S. (2003). *A Critical Rewriting of Global Political Economy. Integrating Reproductive, Productive and Virtual Economies.* London: Routledge.
Popper, K.R. (1957). *The Poverty of Historicism.* London: Butler & Tanner.
Rogowski, R. (1989). *Commerce and Coalitions: How Trade Affects Domestic Political Alignments.* Princeton: Princeton University Press.
Rosas, G. (2006). Bagehot or Bailout? An Analysis of Government Responses to Banking Crises. *American Journal of Political Science 50 (1)*, 175–191.
Ruggie, J.G. (Hrsg.) (1983). *The Antinomies of Interdependence: National Welfare and the International Division of Labor.* New York: Columbia University Press.
Ruggie, J.G. (1998). *Constructing the World Polity: Essays on International Institutionalization.* London: Routledge.
Ryner, M. (2012). Financial Crisis, Orthodoxy and Heterodoxy in the Production of Knowledge about the EU. *Millennium 40 (3)*, 647–673.
Schirm, S.A. (Hrsg.) (2006). *Globalisierung. Forschungsstand und Perspektiven.* Baden-Baden: Nomos.
Schwartz, H. (2009). *Subprime Nation: American Power, Global Capital, and the Housing Bubble.* Ithaca: Cornell University Press.
Sil, R., & Katzenstein, P.J. (2010). *Beyond Paradigms. Analytical Eclecticism in the Study of World Politics.* Basingstoke: Palgrave Macmillan.
Simmons, B.A., Dobbin, F., & Garrett, G. (2006). The Institutional Diffusion of Liberalism. *International Organization 60 (4)*, 781–810.
Sobel, A.C. (1994). *Domestic Choices, International Markets. Dismantling National Barriers and Liberalizing Securities Markets.* Ann Arbor: University of Michigan Press.
Sobel, A.C. (2013). *International Political Economy in Context: Individual Choices, Global Effects.* Los Angeles: Sage.
Strange, S. (Hrsg.) (1984). *Path to International Political Economy.* London: Allen & Unwin.
Strange, S. (1970). International Economics and International Relations: A Case of Mutual Neglect. *International Affairs 46 (2)*, 304–315.
Strange, S. (1986). *Casino Capitalism.* Oxford: Basil Blackwell.
Strange, S. (1988). *States and Markets.* London, New York: Pinter.
Strange, S. (1991). An Eclectic Approach. In C. Murphy & R. Tooze (Hrsg.), *The New International Political Economy* (S. 33–50). Boulder: Lynne Rienner.
Strange, S. (1994). Wake up, Krasner! The World has Changed. *Review of International Political Economy 1 (2)*, 209–219.
Wade, R. (2009). Beware What You Wish for: Lessons for International Political Economy from the Transformation of Economics. *Review of International Political Economy 16 (1)*, 106–121.
Watson, M. (2007). *The Political Economy of International Capital Mobility.* Basingstoke, Hampshire: Palgrave Macmillan.
Weaver, C. (2009). Reflections on the American School: An IPE of our Making. *Review of International Political Economy 16 (1)*, 1–5.
Wood, E.M. (2003). *Empire of Capital.* London, New York: Verso.
Wullweber, J., Graf, A., & Behrens, M. (Hrsg.) (2013). *Theorien der Internationalen Politischen Ökonomie.* Wiesbaden: VS Verlag für Sozialwissenschaften.
Wullweber, J. (2014). The Question is Which is to Be Master – That's All! Amerikanische Internationale Politische Ökonomie vs. britische Internationale Politische Ökonomie? *Zeitschrift für Internationale Beziehungen 21 (2)*, 63–84.

Wullweber, J. (2016). A Grave Case of Myopia? Die globale Finanzmarktkrise und die Internationale Politische Ökonomie. *Zeitschrift für Politikwissenschaft 26 (1).*
Žižek, S. (2009). *First As Tragedy, Then As Farce*. London: Verso.

# Teil III
# Performativität in der Ökonomie

# Netzwerke der Wirtschaftswissenschaft in Deutschland und die Performativität ökonomischen Wissens

Katrin Hirte und Stephan Pühringer

## 1 ÖkonomInnen in der Finanzkrise – Zwischen Selbst- und Fremdwahrnehmung

Die bis heute andauernde weltweite Wirtschaftskrise – in Analogie zur „Great Depression" von 1930 auch „Great Recession" genannt –, die ihren Anfang in der Finanzkrise 2007/08 nahm, hat zu einer Welle von unterschiedlichen Kritiken geführt. Eine zentrale Kritik bezog sich darauf, dass der Ausbruch der globalen Wirtschaftskrise zumindest in ihrem dramatischen Ausmaß nur von sehr wenigen ÖkonomInnen vorhergesagt worden war (Tichy 2010). Gleichzeitig waren führende ÖkonomInnen über Jahrzehnte für die Liberalisierungen öffentlicher Leistungen und „freie Märkte" einschließlich der Finanzmärkte eingetreten. Daher kam es innerhalb der Ökonomik 2008/2009 zu einer (kurzen) Phase der kritischen Selbstreflexion. Insbesondere wurde die *Revitalisierung keynesianisch geprägter nachfrageorientierter Politik* mit staatlicher Konjunktursteuerung wieder verstärkter thematisiert, weshalb Paul Krugman im Januar 2009 auf dem Treffen der American Economic Association in San Francisco vom „Keynesian Moment" sprach (Krugman 2008).

Zudem wurden einzelne führende ÖkonomInnen für ihre persönlichen und beruflichen Verbindungen zu zentralen AkteurInnen der (Finanz-)wirtschaft kritisiert und ihre wissenschaftliche Unabhängigkeit in Frage gestellt. Die Studie zu solch Verstrickungen von Carrick-Hagenbarth und Epstein (2010) sowie der Film „Inside Job" von Ferguson (2010) über die Verbindungen von Bankern, PolitikerInnen und ÖkonomInnen führten u.a. zur Verabschiedung von Moralkodizes durch die American Economic Association sowie von ihrem deutschsprachigen Pendant, dem Verein für Socialpolitik (Mirowski 2013). Auch schon vor 2008 wurde versucht, der aktiven und gestaltenden Rolle von ÖkonomInnen wissenschaftsseitig zu entsprechen, hier mit dem *performativity*-Konzept, welches im Kern besagt, dass mit sprachlichen Äußerungen seitens der Wissenschaften ein formender Einfluss auf Entwicklungen erfolgt, im Falle des Finanzsektors auf finanzwirtschaftliche (Callon 2005; 2007; MacKenzie und Millo 2003; MacKenzie 2006; 2007).

Gleichzeitig wird aber von der Mehrheit der ÖkonomInnen die Position eingenommen, sie seien WissenschaftlerInnen, welche (nur) eine „positive" Theorie verträten. Unabhängig sowie ideologiefrei (Mankiw 2011) würden sie die wirtschaftliche Realität analysieren und beschreiben. „Describers dominate Economics" (Callon 2007, S. 314) hieß es daher auch in Replik auf das Fazit einer Untersuchung, in der die Rolle der ÖkonomInnen hinsichtlich der Entstehung von Innovation in der ökonomischen Theorie untersucht wurde (Faulhaber und Baumol 1988).

Diese unterschiedlichen Selbst- und Fremdwahrnehmungen sowie die Finanzkrise waren Anlass für die Frage nach dem Verhältnis von Ökonomie und ÖkonomInnen. Im Rahmen dieses Beitrages werden dazu theoretische Überlegungen als auch empirische Ergebnisse vorgestellt.[1] In einem ersten Schritt wird auf das *performativity*-Konzept eingegangen, welches im Kern besagt, dass sprachliche Äußerungen und spezifisches Denken Wirklichkeit mitformen. Diesem Verständnis folgend, kommt es zu einer für uns dringend notwendigen Re-Thematisierung der gesellschaftlichen Verantwortung von Wissenschaft, die in diesem Beitrag anhand der verschiedenen Formen der performativen Einflussnahme von ÖkonomInnen auf gesellschaftliche Prozesse analysiert wird. In einem zweiten Schritt wird anhand einiger Beispiele aus den erfolgten Diskurs- und Netzwerkanalysen aufgezeigt, inwieweit ÖkonomInnen im Diskurs zur Krisenpolitik zur Zeit der Finanzkrise (2008–2010) präsent waren und in welchen Netzwerken sie gleichzeitig verortet sind. Dabei wird deutlich, dass umfangreiche und lange Zeit gewachsene Netzwerke existieren, in denen ÖkonomInnen nicht nur als Mitglieder der *scientific community* agieren, sondern ebenso medial oder politisch, insbesondere in Beratungs- und Ad-hoc-Gremien, so wie von Latour zur performativen Rolle von WissenschaftlerInnen in gesellschaftlichen Prozessen ausgeführt. Die auf der Netzwerkebene lang gewachsene Kontinuität erklärt teils auch den festzustellenden Trend, dass man nach dem kurzen „window of oportunity" für eine Neuorientierung ökonomischen Denkens Ende 2008/Anfang 2009 in der EU nach einer kurzen expansiven Phase wieder zügig Spar- und Austeritätsmaßnahmen forcierte (Krugman 2012).

1 Ergebnisse aus einem von der Österreichischen Nationalbank gefördertem Projekt (Nr. 14085) am ICAE, Universität Linz; umfassend dazu in: Hirte (2013).

# 2 *Performativity* als Konzept

## 2.1 Grundlegung

*Performativity* bezeichnet allgemein das Hervorbringen durch sprachliche Äußerungen. Der Begriff wurde von John Langshaw Austin in seiner Sprechakttheorie verwendet. Er bezeichnete damit Sprechakte, mit denen eine Handlung vollzogen wird, und ging dabei ursprünglich davon aus, dass es beschreibende (konstative) versus vollziehende (performative) Sprechakte gäbe (z. B. Trauung, Taufe usw.). Da sich aber für diese Dichotomie kein eindeutig spezifizierbares Abgrenzungskriterium finden ließ, resümierte Austin, dass letztlich jegliche Sprechakte mehr oder weniger performativ sind.[2] Ebenso betonte Austin, mit seiner Sprechakttheorie die Dichotomie zwischen Sprache und Handlung aufzuheben und damit den „Wahr/Falsch-Fetisch" aufzugeben (Austin 2002, S. 168). Dazu fasste er Sprache und Handlung zu einem Gemeinsamen im „Sprechakt":

> „Was wir brauchen ist, so scheint mir, eine neue Theorie, die vollständig und allgemein darlegt, was man tut, wenn man etwas sagt, und zwar in allen Sinnvarianten dieses mehrdeutigen Ausdrucks; es müsste eine Theorie der Sprachhandlung in ihrer Gesamtheit sein [...]" (Austin 1968, S. 153).

Zur Differenzierung der verschieden performativ ausgeprägten Sprechakte unterschied Austin in den lokutionären Akt (der Akt des Etwas-Sagens), den illokutionären Akt (die Handlung, die man vollzieht, indem man etwas sagt) und den perlokutionären Akt (die Wirkung, die man dadurch erreicht, dass man etwas sagt). Damit performative Äußerungen glücken, müssen eine Reihe entsprechender Bedingungen erfüllt sein – im Fall der Trauung, ein Sprechakt mit ausgeprägter Illokutionarität, ist dies z. B. das korrekt durchgeführten Verfahren, in dem die Teilnehmenden dazu legitimiert sind, die ihnen zugedachten Rollen einzunehmen usw.

2 „Es gibt [...], so wie unsere Sprache gegenwärtig aussieht, viele Beispiele, die wir nicht auf diese Weise in zwei Teile spalten können [...]. Es ist uns nun nicht gelungen, für die performativen Äußerungen ein grammatikalisches Kriterium zu finden" (Austin 2002, S. 108f.).

## 2.2 *Performativity* of Economics – Anlass und Kernaussage

Im Konzept der „Performativity of Economics" wurde Austins Kernaussage – dass letztlich mit jeglicher sprachlichen Äußerung Handlungen vollzogen werden – von Callon und MacKenzie übernommen. Anlass waren Analysen zur Entstehung von ökonomischen Strukturen, insbesondere zur Entstehung der Chicagoer Optionsbörse. An dieser waren die Ökonomen Fischer Black, Myron Samuel Scholes und Robert C. Merton maßgeblich beteiligt durch das Entwickeln einer neuen Methode zur Bestimmung des Wertes von Derivaten (MacKenzie 2006; Callon 2007). Ebenso war der renommierte Ökonom Milton Friedman involviert – als fördernd und vermittelnd, indem er ein Gutachten für die Aufsichtsbehörde SEC (Securities and Exchange Commission) angefertigt hatte, in welchem er den volkswirtschaftlichen Nutzen der Optionsbörse herausstellte, woraufhin das Misstrauen seitens der SEC abgebaut und somit die Chicago Board Options Exchange (CBOE) gegründet werden konnte (Diaz-Bone 2011). Auch führten FinanzwissenschaftlerInnen nach Börsenschluss abends Schulungen durch, entwickelten Tabellen und Rechenhilfsmittel zum Errechnen der Preise und so wurde das Modell langsam in der Börsenwelt platziert (MacKenzie und Millo 2003, S. 118ff.). Zudem waren die drei Ökonomen Fischer Black, Myron Samuel Scholes und Robert C. Merton auch geschäftlich bzw. beruflich eng mit dem Finanzsektor verwoben.[3] WissenschaftlerInnen – so das Fazit und gleichzeitig die Kernaussage von u. a. Callon und MacKenzie zu solchen Entwicklungen – sind nicht nur wertfreie oder objektive BeobachterInnen von Wirklichkeit, sondern mit Theorien, Modellen, Methoden usw. wird Entwicklung mehr oder weniger aktiv mit geformt bzw. in dieser agiert.

3 Fischer Black war ab 1984 bei Goldman Sachs tätig. Er verstarb 1995, 2 Jahre vor der Verleihung des „Sveriges Riksbank Prize in Economic Sciences in Memory of Alfred Nobel" an Scholes und Merton. Myron Samuel Scholes war ab 1990 bei Salomon Brothers. 1994 gründete er zusammen mit Robert Merton und John Meriwether den Hedgefonds Long-Term Capital Management (LTCM). Dort war er im Direktorium, als dieser dann nach massiven Fehlspekulationen und Verlusten von 4,6 Milliarden USD im September 1998 zusammenbrach und so die Krise an den Finanzmärkten mitverursachte. Schon 1999 hatte Scholes das Hedgefonds-Unternehmen Platinum Grove gegründet, zusammen mit Chi-fu Huang, Ayman Hindy, Tong-sheng Sun und Lawrence Ng, die ebenfalls alle zuvor bei LTCM gearbeitet hatten. 2005 wurde Scholes zudem wegen Steuerhinterziehung in Höhe von 40 Millionen USD im Zusammenhang mit ungerechtfertigten Abschreibungen bei LTCM verurteilt. Robert Carhart Merton war wie Scholes erst bei Salomon Brothers; Inc., bevor er zusammen mit Scholes und Meriwether das Hedgefonds-Unternehmen LTCM gründete (Hirte 2013, S. 37f.).

## 2.3 Formen von *performativity* und Kritik

Aufbauend auf der Einsicht, dass ÖkonomInnen maßgeblich Prozesse mitformen können, differenziert MacKenzie vier Formen von Performativität: *generic performativity, effective performativity* sowie *Barnesian performativity* und *counterperformativity* (MacKenzie 2006, S. 16ff). Bei ersterer Form von Performativität (*generic performativity*) wird nach MacKenzie (nur) ein „aspect of economics (theory, model, concept...)" genutzt; bei der zweiten Form (*effective performativity*) hat die praktische Nutzung eines Aspektes einen „effect on economic processes" (MacKenzie 2006, S. 16); bei der dritten, der „barnesianischen" Performativität, hat die praktische Nutzung eines Aspekts der Ökonomie den Effekt: „Practical use of an aspect of economics makes economic processes more like their depiction by economics" (dabei bezog sich MacKenzie (2006, S. 16) auf den Soziologen Barry Barnes, der selbstreferenzielles Wissen als konstitutiv für gesellschaftliche Systeme ansieht)[4]. Durch „*counterperformativity*" soll die Möglichkeit ausgedrückt werden, dass die Anwendung von „aspects of economics" nicht nur dazu führen kann, dass die Wirtschaft sich den Vorstellungen der Ökonomen annähert, sondern dass auch das Gegenteil eintreten kann.

Zu diesen Formen der Performativität werden nachstehend zwei Kritiken formuliert. Die erste betrifft die innere Widersprüchlichkeit der Formen. Die zweite Kritik bezieht sich auf die Begrenzung der Formen auf ökonomische Prozesse.

Zur inneren Widersprüchlichkeit:

1. Die Performativität sprachlicher Äußerungen ernst genommen, d. h., dass jegliche sprachliche Äußerungen Handlungen sind, ist „*effective*" *performativity* eine Tautologie (da jede Äußerung einen „Effekt" hat im Sinne von Handlungsfolgen) und *generic performativity* (das Verwenden eines „aspects of economics", ohne das Effekte eintreten) ist nicht möglich; ähnlich wie mit der „*effective*" *performativity* verhält es sich mit der „barnesianischen" *performativity*: wenn jegliches Wissen selbstreferenziell, also barnesianisch ist, liegt auch hier eine Tautologie vor[5];

4 „I have conceived of a society as a distribution of self-referring knowledge substantially confirmed by the practice it sustains" (Barnes 1988, S. 166).

5 Siehe dazu auch eine ähnliche Kritik von Mäki (2013); allerdings wird dieser hier nicht so weit gefolgt, dass mit der Beanspruchung des Performativity-Konzepts die Differenz zwischen Konstitution und Verursachung verdunkelt werden würde. Mäki differenziert dabei zwischen einerseits „Konstituierungen" (durch Rückgriff auf „strong" illokutionäre Akte, bei denen Sprache und Handlungen zusammenfallen wie z. B. „Hiermit erkläre ich Sie zu Mann und Frau" bzw. auf „strong" perlokutionäre Akte, wie „Hiermit

2. Mit dem Abzielen auf Intensität (*effective/generic*) und Richtung (barnesian/counter) werden zwei kategoriale Grundrichtungen thematisiert, welche zusammen auftreten können (z. B. eine sehr intensive „counter"-Performativität usw.);
3. Mit „*counterperformativity*" wird das Nicht-Eintreten der Handlungsintention auf ein nur gegenteiliges Eintreten beschränkt und somit werden andere Wirkrichtungen nicht thematisiert, insbesondere nicht die Entstehung von Neuem (Emergenz),[6] wie dies gerade im thematisierten Finanzsektor (durch die Entwicklung des Black-Scholes-Merton-Modells) erfolgte.[7]

Zur Vermeidung dieser Widersprüchlichkeiten und Unzulänglichkeiten sollte daher in drei grundsätzlich mögliche „*effects*" (Tabelle 1) von Performativität differenziert werden.

**Tab. 1** Effects of Performativity

| **Process** | **Effects** |
|---|---|
| *conformal performativity* | Practical use of an aspect of economics makes societal processes more like their depiction by economics |
| *counterperformativity* | Practical use of an aspect of economics makes societal processes less like their depiction by economics |
| *emergent performativity* | Practical use of an aspect of economics leads to emergences of news in societal processes (in difference to the depiction by economics) |

Quelle: eigene Darstellung, nach MacKenzie (2006, S. 16) und Callon (2007, S. 323)

---

entschuldige ich mich") und andererseits „Verursachungen" und nur erstere würden der „authentischen Bedeutung von Performativität" entsprechen. Das Grundpostulat Austins aber ernst genommen – jegliches Sprechen ist ein Handeln – ist diese Dichotomie nicht aufrecht zu erhalten: Jegliche Sprachhandlung hat Handlungsfolgen. Allerdings ist dem Anliegen einer Differenzierung insoweit zu folgen, dass Sprachhandlungen nur eine Unterkategorie aller Handlungen sind, also zwischen Verursachungen durch Sprachhandlungen als auch Nicht-Sprachhandlungen unterschieden werden muss.

6 Bei Callon (2007, S. 323) als „overflowing" thematisiert, in den Sozialwissenschaften als „Auftreten von Neuem auf einer „höheren" Ordnungs- oder Systemebene" (Hartig-Perschke 2009, S. 44).

7 Zudem geht zumindest mit der *Barnesian performativity* als auch der *counterperformativity* das semantische Problem einher, dass direkt von einer Äußerung auf eine Wirkung geschlossen wird (ein „effect" als Instrument zur Herstellung von Identität von Marktmodellvorstellung und Marktrealität), ohne dass berücksichtigt wird, dass Äußerungen von ÖkonomInnen in verschiedenen Kontexten auch verschiedene „Effekte" auslösen können (siehe auch in: Maeße 2015, S. 14f.).

Verknüpft mit der Frage nach der Intensität, durch die sprachliche Äußerungen Prozesse beeinflussen können, werden nachstehend matrixartig die grundsätzlich möglichen Ausformungen bzw. Formen von Performativität visualisiert (Abbildung 1).

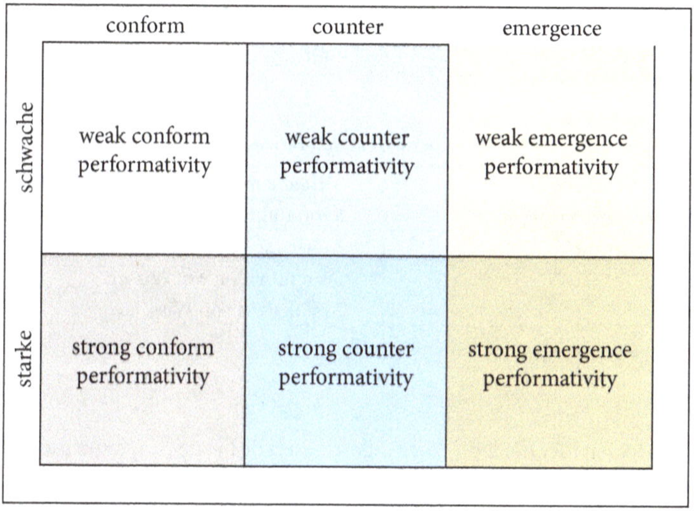


**Abb. 1** Mögliche Formen von Performativität
Quelle: eigene Darstellung

Zur Begrenzung auf ökonomische Prozesse: Die von MacKenzie entwickelten Formen von Performativität können nicht nur auf „Wirtschaft" beschränkt werden, da Sprachhandlungen von ÖkonomInnen sowie von WissenschaftlerInnen generell auf gesamtgesellschaftliche Entwicklungen Einfluss haben können. Ausgehend von der grundsätzlichen Feststellung, dass für den Bereich der Wissenschaften Sprachhandlungen konstitutiv sind, sowie aufbauend auf schon bestehende Systematiken können hinsichtlich des Wirkens von WissenschaftlerInnen drei Differenzierungen genutzt werden:

a. institutionenbezogen – auf den Ebenen 1. Universitäre Einrichtungen, 2. Publikationsorgane, 3. Lehrbücher, 4. Beiräte u. a. (Scott 2001);
b. tätigkeitsbezogen – als 1. kommentativ-ausführend; 2. lehrend-verstärkend; 3. diskursiv-beeinflussend; 4. innovativ-kreierend (Hirte 2010, S. 49ff.);

c. prozessbezogen – als 1. Mobilisierung, 2. Professionalisierung/Autonomisierung, 3. Allianzenbildung, 4. Repräsentation/Inszenierung, 5. Reproduktion/Aufrechterhaltung (Latour 1986, S. 869ff.).

Schon wenn die typischen Institutionen des Wissenschaftsbetriebes thematisiert werden mit den entsprechenden zugehörigen Aufgabenbereichen, wird die weitreichende Wirkung von Wissenschaft hinsichtlich der Dissemination, also der Verbreitung von Wissen, deutlich (Tabelle 2).

**Tab. 2** Herkömmliche Wege bei performativen Prozessen im Wissenschaftsbereich

| Institutionelle Ebene | Aufgabenbereiche |
|---|---|
| Universitäre Einrichtungen | Reproduktion von Wissen |
| Publikationsorgane | Kreierung von Wissen |
| Lehrbücher | Dissemination von Wissen |
| Beiräte | Applikation von Wissen |

Quelle: eigene Darstellung

Allerdings fehlen hier noch die Vorgänge, die gerade bei der Implementierung von (neuem) Wissen typisch sind. Denn gerade zur langfristigen Durchsetzung von neuem Wissen – so immer wieder die Feststellung – sind bestimmte Mobilisierungen, Professionalisierungen, Allianzen, Inszenierungen sowie Reproduktionsstrategien notwendig, damit sich dieses etablieren und verstetigen kann – egal, ob es um Atomphysik geht (Latour 1986, S. 869ff.), um Biopolitik (Wehling et al. 2007) oder um die Chicagoer Börse (Callon 2007; MacKenzie 2007). Hier die (prozessuale) Systematik von Latour (1986) unterlegt, kann in entsprechende Strategien bei performativen Prozessen differenziert werden (Tabelle 3).

**Tab. 3** Strategien bei performativen Prozessen in der Gesellschaft

| Prozess | Strategien |
|---|---|
| Mobilisierung | implementierend-formend |
| Professionalisierung | autonom-etablierend |
| Allianzenbildung | strategisch-vernetzend |
| Repräsentation/Inszenierung | diskursiv-beeinflussend |
| Reproduktion | stabilisierend-verankernd |

Quelle: eigene Darstellung

Dass WissenschaftlerInnen diese Strategien verfolgen, ist auch an den Netzwerken sichtbar, in denen sich Wissenschaftlerinnen und hier insbesondere ÖkonomInnen bewegen und welche diese nutzen, um oben genannte Strategien zu realisieren. In diesen Netzwerken sind sie nicht nur Forschende und Lehrende, sondern können ebenso als Aufsichtsratsvorsitzende, UnternehmerInnen, PolitikerInnen, MinisteriumsberaterInnen, Think Tanker usw. agieren. Nachstehend werden am Beispiel deutscher ÖkonomInnen deren Präsenz in den Medien in der Zeit der Finanzkrise thematisiert sowie die Netzwerke, in welchen sie organisiert sind.

## 3 Empirische Ergebnisse

In der Studie „ÖkonomInnen in der Finanzkrise" wurde grundsätzlich nach dem Zusammenhang zwischen paradigmatisch-thematischer Ausrichtung (Diskurs)[8] und institutionellem Profil (Strukturen, Netzwerke) der deutschsprachigen ÖkonomInnen in der Finanzkrise gefragt. Ein Ergebnis dabei war in einem ersten Schritt, die Präsenz der ÖkonomInnen in den analysierten öffentlich-medialen Diskursen zur Finanzkrise zu ermitteln. In einem zweiten Schritt wurden dann ausgehend von dieser Präsenz die Netzwerke der ÖkonomInnen eruiert.

### 3.1 Methodisches Vorgehen zur medialen Präsenzanalyse von ÖkonomInnen im Finanzkrisendiskurs

Als Grundlage für die Analyse der medialen Präsenz von ÖkonomInnen in meinungsbildenden deutschsprachigen Printmedien wurde in einem ersten Schritt ein Textkorpus aus in Summe ca. 2.000 Artikeln im Zeitraum zwischen dem 01.07.2008 und dem 30.06.2011 zusammengestellt. Die Samplezusammenstellung der Medien erfolgte nach den Kriterien Reichweite, qualitativer Anspruch sowie Verfügbarkeit. Zur Verfügung standen daher für Deutschland die *FAZ*, die *Süddeutsche Zeitung*, der *Spiegel* und die *ZEIT*, für die Schweiz aufgrund mangelnder Verfügbarkeit anderer Medien die *Neue Zürcher Zeitung* und für Österreich der *Standard*, die

8 Ausführlich zu den Ergebnissen der kritischen Diskursanalyse (nach Fairclough und Wodak 1997; Fairclough 1992; Wodak und Meyer 2009; Jäger 2004; Van Dijk 2008) siehe in: Hirte (2013); sowie zu den Ergebnissen der Metaphernanalyse (nach Lakoff und Johnson 1980; Lakoff und Wehling 2008; Kövecses 2010; Seminio 2008) zur Krisenperzeption deutscher ÖkonomInnen siehe in: Pühringer und Hirte 2015).

*Presse* und die *Salzburger Nachrichten*. Die Auswahl der Artikel wiederum erfolgte nach einer standardisierten Suchabfrage in den elektronischen Archiven dieser Medien nach den Schlagworten „Finanzkrise" in Verbindung mit „*Ökonom**"[9] oder „Wirtschaftswissenschaftler*" oder „*Volkswirt**". Dieses Vorgehen sollte zunächst sicherstellen, dass nur Artikel/Stellungnahmen/Interviews in das Sample aufgenommen werden, in denen ÖkonomInnen ihre Einschätzung zur Finanzkrise darlegen. Die Auswahl der Schlagwörter für „ÖkonomInnen" deckte einerseits in der medialen Debatte gebräuchliche Bezeichnungen für ÖkonomInnen beider Geschlechter ab, andererseits wird die Festlegung, welche Personen als ÖkonomInnen gelten, über deren Bezeichnung in den Medien festgelegt und damit die Perspektive der LeserInnen eingenommen. Ziel dieser Vorgehensweise war die Analyse der Finanzkrisennarrative, die von ÖkonomInnen als ExpertInnen im Bereich Wirtschaft in der medialen öffentlichen Debatte dargelegt wurden.

In einem zweiten Schritt wurden danach innerhalb des dargelegten Samples mit Hilfe von Einzelsuchabfragen im qualitativen Analyseprogramm MAXQDA alle Personen identifiziert, die einerseits als ÖkonomIn nach dem beschriebenen Muster bezeichnet wurden und andererseits Äußerungen als ExpertIn abgegeben haben. Durch dieses Vorgehen wurden jene Personen aus der Präsenzanalyse ausgeschlossen, die zwar „ÖkonomInnen" sind, in dem Artikel aber klar nicht als ExpertInnen herangezogen werden, sondern als VertreterInnen von Gruppen- oder Einzelinteressen (z. B. der dt. Bundespräsident Horst Köhler oder der Vorstandsvorsitzende der Deutschen Bank Josef Ackermann)[10]. Gleichzeitig wurden aber ÖkonomInnen ohne universitäre Anbindung (etwa in Wirtschaftsforschungsinstituten, in wirtschaftspolitischen Abteilungen von Ministerien oder staatsnahen Institutionen oder im Forschungsbereich von Banken) in die Präsenzanalyse miteinbezogen, wenn sie als „ÖkonomInnen" in den Medien zur Finanzkrise entsprechend auftraten.[11]

Die Anwendung des hier beschriebenen methodischen Vorgehens ergab eine Liste von 271 ÖkonomInnen, die sich an der öffentlich-medialen Debatte zur Finanzkrise in acht führenden deutschsprachigen Qualitätsprintmedien beteiligt haben. Tabelle 4 zeigt die ersten 15 ÖkonomInnen mit ihrer institutionellen Zu-

9 * steht für Platzhalter.

10 Josef Ackermann würde in der medialen Präsenzanalyse die erste, Köhler die sechste Position einnehmen.

11 Dieses Vorgehen wird ähnlich auch in den „Medienrankings" der FAZ, der NZZ und der Presse seit 2013 bzw. 2014 verwendet, was ebenfalls dazu führt, dass Banken-ÖkonomInnen (also etwa der „Chef-Ökonom" der Deutschen Bank Norbert Walter) führende Positionen belegen.

ordnung im untersuchten Zeitraum sowie ihrem relativem Anteil am gesamten medial-öffentlichen Finanzkrisendiskurs von ÖkonomInnen:

**Tab. 4** Präsenz der 15 führenden Ökonomen im massenmedialen Krisen-Diskurs von Sommer 2008 bis Frühling 2011

| Rang | Name | relative Häufigkeit [%] | Position/Tätigkeit |
|---|---|---|---|
| 1 | Axel Weber | 6.94 | Präsident der deutschen Bundesbank (-2011) |
| 2 | Hans-Werner Sinn | 6.48 | Präsident des ifo, Professor in München (1999-) |
| 3 | Peter Bofinger | 3.19 | Professor in Würzburg (1992-), Mitglied des SVR (2004-) |
| 4 | Norbert Walter | 2.45 | Chefökonom der Deutschen Bank (-2009) |
| 5 | Otmar Issing | 2.22 | Chefökonom der EZB (-2006), Präsident des Center of Financial Studies in Frankfurt (2006-) |
| 6 | Klaus F. Zimmermann | 2.16 | Präsident des DIW (-2011), Direktor des IZA (1998-) |
| 7 | Bert Rürup | 2.10 | Chefökonom von AWD (-2011), Firmengründer der MaschmeyerRürup AG, SVR (-2009) |
| 8 | Jens Weidmann | 2.05 | Präsident der dt. Bundesbank (2011-), Abteilungsleiter im dt. BKA (-2011) |
| 9 | Thomas Mayer | 1.93 | Chefökonom der Deutschen Bank (2010-2012) |
| 10 | Jörg Asmussen | 1.88 | SoFFin-Mitgl. (2008-), Direktoriumsmitgl. EZB (2012-) |
| 11 | Max Otte | 1.88 | Professor in Graz, Autor von „Der Crash kommt" (2006) |
| 12 | Jochen Sanio | 1.76 | Chef der dt. Finanzdienstleistungsaufsicht BaFin (-2012) |
| 12 | Gustav Horn | 1.71 | Leiter des IMK (2005-) |
| 14 | Stephan Schulmeister | 1.42 | Ökonom am WIFO (1972-) |
| 15 | Jürgen Stark | 1.42 | EZB-Chefvolkswirt (-2012) |

Quelle: eigene Erhebungen. Beschreibung der Position/Tätigkeit nur für den Untersuchungszeitraum (Stand Herbst 2013)

Nachdem im Zuge der medialen Präsenzanalyse jene ÖkonomInnen identifiziert wurden, die den öffentlichen Finanzkrisendiskurs geprägt haben, wird in einem nächsten Schritt dargestellt, in welchen institutionellen Zusammenhängen diese Akteure zueinander stehen. Dazu wurden die Lebensläufe von 241 ÖkonomInnen analysiert, die sich am Finanzkrisendiskurs entweder durch Präsenz in der medial-öffentlichen Debatte beteiligt haben (und hier zumindest zwei Mal genannt wurden – daher die Differenz zu den oben genannten 271 Personen insgesamt). Im Zuge dieser Recherche wurde die akademische Herkunft („Lehrer-Schüler-Beziehungen"), akademische Laufbahnpositionen, außeruniversitäre Ämter sowie Mitgliedschaften in anderen wirtschaftspolitischen Institutionen und Think Tanks erhoben, wobei die personenbezogene Quellenlage insbesondere bei letzteren beiden wenig standardisiert ist und daher als teilweise lückenhaft eingeschätzt werden muss. Für die Netzwerkanalyse von ÖkonomInnen in wirtschaftspolitischen Institutionen und Think Tanks (vgl. Abbildung 5), die im Anschluss an die Darstellung geobasierter Netzwerke als Ausdruck performativer Wirkungen von ÖkonomInnen aufgezeigt wird, wurden daher ergänzend jeweils institutionenspezifische Einzelrecherchen vorgenommen. Tabelle 5 zeigt dabei, dass es hier um Institutionen auf verschiedenen Einflussebenen ging.

**Tab. 5** ÖkonomInnen in Institutionen auf verschiedenen Einflussebenen

| Nr. | Kontext zu Ökonomie | Institutionstyp | Institutionen |
|---|---|---|---|
| 1 | politisch agierend | politisch legitimierte | SVR[12], Issing-Arbeitsgruppe, Lenkungsausschuss SoFFin[13] |
| 2 | beratend, positionierend | wissenschaftliche | Universitäten, Wirtschaftsforschungsinstitute |
| 3 | argumentierend, positionierend, appellierend | Think Tanks u. a. Netzwerke | z. B. Kronberger Kreis, INSM[14] u. a. |

Quelle: eigene Darstellung.

Nachstehend werden einige im Zuge der Studie eruierten Netzwerke vorgestellt.[15]

12 Sachverständigenrat zur Begutachtung der gesamtwirtschaftlichen Entwicklung, auch als „Rat der 5 Wirtschaftsweisen" bekannt.

13 Der Sonderfonds Finanzmarktstabilisierung (SoFFin) wurde im Oktober 2008 zur Rettung von in Finanznot geratenen Banken gegründet.

14 Initiative Neue Soziale Marktwirtschaft (siehe dazu nachstehend im letzten Abschnitt).

15 Zu den Ergebnissen siehe ausführlich in: Hirte (2013).

### 3.2 Beispiele für geobasierte Netzwerke als Ausdruck performativer Wirkungen von ÖkonomInnen

Verortet man die Akteure, die in den Diskursen vertreten sind, in ihren Netzwerken, ist auffällig, dass sich diese letztlich um ökonomische universitäre Ausbildungsorte ranken und somit eine Verknüpfung zwischen Netzwerken und „Schulen“ klar erkennbar ist, was nachstehend anhand der Beispiele Mannheim, Kiel und Bonn/Berlin gezeigt wird. Das erste Netzwerk agiert im Bereich Wirtschaftsforschungsinstitute und Beratungsgremien, das zweite ist stark sowohl mit Think Tanks als auch dem Bankenbereich verwoben und das dritte ist direkt in die zentralen politischen Strukturen involviert.

#### *Die „Wirtschaftsforschergruppe“ in Mannheim*

Zum engeren Kreis des Netzwerkes in Mannheim gehören Heinz König, Hans-Werner Sinn, Wolfgang Franz, Klaus F. Zimmermann und Christoph Schmidt (Abbildung 2). Heinz König „… galt als einer der führenden Wirtschaftswissenschaftler und Wegbereiter der empirischen Wirtschaftsforschung und Ökonometrie …“ (Uni-Protokolle 2002). Er war u. a.: 1958/59 Rockefeller Fellow an den drei führenden amerikanischen Universitäten (MIT, Harvard und Stanford), 1962–1996 Professor an der Universität Mannheim, 1979–1982 Rektor der Universität Mannheim, 1991–1997 Direktor des Zentrums für Europäische Wirtschaftsforschung (ZEW), 1985–1990 Mitglied des Wissenschaftsrates, 1984–1987 Hauptgutachter für Wirtschaftswissenschaften der DFG und Gutachter des Wissenschaftszentrums Berlin (Uni-Protokolle 2002). 1991–1994 war er Vorsitzender des Vereins für Socialpolitik (Verein für Socialpolitik 2000, S. 366).

Hans-Werner Sinn hatte bei Hans Nachtkamp und Heinz König[16] promoviert (Sinn 1980, VIII). Er war u. a. Professor an der University of Western Ontario und Gastprofessor in Stanford. Seit 1984 ist er Professor für Nationalökonomie und Finanzwissenschaft an der Universität München. Seit 1999 ist Hans-Werner Sinn Präsident des ifo. Ab 1989 ist Sinn zudem u. a. Mitglied im Wissenschaftlichen Beirat im Bundesministerium für Wirtschaft und Technologie (Bundesministerium für Wirtschaft und Technologie 2012). 1997–2000 war er Vorsitzender des Vereins für Socialpolitik (ifo-Institut 2012). Ab 2000 war er im Aufsichtsrat der Hypo-Vereinsbank (Manager Magazin 2010), dies bis 2010 (Höpner und Nagl 2010). Im „ÖkonomenBlog“ ist er nicht aufgeführt (INSM 2012a).

16 Universität Stanford, Universität Mannheim, Zentrum für Europäische Wirtschaftsforschung ZEW, Wissenschaftsrat, DFG, Vorsitzender VfS (Uni-Protokolle 2002).

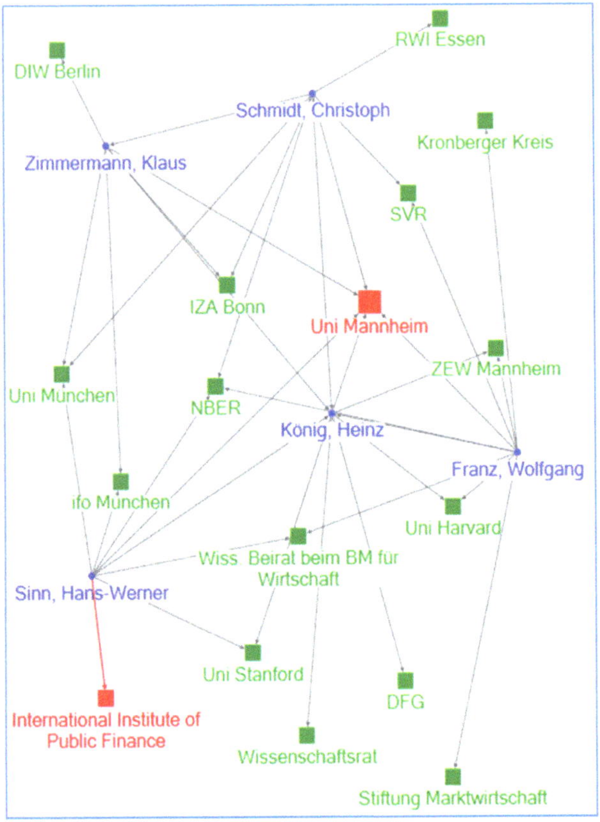


**Abb. 2** Die „Wirtschaftsforscher"-Gruppe in Mannheim
Quelle: eigene Erhebungen

Wolfgang Franz hatte in Mannheim studiert und bei Heinz König promoviert. Danach hatte er u.a. 1974 bis 1976 am National Bureau of Economic Research (NBER) in Boston sowie in Harvard Forschungsaufenthalte (Munzinger 2012). Er war von 1997-2013 Präsident des Zentrums für Europäische Wirtschaftsforschung (ZEW). 2002–2009 war er Mitglied im Kronberger Kreis. 1994–1997 war er Mitglied im SVR sowie ab 2003 wieder und ab 2009-2013 war er Vorsitzender im SVR

(Stiftung Marktwirtschaft 2012a). Ab 2013 trat Clemens Fuest die Nachfolge von Wolfgang Franz am ZEW an.[17]

Klaus F. Zimmermann war u. a. 1978–1983 und 1984–1985 wissenschaftlicher Mitarbeiter bei Heinz König an der Universität Mannheim, 1996 Research Fellow in Belgien und am WZB, 1987 Visiting Associate Professor an der University of Pennsylvania, 1987–1989 Privatdozent an der Universität Mannheim, 1989–1998 Professor in München und ab 1998 Professor an der Universität Bonn. 1989–2001 war er Mitglied im Kuratorium des ifo-Instituts in München, 1990–1996 dort auch Mitglied des Vorstandsrates. 2000–2011 war er Präsident des DIW, seit 1998 ist er Direktor des IZA. Weitere Positionen sind u. a. ab 2005 Vorsitzender der Arbeitsgemeinschaft deutscher wirtschaftswissenschaftlicher Forschungsinstitute e. V. (ARGE), Berater des Präsidenten der EU-Kommission, seit 2008 Mitglied im Wissenschaftlichen Beirat der Landesregierung von Nordrhein-Westfalen, Mitglied des World Economic Forum's Global Agenda Council on Migration.[18] Im „ÖkonomenBlog" war er 2009/2010 aktiv (INSM 2012a).

Christoph Schmidt war u. a. 1983–1987 wissenschaftliche Hilfskraft bei Heinz König, 1991 Doktorgrad an der Princeton University, 1991–1992 Wissenschaftlicher Mitarbeiter von Prof. Dr. Klaus F. Zimmermannn, 1993 am National Bureau of Economic Research (NBER) in Boston sowie in den USA zu Forschungsaufenthalten. 1995 erfolgte die Habilitation bei Klaus F. Zimmermann (Forschungsinstitut zur Zukunft der Arbeit 2012b). Er war 1996–2002 Professor für Ökonometrie an der Universität Heidelberg und 1999–2002 Programmdirektor „Evaluation of Labor Market Policies and Projects" am Forschungsinstitut zur Zukunft der Arbeit. Ab 2002 war Schmidt Professor für Wirtschaftspolitik und Angewandte Ökonometrie an der Universität Bochum, ab 2002 ebenso Präsident des RWI und ab 2009 Mitglied und seit 2013 Vorsitzender im SVR (Deutscher Bundestag 2012).

Wie aus den Daten ersichtlich, ist das Netzwerk in Mannheim älter und hat die (klassische) „Lehrer"-Figur als Zentrum (Heinz König). Alle Akteure stehen/standen einem Wirtschaftsforschungsinstitut vor (ZEW, ifo, DEW und RWI), sind

---

17 Clemens Fuest studierte VWL in Mannheim, ist seit 2001 Direktor des Finanzwissenschaftlichen Forschungsinstituts an der Universität Köln, seit 2003 Mitglied im Wissenschaftlichen Beirat beim Bundesministerium der Finanzen und 2007-2010 dort Vorsitzender, seit 2008 Professor an der Universität Oxford und war 2004–2008 und wieder seit 2013 Mitglied im Kronberger Kreis (Stiftung Marktwirtschaft 2012c). Ebenso ist er Research Fellow am CESifo und am IZA, Mitglied im Wissenschaftlichen Beirat beim Bundesministerium der Finanzen (Universität Oxford 2012). 2016 übernimmt Fuest die Leitung des ifo-Instituts München von Hans-Werner Sinn.

18 Die 71 Seiten lange Biographie von Zimmermann enthält insgesamt 164 Mitgliedschaften und Positionen (Forschungsinstitut zur Zukunft der Arbeit 2012a).

wissenschaftlich stark in universitären Strukturen verankert, sind forschungsseitig international gut vernetzt, aktiv in Beratungsgremien und nicht aktiv in Think Tanks (Ausnahme ist hier nur die Aufführung von Zimmermann im „ÖkonomenBlog" des INSM).

### Das multiple Netzwerk in Kiel

In Kiel hat sich hingegen im Lauf der letzten Jahrzehnte ein Netzwerk aufgebaut, welches sich letztlich um Herbert Giersch als akademischen Lehrer gruppiert (Abbildung 3). Dabei lässt sich dieses in zwei große Gruppen unterteilen, deren AkteurInnen neben ihrer wissenschaftlichen Verankerung einerseits als ChefökonomInnen im internationaler Bankensektor agieren (z. B. Thomas Mayer, Holger Schmieding, Joachim Fels), andererseits in bedeutenden neo- bzw. ordo-liberalen Think Tank-Bereich verankert sind, wie der Friedrich-August-von-Hayek-Stiftung, dem Walter Eucken Institut, der INSM, dem Kronberger Kreis u. a. (z. B. Manfred Streit, Roland Vaubel, Karl Heinz Paqué, Jürgen Donges).

Das multiple Netzwerk Kiel agiert – wie schon mit der Namensgebung angedeutet – auf allen Ebenen: Universitäten, Wirtschaftsforschungsinstituten, Wirtschaft (hier vor allem Banken), im Think-Tank-Bereich und in der Politik (z. B. SVR oder wissenschaftlichen Beiräten von Ministerien). Dies wird auch in der jüngeren Generation fortgesetzt. Lars Feld z. B. war Vorsitzender und ist Mitglied des SVR und Sprecher im Kronberger Kreis. Letzterer ist der wissenschaftliche Beirat der 1982 gegründeten Stiftung Marktwirtschaft. Er versteht sich als „... Think Tank ..." „marktliberaler ÖkonomInnen" (Stiftung Marktwirtschaft 2012b). Die ersten Worte auf der Homepage des Kronberger Kreises heißen: „Mehr Mut zum Markt [...] lautet die Devise" (Stiftung Marktwirtschaft 2012c).

Ein weiterer zentraler Think Tank ist die Initiative Neue Soziale Marktwirtschaft (INSM). Die INSM entstand nach einer Umfrage des Instituts für Demoskopie Allensbach 1999, aus der hervorging, dass die Befragten mit „Sozialer Marktwirtschaft" in erster Linie soziale Absicherung verbanden. Gleichzeitig waren die Befragten unzufrieden mit dieser, denn auf die Frage „Haben die Deutschen eine gute Meinung von der Marktwirtschaft?" hatten gerade einmal 22 Prozent im Osten und nur 44 Prozent im Westen mit „Ja" geantwortet (Hamann 2005). Darüber hinaus wurde sogar mehrheitlich für einen so genannten „Dritten Weg" plädiert (Meier und Wodok 2000, S. 26). Daraufhin gründeten Arbeitgeberverbände die INSM mit dem Ziel, hier langfristig ein Umdenken zu erreichen. Statt des Arbeitnehmerinteresses der sozialen Absicherung wurden im Namen des Konzeptes der Sozialen Marktwirtschaft arbeitgeberfreundliche Maßnahmen propagiert wie z. B. Abbau von „... Lohnzusatzkosten ...", „... Reduzierung von Steuern und Abgaben ..." für Unternehmen, Abbau von „... Bürokratie und Genehmigungsverfahren ...", eine

„… angebotsorientierte Umweltpolitik…" usw. (INSM 2012b). Eine „…Lobbyarbeit für Arbeitgeberverbände…" wird ausdrücklich verneint, obwohl die INSM von den Arbeitgeberverbänden der Metall- und Elektroindustrie finanziert wird; 2012 mit einem Jahresetat von 6,97 Millionen Euro (INSM 2012b).

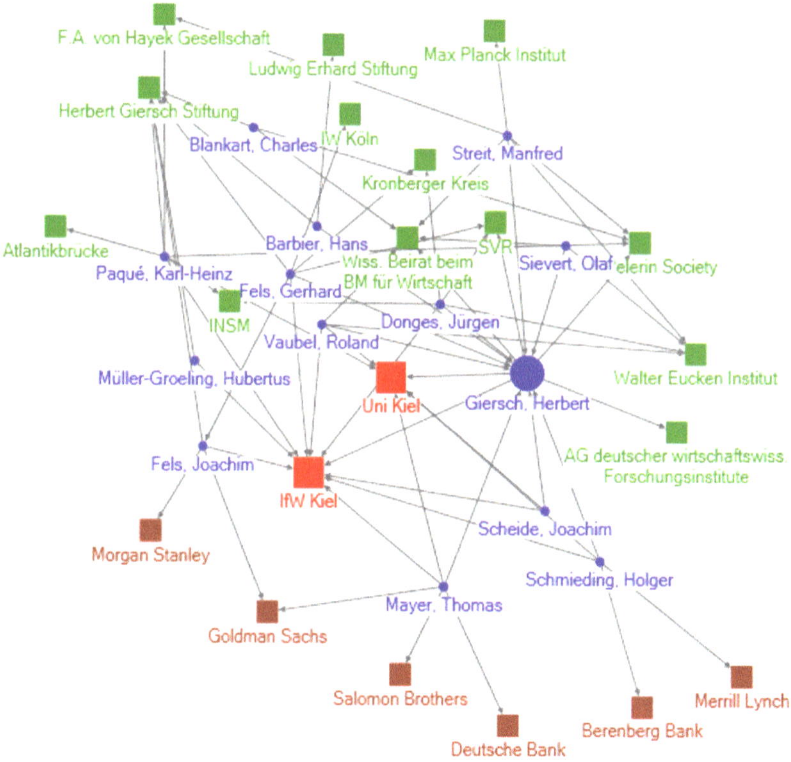


**Abb. 3** Das multiple Netzwerk von ÖkonomInnen in Kiel
Quelle: eigene Erhebungen

Die wissenschaftliche Arbeit für die INSM erfolgt durch das Institut der Deutschen Wirtschaft Köln (IW). Die Multiplikatorenwirkung wird über so genannte „Botschafter" erreicht, die gleichzeitig „Persönlichkeiten des öffentlichen Lebens" sind (INSM 2012b). Von den derzeit insgesamt 25 BotschafterInnen sind neun Ökonomie-ProfessorInnen, wobei auch untereinander viele Vernetzungen existieren. So war z. B. Jürgen Donges ebenso 1992–2002 Mitglied im SVR und dort 2000–2002 Vorsitzender, 1990-2011 Mitglied im Kronberger Kreis und im wissenschaftlichen Beirat der Stiftung Marktwirtschaft (Stiftung Marktwirtschaft 2012a).

### *Die „Politiker"-Gruppe in Bonn-Berlin*

Das Bonn-Berlin-Netzwerk besteht im Kern aus den Personen Axel Weber, Jörg Asmussen und Jens Weidmann. Letztere beide haben bei Weber in Bonn studiert bzw. promoviert. Zusammen waren diese drei (Axel Weber nur beratend) auch im Lenkungsausschuss des SoFFin's (Sonderfonds Finanzmarktstabilisierung). Dieser in einer „Nacht-und-Nebel-Aktion" gegründete SoFFin war „die deutsche Antwort" auf drohende Bankenpleiten (Lebert und Tartler 2009). Das „Finanzmarktstabilisierungsgesetz" dazu wurde im Eilverfahren durch das Parlament gebracht und am 17. Oktober 2008 verabschiedet. Der SoFFin, beauftragt mit der Rettung von Banken, startete mit 470 Milliarden Euro – in dieser Höhe kann er deutschen Finanzhäusern Kredite in Höhe von 70 Milliarden Euro sowie 400 Milliarden Euro an Garantien zur Verfügung stellen (Greive und Kammholz 2013) – wird von einem Lenkungsausschuss geleitet, d. h., dort finden die wesentlichen Entscheidungen statt und in ihm waren alle drei oben genannten Ökonomen vertreten.

Insgesamt ist bei allen drei Personen die starke Vernetzung zwischen Wissenschaft, Wirtschaft und Politik zu erkennen: Axel Weber war 1994–1998 Professor für Wirtschaftstheorie in Bonn, 1998–2001 Professor an der Universität Frankfurt am Main und 2001–2004 Professor in Köln. Zwischen 2004 und 2011 war er Präsident der Deutschen Bundesbank. Ab 2011 ist er Verwaltungsrat der Union Bank of Switzerland. Ebenso ist er Mitglied des Rates der Europäischen Zentralbank und Verwaltungsratsmitglied der Bank für Internationalen Zahlungsausgleich (Union Bank of Switzerland 2012). 2011 war Weber als EZB-Chefökonom im Gespräch, aufgrund seiner öffentlichen Ablehnung des Staatsanleihen-Kaufs durch die EZB, wurde Weber zugunsten von Draghi abgelehnt (Neller-Kurm und Engels 2010).

Jörg Asmussen wurde 2009 Nachfolger von Axel Nawarth im SoFFin (Handelszeitung 2009). Diesem folgte er ins Finanzministerium 2003, als er dort Abteilungsleiter für Nationale und Internationale Finanzmarkt- und Währungspolitik wurde, während Nawrath Chief Policy and Communication Officer der Gruppe Deutsche Börse wurde (Politikszene 2003, 1). Asmussen, laut Tagesschau als „Graue Eminenz" von Peer Steinbrück bezeichnet, hatte als ehemaliger Student von Axel Weber später dessen Ernennung zum Präsidenten der Bundesbank als auch zum Mitglied im SVR mitbewirkt. Da Asmussen ehemaliger Manager bei der Hypo Real Estate war (Tillack 2009) sowie bei der IKB im Aufsichtsrat saß und dort mitverantwortlich war für die „Schrottpapiere" in einer Höhe von mehreren

Milliarden Euro – Papiere, die er vor Jahren selbst noch beworben hatte – wurde seine Tätigkeit im SoFFin kritisch kommentiert.[19] Ebenso hatte er „aus der Sicht des Bundesfinanzministeriums" die Verbriefungen propagiert (Asmussen 2006), welche später zur Finanzkrise beitrugen.

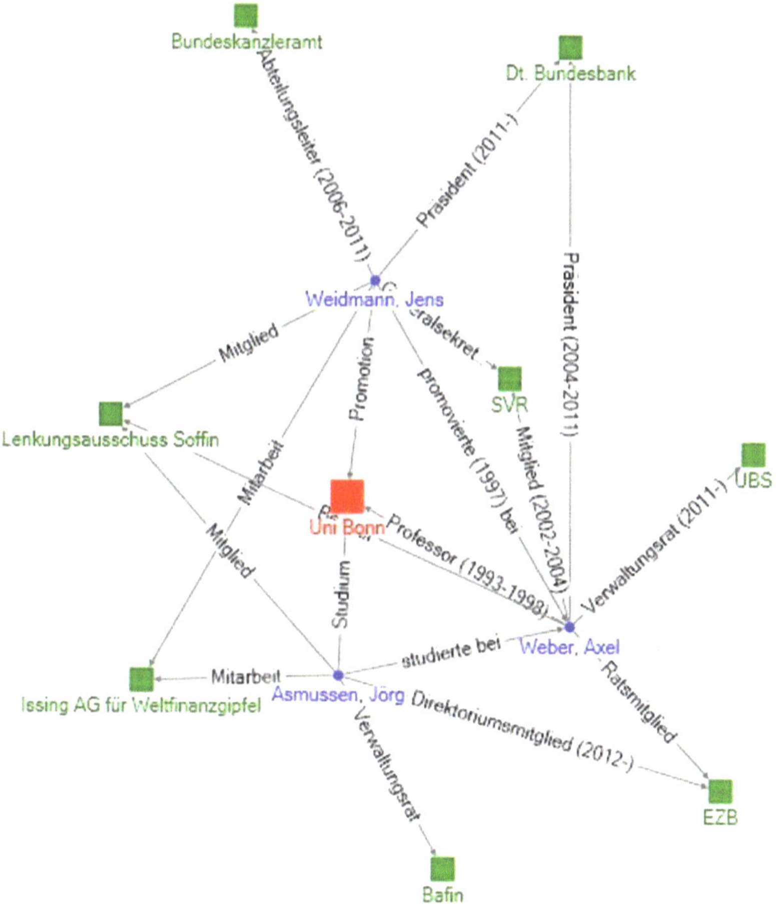


**Abb. 4** Das „Politiker"-Netzwerk von ÖkonomInnen in Bonn/Berlin
Quelle: eigene Erhebungen

19 „Im Parlament heißt es: Der Brandstifter spielt jetzt Feuerwehr." (Tagesschau 2009)

Zudem ist Asmussen im Verwaltungsrat der Bankenaufsichtsbehörde (BaFin) die von Jochen Sanio geleitet wird. Von Januar 2012 bis Dezember 2013 war Asmussen auch Mitglied im Direktorium der Europäischen Zentralbank. Seine Tätigkeit im SoFFin wurde auch deshalb diskutiert, weil er mit der Leiterin der Berliner Repräsentanz der Deutsche Börse AG liiert ist. Dazu hieß es, dass er diesen „potentiellen Interessenskonflikt" auch selbst angezeigt habe. Ein potenzieller Interessenkonflikt besteht auch mit seinen Funktionen als Mitglied der Expertengruppe zur neuen Finanzmarktarchitektur (Issing-Arbeitsgruppe) sowie als Mitglied der Börsensachverständigenkommission (Peucker 2009). Anfang 2014 wurde Asmussen dann Staatssekretär im Bundesministerium für Arbeit und Soziales (Berger 2013).

Jens Weidmann, ebenfalls „Schüler" von Axel Weber,[20] war erst beim SVR tätig. 2003 bis 2006 war er Leiter der Abteilung für Geldpolitik in der Bundesbank, ab 2006 Abteilungsleiter im Kanzleramt und Chefunterhändler für G-8 und G-20-Verhandlungen. 2011 wurde er Webers Nachfolger als Präsident der Bundesbank (Hulverscheidt 2011).

Zusammenfassend ist also hier deutlich zu erkennen, dass in Bonn-Berlin Akteure vernetzt sind, die sehr aktiv in der Politik tätig sind, selbst teils aus staatlichen Strukturen kommen (Ministerien), gleichzeitig die Politik beraten (SVR) und in der Wirtschaft agieren (Bankensektor). Diese enge Vernetzung wird besonders drastisch auch in der Selbstwahrnehmung ihrer politischen Bedeutung offensichtlich. So bezeichnete Asmussen bei einer Pressekonferenz zu Bankenrettungen 2009 sich und Weidmann als „Kern der Regierung" (Asmussen zitiert im *Spiegel*: Reiermann und Sauga 2009, S. 68).

### *ÖkonomInnen in Think Tanks*

Nach der Darstellung von geobasierten Netzwerken als Ausdruck performativer Wirkungsmöglichkeiten von ÖkonomInnen wurde abschließend auf Basis der medialen Präsenzanalyse analysiert, welche institutionellen Zuordnungen v. a. über wirtschaftspolitisch aktive Think Tanks den Finanzkrisendiskurs bestimmende ÖkonomInnen aufweisen. Ziel dieser Analyse ist eine Darstellung der ideologischen Verwurzelung wirtschaftspolitisch aktiver ÖkonomInnen, die insbesondere im Kieler Netzwerk rund um Herbert Giersch schon ersichtlich wurde. Auf dieser

20 Weidmann begann seine Promotion zunächst in Mannheim bei Roland Vaubel und beendete sie in Bonn bei Manfred J.M. Neumann und Axel Weber (Süddeutsche Zeitung 2012). Betrachtet man die institutionelle Verankerung der „Lehrer" von Jens Weidmann in ordo-/neoliberalen Think Tanks, erschließt sich auch die ökonomietheoretische Grundlage für die ordoliberale Politik der deutschen Bundesbank, die sich zudem in der Verleihung des Ludwig-Erhard Preises für Wirtschaftspublizistik an Weidmann im Jahr 2012 manifestierte.

Erkenntnis aufbauend können in Folge Rückschlüsse auf die Machtverteilung in der wirtschaftspolitischen Beratung gezogen werden, welche wiederum als wissenschaftliche Grundlage für die deutsche und europäische Krisenpolitik herangezogen wird.

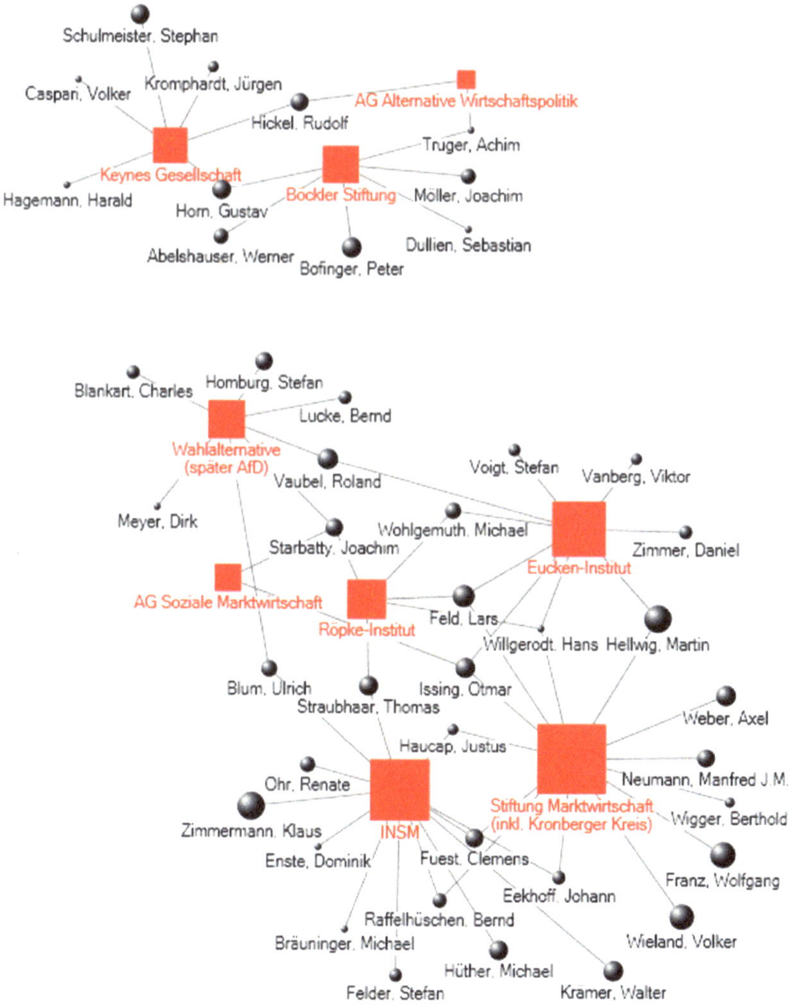


**Abb. 5** ÖkonomInnen in wirtschaftspolitischen Think Tanks in Deutschland
Quelle: eigene Erhebungen

Um die Bedeutung und damit auch das Potenzial performativer Wirkungen von einzelnen ÖkonomInnen nicht nur auf deren öffentlich-mediale Präsenz zu beschränken, wurde diese in der Netzwerkdarstellung in Abbildung 5 um deren wissenschaftliche Reputation erweitert.[21] Mit der gewichteten Darstellung aus medialer Präsenz und wissenschaftlicher Reputation wurde gewährleistet, dass hier jene ÖkonomInnen bzw. jene Think Tanks abgebildet werden, die auch auf den (in Tabelle 5 thematisierten) institutionellen Ebenen wirken.

In der linken oberen Ecke in Abbildung 5 ist eine Gruppe von ÖkonomInnen rund um die Böckler-Stiftung und die Keynes-Gesellschaft auszumachen, die einem gewerkschaftsnahen Umfeld zuzuordnen sind. Unten hingegen ist eine stark vernetzte Gruppe von ÖkonomInnen zu sehen, die in deutschen neoliberalen Netzwerken[22] zu finden sind. Wichtige Knoten in letzterem bilden dabei die INSM und der Kronberger Kreis als Wissenschaftlicher Beirat der Stiftung Marktwirtschaft. Insgesamt scheinen wichtige AkteurInnen im marktradikalen Feld eng vernetzt. So haben etwa 85 % der ÖkonomInnen in diesem Netzwerk, denen es wegen ihres damaligen Alters und ihrer damaligen Position möglich war, 2005 den Hamburger Appell unterzeichnet. Immerhin 27 % sind zudem Mitglied in der Mont Pèlerin Society, was bei dem hohen Durchschnittsalter der Mitglieder einen beachtlichen Wert darstellt. Die personelle Nichtverflechtung zwischen den deutschen neoliberalen Netzwerken sowie den alternativen Think Tanks und Institutionen „Keynes-Gesellschaft", „AG Alternative Wirtschaftspolitik", und „Böckler-Stiftung" verweist zudem auf eine (ungleichgewichtige) duale paradigmatische Aufstellung innerhalb der Ökonomie. Die aufgezeigte enge institutionelle Verflechtung zwischen politischen EntscheidungsträgerInnen und neo-/ordoliberalen ÖkonomInnen des wirtschaftswissenschaftlichen Mainstreams kann zudem als eine der Hauptursachen dafür gesehen werden, dass in der deutschen Ökonomik ein paradigmatischer Wechsel trotz Krisensituation nicht zu erwarten ist, bzw. auch

21 Die Größe der Knoten ist in der Darstellung das Ergebnis aus medialer Präsenz im Finanzkrisendiskurs und Position im wirtschaftswissenschaftlichen Ranking des Handelsblatts 2011, das bei aller Kritik (etwa Hofmeister und Ursprung 2008) zentraler Referenzpunkt für die deutschsprachige scientific community der ÖkonomInnen ist (Haucap und Mödl 2013). Krapf (2011, S. 6) meint etwa, dass „the Handelsblatt economics ranking has become the most visible research ranking in Germany, Austria and Switzerland". Die Größe der Institutionen und Think Tanks wiederum ist die Summe der über sie verbundenen AkteurInnen. Die Netzwerkanalyse wurde auf Think Tanks und Institutionen mit explizit wirtschaftspolitischer Agenda beschränkt.

22 Als „deutsche neoliberale Netzwerke" werden hier in Anlehnung an Plehwe und Walpen (2006) wirtschaftspolitische Think Tanks, Initiativen oder Institutionen verstanden, bei deren Gründung oder in deren engerem Leitungsgremium Mitglieder der Mont Pèlerin Society, als zentraler neoliberaler Think Tank, aktiv waren oder sind.

dafür, dass die Nachkrisen-Politik der deutschen Bundesbank sowie der deutschen Regierung weitgehend von ordoliberalen Konzepten geprägt ist (Pühringer 2015a).

## 4 Fazit

In diesem Beitrag wurde die performative Rolle von ÖkonomInnen während der Finanzkrise thematisiert. Ein performativer Zugang wurde als unerlässlich angesehen, da erst mit diesem die mitgestaltende Rolle von ÖkonomInnen in gesellschaftlichen Prozessen deutlich wird. ÖkonomInnen agieren demnach nicht nur in der Wissenschaftswelt, sondern ein Teil von ihnen nimmt bewusst und strategisch Einfluss auf gesellschaftliche Entwicklungen. Dies ist insbesondere an den Netzwerken sichtbar, welche diese zur Einflussnahme nutzen und in denen sie nicht nur ExpertInnen sind, sondern ebenso als Aufsichtsratsvorsitzende, UnternehmerInnen, PolitikerInnen, MinisteriumsberaterInnen, Think Tanker usw. agieren. Wie die oben thematisierten Ergebnisse zeigen, wird dabei deutlich, dass gerade in der europäischen Krisenpolitik in Deutschland neoliberale, marktfreundliche Konzepte weiterhin eine dominante Rolle spielen[23] und ebenso entsprechende Strukturen existieren, um diese Positionen zu vertreten. Auch wenn dem thematischen Verlauf des Diskurses ab 2009 hier nicht dezidiert nachgegangen werden konnte, kann gezeigt werden, dass in diesem die Finanz- und Wirtschaftskrise schnell auf eine „Staatsschuldenkrise" oder „Eurokrise" reduziert wurde.[24] Dabei wurde verschwiegen, dass die Wurzel der steigenden Staatsdefizite in den Konjunktur- und Bankenrettungsprogrammen 2008/2009 liegt (Mathieu und Sterdyniak 2010), die zur Abmilderung der direkten Konsequenzen der Krise für die europäische Wirtschaft beigetragen haben und somit als unmittelbare Reaktion auf die Finanzkrise zu verstehen sind.

Betrachtet man wiederum die Debatte über die europäische Krisenpolitik wie etwa zum Fiskalpakt bzw. die zukünftigen wirtschaftspolitischen Herausforderungen der EU, lag der Fokus oftmals auf „moralischen Verfehlungen" südeuropäischer „Schuldenstaaten" (Pühringer 2015b). Diese Einsicht spiegelt sich etwa in der Einschätzung wider, die die deutsche Kanzlerin Merkel schon im Winter 2008 geäußert hatte: „Man kann nicht auf Dauer über seine Verhältnisse leben. Das ist der Kern der Krise" (Angela Merkel, zit. in: *Spiegel online* (2008)). Eine solche kausale Umkehr

23 Siehe hierzu auch in: Crouch (2011), Thomasberger (2013) bzw. international Mirowski (2013).

24 Hirte (2013, 65ff.); siehe auch in z. B. Neubäumer (2011).

von Ursache und Auswirkungen der Krise, die sich maßgeblich auf wirtschaftspolitische Empfehlungen des wirtschaftswissenschaftlichen Mainstreams stützen (Horn 2011), bereitete dann wiederum den Boden für die Austeritätsmaßnahmen, die seit 2010 vor allem für die südeuropäischen Staaten massive Einschnitte in deren wohlfahrtsstaatliche Systeme bedeuteten (vgl. Schulmeister 2012). Cangiani (2013) beschreibt in diesem Zusammenhang die EU-Krisenpolitik für südeuropäische Staaten als neoliberale „*technostructure*", die die Selbstbestimmungsrechte der BürgerInnen unterminiert und auch Busch et al. (2012) sehen in der Austeritätspolitik eine wachsende Gefahr für das gesamte Europäische Sozialmodell.

Die zentrale Rolle, die ÖkonomInnen in diesem Umdeutungsprozess gespielt haben, wurde im Rahmen dieser Studie vor allem in der Darstellung des Bonner Zirkels offensichtlich. Nicht nur, dass es in einem wirtschaftspolitisch bedeutsamen Zeitraum zu einer enormen Machtkonzentration auf wenige Experten kam; Asmussen selbst bezeichnete sich und Weidmann, trotz Mangel an jeglicher demokratischen Legitimation, schlichtweg als „Kern der Regierung" (siehe oben). Ebenso ist die enge Verflechtung aus politischen EntscheidungsträgerInnen und neoliberalen ÖkonomInnen des wirtschaftswissenschaftlichen Mainstreams als eine der Hauptursachen des (Wieder-)Erstarkens neoliberaler Konzepte in der EU-Krisenpolitik zu sehen.

## Literatur

Asmussen, J. (2006). Verbriefung aus Sicht des Bundesfinanzministeriums. *Zeitschrift für das gesamte Kreditwesen 59*, 1016–1018.

Austin, J. L. (1968). Performative und konstatierende Äußerungen. In R. Bubner (Hrsg.), *Sprache und Analysis* (S. 140–153). Göttingen: Vandenhoeck & Ruprecht.

Austin, J. L. (2002). *Zur Theorie der Sprechakte.* Stuttgart: Reclam.

Barnes, B. (1988). *The Nature of Power.* Illinois: University of Illinois Press.

Berger, J. (2013). SPD macht Asmussen zum Staatssekretär – Politischer Offenbarungseid zur Freude der Banken-Lobby. Nachdenkseiten vom 16.12.2013. http://www.nachdenkseiten.de/?p=19670#more-19670. Zugegriffen: 12. Januar 2014.

Bundesministerium für Wirtschaft und Technologie (2012). *Mitglieder des Wissenschaftlichen Beirats.* In: http://www.bmwi.de/DE/ Ministerium/ beiraete,did=9360.html. Zugegriffen: 22. November 2012.

Busch, K., Hermann, C., Hinrichs, K., & Schulten, T. (2012). Eurokrise, Austeritätspolitik und das Europäische Sozialmodell. Wie die Krisenpolitik in Südeuropa die soziale Dimension der EU bedroht. Berlin: Friedrich-Ebert-Stiftung.

Callon, M. (2005). Why Virtualism Paves the Way to Political Impotence. *European Electronic Newsletter 6 (2)*, 3–20.

Callon, M. (2007). What Does It Mean to Say Economics Is Performative? In D. MacKenzie, F. Muniesa & L. Siu (Hrsg.), *Do Economists Make Markets? On the Performativity of Economics* (S. 311–357). Princeton: University Press.

Cangiani, M. (2013). Beyond Neo-Liberalism. Suggestions from post Keynesian and Institutional Economics. World Keynes Conference Juni 2013. http://ekolider.ieu.edu.tr/keynes/files/papers.pdf. Zugegriffen: 12. Januar 2014.

Carrick-Hagenbarth, J., & Epstein, G. (2012). Dangerous Interconnectedness: Economists' Conflicts of Interest, Ideology and Financial Crisis. *Cambridge Journal of Economics 36(1)*, 43–63.

Crouch, C. (2011). *The Strange Non-death of Neoliberalism*. Cambridge: Polity Press.

Deutscher Bundestag (2012). *Prof. Dr. Christoph M. Schmidt*. http://www.bundestag.de/bundestag/gremien/enquete/wachstum/biografien/schmidt.html. Zugegriffen: 02. Dezember 2011.

Diaz-Bone, R. (2011). Die Performativität der qualitativen Sozialforschung. *Forum Qualitative Sozialforschung 12 (3)*. http://www.qualitative-research.net/index.php/fqs/article/view/1750/3253. Zugegriffen: 02. Dezember 2011.

Fairclough, N. (1992). Discourse and Text: Linguistic and Intertextual Analysis within Discourse Analysis. *Discourse & Society 1992 (3)*, 193–217.

Fairclough, N., & Wodak, R. (1997). Critical Discourse Analysis. In A. van Dijk & A. Teun (Hrsg.), *Discourse Studies: A Multidisciplinary Introduction. Vol. 2*, (S. 258–284). London: Sage.

Faulhaber, G., & Baumol, W. T. (1988). Economists as Innovators: Practical Products of Theoretical Research. In: *Journal of Economic Literature 26 (2)*, 577–600.

Ferguson, C. (2010). *Inside Job*. Dokumentarfilm. http://www.sonyclassics.com/insidejob. Zugegriffen: 12. Januar 2014.

Forschungsinstitut zur Zukunft der Arbeit (2012a). *CV Klaus F. Zimmermann Direktor*. http://www.iza.org/de/webcontent/personnel/photos/zimmer mann_html. Zugegriffen: 10. Dezember 2012.

Forschungsinstitut zur Zukunft der Arbeit (2012b). *Dissertationen und Habilitationen*. In: http://www.iza.org/de/webcontent/personnel/alumni. Zugegriffen: 10. Dezember 2012.

Greive, M., & Kammholz, K. (2013). 100 Millionen für externe Rettungsfonds-Berater. *Die Welt* vom 06. März 2013. http://www.welt.de/ politik/deutschland/article114159740/100-Millionen-fuer-externe-Rettungsfonds-Berater.html. Zugegriffen: 12. Januar 2014.

Hamann, G. (2005). Lautsprecher des Kapitals. *Die Zeit vom 04. Mai 2005*. http://www.zeit.de/2005/19/insm/komplettansicht. Zugegriffen: 20. November 2012.

Handelszeitung (2009). Asmussen wird neuer Chef des SoFFin-Lenkungsausschusses. *Handelszeitung* vom 22.01.2009. http://www.handelszeitung.ch/unternehmen/presseasmussen-wird-neuer-chef-des-soffin-lenkungsausschusses. Zugegriffen: 22. Dezember 2012.

Hartig-Perschke, R. (2009). *Anschluss und Emergenz*. Wiesbaden: VS Verlag.

Haucap, J., & Mödl, M. (2013). Zum Verhältnis von Spitzenforschung und Politikberatung. In: *Working Paper: Ordnungspolitische Perspektiven, No. 40*. Universität Düsseldorf.

Hirte, K. (2010). Performativity of Economics – ein tragfähiger Ansatz zur Analyse der Rolle der Ökonomen in der Ökonomie? In W. Ötsch, K. Hirte & J. Nordmann (Hrsg.), *Krise. Welche Krise? Zur Problematik aktueller Krisendebatten* (S. 49–75). Marburg: Metropolis.

Hirte, K. (2013). ÖkonomInnen in der Finanzkrise: Diskurse. Netzwerke. Initiativen. Marburg: Metropolis.

Hofmeister, R., & Ursprung, H. (2008). Das Handelsblatt Ökonomen-Ranking 2007: Eine kritische Beurteilung. In: *Perspektiven der Wirtschaftspolitik 9 (3)*, 254–266.
Höpner, A., & Nagl, H. G. (2010). HVB wird Zentrum des Investment-Bankings. *Handelsblatt vom 15. Februar 2010.* http://www.handelsblatt.com/unternehmen/banken/unicredit-hvb-wird-zentrum-des-investment-bankings/3369496.html. Zugegriffen: 04. Dezember 2012.
Horn, G. A. (2011). *Des Reichtums fette Beute – Wie die Ungleichheit unser Land ruiniert.* Frankfurt am Main, New York: Campus.
Hulverscheidt, C. (2011). Weidmann – ein Mann für alle Fälle. *Süddeutsche Zeitung vom 15. Februar 2011.* http://www.sueddeutsche.de/geld/ bundesbank-nachfolge-von-axel-weber-ein-mann-fuer-alle-faelle-1.1060686. Zugegriffen: 12. Januar 2014.
IFO-Institut (2012). Mitarbeiter. Hans-Werner Sinn: Personal Profile (Short Version). http://www.cesifo-group.de/ifoHome/CESifo-Group/ifo/ifo-Mitarbeiter/cvifo-sinn-hw/mittel.html. Zugegriffen: 24. Oktober 2012.
INSM (2012a). ÖkonomInnenBlog. http://www.insm-oekonomenblog.de/. Zugegriffen: 03. Dezember 2010.
INSM (2012b). Über uns. http://www.insm.de/insm/ueber-die-insm/FAQ/html. Zugegriffen: 03. Dezember 2010.
Jäger, S. (2004). *Kritische Diskursanalyse. Eine Einführung.* Münster: Unrast.
Kövecses, Z. (2010). *Metaphor. A Practical Introduction.* Oxford: Oxford University Press.
Krapf, M. (2011). Research evaluation and journal quality weights. Much ado about nothing. *Zeitschrift für Betriebswirtschaft 81*, 5–27.
Krugman, P. (2008). The Keynesian Moment. *New York Times Magazine vom 29. November 2008.* http://krugman.blogs.nytimes.com/2008/11/29/the-keynesian-moment/. Zugegriffen: 20. November 2011.
Krugman, P. (2012). Wir sparen uns zu Tode. *Blätter für deutsche und internationale Politik 6/2012*, 45–54.
Lakoff, G., & Johnson, M. (1980). *Metaphors we Live by.* Chicago: University of Chicago Press.
Lakoff, G., & Wehling, E. (2008). *Auf leisen Sohlen ins Gehirn. Politische Sprache und ihre heimliche Macht.* Heidelberg: Carl-Auer.
Latour, B. (1986). Joliot: Geschichte und Physik im Gemenge. In M. Serres (Hrsg.), *Elemente einer Geschichte der Wissenschaften* (S. 869–903). Frankfurt am Main: Suhrkamp.
Lebert, R., & Tartler, J. (2009). Happy Birthday, SoFFin. *Financial Times* vom 15. Oktober 2009. http://www.ftd.de/unternehmen/finanzdienstleister/: agenda-happy-birthday-soffin/50023546.html?page=2. Zugegriffen: 06. Juli 2013.
Manager Magazin (2010). Ifo-Chef Sinn ersetzt Martini im Aufsichtsrat. http://www.manager-magazin.de/finanzen/artikel/a-58631.html. Zugegriffen: 22. Oktober 2012.
MacKenzie, D. (2006). *An Engine, Not a Camera. How Financial Models Shape Markets.* Cambridge: MIT Press.
MacKenzie, D. (2007). Is Economics Performative? Option Theory and the Construction of Derivatives Markets. In D. MacKenzie, F. Muniesa & L. Siu. (Hrsg.), *Do Economists Make Markets? On the Performativity of Economics* (S. 54–86). Princeton: University Press.
MacKenzie, D., & Millo, Y. (2003). Constructing a Market, Performing Theory – The Historical Sociology of a Financial Derivatives Exchange. *American Journal of Sociology 109 (1)*, 107–145.
Maeße, J. (2015). *Eliteökonomen. Wissenschaft im Wandel der Gesellschaft.* Wiesbaden: Springer VS.

Mäki, U. (2013). Performativity: Saving Austin from Mackenzie. *Perspectives and Foundational Problems in Philosophy of Science 11*, 443–453.
Mankiw, N. G. (2011). Know What You're Protesting. *New York Times Magazine* vom 03. Dezember 2011. http://www.nytimes.com/2011/12/04/business/know-what-youre-protesting-economic-view.html?_r=0. Zugegriffen: 20. November 2011.
Mathieu, C., & Sterdyniak, H. (2010). European Debt Crisis and Fiscal Exit Strategies. *OFCE working paper, No. 11/2010.*
Meier, B., & Wodok, A. (2000). *Gesellschaft im Zwiespalt: Marktwirtschaft und Unternehmer im Spiegel der öffentlichen Meinung.* Institut der Deutschen Wirtschaft Köln. Essen: Deutscher Instituts-Verlag.
Mirowski, P. (2013). *Never Let a Serious Crisis Go to Waste.* How Neoliberalism Survived the Financial Meltdown. London, New York: Verso.
Munzinger Archiv (2012). Wolfgang Franz. http://www.munzinger.de/ search/portrait/Wolfgang+Franz/0/21539.html. Zugegriffen: 20. Oktober 2012.
Neller, M., & Kurm-Engels, M. (2010). Der Stressmacher. *Der Tagesspiegel vom 24. Juli 2010.* http://www.tagesspiegel.de/wirtschaft/ axel-weber-der-stressmacher/1889700.html. Zugegriffen: 06. Dezember 2012.
Neubäumer, R. (2011). Eurokrise: Keine Staatsschuldenkrise, sondern Folge der Finanzkrise. *Wirtschaftsdienst 12*, 827–833.
Peucker, H. (2009). Jörg Asmussen. Privat mit der Börse verbunden. *Manager-Magazin* vom 13. Juni 2009. http://www.manager-magazin.de/ unternehmen/karriere/0,2828,630322,00.html. Zugegriffen: 22. Dezember 2012.
Plehwe, D., & Walpen, B. (2006). Between Network and Complex Organization: The Making of Neoliberal Knowledge and Hegemony. In B. Walpen, D. Plehwe & G. Nuenhöffer (Hrsg.), *Neoliberal Hegemony: A Global Critique* (S. 27–70). London: Routledge.
Politikszene (2003). Asmussen beerbt Nawrath. *Politikszene 13* (06. Februar 2003).
Pühringer, S. (2015a). Kontinuitäten neoliberaler Wirtschaftspolitik. Die Austeritätsdebatte als Spiegelbild diskursiver Machtverwerfungen innerhalb der Ökonomik. In M. Marterbauer, M. Mesch, M. Rehm, & C. Reiterlechner (Hrsg.), *Das Scheitern des neoklassischen Paradigmas – Wirtschaftspolitik in der EU* (S. 159–174). Wien: ÖGB Verlag.
Pühringer, S. (2015b). „Harte" Sanktionen für „budgetpolitische Sünder" Diskursanalytische Aufarbeitung der Argumentationsmuster für den Fiskalpakt in meinungsbildenden österreichischen Medien. *Momentum Quaterly 4 (1)*, 23–41.
Pühringer, S., & Hirte, K. (2015). The Financial Crisis as a Heart Attack. Discourse Profiles of Economists in the Financial Crisis. *Journal of Language and Politics 14 (4)*, 599–625.
Reiermann, C., & Sauga, M. (2009). Der Kern der Regierung. *Spiegel 17(2009)*, 68.
Schulmeister, S. (2012). *Ein New Deal für Europa – Überwindung der großen Krise und Erneuerung des Europäischen Sozialmodells.* Berlin: Friedrich-Ebert-Stiftung.
Scott, W. R. (2001). *Institutions and Organizations.* Thousand Oaks: Sage Press.
Semino, E. (2008): *Metaphor in discourse.* Cambridge: Cambridge University Press.
Sinn, H.-W. (1980). Ökonomische Entscheidungen bei Ungewissheit. Tübingen: Mohr Siebeck.
Spiegel online (2008). CDU-Parteitag: Kanzlerin will sich bei Konjunkturhilfen alle Optionen offenhalten. http://www.spiegel.de/politik/deutschland/cdu-parteitag-kanzlerin-will-sich-bei-konjunkturhilfen-alle-optionen-offenhalten-a-593703.html. Zugegriffen: 20. November 2012.
Stiftung Marktwirtschaft (2012a). Ehemalige Mitglieder. http://www. stiftung-marktwirtschaft.de/inhalte/kronberger-kreis/ehemalige-mitglieder.html. Zugegriffen: 20. November 2012.

Stiftung Marktwirtschaft (2012b). Die Stiftung. http://www.stiftung-marktwirtschaft.de/wirtschaft/stiftung.html. Zugegriffen: 20. November 2012.

Stiftung Marktwirtschaft (2012c). Kronberger Kreis. http://www.stiftung-marktwirtschaft.de/wirtschaft/kronberger-kreis.html. Zugegriffen: 20. November 2012.

Süddeutsche Zeitung (2012). „Für Griechenland gibt es keine Hoffnung mehr". *Süddeutsche Zeitung vom 24. August 2012.* http://www.sueddeutsche.de/wirtschaft/oekonom-manfred-neumann-fuer-griechenland-gibt-es-keine-hoffnung-mehr-1.1448978. Zugegriffen: 20. November 2012.

Tagesschau (2009). Porträt des Staatssekretärs hinter dem Finanzminister: Jörg Asmussen. *Tagesschau vom 25. März 2009.* http://www.tagesschau. de/multimedia/video/video469720.html. Zugegriffen: 20. November 2012.

Thomasberger, C. (2013). The Strange Triumph of the Neo-Liberal Credo and its Consequences. World Keynes Conference 2013. http://ekolider.ieu.edu.tr/keynes/files/papers.pdf. Zugegriffen: 12. Januar 2014.

Tichy, G. (2010). War die Finanzkrise vorhersehbar? *Perspektiven der Wirtschaftspolitik 11 (4)*, 356–382.

Tillack, H.-M. (2009). Rettungsfonds Soffin Staat heuerte HRE-Manager an. *Der Stern vom 01. Juli 2009.* http://www.stern.de/wirtschaft/news/ unternehmen/rettungsfonds-soffin-staat-heuerte-hre-manager-an-704976.html. Zugegriffen: 22. Dezember 2012.

Union Bank of Switzerland (2012). Curriculum Vitae Axel A. Weber. UBS Homepage. http://www.ubs.com/global/de/about_ubs/investor_relations/ cv_weber.html. Zugegriffen: 12. Dezember 2012.

Uni-Protokolle (2002). Führender Volkswirtschaftler Professor Heinz König gestorben. http://www.uni-protokolle.de/nachrichten/id/9617/. Zugegriffen: 17. Dezember 2012.

Universität Oxford (2012). Clemens Fuest. http://www.sbs.ox.ac.uk/ research/people/Pages/ClemensFuest.aspx. Zugegriffen: 21.10.2012.

Van Dijk, T. A. (2008). *Discourse Reader.* London: SAGE.

Verein für Sozialpolitik (2000). Mitgliederverzeichnis, Stand 01. Mai 2000. Hrsg.: Verein für Socialpolitik München.

Wehling, P., Viehöver, W., Keller, R., & Lau, C. (2007). Zwischen Biologisierung des Sozialen und neuer Biosozialität: Dynamiken der biopolitischen Grenzüberschreitung. *Berliner Journal für Soziologie 4*, 547–567.

Wodak, R., & Meyer, M. (Hrsg.) (2009). *Methods for Critical Discourse Analysis.* Introducing Qualitative Methods. London: Sage.

# Von Hilfsmitteln, Symbolen und Artefakten

## Finanzialisierung, rationale Investitionen und der Business Case

Hajo Holst

## 1 Einleitung

„Wenn Du etwas nicht in Zahlen ausdrücken kannst, hast Du keine Chance!" Mit diesen Worten bereitete uns, zwei Arbeitssoziologen, die ein Forschungsprojekt zu nachhaltiger Flexibilisierung durchführen wollten, ein Mitarbeiter eines großen Automobilherstellers auf ein Gespräch mit Führungskräften und Managementvertretern seines Unternehmens vor. Seit einigen Jahren müsse jede Veränderung und jede Neuerung in einem sogenannten „Business Case" vorab durchgerechnet werden. Weiche Faktoren, die sich nur schwer quantifizieren und deren Effekte sich nicht in Geldeinheiten ausdrücken ließen – wie im Übrigen die in unserem Projekt fokussierte Zufriedenheit der Beschäftigten – finden faktisch kaum Gehör. Auch in der nächsten Interviewsituation, entstanden in einem anderen Forschungsvorhaben, tauchte recht unvermittelt ein Verweis auf den Business Case auf. In dem Großunternehmen aus dem verarbeitenden Gewerbe beleuchteten wir die Perspektiven der Beschäftigten auf den Umgang des Managements und der Interessenvertreter mit der Finanz- und Wirtschaftskrise 2008/09. Der interviewte Sachbearbeiter kritisierte die Zentralisierung im Unternehmen und führte dabei das folgende Beispiel an: „Ich hatte hier ein neues Geschäftsmodell und auch einen Business Case. Wir brauchten ein Invest von 220.000 Euro, ich hatte eine Amortisationszeit des Projektes oder des Produktes von 1,8 Jahren. Vor zehn Jahren hätte da gleich einer unterschrieben. Heute wird hier gar nicht mehr entschieden. Es wird in der Zentrale entschieden. Und es wurde negativ entschieden." Und da aller guten Dinge drei sind, sei hier noch auf ein weiteres Interview verwiesen, das ich schon vor einigen Jahren mit dem Geschäftsführer eines Callcenter-Dienstleisters mit rund 200 Beschäftigten führte. Gegenstand dieses Forschungsvorhabens war der Einfluss der Auftraggeber auf die interaktive Arbeit der sogenannten Agents. Während wir uns über das Verhältnis zu den Auftraggebern unterhielten, verwies der Miteigentümer darauf, dass neue

Projekte mit Hilfe eines Business Case grundsätzlich zuerst „knallhart" durchgerechnet werden und man nur Aufträge übernehme, die auch wirtschaftlich seien.

Seriöser Weise lassen sich aus diesen empirischen Impressionen keine weitreichenden Schlussfolgerungen über den Stellenwert des Business Case in Wirtschaftsorganisationen ziehen, und genauso wenig über den praktischen Umgang der Subjekte mit diesem Werkzeug. Und trotzdem kommt den angeführten Hinweisen der Interviewpartner eine zentrale Bedeutung für die folgenden Überlegungen zu. Denn: Erst die beiläufigen, in unterschiedlichsten Forschungsprojekten wiederkehrenden empirischen Hinweise auf die praktische Bedeutung des Business Case in Großunternehmen und des mit seiner Hilfe hervorgebrachten Zahlen- und Zukunftswissens, vor allem aber die Selbstverständlichkeit, mit der die Akteure mit diesem ökonomischen Werkzeug hantieren, weckten mein Interesse an diesem Thema – wenn auch zunächst noch ohne konkrete Vorstellung, was denn ein Business Case eigentlich sei. Wenn aber in verschiedenen Organisationstypen – vom global agierenden Automobilhersteller bis zum kleinbetrieblichen Callcenter – und zudem noch in völlig unterschiedlichen Forschungskontexten Hinweise auf ein Werkzeug auftauchen, mit dem die Akteure wie selbstverständlich umgehen und dessen Ergebnisse in den Organisationen zudem einen Unterschied zu machen scheinen, dann muss es sich dabei doch um einen soziologisch interessanten Gegenstand handeln! Aber: Was ist ein Business Case eigentlich genau? Was machen die Subjekte mit diesem Werkzeug? Und vor allem: Welche Spuren hinterlässt der Umgang in den Organisationen und auch in den Subjekten, die mit dem Werkzeug entscheidungsrelevantes Zukunftswissen produzieren?

Ein erster Blick in die ökonomische Ratgeberliteratur legt den Anspruch des Business Case offen: die Unterstützung von rationalen Investitionsentscheidungen durch eine „Investitionsfolgenabschätzung" (Taschner 2008, S. 1). Fundament des Business Case ist ein Set von finanzökonomischen Kalkulationsregeln, mit denen über die Gegenwartswerte zukünftiger Einnahmen und Ausgaben die Investitionswerte gegenwärtiger Entscheidungsoptionen bestimmt und vergleichbar gemacht werden sollen. In der Praxis werden zwar unterschiedliche Varianten von Kalkulationsregeln eingesetzt, gemeinsam ist ihnen jedoch, dass sie mathematische Formalisierungen der im Übergang zwischen dem 19. und 20. Jahrhundert in den akademischen Wirtschaftswissenschaften formulierten Theorie der rationalen Investition darstellen – und dieses gar nicht mehr so junge wirtschaftswissenschaftliche Wissen scheint in Form des Business Case heute eine wachsende Anzahl von internen Entscheidungen in Wirtschaftsorganisationen zu beeinflussen. Um das Phänomen des Business Case und vor allem die Konsequenzen seiner Anwendung für Subjekte und Organisationen analytisch greifen zu können, wird die Analyse in Ergebnisse der soziologischen Finanzialisierungsforschung eingebettet (Lazonick und O'Sullivan 2000; Kädtler 2012; Holst 2016). Es wird die These vertreten, dass im Zuge der Finanzialisierung in den Wirtschaftsorganisationen ein wachsender Bedarf an einer spezifischen Form von Zukunftswissen entsteht und dass es dieser Bedarf ist, der letztlich der Popularität des Business Case zugrunde liegt. Zum einen werden als Folge der Finanzialisierung in den betroffenen Wirtschaftsorganisationen immer mehr interne Organisationsentscheidungen – und das offensichtlich ohne größeren Widerstand zu provozieren – auch als rationale Investitionen gerahmt und anhand der zu erwartenden bzw. realisierten Geldgewinne bewertet (Holst 2016; Martin 2002; Leyshon und Thrift 2007). Und zum anderen stellt der Business Case ein Werkzeug dar, mit dem – so zumindest das Versprechen der Ratgeberliteratur – genau jenes numerische Zukunftswissen produziert werden kann, das erforderlich ist, um rationale Investitionsentscheidungen zu treffen.

Den Fragen nach der empirischen Bedeutung des Business Case und insbesondere nach den Implikationen und Nebenfolgen seines Einsatzes geht der Beitrag anhand einer kleinen explorativen qualitativen Erhebung[1] nach. Um theoretische Engführungen und Vorentscheidungen zu vermeiden, greift die Analyse auf eine Heuristik zurück, die drei in der Wirtschafts- und Organisationssoziologie einflussreiche Perspektiven kombiniert. In den Theoriewelten des Rationalismus, des Neo-Institutionalismus und der Performativitätstheorie wird (ökonomischen) Werkzeugen jeweils eine spezifische Funktion zugewiesen: Der Rationalismus lässt sie als *technische Hilfsmittel* erscheinen, der Neo-Institutionalismus als *kulturelle Symbole* und die Performativitätstheorie als *sozio-technische Artefakte*. Auch wenn das verwendete empirische Material nicht allzu umfangreich ist, in der Analyse deuten sich empirisch wie theoretisch interessante Befunde an. Es spricht nämlich einiges dafür, dass die soziale Praxis deutlich komplexer, vielschichtiger und fluider ist, als die skizzierten Theoriewelten es nahelegen. Während die drei Programme im Feld der soziologischen Theorie in einem zum Teil scharfen Konkurrenzverhältnis stehen, überlappen sich in der Praxis der untersuchten Wirtschaftsorganisation die alternativen Existenzweisen des Business Case. Ein und dieselben Subjekte

1 Die Analyse des Umgangs der Akteure mit dem Business Case basiert auf einer kleinen Erhebung mit drei qualitativen Interviews in einem global agierenden Großunternehmen. Im Vergleich mit dem explorativen Charakter der Empirie zum Umgang mit dem Werkzeug ‚Business Case' sind die Überlegungen zur Finanzialisierung von Wirtschaftsorganisationen empirisch gesättigter. Sie basieren auf mehreren Projekten, die der Autor in den vergangenen Jahren zum Verhältnis von neuen Formen der Unternehmensführung und veränderten Organisationsstrukturen in der Automobilindustrie und der Logistikbranche durchgeführt hat (Holst 2010; 2015; 2016). Der Autor dankt Hendrik Brunsen, Steffen Niehoff und den Herausgebern für Kommentare zu früheren Fassungen des Beitrags.

greifen in bestimmten Situationen auf das Werkzeug als Hilfsmittel zurück, um die Investitionswerte gegenwärtiger Optionen vorauszukalkulieren und rationale Investitionsentscheidungen zu treffen, in anderen Situationen nutzen sie den Business Case jedoch eher als kulturelles Symbol, um nach anderen Kriterien getroffene Entscheidungen als „Als-Ob-Investitionen" zu maskieren. Und auch für die performativitätstheoretische Klassifizierung als sozio-technisches Artefakt finden sich in der Empirie Anhaltspunkte. Der Business Case scheint nämlich an der Performation von rationalen Investitionen als universeller wirtschaftlicher Rationalität zumindest mitbeteiligt zu sein. Das Werkzeug – darauf deuten die Befunde hin – leistet damit einen eigenständigen Beitrag zur kulturellen Verankerung der Investitionslogik in der Innenwelt von Wirtschaftsorganisationen.

Der Beitrag ist folgendermaßen aufgebaut: Zunächst werden die Finanzialisierung und ihre Auswirkungen auf die Formalstrukturen von Wirtschaftsorganisationen diskutiert (2) und mit der Theorie der rationalen Investition jenes wirtschaftswissenschaftliche Wissen vorgestellt, auf dem das Werkzeug ‚Business Case' basiert (3). Auf der Basis der Ratgeberliteratur wird dann ein erster Blick auf die wesentlichen Bestandteile des Business Case geworfen (4). Die analytische Heuristik aus drei soziologischen Theorieprogrammen – Rationalismus, Neo-Institutionalismus und Performativitätstheorie – wird vorgestellt (5) und zur Auswertung des empirischen Materials herangezogen (6). Den Abschluss bildet ein Fazit, das die empirischen Befunde zum Business Case bündelt, Schlussfolgerungen für die Finanzialisierungsdebatte zieht und Rückschlusse auf eine allgemeine Soziologie ökonomischer Werkzeuge formuliert (7).

## 2 Der organisationale Kontext: Finanzialisierung und die Diffusion der Investitionslogik

Bevor wir uns der Analyse des Business Case und des Umgangs mit diesem Werkzeug in einer ausgewählten Organisation zuwenden, wollen wir einen Blick auf den Kontext werfen, in dem das Werkzeug in den letzten Jahren populär geworden ist: der Finanzialisierung von sogenannten Nicht-Finanzunternehmen (Crotty 2005; Lazonick und O'Sullivan 2000). Die veränderten Beziehungen zur Finanzsphäre bringen in den Wirtschaftsorganisationen neben Verschiebungen in den Machtverhältnissen zugunsten der Eigentümer und Veränderungen in den Gewinnerwartungen auch einen tiefgreifenden, in gewisser Weise sogar revolutionären Wandel mit sich – einen Wandel, den ich an anderer Stelle als Diffusion des Investitionsgedankens in die Organisation beschrieben habe (Holst 2016). Längst werden nicht mehr allein Groß- und Infrastrukturprojekte als Investitionen bezeichnet und entsprechend bewertet; potenziell alle Ausgaben und monetären Aufwendungen lassen sich als zukunftsgerichtete Investitionen klassifizieren, die sich anhand zukünftiger Gewinne zu bewähren haben. An dieser Stelle lässt sich die These von der finanzialisierungsgetriebenen Diffusion der Investitionslogik jedoch noch präziser fassen: Die Finanzialisierung treibt nämlich nicht die Ausweitung des allgemeinen Investitionsgedankens voran; in den Formalstrukturen finanzialisierter Organisationen wird vielmehr ein ganz spezifisches Verständnis von Investitionen verankert, und zwar das der rationalen Investition. Ohne alternative Entscheidungslogiken zu verdrängen, wird ein wachsender Anteil interner Organisationsentscheidungen auch als rationale Investitionen gerahmt und systematisch entlang der quantifizierbaren Kriterien ‚Rendite' und ‚Risiko' mit anderen Investitionsoptionen verglichen. Die Verankerung der ursprünglich in den akademischen Wirtschaftswissenschaften von Autoren wie Irving Fisher und John Burr Williams formulierten *Theorie der rationalen Investition* in den Formalstrukturen – der Unternehmensführung und den Steuerungssystemen – erzeugt in den Wirtschaftsorganisationen einen stetig steigenden Bedarf an vor allem numerischem Zukunftswissen – und zwar sowohl für die Ex-Post-Evaluation vergangener Entscheidungen als auch für die Ex-Ante-Abschätzung der Investitionsqualität noch zu treffender Entscheidungen.

Den Anfang der Finanzialisierung auch von Nicht-Finanzunternehmen markierte der Aufstieg des *shareholder-value*-Paradigmas in den 1980er- und 1990er-Jahren (Lazonick und O'Sullivan 2000; Dobbin und Zorn 2005). In seiner ursprünglichen Form stellte das neue Leitbild der Unternehmensführung ein als Managementkritik verkleidetes Umverteilungsprojekt zugunsten der Eigentümer von Aktiengesellschaften dar. Oberflächlich formulierten die Befürworter des neuen Paradigmas, darunter einflussreiche Wirtschaftswissenschaftler wie Alfred Rappaport (1986) und Michael E. Jensen (1993), eine von der *principal-agent*-Theorie inspirierte Kritik an den Entscheidungen des angestellten Managements. Insbesondere in großen Aktiengesellschaften stelle das Management, so die bis heute weit verbreitete These, seine eigenen Interessen über jene der Eigentümer. Verantwortlich für diese Entwicklung sei vor allem die Unmöglichkeit einer effektiven Kontrolle durch die Eigentümer: In Großunternehmern mangelt es den Eigentümern an Instrumenten, um die Entscheidungen des angestellten Managements effektiv kontrollieren und im eigenen Interesse beeinflussen zu können. Der Opportunismus des Managements – und nicht die weltwirtschaftlichen Turbulenzen oderverschärfte Konkurrenz auf den globalen Märkten – wurde dafür verantwortlich gemacht, dass Ende der 1970er-Jahre fast alle großen Aktiengesellschaften unter Rentabilitätsproblemen litten, die sich unmittelbar in nicht-ausreichend hohen Gewinnen für die Eigentümer ausdrückten (Rappaport 1986). Dabei hätten diese als Träger des wirtschaftlichen

Letztrisikos – so der verteilungspolitische Kern des *shareholder value* – einen Anspruch auf höhere Gewinne (Jensen 1993). Referenzpunkt dieser Argumentation ist ein besonderer Typus des Eigentümers, und zwar der des *Eigentümer-Investors*. Während der in der soziologischen Forschung vertraute Eigentümer-Manager das Unternehmen persönlich steuert und mit diesem eine langfristige, nicht selten generationenübergreifende Beziehung eingeht (Windolf 2005), betrachtet der Eigentümer-Investor das Unternehmen als nur eine von vielen konkurrierenden Anlagemöglichkeiten für sein Geldkapital. Durch die Universalisierung des Eigentümer-Investors und seiner Renditeinteressen wird das Eigentum an einem Unternehmen als rationale, auf Geldvermehrung zielende Investition konstruiert, die sich einem permanenten Vergleich mit alternativen Anlagemöglichkeiten des Geldkapitals zu unterziehen hat.

Auf der Ebene der Formalstrukturen zeigten sich die Auswirkungen des *shareholder-value*-Paradigmas zuerst in der *Neuausrichtung der Unternehmensführung*. Entscheidungstheoretisch verfolgt das Paradigma ein alles andere als triviales Ziel: Das Management soll dazu gebracht werden, Investitionsentscheidungen zu treffen – und zwar Investitionsentscheidungen, bei denen die Entscheider nicht das eigene Kapital, sondern das Geldkapital der Eigentümer-Investoren zu mehren suchen. Dadurch, dass nicht das eigene Geld investiert wird, kann die Entscheidung auch nicht im Sinne eines investierenden *homo oeconomicus* auf das Interesse zurückgeführt werden, die eigenen Ressourcen zu vermehren. Die vom *shareholder-value*-Paradigma vorgeschlagene Lösung basiert auf einer Kombination von Anreiz und Disziplinierung. Auf der einen Seite wird die Managemententlohnung an die Aktienkursentwicklung und die finanzielle Performanz des Unternehmens gekoppelt, auf der anderen Seite wirken die Möglichkeit feindlicher Übernahmen und der Einfluss institutioneller Investoren disziplinierend. Die inzwischen umfangreiche Forschungsliteratur zeigt, dass die Ausrichtung der Unternehmensführung an den Renditeinteressen der Eigentümer-Investoren nicht ohne Konsequenzen für die Unternehmen und ihre Belegschaften blieb: Im Namen der „Aktionärsorientierung" wurden zunächst in den USA, mit etwas zeitlicher Verzögerung aber auch in Deutschland traditionsreiche Unternehmen restrukturiert, Belegschaften reduziert und neue Unternehmensstrategien formuliert (Lazonick und O'Sullivan 2000; Streeck und Höpner 2003).[2] Auch wenn die Verbindung zwischen dem neuen

2 Zu den bekanntesten Beispielen zählen die Aufteilung des traditionsreichen Mannesmann-Konzerns im Gefolge seiner Übernahme durch den britischen Mobilfunkanbieter Vodafone (Höpner und Jackson 2001) und der radikale Strategiewechsel des ebenso traditionsreichen Pharmakonzerns Höchst, durch den sich die Organisation als Life Science-Unternehmen neu erfinden wollte, der aber am Ende in der Liquidation des Unternehmen resultierte (Eckert 2003).

Leitbild und konkreten Restrukturierungsmaßnahmen letztlich relativ lose ist, lässt sich eines festhalten: Durch den Siegeszug des *shareholder-value*-Paradigmas müssen Managemententscheidungen heute grundsätzlich mit den zu erwartenden Auswirkungen auf den Finanzwert des Unternehmens gerechtfertigt werden (Dörre und Holst 2009; Faust et al. 2011; Haipeter 2014). Um die Unternehmensführung auf die Steigerung des Finanzwertes zu verpflichten, werden die Managemententscheidungen als rationale Investitionsentscheidungen gerahmt, die über ihre Auswirkungen auf den finanziellen Wert des Unternehmens gerechtfertigt werden müssen.

Der Organisationsumbau im Gefolge der Finanzialisierung blieb allerding nicht allein auf die Neuausrichtung der Unternehmensführung beschränkt. Vielmehr lassen sich die Auswirkungen der Finanzialisierung – der Aufschwung des Finanzwertes des Unternehmens und der Renditeinteressen der Eigentümer-Investoren – auch in den Innenwelten der Wirtschaftsorganisationen entziffern, und zwar vor allem in den kennzahlbasierten Formen der *Unternehmenssteuerung*. Neben effizienz- und produktivitätsorientierten Kennzahlen finden sich in den Steuerungssystemen finanzialisierter Wirtschaftsorganisationen auch solche, durch die auch Organisationsentscheidungen unterhalb der Managementebene auf ihre Auswirkungen auf den Finanzwert des Unternehmens verpflichtet werden sollen. Eine einflussreiche, in den Steuerungssystemen vieler Großunternehmen verankerte Finanzialisierungskennziffer ist die Mindestrendite. Einheiten, die die interne ‚Schwelle der Rentabilität' nicht erreichen, stehen unter verschärftem Rationalisierungs- oder gar Auslagerungsdruck; und auch die Realisierungschancen von neuen Projekten hängen letztlich vom Erreichen der Mindestrendite ab, nämlich von der Glaubwürdigkeit, mit der die Zielerreichung prognostiziert wird (Dörre 2009; Haipeter 2014). Legitimiert wird dies mit dem Verweis auf den Finanzwert des Unternehmens: Nur Renditen oberhalb der Mindestrendite wird die Fähigkeit zugeschrieben, den Unternehmenswert zu steigern. Unterhalb dieser Schwelle werden zwar durchaus auch absolute Gewinne erwirtschaftet; aufgrund der im Vergleich mit alternativen Verwendungen des eingesetzten Geldes geringen Rentabilität wird allerdings Unternehmenswert vernichtet – und zwar Unternehmenswert, der durch einen anderen Einsatz des Geldes hätte geschaffen werden können.

Die Verankerung der Mindestrendite in den Formalstrukturen der Wirtschaftsorganisationen stellt den Versuch dar, interne Entscheidungen als Investitionsentscheidungen zu rahmen und den betroffenen Organisationsmitgliedern die Investorenrolle nahezubringen bzw. sogar aufzuzwingen. Wie beim Einfluss des *shareholder-value*-Paradigmas auf Managemententscheidungen basieren auch die verhaltenssteuernden Effekte der Mindestrendite auf dem Zusammenspiel von Anreiz und Disziplinierung. In vielen Wirtschaftsorganisationen, unter anderem auch in dem weiter unten empirisch betrachteten international agierenden Großunternehmen, werden auch auf der Ebene der mittleren und unteren Führungskräfte Teile des Einkommens an die finanzielle Performanz von Organisationseinheiten gekoppelt. Zugleich geht von der bereits angesprochenen latenten Rationalisierungsdrohung, die mit dem Unterlaufen der ‚Schwelle der Rentabilität' verbunden ist, ebenfalls ein disziplinierender Effekt auch auf die Entscheidungen und das Verhalten der Verantwortlichen aus. Um Missverständnisse zu vermeiden: Durch die Institutionalisierung der Mindestrendite soll zwar die Investitionslogik auf Entscheidungen übertragen werden, die in der Vergangenheit noch nicht als Investitionen gerahmt wurden. Das heißt jedoch nicht, dass in den Organisationen alternative Entscheidungsrationalitäten einfach verdrängt werden; vielmehr formuliert die Investitionslogik finanzielle Mindestbedingungen, die alle Entscheidungen, also auch solche, die primär nach anderen Kriterien getroffen werden, erfüllen müssen (Holst 2016).

## 3 Die Ratgeberliteratur: Der Business Case als „Investitionsfolgenabschätzung"

Die finanzialisierungsinduzierte Verankerung der Logik rationaler Investitionen in ihren Formalstrukturen erzeugt in den Wirtschaftsorganisationen einen steigenden Bedarf an Zahlenwissen – und zwar sowohl an vergangenheitsorientierten Zahlen, anhand derer bereits getroffene Entscheidungen ex post evaluiert werden können, als auch an numerischem Zukunftswissen, das die Entscheidungsfindung unterstützt. Die für die Ex-Post-Evaluation vergangener Entscheidungen erforderlichen Zahlen werden von den bereits angesprochenen, in den letzten beiden Jahrzehnten sich rasant ausbreitenden Accounting- und Enterprise-Resource-Planning-Systemen geliefert (Mennecken 2007; Power 2008). Für auf die Zukunft gerichtete rationale Investitionsentscheidungen sind die vergangenheitsorientierten Zahlen dieser Systeme jedoch von begrenztem Wert, erforderlich ist vielmehr Zukunftswissen über die finanziellen Folgen der verschiedenen Entscheidungsalternativen. Um den Ansprüchen rationaler Investitionen genügen zu können, müssen die Akteure die finanziellen Folgen (erwartete Gewinne und Risiken) verschiedener Entscheidungsoptionen kalkulieren und miteinander vergleichen können.

Und an genau diesem Punkt kommt – glaubt man der seit etwa einem Jahrzehnt florierenden Ratgeberliteratur – der Business Case ins Spiel. Von der zwischen Wirtschaftswissenschaften und Managementberatung angesiedelten Ratgeberliteratur (Taschner 2008; 2013; Maul 2011; Messner 2013) wird das Werkzeug als ökonomisches Hilfsmittel beschrieben: als ein Instrument zur „Investitionsfolgenabschätzung" (Taschner 2008, S. 1), mit dem das für rationale Investitionen erforderliche Zahlenwissen zuverlässig produziert werden kann. Faktisch stellt der Business Case ein ökonomisches Bewertungsinstrument dar; ein Instrument, mit dessen Hilfe die Investitionswerte verschiedener Entscheidungsalternativen abgeschätzt und zur Grundlage von Entscheidungen gemacht werden können: „Er [der Business Case, HH] analysiert Alternativen und quantifiziert deren Konsequenzen in Geldeinheiten." (Taschner 2013, S. 16) Damit weist der Business Case funktionale Ähnlichkeiten zu weiteren, in der aktuellen wirtschaftssoziologischen Forschung diskutierten Werkzeugen aus der ökonomischen (Bewertungs)-Praxis auf (Svetlova und Dirksen 2014; Kalthoff und Maeße 2012). Die mit einem Nobelpreis bedachte Black-Scholes-Merton Formel (BSM) leitet Versuche von Finanzmarktakteuren an, die Investitionswerte von Optionen und Futures rational zu berechnen – und dies offensichtlich auch noch auf eine derart umfassende Art und Weise, dass die wissenschaftliche Formel zumindest für einen gewissen Zeitraum sogar die realen Preisentwicklungen auf den Optionsmärkten determinieren konnte (MacKenzie 2008a). Ein anderes Beispiel betrifft die *discounted-cash-flow*-Methode (DCF), auf die Portfolio-Manager zurückgreifen, um die Investitionswerte von Wertpapieren und anderen Anlagemöglichkeiten abzuschätzen. Zwar ist der Wirklichkeitseffekt wirtschaftswissenschaftlichen Wissens in diesem Fall ein ganz anderer als in dem viel zitierten BSM-Fall. Auch hier spielt jedoch ein aus der akademischen Ökonomie stammendes Konzept eine nicht unwichtige Rolle in der ökonomischen Praxis (Svetlova 2012). Trotz der Gemeinsamkeiten im Motiv – der notwendig zukunftsgerichteten Bestimmung von Investitionswerten – differiert der Business Case jedoch in einem zentralen Punkt von den beiden anderen Werkzeugen. Während diese für Bewertungsprozesse auf Finanzmärkten und damit in einem Umfeld genutzt werden, das von jeher vom Investitionsgedanken dominiert wird, kommt der Business Case für die Bewertung von organisationsinternen Entscheidungen zum Einsatz – und damit auch für ‚Dinge', die in der Vergangenheit möglicherweise noch gar nicht als Investitionsobjekt konstituiert wurden.

Es ist der in der Ratgeberliteratur explizit formulierte Anspruch des Business Case, die Investitionswerte gegenwärtiger Organisationsentscheidungsoptionen vorauszuberechnen und vergleichbar zu machen – und damit eine am Finanzwert orientierte Unternehmensführung zu unterstützen (Messner 2013, S. 1; Taschner 2013). In den Worten eines vom Harvard Business Review herausgegebenen Ratgebers: „A business case is a tool for identifying and comparing multiple alternatives for pursuing an opportunity and then proposing the one course of action that will create the most value." (Maul 2011, S. xi) Zur Berechnung des Investitionswertes einer Entscheidung greift das Werkzeug auf finanzökonomische Kalkulationsregeln zurück, deren Ziel es ist, die Gegenwartswerte all jener künftigen Einnahmen und Ausgaben zu bestimmen, die der zu bewertenden Entscheidung zuzurechnen sind. Die wohl bekannteste Variante dieser Kalkulationsregeln stellt die *discounted-cash-flow*-Methode (DCF) dar (Faust et al. 2011, S. 93ff.). Definiert wird der Investitionswert als Gegenwartswert aller zukünftigen Zahlungsströme, die mit dem als ‚üblich' klassifizierten Marktzins diskontiert werden (Messner 2013; Maul 2011). Aus einer finanzökonomischen Perspektive ist eine Geldsumme X heute mehr wert als die gleiche Summe zu einem späteren Zeitpunkt, da Geld die Fähigkeit zugeschrieben wird, sich selbst zu vermehren – und zwar mit dem „risikolos" klassifizierten Zinssatz. Eine solche Verzinsung müssen Investitionen erreichen, wenn sie nicht Geld vernichten wollen – Geld, das durch die Selbstvermehrung des eingesetzten Geldes entstanden wäre.

## 4 Der wirtschaftswissenschaftliche Hintergrund: Die Theorie der rationalen Investition

An dieser Stelle ist eine Klärung angebracht: Was verbirgt sich eigentlich hinter der bereits angesprochenen, bislang aber noch weitgehend unbestimmt gebliebenen *Theorie der rationalen Investition*, die ausgehend von den Interessen der Eigentümer-Investoren in die Wirtschaftsorganisationen diffundiert und dort inzwischen offensichtlich auch als Rahmung von Entscheidungen fungiert, die in der Vergangenheit gar nicht als Investitionen bewertet wurden? Zunächst einmal muss festgehalten werden, dass die Theorie der rationalen Investition keine wissenschaftliche Theorie im engeren Sinne ist. Sie behauptet keine Kausalzusammenhänge zwischen zwei oder mehreren ökonomischen Phänomenen, und wer nach ihr in einschlägigen wirtschaftswissenschaftlichen Nachschlagewerken sucht, wird nicht fündig. Der Begriff der Theorie der rationalen Investition ist eine Konstruktion, die hier eingeführt wird, um ein bestimmtes Verständnis von Investitionen zu markieren – ein Verständnis, das in den akademischen Wirtschaftswissenschaften vor mehr als einem Jahrhundert formuliert wurde und das heute – das hat die Diskussion des *shareholder-value*-Paradigmas und auch der internen Steuerungssysteme gezeigt – zu den Grundlagen der Steuerung von Wirtschaftsorganisationen zählt. Natürlich ist der Investitionsgedanke an sich nicht neu. Die auf die Zukunft gerichtete Gewinnorientierung, der Einsatz von Ressourcen in der expliziten Erwartung von Gewinnen, gehört zu den Basisoperationen kapitalistischen Wirtschaftens (Fulcher 2009). In drei Aspekten unterscheiden sich rationale Investitionen jedoch vom allgemeinen kapitalistischen Investitionsgedanken: Rationale Investitionen zielen ausschließlich auf *Geldvermehrung*, sie nehmen die Zukunft durch *Kalkulation* vorweg und sie setzen einen zahlenbasierten *Vergleich* verschiedener Investitionsalternativen voraus. Rationale Investitionen prozessieren in Geld: Geld ist jenes Kapital, das in rationalen Investitionen eingesetzt wird und vermehrt werden soll, Geld ist aber auch – neben dem ebenfalls numerisch ausdrückbaren Risiko – als Recheneinheit wichtig, um die Zukunftsfolgen gegenwärtiger Entscheidungen kalkulativ vorwegzunehmen, und Geld bildet zudem das Kommensurabilitätsmedium, mit dessen Hilfe idiosynkratrische Investitionsalternativen überhaupt erst vergleichbar gemacht werden (Ganßmann 2012). Letztlich beschreibt die Theorie der rationalen Investition nicht nur ein spezifisches Verständnis von Investitionen, sie umreißt zugleich auch eine bestimmte wirtschaftliche Rationalität. Neben den Mitteln des Wirtschaftens, dem kalkulativen Vorgriff auf die Zukunft und dem systematischen Vergleich der finanziellen Auswirkungen von Entscheidungsoptionen, enthält sie auch eine monistische Zieldefinition: Rationale Investitionen fokussieren Wirtschaften einzig und allein auf die Vermehrung von Geld.

Entstanden ist die Theorie rationaler Investitionen im Grunde im Übergang zwischen dem 19. und 20. Jahrhundert – und zwar als Nebenprodukt der wirtschaftswissenschaftlichen Beschäftigung mit den Kategorien ‚Kapital' und ‚Einkommen'. Zwar finden sich schon bei Adam Smith und anderen wirtschaftswissenschaftlichen Klassikern Argumente, die einzelne Elemente der rationalen Investition gewissermaßen vorwegnehmen. Zentraler Referenzpunkt der Theorie der rationalen Investition sind jedoch die Überlegungen des US-amerikanischen Wirtschaftswissenschaftlers Irving Fisher (zu den Vorläufern und Inspirationsquellen Fishers: Parker 1968). Fishers Bestreben war es, unter Berücksichtigung der besonderen Temporalität kapitalistischen Wirtschaftens den Wert des Kapitals wissenschaftlich zu bestimmen. Der (Investitions-)Wert des Kapitals sei – so Fishers These, die längst zu den unhinterfragten Selbstverständlichkeiten der wirtschaftswissenschaftlichen und insbesondere der finanzökonomischen Theoriebildung zählt (zur Geschichte der Kapitalwertbestimmung: Rutterford 2004) – von dem zukünftigen Einkommen abhängig, das durch den Einsatz dieses Kapitals realisiert werden kann und nicht umgekehrt die Höhe des späteren Einkommens von dem Wert des heute eingesetzten Kapitals: „That value [des Kapitals, HH] is simply the present worth of the future income from the specified capital." (Fisher 1906, S. 202; vgl. auch Fisher 1896, S. 516) Die wohl erste soziologische Skizze der rationalen Investition findet sich bei Max Weber, einem Zeitgenossen Fishers. Die „Geldrechnung" – für Weber höchster formaler Ausdruck rationalen kapitalistischen Erwerbsstrebens – basiere auf der „zahlenmäßige[n] Ermittelung a) der Chancen jeder beabsichtigten und b) Nachrechnung des Erfolges jeder vollzogenen Wirtschaftshandlung in Form einer die verschiedenen Möglichkeiten vergleichenden ‚Kosten-' und ‚Ertrags'-Rechnung in Geld und vergleichende Prüfung des geschätzten ‚Reinertrags' verschiedener möglicher Verhaltungsweisen an der Hand dieser Rechnungen" (Weber 1980, S. 45).

Die Idee rationaler Investitionen ist somit kein neues Phänomen, und ihre Formulierung kann weder ursächlich noch im Sinne einer Koevolution auf die in den 1970er-Jahren beginnenden Finanzialisierungsprozesse zurückgeführt werden. Trotzdem spielt die Finanzialisierung für die Theorie der rationalen Investition eine wichtige Rolle: Im Gefolge des Aufstiegs der Eigentümer-Investoren und ihrer Renditeinteressen weitete sich nämlich die Reichweite der Logik rationaler Investitionen innerhalb von Wirtschaftsorganisationen deutlich aus. Zwar wurde die Planung von Großinvestitionen auch schon in der Vergangenheit von den Kalkulationsregeln der DCF-Methode informiert (Schneider 1952; Borchard 1962), doch erst die Neuausrichtung der Unternehmensführung auf die Renditeinteressen des Eigentümer-Investors und die Institutionalisierung der Mindestrendite in den internen Steuerungssystemen hat dazu geführt, dass immer mehr interne Entscheidungen mit den Ansprüchen rationaler Investitionen konfrontiert werden. Gleichzeitig bringt die Finanzialisierung als Mehrebenenprozess jedoch auch eine oberflächlich kleine, dabei allerdings folgenreiche Modifikation in der praktischen Umsetzung der Theorie rationaler Investitionen mit sich. Seit den 1990er-Jahren hat sich die Finanzinvestition – der Einsatz finanzieller Mittel für den Kauf und Verkauf liquider Wertpapiere – zum gesellschaftlich anerkannten Benchmark von rationalen Investitionen entwickelt. Unter den Bedingungen von Finanzialisierung müssen sich auch Investitionen in Nicht-Finanzsektoren an den Erwartungen der Finanzakteure an die Rentabilität und auch die Liquidität der Investitionsobjekte messen lassen: „Old investment decisions which had centered on cutting costs, developing new products or expanding market shares, were now pitted against plans to invest the same resources in an endless variety of alternative assets." (Espeland und Hirsch 1990, S. 79) Während die ‚übliche' Rendite in einem konkreten Wirtschaftszweig – also die Rentabilität der wichtigsten Konkurrenten – lange Zeit der Referenzmaßstab für die wirtschaftswissenschaftliche Beurteilung der Qualität von Investitionen darstellte (beispielhaft: Borchard 1962, S. 140), hat die Finanzialisierung als gesellschaftlicher Mehrebenenprozess dazu geführt, dass der Vergleichsmaßstab heute in der Finanzsphäre bestimmt wird. Die Höhe der Renditeerwartungen ergibt sich heute aus der Summe des ‚risikolose' Zins, jener Geschwindigkeit, mit der sich das Geld gewissermaßen selbst vermehrt, und Zinsaufschlägen für das spezifische Risiko einer Investition. Bildeten sich die Renditeerwartungen in der Vergangenheit also in einem Vergleich mit den wichtigsten Konkurrenten innerhalb eines Wirtschaftszweigs heraus, haben sich unter den Bedingungen der Finanzialisierung die Finanzmärkte und ihre zentralen Akteure zu jenen Orten entwickelt, an denen in den Gegenwartsgesellschaften die Qualität von Investitionen bewertet wird.

## 5 Drei soziologische Theoriewelten: Rationalismus, Neo-Institutionalismus und Performativitätstheorie

Fassen wir kurz die bisherige Diskussion zusammen: Im Kontext der Finanzialisierung wird in den Formalstrukturen von Wirtschaftsorganisationen der Anspruch verankert, interne Entscheidungen als rationale Investitionen zu treffen, und die Ratgeberliteratur stellt den Business Case als Werkzeug dar, mit der das für – auf Geldvermehrung, Zukunftskalkulation und Vergleich ausgerichteten – rationale Investitionsentscheidungen erforderliche Zukunftswissen hervorgebracht werden kann. Beide Seiten – die Finanzialisierungsfolgen für die Formalstrukturen von Organisationen und der Business Case als Werkzeug – basieren somit auf spezifischem wirtschaftswissenschaftlichem Wissen, und zwar der Theorie der rationalen Investition. Aus dieser Parallelität oder Koevolution lassen sich jedoch noch keine belastbaren Rückschlüsse auf den konkreten Zusammenhang zwischen den beiden Phänomenen ziehen. Die Frage nach der praktischen Beziehung zwischen dem Werkzeug ‚Business Case' und dem finanzialisierungsinduzierten Bedarf an numerischem Zukunftswissen ist nur empirisch zu beantworten. Zur Vorbereitung der Analyse wird im Folgenden eine auf drei einflussreichen wirtschafts- und organisationssoziologischen Theoriewelten basierende Heuristik vorgestellt (Tab. 1). Die Heuristik setzt sich aus idealtypischen Konstruktionen zusammen, die zwangsläufig die Kohärenz der einzelnen Perspektiven überbetonen und die bestehende interne Heterogenität der drei Ansätze tendenziell einebnen. Durch die Heuristik soll die auffällige empirische Schwäche der seit einigen Jahren lebhaften soziologischen Auseinandersetzung mit ökonomischen Werkzeugen adressiert werden: Häufig werden die empirischen Ergebnisse der Analysen nämlich mehr oder weniger direkt von theoretischen Vorentscheidungen geprägt. Performativitätstheoretisch inspirierte Arbeiten finden Belege für die wirklichkeitskonstituierenden Effekte wirtschaftswissenschaftlichen Wissens – auch weil sie nicht ernsthaft nach alternativen Erklärungsansätzen suchen. Ähnliche Kritiken ließen sich selbstverständlich auch für rationalistische und neo-institutionalistische Analysen formulieren. Durch den Rückgriff auf drei, auf der Ebene soziologischer Theorie konkurrierender Programme wird die empirische Analyse des Werkzeugs ‚Business Case' geöffnet und es werden theoretisch induzierte Engführungen vermieden. Die Theoriewelten des Rationalismus, des Neo-Institutionalismus und der Performativitätstheorie unterscheiden sich in ihren empirischen Gegenständen, den von ihnen adressierten Problematiken und natürlich auch in den Subjekt- und Organisationsverständnissen. Mit Blick auf unseren Gegenstand legen die drei Theoriewelten unterschiedliche Perspektiven auf Investitionsentscheidungen nahe, positionieren das wirtschaftswissenschaftliche

Wissen auf spezifische Weise in der ökonomischen Praxis und definieren auch die Funktion ökonomischer Werkzeuge auf unterschiedliche Art und Weise.

**Tab. 1** Drei Theoriewelten und der Business Case

| | **Rationalismus** | **Neo-Institutionalismus** | **Performativitätstheorie** |
|---|---|---|---|
| Subjekte | homo oeconomicus mit fester Präferenzordnung | begrenzte Rationalität | kulturell konstituierter homo oeconomicus |
| Entscheidungen | intrinsische rationale Investitionen | Als-Ob-Investitionen | kulturell konstituierte und technisch gestützte rationale Investitionen |
| Theorie der rationalen Investition | wissenschaftliches Skript rationaler Investitionsentscheidungen | Rationalitätsmythos | performativ wirkendes wirtschaftswissenschaftliches Wissen |
| *Das Werkzeug ‚Business Case‘* | *technisches Hilfsmittel* | *kulturelles Symbol* | *sozio-technisches Artefakt* |

Quelle: eigene Darstellung

## 5.1 Der Business Case in der rationalistischen Welt: Technisches Hilfsmittel und objektive Rationalität

Das rationalistische Paradigma gehört zu den ältesten Perspektiven der Organisationsforschung. Bei allen Divergenzen zwischen den verschiedenen dem Paradigma zurechenbaren Ansätzen lassen sich vier Basisprämissen der rationalistischen Theoriewelt identifizieren (Preisendörfer 2011, S. 96ff.): *Erstens* stellen Organisationen zweckgesteuerte soziale Gebilde dar. Der Organisationszweck – bei Wirtschaftsorganisationen der Gewinn – liegt nicht nur der Gründung von Organisationen zugrunde, der Zweck bestimmt auch die interne Arbeitsteilung zwischen den verschiedenen Organisationseinheiten und Organisationsmitgliedern. *Zweitens* streben Organisationen – das zeigt auch die häufige Verwendung der Maschinenmetapher (Kieser und Ebers 2006, S. 76) – nach technischer Effizienz in der Zielerreichung. Realisiert wird die technische Effizienz über die Formalstrukturen, denen im rationalistischen Paradigma die Fähigkeit zugeschrieben wird, die internen Abläufe präzise zu bestimmen. *Drittens* wird dem Management aufgrund der herausgehobenen

Position in der Hierarchiestruktur der Organisationen die Macht zugeschrieben, die Ziele der Organisation zu definieren, die Strukturen des internen Positionsgefüges festzulegen und – vermittelt über die Formalstrukturen – auch die Aktivitäten der Mitglieder im Detail zu steuern. *Viertens* basieren rationalistische Ansätze auf der Annahme zweckrationaler Individuen, die – ganz im Sinne des homo oeconomicus – ihre eigenen Ziele verfolgen und dabei in der Regel nutzenmaximierend agieren. Auffällig ist, dass der Rationalitätsbegriff des Rationalismus in einem Punkt deutlich von jenen der beiden folgenden Theoriewelten abweicht. Für die rationalistischen Ansätze existiert eine objektive, gewissermaßen vorsoziale Rationalität – Zweckrationalität im Weber'schen Sinne –, während sowohl der Neo-Institutionalismus als auch die Performativitätstheorie von multiplen gesellschaftlich konstituierten Rationalitätskonstruktionen ausgehen.

Welche Funktion spielt das ökonomische Werkzeug ‚Business Case' in einer rationalistischen Welt und wie gehen die Subjekte mit dem Werkzeug um? Als ökonomisches Werkzeug gehört der Business Case zur Kategorie der *technischen Hilfsmittel*, derer sich Subjekte bedienen, um ihre unabhängig vom Einsatz des Hilfsmittels definierten Ziele zu erreichen. Wie von der Ratgeberliteratur postuliert, unterstützt der Business Case aus einer rationalistischen Perspektive die Organisationsmitglieder, indem mit seiner Hilfe jenes numerische Zukunftswissen hervorgebracht wird, das erforderlich ist, um rationale – also auf Geldvermehrung zielende, die Zukunft kalkulativ vorwegnehmende und Alternativen abwägende – Investitionsentscheidungen zu treffen. Damit liegt die Hauptfunktion des Werkzeugs in der Verarbeitung von Informationen. Die finanzökonomischen Kalkulationsregeln des Werkzeugs leiten eine neutrale Übersetzung von eher diffusen Zukunftserwartungen in verlässliches, entscheidungsrelevantes Zahlenwissen an. Damit unterstützt die Theorie der rationalen Investition rationale Investitionsentscheidungen, indem sie die Verarbeitung der zur Verfügung stehenden Informationen wissenschaftlich anleitet. Einfluss auf die Rationalität der Akteure hat die Theorie im rationalistischen Paradigma allerdings nicht.

## 5.2 Der Business Case in der neo-institutionalistischen Welt: Kulturelles Symbol und gesellschaftliche Rationalitätskonstruktionen

Ursprünglich als Kritik an den engen Rationalitätsannahmen rationalistischer Organisationstheorien formuliert, gehört der Neo-Institutionalismus längst zu den dominanten Paradigmen der Organisationsforschung (allgemein: Walgenbach und Meyer 2008). Theoretisch weisen die Ansätze die Idee einer objektiven, vorsozialen

Zweckrationalität zurück und gehen von der Pluralität sozialer Rationalitätskonstruktionen aus. In der neo-institutionalistischen Welt existiert nicht die eine, objektiv bestimmbare Rationalität, sondern multiple, jeweils gesellschaftlich konstituierte Formen von Rationalität. Ausgehend von dieser Annahme betonen die Arbeiten die Legitimitätsabhängigkeit von Organisationen, relativieren die Bedeutung der Formalstrukturen und richten den Blick auf die kulturelle Dynamik in organisationalen Feldern. *Erstens* hebt der Neo-Institutionalismus die besondere Bedeutung von Normen und Werten in der Umwelt für die Aktivitäten von Organisationen hervor. Organisationen streben nicht allein, wie vom Rationalismus postuliert, nach Ressourcen, Macht und Effizienz. Ihr Überleben ist auch von ihrer Legitimität in der für ihre Performanz relevanten Umwelt abhängig (Scott 1995). *Zweitens* wird eine neue Perspektive auf die Formalstrukturen von Organisationen geworfen. Diese stellen immer auch eine symbolische Botschaft an die Organisationsumwelt dar: Durch den „zeremoniellen" Verweis auf in der Umwelt dominante „Rationalitätsmythen" suchen die Organisationen Legitimität zu gewinnen – ohne dafür zwangsläufig die internen Abläufe anpassen zu müssen. Das Ergebnis ist die viel zitierte „Entkoppelung" zwischen den symbolisch die Werte und Normen der Umwelt adressierenden Formalstrukturen einerseits und den internen Entscheidungslogiken und Organisationspraktiken andererseits (Meyer und Rowan 1977). *Drittens* wendet sich das neo-institutionalistische Paradigma gezielt der kulturellen Dynamik in den Umwelten der Organisationen zu. „Organisationale Felder" werden zwar auch durch Konkurrenz zwischen Organisationen geprägt, mindestens genauso wichtig ist jedoch die gegenseitige Beobachtung, die zu Prozessen der Isomorphie führt, durch die sich Organisationen eines Feldes tendenziell ähnlich werden (DiMaggio und Powell 1983).

Die empirischen Gegenstandsbereiche und theoretischen Annahmen vor Augen, lässt sich eine idealtypische neo-institutionalistische Perspektive auf den Business Case konstruieren. Das Werkzeug ‚Business Case' ist in dieser Welt kein – oder zumindest nicht ausschließlich – technisches Hilfsmittel, mit dem die Wissensbasis für rationale Investitionsentscheidungen geschaffen wird. Vielmehr ist der Business Case primär ein *kulturelles Symbol* und damit Teil jener ‚Investitionsfassade', mit der die Organisationen Legitimität in ihrer Umwelt zu gewinnen suchen. Aus der neo-institutionalistischen Perspektive resultiert die Finanzialisierung nämlich nicht allein im Aufkommen neuer Akteure, in Machtverschiebungen und veränderten materiellen Gewinnerwartungen, sondern auch in normativen Verschiebungen in den Organisationsumwelten – und das Aufgreifen des Business Case in den Innenwelten von Organisationen kann als eine Reaktion auf die kulturellen Veränderungen gedeutet werden. Damit werden rationale Investitionen nicht als Ausdruck einer formal-objektiven Rationalität betrachtet, sondern als ein „Rationalitätsmythos", der sich im Zuge der Finanzialisierung auch in der Umwelt von Nicht-Finanzunternehmen durchgesetzt hat. Durch die Anwendung des Business Case und die Produktion von Zahlenwissen über die Folgen von Entscheidungen signalisieren die Unternehmen ihrer Umwelt, dass sie – ganz in der Linie des *shareholder-value*-Paradigmas – interne Organisationsentscheidungen als rationale Investitionen treffen. Die Qualität des produzierten Zahlenwissens zeigt sich weniger in der Ex-Post-Evaluation vergangener Investitionsentscheidungen, denn an der Umweltlegitimität der Organisationen.

## 5.3 Der Business Case in der Performativitätstheorie: Sozio-technisches Artefakt und performative Investitionsentscheidungen

Auch wenn die Performativitätstheorie vor allem in der wirtschaftssoziologischen Beschäftigung mit Märkten – insbesondere Finanzmärkten – ihre Heimat hat und in der Organisationsforschung bislang noch keinen dem rationalistischen oder neo-Institutionalistischem Paradigma vergleichbaren Stellenwert hat (für einen Überblick über den Forschungsstand: Gond et al. 2015), sprechen mindestens zwei Gründe dafür, diese Theoriewelt in die Analyseheuristik einzubeziehen. *Erstens* setzen sich diese Arbeiten mit empirischen Phänomenen auseinander, die auch für unser Unterfangen interessant sind: den kalkulativen Praktiken von Marktakteuren, dem Einsatz wirtschaftswissenschaftlicher Modelle und Theorien in der ökonomischen Praxis und den Praktiken der Bewertung ökonomischer Objekte. Vor allem der letzte Punkt verdient besondere Erwähnung: Ein populärer Gegenstand der aktuellen wirtschaftssoziologischen Performativitätsforschung sind die Praktiken der Bewertung von Aktien, Optionen und anderen Wertpapieren (MacKenzie 2008a; Svetlova 2012; Wansleben 2014). *Zweitens* sieht die Performativitätstheorie oberflächlich zwar eine ähnliche Welt wie jene Ansätze, die dem rationalistischen Paradigma anhängen: Die ökonomische Wirklichkeit wird von Preisen kalkulierenden und den eigenen Nutzen verfolgenden Subjekten bevölkert, es werden Dinge als Waren gehandelt und Marktinteraktionen basieren primär auf Preismechanismen (Çalışkan und Callon 2009; Callon und Muniesa 2005; Garcia-Parpet 2007; Holm 2001). Während das rationalistische Paradigma jedoch den *homo oeconomicus* und dessen spezifische Zweckrationalität universalisiert und naturalisiert, greift die Performativitätstheorie die klassische wirtschaftssoziologische Frage nach der gesellschaftlichen Konstitution von Subjekten, Objekten und letztlich auch von Wirtschaftsorganisationen auf (Johnson et al. 2010). Inspiriert von den Laborstudien (Knorr Cetina 1988; Latour und Woolgar 1979) beschäftigen sich die wirtschaftssoziologischen Varianten der Performativitätstheorie weniger mit der politischen Konstitution der Ökonomie, also der Rolle des Staates, sondern vor allem mit den wirklichkeitskonstituierenden Effekten wirtschaftswissenschaftlicher Modelle und Artefakte (Callon 1998; Muniesa 2014; MacKenzie 2006). Zwar ist empirisch umstritten, welche wirtschaftswissenschaftlichen Modelle und Theorien unter welchen historischen, organisationalen und sozialen Bedingungen und vor allem auf welche Art und Weise performativ werden (MacKenzie 2008b; Mäki 2013; Svetlova 2012). Trotzdem werden die verschiedenen Ansätze von der Überzeugung geeint, dass die Wirtschaftswissenschaften nicht einfach die Ökonomie beschreiben, sondern mit ihren Modellen und Theorien an der Hervorbringung eben jener Ökonomie beteiligt sind (MacKenzie und Millo 2003, S. 108). Für unser Unterfangen scheint ein jüngerer Strang der Debatte besonders relevant zu sein: Unter dem Stichwort der „Performation von Rationalität" wird gezeigt, wie die verhaltens- und wirtschaftswissenschaftliche, an US-amerikanischen Eliteuniversitäten gelehrte Entscheidungstheorie in Organisationen performativ rationale Entscheidungen hervorbringt – und zwar durch den Einsatz von Werkzeugen, die in den Organisationen erst die Voraussetzungen von Zweckrationalität und Kalkulation schaffen (Cabantous et al. 2010; Cabantous und Gond 2011).

Was für eine Perspektive auf den Business Case lässt sich nun aus dieser kurzen Skizze der performativitätstheoretischen Überlegungen konstruieren? Begrifflich fällt das Werkzeug in die Kategorie der Artefakte. Ähnlich wie in der rationalistischen Welt versuchen die Akteure mit dem Werkzeug ‚Business Case' jenes Zukunftswissen hervorzubringen, das erforderlich ist, um rationale Investitionsentscheidungen zu treffen. Allerdings gehen performativitätstheoretische Arbeiten davon aus, dass Subjekte, Organisationen und Rationalitäten – und damit auch die Logik rationaler Investitionen – kulturell und technisch konstituiert sind und dass in diesem Konstitutionsprozess Artefakte und wirtschaftswissenschaftliches Wissen eine Rolle spielen. Für den Business Case heißt dies, dass dieser als *sozio-technisches Artefakt* nicht einfach auf den bereits existierenden Bedarf an numerischem Zukunftswissen antwortet, sondern sich durch seine Anwendung Subjekte, Objekte und auch Organisationen verändern – und das Werkzeug damit den eigentlich seiner Anwendung vorausgehenden Bedarf an Zahlenwissen gewissermaßen mit-produziert. Aus der performativitätstheoretischen Perspektive wird zudem noch eine weitere Frage aufgeworfen. Trotz ihrer Verankerung in den Formalstrukturen setzt die Diffusion der Investitionslogik nämlich auch einen kulturellen Wandel voraus – und zwar einen radikalen Wandel, der zwar offensichtlich nur selten lauten Widerstand produziert, dessen Auswirkungen aber deswegen nicht weniger „revolutionär" sind (als „invisible revolution"; Holm 2001). Um interne Entscheidungen als rationale Investitionen zu rahmen, müssen in den Organisationen und damit auch in den Subjekten erst die institutionellen, informatorischen und eben auch kulturellen Voraussetzungen dafür geschaffen werden. Im Vergleich mit der rationalistischen Perspektive kommt den Formalstrukturen für die Rahmung interner Organisationsentscheidungen in der performativitätstheoretischen Sichtweise eine geringere Bedeutung zu. Während in der rationalistischen Welt der Investitionsgedanke den von Natur aus zweckrationalen Subjekten durch Anreiz- und Disziplinierungsmechanismen von außen nahegebracht wird, wirkt der Business Case als sozio-technisches Artefakt aufgrund seiner performativen Effekte an der kulturellen Konstitution der Investitionslogik in den Subjekten mit (Fourcade 2013, S. 48).

## 6 Der Business Case in einem Großunternehmen: Hilfsmittel, Symbol und Artefakt

Die drei idealtypischen Theoriewelten vor Augen, wollen wir uns nun der praktischen Bedeutung des Business Case in einer Wirtschaftsorganisation – einem global agierenden multinationalen und kapitalmarktexponierten Großunternehmen –, dem Umgang der Subjekte mit diesem Werkzeug und seinen (Neben-)Folgen für Organisationen und Subjekte zuwenden. Aufgrund der Beschränktheit des empirischen Materials sind die folgenden Erkenntnisse nicht als abgeschlossene Antworten zu verstehen, sondern als empiriebasierte vorläufige Thesen, die weitere soziologische Forschung zum Business Case und allgemein zum Einsatz ökonomischer Werkzeug inspirieren sollen. Und trotzdem deuten sich in dem Material interessante, an bekanntes wirtschafts- und organisationssoziologisches Wissen anschließende, zum Teil aber auch über sie hinausgehende Ergebnisse an. Auf den ersten Blick lassen sich in dem Material nämlich Hinweise und Belege für die Erklärungskraft aller drei Theoriewelten finden. Während Rationalismus, Neo-Institutionalismus und Performativitätstheorie auf der Ebene soziologischer Theorie Konkurrenzprogramme darstellen, tritt der Business Case in dem multinationalen Unternehmen zugleich als technisches Hilfsmittel, als kulturelles Symbol und auch als sozio-technisches Artefakt auf.

## 6.1 Das technische Hilfsmittel: Der Business Case als Steuerungs- und Kontrollinstrument im ‚Investitionswettbewerb'

Ein erster Blick auf die Bedeutung des Business Case zeigt, dass das Werkzeug in dem Großunternehmen tatsächlich, wie in der Ratgeberliteratur dargestellt, als Instrument zur Investitionsfolgenabschätzung eingesetzt wird. Die Subjekte greifen auf den Business Case zurück, um eine – aus der Perspektive rationaler Investitionen – wirtschaftlich zentrale Frage zu beantworten:

> *A: „Bringt das Ding Geld oder bringt es das nicht? Oder: Wann fängt es an Geld zu bringen, wie lang gehen wir damit ins Minus?"*

Ganz im Sinne des Hilfsmittels aus der rationalistischen Welt wird mit dem Business Case in dem Unternehmen jenes numerische Zukunftswissen produziert, ohne das rationale Investitionsentscheidungen gar nicht erst getroffen werden können. Die erwarteten finanziellen Effekte von Entscheidungen werden mit Hilfe des Werkzeugs in Zahlenwissen übersetzt und zur Grundlage der Entscheidungsfindung gemacht. Und mehr noch: Der Business Case erfüllt nicht nur in der Phase der Entscheidungsfindung eine wichtige Rolle, das mit seiner Hilfe produzierte Zukunftswissen fungiert zugleich auch als Referenzmaßstab für die Bewertung vergangener Entscheidungen:

> *HH: „Was ist eigentlich ein Business Case?"*
>
> *A: „Also, meistens ist es ein riesengroßes Excel-Dokument mit sehr vielen Seiten verschiedener Zahlen, mit Zeitverläufen und so weiter. Ein Business Case ist eine Berechnung für ein Projekt oder Produkt – ich glaube, da sind die sich gar nicht so unähnlich – über geldbasierte Sachen. Okay, welche Kosten habe ich im Betrieb, welche Kosten hat die Entwicklung, was kommt raus, wir groß ist mein Markt, wie viel Prozent durchdrungen habe ich den Markt – und wie entwickelt sich das Ganze über die nächsten Jahre? Ein Business Case wird aus zwei Gründen gemacht: Du hast am Anfang einen Business Case, um irgendwie eine Berechnung zu machen, ob sich ein Projekt oder ein Produkt lohnt. Da fragst Du: ‚Okay, was will ich damit erreichen? Was kann ich dort in die Entwicklung investieren? Komme ich da am Ende auf einen grünen Zweig oder ist das alles sinnlos und ich brauche gar nicht zu starten, weil ich damit kein Geld verdienen kann?' Im späteren Verlauf kannst du dann natürlich den Business Case aktualisieren: ‚Okay, am Anfang habe ich diese und jene Annahmen*

*gemacht. Jetzt hat diese Entwicklung aber das Doppelte gekostet. Wie wirkt sich das jetzt auf meine Gesamtkostenrechnung aus?' Dann kannst Du sehen, wie der Markterfolg – das und das hatte ich erwartet – kommt oder nicht kommt. Du kannst halt so einen Business Case auch immer aktualisieren und als Steuerungsinstrument nutzen."*

Die Funktion des Business Case geht – das zeigt die Sequenz anschaulich – über die Produktion der Wissensbasis für die Entscheidungsfindung hinaus. Mit Hilfe des technischen Hilfsmittels ‚Business Case' wird sowohl der Investitionswert gegenwärtiger Entscheidungsoptionen ex ante abgeschätzt als auch die Investitionsqualität vergangener Entscheidungen ex post bewertet. Letztere werden durch eine Art ‚Realitätscheck' evaluiert, einem Abgleich zwischen dem vergangenen entscheidungsleitenden Zukunftswissen und den realen Gegenwartsentwicklungen.

An dieser Stelle muss jedoch eine Einschränkung vorgenommen werden: Die beschriebene umfangreiche Steuerungs- und Kontrollfunktion übernimmt der Business Case nämlich nicht per se für alle internen Organisationsentscheidungen. Neben Verfahrensregeln für die Anwendung des Werkzeugs und Formatierungsregeln für die Ergebnisdarstellung ist in den Formalstrukturen der Organisation ein finanzieller Schwellenwert institutionalisiert, ab dem für Entscheidungen obligatorisch ein Business Case gerechnet werden muss und zur Bewertung vergangener Entscheidungen eingesetzt wird:

A: *„Ab einer gewissen Projektgröße gibt es die Vorgabe, einen Business Case zu rechnen. Der wird auch nicht nur durch das Controlling deines Bereichs überprüft, sondern auch durch ein zentrales Controlling."*

Seinen verbindlichen obligatorischen Charakter hat das Werkzeug somit nur für Entscheidungen ab einem bestimmten Ausgabenniveau. Die recht umfassenden Steuerungs- und Kontrollfunktionen lassen sich am Beispiel eines Projekts veranschaulichen, bei dem nach einer gewissen Laufzeit deutlich wird, dass die vor Projektbeginn prognostizierten Einnahmen nicht erreicht werden und damit auch die erwarteten Renditen nicht realisiert werden können:

A: *„Nach einem Jahr Projektlaufzeit, oder anderthalb, ist jetzt halt klar, dass der Case, der ursprünglich gemacht worden ist, so nicht zu halten ist. Eine Zeit lang kann man das auseinander laufen lassen. Da kannst Du sagen: ‚Okay, wir bringen die Zahlen nicht, wir haben die und die Probleme gehabt, aber wir holen das alles wieder rein.' Das sind dann immer solche Hockey Stick-Kurven, wo du dann plötzlich am Ende einen* *großen Sprung nach oben machst, weil es so gut läuft. Du kannst das eine gewisse Zeit auseinander laufen lassen, aber irgendwann – das darf eben auch nicht zur Verschleppung führen –, irgendwann musst du sagen: ‚Okay, es wird so nicht funktionieren, das und das ist passiert.' Und das ist der Augenblick, wo es dann – ich sage es mal zum Spaß – auch mal rituelle Menschenopfer geben kann. Da wird dann schon mal gesagt: ‚Das ist eine Fehlentscheidung, die dem Unternehmen so und so viele Millionen gekostet hat. Dafür muss jetzt jemand die Verantwortung übernehmen.'"*

Der Business Case und das mit seiner Hilfe erzeugte numerische Zukunftswissen, so lassen sich diese Aussagen zusammenfassen, macht in dem international agierenden Großunternehmen einen Unterschied – und zwar nicht nur im Prozess der Entscheidungsfindung, sondern auch in der Bewertung vergangener Entscheidungen. Im Extremfall können die Ergebnisse des Business Case sogar personale Konsequenzen nach sich ziehen. Das untersuchte Großunternehmen stellt eine moderne Wirtschaftsorganisation dar, in der dem ‚Zahlengott' zwar keine „rituellen Menschenopfer" im bildlichen Sinne erbracht werden, in der bei der Verfehlung finanzieller Ziele die Drohung des Verlusts des Arbeitsplatzes jedoch latent im Raum steht.

Der interviewte Projektmanager lässt keinen Zweifel daran, dass das mit Hilfe des Business Case erzeugte numerische Zukunftswissen in der Organisation eine rationale wirtschaftliche Funktion erfüllt – eine Funktion, die den Business Case unübersehbar in den Kontext rationaler Investitionsentscheidungen stellt:

*A: „Ab einem gewissen Level werden halt die Zahlen entscheidender, die Möglichkeit, Sachen, zu abstrahieren und vergleichbar zu machen. Im Einzelprojekt hängen ganz unterschiedliche Dinge zusammen. Das hat was mit Technik zu tun und auch mit Design und vielen anderen Dingen. Je höher es aber in das Unternehmen reingeht, desto wichtiger wird das Geld. Das ist ja auch eine Möglichkeit, Sachen zu abstrahieren und Vergleichbarkeit herzustellen. Also wie vergleiche ich [Produkt A, HH] mit [Produkt B, HH]. Das lässt sich ja irgendwie inhaltlich gar nicht vergleichen. Das einzige, was für das Unternehmen am Ende übrig bleibt als Vergleichsmaßstab für diese beiden Sachen ist halt: Mit beiden soll Geld verdient werden. Die Perspektive Geld hat tatsächlich eine Konsequenz. Für einen gewissen Level im Unternehmen, was auch mit Hierarchie, mit Projekten gewisser Größenordnung zu tun haben, musst du halt diese Zahlen bringen."*

In dieser Darstellung des organisationsinternen Zwecks des Zahlenwissens treten die Parallelen zwischen der Praxis wirtschaftlicher Organisationsentscheidungen und der wirtschaftswissenschaftlichen Theorie der rationalen Investition deutlich zu Tage. Zur Erinnerung: Rationale Investitionen prozessieren in Geld. Sie zielen auf Geldvermehrung, kalkulieren die Zukunft und basieren auf einem systematischen Vergleich von Investitionsalternativen. Den Zweck des Wirtschaftens in seinem Unternehmen bestimmt der Projektmanager als „Geld verdien[en]", mit Hilfe von Business Cases wird die Zukunft kalkulativ vorweggenommen und das auf diese Weise erzeugte numerische Zukunftswissen ermöglicht einen Vergleich des Investitionswert idiosynkratrischer Entscheidungsoptionen, die inhaltlich kaum etwas gemeinsam haben.

## 6.2 Das kulturelle Symbol: Das Spiel mit den Annahmen und die Rechtfertigung von Entscheidungen

Die bisher angeführten Interviewsequenzen deuten an, dass der Business Case in dem finanzialisierten multinationalen Unternehmen im Sinne der rationalistischen Theoriewelt als technisches Hilfsmittel zur Ex-Ante Abschätzung der Investitionswerte von Entscheidungsoptionen und zur Ex-Post-Berechnung der Investitionsqualität vergangener Entscheidungen eingesetzt wird. Mit Hilfe des Werkzeugs wird jene Wissensbasis hervorgebracht, die erforderlich ist, um rationale Investitionsentscheidungen zu treffen. Allerdings erschöpft sich die Funktion des Business Case in den Entscheidungsprozessen im Fallunternehmen nicht in der Existenz als Hilfsmittel. Der interviewte Projektmanager macht nämlich zugleich auch deutlich, dass dasselbe Werkzeug in anderen Situationen als kulturelles Symbol verwendet wird. Dies zeigt sich besonders deutlich an dem in der Praxis wohl gar nicht so seltenen ‚Spielen mit Annahmen'. Mathematischer Kern des Business Case sind – in den Worten eines anderen Interviewpartners – „Verkettungen von Formeln", jene Kalkulationsregeln, mit denen auf der Basis von Zukunftserwartungen die Investitionswerte von Entscheidungsoptionen berechnet werden. Während allerdings die Kalkulationsregeln selbst ‚unantastbar' zu sein scheinen, stellt die gezielte Manipulation der Inputs offensichtlich keine vergleichbare Regelverletzung dar. Der Interviewpartner berichtet aus der Alltagspraxis im Unternehmen:

> *A:* *„Wenn du dann das Ergebnis siehst, kannst du dann einfach mal – und das ist dann die schöne Funktionalität – eine Annahme ändern: ‚Okay, wir verkaufen jetzt mal doppelt so viel.' Dann siehst du, was mit den Verläufen passiert. Durch das Ändern einzelner Annahmen kannst du*

*das Endergebnis dann variieren. Ich saß auch schon in Meetings, wo wir mit den Kollegen am Nachmittag einen Business Case gerechnet haben und gesagt haben: ‚Okay, war nicht grün.' Da hat man dann tatsächlich einfach mal gesagt: Okay, wir passen jetzt so ein paar Annahmen an.' Und dann war es dann auf einmal grün und dann hast du gesagt: ‚Ja, okay, dann lass es uns tun.'"*

Obwohl den Berechnungen in diesem Fall somit gar nicht jene entscheidungsrelevante Bedeutung zukommt, das vom Business Case produzierte Zahlenwissen im Grunde auf eine längst getroffene Entscheidung trifft, scheinen die Kalkulationsregeln selbst nicht Gegenstand der Anpassungen zu sein. Vielmehr entwickelt sich – das zeigen im Übrigen auch andere empirische Studien über die Praktiken von Analysten in Ratingagenturen und Investmentbanken (Mars 1998) – eine rekursive Schleife zwischen Annahmen und produziertem Zukunftswissen, durch die die Inputseite des Modells so lange schrittweise verändert wird, bis der Business Case „grün" wird und die Outputs, vor allem die erwartete Rendite, den Erwartungen in der Organisation entspricht. Auch wenn das Zukunftswissen also keinen unmittelbaren Einfluss auf die eigentliche Entscheidung zu haben scheint, wird das Werkzeug zur Legitimierung dieser Entscheidung eingesetzt.

Ein weiterer Hinweis auf die Existenz des Werkzeugs als kulturelles Symbol findet sich in folgender Interviewsequenz. Der Interviewpartner stellt zu seiner eigenen Überraschung fest, dass in einer bestimmten Kategorie von Entscheidungen der Business Case – entgegen der obigen Aussage – in seiner Organisation doch kaum einen Unterschied zu machen scheint. Nur in seltenen Ausnahmefällen führt der Einsatz des Werkzeugs dazu, dass, wenn das produzierte Zukunftswissen nicht den Renditeerwartungen entspricht, Entscheidungen doch nicht getroffen werden:

*A: „Ich hatte jetzt eben gerade ein Gedanke – das ist jetzt nicht ganz direkt auf die Frage geantwortet: Interessant wäre das mit Business Cases eigentlich, wenn ein Business Case öfter auch dazu führen würde, dass eine Sache nicht gemacht wird. Ein ganz anderes Beispiel, ich habe von der Monitorredaktion gehört, dass sie sagen: Von den Stories, die wir recherchieren, wird überhaupt nur ein Drittel gesendet. Das heißt, sie recherchieren auch Fälle, wo sie einfach sagen: Ja, okay, das ist jetzt kein großer Skandal, das ist kein großer Nachrichtenwert, wir senden das nicht. [...] So, was bedeutet das für Business Case? Ich denk gerade darüber nach, ob ich besonders oft erlebt hätte, dass irgendwie so eine Art Case-Betrachtung gemacht worden ist, die dann dazu geführt hätte, zu sagen: Wir tun es nicht. Also, bei Produkten schon. Da hat es dann*

> *schon Produkte gegeben, wo du gesagt hast: Okay, wir haben das jetzt mal berechnet und das wird halt nichts. Bei Projekten – vor allem wenn es Kundenprojekte sind – ist das aber selten […] Dann ist das schon fraglich ein Stück weit, ob die Entscheidung dann nicht schon vorgegeben worden ist. […] Du kriegst einen Auftrag: Okay, das ist ein Projekt, was wir machen wollen. Machen wir einen Business Case. So, was kommt da wohl bei raus? [lacht] Interessant. Und dann, wird ein eigentlich sehr rationales System, wo du sagst: wir machen das natürlich, um rationelle Entscheidungen zu treffen, wird dann ein Stück weit pervertiert. Weil du sagst, man kann natürlich auch einen Case und seine Annahmen so lange rechnen, bis er halt grün wird.“*

In dem Großunternehmen macht der Business Case also offensichtlich nur in bestimmten Entscheidungen einen Unterschied, in anderen spielen die Kalkulationen des Business Case hingegen nur eine nachgeordnete Rolle für den eigentlichen Entscheidungsprozess. Der Interviewpartner weist darauf hin, dass diese Entscheidungen nach anderen Kriterien getroffen werden und damit nicht primär der Investitionslogik unterliegen. Zugleich wird das Werkzeug aber trotzdem eingesetzt, und zwar um diese Entscheidungen zu legitimieren. Der Business Case stellt offensichtlich nicht nur ein technisches Hilfsmittel dar, mit dem die Subjekte die Investitionswerte von Entscheidungen ex ante zu bestimmen suchen. Zugleich wird das gleiche Werkzeug auch als kulturelles Symbol eingesetzt, mit dem nach anderen Kriterien getroffene Entscheidungen legitimiert werden können.

## 6.3 Zwischenfazit: Die Mehrdeutigkeit des Business Case

Die bisherige Diskussion des empirischen Materials läuft darauf hinaus, die Exklusivitätsansprüche der rationalistischen und neo-institutionalistischen Theoriewelten in Frage zu stellen und dem Werkzeug ‚Business Case‘ gewissermaßen eine doppelte Bedeutung als technisches Hilfsmittel und als kulturelles Symbol zuzusprechen. Offensichtlich greifen ein und dieselben Subjekte in bestimmten Situationen auf das Werkzeug zurück, um die finanziellen Folgen von Entscheidungsoptionen vorwegzunehmen und die Wissensbasis von rationalen Investitionsentscheidungen zu erzeugen, in anderen Situationen setzen sie den Business Case hingegen als Symbol ein, mit dessen Hilfe eine Investitionsfassade errichtet wird und Entscheidungen als ‚Als-Ob-Investitionen‘ maskiert werden. Die *Doppeldeutigkeit des Werkzeugs* zeigt sich auch in Konflikten, die aus einer Verschiebung der situativen Bedeutung des Business Case resultieren. Auch wenn dies wohl recht selten geschieht: Ein Business

Case, der ursprünglich als auf Legitimation zielendes kulturelles Symbol „grün" gerechnet wurde, kann im Zeitverlauf die Funktion eines technischen Hilfsmittels annehmen – mit allen Konsequenzen, die ein Verfehlen der prognostizierten Ziele und Renditeerwartungen nach sich zieht:

> *A:* *„Was halt doof ist, wenn du halt einen Case rechnest, dabei sehr lax mit deinen Annahmen umgehst, um den Case schön zu rechnen, weil halt politisch gewollt ist, dass das Projekt gemacht wird. Du rechnest dir den Case also absichtlich schön. Dann startest du in das Projekt, irgendwann musst du es halt anpassen. So, und was dann passiert, hängt ja ganz stark davon ab, auf welcher Seite, auf welcher Höhe der Hierarchie diese Entscheidung getroffen worden ist. Also, es ist jetzt, das ist jetzt ein bisschen heikel. Du kannst da quasi einen Case haben, der absichtlich mit vollem Wissen des ganzen [Unternehmens, HH] positiv gerechnet worden ist, weil alle gesagt haben: Aus den und den Gründen müssen wir dieses Projekt machen; aber es Regularien gibt, dass du natürlich kein Projekt anfangen kannst, wo du weißt: Ja, okay, hier werden wir Millionen verbrennen."*

Die beiden Existenzweisen des Business Case als technisches Hilfsmittel und als kulturelles Symbol stehen in den internen Organisationsentscheidungen – darauf deutet diese Darstellung hin – nicht einfach nebeneinander. Die den beiden Welten zugrundeliegenden, von den entsprechenden soziologischen Theorien jeweils universalisierten Entscheidungslogiken – der rationalen Investitionsentscheidung als realem Entscheidungstypus und als Rationalitätsmythos – stehen in der ökonomischen Praxis in einem Spannungsverhältnis, das von den Subjekten permanent aufgelöst werden muss, das aber offensichtlich niemals abschließend ausbalanciert werden kann.

## 6.4 Das sozio-technische Artefakt: Die Performation wirtschaftlicher Rationalität

Auf den ersten Blick spricht die von den Subjekten situativ immer wieder neu aufzulösende Mehrdeutigkeit des Business Case als Hilfsmittel und Symbol gegen die These eines weitreichenden Performativitätseffekts des Werkzeugs und des ihm zugrundeliegenden wirtschaftswissenschaftlichen Wissens, der Theorie der rationalen Investition. Obwohl die Orientierung am Finanzwert fester Bestandteil der Unternehmensführung und mit der Mindestrendite die Investitionslogik auch in dem internen Steuerungssystem verankert ist, wird in dem untersuchten Großunternehmen nur ein Teil der Organisationsentscheidungen tatsächlich als rationale Investitionen getroffen, die anderen Entscheidungen werden offensichtlich nach alternativen Kriterien getroffen. Die Interviewpartner nennen hier insbesondere das – in der Organisationsforschung keinesfalls unbekannte (Crozier und Friedberg 1979) – ‚politische' Streben nach Macht und Einfluss, aber auch die ‚technische' Eleganz von Produkten. Auf den zweiten Blick lässt sich die Doppeldeutigkeit des Business Case jedoch auch als Indikator für die Performation wirtschaftlicher Rationalität durch die Theorie der rationalen Investition lesen. Denn: Die Ausführungen des Projektmanagers deuten darauf hin, dass auch jene Entscheidungen, die nach alternativen Kriterien getroffen werden, symbolisch als rationale Investitionen maskiert werden, vielleicht sogar müssen. In den Formalstrukturen der Organisation ist die Notwendigkeit, zur Vorbereitung einer Entscheidung einen Business Case zu rechnen, fest verankert. Dass die Akteure zwar offensichtlich Distanz von der Investitionslogik nehmen können, diese Entscheidungen dann aber mit Hilfe eines „grünen" Business Case als ‚Als-Ob-Investitionen' inszenieren, ist ein Indiz dafür, dass der Typus rationale Investition ein Synonym für wirtschaftliche Rationalität bildet. Die Interviewpartner weisen zwar darauf hin, dass nicht alle Organisationentscheidungen tatsächlich als rationale Investitionen getroffen werden. Abweichende Entscheidungen verkörpern in ihren Augen jedoch keine alternativen wirtschaftlichen Rationalitäten. Vielmehr stehen sie für alternative Rationalitäten wie die ‚politische' Macht- und Einflusslogik oder auch die ‚technische' Funktionalität. Wenn diese dominieren, wird – um ein Zitat zu wiederholen – „dann ein eigentlich sehr rationales System [...] ein Stück weit pervertiert". Anders formuliert: In der untersuchten Organisation scheint die rationale Investition – das Streben nach Geldvermehrung auf der Basis einer kalkulativen Zukunftsvorwegnahme und eines systematischen Zahlenvergleichs – zum selbstverständlichen, von den Subjekten nicht – oder vielleicht auch: nicht mehr – hinterfragten kulturellen Normalitätsmodell wirtschaftlicher Entscheidungen geworden zu sein.

Welche Rolle spielt nun das Werkzeug ‚Business Case' im Prozess der Performation wirtschaftlicher Rationalität? In der folgenden Interviewsequenz, in der der Interviewpartner seinen ersten intensiveren Kontakt mit dem Business Case als „Augenöffner" darstellt, der bei dem Subjekt einen Entwicklungsprozess auslöste, deutet sich an, dass der Business Case nicht nur Hilfsmittel und Symbol ist, sondern auch ein sozio-technisches Artefakt, das einen eigenständigen Beitrag zur Verankerung der Logik rationaler Investitionen in der Kultur der Organisation leistet:

*HH: „Und haben Sie immer schon so gedacht? Oder ist das eher eine Entwicklung?"*

A: *„Das ist total eine Entwicklung gewesen. Wie gesagt, ich kam aus einer Unternehmenskultur, wo ich immer nur mal so vom Gefühl her gesagt habe: Sollten wir nicht mal über die Kosten reden, wenn wir das jetzt entwickeln? Ich habe immer gedacht: Mein Gott, wir hauen jetzt hier ein Jahr lang Entwicklungskosten drauf und wir wissen nicht mal, ob das Produkt gut ist. Wir sollten doch das irgendwie mal berechnen. Das war nur so ein unbestimmtes Gefühl. Bei [dem jetzigen Arbeitgeber, HH] bin ich auch halt erst einmal eingestiegen. Du kriegst ein Entwicklungsauftrag auf den Tisch und realisierst es. Dabei denkst gar nicht so groß über die Zahlen nach. Hast dann irgendwie ein Entwicklungsbudget, das gibst du langsam aus, aber du denkst gar nicht über den ganz großen [Zusammenhang, HH]. Und es war tatsächlich eher so, letztes Jahr erst – und das war tatsächlich ein Augenöffner – wo ich aus dem täglichen operativen Geschäft ein bisschen in Produktstrategien reingekommen bin. Und dann auf einmal die ganzen Zahlen und die Zusammenhänge gelesen, kennengelernt habe, mich dann ein paar Nachmittage mit eingeschlossen habe. Und auf einmal dacht ich mir: Ja, okay, jetzt verstehe ich ja so viel mehr über das, was hier gerade passiert, welche Entscheidungen auch vom Management getroffen werden. Auf einmal wurde einem viel, viel, viel, viel klarer, worum es hier eigentlich geht. Und seitdem wird bei allem was ich mache erstmal geschaut, was sind die Zahlen, welche Cases gibt es da. Ja, das war auch schon so ein Reifungsprozess, weil in letzter Konsequenz versteht man halt gerade – und das mag bei solchen größeren Konzernen immer sein – ist halt dieses Wirtschaftlichkeit, Geld und so weiter ähm Vergleichbarkeit von unterschiedlichen Projekten, Kennzahlen usw. Das wird natürlich wichtiger, je größer so eine Veranstaltung wird.*

Durch den Umgang mit dem ökonomischen Werkzeug – so lässt sich diese (Selbst)-Reflektion verstehen – gerät das Verständnis des Subjekts vom Sinn des Wirtschaftens in Bewegung. Dem Projektmanager wird nicht nur verständlich, nach welchen Kriterien das Management seine Entscheidungen trifft. Vielmehr verändert sich durch die Interaktion mit dem Business Case auch der Blick darauf, „worauf es hier ankommt". Für den Interviewpartner ändert sich in der Auseinandersetzung mit dem Werkzeug und des mit ihm hervorgebrachten Zahlenwissen das basale Verständnis des Wirtschaftens. Inzwischen sieht er – ganz im Sinne der Theorie rationaler Investitionen – die Vermehrung des eingesetzten Geldes als Sinn des Wirtschaftens. Dabei spielen Kennzahlen eine wichtige Rolle, da sie die „Vergleichbarkeit von unterschiedlichen Projekten" ermöglichen. Im dem empirischen Material deutet sich somit ein gewisser Performationseffekt des Werkzeugs

'Business Case' an: Der Umgang mit dem Artefakt scheint daran beteiligt zu sein, dass in der Organisation rationale – auf Geldvermehrung zielende, die Zukunft kalkulierende und systematisch Alternativen vergleichende – Investitionsentscheidungen kulturell naturalisiert und als selbstverständliche Logik des Wirtschaftens konstituiert werden.

## 7 Fazit

Aufbauend auf der analytischen Heuristik von drei wirtschafts- und organisationssoziologischen Theorieprogrammen – Rationalismus, Neo-Institutionalismus und Performativitätstheorie – hat sich der Beitrag auf eine Spurensuche nach der Funktion des Business Case, dem Umgang der Subjekte mit diesem Werkzeug und den Folgen seines Einsatzes für Organisationen und Subjekte gemacht. Auch wenn sich aufgrund des explorativen Charakters des empirischen Materials allzu weitreichende Generalisierungen verbieten und die empirischen Ergebnisse eher als Anregungen für weitere soziologische Forschungen zum Business Case und anderen ökonomischen Werkzeugen zu verstehen sind, so lassen sich aus der Analyse doch empirisch wie theoretisch interessante Rückschlüsse ziehen – und zwar sowohl auf die Bedeutung des Werkzeugs in Großunternehmen und den Folgen für Organisationen wie Subjekte als auch auf die Zusammenhänge zwischen dem Business Case und der Finanzialisierung.

Hinsichtlich seiner empirischen Bedeutung zeigt die Analyse, dass der in der untersuchten Organisation fest in den Formalstrukturen verankerte Business Case nicht einfach, wie von den drei relativ geschlossenen Theoriewelten postuliert, *entweder* ein technisches Kalkulationshilfsmittel, ein kulturelles Kalkulationssymbol *oder* ein sozio-technisches Artefakt ist. Vielmehr ist das Werkzeug Business Case für die interviewten Subjekte mehrdeutig. Sie greifen in bestimmten Situationen nämlich auf den Business Case als Hilfsmittel zurück, um den Investitionswert gegenwärtiger Entscheidungsoptionen vorauszukalkulieren und um auf der Basis dieses Zahlenwissens rationale Investitionsentscheidungen zu treffen, bei anderer Gelegenheit nutzen sie dasselbe Werkzeug – und damit auch das mit seiner Hilfe hervorgebrachte Zahlenwissen – jedoch eher als kulturelles Symbol, um – nach außen wie innen – eine 'Investitionsfassade' zu errichten und Entscheidungen als rationale Investitionen zu maskieren. Die Mehrdeutigkeit des Werkzeugs 'Business Case' spricht zugleich auch für den analytischen Mehrwert der hier entwickelten Heuristik. Die Exklusivitätsansprüche der rationalistischen und des neo-institutionalistischen Theoriewelten verstellen den Blick für die Ambivalenz und Interpretationsbedürftigkeit sozialer Situationen, die erforderlichen Deutungsleistungen und Deutungskompetenzen der Akteure und selbstverständlich auch die potenziellen Konflikte, die aus der Mehrdeutigkeit des Werkzeugs in Organisationen resultieren.

Auf den ersten Blick spricht die Mehrdeutigkeit des Business Case als technisches Hilfsmittel und als kulturelles Symbol gegen einen Performativitätseffekt des Werkzeugs und des ihm zugrundeliegenden wirtschaftswissenschaftlichen Wissens. Die Subjekte haben die von der Finanzialisierung propagierte Logik der rationalen Investition offensichtlich nicht einfach internalisiert, sondern verfügen über eine gewisse Agency gegenüber der Logik rationaler Investitionen und den wissenschaftlichen Kalkulationsregeln des Business Case. Trotz der Verankerung des Werkzeugs in den Formalstrukturen der Organisation werden Entscheidungen immer wieder auch nach anderen Kriterien getroffen. Auf den zweiten Blick zeigt sich jedoch, dass die Akteure sich in Einzelentscheidungen zwar von der Logik der rationalen Investition distanzieren, dass sie sich ihr aber eben nicht vollständig entziehen können. Auch primär ‚politische' oder ‚technische' Entscheidungen müssen in dem untersuchten Großunternehmen symbolisch als rationale Investitionen maskiert werden. Die Logik rationaler Investition – die Geldvermehrung durch Zukunftskalkulation und numerischen Vergleich – in der Organisation ist in der untersuchten Organisation zum selbstverständlichen Ausdruck wirtschaftlicher Rationalität geworden ist. Und an der Universalisierung der Logik rationaler Investition hat – darauf deutet die präsentierte Empirie hin – das Werkzeug ‚Business Case' einen gewissen Anteil. Als sozio-technisches Artefakt scheint das Werkzeug nämlich in der Lage zu sein, einen eigenständigen Beitrag zur Performation wirtschaftlicher Rationalität zu leisten – allerdings ohne dabei jedoch in einer Art funktionalistischen Determinismus den Subjekten die Agency abzusprechen. Die Mehrdeutigkeit des Business Case verweist darauf, dass der Umgang mit dem Artefakt nicht dazu führt, dass die Subjekte die Rolle des Investors vollständig internalisieren.

Auch für die soziologische Finanzialisierungsdebatte sind die Ergebnisse relevant. Gezeigt wurde nämlich, wie ein in den Formalstrukturen der Organisation verankertes ökonomisches Werkzeug, der Business Case, aufgrund seiner Performativitätseffekte einen eigenständigen kulturellen Beitrag zur Diffusion der Logik rationaler Investitionen leistet. Die Diskussion der Finanzialisierung von Wirtschaftsorganisationen hat deutlich gemacht, dass ausgehend von der Neudefinition der Eigentümer als Eigentümer-Investoren multiple Verweise auf die Logik rationaler Investitionen in den Formalstrukturen von Wirtschaftsorganisationen institutionalisiert wurden. Um die Organisationsentscheidungen auf die Interessen der Eigentümer-Investoren zu verpflichten, werden immer mehr Entscheidungen, sowohl des Managements als auch auf mittleren Hierarchieebenen, als rationale

Investitionen gerahmt und anhand der zu erwartenden Rendite-Risiko-Relation bzw. der realisierten Geldvermehrung bewertet. Aufgrund ihres häufig rationalistischen Bias fehlt es der Finanzialisierungsforschung jedoch an einem Instrumentarium, um analytisch zu begreifen, warum dieser durchaus radikale Wandel so wenig Widerstand und Reibungen provoziert. Die hier präsentierten Ergebnisse zum Umgang mit dem Business Case, vor allem zu den Folgen für Organisationen und Subjekte, können hier einen Hinweis liefern: Durch die Performation als wirtschaftliche Rationalität wird die Logik rationaler Investition zum selbstverständlichen und letztlich auch alternativlosen Fluchtpunkt wirtschaftlicher Entscheidungen. Wirtschaftlich rational zu handeln heißt in der untersuchten Organisation – so ließe sich zuspitzen – Geld zu vermehren, die Zukunft zu kalkulieren und Investitionsalternativen zu vergleichen. Damit treibt der Business Case als in den Formalstrukturen verankertes Werkzeug eigenständig einen kulturellen Wandel voran – einen Wandel, der die von der Finanzialisierung angetrieben institutionellen Ausweitung der Investitionslogik kulturell unterfüttert und durch die Naturalisierung der rationalen Investition gewissermaßen ‚unsichtbar' macht.

## Literatur


Borchard, K. (1962). *Wirtschaftlichkeitsplanung: graphische, tabellarische und rechnerische, neue und alte Verfahren der Investitionsrechnung im Rahmen betrieblicher Gesamtplanung mit Beispielen aus der öffentlichen und privaten Wirtschaft*. Wiesbaden: Gabler.

Cabantous, L., & Gond, J. (2011). Rational decision making as performative praxis: explaining rationality's eternal retour. *Organization science 22 (3)*, 573–586.

Cabantous, L., Gond, J. & Johnson-Cramer, M. (2010). Decision theory as practice: crafting rationality in organizations. *Organization Studies 31 (11)*, 1531–1566.

Çalışkan, K., & Callon, M. (2009). Economization, part 1: shifting attention from the economy towards processes of economization. *Economy and society 38 (3)*, 369–398.

Callon, M., & Muniesa, F. (2005). Economic markets as calculative collective devices. *Organization Studies 26 (8)*, 1229–1250.

Callon, M. (Hrsg.) (1998). *The laws of the markets*. Oxford: Blackwell.

Crotty, J. (2005). The neoliberal paradox: The impact of destructive product market competition and 'modern' financial markets on nonfinancial corporation performance in the neoliberal era. In G. A. Epstein (Hrsg.), *Financialization and the world economy* (S. 77–110). Northampton: Edward Elgar.

Crozier, M., & Friedberg, E. (1979). *Macht und Organisation die Zwänge kollektiven Handelns*. Königstein: Athenäum.

DiMaggio, P. J., & Powell, W. W. (1983). The iron cage revisited: Institutional isomorphism and collective rationality in organizational fields. *American Sociological Review 48 (1)*, 147–160.

Dobbin, F., & Zorn, D. (2005). Corporate malfeasance and the myth of shareholder value. *Political Power and Social Theory 17*, 179–198.
Dörre, K., & Holst, H. (2009). Nach dem Shareholder Value? Kapitalmarktorientierte Unternehmenssteuerung in der Krise. *WSI-Mitteilungen 62 (12)*, 667–674.
Dörre, K. (2009). Die neue Landnahme. Dynamiken und Grenzen des Finanzmarktkapitalismus. In K. Dörre, S. Lessenich & H. Rosa (Hrsg.), *Soziologie - Kapitalismus - Kritik. Eine Debatte* (S. 21–86). Frankfurt am Main: Suhrkamp.
Espeland, W., & Hirsch, P. M. (1990). Ownership changes, accounting practices and the redefinition of the corporation. *Accounting, Organizations and Society 15 (1-2)*, 77–96.
Faust, M., Bahnmüller, R., & Fisecker, C. (2011). *Das nicht nur kapitalmarktorientierte Unternehmen: externe Erwartungen, Unternehmenspolitik, Personalwesen und Mitbestimmung.* Berlin: edition sigma.
Fisher, I. (1896). What is capital? *The Economic Journal 6 (24)*, 509–534.
Fisher, I. (1906). *The nature of capital and income.* New York: Cosimo.
Fourcade, M. (2013). Wirtschaftssoziologie und Gesellschaftstheorie. In J. Maeße (Hrsg.), *Ökonomie, Diskurs, Regierung. Interdisziplinäre Perspektiven* (S. 35–56). Wiesbaden. VS-Verlag für Sozialwissenschaften.
Fulcher, J. (2009). *Kapitalismus.* Leipzig: Reclam.
Ganßmann, H. (2012). Geld und die Rationalität wirtschaftlichen Handelns. In A. Engels & L. Knoll (Hrsg.), *Wirtschaftliche Rationalität. Soziologische Perspektiven* (S. 221–239). Wiesbaden: VS-Verlag für Sozialwissenschaften.
Garcia-Parpet, M. (2007). The social construction of a perfect market: The strawberry auction at Fontaines-en-Sologne. In D. MacKenzie, F. Muniesa, & L. Siu (Hrsg.), *Do economists make markets?: On the performativity of economics* (S. 20–53). Princeton/New Jersey: Princeton University Press.
Gond, J., Cabantous, L., Harding, N., & Learmonth, M. (2015). What do we mean by performativity in organizational and management theory? The uses and abuses of performativity. *International Journal of Management Review.* doi:10.1111/ijmr.12074.
Haipeter, T. (2014). *Das ungewisse Extra die Widersprüche erfolgsabhängiger Entgelte – am Beispiel der Metall- und Elektroindustrie.* Berlin: edition sigma.
Holm, P. (2001). *The invisible revolution. The construction of institutional change in the fisheries.* Dr. philos (PhD). Tromsø: Norwegian College of Fishery Science.
Holst, H. (2010). „Die Flexibilität unbezahlter Zeit"– Die strategische Nutzung von Leiharbeit. *Arbeit. Zeitschrift für Arbeitsforschung, Arbeitsgestaltung und Arbeitspolitik 19 (2+3)*, 164–177.
Holst, H. (2015). Europäisierung als institutionelle Entbettung – Finanzialisierte multinationale Konzerne und die Arbeitsbeziehungen im europäischen Paketsektor. In S. Pernicka (Hrsg.), *Horizontale Europäisierung der Arbeitsbeziehungen* (S. 151–182). Wiesbaden: VS-Verlag für Sozialwissenschaften.
Holst, H. (2016). Finanzialisierung als 'Investifizierung': Innovationsarbeit und Portfolio-Arbeitsorganisation. *Zeitschrift für Soziologie 45* (3), 145-161.
Jensen, M. C. (1993). The modern industrial revolution, exit, and the failure of internal control systems. *The Journal of Finance 48 (3)*, 831–880.
Johnson, G., Prashantham, S., Floyd, S. W., & Bourque, N. (2010). The ritualization of strategy workshops. *Organization Studies 31 (12)*, 1589–1618.

Kädtler, J. (2012). Finanzmarktkapitalismus oder Finanzmarktrationalität? In K. Dörre, K., D. Sauer & V. Wittke (Hrsg.), *Kapitalismustheorie und Arbeit. Neue Ansätze soziologischer Kritik* (S. 205–221). Frankfurt am Main: Campus.

Kalthoff, H., & Maeße, J. (2012). Die Hervorbringung des Kalküls. In H. Kalthoff & U. Vormbusch (Hrsg.), *Soziologie der Finanzmärkte* (S. 201–233). Bielefeld: transcript.

Kieser, A. & Ebers, M. (Hrsg.) (2006). *Organisationstheorien*. Stuttgart: Kohlhammer.

Knorr Cetina, K. (1988). Das naturwissenschaftliche Labor als Ort der „Verdichtung" von Gesellschaft. *Zeitschrift für Soziologie 17 (2)*, 85–101.

Latour, B., & Woolgar, S. (1979). *Laboratory life: The social construction of scientific facts*. Beverly Hills: Sage Publications.

Lazonick, W. & O'Sullivan, M. (2000). Maximizing shareholder value. A new ideology for corporate governance. *Economy and Society 29 (1)*, 13–35.

Leyshon, A. & Thrift, N. (2007). The capitalization of almost everything. The future of finance and capitalism. *Theory, Culture & Society, 24 (7-8)*, 97–115.

MacKenzie, D., & Millo, Y. (2003). Constructing a market, performing theory: The historical sociology of a financial derivatives exchange. *American Journal of Sociology 109 (1)*, 107–145.

MacKenzie, D. (2008a). *An engine, not a camera: how financial models shape markets*. Cambridge: Cambridge University Press.

MacKenzie, D. (2008b). *Material markets. How economic agents are constructed*. Oxford: Oxford University Press.

Mäki, U. (2013). Performativity: Saving Austin from MacKenzie. In V. Karakostas & D. Dieks (Hrsg.), *EPSA11 Perspectives and Foundational Problems in Philosophy of Science*. Dordrecht: Springer.

Mars, F. (1998). *„Wir sind alle Seher". Die Praxis der Aktienanalyse*. Bielefeld: Dissertation Universität Bielefeld.

Martin, R. (2002). *Financialization of daily life*. Philadelphia: Temple University Press.

Maul, J. P. (2011). *Developing a business case: expert solutions to everyday challenges*. Boston: Harvard Business Review Press.

Mennicken, A., & Vollmer, H. (Hrsg.) (2007). *Zahlenwerk*. Wiesbaden: VS Verlag für Sozialwissenschaften.

Messner, W. (2013). *Making the compelling business case: Decision-making techniques for successful business growth*. Basingstoke: Palgrave Macmillan.

Meyer, J., & Rowan, B. (1977). Institutionalized organizations: Formal structure as myth and ceremony. *American Journal of Sociology 83 (2)*, 340–363.

Muniesa, F. (2014). *The provoked economy. Economic reality and the performative turn*. Milton, Abingdon, New York: Routledge.

Parker, R. H. (1968). Discounted cash flow in historical perspective. *Journal of Accounting Research 6 (1)*, 58–71.

Power, M. (2008). *Organized uncertainty designing a world of risk management*. Oxford: Oxford University Press.

Preisendörfer, P. (2011). *Organisationssoziologie. 3 Aufl*. Wiesbaden: VS Verlag.

Rappaport, A. (1986). *Creating shareholder value. The New Standard for Business Performance*. New York: Free Press.

Rutterford, J. (2004). From dividend yield to discounted cash flow: a history of UK and US equity valuation techniques. *Accounting, Business and Financial History 14 (2)*, 115–149.

Schneider, E. (1951). *Wirtschaftlichkeitsrechnung*. Bern: Francke.

Scott, W. R. (1995). *Institutions and organizations*. Thousand Oaks: Sage.

Streeck, W., & Höpner, M. (2003). *Alle Macht dem Markt? Fallstudien zur Abwicklung der Deutschland AG*. Frankfurt am Main: Campus.
Svetlova, E., & Dirksen, V. (2014). Models at work—models in decision making. *Science in Context 27 (4)*, 561–577.
Svetlova, E. (2012). On the performative power of financial models. *Economy and society 41 (3)*, 418–434.
Taschner, A. (2008). *Business Cases. Ein anwendungsorientierter Leitfaden*. Wiesbaden: Gabler.
Taschner, A. (2013). *Business Cases. Ein anwendungsorientierter Leitfaden. 2. überarb. Aufl.* Wiesbaden: Springer.
Walgenbach, P., & Meyer, R. (2007). *Neoinstitutionalistische Organisationstheorie*. Stuttgart: Kohlhammer Verlag.
Wansleben, L. (2014). Consistent forecasting vs. anchoring of market stories: Two cultures of modeling and model use in a bank. *Science in Context 27 (4)*, 605–630.
Weber, M. (1980 [1921]). *Wirtschaft und Gesellschaft*. Tübingen: Mohr & Siebeck.
Windolf, P. (2005). Was ist Finanzmarkt-Kapitalismus? In P. Windolf (Hrsg.), *Finanzmarkt-Kapitalismus. Analyse zum Wandel von Produktionsregimen* (S. 20–57). Wiesbaden: VS-Verlag für Sozialwissenschaften.

# Performativität und ihre Grenzen

## Das Verhältnis zwischen ökonomischem Wissen und ökonomischer Praxis am Beispiel der Finanzanalyse

Stefan Leins

## 1 Einleitung

Die von Callon 1998 aufgestellte These, dass die Wirtschaftswissenschaft die Gesetzmäßigkeiten und Praktiken des Finanzmarktes nicht nur beschreibt, sondern ebenso formt, hat in der aktuellen Wirtschaftssoziologie und Finanzanthropologie großen Anklang gefunden. Konzeptualisiert als „Performativität" sind seit Callons Formulierung der These zahlreiche wissenschaftliche Beiträge dazu erschienen. Forscherteams um Michel Callon an der Pariser École Nationale Supérieure des Mines und um Donald MacKenzie an der University of Edinburg forschen rege zu den Wechselwirkungen zwischen ökonomischer Theorie und ökonomischer Praxis. Im Mittelpunkt steht dabei immer die Idee, dass ökonomische Praktiken nicht das Resultat unabhängiger Wissenskulturen darstellen, sondern durch die Wirtschaftswissenschaft gestaltet werden (Callon 1998; MacKenzie und Millo 2003; MacKenzie 2006; Çalışkan und Callon 2009; alle Beiträge in MacKenzie et al. 2007).

Die Annahme performativer Effekte der ökonomischen Theorie auf die ökonomische Praxis hat in der Wirtschaftssoziologie nicht nur ein neues Zeitalter eingeläutet und die Zusammenarbeit mit benachbarten Fächern, etwa der Linguistik oder der Anthropologie, begünstigt, sondern auch geholfen, die Social Studies of Finance als eigenständigen Forschungsbereich zu etablieren. Gerade an den Business Schools des angelsächsischen und skandinavischen Raums erwies sich die Performativitätsthese als willkommener Türöffner für die Vertreterinnen und Vertreter des neuen Forschungsbereichs. Wie Mirowski (2013) kürzlich in einem Interview erwähnte, hat Callons These in den letzten Jahren Einzug in den Theorienkanon empirisch orientierter Ökonomen gefunden und den Social Studies of Finance zu beachtlicher Aufmerksamkeit verholfen.

Seit der ursprünglichen Formulierung der Performativitätsthese wurde aber auch immer wieder Kritik an Callons Ansatz laut. So bemerkte der Anthropologe Daniel Miller (2002, S. 218) bereits 2002, dass ökonomische Praktiken in der Realität selten den Regeln der Wirtschaftswissenschaft folgen. Analog dazu wirft Mirowski (2013) Callon und seinen Mitstreitern vor, durch die Überbetonung neoklassischer Wirtschaftstheorie dominante neoliberale Narrative zu wiederholen, anstatt diese kritisch zu beleuchten. Weitere Kritik gibt es zudem von empirischer Seite. So beschreiben beispielsweise Riles (2010) und Wansleben (2013) Finanzmarktpraktiken eher als Resultat eigenständiger Expertenkulturen und nicht, wie von Callon vorgeschlagen, als Praktiken, die primär durch die Wirtschaftswissenschaft vorgegeben sind.

Im Folgenden werde ich versuchen, die Debatte um performative Effekte der ökonomischen Theorie auf die ökonomische Praxis um das empirische Beispiel der fundamentalen Finanzanalyse zu erweitern. Fundamentalanalysten[1] gehen davon aus, dass jedes börsennotierte Unternehmen über einen *intrinsischen Wert* verfügt, der nicht zwangsläufig dem *Marktwert* des Unternehmens entspricht. Differenzen zwischen intrinsischem Wert und Marktwert erlauben es den Fundamentalanalysten, Vorhersagen zur zukünftigen Entwicklung einzelner Aktienkurse zu machen. Mein Beitrag zur oben erwähnten Debatte um performative Effekte basiert auf meiner ethnographischen Untersuchung der Lebenswelten und Marktpraktiken dieser Finanzanalysten in einer Schweizer Bank. Im Rahmen meiner ethnographischen Feldforschung beobachtete ich von 2010 bis 2012 die Finanzanalysten in ihrem Arbeitsalltag, führte informelle Gespräche und beteiligte mich selbst an ihren Arbeitsprozessen.[2] Dadurch gewann ich ein differenziertes Bild des Stellenwerts ökonomischer Theorie im Arbeitsalltag und für die Marktpraktiken dieser spezifischen Gruppe.

Basierend auf meiner ethnographischen Forschung möchte ich aufzeigen, dass die Marktpraxis der fundamentalen Finanzanalyse nicht als durch die Wirtschaftswissenschaft vorgezeichnet verstanden werden kann. Finanzanalysten beziehen sich zwar gerne und oft auf ökonomisches Wissen, um ihre Deutungshoheit im Finanzmarkt zu unterstreichen. Die von ihnen tatsächlich angewandten Marktpraktiken stehen

---

1 Aus Gründen der Lesefreundlichkeit benutze in diesem Aufsatz die Begriffe Fundamenalanalysten, Finanzanalysten und Analysten in männlicher Form. Dabei sind jedoch immer auch die Analystinnen mitgemeint.

2 Meine Feldforschung fand im Rahmen eines Doktorierendenprogramms und mit Forschungsgenehmigung der Bank statt. Von September 2010 bis August 2012 konnte ich in dieser Schweizer Bank unter Zusicherung akademischer Freiheit ethnographisch forschen. Während dieser Forschungszeit habe ich mich aktiv an den Arbeitsprozessen innerhalb der Finanzanalyseabteilung beteiligt und wurde von der Bank für diese Arbeitstätigkeit entlohnt.

jedoch grundsätzlich und generell im Konflikt mit der wirtschaftstheoretischen Grundannahme, dass Finanzmärkte (informationell) effizient sind. Bereits Ende des neunzehnten Jahrhunderts haben Ökonomen argumentiert, dass Zukunftsprognosen über die Marktentwicklung ökonomisch gesehen nicht sinnvoll seien (Jovanovic und Le Gall 2001; Preda 2004). Und gerade durch die neoklassische Wirtschaftstheorie, der dominanten ökonomischen Denkschule seit den 1960er Jahren, avancierte die Annahme, dass Märkte effizient sind (und jegliche Marktprognose damit hinfällig ist), zu einer zentralen Prämisse der Wirtschaftstheorie.

Ausgehend von diesem Konflikt zwischen ökonomischem Wissen und ökonomischer Praxis der Finanzanalysten argumentiere ich in diesem Kapitel, dass bestimmte Finanzmarktpraktiken nicht als ins ökonomische Wissen eingebettet verstanden werden sollten. Finanzmarktpraktiken wie die Finanzanalyse dienen vielmehr dem Aufbau einer Deutungshoheit innerhalb des Finanzmarktes und dazu andere ökonomische Praktiken wie zum Beispiel die Anlageberatung gegenüber einer breiteren Öffentlichkeit zu legitimieren. Der (allzu starke) Fokus der Social Studies of Finance auf performative Prozesse birgt daher die Gefahr, die durch Finanzmarktakteure und deren Praktiken aufrecht erhaltenen Machtverhältnisse aus den Augen zu verlieren (siehe dazu auch Butlers Kritik der Anwendung des Performativitätskonzepts im ökonomischen Feld, Butler 2010).

## 2 Das Konzept der Performativität in den Social Studies of Finance

Ab den 1990er Jahren beginnen sich erste, mehrheitlich aus den Laborstudien kommende, Exponentinnen und Exponenten der Wissenssoziologie für Finanzmärkte zu interessieren. Ziel ist es, nach der gelungenen Etablierung der Social Studies of Science eine finanzmarktbezogene Wissenssoziologie aufzubauen. Diese soll die Erkenntnisse der soziologischen Forschung hinsichtlich der Konstruktion von Wissen im naturwissenschaftlichen Kontext auf die Finanzwelt übertragen. Federführend sind dabei Karin Knorr Cetina, Michel Callon und Donald MacKenzie (vgl. Kalthoff 2009).

Im Entstehungsprozess dieses neuen Forschungsfelds unterscheidet Knorr Cetina (mit Bruegger 2000; 2002) bereits früh zwischen den Rollen von Finanzmarktexperten in der Praxis und Wissenschaftlern in Laborsettings und argumentiert, dass die beiden Expertengruppen in ihren jeweiligen Feldern eigenes Wissen kreieren, welches als kulturell eingebettet zu betrachten ist. Den Begriff der Kultur führt sie deshalb ein, weil dieses Wissen ihrer Ansicht nach durch eine Kombination von sozialen Interaktionen und Praktiken und in Auseinandersetzung mit der jeweiligen Lebenswelt (*lifeworld*) geschaffen wird (Knorr Cetina 2007).

Callon und MacKenzie verstehen das Wissen der Finanzmärkte hingegen nicht in erster Linie als kulturell, sondern viel eher als in den wirtschaftswissenschaftlichen Theorienkanon eingebettet. In „The Laws of the Markets" (1998, S. 2) schreibt Callon: „Economics [...] performs, shapes and formats the economy, rather than to observe how it functions." Die Gestaltung der Wirtschaft (*formatting of the economy*), die Callon erwähnt, findet dabei durch soziotechnische[3] und diskursive Prozesse statt. Wie er später immer wieder deutlich macht, erlauben es zum Beispiel die als *market devices* zusammengefassten technischen Marktinstrumente und Marktmodelle dem ökonomischen Akteur zu kalkulieren und dadurch ein eigentlicher *homo oeconomicus* zu werden. Dadurch entsteht ein Effekt, der einer sich selbst erfüllenden Prophezeiung gleicht: „To predict economic agents' behaviors, an economic theory does not have to be true; it simply has to be believed by everyone" (Callon 2007, S. 322). Die Gesetzmäßigkeiten der Märkte, wie sie von den neoklassischen Ökonomen angenommen werden, bilden demnach nicht reale Marktgesetze ab. Ganz im Gegenteil: Durch die Beschreibung „reeller Marktgesetze" kreieren Ökonomen erst jene ökonomische Realität, die sie zu beschreiben glauben (Callon 2007, S. 316).[4]

Um die Einwirkung ökonomischer Theorien auf reelle Märkte zu illustrieren, greift Callon auf eine empirische Studie des französischen Soziologen Garcia-Parpet (2007 [1986]) zurück. In *The Social Construction of a Perfect Market: the Strawberry Auction at Fontaines-en-Sologne* beschreibt Garcia-Parpet einen Erdbeermarkt im ländlichen Frankreich, der in den frühen 1980er Jahren durch die Intervention eines neoklassischen Ökonomen in einen nach neoklassischen Annahmen funktionierenden Markt umgewandelt wurde. Im Auftrag des damaligen Bürgermeisters von Fontaines-en-Sologne sollte ein Ökonom analysieren, wie man den Erdbeerenmarkt

---

3 Der Begriff der Soziotechnik kommt aus dem Vokabular der von Callon mitbegründeten Akteur-Netzwerk-Theorie und besagt, dass soziotechnische Arrangements (*agencements*) handlungsfähig sind und somit Teil größerer Akteursnetzwerke darstellen (siehe dazu Latour 2005).

4 Einzelne auf dem Gebiet tätige Wissenschaftlerinnen und Wissenschaftler bevorzugen Mertons Begriff der selbsterfüllenden Prophezeiung zur Beschreibung der Gestaltung der Praxis durch ökonomische Theorie (siehe beispielsweise Ferraro et al. 2005). MacKenzie (2006, S. 19) und Callon (2007, S. 321-324) argumentieren jedoch, dass sich die Konzepte Performativität und selbsterfüllende Prophezeiung insofern unterscheiden, als dass mit Performativität nicht nur die Handlungsmacht menschlicher Akteure, sondern auch die Einschreibung wissenschaftlicher Annahmen in soziotechnische Prozesse gemeint ist.

effizienter gestalten könnte. Als Resultat seiner Analyse schlug der Berater folgende Umstrukturierung des Marktes vor: Preise sollten transparent gemacht werden und aufgrund von Angebot und Nachfrage fluktuieren; die Erdbeeren sollten nach Größe normiert und sortiert werden; und innerhalb des Marktes sollte eine technische Infrastruktur installiert werden, welche die Handelspreise in Echtzeit anzeigt.

Die Umstrukturierung des Erdbeermarktes in Fountaines-en-Sologne illustriert nach Callon die Gestaltung eines Marktes nach wirtschaftstheoretischen Prinzipien. In der Folge, so Callon, handeln die im Markt tätigen Akteure nun nach dem Prinzip des *homo oeconomicus*. Jedoch nicht, weil dies in der Natur des Marktes liege, sondern weil durch die Anwendung wirtschaftswissenschaftlicher Prämissen aktiv eine Situation hergestellt wurde, die ein ökonomisches Handeln im Sinne der neoklassischen Wirtschaftslehre verlange (Callon 1998, S. 19–23).

Parallel zu Callon formuliert MacKenzie eine graduelle Klassifikation dreier Formen der Performativität: *generic performativity, effective performativity* und *barnesian performativity.*[5] Die Stärkste Form der Performativität – die barnesische Performativität – bezieht sich dabei auf die praktische Gestaltung ökonomischer Prozesse auf der Basis wirtschaftswissenschaftlicher Annahmen und meint also den Prozess, welchen Callon als performativ bezeichnet (MacKenzie 2006; vgl. Kalthoff 2009, S. 278; Mähr 2014, S. 8). Barnesische Performativität sieht MacKenzie beispielsweise bei der Einführung der Optionspreistheorie nach Black, Scholes und Merton (das Black-Scholes-Modell). Das Black-Scholes-Modell ist ein finanzmathematisches Modell, welches seit den 1970er Jahren zur Berechnung von Optionspreisen benutzt wird. Wie MacKenzie in mehreren Schriften aufzeigt, ermöglichte die Black-Scholes Formel ab ihrer Einführung nicht allein die Bewertung von Finanzoptionen, sondern kreierte vielmehr eine mathematische Basis, die Marktteilnehmern die Kalkulation zukünftiger Risiken und möglicher Gewinne basierend auf der Prämisse eines effizienten Marktes erlaubte (MacKenzie 2006, 2007; MacKenzie und Millo 2003).

Zusammenfassend kann also gesagt werden, dass es in den Social Studies of Finance zwei verschiedene Ansätze zum Verständnis des in Finanzmärkten pro-

---

5 MacKenzie spricht von *generischer* Performativität, wenn eine ökonomische Theorie, ein Modell oder ein Konzept in der Marktpraxis angewandt wird. Eine *effektive* Performativität ist laut MacKenzie dann vorhanden, wenn diese Anwendung einen tatsächlichen Effekt auf die Marktpraxis hat. Von *barnesischer* Performativität spricht MacKenzie, wenn dieser Effekt dazu führt, dass sich die Marktpraxis durch den Einfluss einer Theorie, eines Modells oder eines Konzept der ursprünglichen Beschreibung durch die Ökonomik annähert (MacKenzie 2006). Die Bezeichnung barnesische Performativität kommt daher, dass sich MacKenzie hier unter anderem auf die Schriften seines Doktorvaters Barry Barnes beruft (vgl. Mähr 2014).

duzierten Wissens gibt. Der erste, von Knorr Cetina vertretene Ansatz versteht dieses Wissen als Resultat eigenständiger Wissenskulturen. Das Wissen wird hier also als kulturell eingebettet betrachtet. Der zweite Ansatz, vertreten durch Callon und MacKenzie, versteht Finanzmarktwissen als ein Resultat ökonomischer Theorie. Praktisches Finanzmarktwissen wird hier also als in theoretische Vorannahmen und Modelle eingebettet verstanden. Ziel meines Kapitels ist es, durch ethnographische Beschreibungen aufzuzeigen, das der zweite, in den Social Studies of Finance dominierende Ansatz der Einbettung ökonomischer Praxis in der ökonomischen Theorie im Kontext der Marktpraxis der Fundamentalanalyse nicht zutrifft. Dabei argumentiere ich teilweise entlang der Argumentationslinie von Knorr Cetina und zeige, dass die Fundamentalanalyse zu einem bestimmten Grad eine eigene Wissenskultur darstellt. In der Besprechung meiner Resultate gehe ich dann jedoch einen Schritt weiter und spreche die politökonomische Funktion der Finanzanalyse an. Weder Callon und MacKenzie noch Knorr Cetina widmen sich nämlich der Tatsache, dass Finanzmarktwissen abgesehen von seiner jeweiligen Einbettung dazu genutzt wird, die Vormachtstellung des Finanzmarktes aufrecht zu erhalten. Diese politökonomische Funktion möchte ich deshalb im Fazit meines Beitrags beleuchten.

## 3 Die Kritik der neoklassischen Ökonomik an der Finanzanalyse

Wenn wir uns dem Fallbeispiel der fundamentalen Finanzanalyse zuwenden, lassen sich einige neue und interessante Erkenntnisse zum Verhältnis zwischen ökonomischer Theorie und praktischem Finanzmarktwissen gewinnen. Fundamentale Finanzanalysten behaupten von sich, durch die Einschätzung intrinsischer Werte von börsennotierten Unternehmen erkennen zu können, ob eine Firma im Markt „zu billig“ oder „zu teuer“ gehandelt wird. Gemäß ihrem Glauben, dass sich der Marktwert über Zeit dem intrinsischen – also echten – Wert eines Unternehmens anpasst, prognostizieren sie zukünftige Marktpreisbewegungen.[6] Diese Vorhersagen kommunizieren die Finanzanalysten den firmeneigenen Händlern, Vermögensver-

6 Finanzanalysten sind sich dabei bewusst, dass die von ihnen vermuteten Marktentwicklungen nicht immer eintreffen. Aus diesem Grund formulieren sie ihre Marktprognosen meist im Konjunktiv und sichern rechtlich ab, dass sie bei Nichteintreffen der Prognose nicht haftbar gemacht werden können.

waltern und Bankkunden. Diese können dann ihre Investitionsstrategien entlang den Einschätzungen der Finanzanalysten erarbeiten.

Das Erstaunliche und Paradoxe an der Tätigkeit der Finanzanalysten ist, dass das Voraussagen von Marktentwicklungen in der Wirtschaftwissenschaft seit langem als problematisch betrachtet wird. Bereits 1933 publizierte der Ökonom Alfred Cowles den Aufsatz *Can Stockmarket Forecasters forecast?* (Cowles 1933), in welchem er die empirischen Resultate seiner quantitativen Studie zu Marktvorhersagen präsentierte. Sein Fazit: Die Prüfung der Aktienprognosen von 45 professionellen Agenturen, darunter auch jene des Wall Street Journals, habe ergeben, dass die durchschnittliche Erfolgsrate von Aktienmarktprognosen nicht über dem Wert liegt, die eine rein zufällige Selektion von Anlagetipps erreichen würde. Schlimmer noch: Während ein reines Zufallsverfahren dem Investor ähnliche Gewinne wie die Prognosen der Finanzanalysten eingebracht hätte, wäre die Gefahr hoher Verluste bei einer Zufallsselektion kleiner gewesen (Cowles 1933, S. 323–324).

Obwohl Cowles' Artikel in der ersten Ausgabe der viel beachteten wissenschaftlichen Zeitschrift Econometria die erste empirische Untersuchung der Unvorhersehbarkeit des Finanzmarktes darstellte, war das Argument eines nicht vorhersehbaren Marktes nicht neu. Wie Jovanovic und Le Gall (2001) und Preda (2004) zeigen, existierte unter Ökonomen bereits Ende des 19. Jahrhunderts die Annahme eines sich zufällig entwickelnden Marktes. Obwohl auf Cowles' Studie eine Hand voll weiterer Studien mit ähnlichen Ergebnissen folgten (namentlich Working 1934; Kendall 1953; Osborne 1959), wurde die Kritik an Marktvoraussagen erst mit dem Siegeszug der neoklassischen Ökonomik ab Mitte der zwanzigsten Jahrhunderts zentraler Bestandteil der wirtschaftswissenschaftlichen Lehre.

Die Markteffizienzhypothese, die besagt, dass Märkte generell effizient sind und deren Entwicklung deshalb nicht vorausgesehen werden kann, kann als zentrales Paradigma der neoklassischen Ökonomik verstanden werden (vgl. Tanner 2010; Vogl 2010). Zentral ist sie unter anderem deshalb, weil ihre Entstehung eng an die frühen Protagonisten der neoklassischen Ökonomik geknüpft ist. In den 1960er und 1970er Jahren schrieben sowohl Fama als auch Samuelson, beide Vertreter der Chicago School of Economics, gegen die Annahme an, dass Marktentwicklungen prognostiziert werden können. Ihre Kernargumentation war, dass Märkte nicht nur materiell, sondern auch *informationell* effizient seien. Damit meinen Fama und Samuelson, dass jede öffentlich zugängliche Information bereits im Marktpreis reflektiert sei und es deshalb keine Unterscheidung zwischen einem intrinsischen Wert und einem Marktwert geben könne. Wie Samuelsons (1965, S. 41) es ausdrückt: „[I]f one could be sure that a price will rise, it would already have risen" (Fama 1965, 1970; Samuelson 1965; vgl. MacKenzie 2006, S. 62–63).

In den 1970er Jahren wurde die Grundannahme eines effizienten Marktes unter dem Begriff der Random Walk Theory auch abseits der Wissenschaft popularisiert. Im seinem überaus erfolgreichen und nach wie vor populären Buch *A Random Walk down Wall Street* (2012 erschien die elfte Auflage) nahm Burton Malkiel Famas und Samuelsons These auf und trieb sie auf die Spitze. Malkiel hält fest, dass „[t]aken to its logical extreme, it [der Random Walk] means that a blindfolded monkey throwing darts at a newspaper's financial pages could select a portfolio that would do just a well as one carefully selected by the experts" (Malkiel 1985 [1973], S. 16).

Malkiels Metapher des blinden Affen als Finanzexperten erfreut sich bis heute großer Beliebtheit. So publizierte zum Beispiel die amerikanische Zeitung Chicago Sun-Times von 2003 bis 2006 die Investitionstipps des sogenannten Finanzexperten Adam Monk. Adam Monk, ein Kapuzineräffchen, zeigte jeweils zu Beginn des Jahres auf fünf im Börsenteil der Zeitung aufgelistete Aktien. Diese wurden dann als Investitionsempfehlung an die Leserinnen und Leser der Zeitung weitergegeben. 2006 wurde Jim Cramer, ein Börsenexperte des Fernsehsenders CNBC, auf Adam Monk aufmerksam und forderte diesen zum Duell heraus. Beide Experten sollten zu Beginn des Jahres jeweils fünf Aktien wählen, die im Laufe des Jahres besonders gut performen würden. Im Jahr 2006 brachte das Aktienpaket von Monk potentiellen Investoren 36 Prozent Gewinn ein, während Cramers Aktienkorb nur knapp 8 Prozent Gewinn erzielte. 2007 war das Ergebnis dann umgekehrt. Cramer erwirtschaftete 14 Prozent Gewinn, Monk lediglich knapp 2 Prozent. 2008 fand ein drittes Duell statt, in dem der Affe den CNBC-Experten wiederum ausstach (Financial Times 2009). Ein ähnliches Experiment wurde 2012 in Großbritannien wiederholt. Dort schaffte es die Katze Orlando, mit dreckigen Pfoten über die Financial Times Ausgabe spazierend, sowohl die Investitionstipps einer Gruppe junger Wirtschaftsstudierender als auch die Empfehlungen einer Gruppe von Finanzanalysten zu übertreffen. Orlandos Tipps erwirtschafteten einen fiktiven Gewinn von 5'542 englischen Pfund, während die Empfehlungen der Finanzanalysten 5'176 Pfund und diejenigen der Novizen lediglich 4'840 Pfund einbrachten (The Observer 2013). Obwohl die Resultate der Experimente mit Adam Monk und Orlando zu denken geben, ist es nicht Ziel meines Aufsatzes, die Markteffizienzhypothese zu bestätigen. Das Unvermögen von Marktanalysten, kategorisch die Zukunft vorauszusehen liegt letztendlich in der Natur der Sache, nämlich dass die Zukunft unvorhersehbar ist. Das Scheitern von Prognosen ist deshalb nicht zwangsläufig auf die Effizienz der Märkte zurückzuführen.[7]

7 Siehe dazu auch die Kritik an der Markteffizienzhypothese aus der Neuen Institutionenökonomik (beispielsweise in Grossmann und Stiglitz 1980) und der Verhaltensökonomik (beispielsweise in Kahneman und Tversky 1973 oder Akerlof und Shiller 2009).

# 4 Unter Finanzanalysten: Ethnographische Erkenntnisse zur Rolle ökonomischer Theorie in der Marktpraxis der Fundamentalanalyse

Die Zentralität der Markteffizienzhypothese im Theorienkanon der neoklassischen Wirtschaftslehre ist von besonderer Bedeutung für den Bereich der Finanzanalyse. Man könnte annehmen, dass die Marktpraxis der Finanzanalyse durch die theoretische und empirische Kritik seitens der Wirtschaftswissenschaft an Legitimität innerhalb der Finanzmärkte eingebüßt hat. Dies ist nicht der Fall. Wie ich während meiner Feldforschung feststellen konnte, sind Finanzanalysten nach wie vor mächtige Marktakteure. Diese Macht erreichen sie nicht durch legitimierende performative Erfolge, sondern durch verschiedene, von wissenschaftlichen Konzepten abgekoppelte Techniken des Machtgewinns (vgl. Leins 2013).

In den folgenden Abschnitten versuche ich, die Rolle der wirtschaftswissenschaftlichen Theorie für Arbeitsalltag und Marktpraktiken der Finanzanalysten ethnographisch zu beleuchten. Zuerst fokussiere ich mich auf die Organisation und den Bildungshintergrund der Finanzanalysten. Diese einführende Beschreibung der Mitarbeiterinnen und Mitarbeiter der von mir untersuchten Finanzanalyseabteilung soll einen kurzen Einblick in die Welt der Finanzanalysten in einer Schweizer Bank geben. Die darauf folgenden Ausführungen zum Bildungsweg der Finanzanalysten sind deshalb relevant, weil sie zeigen, dass die untersuchten Finanzanalysten mit der von mir besprochenen neoklassischen Wirtschaftslehre vertraut sind. Als Zweites gehe ich auf die Fundamentalanalyse als Marktpraxis ein. Dabei beschreibe ich unter Bezugnahme auf praxisorientierte Handbücher, wie Finanzanalysten selbst ihren Aufgabenbereich innerhalb des Finanzmarktes verstehen. Drittens schildere ich die Rolle der Analysten als Konstrukteure von Finanzmarktnarrativen. Dabei betone ich, dass die durch die Analysten erarbeiteten Deutungen des Marktes zwar nicht unter Ausschluss kalkulatorischer Methoden geschehen, diese jedoch lediglich ein Deutungsinstrument unter vielen darstellen.

## 4.1 Organisation und Bildungshintergrund der Finanzanalysten

In der Bank, in welcher ich meine Forschung durchführte, arbeiten über einhundert Personen in der Finanzanalyseabteilung. Der größte Teil von ihnen ist in Zürich stationiert, weitere Standorte, an denen kleinere Teams von drei bis zwanzig Mitarbeiterinnen und Mitarbeitern arbeiten sind London, Paris, Dubai, Singapur, Sydney, Peking, Tokio und Mumbai. Die Finanzanalyseabteilung in Zürich umfasst verschiedene Aufgabenbereiche: Ungefähr ein Drittel der Mitarbeitenden ist zuständig für die Kommunikation der Marktinterpretationen via gedruckter oder elektronischer Magazine und Newsletter. Dieselben Personen besorgen auch das Einspeisen neuer Marktinterpretationen in die Webportale der bankeigenen Kundenberaterinnen und Kundenberater. Die restlichen Mitarbeitenden (die eigentlichen Analysten) beobachten den Markt und kreieren die zu kommunizierenden Marktinterpretationen. Sie sind in verschiedene Gruppen unterteilt. Diese Unterteilung erfolgt gemäß zweier Kriterien: Einerseits wird zwischen fundamentaler, technischer und thematischer Analyse unterschieden. Andererseits sind die jeweiligen Untergruppen zudem in finanzmarktbezogene Produktklassen aufgeteilt.

Die drei Formen der Analyse (fundamental, technisch und thematisch) versuchen auf unterschiedliche Weisen, den Markt zu verstehen und zu prognostizieren. Die *Fundamentalanalysten*, auf welche ich in diesem Kapitel genauer eingehe, versuchen mittels Fundamentaldaten zu Firmen, Sektoren oder ganzen Staaten, also beispielsweise Produktionskosten, Erträge, Zinssätze oder Verschuldungsraten, gegenwärtige Preisentwicklungen zu erklären und zukünftige Entwicklungen zu prognostizieren. *Technische Analysten* gehen davon aus, dass Fundamentaldaten kein adäquates Mittel sind um Märkte zu verstehen. Im Gegensatz zu den Fundamentalanalysten glauben sie nicht an mögliche Diskrepanzen zwischen intrinsischen Werten und Marktwerten. So erklärte mir ein junger technischer Analyst während meiner Feldforschung, dass es im Markt nur einen realen Wert gäbe und dies sei der Marktpreis. Dessen Entwicklung studieren die technischen Analysten in starker Anlehnung an marktpsychologische Deutungen. In den visuellen Darstellungen der Aktienkurse, visualisiert auf Computerbildschirmen, Tablets oder Smartphones, suchen sie nach sich wiederholenden Mustern (vgl. Preda 2007; Kalthoff 2009, S. 282). Die *thematische Analyse* versucht durch die Evaluierung ökonomischer, politischer oder sozialer Transformationen zu verstehen, wie Märkte entstehen, sich wandeln oder zugrunde gehen. Die thematische Analyse ist besonders in Zeiten politischer Umstürze und ökologischer Katastrophen gefragt. Wie ich an anderer Stelle (Leins 2011) in einem ethnographischen Bericht über die Vorgänge innerhalb der Finanzanalyseabteilung während des Sturzes des ehemaligen ägyptischen Diktators Mubarak dokumentierte, geht es gerade bei der thematischen Analyse vor allem darum, Entwicklungen, die grundsätzlich keine ökonomischen sind, in ein ökonomisches Werteregime zu integrieren. Dabei basieren Zukunftsprognosen nicht auf intrinsischen Firmenwerten oder visuellen Aktienkursentwicklungen, sondern auf der Annahme, dass Transformationsprozesse die Wirtschaft verändern und dabei finanzielle Gewinner und Verlierer hervorbringen.

Neben der Aufteilung in die drei Analysetypen sind die jeweiligen Untergruppen zudem in finanzmarktbezogene Produktklassen aufgeteilt. Das größte dieser Teams analysiert ausschließlich die Entwicklung von Aktien. Weitere, kleinere Teams befassen sich mit Unternehmensanleihen, Staatsanleihen, Währungen und Rohstoffen.

Unabhängig von den Analyseformen und Produktklassen sind die Finanzanalysten der Schweizer Bank, nennen wir sie Swiss Bank, vorwiegend männlich. Obwohl für die Führungspositionen international rekrutiert wird und Personen mit diversen Lebensläufen und Charakteristika bei Swiss Bank arbeiten, lässt sich bei den Analysten ohne Führungsfunktionen doch ein typischer Werdegang erkennen. Es ist nämlich so, dass die Finanzanalyseabteilung prinzipiell nur Personen mit abgeschlossenem Master-Studium an einer Hochschule anstellt. Und selbst innerhalb dieses Pools an möglichen Angestellten werden fast ausschließlich Hochschulabgänger der Universitäten St. Gallen, Zürich und Basel mit Abschluss im betriebswirtschaftlichen Studiengang Banking and Finance rekrutiert. Dieses Vorgehen erinnert an die Rekrutierungsverfahren amerikanischer Unternehmen, wie sie von der Anthropologin Karen Ho (2005, 2009) beschrieben werden. Durch die gezielte Rekrutierung an einzelnen Universitäten wird eine *culture of smartness*, also eine Sphäre der Exzellenz, sowie ein produktives Netzwerk geschaffen.

Viele der Hochschulabgängerinnen und Hochschulabgänger, die eine Laufbahn als Finanzanalysten einschlagen, erwerben später einen sogenannten CFA, also den Titel des Chartered Financial Analyst, welcher von der privaten und weltweit operierenden Organisation CFA Institute vergeben wird (vgl. Wansleben 2012, S. 254–255). In drei Prüfungen, auf welche an Abenden und Wochenenden im Selbststudium gelernt wird und die als äußerst anspruchsvoll gelten, werden den angehenden Finanzanalysten die Basics der Unternehmensbewertung beigebracht. Für das Hauptargument meines Kapitels ist es wichtig in Erinnerung zu behalten, dass es sich bei allen Finanzanalysten der Swiss Bank um hoch gebildete und mit der neoklassischen Wirtschaftslehre vertraute Akteure handelt. Es ist nicht so, dass die Finanzanalysten sich der theoretischen und empirischen Kritik ihrer eigenen Marktpraxis nicht bewusst wären. Ganz im Gegenteil: Die Finanzanalysten müssen sich in vollem Wissen um die Kritik an ihrer Marktpraxis eigenständige Vorgehensweisen, Deutungsmuster und Legitimitätsformen erarbeiten, um in Absenz einer theoretischen Legitimität zu lernen, die Märkte zu verstehen und zukünftige Marktentwicklungen vorauszusehen.

## 4.2 Handbuchwissen in Absenz wirtschaftstheoretischer Legitimation

In Absenz wirtschaftswissenschaftlich anerkannter Arbeitsroutinen stehen die Finanzanalysten vor der Herausforderung, eigene Arbeitsabläufe, Deutungsmuster und Instrumente der Zukunftsprognose entwickeln zu müssen. Natürlich geschieht dies nicht im luftleeren Raum und hat auch immer wieder zu Versuchen der Verschriftlichung möglicher Arbeitsabläufe geführt.

Schon 1934, also noch vor dem Einsetzen einer kategorischen Kritik an Marktprognosen durch die Ökonomik, legten der Fondsmanager Benjamin Graham und der Ökonom David L. Dodd ein Standartwerk zur Fundamentalanalyse vor. Im rund achthundertseitigen Buch mit dem Titel *Security Analysis: Principles and Techniques* führen sie einen neuen Analysestil ein, welcher gemäß den Autoren einer *wissenschaftlichen* Analyse von Finanzmarktbewegungen gleiche (Graham und Dodd 1940 [1934], S. 17). Vor diesem Hintergrund entwickeln sie das Konzept des intrinsischen Wertes von Firmen. Sie schreiben: „The intrinsic value is understood to be that value which is justified by the facts, *e.g.*, the assets, earnings, dividends, definitive prospects, as distinct, let us say, from market quotations established by artificial manipulation or distorted by psychological excess" (Graham und Dodd 1934, S. 20–21). Den Autoren geht es also darum, im Glauben an die Rationalität des Marktes eine Analyseform zu kreieren, die sich nicht von den irrationalen Höhen und Tiefen des Marktes irritieren lässt.

Wie die folgenden Jahrzehnte – dies wissen wir im Nachhinein – zeigten, gelang es den Autoren nicht, damit eine empirisch unangefochtene Methode der Finanzanalyse zu kreieren. Dennoch ist das intellektuelle Erbe von Graham und Dodd bis heute in den Handbüchern der Finanzanalyse allgegenwärtig. Als Ethnograph bei der Swiss Bank habe ich selbst das Handwerk der Fundamentalanalyse erlernt. Zu diesem Zweck wurden mir in den ersten Tagen von meinem Mentor innerhalb der Finanzanalyseabteilung zwei Handbücher übergeben, die mich mit der Praxis des Finanzmarktes vertraut machen sollten. Die Bücher *Investments* (Bodie, Kane und Marcus 2002) und *Valuation: Measuring and Managing the Value of Companies* (Copeland, Keller und Murin 2000) gehören zu den Standardwerken der Fundamentalanalyse und stellen eine Mischform zwischen Graham und Dodds Ansätzen und der späteren Markteffizienzhypothese dar. Auf der einen Seite widmen sich beide Bücher der Markteffizienzhypothese und stellen diese als eine zentrale These der neueren Wirtschaftswissenschaft dar. Auf der anderen Seite nehmen beide die Kritik an der Markteffizienzannahme auf und konstatieren, dass das Konzept eines intrinsischen Wertes dem Analyst helfe, sich nicht von kurzfristigen und irrationalen Marktbewegungen täuschen zu lassen.

In Bezug auf die Tatsache, dass auch die Schätzung intrinsischer Firmenwerte nicht immer zu erfolgreichen Prognosen führt, berufen sich die Autoren auf die im Markt allgegenwärtige Unsicherheit.[8] Bodie, Kane und Marcus schreiben: „if history teaches us anything at all, it is that the market value has great variability. Thus, although we can use a variety of methods to derive a best forecast of the expected holding-period return on the market, the uncertainty surrounding that forecast will always be high" (Bodie et al. 2002, S. 593).

Was sind nun aber diese „methods to derive a best forecast", auf welche sich Bodie, Kane und Marcus beziehen? Wie das Handbuch *Valuations* offenbart, handelt es sich dabei um eine Vielzahl an möglichen kalkulatorischen Strategien. Klassischerweise werden in der Finanzanalyse sogenannte Discounted Cash Flow-Modelle benutzt. Diese schätzen den abgezinsten Zahlungsstrom eines Unternehmens für die kommenden Jahre. Das Modell des Discounted Cash Flows basiert jedoch auf der problematischen Grundannahme, dass die Wirtschaft kontinuierlich wächst (vgl. Bodie et al. 2002, S. 566). In Zeiten großer Turbulenzen, wie sie in den letzten Jahrzehnten zunehmend auftraten, führen Discounted Cash Flow-Modelle zu signifikanten Fehleinschätzungen. Aus diesem Grund, so die Autoren, sollten Finanzanalysten ständig auf der Suche nach neuen kalkulatorischen Strategien sein. Durchgesetzt haben sich dabei zum Beispiel das Cash Flow Return On Investment-Modell, das Return on Invested Capital-Modell und das Total Return to Shareholders-Modell. Weiter werden Verhältniswerte in Betracht gezogen, die laut Autoren etwas darüber aussagen, ob eine Aktie „eher günstig" oder „eher teuer" zu kaufen ist. Hier wird zum Bespiel berechnet, wie viel Gewinn ein Unternehmen pro gehandelter Aktie erzielt (*earnings per share-ratio*) oder wie sich der Kaufpreis einer einzelnen Aktie zum Gesamtgewinn der Firma verhält (*price per earning-ratio*).

Bei der Erstellung von Marktprognosen können Analysten also auf eine Reihe kalkulatorischer Methoden zurückgreifen. Wichtig ist jedoch, dass sich Analysten nie lediglich an einer Methode orientieren, sondern diese eklektisch kombinieren. Ein solch kreativer Vorgang wird dem Analysten auch im Handbuch „Valuation" vorgeschlagen. In einem Kapitel zur Erstellung von Marktprognosen schlagen die Autoren folgenden *five-step approach* vor (Copeland et al. 2000, S. 233):

8 Seit Knight (1921) wird Unsicherheit im Markt vor allem in Abgrenzung gegenüber dem Begriff Risiko verstanden. Während unter Risiko alles, das in Wahrscheinlichkeiten ausgedrückt werden kann, verstanden wird, bezieht sich Unsicherheit auf alles Nicht-Kalkulierbare. Eine gute Besprechung dieser Unterscheidung gibt Cassidy (2009) in ihrer Kritik des Begriffs Kasinokapitalismus. Während in Kasinospielen nämlich immer Risiken, nie aber Unsicherheiten bestehen, sehen sich die Akteure des Kapitalismus immer sowohl mit Risiko als auch mit Unsicherheit konfrontiert.

„1. Determine the length and level of detail for the forecast. We favor a two-stage approach, a detailed forecast in the near term followed by a summary forecast for the longer term.
2. Develop a strategic perspective on future company performance, considering both: the industry characteristics as well as the company's competitive advantages and disadvantages.
3. Translate the strategic perspective into financial forecasts: the income statement, balance sheet, free cash flow, and key value drivers.
4. Develop alternative performance scenarios to the base case you developed in steps 2 and 3.
5. Check the overall forecasts (the resulting ROIC [return on invested capital] and sales and profit growth) for internal consistency in alignment with your strategic perspective."

Das Interessante an dieser Anleitung ist, dass zuerst eine „strategic perspective" aufgebaut werden soll, welche erst später mittels kalkulatorischer Methoden angereichert wird. Die strategische Perspektive, oder das Investitionsnarrativ, wie ich es nennen möchte, folgt in der Finanzanalyse also nicht dem kalkulatorischen Prozess, sondern bietet ein Rahmenwerk für die nachgelagerten Berechnungen. Das in den Handbüchern beschriebene Vorgehen spiegelt weitgehend die reellen Vorgänge, wie ich sie in der Finanzanalyseabteilung beobachten konnte. In Bezug auf meine Gesamtargumentation des Kapitels zeigt sich also, dass sich im Fall der Fundamentalanalyse in Absenz einer legitimierenden ökonomischen Theorie eine neue Literaturströmung etabliert hat, die den Finanzanalysten Anleitungen zu Arbeits- und Deutungsprozessen gibt. Diese praxisorientierte Literatur orientiert sich jedoch nicht an der neoklassischen Wirtschaftslehre, sondern versucht die praktischen Erfahrungen der Fundamentalanalysten zu systematisieren.

## 4.3 Die Konstruktion von Investitionsnarrativen

Obwohl kalkulatorische Prozesse in der Finanzanalyse eine Rolle spielen, muss sich der Analyst also *zuerst* seiner strategischen Perspektive bewusst werden. Wie ich beobachten konnte, ist dieses Investitionsnarrativ von höchster Bedeutung für die Finanzanalysten. Dementsprechend wenden Analysten auch die meiste Zeit für die Konstruktion dieses Narrativs auf, während die kalkulatorischen Berechnungen oft an Praktikantinnen und Praktikanten oder junge Analysten abdelegiert werden. Die wirkliche Kunst der Analyse scheint die Kreation eines stimmigen und überzeugenden Investitionsnarrativs zu sein.

Um ein Investitionsnarrativ zu erstellen, muss zuerst ein „Gefühl" für den Markt entwickelt werden. Marco, mein damaliger Mentor, erklärte mir, dass sich jeder Analyst zu Beginn seiner Karriere zuerst Zeit nehmen müsse, um den Markt zu beobachten. Nur durch langfristige Beobachtung, so Marco, könne man ein Gefühl für den Markt entwickeln. Das töne zwar komisch, meinte er, doch ich werde sehen, dass sich gute Analysten von schlechten Analysten lediglich dadurch unterscheiden, dass die guten ein Gespür für den Markt entwickelt hätten, während sich die schlechten Analysten allzu stark auf Berechnungen verlassen würden. Als Anthropologe, so meinte Marco dann schmunzelnd, sollte ich ja schließlich keine Probleme damit haben, „den Markt zu spüren".

Die Wichtigkeit der Entwicklung eines sogenannten *market feeling* beschreibt auch Zaloom (2006), die über längere Zeit zu und mit Börsenhändlern gearbeitet hat. Bei den Finanzanalysten nimmt ein Gefühl für den Markt einen gleichermaßen hohen Stellenwert ein. Das Marktgefühl wird vom Finanzanalysten durch lange Beobachtungen und die intensive Auseinandersetzung mit Marktbewegungen und marktbezogenen Informationen entwickelt. Dies wird durch den Arbeitsalltag in der Finanzabteilung der Swiss Bank verdeutlicht: Die meisten Finanzanalysten kommen morgens zwischen 6.30 und 7.30 Uhr zur Arbeit und verbringen lange Tage in den zwei Großraumbüros der Finanzanalyseabteilung, in welchen je sechzig bis siebzig Personen sitzen. Der Grund für ihr frühes Erscheinen ist, dass gerade die Zeit vor der Eröffnung des Handels an der Schweizer Börse um 9 Uhr von großem Interesse ist. Kurz vor dem Handelsstart werden nicht selten „markttreibende" Informationen, beispielsweise die Quartalszahlen von Unternehmen, veröffentlicht. Nachdem der Handel eröffnet ist, kehrt Ruhe in die Finanzanalyseabteilung ein. Viele Finanzanalysten lesen dann Zeitungen und informieren sich online über Themen, die ihnen relevant erscheinen. Direkt neben der Finanzanalyseabteilung gibt es eine Bibliothek, die einer durchschnittlichen universitären Institutsbibliothek in nichts nachsteht. In der Bibliothek liegen die großen Tageszeitungen, auf Wirtschaft spezialisierte Magazine und neuere Literatur zum Banken- und Finanzwesen aus. Einige Finanzanalysten nutzen die Bibliothek regelmäßig, um durch Zeitungen, Magazine und Bücher zu blättern. Ganz gelesen wird kaum je etwas, es geht dabei eher um ein *screening*, welches einen groben Überblick über neue Informationen und Trends geben soll.

Im Detail studiert werden allerdings die *investment reports* sogenannter *sell side*-Analysten. *Sell side*-Analysten sind Finanzanalysten, die von großen Investmentbanken angestellt sind und ihre Studien an *buy side*-Analysten, die für eigene Bankkunden arbeiten, verkaufen. Wie Beunza und Garud (2007) in ihrer Forschung über *sell side*-Analysten feststellen, kreieren diese einen kognitive Rahmen, der den Leserinnen und Lesern einen ersten Eindruck darüber vermittelt, welche Informationen für die Märkte relevant sein könnten und wie diese zu bewerten sind. Die Finanzanalysten der Swiss Bank nutzen die *investment reports* der *sell side*-Analysten als Grundlage eigener Marktprognosen. Dies heißt jedoch nicht, dass sie dabei zwangläufig die Prognosen der *sell side*-Analysten übernehmen. Oft entwickeln sie auch gegenteilige Prognosen. Dies deshalb, weil die bestimmte Informationen und Tendenzen nie zwangsläufig auf *ein* bestimmtes Zukunftsszenario hinweisen.

So erklärte mir zum Beispiel Chris, der für pharmazeutische Firmen verantwortliche Fundamentalanalyst der Swiss Bank, dass er für jede seiner Firmen imstande sei, einen „positiven case" und einen „negativen case" zu entwickeln. Grund dafür sei, dass Information immer unterschiedlich interpretiert werden können. So könne er beispielweise in der Beurteilung einer Firma positiv bewerten, dass sie in neue Märkte expandiert und damit ihren Marktanteil erhöht. Er könne jedoch ebenso argumentieren, dass die Expansion mit hohen Kosten verbunden sei, was die Wirtschaftlichkeit des Unternehmens in den nächsten Jahren schwächen könnte. Informationen sind demnach nie selbsterklärend. Erst das vom Analysten im Vorfeld entwickelte Investitionsnarrativ erlaubt es ihm, neue Informationen zu bewerten.

Wie navigieren also Finanzanalysten in einem informationsgeladenen Umfeld, welches ihnen zwar die Datenlage, jedoch keine eindeutige Interpretationsvorlage bietet? Wie ich während der Feldforschung erfahren habe, entwickeln Finanzanalysten Leitformeln, die ihnen bei der Navigation durch die Untiefen des Marktes als Kompass dienen. Bereits in der ersten Woche wurde mir nahegelegt, so bald als möglich eine solche Leitformel zu erarbeiten. Mein Mentor Marco sagte mir, dass ein guter Analyst immer eine „Investitionsphilosophie" brauche, von welcher er dann möglichst nicht mehr abweiche.

Solche Investitionsphilosophien sind oft an kleine Merksprüche gebunden, welche unter Finanzanalysten und anderen Marktteilnehmern sehr populär sind. Ein Beispiel dafür ist der vom Starinvestor Warren Buffet formulierte Merkspruch „buy low, sell high". Buffets Merkspruch entspricht dem klassischen Vorgehen der Fundamentalanalyse und meint, dass man sich als Marktteilnehmer nicht von den Marktturbulenzen irritieren lassen, sondern einfach nur nach tief bewerteten Firmen suchen sollte, um dann langfristig am Preisanstieg partizipieren zu können. Dem gegenüber stehen Merksprüche wie „the trend is your friend" oder „the market is always right". Diese beiden Merksprüche suggerieren, dass der Markteilnehmer kurzfristigen Trends folgen sollte, ohne an langfristige Konsequenzen oder abweichende Fundamentaldaten zu denken. Obwohl diese Merksprüche nicht der klassischen Vorgehensweise der Fundamentalanalyse entsprechen, haben sie mittlerweile einen ebenso hohen Stellenwert unter den Fundamentalanalysten.

Um kurzfristigen Trends folgen zu können, nutzen Analysten oft Mischformen verschiedener Analysestile. So entwickelte zum Beispiel Marco sein eigenes hybrides Analyseverfahren. Zwar bewertete er die Firmenaktien zuerst jeweils aufgrund von Fundamentaldaten. In einem zweiten Schritt schaute er sich jedoch die visuelle Repräsentation des Preiskursverlaufs an und diskutierte diese mit den technischen Analysten der Swiss Bank. Wenn beide Analysemethoden ein ähnliches Ergebnis hervorbrachten, kommunizierte er dieses mit großem Vertrauen den Kundinnen und Kunden. Wenn die verschiedenen Analysemethoden jedoch zu unterschiedlichen Ergebnissen führten, blieb er skeptisch und zögerte mit der Veröffentlichung einer Marktprognose.

Aus dem aus Beobachtungen resultierenden Marktgefühl, dem Sammeln von Informationen und der Orientierung an Leitformeln resultiert letztendlich die strategische Perspektive des Analysten, wie sie im Finanzanalysehandbuch erwähnt wird. Wichtig ist hier, dass diese erst danach mit kalkulatorischen Methoden abgeglichen wird. Natürlich finden via verschiedener Informationskanäle und *investment reports* der *sell side*-Analysten bereits bestimmte, durch Kalkulationen gewonnene Einsichten Einzug in den Wissenspool des Analysten *während* er seine strategische Perspektive erarbeitet. Erstaunlich ist dennoch, dass viele Analysten in Konfliktsituationen ihrer strategischen Perspektive mehr Vertrauen schenken als den aus Berechnungen resultierenden Ergebnissen. Als Michael, ein junger, aber bereits sehr erfahrener Analyst mir zeigte, wie er den *target price*, also den fiktiven Preis einer Aktie in der Zukunft, berechnet, kam dies deutlich zum Vorschein. Zuerst sammelte Michael alle Informationen zum Unternehmen, dass er bewerten wollte: Umsatz, Gewinn, Schulden, Ausgaben etc. Diese Information gab er dann in ein Bewertungsprogramm ein, welches basierend auf verschiedenen Formeln unterschiedliche Koeffizienten und mögliche *target prices* anzeigte. Michael schaute die Resultate an, drehte sich zu mir um und meinte, dass er mit den berechneten Prognosen grundsätzlich zufrieden sei. Als er sich danach wieder dem Bildschirm zuwandte, seufzte er leise und sagte: „Weißt Du was? Ich nehme hier einfach mal den optimistischsten Preis und korrigiere die Schätzung über den zukünftigen Verlauf der Gesamtwirtschaft noch ein wenig nach oben. So kriegen wir dann einen *target price*, der wirklich meine Einschätzung über die zukünftige Entwicklung dieser vielversprechenden Aktie reflektiert."

## 5 Fazit

Wenn in den Social Studies of Finance von Performativität gesprochen wird, wird eine direkte Verbindung zwischen wirtschaftwissenschaftlicher Theorie und Marktpraxis suggeriert. Durch performative Effekte wird die Marktpraxis an die Axiome neoklassischer Wirtschaftstheorie angepasst und es formiert sich eine Marktpraxis, die zunehmend den durch die Ökonomen beschriebenen „Gesetzen des Marktes" entspricht (vgl. Callon 1998, 2007; MacKenzie 2006; vgl. Kalthoff 2009). Wie ich anhand der ethnographischen Beschreibung der Fundamentalanalyse als Marktpraxis jedoch zeigen wollte, scheint hier keine Annäherung zwischen Theorie und Praxis stattzufinden. Ganz im Gegenteil nimmt die neoklassische Wirtschaftslehre und ihre zentrale Annahme effizienter Märkte unter Finanzanalysten eine untergeordnete Rolle ein. Obwohl Finanzanalysten über ein hohes Bildungsniveau verfügen und angenommen werden kann, dass sie in Studium und Weiterbildung die Grundannahmen neoklassischer Wirtschaftstheorie kennenlernen, wenn nicht gar internalisieren, lernen Finanzanalysten in ihrem Arbeitsalltag, theoretische Annahmen abzulegen und neue Methoden zu erlernen, die ihnen helfen, den Markt zu verstehen. Dabei kommt es zu einer kreativen Vermischung verschiedener Vorgehensweisen anhand derer Finanzanalysten sich eigene Deutungsschemata erarbeiten (vgl. Mars 1998).[9]

Kalkulatorische Methoden spielen dabei, wie ich gezeigt habe, eine nachgelagerte Rolle. Sie definieren die Marktinterpretation des Analysten nur beschränkt und sind nur eine Orientierungshilfe unter vielen. Die Tatsache, dass den kalkulatorischen Methoden in praxisorientierten Handbüchern und im Arbeitsalltag der Analysten mit Misstrauen begegnet wird, zeigt, dass die Fundamentalanalyse kein Bereich darstellt, in dem performative Effekte im Sinne Callons oder MacKenzies sichtbar werden.[10] Marktgefühl und Leitformeln sind wichtig. Kalkulationen und theoretische Modelle rücken in den Hintergrund.

Alternativ zur Performativitätsthese hat Knorr Cetina das Konzept epistemischer Kulturen vorgeschlagen. Als epistemische Kulturen versteht sie dabei jene sozialen Arenen, in welchen spezialisiertes Wissen aktiv erzeugt, gerahmt und einer breiteren Wissensgesellschaft zur Verfügung gestellt wird. Dies geschieht laut Knorr Cetina durch kulturelle Prozesse, ist also Resultat einer Kombination zwischen menschlichen Interaktionen und Praktiken und passiert unter Einfluss kulturell konstruierter Lebenswelten (Knorr Cetina 2007). In Bezug auf die Finanzanalyse

9 MacKenzie (2006) führt in seinem Buch neben den drei Formen der Performativität auch das Konzept der Gegenperformativität ein. Damit meint MacKenzie Prozesse, in denen sich die Theorie über die Zeit der Praxis anpasst. Auch eine solche Gegenperformativität ist in der Finanzanalyse nicht ersichtlich, wie die anhaltende Popularität der Markteffizienzhypothese in der Wirtschaftswissenschaft zeigt.

10 Ich spreche hier von „performativen Effekten im Sinne Callons und MacKenzies", da ich nicht behaupten möchte, es seien grundsätzlich keine performativen Effekte in der Finanzanalyse zu finden. Die Kommunikation von Marktentwicklungen an andere Marktteilnehmer kann zum Beispiel sehr wohl als performativ verstanden werden. Eine Performativität von Theorie auf Praxis, wie sie von Callon und MacKenzie erforscht wird, sehe ich in der Finanzanalyse jedoch nicht gegeben.

argumentiert Knorr Cetina (2011), dass durch die Praxis der Analyse *temporalized truths* kreiert werden, welche den Investoren die Möglichkeit geben, den Markt, wenn auch zeitlich begrenzt, zu verstehen. Meine ethnographischen Daten, die ich in vollem Umfang in meiner Dissertation bespreche, weisen darauf hin, dass die Finanzanalysten in der Tat durch eigene Formen der Interaktion, eigens entworfene Marktpraktiken und eine abgegrenzte Lebenswelt eine solche epistemische Kultur bilden. In der Finanzanalyse wird eine eigene Form des Wissens produziert, die nicht so sehr abhängig von der Wirtschaftswissenschaft ist, sondern viel mehr ein Produkt systeminhärenter Wissenskonstruktion darzustellen scheint.

Ist das Wissen der Finanzanalysten also letztendlich Resultat eines selbst-referenziellen Systems? Ich möchte noch einen Schritt weitergehen. Was nämlich weder durch den Performativitätsansatz noch durch die systemtheoretische Sichtweise in Betracht gezogen wird, sind die *Machtverhältnisse*, die durch das Wissen der Finanzanalysten produziert und legitimiert werden.

Während die Prognosen der Finanzanalysten als ungenau oder – gemäß Markteffizienzhypothese – sogar als unnötig gelten können, haben es Finanzanalysten dennoch geschafft, zu wichtigen Akteuren innerhalb des Finanzmarktes und gerade auch an der Schnittstelle zwischen Finanzmarkt und Öffentlichkeit zu werden.[11] Dies resultiert unter anderem daraus, dass sie sowohl bankenintern als auch für die Aufrechterhaltung der Machtposition des Finanzmarktes als Ganzes von nicht zu unterschätzender Bedeutung sind. Dies aus mindestens zwei Gründen.

Als erster Grund ist die Trennung zwischen Investition und Spekulation zu erwähnen, zu der die Finanzanalyse beiträgt. Um eine Mobilisierung investitionsbereiter Akteure, seien das Privatpersonen, Pensionskassen oder andere Marktteilnehmer, zu erreichen, ist es wichtig, dass Finanzmärkte nicht als Casinos betrachtet werden. Die Existenz der Finanzanalysten suggeriert hier, ganz im Sinne von Graham und Dodd, dass durch quasi-wissenschaftliche Analysen Szenarien entwickelt werden können, die es den einzelnen Akteuren erlauben, „den Markt zu schlagen". Wenn man den Tipps der Analysten folgt, so wird zum Beispiel von Investorinnen und Investoren impliziert, ist man nicht einem reinen Glücksspiel ausgesetzt, sondern kann auf marktinterne Expertise zählen. Um den Anschein einer Berechenbarkeit des Marktes aufrecht zu erhalten, brauchen Banken also interne Experten, die den Markt verstehen und dessen Entwicklung ungefähr voraussehen können. Dabei entscheiden Finanzanalysten über enorme Geldmengen und deren Allokation. Diesen ganz reellen ökonomischen Einfluss erreichen Finanzanalysten durch ihre Expertenposition im Finanzmarkt, die ihnen erlaubt Unsicherheit, also nicht vorher-

---

11 Wie es Finanzanalysten gelingt eine solche Machtposition zu erlangen, ist Gegenstand meines kommenden Buches.

sehbare Geschehnisse in der Zukunft, als Risiko, also einschätzbare Geschehnisse in der Zukunft, zu verkaufen (vgl. Leins 2013).

Ein zweiter Grund ist die Rolle der Finanzanalysten als Animateure der Finanzmärkte. Durch immer wieder neu erarbeitete und kommunizierte Investitionsszenarien regen sie Investoren zum kontinuierlichen Kauf bzw. Verkauf von Aktien und anderen Anlageprodukten an. Damit schaffen sie ein Szenario, das dem Idealbild von Kapitalmärkten entspricht: Das Geld schläft nicht. Es arbeitet und bewegt sich ständig in Richtung neuer Opportunitäten. Die Beschleunigung des Marktes lässt sich auch an der Entwicklung der durchschnittlichen Haltezeit von Aktien ablesen. 1960 betrug die durchschnittliche Haltezeit einer Aktie an der New Yorker Börse acht Jahre, 2010 noch ungefähr sechs Monate (Harding 2011; Saft 2012). Chesney (2014, S. 50) schätzt, dass die durchschnittliche Haltzeit aktuell bereits nur noch ein paar Minuten beträgt. Natürlich ist die Beschleunigung teilweise auf die Verzerrung durch automatisiertes Trading zurückzuführen. Es ist aber zum Teil auch der Erfolg der Finanzanalysten, deren Funktion es unter anderem ist, ständig neue Investitionsszenarien zu entwickeln und damit einen beschleunigten Kapitalfluss zu erreichen.

Abseits der Analyse der Wissensproduktion im Finanzmarkt muss also meines Erachtens gerade bei Finanzmarktprozessen immer in Betracht gezogen werden, dass der Expertise im Markt auch eine ganz reale Machtposition inhärent ist. Die Funktion der Finanzanalysten mag im, gemäß neoklassischer Schule, effizienten Markt zwar ökonomisch sinnlos sein, die Machtposition der Analysten dient in der Praxis jedoch sehr wohl der Aufrechterhaltung jener materiellen Ungleichheiten und Machtasymmetrien, die durch die Finanzmärkte täglich aufs Neue produziert werden.

## Literatur


Akerlof, G., & Shiller, R. (2009). *Animal Spirits: How Human Psychology Drives the Economy, and Why it Matters for Global Capitalism.* Princeton: Princeton University Press.

Beunza, D., & Garud, R. (2007). Calculators, Lemmings or Frame-Makers? The Intermediary Role of Securities Analysts. In M. Callon, Y. Millo & F. Muniesa (Hrsg.), *Market Devices* (S. 13–39). Malden: Blackwell Publishing.

Bodie, Z., Kane, A., & Marcus, A. J. (2002). *Investments. 5. Aufl.* New York: McGraw Hill.

Butler, J. (2010). Performative Agency. *Journal of Cultural Economy 3 (2),* 147–161.

Çalışkan, K., & Callon, M. (2009). Economization, Part 1: Shifting Attention from the Economy towards Processes of Economization. *Economy and Society 38 (3),* 369–398.

Callon, M. (1998). The Embeddedness of Economic Markets in Economics. In M. Callon (Hrsg.), *The Laws of the Markets* (S. 1–57). Oxford: Blackwell Publishing.
Callon, M. (2007). What Does it Mean to Say that Economics is Performative? In D. MacKenzie, F. Muniesa & L. Siu (Hrsg.), *Do Economists Make Markets? On the Performativity of Economics* (S. 311–357). Princeton, Oxford: Princeton University Press.
Cassidy, R. (2009). „Casino Capitalism" and the Financial Crisis. *Anthropology Today 25 (4)*, 10–13.
Chesney, M. (2014). *Vom Großen Krieg zur Permanenten Krise: Der Aufstieg der Finanzaristokratie und das Versagen der Demokratie*. Zürich: Versus.
Copeland, T., Koller, T., & Murrin, J. (2000). *Valuation: Measuring and Managing the Value of Companies. 3. Aufl.* New York: Wiley.
Cowles, A. (1933). Can Stock Market Forecasters Forecast? *Econometrica 1 (3)*, 309–324.
Fama, E. F. (1965). The Behavior of Stock-Market Prices. *The Journal of Business 38 (1)*, 34–105.
Fama, E. F. (1970). Efficient Capital Markets: A Review of Theory and Empirical Work. *The Journal of Finance 25 (2)*, 383–417.
Ferraro, F., Pfeffer, J., & Sutton R. I. (2005). Economics, Language and Assumptions: How Theories can Become Self-Fulfilling. *Academy of Management Review 30 (1)*, 8–24.
Financial Times. (2009). Monkey Business. http://www.ftd.de/panorama/vermischtes/out-ofoffice/:weekend-monkey-business/459439.html. Zugegriffen: 22. März 2014.
Garcia-Parpet, M.-F. (2007 [1986]). The Social Construction of a Perfect Market: the strawberry auction at Fontaines-en-Sologne. In D. MacKenzie, F. Muniesa & L. Siu (Hrsg.), *Do Economists make Markets? On the Performativity of Economics* (S. 20–53). Princeton: Princeton University Press.
Graham, B., & Dodd, D. L. (1940 [1934]). *Security Analysis: Principle and Technique. 2. Aufl.* New York, London: McGraw-Hill.
Grossman, S. J., & Stiglitz, J. E. (1980). On the Impossibility of Informationally Efficient Markets. *The American Economic Review 70 (3)*, 393-408.
Harding, S. (2011). Stock Market Becomes Short Attention Span Theater of Trading. http://www.forbes.com/sites/greatspeculations/2011/01/21/stock-market-becomes-short-attention-span-theater-of-trading/. Zugegriffen: 22. März 2014.
Ho, K. (2005). Situating Global Capitalisms: A View from Wall Street Investment Banks. *Cultural Anthropology 20 (1)*, 68–96.
Ho, K. (2009). *Liquidated: An Ethnography of Wall Street*. Durham, London: Duke University Press.
Jovanovic, F., & Le Gall, P. (2001). Does God Practice a Random Walk? The „Financial Physics" of a Nineteenth-Century Forerunner, Jules Regnault. *European Journal of the History of Economic Thought 8 (3)*, 332–362.
Kahneman, D., & Tversky, A. (1973). On the Psychology of Prediction. *Psychological Review 80*, 237–251.
Kalthoff, H. (2009). Die Finanzsoziologie: Social Studies of Finance. Zur neuen Soziologie ökonomischen Wissen. In J. Beckert & C. Deutschmann (Hrsg.), *Kölner Zeitschrift für Soziologie und Sozialpsychologie, Sonderheft 49: Wirtschaftssoziologie*, 266–287.
Kendall, M. (1953). The Analysis of Economic Time Series, Part I: Prices. *Journal of the Royal Statistical Society 116 (1)*, 11–34.
Knight, F. H. (1921). *Risk, Uncertainty and Profit*. Boston: Houghton Mifflin.
Knorr Cetina, K., & Bruegger, U. (2000). The Market as an Object of Attachment: Exploring Postsocial Relations in Financial Markets. *Canadian Journal of Sociology 25 (2)*, 141–168.

Knorr Cetina, K., & Bruegger, U. (2002). Global Microstructures: The Virtual Societies of Financial Markets. *American Journal of Sociology 107 (4)*, 905–950.
Knorr Cetina, K. (2007). Culture in Global Knowledge Societies: Knowledge Cultures and Epistemic Cultures. *Interdisciplinary Science Reviews 32 (4)*, 361–375.
Knorr Cetina, K. (2011). Financial Analysis: Epistemic Profile of an Evaluative Science. In Ch. Camic, N. Gross & M. Lamond (Hrsg.), *Social Knowledge in the Making* (S. 405–441). Chicago: University of Chicago Press
Latour, B. (2005). *Reassembling the Social: An Introduction to Actor-Network-Theory*. Oxford: Oxford University Press.
Leins, S. (2011). Pricing the Revolution: Financial Analysts Respond to the Egyptian Uprising. *Anthropology Today 27 (4)*, 11–14.
Leins, S. (2013). Playing the Market? The Role of Risk, Uncertainty and Authority in the Construction of Stock Market Forecasts. In R. Cassidy, A. Pisac & C. Loussouarn (Hrsg.), *Qualitative Research in Gambling: Exploring the Production and Consumption of Risk* (S. 218–232). New York, London: Routledge.
MacKenzie, D., & Millo, Y. (2003). Constructing a Market, Performing Theory: The Historical Sociology of a Financial Derivatives Exchange. *American Journal of Sociology 109 (1)*, 107–145.
MacKenzie, D., Muniesa, F., & Siu, L. (Hrsg.) (2007). *Do Econonomists Make Markets? On the Performativity of Economics*. Princeton, Oxford: Princeton University Press.
MacKenzie, D. (2006). *An Engine, Not a Camera: How Financial Models Shape Markets*. Cambridge, London: The MIT Press.
MacKenzie, D. 2007. Is Economics Performative? Option Theory and the Construction of Derivatives Markets. In D. MacKenzie, F. Muniesa & L. Siu (Hrsg.), *Do Economists make Markets? On the Performativity of Economics* (S. 54–86). Princeton: Princeton University Press.
Mähr, M. (2014). *Körper, Performanz und Tools an den Finanzmärkten. Ein Lektüreessay zu Vincent Lépinays „Codes of Finance", Donald MacKenzies „An Engine, Not a Camera" und David Starks „The Sense of Dissonance"*. Unveröffentlichte Seminararbeit, ETH Zürich.
Malkiel, B. (1985 [1973]). *A Random Walk down Wall Street. 4. Aufl.* New York: Norton.
Mars, F. (1998). *„Wir sind alle Seher": Die Praxis der Aktienanalyse*. Unveröffentlichte Dissertation, Universität Bielefeld.
Miller, D. (2002). Turning Callon the Right Way Up. *Economy and Society 31 (2)*, 218–233.
Mirowski, P. (2013). Facebook Teaches You How to Be a Neoliberal Agent. An Interview with Philip Mirowski. https://estudiosdelaeconomia.wordpress.com/2013/07/22/ facebook-teaches-you-how-to-be-a-neoliberal-agent-an-interview-with-philip-mirowski/. Zugegriffen: 4. Juli 2014.
Osborne, M. F.M. (1959). Brownian Motion in the Stock Market. *Operations Research 7 (2)*: 145–173.
Preda, A. (2004). Informative Prices, Rational Investors: The Emergence of the Random Walk Hypothesis and the Nineteenth-Century "Science of Financial Investments". *History of Political Economy 36 (2)*, 351–386.
Preda, A. (2007). Where do Analysts Come from? The Case of Financial Chartism. *The Sociological Review 55 (2)*, 40–64.
Riles, A. (2010). Collateral Expertise: Legal Knowledge in the Global Financial Markets. *Current Anthropology 51 (6)*, 795–818.

Saft, J. (2012). The Wisdom of Exercising Patience in Investing. http://www.reuters.com/article/2012/03/02/ us-patience-saft-idUSTRE8210O620120302. Zugegriffen: 28. Februar 2015.

Samuelson, P. (1965). Proof That Properly Anticipated Prices Fluctuate Randomly. *Industrial Management Review 6 (2)*, 41–49.

Stark, D., & Beunza D. (2009). The Cognitive Ecology of an Arbitrage Trading Room. In D. Stark (Hrsg.), *The Sense of Dissonance: Accounts of Worth in Economic Life* (S. 118–162). Princeton: Princeton University Press.

Tanner, J. (2010). A Random Walk Down Wall Street? Industriemoderne und Finanzmarktkapitalismus. In M. Sabrow (Hrsg.), *ZeitRäume: Potsdamer Almanach des Zentrums für Zeithistorische Forschung* (S. 169–184). Göttingen: Wallstein Verlag.

The Observer. (2013). Investments: Orlando is the Cat's Whiskers of Stock Picking. http://www.theguardian.com/money/2013/jan/13/investments-stock-picking. Zugegriffen: 07. August 2014.

Vogl, J.. 2010. *Das Gespenst des Kapitals*. Zürich: diaphanes.

Wansleben, L. (2012). Financial Analysts. In K. Knorr Cetina & A. Preda (Hrsg.), *Handbook of the Sociology of Finance* (S. 250–271). Oxford: Oxford University Press.

Wansleben, L. (2013). *Cultures of Expertise in Global Currency Markets*. London: Routledge.

Working, H. (1934). A Random Difference Series for Use in the Analysis of Time Series. *Journal of the American Statistical Association 29 (185)*, 11–24.

Zaloom, C. (2006). *Out of the Pits: Trading Technologies from Chicago to London*. Chicago: University of Chicago Press.

# Von mikro- zu makroprudenzieller Regulierung

## Eine Diskursanalyse zum Wandel von Regulierungskonzepten

Matthias Thiemann und Mohamed Aldegwy

## 1 Einleitung

Seit dem Ausbruch der Finanzkrise hat das makroprudenzielle politische Paradigma zunehmend an Einfluss gewonnen (Bank of England 2009; Bernanke 2011). Vor der globalen Finanzkrise 2007–2009 war die Arbeit der Aufsichtsbehörden in den Industrieländern einem mikroprudenziellen Paradigma gefolgt. Diesem Paradigma zufolge ist die Aufgabe der Bankenregulierung das Risikomanagement einzelner Banken (Borio 2009). Die diesem mikroprudenziellen Ansatz zugrunde liegende Überlegung ist, dass es, „um das Finanzsystem stabil zu halten […] notwendig und ausreichend [ist], dass jede einzelne Institution stabil ist" (Borio 2009, S. 33).[1] Da einzelne Banken aufgrund des einen oder anderen Marktversagens möglicherweise exzessive Risiken eingehen, zielt der mikroprudenzielle Ansatz auf die Finanzstabilität einzelner Finanzinstitutionen durch Kontrolle ihrer Risikobereitschaft (Borio 2009). Anstelle des mikroprudenziellen Ansatzes plädieren manche FinanzwissenschaftlerInnen im Hinblick auf die Finanzmarktregulierung für einen makroprudenziellen Ansatz. Letzterer versucht, die Stabilität des Finanzsystems als Ganzem durch eine Kontrolle und Abwehr systemischer Risiken zu gewährleisten (Hanson et al. 2011). Der makroprudenzielle Ansatz zielt dementsprechend auf die Ursachen systemweiter Risiken. Im Allgemeinen können die Ursachen solcher Risiken zwei Hauptquellen zugeordnet werden: der „zeitlichen Dimension" (Prozyklizität) und der Dimension der wechselseitigen Abhängigkeit und Interaktion zwischen den Institutionen.

1 Zitate aus englischsprachigen Texten sind ins Deutsche übersetzt.

Dieser Paradigmenwechsel in der Finanzmarktregulierung ging allerdings nicht mit einem Konsens über die adäquaten Maßnahmen und politischen Instrumente zur Erreichung makroprudenzieller Ziele einher (VanHoose 2011; Baker 2013). Tatsächlich standen die konzeptionelle Identifikation der systemischen Risiken, deren Messung sowie die entsprechenden Regulierungsinstrumente im Zentrum der akademischen und technokratischen Debatten (Acharya 2009; IMF 2011). Inzwischen implementieren politische Entscheidungsträger manche makroprudenziellen Maßnahmen über Basel III und den *Dodd-Frank Wall Street Reform and Consumer Protection Act* (auch bekannt als *Dodd-Frank Act*).

Trotz der Bedeutung dieser Verschiebung von mikro- hin zu makroprudenzieller Bankenregulierung wurden bisher weder die Dynamiken dieser Verschiebung im ökonomischen Diskurs noch die Gründe, warum diese Verschiebung nicht bereits vor der Krise stattfand, systematisch behandelt. Dieser Aufsatz untersucht die Entwicklung des wirtschaftswissenschaftlichen Diskurses über Systemrisiken und Bankenregulierung, um so die Veränderungen im wirtschaftswissenschaftlichen Diskurs zur Bankenregulierung in der Folge der Krise besser verstehen zu können. Der Beitrag ist wie folgt strukturiert: Abschnitt 2 führt die Bankenregulierung konzeptionell als Marktinstrument ein; Abschnitt 3 beschreibt unsere Methodik, den Datensatz und dessen Auswahlkriterien; Abschnitt 4 skizziert die wesentlichen Ergebnisse der Diskursanalyse unserer Daten; Abschnitt 5 bildet die Zusammenfassung.

## 2 Bankenregulierung als Marktinstrument und ihre Ursprünge in der Volkswirtschaftslehre

In diesem Beitrag führen wir sozialwissenschaftliche Untersuchungen des Finanzsektors und der Ökonomie zusammen. Wir konzipieren regulatorische Maßnahmen als Marktinstrument, als eines der „materiellen und diskursiven Maßnahmenbündel (Assemblage), die in den Aufbau von Märkten intervenieren" (Callon et al. 2007). Wie sozialwissenschaftliche Untersuchungen des Finanzsektors gezeigt haben, variiert das Marktverhalten je nachdem, welche Marktinstrumente gerade angewendet werden (siehe insbesondere MacKenzie und Millo 2003; MacKenzie 2006). WissenschaftlerInnen, die diesem Ansatz folgen, betonen die Rolle, die ÖkonomInnen (einschließlich derjenigen, die wie Rechnungslegungsstandardsetzer „in freier Wildbahn" arbeiten) in der Konstruktion dieser Marktinstrumente spielen (Callon 1998, 2007; MacKenzie et al. 2007; kritisch: Mirowski und Nik-Khah 2007). Insofern ist es bemerkenswert, dass einer Finanzmarktregulierung, die in der Lage ist, wesentliche Marktinstrumente bereitzustellen, die sowohl verbotene und zugelassene Aktivitäten, das Ausmaß sozialverträglicher Risiken als auch die dazu notwendigen Vorsichtsmaßnahmen festlegen, bisher nur begrenzte Aufmerksamkeit zuteil geworden ist (siehe Millo 2007 als ein Beispiel dieser seltenen Studien; MacKenzie 2005 für ein allgemeines Forschungsprogramm). Dies ist umso erstaunlicher, als die Verbindung zwischen der Wirtschaftswissenschaft als theoretischer Sozialwissenschaft und der Finanzmarktregulierung als politikorientiertem Forschungsprogramm mittlerweile klar hervorgetreten ist, insbesondere seitdem der rechtliche und ökonomische Ansatz im juristischen Denken eingebettet wurde (siehe unten).

Ein regulatorisches Marktinstrument klassifiziert und bewertet Bankaktivitäten, um so das Verhalten von Banken zu steuern. Unsere Forschung basiert auf der Annahme, dass die kognitiven Modelle, die diese regulatorischen Marktinstrumente theoretisch leiten, bereits vor der Krise scheiterten (Black 2013). Wir untersuchen den akademischen wirtschaftswissenschaftlichen Diskurs zu Bankenregulierung und systemischen Risiken, um festzustellen, ob dieses Scheitern seine Ursache in dem erkenntnistheoretischen Instrumentarium der etablierten Wirtschaftswissenschaften vor der Krise hat. Dementsprechend analysieren wir die einflussreichsten Schriften zur Finanzwirtschaft von ÖkonomInnen vor der Krise, da diese die Modelle lieferten, an denen die regulatorischen Instrumente ausgerichtet wurden. Unsere Diskursanalyse wissenschaftlicher Arbeiten zum Thema Bankenregulierung verfolgt das Ziel, einen Beitrag zum tieferen Verständnis des regulatorischen Versagens vor der Krise zu leisten (für eine allgemeinere Kritik der neoklassischen Modelle und ihres einschränkenden Einflusses auf die Sicht staatlicher Regulatoren auf den Markt, siehe Black 2013).

Die Finanzwissenschaft – verstanden als Theorien, die versuchen, das Verhalten von Finanzmärkten zu erklären – hat die Finanzmarktregulierung mindestens seit der Weltwirtschaftskrise (Great Depression) der 1930er Jahre beeinflusst, als Zentralbanken versuchten, die hereinbrechende Katastrophe zu verstehen. Milton Friedmans Arbeiten über die Weltwirtschaftskrise der 1930er Jahre sind zum Beispiel nur zu verstehen, wenn man ihn in seiner Absicht ernstnimmt, das Agieren von Zentralbanken zu verbessern. Andere Einflüsse auf die Finanzmarktregulierung sind die öffentliche Meinung (vor allem in Krisenzeiten, wie die Weltwirtschaftskrise belegt) und von RechtswissenschaftlerInnen ausgearbeitete juristische Überlegungen. Der Einfluss der Wirtschaftswissenschaften auf die Finanzmarktregulierung wurde noch stärker, als sich die dominante rechtswissenschaftliche Forschung zum Thema Regulierung selbst das neoklassische Verständnis von Mikroökonomie zu eigen machte – ein Trend, der sich mit Posners einflussreicher Monographie *Economic Analysis of Law* (1973) verfestigte, jedoch bereits in den 1950er Jahren in der Chicago-Schule seinen Anfang genommen hatte. Hier dominierte die neoklassische Wirtschaftslehre den rechtswissenschaftlichen Diskurs zur Finanzregulierung.

## 3 Methodik und Datensatzbeschreibung

In diesem Beitrag nehmen wir eine interpretative Diskursanalyse des wirtschaftswissenschaftlichen Diskurses zur Bankenregulierung aus der Zeit von 1985 bis 2014 vor. Unseres Erachtens bieten die meistzitierten wissenschaftlichen Arbeiten zur Bankenregulierung (z. B. Bücher und Journalartikel) eine repräsentative Darstellung der einflussreichsten und etabliertesten Ansichten im wirtschaftswissenschaftlichen Diskurs zur Bankenregulierung in den Jahren unmittelbar nach ihrer Veröffentlichung, als diese Texte am häufigsten zitiert wurden. Die Anzahl der Zitationen als Maßstab zu nehmen könnte jedoch auch einen Selektionsfehler darstellen, falls nämlich manche wissenschaftliche Arbeiten nur deshalb so häufig zitiert werden, weil die in ihnen vertretenen Ideen abgelehnt werden. Im Bankenregulierungsbeispiel (siehe unten) können wir allerdings mit Sicherheit davon ausgehen, dass im Datensatz kein Selektionsfehler vorliegt, da alle meistzitierten Arbeiten mit denselben Konzepten arbeiten. Darüber hinaus befinden sich auch einige Rezensionen in unserer Auswahl, die dieselben Ideen wie die anderen meistzitierten Artikel vor der Krise vertreten. Der einzige „Ausreißer" vor der Krise ist der Artikel von Borio (2003), dessen Zitationen allerdings primär aus der Zeit nach der Krise stammen, als nahezu alle FinanzmarktexpertInnen zu Makroprudenzialisten geworden sind und dieser Text daher auch positiv zitiert wurde.

Basierend auf der Anzahl von Zitationen, die wissenschaftliche Arbeiten zum Thema Bankenregulierung aufwiesen, erstellten wir eine Auswahl von 60 Arbeiten (die meisten davon Zeitschriftenartikel) aus dem Zeitraum von 1985 bis 2014. Anhand der Daten der Veröffentlichung dieser Arbeiten unterteilten wir den Datensatz in sechs Phasen (1985–1990, 1990–1995, 1995–2000, 2000–2005, 2005–2010, 2010–2014).

Um die meistzitierten Werke in jeder unserer sechs Phasen zu erfassen, suchten wir auf Google Scholar mit der „Titel"-Suche nach folgenden Begriffen: *Banking Regulation* (Bankenregulierung), *Bank Regulation* (Bankenaufsicht), *Financial Regulation* (Finanzmarktregulierung), *Microprudential Regulation* (mikroprudenzielle Regulierung), *Micro-prudential Regulation*, *Microprudential*, *Macroprudential Regulation* (makroprudenzielle Regulierung in verschiedenen Schreibweisen), *Macroprudential* und *Banking Law* (Bankengesetzgebung). Folgende Suchbegriffe gaben wir auch bei der „ganzer Artikel"-Suche auf Google Scholar ein: *Banking Regulation* und *Bank Regulation* (Bankenregulierung). Um sicherzustellen, dass uns keine der meistzitierten wissenschaftlichen Arbeiten, die das Thema Bankenregulierung direkt behandeln, entgehen, wiederholten wir die gleiche Suche in der *Web of Science*-Datenbank. Die Suche ergab eine allgemeine Auswahl der meistzitierten wissenschaftlichen Arbeiten, die das Thema Bankenregulierung behandeln. Manche dieser Arbeiten haben die Bankenregulierung zum Hauptthema; in anderen Fällen taucht die Bankenregulierung eher am Rande auf. Jene Arbeiten, die die Bankenregulierung lediglich peripher behandeln, schlossen wir aus. Tabelle 1 zeigt unsere endgültige präzisierte Auswahl (Korpus) zum Bankenregulierungsdiskurs. Tabelle 2 zeigt die Anzahl von Zitationen, die die jeweiligen wissenschaftlichen Arbeiten aus dem Sample erhielten.

**Tab. 1** Untersuchungsmaterial zur Bankenregulierung

| 1985–1989 | 1990–1994 | 1995–1999 | 2000–2004 | 2005–2009 | 2010–2014 |
|---|---|---|---|---|---|
| Kim, Santomero. 1988. Risk in Banking and Capital Regulation | Dewatripont, Tirole. 1994. The Prudential Regulation of Banks | Freixas, Rochet. 1997. Microeconomics of Banking | Hellmann, Murdock, Stiglitz. 2000. Liberalization, Moral Hazard in Banking | Barth, Caprio, Levine. 2006. Rethinking Bank Regulation | Borio, Zhu. 2012. Capital Regulation, Risk-taking and Monetary Policy |
| Jacklin, Bhattacharya. 1988. Distinguishing Panics and Information-based Bank Run | Keeley. 1990. Deposit Insurance, Risk and Market Power in Banking | Berger, Herring, Szegö. 1995.The Role of Capital in Financial Institutions | Barth, Caprio, Levine. 2004. Bank Regulation and Supervision | Brunnermeier, Crocket, Goodhart, Hellwig, Persuad, Shin. 2009. The Fundamental Principles of Financial Regulation | Admati, DeMarzo, Hellwig, Pfleiderer. 2011. Fallacies, Irrelevant Facts, and Myths in the Discussion of Capital Regulation |
| Furlong, Keeley. 1989. Capital Regulation and Bank Risk-taking | Stiglitz. 1993. The Role of the State in Financial Markets | Goodhart. 1998. Financial Regulation | Demirgüç-Kunt, Detragiache. 2002. Does Deposit Insurance Increase Banking System Stability? | Laeven, Levine. 2009. Bank Governance, Regulation and Risk Taking | Hanson, Kashyap, Stein. 2011. A Macroprudential Approach to Financial Regulation |
| Diamond, Dybvig. 1986. Banking Theory, Deposit Insurance and Banking Regulation | Bhattacharya, Thakor. 1994. Contemporary Banking Theory | Bhattacharya, Boot, Thakor. 1998. The Economics of Bank Regulation | Barth, Caprio, Levine. 2001. The Regulation and Supervision of Banks Around the World | Acharya. 2009. A Theory of Systemic Risk of Prudential Regulation | Haldane, May. 2011. Systemic Risk in Banking Ecosystems |
| *Benston, Kaufman, 1986. Risk and Solvency Regulation of Depository Institutions* | Calomiris, Gorton. 1991. The Origins of Banking Panics: Models, Facts and Bank Regulation | *Blum. 1999. Do Capital Adequacy Requirements Reduce Risks in Banking?* | **Borio. 2003. Towards a Macroprudential Framework for Financial Supervision and Regulation?** | *Saurinas, Jimene. 2006. Credit Cycles, Credit Risk and Prudential Regulation* | *Galati, Moessner. 2012. Macroprudential Policy – a Literature Review* |

Quelle: eigene Darstellung

Wissenschaftliche Arbeiten, die einen historischen Ansatz verfolgen, sind grün markiert und unterstrichen; solche, die den Praktikerdiskurs gebrauchen, sind rot markiert und im normalen Schrifttyp; die Quellen, die auf einer informellen theoretischen Analyse basieren, sind schwarz markiert und fett gedruckt; zuletzt folgen die wissenschaftlichen Arbeiten, die – theoretisch oder empirisch – quantitative/formale Methoden anwenden (blau markiert und kursiv).

**Tab. 2** Anzahl der Zitationen relevanter Arbeiten aus der Textauswahl zur Bankenregulierung (zusammengestellt am 10. Mai 2014)

| | **1985–1989** | **1990–1994** | **1995–1999** | **2000–2004** | **2005–2009** | **2010–2014** |
|---|---|---|---|---|---|---|
| 1 | 733 | 1394 | 2520 | 1317 | 843 | 470 |
| 2 | 599 | 1588 | 701 | 1250 | 805 | 399 |
| 3 | 461 | 1313 | 520 | 907 | 717 | 369 |
| 4 | 171 | 1061 | 477 | 748 | 451 | 322 |
| 5 | 163 | 616 | 391 | 570 | 269 | 237 |

Quelle: eigene Darstellung

Die meistzitierten wissenschaftlichen Arbeiten zur Bankenregulierung reichen jedoch nicht aus, um ein Verständnis davon zu entwickeln, ob und – wenn ja – warum dieser Diskurs es vor der Krise nicht vermochte, ein systemisches Risiko auch nur in Betracht zu ziehen. Da die Regulierung des Bankensektors in Bezug auf die Steuerung finanzieller Risiken (insbesondere des Insolvenzrisikos), die sich aus dem *Moral Hazard*-Effekt der Einlagensicherung ergeben, rationalisiert wird, wird das Ziel der Finanzmarktregulierung als Risiko-Management innerhalb des Banken- und Finanzwesens verstanden. Eine der wesentlichen Ursachen der Finanzkrise war, dass die Bankenregulierung das systemische Risiko nicht in angemessener Weise handhabte und sich stattdessen auf die spezifischen Bankenrisiken konzentrierte. Um zu einem Verständnis davon beizutragen, ob – und wenn ja warum – der wirtschaftswissenschaftliche Diskurs zur Bankenregulierung dabei versagte, einen solchen regulatorischen Rahmen für das Management von Systemrisiken (sprich makroprudenzielle Bankenregulierung) zu entwickeln, zeichnen wir auch den wirtschaftswissenschaftlichen Diskurs zu Systemrisiken im selben Zeitraum (1985–2014) nach. Hierfür benutzten wir ein ähnliches Verfahren. Wir verwendeten folgende Begriffe bei der „Titel"-Suche von Google Scholar: *Systemic Risk* (systemisches Risiko), *Financial Contagion*[2] (Ansteckungsgefahr im Finanzwesen), *Bank Contagion, Banking Contagion, Banking Crisis, Bank Crisis* (Bankenkrise), *Financial Crisis* (Finanzkrise), *Financial Stability* (Finanzstabilität), und *Financial Fragility* (Instabilität des Finanzwesens). Die folgenden Begriffe gaben wir bei der „ganzer Artikel"-Suche ein: *Systemic Risk, Financial Contagion, Financial Crisis* und *Banking Crisis.* Tabelle 3 zeigt die endgültige präzisierte Auswahl zum Diskurs über Systemrisiken. Tabelle 4 zeigt die Anzahl von Zitationen, die wissenschaftliche Arbeiten aus der Systemrisiko-Materialauswahl aufwiesen.

**Tab. 3** Textauswahl zum systemischen Risiko

| 1985–1989 | 1990–1994 | 1995–1999 | 2000–2004 | 2005–2009 | 2010–2014 |
|---|---|---|---|---|---|
| G. Gorton, D.J. Mullineux. 1987. The joint production of confidence. Endogenous regulation and nineteenth century commercial-bank clearinghouses | *Bhattacharya, Thakor. 1994. Contemporary Banking Theory* | Kaminsky, Reinhart. 1999. The Twin Crises: The Causes of Banking and Balance-of-Payments Problems | *Allen, Gale. 2000. Financial Contagion. Journal of Political Economy* | Brunnermeier. 2008. Deciphering the liquidity and credit crunch 2007-08 | *Adrian, Brunnermeier. 2011. CoVaR* |
| Eichengreen, Portes. 1987. An anatomy of financial crises | *Bernanke, Gertler. 1990. Financial Fragility and Economic Performance* | Radelet, Sachs. 1998. The onset of the East Asian financial crisis | *Hellmann, Murdock, Stiglitz. 2000. Liberalization, moral hazard in banking, and prudential regulation: Are capital requirements enough?* | Reinhart, Rogoff. 2008. Is the 2007 US sub-prime financial crisis so different? An international historical comparison | Gorton, Metrick. 2012. Securitized Banking and the Run on Repo |
| Schwartz. 1988. Financial Stability and the Federal Safety Net | Minsky. 1992. The Financial Instability Hypothesis | *Freixas, Rochet. 1997. Microeconomics of banking* | **Borio, Lowe. 2002. Asset prices, financial and monetary stability: exploring the nexus. BIS Working Paper No. 114** | Taylor. 2009. The financial crisis and the policy responses: An empirical analysis of what went wrong. | *Acharya, Pedersen, Philippon, Richardson. 2010. Measuring Systemic Risk* |

2 Anm. d. Übers.: Der Begriff *Contagion* bedeutet Ansteckung oder Übertragung. Er steht seit den 1990er Jahren für ein finanzökonomisches Forschungskonzept und wird daher hier in englischer Sprache beibehalten. Eine allgemeine Definition der Weltbank aus dem Jahr 2000 lautet: „Contagion ist die länderübergreifende Übertragung exogener Schocks, vergleichbar mit einem Spillover-Effekt. Contagion entsteht sowohl in Krisen als auch in Nicht-Krisenzeiten, wobei Contagion nicht zwingend mit einer Krise verbunden sein muss" (Weltbank, 2000). Es ist im deutschsprachigen Raum mittlerweile allerdings nicht unüblich, von „Ansteckungsgefahren" zu sprechen.

| 1985–1989 | 1990–1994 | 1995–1999 | 2000–2004 | 2005–2009 | 2010–2014 |
|---|---|---|---|---|---|
| Kindleberger. 1988. The International Economic Order – Essays on Financial Crisis and International Public Goods | Calomiris, Gorton. 1991. The origins of banking panics: models, facts and bank regulation | Demirgüç-Kunt, Detragiache. 1998. The determinants of banking crises in developing and developed countries | *Diamond, Rajan. 2001. Liquidity risk, liquidity creation, and financial fragility A theory of banking* | *Corsetti, Pericoli, Sbracia. 2005. Some contagion, some interde-pend-dence: More pitfalls in tests of financial contagion* | **Gai, Kapadia. 2010. Contagion in Financial Networks** |
| Brimmer. 1989. Central Banking and Systemic Risks in Capital Markets | Kaufman. 1994. Bank contagion: A review of the theory and evidence | *Rochet, Tirole. 1996. Interbank lending and systemic risk* | **Kaminsky, Reinhart. 2000. On Crises, Contagion, and Confusion** | *Goldstein, Pauzner. 2005. Demand-deposit contracts and the probability of bank runs. The Journal of Finance* | *Mendoza. 2010. Sudden Stops, Financial Crises, and Leverage* |

Quelle: eigene Darstellung

Die Farben und Drucksetzung der Quellen in dieser Tabelle bezeichnen dieselben Diskurse, die in Tabelle 1 zur Bankenregulierung dargestellt sind.

**Tab. 4** Anzahl von Zitationen relevanter Werke aus der Materialauswahl zu systemischen Risiken (zusammengestellt im Mai 2014)

| | 1985–1989 | 1990–1994 | 1995– 1999 | 2000–2004 | 2005–2009 | 2010–2014 |
|---|---|---|---|---|---|---|
| 1 | 173 | 1061 | 4323 | 2114 | 1992 | 655 |
| 2 | 149 | 849 | 2738 | 1317 | 793 | 548 |
| 3 | 100 | 702 | 2515 | 1190 | 779 | 332 |
| 4 | 89 | 614 | 1272 | 1067 | 516 | 325 |
| 5 | 184 | 400 | 611 | 1049 | 474 | 322 |

Quelle: eigene Darstellung

Wir stellen fest, dass manche der meistzitierten wissenschaftlichen Arbeiten aus unserem Untersuchungsmaterial zur Bankenregulierung Rezensionen sind. Wir haben sie nicht aus der Untersuchung ausgeschlossen, weil sie den wirtschaftswissenschaftlichen Diskurs zur Zeit ihrer Veröffentlichung widerspiegeln und zukünftige Forschung zur Bankenregulierung in der Zeit nach ihrer Veröffentlichung beeinflussten. Daher fungieren sie als hervorragende Gradmesser für den wirtschaftswissenschaftlichen Diskurs zur Bankenregulierung. Es ist bemerkenswert, dass nur wenige wissenschaftliche Arbeiten in beiden Samples auftauchen. Diese wenigen Arbeiten – wie zum Beispiel Haldane und May (2011) – beschäftigen sich direkt sowohl mit Bankenregulierung als auch mit systemischen Risiken. Aufgrund des unterschiedlichen Charakters der jeweiligen Forschung sind die beiden Materialzusammenstellungen jedoch unterscheidbar. Arbeiten zum Thema Systemrisiko sind eher theoretisch orientiert, Texte zum Thema Bankenregulierung hingegen haben eher anwendungsorientierten Charakter. Wir mussten schließlich feststellen, dass, obwohl auch RechtswissenschaftlerInnen, SoziologInnen und PolitikwissenschaftlerInnen zum Diskurs über Bankenregulierung und Systemrisiken beitragen, es keine ihrer Arbeiten auf unsere Liste meistzitierter Texte geschafft hat. ÖkonomInnen üben in der Forschung zu Bankenregulierung und systemischen Risiken einen dominanten Einfluss aus. Der Begriff „wirtschaftswissenschaftlicher Diskurs" ist also nicht nur gerechtfertigt, weil sein Gegenstand Fragen von vorwiegend ökonomischer Natur sind, sondern auch weil sie bisher die zentralen und einflussreichsten Akteure in diesem Diskurs waren.

Betrachtet man die gesamte Auswahl der 60 wissenschaftlichen Arbeiten als ein Netzwerk aus Zitationen (siehe Abbildung 1), so erhält man einen Dichtewert von 0,039 – eine eher niedrige Zahl. Die wichtigste Veröffentlichung in der gesamten Materialauswahl ist, gemessen an eingehende Zitationen, die von Dewatripont und Tirole (1994). Diese Veröffentlichung setzt sich nicht mit dem systemischen Risiko als Grundprinzip der Bankenregulierung auseinander. Stattdessen betont sie das Insolvenzrisiko der Banken und verfolgt im Hinblick auf Bankenregulierung den traditionellen Ansatz, der von einem Marktversagen (z. B. aufgrund von Informationsasymmetrie) ausgeht – obwohl sie diesen Rahmen erweitert, indem sie sich auf eine *Corporate Governance*-Perspektive für die ökonomische Rationalisierung der Bankenregulierung stützt.

Die Materialauswahl zur Bankenregulierung selbst besitzt einen Dichtwert von 0,088 und ist damit wesentlich dichter als das gesamte Netzwerk und das Netzwerk des Samples zum systemischen Risiko. Die Materialauswahl zum systemischen Risiko (siehe Abbildung 2) ist das am stärksten fragmentierte Netzwerk. Dies zeigt, dass es tatsächlich einen kohärenten Diskurs zur Bankenregulierung gab, in dem verschiedene Beiträge sich aufeinander bezogen, wohingegen dem Thema „Systemrisiko" nicht genug Aufmerksamkeit geschenkt wurde, um es zu einem kohärenten theoretischen Diskurs zu entwickeln. Diese Beobachtung wird durch den unten angegebenen Befund bestätigt, dass das Thema „systemische Risiken" im gesamten untersuchten Zeitraum keine einheitliche Konzeptionierung erfuhr.

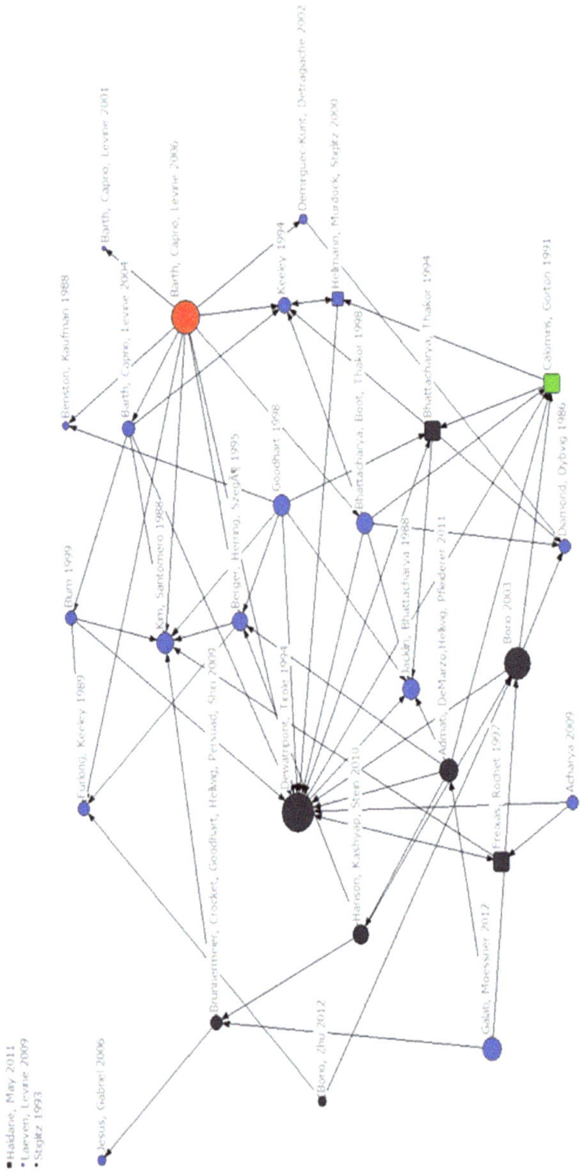

**Abb. 1** Netzwerk der Materialauswahl zur Bankenregulierung
Quelle: eigene Darstellung

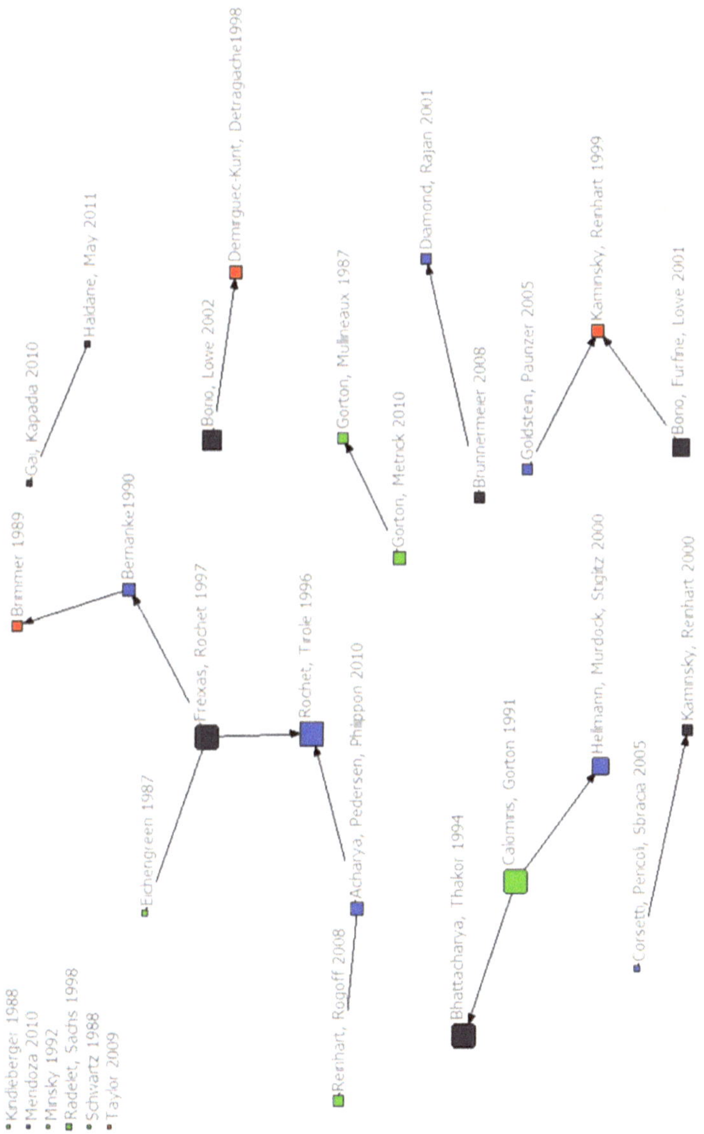


**Abb. 2** Netzwerk der Materialauswahl zu systemischen Risiken
Quelle: eigene Darstellung

Die Materialauswahl zum systemischen Risiko ist weniger dicht als das gesamte Netzwerk oder die Auswahl zur Bankenregulierung (Dichtwert: 0,02 und insgesamt nur 12 Kanten). Hier wird die höchste Zentralität hinsichtlich eingehender Zitationen in einer einfachen Gewichtung von der Veröffentlichung von Calomiris und Gorton (1991) erreicht, während die höchste Zentralität in puncto eingehender Zitationen, wenn man die Bedeutung der zitierenden Quellen mitberücksichtigt, von Kaminsky und Reinhart (2000) erzielt wird.

## 4 Diskursanalyse der beiden Samples: vorläufige Ergebnisse

Im Folgenden präsentieren wir unsere Ergebnisse: zunächst diejenigen, die beiden Samples gemein sind; sodann die Ergebnisse, die für die Materialauswahl zum Systemrisiko relevant sind; als nächstes die Ergebnisse, die für die Auswahl zur Bankenregulierung relevant sind und schließlich jene, die für das Verhältnis zwischen beiden Samples relevant sind.

### 4.1 Ergebnisse, die auf beide Samples zutreffen

Wir haben festgestellt, dass die WissenschaftlerInnen in den beiden Materialauswahlen sehr unterschiedliche Ansätze wählen. Im Allgemeinen haben wir zwischen zwei breit angelegten Ansätzen der informellen und formalen Analyse zu unterscheiden. Eine informelle Analyse kann in drei zentrale Diskurse unterteilt werden: historisch, d. h. von geschichtlichen Fakten angeleiteter Diskurs, theoretisch, das heißt mit der Bemühung um das Aufstellen eines Theoriegebäudes, welches jedoch nicht primär mathematisch ist und praktisch orientierte Diskurse, die sich primär auf die Charakterisierung bestimmter Phänomene fokussieren, um sie für politische Interventionen handhabbar zu machen. Durch den Vergleich der beiden Samples im Hinblick darauf, in welchem Maße sie formale oder informelle Diskurse übernehmen, konnten wir deutliche Unterschiede in den Wissensquellen, Argumentationsformen und deren Kommunikationsstile beobachten. Die Materialauswahl zur Bankenregulierung wird von formaler Analyse dominiert und folgt bis zum vierten Zeitabschnitt (1985–2005) meist einem partiellen Gleichgewichtsansatz. Im Gegensatz dazu dominieren informelle Diskurse die Materialauswahl zum Systemrisiko bis zur vierten Periode (1985–2005).

PraktikerInnen pflegen ein unproblematisches Verhältnis zum systemischen Risiko. Es stellt ihre größte Sorge dar; Begriffe wie *Contagion* beschreiben empirische Realitäten, mit denen sie umgehen müssen, und sie gestatten ihnen sogar, ihre rechtlichen Kompetenzen zu überschreiten (Brimmer 1989). Die Tatsache, dass Praktiker ganz selbstverständlich mit der Vorstellung von systemischen Risiken und *Contagion* umgehen, stellte auch eine wichtige Legitimationsquelle in der Fachliteratur zu systemischen Risiken dar. Insbesondere in der früheren Fachliteratur (zum Beispiel aus der zweiten Periode) findet man oftmals Bezugnahmen auf Praktiker als Rechtfertigung für die eigene wissenschaftliche Forschung (zum Beispiel zu *Contagion*, Kaufman 1994; siehe auch Bernanke und Gertler 1990). Die Vorgehensweise der PraktikerInnen, wie wir sie z. B. in den Arbeiten von Kaminsky und Reinhart (1999, 2000) vorfinden, besteht im Wesentlichen darin, innerhalb der Datensätze Muster auszumachen und anhand dessen zu versuchen, bessere Prognosen zukünftiger Ereignisse zu entwickeln. John B. Taylor (2009) hat den Praktikeransatz bereits treffend zusammengefasst. Zum Anlass dieser Schrift, nämlich der Ehrung des ehemaligen Gouverneurs der Bank of Canada, David Dodge, erklärt er: „Ganz im Sinne des Politikansatzes, den David Dodge in seiner herausragenden Karriere im Staatsdienst prägte, versuche ich, so viele *empirische Beweise zu verwenden wie möglich und die Analyse mit möglichst einfachen Begriffen zu erklären, unter anderem durch den Einsatz einer Reihe veranschaulichender Diagramme*“ (Taylor 2009, S. 3, Hervorheb. MA und MT).

PraktikerInnen teilen diesen Ansatz zur wirtschaftswissenschaftlichen Analyse inklusive der entsprechenden Argumentation und des entsprechenden Diskurses mit HistorikerInnen. Kindleberger (1988) sowie Calomiris und Gorton (1991) operieren auf der Basis von aus den Daten abgeleiteten Mustern und bemühen sich, Modelle zu entwickeln, die diesen Mustern entsprechen. Somit operieren sie induktiv aus den Daten heraus. Insbesondere Kindleberger steht beispielhaft für eine Wirtschaftswissenschaft der alten Schule (Kindleberger war 1985 Präsident der *American Economic Association*), die durch den Aufstieg von formalen wirtschaftlichen Modellen ins Abseits gedrängt wurde. Bemerkenswert bei diesen Quellen ist der Einsatz einfacher Ablaufdiagramme, mithilfe derer Länder über lange Zeiträume verglichen werden und die als Ausgangspunkt für theoretische Argumentation dienen. Sowohl in den praxisbezogenen als auch in den historischen Diskursanalysen aus unserer Materialauswahl zu systemischen Risiken waren diese Argumentationen primär unmathematisch oder ansatzweise formal aufgrund des Einsatzes einfacher mathematischer Modelle.

Informelle Analytiker wie Borio und seine Gruppe bei der Bank für Internationalen Zahlungsausgleich (BIS), Brunnermeier oder Minsky (1992)[3] streben danach, Gleichgewichtsmodelle und endogene Risikomodelle informell zu entwerfen, d.h. ohne sich dabei von mathematischen Modellen einschränken zu lassen. Obwohl sie sich, wo dies möglich ist, der Rigorosität der Mathematik aussetzen, können sie die Implikationen von Finanzzyklus, systemischen Risiken und anderen zentralen Konzepten für die Regulierung herausarbeiten, ohne dabei von formalen Modellen eingeschränkt zu werden. Dies ermöglicht ihnen, sich mit komplexeren theoretischen Annahmen auseinanderzusetzen und dadurch ein umfassenderes Bild von Finanzmarktentwicklungen zu zeichnen. Informelle Analytiker wie Minsky und Historiker wie Kindleberger beziehen sich auf längerfristige empirische Fakten, was ihnen ermöglicht, die Existenz wiederkehrender Zyklen nachzuweisen. Im Gegensatz dazu stützen sich formale Analytiker primär auf mathematische Modelle. Dies bedeutet, dass Konzepte erst dann existieren, wenn sie auch als Modell dargestellt werden können. Sie dominieren die Analysen aus den ersten fünf Perioden der Materialauswahl zur Bankenregulierung. In den ersten vier untersuchten Zeitabschnitten beider Samples wird zur Erstellung mathematischer Modelle auf Methoden der vergleichenden Statistik zurückgegriffen, die auf dem partiellen Gleichgewichtsmodell basieren. Sie zielen darauf ab, die Krisenanfälligkeit von Finanzsystemen an sich zu erklären, jedoch nicht die Effekte, die diese über einen Zyklus hinweg haben könnte. Dieser Ansatz bezieht sich auf exogene Schocks statt auf die endogene Akkumulation von Risiken (z.B. Bernanke und Gertler 1990). Man hält die Modelle schlicht, damit sie mathematisch nachvollziehbar bleiben.

Dieser Umgang mit Konzepten kann sehr gut im Beitrag von Bernanke und Gertler (1990) beobachtet werden, in dem sie sich um eine Definition des Begriffs der „Anfälligkeit von Finanzsystemen" bemühen. Sie entwickeln eine mathematische Theorie dazu, wie spontane Kreditkrisen in einer Volkswirtschaft entstehen. Dabei gehen sie von unerwarteten systemischen Schocks aus und verweisen auf Kreditverknappungen, die zu einer Schrumpfung der wirtschaftlichen Dynamik führen. Die Verwendung exogener Schocks, um den Verschuldungsgrad der KreditnehmerInnen zu variieren, und die Einbeziehung von Bedenken bezüglich des *moral hazard* erlauben ihnen, ein mehr oder weniger hohes Maß der Anfälligkeit des Finanzsystems in ihr Modell einzufügen. Verglichen mit den Beiträgen von

3 Ähnlich wie Borio (2003) ist Minskys Arbeit aus dem Jahr 1992 mit dem Titel *The Financial Instability Hypothesis* nur unter den meistzitierten Artikel der zweiten Periode der Textauswahl zu systemischen Risiken, wenn wir ihre in der Folge der Krise erhaltenen Zitationen berücksichtigen. Ansonsten ist diese Arbeit nicht unter den meistzitierten Artikeln. In ihrem informellen Diskurs ähnelt sie den Artikeln von Borio, Brunnermeier und Kindleberger.

Minsky, Brimmer und Kindleberger aus diesem Zeitraum fällt der sehr unterschiedliche Umfang der verschiedenen Arbeiten auf. Während letztere von Zyklen und längerfristigen Gesetzmäßigkeiten sprechen, können Bernanke und Gertler den Mechanismus einer ökonomischen Verschiebung lediglich in Form einer Momentaufnahme liefern. Sie beenden ihren Beitrag mit einer expliziten Bezugnahme auf Brimmer (1989) und legen dabei nahe, sie hätten nun ein Modell vorgelegt, das in der Lage sei, die Konzepte des systemischen Risikos und der Anfälligkeit von Finanzsystemen aufzunehmen und damit die Analyse von Zentralbanken in diesem Rahmen zu ermöglichen (Brimmer 1989, S. 108f.). Die verschiedenen Stile die wir in unseren beiden Samples beobachtet haben, werden unten in Tabelle 5 beschrieben.

**Tab. 5** Die verschiedenen Stile/Diskurse der beiden Samples

| Stil | Forschungsfrage | Methode |
|---|---|---|
| Informelle Analyse: Historisch | Theorien prüfen anhand der Geschichte und aus historischen Beobachtungen Theorien entwickeln | Deskriptive Statistik und informelle Modellierung, induktiv |
| Informelle Analyse: Praktiker | Lösungen für politische Anliegen suchen | Deskriptive Statistik, informelle theoretische Analyse (eklektisch) |
| Informelle Analyse: Theoretiker | Systemverhalten erklären und prognostizieren | Informelle theoretische Analyse: ohne Modelle ökonomische Konzepte und Theorien entwickeln und sich kritisch mit ihnen auseinandersetzen, auf die Regulierung anwenden |
| Formale Analyse: der quantitative Ansatz | Systemverhalten erklären und prognostizieren | Mathematische Modellierung und Ökonometrie |

Quelle: eigene Darstellung

Darüber hinaus nehmen wir eine Verschiebung innerhalb der Methoden und Techniken der Modellerstellung über den Verlauf der sechs erfassten Zeiträume wahr: von einer partiellen Gleichgewichtsanalyse, wie sie in der neoklassischen Mikroökonomie üblich ist, hin zu einer allgemeinen Gleichgewichts- und Netzwerkanalyse – zwei Analyseformen, die Überlegungen zu systemischen Risiken eher integrieren können. Sind erst einmal die Verbindungen zwischen den Banken in Bezug auf Vermögen und Verpflichtungen und damit die Netzwerke wechselseitiger Verschuldung erkannt worden, so kann das Problem der *Contagion* in einem

Modell erfasst werden (Kaufman 1994; Allen und Gale 2000). Dies ermöglicht die Konstruktion von Modellen, welche die aus gegenseitigen Schuldverschreibungen von Banken entstehenden Netzwerke berücksichtigen, die über gleichartige Investitionen in Wertpapiere und die Gefahr eines gemeinsamen übermäßigen Risikos miteinander verbunden sind, wodurch innerhalb der Netzwerke das systemische Risiko – messbar – endogen wächst (Acharya 2009). Es findet eine Verschiebung von vergleichender statischer Analyse hin zu einer dynamischen Analyse statt, bei der also die Zeitdimension des Risikos, das innerhalb des Zyklus variiert, mit einbezogen wird (Borio 2003). Diese Verschiebungen in den Techniken zur Modellerstellung können als ein Element eines Paradigmenwechsels, der innerhalb der Finanzwirtschaft und Bankenregulierung vollzogen wurde, interpretiert werden, da jedes Paradigma bis zu einem gewissen Grad über eigene Methoden und Techniken zur Modellerstellung verfügt.

Diese Veränderung der Sicht auf Finanzmarktregulierung ermöglicht einen erweiterten Blick auf die realen Phänomene, die nun untersucht werden können, was es wiederum Produzenten mathematischer Modelle erlaubt, sich an Überlegungen zu systemischem Risiko und damit verbundenen Konzepten zu beteiligen. Nichtsdestotrotz wird die Verwendung mathematischer Modelle vermutlich als Problem bestehen bleiben. Eine allgemeine Erkenntnis, die sich aus unseren Untersuchungen ergibt, ist die Zunahme der Beiträge mathematischer ÖkonomInnen. Dies führt uns zu der Hypothese, dass mathematische Modelle mitunter theoretischen Fortschritt sogar aufhalten, indem sie beobachtete Phänomene, die bisher nicht in mathematischen Modellen darstellbar sind, ignorieren. Diese Hypothese bietet sich beim Vergleich formaler und informeller AnalytikerInnen an. Informelle AnalytikerInnen waren in der Lage, über Systemrisiken nachzudenken und sie zu diskutieren, während quantitative Forscher das Thema ohne ein Modell nicht behandeln konnten und damit solche Diskussionen aus ihrem Diskurs ausklammerten. Unser Argument lautet, dass es kein Zufall ist, dass die ersten drei Zeiträume unserer Untersuchung des Diskurses zur Bankenregulierung äußert wenig theoretische Entwicklung aufweisen, wie wir weiter unten ausführlicher besprechen werden.

Diese kommunikative Schließung der mathematischen Ökonomie – wo Konzepte nur existieren, wenn sie in ein mathematisches Modell integriert werden können (dieser Trade-off zwischen Rigorosität und Relevanz wurde bereits in der Fachliteratur zur ökonomischen Methodologie diskutiert, siehe z. B. Backhouse 1998; Blaug 2009) – scheint auch eine geeignete Erklärung für unsere Feststellungen bezüglich des Verhältnisses zwischen den beiden Materialauswahlen zu liefern. An dieser Stelle reicht es aus festzuhalten, dass wir (den Zeitraum 2010 bis 2014 ausgenommen) eine starke Disjunktion zwischen beiden Samples beobachten konnten. Obwohl manche der wichtigen Ideen zur Erklärung systemischer Risiken, die der makroprudenziellen Regulierung zugrunde liegen, bereits in der ersten Periode der Auswahl zu systemischen Risiken diskutiert wurden, tauchten sie bei der Textauswahl zur Bankenregulierung erst in der fünften Periode auf. Dies führt uns zu einer Frage, die für die weitere empirische Forschung von Bedeutung ist: Bilden quantitative Modelle zunehmend ein Hindernis für eine undogmatischere Wahrnehmung einer sich wandelnden Realität, indem sich ÖkonomInnen eher auf eine Verfeinerung bestehender Modelle konzentrieren als darauf, Phänomene, welche in ihren Modellen nicht abbildbar sind zu verstehen?

## 4.2 Relevante Ergebnisse aus der Materialauswahl zu systemischen Risiken

Wenden wir uns den Spezifika der Auswahl zu systemischen Risiken zu. Es fällt auf, dass systemische Risiken in Bezug auf Finanzkrisen zwar als intuitives Konzept verwendet werden, dieses Konzept in unserer Auswahl jedoch erst im Jahr 1996 eine systematische Definition erhält (Rochet und Tirole 1996, S. 733). Erst nach 2005 kristallisiert sich das Systemrisiko als messbares Format heraus (Acharya 2009, der früheste Versuch findet sich bei Allen und Gale 2000). Insgesamt werden die *Contagion*-Effekte, die von einem Ansturm auf die Banken („Bank-Run") ausgehen können, in allen Quellen als zentrale Komponente eines Systemrisikos betrachtet (z. B. Bhattacharya und Takor 1993, S. 26; Kaufman 1994). Dies führt zu einer starken Koppelung des Verständnisses von Systemrisiken und Liquiditätsproblemen (z. B. Freixas und Rochet 1997); es ist jedoch wichtig hinzuzufügen, dass sich das erste Modell zur Analyse von Bank-Runs (Diamond und Dybvig 1983) auf eine einzige repräsentative Bank stützte, was eine Analyse der Verflechtungen zwischen Banken mithin unmöglich machte (Rochet und Tirole 1996, S. 734f).

Obwohl die Vorstellung einer *Contagion* ein zentrales gemeinsames Konzept bildet, prangert Kaufman (1994) einen Mangel an empirischen Studien an, die von einem „casual empiricism" („unmethodischer Empirismus") ersetzt würden (siehe auch Rochet und Tirole 1996, S. 734). Dieser Mangel wird in unserer Textauswahl nur durch Kaminsky und Reinhart (1999) ausgeglichen, die das Wechselverhältnis zwischen Banken- und Devisenmarktkrisen empirisch untersuchen. Einen großen analytischen Schritt vorwärts machen Allen und Gale (2000), indem sie darlegen, wie Netzwerke als konzeptionelle und analytische Werkzeuge verwendet werden können, um Interbankendepositenmärkte miteinzubeziehen. Sie sind somit in der Lage, die strukturellen Faktoren aufzuzeigen, die einen Liquiditätsschock in eine Finanzkrise verwandeln können – Fragen, die in den darauffolgenden 14 Jahren weiterentwickelt wurden (siehe z. B. Gai und Kappadia 2010). Nichtsdestotrotz bleibt die Frage unbeantwortet, warum ein Liquiditätsschock überhaupt entstehen kann.

Diese Fachliteratur bezieht sich also hauptsächlich auf die Auslöser von Finanzkrisen, jedoch nicht auf ihre Ursachen. Die trennende analytische Position an dieser Stelle ist, ob systemische Risiken endogen oder exogen entstehen. Die endogene Position wird stark mit der Vorstellung von Finanzzyklen assoziiert – Auf- und Abschwünge („booms and busts"), die von sich selbst verstärkenden Hochstimmungen und Paniken vorangetrieben werden (z. B. Kindleberger 1988; Calomiris und Gorton 1991; Minsky 1992; Kaminsky und Reinhart 1999; Borio 2002). Demgegenüber steht eine Position, die systemische Risiken als dem Bankensystem exogen betrachtet (Schwartz 1988). In den frühen Zeitabschnitten unserer Materialauswahl wird die Frage im Hinblick auf die Weltwirtschaftskrise diskutiert. Zu einem späteren Zeitpunkt jedoch (sobald Daten zu globalen Bankenkrisen zugänglich werden) wird diese Debatte erweitert (Kaminsky und Reinhart 1999; Demirgüc-Kunt und Detragiache 1998; Barth et al. 2001).

Interessant ist, dass die ArchitektInnen mathematischer Modelle diesem Thema der langfristigen Zyklen gegenüber verschlossen bleiben und einfache, vergleichende statistische Analysen auf Grundlage der Annahme eines asymmetrischen Informationszugangs (z. B. Bernanke und Gertler 1990) oder einen strukturellen Vergleich von Netzwerkstrukturen (Allen und Gale 2000) statt einer langfristigen zyklischen Analyse durchführen. Fragen zu Finanzzyklen – d. h. zu Auf- und Abschwüngen – werden von informellen Analytikern wie Kindleberger (1998) oder Borio und Lowe (2002) ins Zentrum gestellt; eine empirische Untersuchung dieser Fragen beginnt jedoch erst bei Reinhart und Rogoff (2008), die anhand von Diagrammen und simplen deskriptiven Statistiken einfache historische Analysen der Entstehung von Finanzkrisen vornehmen. Dementsprechend können diese Lücken in der Fachliteratur nicht mathematischen Schwierigkeiten zugeschrieben werden, sondern sind wohl eher durch eine Abwertung historischer Ansätze und die Verwendung einfacher Statistik im Bereich der Finanzökonomie zu erklären.

## 4.3 Relevante Ergebnisse aus der Materialauswahl zur Bankenregulierung

In den Arbeiten der ersten Periode der Materialauswahl zur Bankenregulierung (1985–1990) wurden folgende Beobachtungen gemacht: Erstens betonen die wissenschaftlichen Arbeiten, dass die Bankenregulierung zwei zentrale Regulierungsinstrumente einsetzen sollte, Einlagensicherung und Eigenkapitalquoten. Dazu finden weniger fokussierte Diskussionen zur institutionellen Ausgestaltung der

Einlagensicherung, zu Zinsobergrenzen, ungesicherten Forderungen, 100%igem Reserve-Bankenwesen und „Narrow Banking" (Banken reduzieren ihre Aktivitäten auf ihre Kernfunktionen) statt. Im Hinblick auf die Kapitalregulierung zeigt unsere Textauswahl eine Diskussion risikosensibler Kapitalregulierung, da nicht-risikobezogene Kapitalquoten durch eine Veränderung der Zusammensetzung der Aktivseite einer gegebenen Bilanz möglicherweise übermäßige Risikobereitschaft erzeugen.

Zweitens finden wir im Hinblick auf die ökonomischen Grundprinzipien der Bankenregulierung in unserer Auswahl eine Diskussion über die Auslöser von Bank-Runs und Paniken sowie über die Frage, ob sie aus Geldnachfrageschocks, Informationsasymmetrie oder Liquiditätsrisiken (wo der Liquiditätswert eines Vermögens geringer ist als die entsprechenden Einlagen) entstehen. Die Textauswahl zeigt, dass nahezu Konsens darüber bestand, dass Einlagensicherungen praktisch das einzige Mittel gegen Bank-Runs darstellen – außer in Fällen von Geldnachfrageschocks, wo Kreditgeber letzter Instanz oder Interbankenmärkte die einzigen angemessenen Alternativen sein können. Über die ökonomisch motivierte Einführung von Einlagensicherungen wegen der Gefahr von Bank-Runs hinaus zeigt unsere Textauswahl außerdem, dass das Insolvenzrisiko als die ökonomische Grundüberlegung hinter Kapitalregulierungen verstanden wurde. In unserer Textauswahl erscheinen die Makroprinzipien der Bankenregulierung immer nur als Randnotiz.

Die Diskussion über Bank-Runs und Paniken impliziert die Analyse einer Form von Systemrisiken, die als Ergebnis exogener Schocks auftreten, die von einer zusammenbrechenden Bank auf andere Banken übertragen werden – in erster Linie über die negativen Informationssignale einer Bankenpleite, aber verbunden mit dem Marktversagen asymmetrischer Informationen der Einleger über die Vermögen ihrer Banken, weil diese schwer zu durchschauen sind. Dennoch wurde der Begriff „systemisches Risiko" fast nie erwähnt und ebenso wenig als ein zentrales Problem der Regulierung wahrgenommen.

Die Arbeiten der zweiten und dritten Perioden unserer Untersuchung zur Bankenregulierung (1990–2000) erscheinen als organische Weiterentwicklung der Arbeiten aus der ersten Phase: Sie teilen die meisten Vorstellungen zur ökonomischen Notwendigkeit, Banken zu regulieren und zu den entsprechenden Instrumenten. Das zentrale Thema der dritten Periode ist die Debatte um risikobasierte Kapitalregulierung, ihre Kalkulation und ihre Auswirkungen auf die Risikoanreize der Banken selbst.

Im vierten Zeitraum unserer Auswahl zur Bankenregulierung beobachten wir das Hervortreten von drei neuen Themen, die sich auf die in diesem Zeitraum dominierende Vorstellung von Selbstregulierung beziehen: Autoren hinterfragen den bisherigen Konsens über die Einlagensicherung als optimales Werkzeug, um Bank-Runs und Paniken (die damals einzige bekannte Form eines systemischen

Risikos) anzugehen, und weisen dabei auf die indirekte Einlagensicherung als effizienteres Instrument zur Risikosteuerung hin. Darüber hinaus führen sie eine kontroverse Debatte über die Auswirkungen der Liberalisierung und Deregulierung des Bankenwesens. Schließlich beobachten wir in der vierten Periode unserer Untersuchung (Borio 2003) das Aufkommen des Themas der makroprudenziellen Regulierung, obwohl der betreffende Text die meisten seiner Zitationen in den Jahren der Finanzkrise erhielt (143 Zitierungen 2003–2007, 411 ab 2008).

Die fünfte untersuchte Periode (2005–2009) ist eindeutig die „Phase des Paradigmenwechsels". In diesem Zeitraum behandeln drei der meistzitierten Texte explizit makroprudenzielle Regulierung (Acharya 2009; Saurinas und Jimenez 2006; Brunnermeier et al. 2009). Bis auf Saurinas und Jimenez wurden sie alle erst im Nachgang der Finanzkrise veröffentlicht.

Die Forschung zur Bankenregulierung verlagerte sich in diesem Zeitraum weg vom den Investorenschutz hin zu einem Schutz von Märkten, von der Konzentration auf einzelne Banken hin zu einer Analyse des Zusammenspiels vieler Banken und von einer statischen Analyse – meist in Form vergleichender Statistik – hin zu einer dynamischen Analyse von Risiko und Kredit-/Finanzzyklen. Außerdem verschiebt sich die Forschung zur Bankenregulierung von einer partiellen Gleichgewichtsanalyse und von repräsentativen Bankmodellen hin zur Netzwerkanalyse, zu Modellen von zahlreichen interagierenden Akteuren und allgemeinen Gleichgewichtsmodellen. Darüber hinaus rücken in puncto systemisches Risiko endogene Risiken stärker ins Zentrum der Aufmerksamkeit und verdrängen die bisherige Perspektive auf exogene Faktoren.

Die sechste Periode unserer Untersuchung (2010–2014) stellt eine Erkundungsphase des makroprudenziellen Paradigmas dar. Die fünf meistzitierten Texte aus dieser Phase befassen sich mit Fragen der makroprudenziellen Regulierung. ForscherInnen fingen an, die kognitive Perspektive des makroprudenziellen Paradigmas zu verwenden, um neue Fragen zu formulieren und neue Antworten auf alte Fragen zu entwickeln. Die meistzitierten Texte begannen, eine auf systemische Risiken rekurrierende Erklärung für alte Regulierungsinstrumente wie Kapitalquoten und Liquiditätsgrade anzubieten. Dementsprechend lieferten sie Vorschläge zur Veränderung dieser Regulierungsinstrumente, um sie der makroprudenziellen Perspektive anzugleichen, unter anderem durch antizyklische Kapitalquoten, höhere Anforderungen an die Kapitalqualität und höhere Kapitalquoten. Da die WissenschaftlerInnen zu diesem Zeitpunkt erst anfingen, makroprudenzielle Regulierung ernst zu nehmen, haben die Arbeiten aus diesem Zeitraum entweder explorativen Charakter (Borio und Zhu 2012; Haldane und May 2011; Hanson et al. 2011) oder bieten im Rahmen von Rezensionen einen Überblick über den Stand der Debatte (Galati und Moessner 2013). Angesichts des sehr formalisierten Charakters der vorherigen ökonomischen Fachliteratur ist die Tatsache, dass die fünf meistzitierten Texte im Bereich der Bankenregulierung informell sind, durchaus verblüffend. Da das neue regulatorische Paradigma sich zu dieser Zeit gerade erst entfaltete, erkunden diese Werke neues Territorium und bereiten den Boden für zukünftige Forschung.

## 4.4 Vorläufige für das Verhältnis zwischen den beiden Samples relevante Ergebnisse

Wir beobachteten eine *starke Disjunktion* zwischen der Textauswahl zu systemischen Risiken und der zur Bankenregulierung. Obwohl einige wichtige der makroprudenziellen Regulierung zugrunde liegende Ideen zu systemischen Risiken bereits in der ersten Periode der Untersuchung zu Systemrisiken (1985–1990) diskutiert wurden, tauchen sie in der Auswahl zur Bankenregulierung erst (und lediglich peripher) in der vierten Periode (2000–2004) auf und setzen sich erst in der Phase des Paradigmenwechsels (2005–2009) durch.

Wir haben ein Netzwerk konstruiert, um aufzuzeigen, wie oft Arbeiten aus der Gruppe der Texte zu systemischen Risiken in Arbeiten aus der Gruppe zu Bankenregulierung zitiert wurden (siehe Abbildung 3), wobei die Zahl der Zitation mit 24 eher gering ist. Die Mehrheit dieser Zitationen, insgesamt 19, wird von makroprudenziellen Autoren in unserer Textauswahl zur Bankenregulierung gemacht, was die Zahl von Quellen, die von mikroprudenziellen Autoren zitiert werden, auf fünf bringt. Unter diesen fünf ist eine Quelle, die noch sehr neu ist (Gorton und Metrick 2012), und eine weitere, die lediglich ein Selbstzitat darstellt, was die Zahl von originären Zitationen auf drei senkt, von denen eine Bernanke betrifft, einen eher dem Mainstream zuzuordnenden Autor. Dieses Zitiermuster bestätigt die beobachtete Disjunktion zwischen Bankenregulierungs- und Systemrisikodiskursen. Darüber hinaus zeigt es, dass dieser Unterschied im Zusammenhang mit der Unterscheidung zwischen mikro- und makroprudenziellen Ansätzen innerhalb der Bankenregulierung steht. Die Anhänger mikroprudenzieller Ansätze ignorierten diesen Diskurs einfach, als hätte er gar nicht stattgefunden. Sie zitierten ihn nicht einmal um seine Ideen zu widerlegen. Wir verfügen zwar über keine zufriedenstellende Erklärung für diese Disjunktion zwischen der theoretischen Fachliteratur zum Thema systemische Risiken und der politikorientierten Fachliteratur zur Bankenregulierung, doch deckt diese Disjunktion möglicherweise auf, dass eine Art Fragmentierung innerhalb der Finanzökonomie als Forschungsbereich besteht, in der theoretische Arbeit nicht – wie wir es vielleicht erwarten würden – zügig auf politikorientierte Forschung übertragen wird.

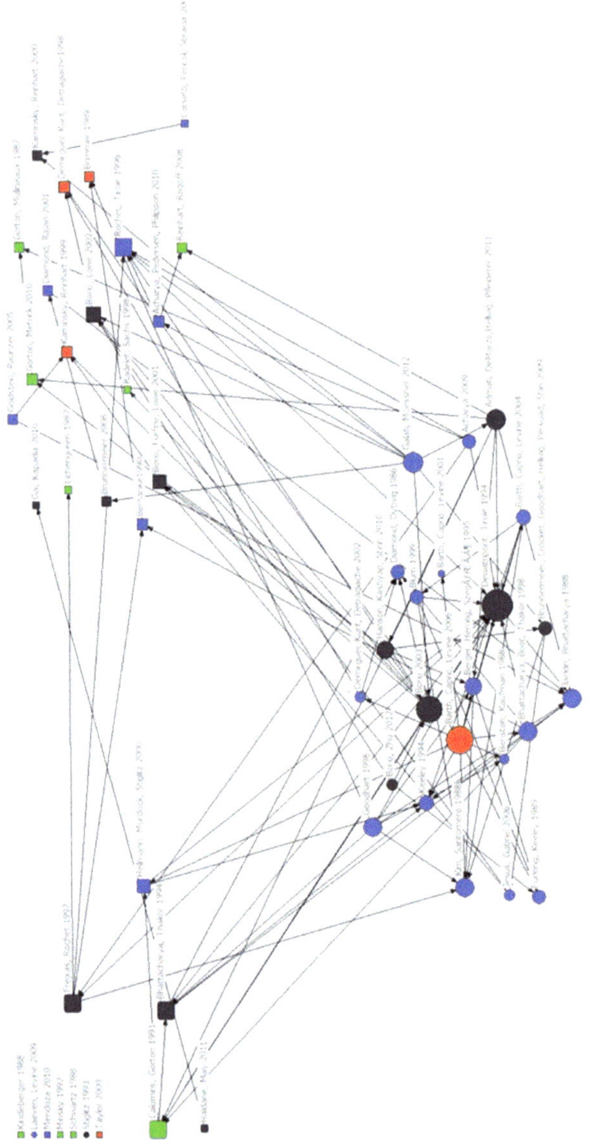

**Abb. 3** Das Netzwerk zeigt die Anzahl der Zitierungen von Arbeiten aus der Auswahl zu systemischen Risiken in Arbeiten aus der Auswahl zur Bankenregulierung.

Quelle: eigene Darstellung

Diese Fragmentierung liegt möglicherweise daran, dass, obwohl systemische Risiken in der entsprechenden Textauswahl insgesamt ernsthafter diskutiert werden, sie in den ersten drei untersuchten Perioden nicht ausreichend konzipiert oder quantifiziert wurden. Dies könnte als Erklärung dafür dienen, warum die Forschung zur Bankenregulierung als angewandte Wissenschaft die systemischen Risiken aufgrund ihrer fehlenden Formalisierung nicht ernst nahm. Um die oben geschilderte Beobachtung der Fragmentierung zu erklären, bedarf es einer weiteren Erforschung der inneren Dynamiken von theoretischer und politikorientierter angewandter Forschung sowie ihrer Kommunikationsmodi untereinander.

Die Arbeiten aus der Auswahl zu systemischen Risiken sind als Vierecke, die Arbeiten aus der Auswahl zur Bankenregulierung als Kreise und wissenschaftliche Arbeiten, die Teil beider Auswahlen waren, als abgerundete Vierecke dargestellt.

## 5 Fazit

Dieser Beitrag hat versucht, anhand einer interpretativen Diskursanalyse die Verschiebung von mikro- zu makroprudenzieller Regulierung zu verstehen, und zu einer Klärung der Frage beizutragen, warum dieser Diskurs dabei versagte, makroprudenzielle Regulierungsansätze schon vor der Krise zu entwickeln. Wir haben festgestellt, dass der Grund dafür seine Fixierung auf Formalismus, insbesondere auf die nicht-strukturelle, partielle, formale Gleichgewichtsanalyse ist. Der ökonomische Diskurs beschäftigte sich mit Fragestellungen, die mit Hilfe der vorherrschenden formalen Methoden in Modellen dargestellt werden konnten, und nicht mit den Problemen, mit denen Praktiker konfrontiert sind. Dieses Problem wird dadurch verschärft, dass der wirtschaftswissenschaftliche Diskurs zur Bankenregulierung historische Diskurse und Praktikerdiskurse – obwohl dies wertvolle Wissensquellen sind – ausklammert.

In diesem Sinne war diese Arbeit ein Versuch, die Entwicklung des wirtschaftswissenschaftlichen Diskurses zu systemischen Risiken und Bankenregulierung nachzuzeichnen, um die Verschiebung von mikroprudenzieller zu makroprudenzieller Bankenregulierung besser zu verstehen. Unsere zwei Samples belegen, dass die informelle historische und praxisbezogene Untergruppe des ökonomischen Diskurses zu Systemrisiken in der Lage war, systemische Risiken zu diskutieren, während die formale Untergruppe (insbesondere die formale Untergruppe der Auswahl zur Bankenregulierung) systemische Risiken bis zum Jahr 2005 nahezu vollständig ausblendete. Warum ignorierte der ökonomische Diskurs zur Bankenregulierung systemische Risiken, wie sie als Konzept in manchen der meistzitierten

Arbeiten aus der Textauswahl zu Systemrisiken entwickelt wurden? Warum stellten systemische Risiken so ein Problem dar? Ein offenkundiger Grund war ihre relativ späte Konzeptualisierung, die sie schließlich mess- und operationalisierbar machte; ein weiterer Grund war die Wirkung des ersten Bank-Run-Modells, das auf nur einer repräsentativen Bank aufbaute (Rochet und Tirole 1996, S. 733f). In diesem Zusammenhang scheint mathematische Schlichtheit eine Rolle gespielt zu haben, denn auch die Handhabbarkeit des Diamond/Dybvig-Modells von 1983 wurde über mathematische Simplifizierung erreicht. Leider wurde Kindlebergers Bemerkung (1988, S. 91), dass „es keinen Beleg dafür gibt, dass historische Tatsachen zu Gunsten einfacherer Mathematik beiseitegeschoben werden sollten", ignoriert. Ein weiterer Aspekt im Zusammenhang mit der Diskussion systemischer Risiken ist, dass sie in ihrer neuen makroprudenziellen Formulierung dem neoklassischen Paradigma – nämlich der Annahme, dass Ordnung auf der Makroebene aus rationalem Handeln auf der Mikroebene entstehe – widerspricht.

Systemische Risiken verweisen hingegen nachdrücklich auf die Existenz einer Ebene jenseits des Individuums, auf der sich Risiken unabhängig von – oder vielleicht gerade wegen – rationalen Handlungen einzelner Akteure auf der Mikroebene anhäufen (Baker 2013). Das Konzept des systemischen Risikos war kaum mit der typischen neoklassischen Weltanschauung zu vereinbaren, was Verfechtern dieser Theorie jede Möglichkeit raubte, den theoretischen Mainstream als Inspirationsquelle zu nutzen. Diese Erklärung ist auf gewisse Weise mit der Theoretisierung systemischer Risiken als negative Externalität vereinbar, denn diese versucht, systemische Risiken in das neoklassische Paradigma des Marktversagens zu integrieren (Acharya et al. 2010), anstatt das Konzept als eine Reflexion auf emergente Eigenschaften des Finanzsystems neu zu denken (Haldane 2011).

Wir vertreten nicht die Ansicht, dass das Versagen des wirtschaftswissenschaftlichen Diskurses, makroprudenzielle Regulierungsvorschläge bereits vor der Krise zu entwickeln, allein seiner Befangenheit im Formalismus zugeschrieben werden kann. Denn die Regulierung war ebenso in einer spezifischen Form der Modellentwicklung gefangen, hauptsächlich in der der nicht-strukturellen partiellen Gleichgewichtsanalyse. Diejenigen, die bereits vor der Krise in der Lage waren, das systemische Risiko in seiner endogenen Form zu analysieren, nahmen eine netzwerkanalytische Perspektive ein. Formalismus innerhalb des ökonomischen Diskurses bedeutet durchaus eine Einschränkung, doch ist er umso begrenzender, je kleiner das Arsenal der verfügbaren formalen Methoden.

Schließlich identifizierten wir unterschiedliche Diskurse innerhalb des wirtschaftswissenschaftlichen Diskurses; nichtsdestotrotz war der Praktikerdiskurs gewissermaßen der zentrale Diskurs innerhalb der Textauswahl zu systemischen Risiken, der in der Lage war, systemische Risiken und deren Auswirkungen angemessen zu behandeln. In der Textauswahl zur Bankenregulierung, die der formale Diskurs dominierte, wurde dieser Diskurs jedoch ausgeblendet. Der Praktikerdiskurs stützt sich auf Informationsquellen, die WissenschaftlerInnen nicht unmittelbar abrufen können, und sein Fehlen in unserer Materialauswahl zur Bankenregulierung trägt womöglich zur Klärung der Frage bei, warum systemische Risiken in diesem Sample vor der Krise übersehen wurden. Dieser fehlende Dialog bedeutete jedoch, dass eine Messung der Entwicklung systemischer Risiken den Praktikern der Bankenregulierung nicht möglich war, was den Regulierungsbehörden größtenteils die Sicht auf Risiken versperrte, die sich bereits vor der Krise entwickelten.

## Literatur


Acharya, V. V. (2009). A Theory of Systemic Risk and Design of Prudential Bank Regulation. *Journal of Financial Stability 5*, 224–255.

Acharya, V. V., Pedersen, L. H., Philippon, T., & Richardson, M. (2010). Measuring Systemic Risk. *AFA 2011 Denver Meetings Paper.*

Admati, A. R., DeMarzo, P. M., Hellwig, M. F., & Pfleiderer, P. C. (2011). Fallacies, Irrelevant Facts, and Myths in the Discussion of Capital Regulation: Why Bank Equity is not Expensive. *MPI Collective Goods Preprint, 2010/42.* https://www.gsb.stanford.edu/sites/default/files/research/documents/Fallacies%20Nov%201.pdf. Zugegriffen: 10. September 2014.

Allen, F., & Gale, D. (2000). Financial Contagion. *Journal of Political Economy 108 (1)*, 1–33.

Backhouse, R. E. (1998). If Mathematics is Informal, Then Perhaps We Should Accept That Economics Must be Informal Too. *The Economic Journal 108 (451)*, 1848–1858.

Baker, A. (2013). The New Political Economy of the Macroprudential Ideational Shift. *New Political Economy 18 (1)*, 112–139.

Bank of England (2009). The Role of Macroprudential Policy. *Discussion paper. Bank of England.* http://www.bankofengland.co.uk/publications/Documents/other/financialstability/roleofmacroprudentialpolicy091121.pdf. Zugegriffen: 10. September 2014.

Bernanke, B. S. (2011). Implementing a Macroprudential Approach to Supervision and Regulation. Resource document. 47th Annual Conference on Bank Structure and Competition, Chicago, Illinois. http://www.federalreserve.gov/newsevents/speech/bernanke20110505a.html. Zugegriffen: 05. Mai 2014.

Bernanke, B., & Gertler, M. (1990). Financial Fragility and Economic Performance. *The Quarterly Journal of Economics 105*, 87–114.

Bhattacharya, S., & Thakor, A. (1993). Contemporary Banking Theory. *Journal of Financial Intermediation 3 (1)*, 2–50

Black, J. (2013). Seeing, Knowing, and Regulating Financial Markets: Moving the Cognitive Framework from the Economic to the Social. Resource document. *LSE Law, Society and Economy Working Papers 24/2013.* http://www.lse.ac.uk/collections/law/wps/WPS2013-24_Black.pdf. Zugegriffen: 10. September 2014.

Blaug, M. (2009). The Trade-Off between Rigor and Relevance: Sraffian Economics as a Case in Point. *History of Political Economy 41 (2)*, 219–247.
Borio, C., & Lowe, P. W. (2002). Asset Prices, Financial and Monetary Stability: Exploring the Nexus. *BIS Working Paper No. 114*. http://www.bis.org/publ/work114.pdf. Zugegriffen: 09. September 2014.
Borio, C. (2003). Towards a Macroprudential Framework for Financial Supervision and Regulation? *Bank for International Settlements Working Papers 128*. http://www.bis.org/publ/work128.pdf. Zugegriffen: 09. September 2014.
Borio, C. (2009). Implementing the Macroprudential Approach to Financial Regulation and Supervision. Financial Stability Review 13. Resource document. http://www.banque-france.fr/fileadmin/user_upload/banque_de_france/publications/Revue_de_la_stabilite_financiere/etude04_rsf_0909.pdf. Zugegriffen: 09. September 2014.
Borio, C., & Zhu, H. (2012). Capital Regulation, Risk-taking and Monetary Policy: A Missing Link in the Transmission Mechanism? *Journal of Financial Stability 8*, 236–251.
Brimmer, A. F. (1989). Distinguished Lecture on Economics in Government: Central Banking and Systemic Risks in Capital Markets. *The Journal of Economic Perspectives 3 (2)*, 3–16.
Callon, M. (1998). Introduction: The Embeddedness of Economic Markets in Economics. In M. Callon (Hrsg.), *The Laws of the Markets* (S. 1–55). Oxford: Blackwell.
Callon, M. (2007). What Does It Mean to Say That Economics Is Performative? In D. MacKenzie, F. Muniesa & L. Siu (Hrsg.), *Do Economists Make Markets? On the Performativity of Economics* (S. 311–357). Princeton: Princeton University Press.
Callon, M., Muniesa, F., & Millo, Y. (Hrsg.) (2007). *Market Devices*. Chichester: Wiley-Blackwell.
Calomiris, C. W., & Gorton, G. (1991). The Origins of Banking Panics: Models, Facts and Bank Regulation. In G. R. Hubbard (Hrsg.), *Financial Markets and Financial Crises* (S. 109–174). Chicago: University of Chicago Press.
Demirgüc-Kunt, A., & Detragiache, E. (1998). The Determinants of Banking Crises in Developing and Developed Countries. *IMF Staff Papers – International Monetary Fund 45 (1)*, 81–109.
Diamond, D. W., & Dybvig, P. H. (1983). Banking Theory, Deposit Insurance and Banking Regulation. *The Journal of Business 59 (1)*, 55–68.
Freixas, X. & Rochet, J.-C. (1997). *Microeconomics of Banking*. Cambridge: MIT Press.
Gai, P., & Kappadia, S. (2010). Contagion in Financial Networks. *Proceedings of the Royal Society 466 (2120)*, 2401–2423.
Galati, G., & Moessner, R. (2013). Macroprudential Policy – a Literature Review. *Journal of Economic Surveys 27 (5)*, 846–878.
Goodhart, C., Persaud, A. D., Brunnermeier, M., Crockett, A., & Shin, H. (2009). The *Fundamental Principles of Financial Regulation: Geneva Reports on the World Economy*. London, Washington: Centre for Economic Policy Research/Brookings Institution Press.
Gorton, G. (2010). *Slapped by the Invisible Hand: The Panic of 2007*. Oxford: Oxford University Press.
Gorton, G., & Metrick, A. (2012). Securitized Banking and the Run on Repo. *Journal of Financial Economics 104 (3)*, 425–451.
Haldane, A. G., & May, R. M. (2011). Systemic Risk in Banking Ecosystems. *Nature 469*, 351–355.
Hammond, J. D. (2011). Markets, Politics and Democracy at Chicago: Taking Economics Seriously. In R. van Horn, P. Mirowski & T. Stapleford (Hrsg.), *Building Chicago Economics* (S. 36–66). Cambridge: Cambridge University Press.

Hanson, S., Kashyap, A., & Stein, J. (2011). A Macroprudential Approach to Financial Regulation. *Journal of Economic Perspectives 25 (1)*, 3–28.
International Monetary Fund (IMF) (2011). Macroprudential Policy: An Organizing Framework. *IMF Policy Paper.* https://www.imf.org/external/np/pp/eng/2011/031411.pdf. Zugegriffen: 09. September 2014.
Kaminsky, G. L., & Reinhart, C. M. (2000). On Crises, Contagion, and Confusion. *Journal of International Economics 51 (1)*, 145–168.
Kaminsky, G. L., & Reinhart, C. M. (1999). The Twin Crises: the Causes of Banking and Balance-of-Payments Problems. *American Economic Review 89 (3)*, 473–500.
Kaufman, G. G. (1994). Bank Contagion: A Review of the Theory and Evidence. *Journal of Financial Services Research 8*, 123–150.
Kindleberger, C. P. (1988). *The International Economic Order. Essays on Financial Crisis and International Public Goods.* Hempstead: Harvester Wheatsheaf.
MacKenzie, D., Muniesa, F., & Siu, L. (2007). *Do Economists Make Markets? On the Performativity of Economics.* Princeton: Princeton University Press.
MacKenzie, D. (2006). *An Engine, not a Camera: How Financial Models Shape Markets.* Princeton: Princeton University Press.
MacKenzie, D. (2005). Opening the Black Boxes of Global Finance. *Review of International Political Economy 12 (4)*, 555–576.
MacKenzie, D., & Millo, Y. (2003). Constructing a Market, Performing Theory: The Historical Sociology of a Financial Derivatives Exchange. *American Journal of Sociology 109 (1)*, 107–145.
Medema, S. (2011). Chicago Price Theory and Chicago Law and Economics: A Tale of Two Transitions. In R. van Horn, P. Mirowski & T. Stapleford (Hrsg.), *Building Chicago Economics* (S. 151–179). Cambridge: Cambridge University Press.
Minsky, H. P. (1992). The Financial Instability Hypothesis. *The Jerome Levy Economics Institute Working Paper.*
Mirowski, P., & Nik-Khah, E. (2007). Markets Made Flesh: Performativity, and a Problem in Science Studies, Augmented with Consideration of the FCC Auctions. In D. MacKenzie, F. Muniesa & L. Siu (Hrsg.), *Do Economists Make Markets? On the Performativity of Economics* (S. 190–224). Princeton: Princeton University Press.
Reinhart, C. M., & Rogoff, K. S. (2008). Is the 2007 US Sub-prime Financial Crisis so Different? An International Historical Comparison. *NBER Working Paper.* http://www.nber.org/papers/w13761.pdf. Zugegriffen: 09. September 2014.
Rochet, J. C., & Tirole, J. (1996). Interbank Lending and Systemic Risk. *Journal of Money, Credit and Banking 28 (4)*, 733–762.
Saurinas, J., & Jimenez, G. (2006). Credit Cycles, Credit Risk and Prudential Regulation. *International Journal of Central Banking 2 (2)*, 65–98.
Taylor, J. B. (2009). The Financial Crisis and the Policy Responses: An Empirical Analysis of What Went Wrong. Resource document. Social Science Research Network. http://papers.ssrn.com/sol3/papers.cfm?abstract_id=1327252. Zugegriffen: 08. August 2014.
VanHoose, D. (2011). Systemic Risk and Macroprudential Bank Regulation: a Critical Appraisal. *Journal of Financial Transformation 33*, 45–60.

# Regieren durch Risiko

## Staatlichkeit im europäischen Finanzregulierungsdiskurs

Benjamin Wilhelm

*„To the extent that sovereign exposures are themselves subject to a risk of becoming illiquid, not acknowledging this risk in the regulation is problematic."*
(ESRB 2015)

## 1 Einleitung

Die Neuausrichtung der Eigenkapitalanforderungen für Banken verweist auf die veränderte Stellung souveräner Staatlichkeit innerhalb der Europäischen Union (EU). Das vorausgehende Zitat verdeutlicht, wie der Europäische Ausschuss für Systemrisiken das Risiko des Zahlungsausfalls durch Staaten in die Finanzmarktregulierung einschreiben möchte. Mit dieser Anforderung geht der ExpertInnendiskurs einen Schritt über die erst kürzlich erfolgte Neugewichtung des Eigenkapitals für Banken in der EU hinaus und verdeutlicht, wie die Gefahr eines Staatsbankrotts durch den europäischen Regulierungsdiskurs eingehegt werden soll.

Vor diesem Hintergrund stellt der vorliegende Beitrag dar, wie die Evolution der europäischen Finanzmarktregulierung auf die Rekonfiguration von Staatlichkeit verweist. Anhand der Regulierung des Eigenkapitals für Banken wird hervorgehoben, wie die Einschreibung einer risikobasierten Rationalität sowohl die möglichen politischen Positionen des Staates als auch die Reichweite seiner Handlungsmöglichkeiten in der EU einschränkt. Dies zeigt sich insbesondere an der Bemessung der Kreditwürdigkeit eines Staates, die weitergehend an die Operationslogik der Finanzmärkte angebunden wird.

Das Regulierungsparadigma und das damit stabilisierte institutionelle Gefüge von Finanzmärkten und staatlichen Strukturen sorgt dafür, dass sich kreditnehmende Staaten (das sind hier die Mitgliedsstaaten der EU) an übergeordneten Kategorien für „gutes Haushalten" orientieren sollten, die jedoch außerhalb ihres eigenen Handlungsspielraums festgelegt und beaufsichtigt werden. Handlungsmöglichkeiten und -restriktionen verweisen so auf den politischen Moment von Wissensstrukturen und die damit einhergehenden Risikomodellierungen.

Vor diesem Hintergrund argumentiert der Beitrag, dass die übergreifende Entwicklung von Finanzmarktregulierung auf die Veränderung von Staatlichkeit innerhalb der EU verweist und dass sich damit die Problematik der Regierbarkeit von Finanzmärkten verfestigt. Das veränderte Verständnis von Staatlichkeit provoziert darüber hinaus die Frage, ob sich das reformulierte Finanzsystem einen Staat als krypto-souveräne Entität erhält, um dessen Eigenlogik weiter zu stabilisieren und sie auf andere sozio-politische Felder auszudehnen.[1]

Zur besseren Einordnung verdeutlicht der Beitrag zunächst die Relevanz des Regulierungsdiskurses zu Eigenkapitalanforderungen für Banken und hebt die analytische Lücke in der bestehenden Literatur zur Internationalen Politischen Ökonomie der Finanzmarkregulierung hervor. Anschließend wird die Einschreibung und Veränderung des Risikobegriffs in die Finanzmarktregulierung aufgezeigt, um durch drei Episoden die Veränderung von Staatlichkeit zu markieren. Abschließend stellt der Beitrag die Frage nach der gegenwärtigen Bedeutung der Souveränitätsannahme (speziell in der EU) mit Blick auf das im Eingangszitat aufgeworfene Szenario der sich fortschreitenden Einhegung staatlicher Ordnung auf europäischer Ebene.

## 2 Politiken europäischer Finanzmarktregulierung

Die Regulierungsmaßnahmen nach der Finanzmarktkrise haben Spuren hinterlassen. So hat sich seit der letzten Krise und innerhalb der EU das institutionelle Gefüge im Finanzbereich weiter entwickelt und die Kontrolle von Finanzinstitutionen verdichtet. Neben diversen Stabilisierungsmechanismen, der Banken Union und der nun angestrebten Vereinheitlichung der Kapitalmärkte haben sich die Reformbemühungen in der EU zunächst auf die Eigenkapitalstruktur von Banken gerichtet. In diesem Abschnitt wird daher die empirische Relevanz der Eigenkapitalrichtlinie für Banken dargelegt und anschließend ein Überblick über die unterschiedlichen sozio-politischen Perspektiven auf die Regulierungsbemühungen gegeben, um darauf aufbauend auf das analytische Potenzial der Social Studies of Finance bezüglich Finanzmarktregulierungspraktiken zu verweisen.

1 Die Übersetzung von Finanzmarktlogiken in weitere sozio-politische Felder wurde etwa durch die Finanzialisierungsliteratur aufgezeigt (für einen Überblick siehe Nölke und Heires 2014)

## 2.1 Eigenkapitalregulierung und Staatlichkeit im Wandel

Die Krisenphänomene der letzten Jahre haben zu einer substanziellen Veränderung der regulatorischen Vereinbarungen innerhalb der EU geführt. Mit dem Bemühen der G20 um eine stabilere Finanzmarktarchitektur wurde die Bedeutung einzelner Institutionen im Finanzwesen für das Entstehen systemischer Risiken deutlich.[2] Die Vorschläge des Baseler Komitees für Bankenaufsicht waren federführend für die Reform internationaler Regulierungsstandards. Im Falle der Europäischen Union war es dann die Reform der Eigenkapitalanforderungen (Capital Requirements Directive, kurz CRD IV) für Banken, wodurch die Standards aus Basel weitgehend deckungsgleich implementiert werden konnten.

Das „Regulatory Framework for More Resilient Banks and Banking Systems" (kurz Basel III) war das Ergebnis der Regulierungsdiskussion nach dem Zusammenbruch von Lehman Brothers und den damit einhergehenden globalen Implosionen im Finanzsektor. Mit der Revision der Kapitalstandards für international aktive Finanzinstitutionen sollte verhindert werden, dass sich die systemische Qualität der durch die Lehman-Pleite ausgelösten Krise nicht mehr wiederholt. Nach einem ad-hoc-Treffen der G8- und G20-Staaten, wurde die technische Arbeit zum Eigenkapital für Banken vorranging an den Baseler Ausschuss für Bankenaufsicht delegiert. Nach einzelnen Zwischenschritten wurde 2011 das oben genannte Rahmenwerk „Basel III" vorgestellt, das bis 2019 in den einzelnen Jurisdiktionen[3] implementiert werden soll und somit einen globalen Standard für resilientere Finanzdienstleistungen im Bankenbereich darstellt. Damit sollen unkalkulierbare Risiken, die von einem global vernetzten Bankenwesen ausgehen, minimiert und mögliche Dominoeffekte reduziert werden.

Die internationalen Regulierungsbemühungen konzentrieren sich insbesondere auf die Risikokategorien für unterschiedliche Kapitalarten und wurden bezüglich der Aufsichtsstrukturen, der Risikogewichtung sowie der Berechnungsmodelle reformiert. Dieser Prozess führte in der EU zur Novellierung der Eigenkapitalrichtlinie, die sich nun zum Großteil mit den vom Baseler Komitee vorgeschlagenen Regulierungseckdaten überschneidet.[4] Dieses neue regulatorische Umfeld kondi-

---

2 Zur Veränderung des Regulierungsparadigmas siehe etwa Baker (2013).

3 27 Länder beteiligen sich derzeit am Monitoring-Verfahren der Bank für Internationalen Zahlungsausgleich zur Basel III Umsetzung. Dies betrifft 224 international aktive Banken (BCBS 2015).

4 Eine eher spontane Abweichung vom Basel III Standard wurde mit dem sogenannten ‚Bonus Cap' in das Gesetzespaket eingebunden. Es ist ein vereinzeltes Beispiel, anhand dessen Finanzmarktregulierung in einer breiteren Öffentlichkeit diskutiert wurde.

tioniert jedoch nicht nur den Bankensektor sondern es verweist auch darauf, wie sich Staatlichkeit innerhalb der EU artikulieren lässt, welche Eigenschaften Staaten zugeordnet werden können und wie Staaten sich zu anderen Finanzinstitutionen innerhalb europäischer Finanzmärkte verhalten.

Die Politik der Finanzmarktregulierung verweist somit darauf, wie regulatorische Texte konstruiert werden, welche Akteursarten sich konstituieren können und wie sich diese wechselseitig verhalten. Im Folgenden wird diese Herangehensweise genauer dargestellt, um davon ausgehend die Souveränitätsverschiebung anhand der Entwicklung der Eigenkapitalrichtlinie aufzuzeigen. In Anlehnung an die oben genannten Performativitätsansätze rekonstruiert der folgende Abschnitt die europäische Regulierung von Eigenkapitalanforderungen für Banken. Die Entwicklung der Texte zur Eigenkapitalregulierung kann hier insbesondere anhand der Verwendung des Risikobegriffs in unterschiedliche Perioden eingeteilt werden. Regulierungstexte reflektieren somit auch die historische Entwicklung von Stabilisierungsmaßnahmen entlang von Krisenphänomenen (etwa de Goede 2004).

Um für die Stabilität des Finanzsystems zu sorgen, erhalten Konzepte wie systemisches und makroprudenzielles Risiko, Risikoprofile oder Risikomanagement eine zunehmende Bedeutung. Durch das Auftauchen dieser Begriffe sowie durch ihre unterschiedliche Kontextualisierung wird die sich historisch verändernde Hierarchie zwischen Marktakteuren, Mitgliedsstaaten und der Europäischen Union deutlich. Damit geht auch die Rekonfiguration des institutionellen Gefüges der Europäischen Union einher, indem vor allem Mechanismen geschaffen werden, die sich durch Risikokonzepte rationalisieren lassen. Reformanforderungen an Mitgliedsstaaten können so durch Funktionalitätserfordernisse von Finanzmärkten wissensbasiert begründet werden.

## 2.2 Internationale Politische Ökonomien der Finanzmärkte

Die politische Bedeutung der unterschiedlichen Maßnahmen zur Finanzmarktregulierung wurde insbesondere durch zwei Strömungen der Internationalen Politischen Ökonomie diskutiert. Einerseits wurden die strukturellen politik-ökonomischen Bedingungen erforscht, in deren Folge sich dann Hierarchien innerhalb von Finanzmarktregulierung ergeben (Helleiner 2011; Cohen 2012; Germain 2012; Schwartz 2012). Es ist die transnationale Konstellation, welche das traditionelle Verständnis von Staatlichkeit unterminiert (Cerny 2010; Nölke 2011; Young 2012; McKeen-Edwards und Porter 2013). Staaten sind mit ansteigenden Finanztransaktionen konfrontiert, die sich zwischen global vernetzten Finanzzentren abspielen und zunehmend der staatlichen Gewalt entzogen sind.

Andererseits wissen wir ebenfalls mehr über Finanzmarktakteure und deren Interessen, welche die Verhandlungen, Kommentare und Formulierungen der Reformbemühungen und damit die gegenwärtige Konstruktion der Finanzmarktregulierung beeinflusst haben (Posner und Veron 2010; Tsingou 2015; Mügge 2011; Pagliari und Young 2014; Thiemann 2012). Der analytische Fokus richtet sich dabei auf Firmen, Lobbyisten, sektoriale Unterschiede, Regulatory Capture oder epistemischen Gemeinschaften, um nur einige Analysekonzepte hervorzuheben, die dazu beitragen, die Akteure im politische Prozess der Finanzmarktregulierung besser zu verstehen (etwa Seabrooke 2014; Tsingou 2015).

Außen vor geblieben ist dabei jedoch die Analyse, wie die performative Artikulation von Finanzmarktregulierung die Produktion des Finanz- und des politischen Systems bedingt und restringiert (Ausnahmen finden sich bei Aitken 2010; Hansen und Porter 2012; Langley 2013). Hier und im Gegensatz zu den dargestellten Ansätzen der Internationalen Politischen Ökonomie, wenden sich die Social Studies of Finance einer ethnographischen Forschungsmethode zu. Hier hat in den vergangenen Jahren insbesondere das Konzept der Performativität zu einem detaillierteren Verständnis der sozio-politischen Funktion von Finanzmärkten geführt (e.g. Preda 2009; Riles 2010; Lenglet 2011; Fourcade et al. 2013; MacKenzie 2014).

Die Verbindung von Social Studies of Finance mit Performativitätsansätzen zeigt die Produktivität von Finanzrelationen für soziale Beziehungen und, wie soziale Beziehungen Finanzmarktrelationen beeinflussen (MacKenzie und Millo 2003; Callon und Muniesa 2005; Callon 2007). Dieser Forschungsstrang entwickelte ein soziologisches Verständnis von Technizität (etwa Algorithmen), Individualität (etwa die Möglichkeit zur Verantwortung) oder Wissensproduktion (etwa die Relevanz von Expertise), und dies zumeist basierend auf der Analyse von sozialen Praktiken und sprachlichen Äußerungen, die konstitutiv mit dem Funktionieren von Finanzmärkten verschränkt sind.

Ein gemeinsames, wenn auch nicht exklusives, Forschungsinteresse richtet sich darauf, wie konkrete soziale Praktiken Finanzmärkte erst erzeugen, ohne sie als ein vor-soziales, gesellschaftsunabhängiges und damit quasi naturgegebenes Phänomen zu positionieren. So zeigten abstrakte Beschreibungen – etwa durch eine ökonomische Theorie (der Finanzmarktregulierung) – nicht, wie sich der einzelne Handelsvorgang, der Start eines Algorithmus oder das Strukturieren von Finanzmarktprodukten innerhalb einer sozialen Ordnung auswirken und so eine Rationalität von Finanzmärkten verstetigen und in Gang setzen.

Im Bereich von Ökonomie und Finanzmärkten wird der Performativitätsansatz hauptsächlich zur Analyse von Mikroprozessen benutzt (etwa MacKenzie 2009; Callon 2010; Beunza und Stark 2012; Esposito 2012; Svetlova 2012). Komplementär dazu zeigt dieser Beitrag, dass die Performativitätsansätze in der Analyse der

Verknüpfungspunkte von Mikro- und Makroprozessen zu weiteren Einsichten führen und zwar insbesondere, wie sich anhand von Finanzmarktregulierung die Hierarchie zwischen Europäischer Union und ihrer Mitgliedssaaten entwickelt und stabilisiert.

Damit ist die Social Studies of Finance-Perspektive äußerst sensitiv für konstitutive, sich wechselseitig bedingende soziale Praktiken. Diese detaillierte Perspektive auf soziale Praktiken erschwert es jedoch, ein Verständnis für soziale Verhältnisse und Hierarchien zu gewinnen, welche sich über die empirische Faktizität der einzelnen Praktiken hinaus stabilisieren und damit in kontingenter Kombination zu allgemeineren Ordnungskonstellationen führen. Hier bietet der Blick auf Regulierungstexte einen konzeptuellen Ansatzpunkt, der es sowohl ermöglicht, den konstitutiven Prozess sozialer Ordnung zu verfolgen, als auch eine analytische Trennung von Akteur und Struktur zu vermeiden.

## 3 Risiko und die Evolution europäischer Souveränität

Dieser Abschnitt hebt nun hervor, wie die Artikulation von Risiko ein neues Verständnis von Staatlichkeit performativ stabilisiert: nämlich als zu managende Einheiten im Gegensatz zu einem traditionellen Souveränitätsverständnis selbstbestimmter politischer Akteure. Die neue Eigenkapitalrichtlinie (CRD IV) regelt die Kapitalstruktur von Finanzinstitutionen und die damit einhergehenden Hebelmöglichkeiten durch Kreditvergabe und das Finanzproduktmanagement. Allgemein verlangt CRD IV höhere Kapitalpuffer für die einzelnen Finanzinstitutionen in der Europäischen Union, damit das gesamte Finanzsystem an Stabilität gewinnt. Im Zuge dessen wurden auch neue Kapitalkategorien eingeführt und damit Hierarchien von Finanzprodukten festgelegt: dass etwa Wertpapiere, die mit Hypotheken unterlegt sind, anders eingestuft werden als Wertpapiere, die sich auf Autokredite beziehen.

Die veränderten Kapitalstandards beeinflussen nicht nur die internen Buchhaltungsstrategien von Banken und das damit einhergehende Potenzial, Profite zu erwirtschaften. Darüber hinaus beeinflusst die Reformagenda auch die politischen Beziehungen zwischen der EU und ihren Mitgliedsstaaten. Durch neue Aufsichtsbehörden, neue Möglichkeiten des Informationsaustauschs sowie Rettungsprogramme sind Kapitalstandards zunehmend EU-weit angeglichen. Damit verdeutlicht Finanzmarktregulierung auch, wie sich Staatlichkeit im Zuge der Reformen verändert, insbesondere wenn die Regulierungstexte und deren Entwicklung über einen größeren Zeitraum hinweg betrachtet werden.

## 3.1 Die Einschreibung des Risikobegriffs in die Finanzmarktregulierung

Eines der ersten Abkommen zur „Abolition of Restrictions on Freedom of Establishment and Freedom to Provide Services“ der Europäischen Gemeinschaft für den Finanzsektor wurde 1973 getroffen (EC 1973). Es ist ein zehnseitiges Dokument, das sich insbesondere damit beschäftigt, länderspezifische Ausnahmen und damit einhergehende Eigenheiten der jeweiligen Finanzmärkte zu beschreiben. Die Richtlinie sollte den freien Kapitalfluss zwischen den unterschiedlichen europäischen Jurisdiktionen ermöglichen.

Zum Zeitpunkt des Abkommens wurde die Richtlinie als eine übergeordnete Vereinbarung verstanden, um unterschiedliche Jurisdiktionen zu verknüpfen. Diese ersten Versuche machten schon eine weiterführende Koordination der Mietgliedstaaten untereinander, aber auch mit der Europäischen Union notwendig. Jedoch unterscheidet sich, wie im Folgenden noch genauer gezeigt wird, die Darstellung der Mitgliedsstaaten innerhalb der Regulierungstexte der europäischen Union deutlich vom gegenwärtigen Verständnis. Zunächst gab es einen Artikel – Artikel 7 – in der angemerkten Richtlinie, dem die Aufgabe zukam, die grenzüberschreitende Kooperation zu organisieren.

> „The Commission and the representatives of the authorities responsible in the Member States for the supervision of banks and other financial institutions shall meet regularly so that they may facilitate, for the purpose of implementing the Directive, the solution of problems which the authorities might face regarding supervision of the activities covered by this Directive, and shall ensure all appropriate cooperation among themselves within the limits of their respective powers“ (EC 1973).

Das Zitat gibt einen ersten Eindruck wie Mitgliedsstaaten (‚Member States‘) in Regulierungstexten adressiert wurden. Um die Evolution des regulatorischen Kontexts besser zu verstehen, seien zwei weitere Beispiel angeführt, welche einen Einblick in das damalige Verständnis von Mitgliedsstaaten geben. Erstens, die durch die Regulierung adressierten Entitäten sind Finanzinstitutionen, die sich in unterschiedlichen Jurisdiktionen situieren können: Das sich ‚bewegende‘ Objekt ist das Finanzunternehmen.

Das grundlegende Verständnis der Regulierung in dieser Periode zeigt, dass die Unternehmen mit den *unterschiedlichen* juristischen Kontexten zurechtkommen müssen und der Veränderungsbedarf sich nicht allein auf die juridische Struktur der Mitgliedstaaten (etwa im Zuge von Harmonisierungsbestrebungen) bezieht. Zweitens wird durch die Vereinbarung gezeigt, dass sich die Mitgliedsstaaten darüber verständigt haben, bestimmte gemeinsame Kategorien für Finanzinstitutionen und

Finanzpraktiken zu akzeptieren. Fünf Jahre später wurde die Art und Weise, wie Mitgliedsstaaten zusammenarbeiten, entlang dreier Problematiken reformuliert: freier Kapitalfluss, Finanzinstitutionen und die Art und Weise ihrer Beaufsichtigung.

> „The competent authorities of the Member States concerned shall collaborate closely in order to supervise the activities of credit institutions operating, in particular by having established branches there, in one or more Member States other than that in which their head offices are situated. They shall supply one another with all information concerning the management and ownership of such credit institutions that is likely to facilitate their supervision and the examination of the conditions for their authorisation and all information likely to facilitate the monitoring of their liquidity and solvency" (EC 1977).

Im Gegensatz zur vorherigen Version wird die Notwendigkeit für den Informationsaustausch betont. Das bedeutet in diesem Fall nicht nur, dass es einen gestiegenen Finanzaustausch zwischen den unterschiedlichen Jurisdiktionen gab, sondern dass bestimmte Standards etabliert werden mussten, die den Informationsgehalt und die Praktiken zu Informationsgewinnung zwischen den Jurisdiktionen ermöglichen. Informationen bezüglich Managementstrukturen und Eigentumsverhältnissen mussten klar kategorisiert und länderübergreifend etabliert werden.

Zwei weitere Beispiele zeigen wiederum, wie Mitgliedsstaaten innerhalb der regulatorischen Texte in ein bestimmtes Verhältnis gesetzt und damit neu adressiert werden. Einerseits – und im Gegensatz zur vorherigen Version der Eigenkapitalrichtlinie – wird angenommen, dass Mitgliedsstaaten gemeinsame Verpflichtungen haben, etwa dass es „certain minimum requirements to be imposed by all Member States" (EC 1977) geben müsse. Mitgliedsstaaten sind daher nicht mehr nur über ihre eigenen Besonderheiten definiert, sondern sie sind in einer Position, in der sie gemeinsamen und den vereinzelten Jurisdiktionen vorrangig den Kreditinstitutionen verpflichtet sind.

Darüber hinaus wurde ein gemeinsames Forum gegründet. Das sogenannte Advisory Committee schuf eine weitere Arbeitsebene, auf der sich nicht nur eine spezifische Gruppierung der Mitgliedsstaaten sowie Repräsentanten der Kommission zusammen finden konnten. Dieses Forum ermöglichte es darüber hinaus, ExpertInnenwissen in den Entscheidungsprozess auf EU-Ebene zu integrieren, indem Konsultationspraktiken bezüglich Finanzmarktregulierung und Aufsicht eingeführt wurden. Das Komitee „may be accompanied by advisers from time and subject to the prior agreement" (EC 1977).

Die bis hier beschriebene Veränderung, wie sich Mitgliedstaaten und die EU-Ebene gegenseitig verhalten, ergeben erste Einsichten dahingehend, wie Finanzmarktregulierung ein institutionelles Gefüge markiert, durch welches staatliche

Handlungsfähigkeit, Informationsprozesse und Expertise auf der europäischen Ebene verortet werden. Wenn durch Foren ein Informationsaustausch auf supranationaler Ebene geschaffen wird, dann können die Mitgliedsstaaten mit diesen Informationen konfrontiert werden, anstatt dass sie selbst als Urheber gesehen werden und damit der supranationale Austausch das politische Moment ermöglicht, das durch das Forenprinzip zu einem gewissen Teil schon vorweggenommen wird.

Bevor sich diese Institution etabliert hatte, lag es an den Mitgliedsstaaten, durch eigene Prozeduren der Wissensgewinnung Informationen über transnationale Finanzmärkte bereitzustellen. Unter diesen Umständen war es daher auch möglich, eigene Kategorien zu formulieren, zu selektieren sowie zu priorisieren und damit ein internes hierarchisches Gefüge zu etablieren, bevor es zum internationalen Verhandlungsprozess kam. Im Jahr 1983 beschäftigte sich eine weiterentwikkelte Richtlinie nun explizit mit der Vereinheitlichung der Aufsichtsstruktur: „[C]ontrols and supervisory practices applicable to credit institutions operating within the Community must be broadly similar from one Member State to another" (EC 1983). Minimale Standards für alle Mitgliedsstaaten „eliminate the most obstructive differences between the laws of the Member States" (EC 1983).

Damit zielte die Richtlinie vor allem auf die juridische Struktur der Mitgliedsstaaten und darauf, wie sich diese entlang der Notwendigkeiten des transnationalen Finanzsystems angleichen können. Das europäische Sekundärrecht kann in diesem Fall als eine Strategie zur Angleichung der nationalen Jurisdiktionen gesehen werden. Die in der konsolidierten Form der Finanzaufsichtsstruktur formulierten Pflichten konzentrieren sich auf eine Angleichung der nationalen Aufsichtsbehörden, um die so geschaffenen Informationenprozeduren über Finanzströme und -akteure in unterschiedlichen Mitgliedsstaaten reziprok zugänglich zu machen. Eine besonders hervorzuhebende Entwicklung zeigte sich in der 1992 verabschiedeten und komplementären Richtlinie. Es war die erstmalige Anwendung des Risikobegriffs in der Eigenkapitalregulierung auf EU Ebene.

> „[...] until the future Directive on capital adequacy to cover market risks is brought into effect, the competent authorities shall include in consolidated supervision financial institutions which are principally exposed ot [sic!] market risks, in accordance with methods determined by those authorities in the light of the particular nature of the risks involved" (EC 1992).

Durch die Einführung des Risikobegriffs wurde eine weitere Differenzierungsmöglichkeit innerhalb der Finanzmarktregulierung etabliert. Durch die Richtlinie wird es möglich, Marktmechanismen als exogen zur Richtlinie darzustellen und unterschiedliche Risikokategorien an unterschiedliche Handlungslogiken anzubinden. Das Risikokonzept ermöglichte es, eine spezifische institutionelle Form durch kalkulative Praktiken, die mit dem Risikokonzept einhergehen, auszugestalten. Risiko selbst wird als eine unabhängig von Regulierungsformulierungen wahrnehmbare Größe dargestellt. Damit kann die Risikostruktur auf einen fundamentalen Wert zurückgeführt werden und als Ausgangspunkt für Entscheidungsprozesse bezüglich Finanzinstitutionen dienen.

Die erste Periode europäischer Eigenkapitalvorschriften kann nun zwischen 1972 und 1992 eingegrenzt werden. In diesem Zeitraum wurden die grundlegenden Parameter für den transnationalen Kapitalfluss innerhalb der heutigen EU festgelegt. Im Einzelnen wurden zunächst Produkte und Akteure auf europäischer Ebene definiert. Daraus haben sich dann die Bedingungen für den internationalen Kapitalaustausch ergeben. Um diese Aktivitäten und Entitäten zu beaufsichtigen, haben sich neue europäische Institutionen herausgebildet, die den Prozess der Aufsicht und die damit einhergehende hierarchische Ordnung zugunsten der europäischen Ebene verändern. Die Periode endet mit der Einführung des Risikobegriffs in die Regulierungstexte. Dies ebnet den Weg für neue Steuerungsmechanismen, die sich, so wird folgend gezeigt, weniger auf einzelne Institutionen als vielmehr auf die übergeordnete Ebene des Marktes beziehen.

## 3.2 Risiko als übergeordnetes Steuerungsinstrument

Im Jahr 2000 wurden die meisten bisher benannten Richtlinien in ein gemeinsames Regulierungsdokument überführt. Die Richtlinie „Relating to the Taking up and Pursuit of the Business of Credit Institutions“ (EC 2000) enthielt insbesondere im Vergleich zu den vorausgehenden Dokumenten eine sehr detaillierte Beschreibung von Finanzpraktiken und wie diese sich zueinander verhalten. Am prominentesten, zumindest aus heutiger Sicht, war die Diskussion über den außerbörslichen Handel von Derivaten (‚OTC-derivative instruments‘). Die Einführung des Risikobegriffs aus dem Jahr 1992 in die regulatorischen Texte konnte nun produktiv genutzt werden, um das Bilanzrisiko ausgehend von OTC-Produkten adäquat mit Eigenkapital zu unterlegen.

Eine weitere argumentative Veränderung sticht hervor. Die Richtlinie von 1992 enthielt neue Instrumente, Institutionen und Kategorien, um Finanzinstitutionen in einem transnationalen Markt zu beaufsichtigen. 1993 wurde die adäquate Unterlegung von Finanzpraktiken mit Eigenkapitel für Finanzinstitutionen mit der sogenannten Capital Adequacy Directive (CAD) eingeführt (EC 1993). Durch die CAD-Maßnahmen – und dies wird sich im weiteren Verlauf verändern – wurde die Ausstattung mit adäquatem Eigenkapital ein Instrument, um Finanzinstitutionen über Landesgrenzen hinweg als solche von den jeweiligen Mitgliedsstaaten anzuerkennen.

Die Richtlinie sagt ausdrücklich, was nicht ihr Zweck ist. Sie begründet zwar die „essential harmonization that is necessary and sufficient to secure the mutual recognition of authorization and of prudential supervision systems". Sie etabliert aber weder „common standards" noch „the amounts of the initial capital" (EC 1993). Im Jahr 2000 verändert sich diese argumentative Struktur für eine gemeinsame Finanzmarktregulierung. Regulierung wird nicht mehr als eine ermöglichende Kraft für transnationale Kapitalströme gesehen, sondern Regulierung behindere nun den fairen Wettbewerb.

> „In an internal banking market, credit institutions are engaged in direct competition with one another and monitoring requirements throughout the Community should therefore be equivalent" (EC 2000).

Es sind nun die Märkte, welche es als notwendig erschienen lassen, dass Regulierung verändert werden muss, und nicht der politische Wille, einen gemeinsamen Markt über Landesgrenzen hinweg zu kreieren. Der Regulierungstext zeigt das wie folgt:

> „To that end, the criteria applied to determining the concentration of exposures must be the subject of legally binding rules at Community level and cannot be left entirely to the discretion of the Member States" (EC 2000).

Mitgliedsstaaten werden nun als nur partiell verantwortlich für den legislativen Prozess gesehen. Das Funktionieren des Marktes innerhalb eines juridischen Kontexts ist nicht mehr in Einklang mit der Prärogative der Mitgliedsstaaten. Der Gesetzgebungsprozess der einzelnen Mitgliedstaaten rückt näher an die Interessen der Europäischen Gemeinschaft. Das Argument, weshalb das Interesse der Europäischen Gemeinschaft als höher eingestuft wird als das der Mitgliedsstaaten, wird damit begründet, Chancengleichheit („level playing field") für einen fairen Wettbewerb zu erzeugen und den Finanzsenator international zu stärken:

> „The adoption of common rules will therefore best serve the Community's interests, since it will prevent differences in the conditions of competition, while strengthening the Community's banking system" (EC 2000).

Um die Aufsicht über den gemeinschaftlichen Markt weiter auszubauen, wird das Risikokonzept in den Regulierungstexten weiter entwickelt. Dadurch ist es möglich, durch Regulierung die Bedingungen für Finanzinstitutionen und für Finanzpraktiken zu artikulieren. Das Handeln der Aufsichtsorgane wird an messbare und durch Risiko charakterisierte Größen gebunden.

Durch die risikobasierte Gewichtung von Eigenkapital in Relation zu Finanzinstrumenten wird eine neue Art von Kontrolle über ökonomische Interaktion ausgeübt. Zuvor lag es an den Aufsichtsorganen innerhalb der jeweiligen Mitgliedsstaaten, unterschiedliche Institutionen zu klassifizieren. Nun wurden auf europäischer Ebene gemeinsame Standards für die Gewichtung und den Informationsaustausch etabliert. Nationale Agenturen folgen somit bestimmten Vorgaben, nach welchen Kategorien und Maßstäben die Aufsicht bewerkstelligt werden kann und durch welche Interaktionsketten die generierten Informationen mit den Agenturen anderer Mitgliedstaaten abgeglichen werden.

Durch EU-übergreifende Standards für die Risikogewichtung wurden zudem einheitliche Anreize für eine optimale Kapitalstruktur der Finanzinstitutionen gesetzt. Die Kontrolllogik lag daher weniger darin, die unterschiedlichen Marktakteure zu beaufsichtigen, sondern vielmehr eine einheitliche institutionelle Form vorzugeben, um gemeinsame Standards für unterschiedliche Kapitalanlagen und deren Verhältnis zueinander zu definieren und somit Abweichungen der Bilanzstrukturen zu reduzieren. In der Folge geht es nun um die Angleichung von Finanzprodukten und deren Eigenschaften durch Regulierungsmaßnahmen, wohingegen zuvor die Handelsakteure im Zentrum der Regulierungsbemühungen standen.

Durch unterschiedliche Risikozuschreibungen konnten die Aufsichtsbehörden die Qualität der Finanzinstitutionen bewerten, indem sie die risikogewichtete Kapitalstruktur evaluierten. Basierend auf der Modellierung von Marktrisiken bestimmter Finanzproduktkategorien konnte dann eine differenzierte Kapitalunterlegung von den Finanzinstituten gefordert werden. Abhängig von den verfügbaren Rechenleistungen war es darüber hinaus möglich, täglich die Kapitalstruktur an die Marktgegebenheiten anzupassen (*mark-to-market value*) und die Hebelquote der einzelnen Institute basierend auf das jeweilige Marktrisiko zu justieren.

In den Richtlinien von 2006 (EU 2006a, 2006b) wurde nicht nur das Risikokonzept weiter in die Eigenkapitalanforderungen eingeschrieben, sondern damit einhergehend wurden auch neue Aufsichtstechniken für Finanzmärkte eingeführt. Die neuen Aufsichtstechniken erleichterten es, die Finanzmarktgesetzgebung in den Mitgliedsstaaten weiter anzugleichen und die Kompetenzen der Aufsicht weitergehend auf die europäische Ebene zu verlagern.

> „Minimum capital requirements play a central role in the supervision of credit institutions and in the mutual recognition of supervisory techniques. In that respect, the provisions on minimum capital requirements should be considered in conjunction with other specific instruments also harmonising the fundamental techniques for the supervision of credit institutions" (EU 2006a).

Die gemeinsamen Eigenkapitalvorschriften rühren somit aus einer Kontingenz, die sich aus der Interaktion von freien Kapitalbewegungen, einer sich einschreibenden Risikokonzeption und institutionalisierten Aufsichtskapazitäten zusammensetzt. Die gemeinsamen Regeln für Eigenkapitalanforderungen „prevent distortions of competition", „strengthen the banking system" und sorgen für „adequate solvency". „[D]ifferent levels of risk-sensitivity" ermöglichen die gleichzeitige Adressierung von unterschiedlichen Formen von Finanzakteuren. Die zunehmende Homogenität von Finanzmarktstandards wurde durch Strategien erzeugt, die sich selbst innerhalb der Finanzmärkte herausbildeten: „as external ratings and credit institutions' own estimates of individual credit risk parameters represents a significant enhancement in the risk-sensitivity and prudential soundness of the credit risk rules" (EU 2006a).

Innerhalb dieses Kontextes sorgt insbesondere das Konzept der „risk-sensitivity" für die weitere Evolution des Finanzsystems. ‚Risk-sensitivity' bedeutet, dass basierend auf Marktbewegungen Risikoauf- oder -abschläge für spezifische Finanzprodukte in bestimmten Zeiträumen in den Preis bzw. in die nötige Eigenkapitalunterlegung eingerechnet werden. Damit ist eine zweite Marktschleife geschaffen, welche die Preisbildung auf Handelsplattformen durch Risikokalkulationen ergänzt und somit zu einem weitergehenden Prozess der Preisbildung führt. Wenn man auch die zunehmende Praxis des außerbörslichen Handels in den Blick nimmt, zeigt sich ein sich ausbreitender Markt, der auf der Basis von Risikoeinschätzungen funktioniert. Ein solcher Markt arbeitet dann eher mit Kategorien von Finanzinstrumenten (etwa RMBS) als mit konkreten Bezügen (etwa Facebook-Aktien).

Die auf Risikosensitivität basierenden und revidierten Regeln für Finanzinstitutionen eröffneten den Raum für das Management eines Marktes im Gegensatz zur Regulierung einzelner Marktteilnehmer oder Interaktionen der Mitgliedsstaaten. Dies verweist auf den sich veränderten Fluchtpunkt der Regulierungsmaßnahmen, nämlich weg von konkreten Anforderungen und hin zu einer breiteren Referenz zu Marktstrukturen und wie sich diese strukturell entwickeln lassen. Der Regulierungsbezug ist somit viel eher selbst ein Regulierungskontext oder ein Regulieren zweiter Ordnung als – wie noch in der vorangegangenen Episode – ein konkretes Beziehen auf Finanzmarktakteure oder staatliches Handeln. Die Verschränkung von Eigenkapitalanforderungen und Risikokalkulationen ist daher ein zentraler Mechanismus, um das Finanzfeld zu kontrollieren, im Gegensatz zu einer Kontrolle einzelner Akteure innerhalb dieses Feldes.

> „In view of the risk-sensitivity of the rules relating to minimum capital requirements, it is desirable to keep under review whether these have significant effects on the economic cycle" (EU 2006a).

Die Einführung des Risikobegriffs war daher zentral, um den ökonomischen Kontext von Finanzinstitutionen in kalkulative Praktiken zu überführen und somit die Relevanz einzelner Finanzinstitution zu reduzieren, da diese sich innerhalb eines regulierten und somit stabilen Kontextes ‚frei' bewegen konnten. Dies geht mit der Annahme von Chancengleichheit einher und damit der Möglichkeit zum fairen Wettbewerb zwischen Finanzinstitutionen. Die Governance dieses Feldes kann somit auf die strukturellen Voraussetzungen reduziert werden, staatliches Handeln wird zur Metagovernance. Marktfehler können im Systemkontext korrigiert werden und die Wettbewerber können sich innerhalb des bestimmten Rahmens quasi frei bewegen sowie Finanztransaktionen durchführen.

## 3.3 Finanzmarktregulierung als Konditionierung von Staatlichkeit

Die soeben beschriebenen Logiken hatten ihren Ursprung in der Diskussion zur globalen Finanzmarktregulierung, wie sie in den Basel II Vereinbarungen ausgehandelt wurden. Diese Diskussion führte zum Vorgänger des kürzlich verabschiedeten CRD IV Pakets zur „Capital Adequacy of Investment Firms and Credit Institutions" (EU 2013a; 2013b). Im folgenden Abschnitt wird gezeigt wie sich die Managementlogik als ‚Regulierung zweiter Ordnung' erweitert und so auch weitere Institutionen in diese Logik mit einbindet. Hier geht es konkreter um die sich weiter verändernde Rolle von Mitgliedsstaaten und wie sich dieses Konzept fortschreitend in die Finanzmarktregulierung einschreibt.

Schon in 2006 zeigte sich im veränderten Fokus der Governance-Struktur (weg von Finanzinstitutionen hin zu Finanzmärkten), wie dies auch die Rolle der Mitgliedsstaaten innerhalb der Regulierungsarchitektur beeinflusst. Sie befinden sich nicht mehr im Zentrum der Aufmerksamkeit. Sie sind nun vielmehr Teil der komplexen Regulierungsstruktur innerhalb der europäischen Finanzmärkte. Mitgliedsstaaten unterliegen somit den Ansprüchen eines effektiven Bankenverkehrs innerhalb der Europäischen Union. Um diese Veränderung zu verstehen, lässt sich wiederum die Revision der Eigenkapitalregulierung heranziehen, die sich im Jahr 2006 auf die „convergence of supervisory practices throughout the Community" (EC 2006b) konzentriert. Wurde innerhalb der Regulierungstexte eine distanzierte Haltung zu einer übergreifenden Harmonisierung und eine ablehnende Haltung zur Einbeziehung der EU in die Standardisierung der nationalen Aufsichtsbehörden eingenommen, so ist es nun der Zweck der reformierten Eigenkapitalanforderungen, die unterschiedlichen Aufsichtstechniken anzugleichen.

In diesem Sinne gab es nun auch eine explizite Vorstellung, in welche Richtung sich die regulatorischen Maßnahmen entwickeln sollten, nämlich hin zur tatsächlichen Realisierung europäischer Konvergenz für diesen Bereich. Dafür obliegt es dem Komitee der Europäischen Bankenaufsichtsbehörden diesbezüglich „[to] report on a yearly basis to the Community Institutions on progress made" (EC 2006b). Es zeigt sich die weitere Fundierung europäischer Aufsichtspraktiken, die sich anstelle der Kompetenz der nationalen Behörden in den Mitgliedsstaaten positionieren. Im Jahr 2009 war es dann die Finanzkrise, welche auf Initiative der Europäischen Kommission den Bedarf von genau vier neuen Aufsichtsbehörden auf supranationaler Ebene aufzeigte. Im Jahr 2012 war es die High-Level Group um Jacques de Larosière, die

> „concluded that the supervisory framework of the financial sector of the Union needed to be strengthened to reduce the risk and severity of future financial crises and recommended far-reaching reforms to the structure of supervision of that sector" (EU 2012).

Die allgemeinen Grundprinzipien der Aufsicht (etwa des außerbörslichen Handels) sind nun nicht mehr auf der nationalen Ebene verortet. Zunächst ist jedoch eine weitere Neuerung in den Vorschriften zu Eigenkapitalanforderungen von Interesse. Die Regeln basieren nicht mehr nur auf einer Richtlinie (Capital Requirements Directive, CRD), sondern auch auf einer Verordnung (Capital Requirements Regulation, CRR). Dies ist eine entscheidende Veränderung in der Steuerungspraxis durch Finanzmarktregulierung im Vergleich zu früheren Texten, da die Verordnung direkt in ein nationales Gesetz umgewandelt wird und damit in einem wesentlich geringeren Umfang einer Interpretationsspannweite unterliegt, sofern sie überhaupt besteht (Howarth und Quaglia 2013).

Bei der gegenwärtigen Konstellation geht es nicht mehr darum, die Unterschiede zwischen den Mitgliedsstaaten auszugleichen, sondern das übergeordnete Regulierungssystem auf die Mitgliedsstaaten zu übertragen. Finanzaufsicht ist daher mit dem Ziel versehen, eine europäische Prärogative darzustellen – Mitgliedsstaaten sind aufgefordert sich daran auszurichten.

> „Regulation (EU) No 1093/2010 aims at upgrading the quality and consistency of national supervision and strengthening oversight of cross-border groups" (EU 2013a).

Die Rolle der Mitgliedsstaaten rückt weiter in den Hintergrund. Es sind transnationale Gruppen, die Wissen über Finanzmärkte generieren und akkumulieren und so aufzeigen, wie Regulierungsempfehlungen unabhängig von den regionalen Unterschieden umgesetzt werden können. Die Instrumente werden so ausgerichtet, dass sie möglichst universal ihren Zweck erfüllen. Das Streben nach Chancengleichheit („level-playing field") unterminiert dabei herkömmliche politische Entscheidungsprozesse, da der Regulierungskontext bereits die funktionalen Richtungen zur Beseitigung von ungleichen Marktbedingungen vorgibt.

Auf diese Weise wird nicht nur ermöglicht, einschränkende Regulierung als Marktverzerrung zu beschreiben, sondern das institutionelle Gefüge der Mitgliedsstaaten selbst wird zunehmend der Marktausrichtung unterworfen, um die gemeinsamen Standards und Aufsichtsstrukturen zu rechtfertigen. Von der Aufsicht betroffen sind damit nicht mehr nur Finanzfirmen, sondern eben Mitgliedsstaaten als ökonomische Kontexte, die sich entlang marktökonomischer Rationalitäten in ihren Entscheidungsprozessen rechtfertigen müssen. Mitgliedsstaaten werden selbst zum Objekt europäischer Finanzmarktregulierung. Dabei ist das Gesetzespaket zur Eigenkapitalanforderung nur ein Beispiel der veränderten regulatorischen Umwelt, die von der EU-Ebene aus vorstrukturiert wird.

> „Having regard to work of the BCBS' Standards Implementation Group in monitoring and reviewing member countries' implementation of the Basel III framework, the Commission should provide update reports on an ongoing basis, and at least following the publication of each Progress Report by BCBS, on the implementation and domestic adoption of the Basel III framework in other major jurisdictions, including an assessment of the consistency of other countries' legislation or regulations with the international minimum standards, in order to identify differences that could raise level playing field concerns" (EU 2013a).

Ab dem Jahr 2000 geben Ausdrücke wie „Member States should be allowed to" (EC 2000) oder „Member States should be encouraged", „Member States should be able to", (EU 2004) einen ersten Eindruck, wie es einer übergreifenden Ordnung möglich wird, das Handeln der Mitgliedsstaaten zu steuern. Ein vorgeordneter regulatorischer Kontext konstituiert sich, der Handlungsmöglichkeiten beschränkt, bevor sich nationale Entscheidungsfragen erst stellen. Im Jahr 2013 befindet sich insbesondere Ausdrücke wie „Member States should" oder „should be able to" im Vordergrund der regulatorischen Texte, wenn auf den Begriff der Mitgliedsstaaten rekurriert wird. Die Rolle der Mitgliedsstaaten hat sich mit und durch die Regulierungsmaßnahmen vom Akteur zur Regulierung zum Objekt der Regulierung gewandelt.

## 4 Schluss: Politik der Finanzmarktregulierung

Dieser Beitrag hat gezeigt, dass Finanzpraktiken zunehmend in die Finanzmarktregulierung eingeschrieben sind und sie sich damit von politischen Entscheidungsprozessen entfernen. Die sich so autonomisierte Finanzmarktregulierung bietet nun den Ausgangspunkt für weitere (Re-)Regulierungsmaßnahmen sowie einen neuen Kontext für politische Entscheidungsstrukturen. Letzteres ist somit zunehmend weniger an staatliche Entscheidungsstrukturen und zunehmend mehr an supranationale Wissensräume gebunden, in denen es möglich ist, Finanzinteraktionen adäquat, d. h. konsensfähig, zu beschreiben.

Die Evolution, die sich anhand des Begriffs der Mitgliedsstaaten gezeigt hat, verdeutlicht nicht nur eine veränderte Konfiguration von Finanzmärkten durch die Artikulation einer Risikokonzeption, sondern sie verweist auch auf die neue Position der Mitgliedsstaaten innerhalb eines weiteren grammatischen Gefüges. Der grundlegende Unterschied – gerade im Vergleich zu den Standards von 1972 – ist die aktive und passive grammatische Positionierung von Mitgliedsstaaten. 1972 standen Formulierungen wie „states may“ oder „states shall“ im Vordergrund, während dies nach dem Jahr 2000 zunehmend in eine passive Konstellation überführt wird.

Um das Finanzsystem gegen systemische Risiken zu wappnen, verändert sich der diskursive Zusammenhang, innerhalb dessen ‚Mitgliedsstaaten‘ als Akteure adressiert werden. Mitgliedsstaaten werden durch neue regulatorische Standards einer stabilen Finanzmarktordnung untergeordnet und ihre Handlungsfelder durch Finanzmarktregulierung re-arrangiert. Mitgliedsstaaten, so sollte die Analyse zeigen, können in die Position eines zu managenden Objekts verschoben werden. Die Rekonstruktion der regulatorischen Strategien begannen mit der gemeinsamer Standards, um transnationale Kapitalflüsse zu ermöglichen und sie schloss mit einer sich zunehmenden Verortungen der Mitgliedsstaaten in eine der Regulierung untergeordnete Rolle.

Der Risikobegriff ermöglichte eine als universal markierte Kategorie, um Finanzmarktakteure und Finanzmarktpraktiken einzuteilen. Dies veränderte die Art und Weise, wie sich Regulierung auf Märkte beziehen kann, und akzentuierte die Notwendigkeit zur Chancengleichheit („level playing field“) für Marktakteure auf europäischer Ebene im Vergleich zu den politischen Interessen einzelner Mitgliedsstaaten. Der Risikobegriff strukturiert Akteure, Praktiken sowie Kontexte von Finanzmärkten und so die Zugangsbedingungen für politische Entscheidungsdiskurse. Diese Praxis, etwa von Ratingagenturen, die Kreditwürdigkeit von Staaten einzustufen, ist in keiner Weise neu, genauso wenig als dass durch Zinsunterschiede bei Staatsanleihen Rückschlüsse darauf gezogen werden, mit welcher Perspektive sich ein entsprechender Staat im ökonomischen System situiert.

Ein Seminar organisiert von der Bank für Internationalen Zahlungsausgleich setzte sich jedoch mit dem Problem des ‚sovereign risk' zuletzt im Januar 2013 auseinander (BIS 2013). Der Hauptfokus der Diskussion richtete sich hierbei auf die scheinbar neue Rolle des ‚sovereign risk' speziell nach der letzten Finanzkrise. Eine ähnliche Logik wie die soeben beschriebene kommt dabei zum Vorschein: Der souveräne Staat scheint den Zwängen von Märkten ausgesetzt und die daraus folgende Handlungsanleitung für den Staat ist, sich wieder in die Lage zu versetzen, eigenständig bezahlbare Kredite auf den Finanzmärkten aufnehmen zu können. Es obliegt dem betreffenden Staat, seine Position *vis-à-vis* den Finanzmärkten zu rejustieren und sich so Marktrationalitäten anzupassen.

Risikogewichtung ist zwar nicht das einzige Instrument, durch welches eine solche Koordination und Synchronisation von Finanzmärkten ermöglicht wird, aber ein bezeichnendes, speziell um sozio-politische Problemstellungen in formale Strukturen zu überführen. Die risikobasierte Regulierung der Eigenkapitalbedarfe geht über die vereinzelte Risikoabschätzung hinaus, indem sie einen übergreifenden und scheinbar neutralen Ermessensstandard bereitstellt und damit die Belastbarkeit des Finanzsystems insgesamt erhöhen soll. Kapitalstandards strukturieren so nicht nur das Geschäftsmodell von Banken und damit die Rationalitäten des Finanzsystems, sondern durch die verstetigten Rationalitätsannahmen innerhalb des Finanzsektors auch das „Gesellschaftsmodell" staatlicher Souveränität. Die Politik der Finanzmarktregulierung ist somit nicht auf die Steuerung von Finanzmärkten begrenzt, sondern sie reicht – performativ – weit in das grundlegende Verständnis des Zusammenlebens hinein.

## Literatur

Aitken, R. (2010). Regul(ariz)ation of Fringe Credit: Payday Lending and the Borders of Global Financial Practice. *Competition and Change 14 (2)*, 80–99.

Baker, A. (2013). The New Political Economy of the Macroprudential Ideational Shift. *New Political Economy 18 (1)*, 112–139.

BCBS (Basel Committee on Banking Supervision). (2015). *Basel III Monitoring Report* March 2015.

Beunza, D., & Stark, D. (2012). From Dissonance to Resonance: Cognitive Interdependence in Quantitative Finance. *Economy and Society 41 (3)*, 383–417.

BIS (Bank for International Settlements). (2013). Sovereign Risk: A World Without Risk-free Assets? *BIS Papers 72.*

Callon, M. (2007). An Essay on the Growing Contribution of Economic Markets to the Proliferation of the Social. *Theory, Culture and Society 24 (7-8)*, 139–163.

Callon, M. (2010). Performativity, Misfires and Politics. *Journal of Cultural Economy, 3 (2)*, 163–169.
Callon, M., & Muniesa, F. (2005). Peripheral Vision: Economic Markets as Calculative Collective Devices. *Organization Studies 26 (8)*, 1229–1250.
Cerny, P. G. (2010). *Rethinking World Politics: A Theory of Transnational Neopluralism.* Oxford: Oxford University Press.
Cohen, B. J. (2012). The Future of the Euro: Rejoinder to Schwartz. *Review of International Political Economy 19 (4)*, 709–710.
De Goede, M. (2004). Repoliticizing Financial Risk. *Economy and Society 33 (2)*, 197–217.
EC (European Community). (1973). Council Directive of 28 June 1973 on the abolition of restrictions on freedom of establishment and freedom to provide services in respect of self-employed activities of banks and other financial institutions. *Official Journal of the European Community.*
EC (European Community). (1977). FIRST COUNCIL DIRECTIVE of 12 December 1977 on the coordination of laws, regulations and administrative provisions relating to the taking up and pursuit of the business of credit institutions. *Official Journal of the European Community.*
EC (European Community). (1983). COUNCIL DIRECTIVE of 13 June 1983 on the supervision of credit institutions on a consolidated basis. *Official Journal of the European Community.*
EC (European Community). (1992). COUNCIL DIRECTIVE 92/30/EEC of 6 April 1992 on the supervision of credit institutions on a consolidated basis. *Official Journal of the European Community.*
EC (European Community). (1993). COUNCIL DIRECTIVE 93/6/EEC of 15 March 1993 on the capital adequacy of investments firms and credit institutions. *Official Journal of the European Community.*
EC (European Community). (2000). DIRECTIVE 2000/12/EC OF THE EUROPEAN PARLIAMENT AND OF THE COUNCIL of 20 March 2000 relating to the taking up and pursuit of the business of credit institutions. *Official Journal of the European Community.*
EU (European Union). (2004). Directive 2004/39/EC of the European Parliament and of the council of 21 April 2004 on markets in financial instruments amending Council Directives 85/611/EEC and 93/6/EEC and Directive 2000/12/EC of the European Parliament and of the Council and repealing Council Directive 93/22/EEC. *Official Journal of the European Union.*
EU (European Union). (2006). DIRECTIVE 2006/48/EC OF THE EUROPEAN PARLIAMENT AND OF THE COUNCIL of 14 June 2006 relating to the taking up and pursuit of the business of credit institutions (recast). *Official Journal of the European Union.*
EU (European Union). (2006). DIRECTIVE 2006/49/EC OF THE EUROPEAN PARLIAMENT AND OF THE COUNCIL of 14 June 2006 on the capital adequacy of investment firms and credit institutions (recast). *Official Journal of the European Union.*
EU (European Union). (2012): REGULATION (EU) No 648/2012 OF THE EUROPEAN PARLIAMENT AND OF THE COUNCIL of 4 July 2012 on OTC derivatives, central counterparties and trade repositories. *Official Journal of the European Union.*
EU (European Union). (2013). DIRECTIVE 2013/36/EU OF THE EUROPEAN PARLIAMENT AND OF THE COUNCIL of 26 June 2013 on access to the activity of credit institutions and the prudential supervision of credit institutions and investment firms, amending Directive 2002/87/EC and repealing Directives 2006/48/EC and 2006/49/EC. *Official Journal of the European Union.*

EU (European Union). (2013). REGULATION (EU) No 575/2013 OF THE EUROPEAN PARLIAMENT AND OF THE COUNCIL of 26 June 2013 on prudential requirements for credit institutions and investment firms and amending Regulation (EU) No 648/2012. *Official Journal of the European Union.*

Esposito, E. (2012). The Structures of Uncertainty: Performativity and Unpredictability in Economic Operations. *Economy and Society 42 (1)*, 102–129.

Fourcade, M., Steiner, P., Streeck, W., & Woll, C. (2013). Moral Categories in the Financial Crisis. *Socio-Economic Review 11 (3)*, 601–627.

Germain, R. (2012). Governing Global Finance and Banking. *Review of International Political Economy 19 (4)*, 530–535.

Hansen, H.K., & Porter, T. (2012). What Do Numbers Do in Transnational Governance? *International Political Sociology 6 (4)*, 409–426.

Helleiner, E. (2011). Understanding the 2007–2008 Global Financial Crisis: Lessons for Scholars of International Political Economy. *Annual Review of Political Science 14 (1)*, 67–87.

Howarth, D., und L. Quaglia. (2013). Banking Union as Holy Grail: Rebuilding the Single Market in Financial Services, Stabilizing Europe's Banks and 'Completing' Economic and Monetary Union. *Journal of Common Market Studies 51 (Supplement 1)*, 103–123.

Langley, P. (2013). Anticipating Uncertainty, Reviving Risk? On the Stress Testing of Finance in Crisis. *Economy and Society 42 (1)*, 51–73.

Lenglet, M. (2011). Conflicting Codes and Codings: How Algorithmic Trading Is Reshaping Financial Regulation. *Theory, Culture and Society 28 (6)*, 44–66.

MacKenzie, D. (2009). Is Economics Performative? Option Theory and the Construction of Derivatives Markets. *Journal of the History of Economic Thought 28 (1)*, 29–55.

MacKenzie, D. (2014). A Sociology of Algorithms: High-Frequency Trading and the Shaping of Markets. http://www.maxpo.eu/Downloads/Paper_DonaldMacKenzie.pdf. Zugegriffen: 28. Mai 2015.

MacKenzie, D., & Millo, Y. (2003). Constructing a Market, Performing Theory: The Historical Sociology of a Financial Derivatives Exchange. *American Journal of Sociology 109 (1)*, 107–145.

McKeen-Edwards, H., & Porter, T. (2013). *Transnational Financial Associations and the Governance of Global Finance. Assembling wealth and power.* London: Routledge.

Mügge, D. (2011). Limits of Legitimacy and the Primacy of Politics in Financial Governance. *Review of International Political Economy 18 (1)*, 52–74.

Nölke, A. (2011). Transnational Economic Order and National Economic Institutions: Comparative Capitalism Meets International Political Economy. *MPIfG Working Paper 11 (3).*

Nölke, A., & Heires, M. (Hrsg.) (2014). *Politische Ökonomie der Finanzialisierung.* Wiesbaden: Springer VS.

Pagliari, S., & Young, K.L. (2014). Leveraged Interests: Financial Industry Power and the Role of Private Sector Coalitions. *Review of International Political Economy 21 (3)*, 575–610.

Posner, E., & Veron, N. (2010). The EU and financial regulation: power without purpose? *Journal of European Public Policy 17 (3)*, 400–415.

Preda, A. (2009). *Framing Finance: The Boundaries of Markets and Modern Capitalism.* Chicago: University of Chicago Press.

Riles, A. (2010). Collateral Expertise. *Current Anthropology 51 (6)*, 795–818.

Schwartz, H. (2012). Euro-Crisis, American Lessons? *Review of International Political Economy 19 (4)*, 701–708.

Seabrooke, L. (2014). Epistemic Arbitrage: Transnational Professional Knowledge in Action. *Journal of Professions and Organization 1 (1)*, 49–64.
Svetlova, E. (2012). On the performative power of financial models. *Economy and Society 41 (3)*, 418–434.
Thiemann, M. (2012). Out of the Shadows? Accounting for Special Purpose Entities in European Banking Systems. *Competition and Change 16 (1)*, 37–55.
Tsingou, E. (2015). Club Governance and the Making of Global Financial Rules. *Review of International Political Economy 22 (2)*, 225–256.
Young, K. L. (2012). Transnational Regulatory Capture? An Empirical Examination of the Transnational Lobbying of the Basel Committee on Banking Supervision. *Review of International Political Economy 19 (4)*, 663–688.

# AutorInnen des Bandes

**Aldegwy, Mohamed**
Abgeschlossenes Studium der Rechtswissenschaften in Kairo und Brüssel. Seit 2010 Doktorand an der Goethe Universität Frankfurt a. M. im Studiengang Law and Economics of Money and Finance „LEMF“. Forschungsschwerpunkte: Corporate Governance, Finanzmarktregulierung und theoretische Grundlagen von Law and Economics im Bezug auf Regulation.

**Giacovelli, Sebastian**
Studium der Betriebswirtschaft (VWA) in Bochum, Studium der Soziologie in Bielefeld, Promotion in Bielefeld (2013). Gegenwärtig wissenschaftlicher Mitarbeiter an der Justus-Liebig-Universität Gießen im DFG-geförderten Forschungsprojekt „Temporalitäten der Ökonomik: Die Modellform ökonomischer Theorie“. Forschungsschwerpunkte: Wirtschafts-und Marktsoziologie, Soziologie ökonomischen Wissens, Organisationssoziologie, Vertrauenssoziologie. Publikation: Die Strombörse. Über Form und latente Funktionen des börslichen Stromhandels aus marktsoziologischer Sicht (Marburg 2014).

**Heise, Arne**
Studium der Wirtschaftswissenschaft in Bremen und Manchester, Promotion in Bremen (1990), Habilitation in Bremen (1998). Gegenwärtig Professor für Finanzpolitik und Public Governance am Fachbereich Sozialökonomie der Universität Hamburg und Direktor des dortigen Zentrums für ökonomische und soziologische Studien (ZÖSS). Forschungsschwerpunkte: Makroökonomik, Wirtschaftspolitik, Europäische Integration, Sozioökonomik der Wirtschaftswissenschaft. Publikationen: Economic Governance and Employment (Münster 2008); Market Constellation Research (Frankfurt 2011).

**Hirschfeld, Alexander**

Studium der Soziologie in Bamberg und Columbia, South Carolina. Seit Studienabschluss (2010) Arbeit am Promotionsprojekt zur Veränderung psychischer Krankheitsvorstellungen an der Universität Bamberg mit einem Forschungsaufenthalt an der Columbia University, New York. Gegenwärtig wissenschaftlicher Mitarbeiter am Institut für Sozialwissenschaften der CAU Kiel. Forschungsschwerpunkte: Wissenschafts- und Wirtschaftssoziologie, soziologische Theorie und qualitative Methoden. Publikationen: Arbeit und psychische Erschöpfung: Zur Genese und Entwicklung des Konzepts Burnout. In: Ethik und Gesellschaft, Heft 2 (2015); Die Herrschaft und „das Politische": Machtanalyse zwischen Konsens und Konflikt. In: Die andere Seite der Politik (Wiesbaden 2016, mit Vincent Gengnagel).

**Hirte, Katrin**

Studium der Agrarwissenschaften und Pädagogik in Berlin (1993); Promotion in Kassel (2002). Habilitation zur Entstehung und Entwicklung der deutschen wissenschaftlichen Agrarökonomie und Agrarpolitik (Jena, Abschluss 2016), seit 2009 wissenschaftliche Mitarbeiterin am Institut für die Gesamtanalyse der Wirtschaft (ICAE) der Universität Linz, Leiterin mehrerer Forschungsprojekte zu Entwicklungen und Wirkungen der deutschsprachigen Ökonomie, u. a. gefördert von der Österreichischen Nationalbank. Forschungsschwerpunkte: Dogmenhistorie, Wissenschaftssoziologie, Performativity. Publikationen: ÖkonomInnen in der Finanzkrise (Marburg 2013); Wissen. Welches Wissen? Performativität und Wissenschaft (Marburg 2014, Mitherausgeberin); The financial crisis as a heart attack. Discourse profiles of economists in the financial crisis (2015, mit Stephan Pühringer).

**Holst, Hajo**

Professor für Wirtschaftssoziologie an der Universität Osnabrück. Forschungsschwerpunkte: Finanzialisierung, Wandel von Arbeit, Zeitstrukturen des Kapitalismus, nachhaltiges Wirtschaften. Publikationen: Fragmentierte Belegschaften – Leiharbeit, Informalität und Soloselbständigkeit in globaler Perspektive (Frankfurt 2016, herausgegeben mit Klaus Dörre); „Commodifying Institutions" – Vertical Disintegration and Institutional Change in German labour relations. In: Work, Employment and Society (2014); „Finanzialisierung als ‚Investifizierung': Innovationsarbeit und Portfolio-Arbeitsorganisation. In: Zeitschrift für Soziologie (2016)."

**Kruse, Jan †**

Studium der Soziologie, Psychologie und Erziehungswissenschaften an der Ruprecht-Karls-Universität Heidelberg sowie Studium der Sozialpädagogik an der Evangelischen Hochschule für Sozialwesen in Freiburg. Jan Kruse war wissenschaftlicher Angestellter und Dozent am Institut für Soziologie an der Universität Freiburg, Projektmitarbeiter, Lehrbeauftragter, selbstständiger Trainer und Forschungsconsultant für qualitative Interviewforschung. Seine Forschungsschwerpunke waren Methoden der qualitativen Sozialforschung, Familienforschung und Arbeitsforschung. Publikationen: Qualitative Interviewforschung. Ein integrativer Ansatz (Weinheim 2014). Jan Kruse verstarb am 13. Mai 2015.

**Kuhn, Oliver E.**
Studium der Soziologie, Politikwissenschaft und Kulturwissenschaften in Leipzig. Promotion im Graduiertenkolleg „Bruchzonen der Globalisierung" (2013). Mitarbeiter am Lehrstuhl für vergleichende Kultursoziologie der Europa-Universität Viadrina (Frankfurt/Oder). Derzeit DFG-Projekt Theorie der Spekulation. Forschungsschwerpunkte: Wissenssoziologie (populäres Wissen, ökonomisches Wissen), Wirtschaftssoziologie. Publikationen: Alltagswissen in der Krise. Verantwortungsattributionen in Online-Diskussionen über die Finanzkrise (Wiesbaden 2014); Kredit und Krise. Zur Theorie kapitalistischer Dynamik. In: Leviathan 43 (3) (2015).

**Langenohl, Andreas**
Professor für Soziologie mit Schwerpunkt Allgemeiner Gesellschaftsvergleich an der Justus-Liebig-Universität Gießen, davor Leiter der Forschungsgruppe „Idiome der Gesellschaftsanalyse" am Cluster EXC16 „Kulturelle Grundlagen der Integration, Universität Konstanz. Forschungsschwerpunkte: Wirtschafts- und Finanzsoziologie, Modernisierungstheorie, Epistemologie der Sozialwissenschaften. Publikationen: Finanzmarktpublika. Moralität, Krisen und Teilhabe in der ökonomischen Moderne (Wiesbaden 2014, herausgegeben mit Dietmar Wetzel); Finanzmarkt und Temporalität. Imaginäre Zeit und die kulturelle Repräsentation der Gesellschaft (Weinheim 2007); Tradition und Gesellschaftskritik. Eine Rekonstruktion der Modernisierungstheorie (Frankfurt 2007).

**Lebaron, Frédéric**
Professor für Soziologie an der Universität Versailles Saint-Quentin en Yvelines, Vize-Direktor an der Fakultät für Sozialwissenschaften und Professor an der Sciences Po – Saint-Germain-en-Laye. Frédéric Lebaron ist zudem Präsident der Französischen Gesellschaft für Soziologie. Seine Forschungsschwerpunkte liegen in der Wirtschaftssoziologie, in der Politischen Soziologie, in der Klassenanalyse und der Soziologie sozialer Ungleichheit sowie in der Methodenforschung. Publikationen: Bourdieu and Data Analysis. Methodological Principles and Practice (Oxford 2014, herausgegeben mit M. Grenfell); Les 300 mots de la sociologie (Paris 2014); La sociologie en 35 notions (Paris 2014).

**Leins, Stefan**
Studium und Promotion in Ethnologie in Zürich. Gegenwärtig Oberassistent am Institut für Sozialanthropologie und Empirische Kulturwissenschaft (ISEK) der Universität Zürich, Mitglied des Forschungsprogramms „Anthropology of Economy" an der London School of Economics and Political Science (LSE) und externer Dozent an den Universitäten Luzern und Liechtenstein. Publikationen: Pricing the Revolution: Financial analysts respond to the Egyptian uprising. In: Anthropology Today 27 (2011); Playing the market? The role of risk, uncertainty and authority in the construction of stock market forecasts. In: Qualitative Research in Gambling: Exploring the production and consumption of risk (New York, London 2014)

**Lenger, Alexander**
Studium der Volkswirtschaftslehre (Diplom) und Soziologie, Wirtschaftspolitik und Psychologie (Magister Artium) in Freiburg, Basel, Coimbra, Fairfax und Washington D.C. Derzeit Vertretungsprofessor für Soziologie des Wissens am Karlsruher Institut für Technologie. Forschungsschwerpunkte: Hochschulforschung und Wissenschaftssoziologie, Soziologie ökonomischen Denkens, Soziale Ungleichheit und Sozialstrukturanalyse, Internationalisierungs- und Globalisierungsprozesse sowie die Soziologie Pierre Bourdieus. Publikationen: Understanding the Dynamics of Global Inequality. Social Exclusion, Power Shift, and Structural Changes (Heidelberg 2014, mit Florian Schumacher); Pierre Bourdieus Konzeption des Habitus. Grundlagen, Zugänge, Forschungsperspektiven (Wiesbaden 2013, mit Florian Schumacher und Christian Schneickert).

**Maeße, Jens**
Studium der Philosophie und Soziologie in Magdeburg und York, Promotion in Magdeburg (2009). Gegenwärtig Wissenschaftlicher Mitarbeiter an der Justus-Liebig-Universität Gießen. Forschungsschwerpunkte: Wissenschafts- und Wirtschaftssoziologie, Diskursanalyse, Globalisierungsforschung. Publikationen: Die vielen Stimmen des Bologna-Prozesses. Zur diskursiven Logik eines bildungspolitischen Programms (Bielefeld 2010); Eliteökonomen. Wissenschaft im Wandel der Gesellschaft (Wiesbaden 2015).

**Pahl, Hanno**
Studium der Soziologie und Politikwissenschaften in Bremen, Promotion in Bielefeld (2007). Gegenwärtig wissenschaftlicher Mitarbeiter im BMBF-Projekt „Vom Modell zur Steuerung: Der Einfluss der Wirtschaftswissenschaft auf die politische Gestaltung der Finanzmärkte durch Zentralbanken" an der LMU München. Forschungsschwerpunkte: Soziologische Theorie, Wirtschaftssoziologie, Wissens- und

Wissenschaftssoziologie. Publikationen: Das Geld in der modernen Wirtschaft. Marx und Luhmann im Vergleich (Frankfurt/New York 2008), Wirtschaftswissenschaft als Oikodizee? Diskussionen im Anschluss an Joseph Vogls Gespenst des Kapitals (Wiesbaden 2013, mit Jan Sparsam).

**Pühringer, Stephan**
Studium der Sozialwirtschaft und der Volkswirtschaftslehre in Linz (MA Abschluss jeweils 2010). Derzeit Abschluss der Promotion zur diskursiven Wirkmächtigkeit von ÖkonomInnen und Ökonomik in der Finanz- und Wirtschaftskrise und der EU-Krisenpolitik. Seit 2010 wissenschaftlicher Mitarbeiter am Institut für die Gesamtanalyse der Wirtschaft (ICAE) und am Institut für Gesellschafts- und Sozialpolitik sowie Lehrbeauftragter an der Johannes Kepler Universität Linz. Forschungsschwerpunkte: Politische Ökonomie, ökonomische Dogmengeschichte, diskursive Wirkungen der Ökonomie. Publikationen: Democracy in liberalism and neoliberalism. The case of Popper and Hayek (Linz 2013, mit Jakob Kapeller); The financial crisis as a heart attack. Discourse profiles of economists in the financial crisis. In: Journal of language and Politics (2015, mit Katrin Hirte).

**Reichmann, Werner**
Studium der Soziologie, Philosophie und Geschichte in Graz. 2006 Promotion mit einer wissenschaftssoziologischen Arbeit über die Institutionalisierung der Konjunkturforschung. 2016 Habilitation im Fach „Allgemeine Soziologie". Seit 2012 am Institut für Soziologie der Universität Konstanz und im SPP 1505 „Mediatisierte Welten". Vormals beschäftigt an den Soziologie-Instituten in Graz (2004–2005), Innsbruck (2005–2007), Konstanz (2007–2010) sowie PostDoc am Max-Planck-Institut für Gesellschaftsforschung in Köln (2011). Forschungsschwerpunkte: Wissenschaftssoziologie der Wirtschaftswissenschaften und Wirtschaftssoziologie. Publikation: Epistemic Participation – How to Produce Knowledge About the Economic Future. In: Social Studies of Science 43 (6) (2013).

**Schmelzer, Matthias**
Studium der Geschichte, Politikwissenschaft und Philosophie mit Schwerpunkt auf politische Ökonomie, kritische Theorie und Globalisierung an der Humboldt-Universität Berlin und der University of California, Berkeley. Danach Promotion im Graduiertenkolleg „Transformations in Global Governance" an der Europa-Universität Viadrina.Gegenwärtig Mitarbeiter beim Konzeptwerk Neue Ökonomie, Leipzig, und Permanent Fellow am DFG-Kolleg Postwachstumsgesellschaften, Jena. Publikationen: Freiheit für Wechselkurse und Kapital. Die Ursprünge neoliberaler Währungspolitik und die Mont Pèlerin Society (Marburg 2010); The Hegemony

of Growth. The OECD and the Making of the Economic Growth Paradigm (Cambridge 2016).

**Schmidt-Wellenburg, Christian**
Studium der Soziologie, Politikwissenschaft und Volkswirtschaft an der Philipps-Universität Marburg, der University of Manchester und der Humboldt-Universität zu Berlin. Promotion zum Dr. rer. pol. an der Otto-Friedrich-Universität Bamberg (2012). Wissenschaftlicher Mitarbeiter am Lehrstuhl Allgemeine Soziologie der Universität Potsdam. Forschungsschwerpunkte: Methodologie der Diskurs- und Feldanalyse, Wirtschafts- und Wissenssoziologie, Transnationalisierungsforschung. Aktuelle Publikationen: Feldanalyse als Forschungsprogramm (Wiesbaden 2012, 2 Bde., herausgegeben mit S. Bernhard); Die Regierung des Unternehmens. Managementberatung im neoliberalen Kapitalismus (Konstanz 2013); Der Aufstieg der Managementberatung zur transnationalen Regierungsform. In: Berliner Journal für Soziologie 24 (2) (2014).

**Scholz-Wäckerle, Manuel**
Studium der Wirtschaftsinformatik (Schwerpunkt: Volkswirtschaftslehre) an der Technischen Universität Wien, Promotion in den Sozial- und Wirtschaftswissenschaften an der Technischen Universität Wien (2010). Seit 2015 Senior Lecturer an der Wirtschaftsuniversität Wien am Department Sozioökonomie. Forschungsschwerpunkte: Evolutionäre Politische Ökonomie, Institutionelle Ökonomie, sozioökologische Transformation, Agenten-Basierte Modellierung und Simulation. Publikationen: The Foundations of Evolutionary Institutional Economics: Generic Institutionalism (London 2014).

**Sparsam, Jan**
Studium der Soziologie in Bremen, Promotion in Bremen (2014). Gegenwärtig wissenschaftlicher Mitarbeiter im BMBF-Projekt „Vom Modell zur Steuerung: Der Einfluss der Wirtschaftswissenschaft auf die politische Gestaltung der Finanzmärkte durch Zentralbanken“ an der LMU München. Forschungsschwerpunkte: Wirtschaftssoziologie, Soziologische Theorie und deren Geschichte, Wissenschaftsforschung, Soziologie ökonomischen Wissens. Publikationen: Wirtschaftswissenschaft als Oikodizee? Diskussionen im Anschluss an Joseph Vogls Gespenst des Kapitals (Wiesbaden 2013, mit Hanno Pahl); Wirtschaft in der New Economic Sociology. Eine Systematisierung und Kritik (Wiesbaden 2015).

**Thiemann, Matthias**
Studium der Sozialwissenschaften und Ökonomie in Berlin und New York, Promotion in Soziologie an der Columbia University, New York. Gegenwärtig Juniorprofessor für die Soziologie der Finanzen, der Banken und des Geldes an der Goethe Universität Frankfurt am Main. Forschungsschwerpunkte: Finanzmarktsoziologie, insbesondere Interaktion von Regulierten und Regulierenden in der Aushandlung der Bedeutung von Regulation, Wissenssoziologie, insbesondere Formulierung von Regulierungskonzepten aus der Wirtschaftswissenschaft heraus und deren praktische Umsetzung. Publikationen: In the shadow of Basel. In: Review of International Political Economy (2014); Out of the Shadows. In: Competition and Change (2012); Networks and Meaning: Styles and Switchings. In: Soziale Systeme (2007, mit Harrison C. White et al.).

**Wilhelm, Benjamin**
Wissenschaftlicher Mitarbeiter an der Universität Gießen und Sprecher des Arbeitskreises Internationale Politische Ökonomie der Deutschen Vereinigung für Politische Wissenschaft. Forschungsschwerpunkte: Internationale Politische Ökonomie und Soziologie der Finanzmarktregulierung. Publikationen: (2013) Eine politische Ökonomie der Finanzmarktregulierung: Diskursive Perspektiven auf Basel III. In: Jens Maeße (hrsg): Ökonomie, Diskurs, Regierung: Interdisziplinäre Perspektiven (Wiesbaden 2013); Financialization and the Three Utopias of Shadow Banking. In: Competition & Change 17(3) (2013, zusammen mit Oliver Kessler).

**Wullweber, Joscha**
Akademischer Rat am Fachgebiet Globalisierung und Politik der Universität Kassel. Arbeits- und Forschungsschwerpunkte: Governance of Global Finance/Finanzmärkte, Technologie- und Wirtschaftspolitik, Theorien und Methoden der Internationalen Politischen Ökonomie/Internationale Politik, Hegemonie- und Diskurstheorien. Sprecher des Arbeitskreises Internationale Politische Ökonomie der Deutschen Vereinigung für Politische Wissenschaft. Publikationen: Performative Global Finance: Bridging Micro and Macro Approaches with a Stratified Perspective. In: New Political Economy (2015); Die Performativität des Finanzsystems und die Selektivität stratifizierter Finanzstrukturen. In: Leviathan 43 (2) (2015); Global Politics and Empty Signifiers: The political construction of high-technology. In: Critical Policy Studies (2014).

FSC
www.fsc.org
MIX
Papier | Fördert
gute Waldnutzung
FSC® C083411

Kolibri 360 GmbH
Ferdinand-Jühlke-Straße 7
99095 Erfurt, Deutschland
produktsicherheit@kolibri360.de